长安学十年学术论著选集

编　委　会

国家社会科学基金项目（批准号：21STA036）阶段性成果

長安學

十年学术论著选集

总 主 编 ○ 萧正洪
副总主编 ○ 贾二强　石晓军

法天地·界无形

古都长安营建中的行为选择

主编 ◆

肖爱玲　王天航

陕西师范大学出版总社

图书代号　SK23N2021

图书在版编目（CIP）数据

法天地·界无形：古都长安营建中的行为选择 / 肖爱玲，王天航主编. — 西安：陕西师范大学出版总社有限公司，2023.12

（长安学十年学术论著选集 / 萧正洪总主编）

ISBN 978-7-5695-3949-3

Ⅰ.①法…　Ⅱ.①肖…　②王…　Ⅲ.①长安（历史地名）—文化史—文集　Ⅳ.①K294.11-53

中国国家版本馆CIP数据核字（2023）第201642号

法天地·界无形——古都长安营建中的行为选择

FA TIANDI · JIE WUXING——GUDU CHANG'AN YINGJIAN ZHONG DE XINGWEI XUANZE

肖爱玲　　王天航　　主编

出 版 人 / 刘东风
责任编辑 / 雷亚妮
责任校对 / 王文翠　庄婧卿
装帧设计 / 飞铁广告
出版发行 / 陕西师范大学出版总社
　　　　　（西安市长安南路199号　邮编710062）
网　　址 / http://www.snupg.com
印　　刷 / 中煤地西安地图制印有限公司
开　　本 / 787 mm×1092 mm　1/16
印　　张 / 40.75
插　　页 / 4
字　　数 / 734千
版　　次 / 2023年12月第1版
印　　次 / 2023年12月第1次印刷
书　　号 / ISBN 978-7-5695-3949-3
审 图 号 / GS（2023）3678号
定　　价 / 198.00元

总序

基于整体性思维的长安学研究：历史回顾与前景展望

贾二强　黄留珠　萧正洪

陕西师范大学国际长安学研究院（陕西省协同创新中心）至今年已经组建10年了。以此为契机，我们试图通过编辑一套学术回顾性文集，为学界反思相关学术发展的历程、推进未来的研究工作提供参照。文集分专题汇集特定领域内有代表性的论文（也有少量著作中的篇章）。选编工作得到了相当多学者的支持与鼓励，我们均深铭感，于此谨致谢忱。然而，因为眼界有限，很可能有遗珠之憾，为此亦深表歉意。

有一种看法，认为长安学的学术实践活动是从21世纪初开始的。但在我们看来，它很早就已经存在，只是人们一直没有清晰地将其作为一个具有相对独立性的学科或专门研究领域加以定义。黄留珠先生曾撰文，记述其源流，称2000年初，即有学者提出"长安学"研究的必要性。而2003年，荣新江教授撰《关于隋唐长安研究的几点思考》一文，指出，那个时候的一个遗憾，是并没有建立起像"敦煌学"那样的"长安学"来，但关于长安的资料的丰富性与内涵是不逊于敦煌的。其后，2005年左右，陕西省在省文史研究馆的牵头下，成立了长安学研究中心。至2013年，陕西师范大学组建了陕西省协同创新平台"国际长安学研究院"。

这一系列事件的发生表明，人们对于长安学作为一个学科或具有独立性的专门领域的认识，到21世纪初开始变得清晰了。这是长安学发展史上的重要标志，是一个理性认知新阶段到来的标志。严格说来，以长安研究的本体论，它并不是一种突然发生的创设，而是自中古甚至更早以来人们对于长安的兴趣、关注、记忆与反思在学术上的体现，且是经长期积累所形成的结果。这同敦煌学是有一些不同的。敦煌学以敦煌遗书为起始，而逐渐扩大到史事、语言文字、文学、石窟艺术、中西交通、壁画与乐舞、天文历法等诸方面。它是一个历史性悲剧之后的幸事。长安学则不是，它有着悠久的渊源和深厚的基础，因长安（包括咸阳等在内）作为统一王朝之都城而引发的关于政治制度、经济发展与文化建设的反思而产生，从一开始就同礼法制度等文明发展重大问题紧密关联。事实上，人们关注、研究长安，起源甚早，而历时甚长。我们完全可以写出一部以千年为时间单元、跨越不同历史时代的《长安学史》来。这是长安学的历史性特点。

在空间性方面，它也颇有特色。关于这一点，如我们曾经撰文所指出的那样，其以汉唐"长安"之名命名，研究对象虽以长安城、长安文化、长安文明为主，但却不完全局限于此，而扩展至建都关中地区的周秦汉唐等王朝的历史文化，另在地域上亦远远超出长安城的范围而扩大至整个关中以及更广泛的相关地区。尽管我们对长安学的空间边界问题还可商讨，但它一定是有明确范围与目标的。然而，长安的地理空间并不等同于关于长安的学术空间。简言之，长安学诚然是以古代长安为核心，以文化与文明为主体的研究，一些同古代长安相关的问题也应当包含在内，但其学术空间要大得多。其基本原则是：若有内在关系，罗马亦不为远；若无关系，比邻亦仅是参照。显然，它在学术空间边界上具有显著的开放性。

长安学的内涵也极为丰富。以地域为名的世界级学问皆有其特定意义与内涵。如埃及学，指关于古代埃及的语言、历史与文明的学问。它是从18世纪才开始发展起来的国际性古典文明研究。埃及学研究对象的时间范围是从公元前4500年到公元641年，所涉及的学科相当广泛，如考古、历史、艺术、哲学、医学、人类学、金石学、病理学、植物学和环境科学等，其研究方法，除了文献与语言文字分析外，还利用了现代测年技术、计算机分析、数据库建设甚至DNA分析等手段。长安学亦是如此。长安学具有学科群的意义，它要超出一般意义上的学科范畴。它综合了哲学、历史、考古、文学、宗教、地理、科学技术、文献研究等多个方面和多个层次，有着极为丰富的内涵。它既为我们研究人类文明的进步提供了一个不可或缺的样本，也提供了一个我们看世界、世界看我们的独特视角。

历史发展给我们提供了一个重要的机遇，也赋予我们重大的历史使命。我们现在的重要任务，是在新的历史条件下，以追求人类文明进步为基本价值观，对长安学作为具有独立性的学科和专门研究领域进行重新定义，并阐明其现代价值与意义。正是以此为基本宗旨，陕西师范大学联合校内外学术力量，组建了国际长安学研究院，此举得到陕西省教育厅的大力支持，并成为陕西省最早的协同创新中心之一。

历史上的长安研究，有官方叙述与私人撰述两类，但皆属于在传统的、旧的观念指导下对于长安的理解与解释，从形式上看，基本上是碎片化的。当下陕西师范大学和若干合作的大学、研究机构，共建国际长安学研究院，试图坚持科学与理性的原则，以系统化、整体性的思维，对历史发展中的某些重要问题提出基于历史事实的严谨而合理的解释。为实现这一目标，我们组建了学科咨询委员会、学术委员会、学术期刊编辑部、海外事务部、长安学理论研究中心、古都研究中心、长安与丝绸之路研究中心、长安文化遗产研发中心、数字长安新技术研发中心和长安文献整理与研究中心，以融合方式推进相关研究工作。

历史上的长安给我们留下了足够丰富的资料，能够让我们通过扎实的研究，总结文明进步的成就，特别是反思其中的曲折与艰辛。我们希望，长安学研究能够有助于社会进步，而不是相反。令当下人们的观念与感慨停留于帝制时代的荣耀，不是我们的追求。

为此，我们确定了建设工作的基本原则：历史起点、当代情怀、世界眼光。我们要使长安学成为具有世界性的学问，而不只是陕西的学问或中国的学问。长安学应当具有现代精神，应当是中华民族精神家园建设的重要组成部分。我们秉持这样的宗旨，并对此持有信心。我们将努力把国际长安学研究建设成一个开放的平台，联系各方学者和学有专长的同仁，为大家的研究工作提供便利与条件。

显然，长安学不是单纯基于现代城市空间的研究，而是以历史上的长安为核心，以探索中国历史渊源与文明发展的曲折历程为研究对象的独特领域和学科。以世界范围论，以地域为名且为国际学术界所公认的专门学问（学科）是不多的。比较著名的只有埃及学，而类似的希腊古典文明、罗马古典文明等，亦是某个地域引人注目、曾经深刻影响历史发展进程的重要的人类文化遗产，是特定地域优秀传统文化的标志性象征。

从学科属性上说，长安学既是古典的，也是现代的。长安的历史具有极为丰富的内涵，长安学则以独特的视角阐释中华民族优秀文化绵绵不绝的特性，因而不能简单化地以古代或近代等时间尺度加以定义。同时，如前所述，其学术空间边界具有显著的开放性，而不为特定地域所限。所以，我们在"历史起点、当代情怀、世界眼光"的建设原则中，特别重视世界眼光的目标定位。

世界眼光是我们将长安学命名为"国际长安学"的一个重要依据。其原因有二：一是历史上的长安具有世界上其他历史名城少见的国际性。从某种意义上说，长安从来不只是中国的长安，它也属于全世界。作为古都的长安，它曾经具有的以开放包容为特征的精神气质，乃是中华民族对于全世界文明进步的杰出贡献，而其历史的艰难曲折亦为人类发展提供了宝贵的借鉴。二是关于长安的研究从来具有国际性。在漫长的历史中，长安一直是外部世界关注的焦点。人们之所以对于长安有极大的兴趣，有着诸多的理由与原因。其中之一是它作为丝绸之路的东方起点，在东西方文明交往中具有最为突出的表征性。正因如此，并不是只有国人关注长安，它有着世界范围的学术文化吸引力。从某种意义上说，古代地中海沿岸及印欧大陆认识中国这个东方国度，正是从认识长安所在的地域开始，且在一个相当长的时段中，以长安为中心。而近数百年来，关于长安的研究著述不胜枚举，其中相当一部分出自海外人士之手。如此独特的性质与丰富的内涵决定了长安学研究必然要超越长安的空间范围。这个国际性是其原发的、内生的属性，并不是我们刻意赋予。正是基于这种思考，我们在英译"长安学"名称时，没有采用通常的做法将其译为the study of Chang'an，而是译为 Changanology，其用意就是从基础定义起，将其解释为一个内涵丰富且外延性显著的学术空间，而不为特定地域的边界所束缚。

长安学的主体内容当然是关于中国历史的，但它不能离开世界文明整体发展的视角。长安学研究包含了中国历史上政治、经济、社会、文化、民族与宗教信仰、地域关系、国际文化交流等各个方面。所以，长安学是中国史学科中的一个独特领域。它以长安为主题词和核心概念，将中国历史各个阶段和各个门类的研究综合在一起，试图提出关于中国历史发展的一种地域类型学解释。然而，当下学术发展的实际情形是，任何一个学科或专门研究领域，若不重视其外部性联系，将不会具有很强的解释力，即使它自身具有综合性的特征。基于单一的视角或特定区域的理解，不能解释文明发展的多元与多样性。中国地域辽阔，不同地区的发展本就存在着差异，遑论宏大的世界？以全球论，文明与文化发展的道路选择与存在形态具有极为丰富的多样性，所以，在研究长安的同时，也必须研究世界上其他文明之都。提供以长安为基础的具有典型意义的样本，将其同其他文明类型进行比较，必将极大地丰富我们关于世界文明发展的整体认识。在我们看来，长安学的价值只有置于世界文明发展的体系之中，方能得到充分的体现。

正是出于这样的认识，我们对国际长安学研究院的建设前景有一种期许：作为开放的平台，它将为中国以及海外相关专业人士提供共享的学术资料库，特别是创造相互交流的机会，为不同的思想与观点提供讨论的空间。我们特别期待将长安学研究的成果介绍给世界，将海外人士关于长安的研究与评论介绍给国人，也期待了解、学习世界其他地区文明与文化发展中的体验与思考，以在不同认知之间构建桥梁，以增进不同类型文明之间的相互理解与尊重。

目　　录

功能阐释与符号表达

空间过程与空间生产

规划设计与思想观念

历史书写与文脉传承

功能阐释与符号表达

相对边界：古都的空间特征
——兼论古都学的学术空间问题

萧正洪

一、引言

约10年前，西安市政府委托史念海、周伟洲等先生主持编写"古都西安"丛书，余有幸参与了最初的选题讨论。讨论中遇到的一个问题颇费周章。从书选题必同古都西安（长安）有关，此本题中应有之义。然而同西安有关的众多历史问题，其发生、发展的场景并不局限于西安，其中有的只能说同西安有某种关联。如丝绸之路，传统说法，西安只是丝路之起点，是漫长的丝绸之路的一环，尽管是非常重要的一环。又如以长安戏剧为题的研究。历史上所谓长安戏剧的主要活动范围要比地理意义上的长安大得多，而真正能够代表关中戏剧精粹的是在西安周边地区，而不是在西安城内。这样的缘故，后来对"古都西安"丛书所涉问题地理空间的处理，事实上不得不有所扩展，有的以关中为范围，有的甚至拓展到关中之南北。

不久前，作为陕西省政府设立的长安学研究中心的常务副主任之一，我又参加了"长安学丛书"编纂过程中类似问题的讨论。长安学是近年来西安一批学者和政府有识之士努力发展的一个特色学科或研究领域，其建设与发展以国际著名的学科"埃及学""罗马学"为参照。学者们对"长安学丛书"涵盖的空间范围问题进行了相当热烈的讨论，令我依稀产生错觉，仿佛是10年前的历史重演。由此可见，当年对"古都西安"丛书相关问题的处理方法并未成为西安学界的共识，古都研究中的空间界定问题并没有得到很好的解决。

在我看来，此问题长期存在，关键在于古都的空间范围本身并不唯一确定，其空间边界是变动的，其与周边地区的空间界线是相对的。我将这样的观点称为相对边界论。

二、古都空间的内涵

相对边界论的基础是对于古都（当然也包括古都以外的其他城市）空间性质

的理解。所谓古都空间，包含了两个方面的问题：第一，基于自然的实体空间；第二，基于人文的社会、文化和精神空间。由于空间分布及其结构关系在真实的社会中并不能截然分开，故下面的分类叙述只是为了说明与分析的方便。其实不同的空间总是交叠在一起的。

我们从古都的外部空间特征说起。首先，历史上不少古都曾发生过位移，但人们习惯将其当作一个古都。这一方面最为典型的即长安。今日所谓"十三朝"或"十七朝"古都长安，其历史渊源要追溯到丰镐，而丰镐以后秦之咸阳、汉之长安、隋唐大兴或长安，虽有交叠，然亦皆有位移。

其次，古都范围亦多有延展与收缩。比起位移，延展与收缩更为常见。仍以长安为例。丰镐是比较小的，据考古发掘称，丰京遗址方圆约6平方千米。咸阳稍大，其渭水以南部分不可考，而渭北部分宫殿遗址分布范围有10多平方千米。汉长安城则气势宏伟，据测约有36平方千米。汉以后南北朝时期，亦有政权以长安为都，但空间范围实际上变小了。隋建大兴城，另选新地，这既是位移，也是延展。而唐在大兴城基础上加以扩建。据考古实测，规模可达80平方千米。前后比较，拓展是最主要的趋势。

需要指出的是，都城之盈缩，意味着城乡之进退。古代都城同今日之城市有所不同。今日城市一般无城墙，而古代都城一般皆有城郭。有城郭为界，难道其边界不是非常清晰的吗？从实体空间角度看，似乎这是毋庸置疑的。但若我们讨论一座都城的政治、经济、社会、生态或文化，就不能非此即彼地以城郭为界。而古都研究的对象，究其本来意义，就不仅仅限于城郭之内。换言之，古都研究的空间确定性，并不能完全以城郭为其边界。这就要从多个视角讨论古都研究所涉及的城乡关系。

今日城市的边界通常是不确定的。城市是从乡村发展起来的，故从理论上说，城市的边界以农村和城市的交界来确定。问题是在没有城墙的情况下，城乡之间并无明晰的界线。这不是用今天的行政分区或居民户籍能够解决的。如果我们以景观作为分析的工具，则定义为城市属性的社会-文化景观，事实上同定义为乡村属性的社会-文化景观是交错分布的，你中有我，我中有你。其实许多景观的城或乡属性，并不取决于其本身，而取决于其所在的位置，以及同周边其他景观所构成的环境体系。大兴善寺地居大兴、靖善二坊，自属城市；华严寺在樊川孙村之西，其景观是"秋静门常闭，苔深路不通。寒山千里翠，霜木万家红"[1]，这当然是乡村景

---

[1] 〔元〕骆天骧：《类编长安志》卷五《寺观》，黄永年点校，中华书局，1990年，第142页。

观。而大慈恩寺位于城乡接合部，地接曲江，所谓"林泉形胜之所"①，这就很难说是城市景观还是乡村景观。但无论如何，若讨论古都长安的宗教地理，这些寺院都应列入，不能因有城乡之别而作不恰当的取舍。农田无疑是乡村景观，但古代有时城郭之内也有农田。《庄子·让王》篇载："孔子谓颜回曰：'回，来，家贫居卑，胡不仕乎？'颜回曰：'不愿仕。回有郭外之田五十亩，足以给饘粥；郭内之田十亩，足以为丝麻'"。几十年前，西安城内一些道路中间的安全岛上还种植着小麦。此外，观赏类植物的种植，古代城市比现代城市要普遍得多，规模也要大得多。这种现象就令城乡景观体系变得格外复杂了。

换一个角度，可以更好地说明城乡之边界。如果我们一定要将某时代古都长安的地理空间在地图上标出，那是一定要确定非此即彼的清晰城乡边界的。假设我们制作古代长安地图集，如何标定其空间边界？可能只能按行政区来确定。但那只是一种表达方式而已，真实的地理空间中是不存在这样的清晰分界的。从实体空间看，古都空间不能只以城墙为界，由于城乡边界的交错性质，事实上我们并不能真正将其定义为一条线，古都同其周边环境的边界是模糊的，通常应当用一个交界区域或交错带来加以说明，而不是一条线。由此我们可以想到，古都空间的范围必然要在城郭的基础上向外拓展。至于拓展到什么程度，要取决于以古都为核心的某种环境景观或社会文化体系自身的外延。换言之，拓展的程度不取决于我们研究的主观意图，而是研究客体自身体系的系统性和完整性。

古都的实体空间不仅需要从其外部关系加以考察，在研究中，其内部空间也要注意区分。

一般认为，古代都城内部最重要的是政治空间。然而最初的都城中，宗教文化的空间有可能更为重要，其地位比政治空间更高。东西方对于城市起源问题的研究表明，世界各地都存在着宗庙、祭祀场所和礼仪中心构成了早期都城核心的现象，至少在都城发展的早期，这种情况是相当突出的，甚至"都城"和其他城邑的定义也以有无宗教空间安排为区别。所以《左传》有载："凡邑有宗庙先君之主曰都，无曰邑。"周之诸侯筑城立国，于城内建宗庙，用以祭祀祖宗鬼神。后世又有圜丘，用以祭祀上天。此种具有宗教性质的空间安排非常重要，且为都城所特有。宗庙通常居于中心区位，而圜丘则会被安排在城郊。后世的明堂兼具政治和祭祀的双重功能，也会居于都城接近中心的区域。无论是中心还是城郊，它们在设计上都要同政治空间构成平衡。因为它是帝王政治权力的精神来源，要起到证明权力合法

---

① 〔元〕骆天骧：《类编长安志》卷五《寺观》，黄永年点校，中华书局，1990年，第131页。

性的作用。此外，汉代以后都城之中，各类寺院往往四处分布。以唐代长安为例，佛、道寺观以及西域各民族崇祀的神祠遍布长安各坊，有的单个寺院规模很大，如西明寺占延康坊四分之一地。故各类寺院占地总面积应当是相当大的。

政治或权力空间的地位是毋庸赘言的。以宫殿群为核心的政治权力空间是都城设计和建造的第一要义。事实上，一座古代都城的设计工作，必须自政治权力空间的安排开始，并使之成为所有其他类型空间的中心。在成熟的中国历史都城中，政治权力空间不仅规模大，占地广，而且所有其他类型的空间不过是政治权力空间的辅翼或外部力量的缓冲。所谓历史大古都中，长安、北京都是这一设计理念的典范。正是这一设计原则或理念，将都城特别是大古都同其他城市区别开来。地方治所、军事类型的镇堡和经济类型的中小城市，往往以自然环境即所谓山川形便为其建造的基础，政治权力空间的安排通常不是需要首先考虑的因素。

古都的政治空间不能狭隘地理解为仅仅是政治中枢之所在。每一座都城都存在着多种政治力量围绕政治中枢向外辐射和向内凝聚的倾向，而这种倾向一定会以空间方式表现出来。其表现并不总是连续的，有时是离散的，但总是具有某种关联的。不同的政治力量制衡构成明空间和暗空间。应当指出，有些关联可以通过特定的空间规划加以实现，有些就不能。唐代京城之南，韦、杜二族居之，谓之韦曲、杜曲。语云："城南韦、杜，去天尺五。"文献解释说，时诸韦门宗强盛，侵杜曲而居之。一个"侵"字，揭示了这一政治空间关系形成的过程。显然，此类政治空间架构，并不是规划者特定的安排，而是政治力量博弈和平衡的结果。如果政治力量对比改变了，比如韦氏集团消亡了，政治空间结构关系也会相应地改变。

外延的政治空间还应注意葬地。专制制度下，葬地的安排具有突出的政治意义。其表达，有时是公然的宣示，有时则是隐喻。渭北之地，于汉唐之时，历来是帝王及其家族的葬身之所，而陪葬渭北，总是一种政治上的荣宠待遇。而其所在的陵县，管理者的地位都要高于一般的同类官员。孝文帝迁都洛阳后，皇帝、王公贵族死后都葬于洛阳邙山一带。其地位于洛阳北郊瀍河两边的北邙山域，其内有帝陵、元氏皇室、"九姓帝族"、"勋旧八姓"以及少数重要降臣。其排列整齐，尊卑有序，宛如生前的政治格局。从历代古都的空间安排实践看，葬地空间安排一般都远离城郭，但其同统治中枢的关联却是相当密切的。

同宗教和政治权力空间相对应的是世俗生活和经济空间。在长安城中，表现为坊市的设计与安排。坊市有围墙，这个空间的边界是清晰的。由于晨启夜闭，所以坊市空间不仅在自然实体上是清晰的，而且作为军民人等的活动空间也是限定的。这一制度，充分体现了政治的高度控制力。所以后来坊市制度瓦解，不仅具有重要的经济意义，在政治上也意味深长，因为从此以后，政治控制力下降了，原有的都城规划和设计中以政治权力空间为核心、以其他空间为辅翼的空间布局原则与理念不得不加以改变了。

坊市之中的"市"，可以视为古代社会中的公共空间。除了市以外，公共空间还有以文化活动为主要特征的空间安排。一般而言，中国古代都城规划和建设中，不会刻意安排供普通民众活动的固定的文化场所，这一点同古代罗马是不同的。但供娱乐的文化空间仍然会存在。隋唐长安常在街头开设戏场，有时也置于寺庙内，其中规模最大的当是慈恩寺。只有在这样的公共文化空间中，不同社会地位、身份的人等方能有所混杂。长安的曲江也可视为一个半开放的公共文化空间。曲江位于长安外郭城的东南隅。据称长安之官民人等至曲江游玩，盛于中和、上巳之节。每岁倾动皇州，以为盛观。新进士及第，多于此泛舟游宴。其日，公卿家率皆倾城纵观于此，行市罗列，长安几于半空。曲江之地本近荒野，经多年经营，遂成著名文化景观。相邻的杏园情形亦大体相仿。其实，我们可以想见，曲江、杏园以及其他长安城内众多的池沼作为园林景观，令长安都市和乡村风格融为一体。这同我们想象中的大都市景观是有区别的。而这恰恰是古代都城生态环境与景观系统的一个重要特征。

宗教、政治、世俗生活、经济的空间安排，以及封闭的和半开放的文化场所，构成了古都内部的基本空间关系。其实我们还可以在此基础上做进一步的研究。因为同实体空间相关的，还有想象的空间。唐人写诗，说"春风得意马蹄疾，一日看遍长安花"，又说"乐游原上望昭陵"，如此之类，其实并不是真实的空间体验，而是带有想象的成分。真实的空间结构关系，一定会反映在人的认知过程之中。生活、活动于宗教、政治、社会、经济和文化空间之中的人们，会依照自己的个人体验和价值观对真实的空间结构及其内容进行取舍，并努力地通过某种方式表达出来，于是就有了想象的空间。这种想象的空间会载于文献，有时也会影响我们后人对当时真实空间结构关系和内容的理解与解释。前面说曲江之会，"长安几于半空"，或许就有夸张的成分，在后人的想象中，会不会偏离真实的历史？

三、空间的占有

在中国古都规划与建设中，是什么决定了基本的空间结构和不同空间之间的关系？换言之，是什么决定了空间的占有？需要特别强调的是，不能认为是建筑师的思想或技术理念起到了决定性的作用，真正起决定作用的是政治制度。古代政治制度同现代政治制度不同，那是同礼法制度合二为一的。为什么是左祖右社？为什么是面朝后市？中轴线有什么特别的意义？如果我们只是站在建筑师的立场看待问题，可能会将都城规划看成特定技术的结果。我们在研究生培养中，包括一些专业研究者，经常遇到类似的思维方式。研究者往往会提出，某某城或某某宫殿系统的规划思想如何，然后说明规划的主持者是谁，比如说大兴城的规划者是宇文恺，好像起决定作用的是某个个人的独特思想。

当然，一座都城的建设，必定要以技术作为手段。但决定为什么采用这种技术而不是别的什么技术，就是一个包含礼法制度在内的政治制度问题。有人说，隋在规划大兴城时采用了模数计算方法，即以宫城之广、长为模数规划整个都城[1]，使宫城以外的部分成为宫城的相似形。或许在技术上这是事实而不是一种巧合，但内在的决定因素并不是所谓模数。又有学者说，宇文恺是用周易中的八卦学说作为设计的指导思想。长安地形起伏，坡坎相间，如何加以利用，当然有技术问题。可是将其说成是八卦思想的指导，那就本末倒置了。

古代城市规划中是否有可能在一开始就考虑技术之外的观念性因素？答案是肯定的。早期的城市规划或建筑设计完全可能以某种天命观或神秘主义作为重要的理念。但尽管如此，作为规划与设计基础的仍然是物质生活本身的要求。这是人类选择并安排宜居地的一般规律。神可以脱离基本的生存条件而永久地居住在高山之巅，人不行。所以，中国古代宜居地的基本特征是背山面水。天命同物宜的关系，正如《易·系辞上》所说："君子居则观其象而玩其辞……是以自天佑之""圣人有以见天下之赜，而拟诸其形容，象其物宜"。显然，从一般意义上说，古人非常重视"天佑"作为行为选择依据的意义。后来《史记·五帝本纪》将两者的关系讲得更明确一些：（颛顼）"静渊以有谋，疏通而知事，养材以任地，载时以象天，依鬼神以制义，治气以教化"。如此直白的解释，让我们不难看出其内在关系：法则本质上是人制定的，只是采取了"依鬼神"的形式。故"制而用之谓之法，利用出入，民咸用之谓之神"[2]。再后来，司马光在《稽古录》中说："仰则观象于天，俯则观法于地……于是始作八卦。……以通神明之德，以顺万物之情。"其自注："神明，谓造化也，造化万物，皆由此八者而生成通导也。作八卦以通导造化之德，使人知之也。"由此可见，神的引入并未排除人的选择，实际上不过是借天命说人事而已。风水理论恰恰是强调人的选择的，否则就没有趋利避害，只有命定了。根据这样的道理，似可认为，历史上城市建设中利用阴阳八卦风水理论，既谈不上环境科学，也不是什么历史性巧合，在本质上那不过是政治与礼法意图在城市

---

① 傅熹年：《隋唐长安洛阳城规划手法的探讨》，《文物》1995年第3期。
② 周振甫译注：《周易译注》，中华书局，2013年，第261页。

规划与设计中的一种表达方式而已，只是这种表达方式具有特定的人文意义，经常地采用天命观或神秘主义的形式。比起简单直白的政治礼法解释，它往往能够产生更易于令人信服的作用。

那么，到底是什么决定了空间的占有及不同空间之间的关系？大体说来，是政治与礼法架构中的主体地位及主从关系，是社会组织中的分离与隔绝，是精神与文化关系中的控制与利用。所以说，归根到底，不是建筑师的思想决定了空间的占用，而是规划与建筑者所代表的那个特定的政治礼法制度决定了空间结构规划与建筑的实施者基于政治的意图，巧妙地利用了环境并力图通过景观的或环境的角度论证了政治礼法制度的合理性。

古都所依存的那个时代已经结束了，可是，某种精神文化的传统依然存在。我们今天的许多建筑规划，从设计到实施，其实也不完全是技术问题，其中没有政治与礼法意图吗？这一问题值得深思。

四、余论：古都学的空间性

古都是我们研究的对象，古都学是一个研究的领域。由古都的空间性，可以联想到古都研究的空间性问题。在我看来，在古都研究的空间性问题上，有两个方面需要注意：一是古都的环境系统性，二是古都研究的关联性。

所谓环境系统性，是说古都研究要将研究对象置于特定的环境之中，而不宜孤立地看待古都自身。环境包括很多方面的意义。前面我以较多篇幅提到城乡关系问题，就是出于这一方面的思考。以往的都城研究（包括非都城研究），将注意力集中于都城本身，而较少将其置于以乡村为背景的更大的环境视野之中。比如有学者称，历史城市地理的研究需要兼顾的乃是两个方面：一是城市分布和城市间的相互关系，即城市体系；二是作为一个区域的城市自身，即其内部结构。[①]这里面没有城乡关系，没有城市所赖以存在的乡村背景。在我看来，这样确定研究的对象，可能会导致对许多问题的解释力不足。都城或城市研究，必须注意其同乡村的关系，包括城乡分野变迁、生态环境的整体性、文化辐射和相互影响、朝野政治架构、经济支持与互动等方面的问题。其实，现代一些行政管理者，在城市文化建设中保护古城，就往往没有注意到生态环境和文化环境的系统性问题。他们将某些具有标志性的遗址孤立地围起来，将其原有的环境背景铲除掉，说这就是保护；或者在曾经的历史地点造一个文化景观，如陕西新的法门寺，但其所处的景观系统却是非常商业

---

① 李孝聪：《历史城市地理》，山东教育出版社，2007年。

化的，这样的做法能够让后人认为是真实的历史复原吗？

所谓古都研究的关联性，是说要开拓视野，不能以狭小的实体空间范围作为古都研究的藩篱。古都研究在实体空间方面的大小，并不取决于距离的远近，而取决于研究对象或问题相关程度的高低。我曾在一次长安学研讨会上发言说道：若无关，宝鸡过近；若有关，罗马不远。意思是说，长安学应有一个国际视野。历史上有许多距长安实体空间非常遥远的人或事，同长安的发展有某种联系，或产生过某种影响，这应当要纳入长安学的研究视野。但也有一些离长安很近的地方，其人或事同长安几无关联，那我们也不能因距离较近而必须加以考虑。长安如此，其他古都似乎也是这样。在我看来，如果我们能够以这样的观点看待古都研究，那我们的工作就不会封闭，而有可能使其成为一门具有国际性的学科。

原载《中国古都研究》（第24辑），陕西师范大学出版总社，2013年

（萧正洪，陕西师范大学历史文化学院教授，中国古都学会会长）

视觉建构与观念表达

——秦始皇的"天下"观及其整控策略

刘晓达

一、都城之内：秦始皇对都城的建构与中心威仪观的强调

"六王毕，四海一"，随着公元前3世纪末叶秦帝国的建立与皇帝制度的初步构建，中国自东周以后即已经开始的从"王国时代"到"帝国时代"政治与社会结构转型进程也迈入新的阶段。[1]在这一历史转型过程中，如何展现皇帝的政治权威和统治"天下"的政治秩序观念，以及如何对这一观念进行全方位的系统阐释与合理性表达，就逐渐成为这些帝王所要解决的核心问题之一。在这个问题上，被誉为千古一帝的秦始皇及其官僚集团当然会通过颁布一系列的政令、统一文字货币与度量衡、统一思想、军事征伐、举行封禅等各种手段来表达这种观念。上述这些方法都与秦始皇建构以他为中心的政治空间秩序息息相关。而从视觉艺术史的角度看，这种建构也体现在他在都城咸阳和广袤的帝国疆土上塑造的多层次视觉空间中。

如果我们简略回顾一下历史，就会发现秦国对都城咸阳的建设有一个漫长的历史过程，有些彰显帝国政治威仪的建筑并非始于秦始皇。比如，早在战国中期的秦孝公时代，对咸阳的构建就已经开始。秦孝公十二年（前350），"作为咸阳，筑冀阙，秦徙都之"[2]。而在秦惠文王、昭王时期，都城咸阳的规模已由渭水北岸伸延

---

① 早在20世纪30年代末、40年代初，萧公权即已指出东周以后，中国古代历史已经开始从"封建天下"逐步转型为"专制天下"。参见萧公权《中国政治思想史》（辽宁教育出版社，1998年，第49页）。此外，日本学者西岛定生等也都已讨论过这个问题。参见氏著《中国古代帝国形成论》《东亚世界的形成》（高明士译，见刘俊文主编：《日本学者研究中国史论著选译》，中华书局，1993年，第48—87、88—103页）。两篇论文原刊《中国古代国家与东亚世界》（东京大学出版会，1983年）。值得注意的是，近年来，雷戈在这一通行观点基础上，又提出这一时期也是从"天高皇帝远"到"天高皇帝近"皇权主义秩序的重要建构与转型时段。参见雷戈《秦汉之际的政治思想与皇权主义》（上海古籍出版社，2006年，第29—34页）、《道术为天子合——后战国思想史论》（河北大学出版社，2008年，第1—72页）。

② 《史记》卷五《秦本纪第五》，中华书局，1959年，第203页。

至南岸。正如一些学者所言，除渭水北岸的咸阳宫城外，诸如兴乐宫、甘泉宫、章台、诸庙、苑囿等建筑都已经构建。① 但这并不表明秦始皇会遵循前代秦国国君的意志建构以咸阳为代表的政治威仪空间。相反，他在统一六国以后即对都城内外空间的布局进行了重新构想。如果我们用一个简略的语句来对秦始皇时代建构政治空间秩序的总体特征进行阐释的话，那么，"通过建筑这一特殊视觉空间形式的构建营造中心，以展现帝王的威仪；同时通过由视觉艺术形式广泛参与的出巡、景观营造等活动控制四方，以示拥有天下"就成为对上述问题的最好概括。

正如我在另文中所言，有关中心、上下、四方等方位观念在新石器晚期以来就已经在文本和图像材料中反复出现并深刻地影响到古代中国关于宇宙四方观念的表达。② 王爱和特别强调指出商周时代的中心、四方观念还常常和对王权的强调联系在一起。他也进一步认为或许早在商周时期，王的身体就构成了他借以垄断与神的交际通道，并成为其沟通天地、上下空间的中心性媒介。③ 有意味的是，在秦汉之际形成的理论性文献中，君主也常常被当作天地之间的轴心来看待。如在成书不晚于秦汉之际的《文子》一书中即有如下观点："道悬天，物布地，和在人。人主不和，即天气不下，地气不上，阴阳不调，风雨不时，人民疾饥。"④ 此段记载亦较为翔实地向我们阐明：理想化的君主处于宇宙空间关系中的中心地位，他的身体状态似乎还深刻地影响到有关天地、阴阳、气候等各方面的因素。与该看法相类似的是，在稍后汉代学者们的著作中，皇帝及其周围的空间也常常被视为宇宙空间秩序的中心。如《淮南子·本经训》就记载："帝者体太一，王者法阴阳，霸者则四时，君者用六律。秉太一者，牢笼天地，弹压山川。"⑤ 此外，《汉书·五行志》

① 王学理：《从秦咸阳到汉长安的城制重叠（上）》，《文博》2007年第5期；李令福：《古都西安——秦都咸阳》，西安出版社，2010年，第35—48页。

② 笔者在博士学位论文中专门研讨过这个问题。参见刘晓达：《秦始皇至汉武帝时代对"天下"观念的视觉艺术形塑》，博士学位论文，中央美术学院，2013年。

③ 王爱和：《中国古代宇宙观与政治文化》，[美]金蕾、徐峰译，上海古籍出版社，2011年，第44—95页。

④ 王利器：《文子疏义》卷四《符言》，中华书局，2000年，第214页。《文子》成书年代虽然还未确定，但随着20世纪90年代河北定州西汉中山怀王墓竹简《文子》的出土及公布，其大致成书年代被定为秦汉之际是没有疑问的。有关出土资料参见河北省文物研究所定州汉简整理小组：《定州西汉中山怀王墓竹简〈文子〉释文》，《文物》1995年第12期；河北省文物研究所定州汉简整理小组：《定州西汉中山怀王墓竹简〈文子〉校勘记》，《文物》1995年第12期；河北省文物研究所定州汉简整理小组：《定州西汉中山怀王墓竹简〈文子〉的整理和意义》，《文物》1995年第12期。

⑤ 刘文典：《淮南鸿烈集解》卷八《本经训》，冯逸、乔华点校，中华书局，1989年，第259页。

亦载："'皇之不极，是谓不建'，皇，君也；极，中；建，立也。人君貌言视听思心五事皆失，不得其中，则不能立万事。"[①]由此，我们也就能够很好地理解为什么秦始皇在统一六国后的第二年（秦始皇二十七年，前220）出巡陇西、北地等边境归来后，即于渭南营建信宫这一与皇帝权威密切相关的视觉建筑，并将它作为天地之轴心："二十七年，始皇巡陇西、北地，出鸡头山，过回中。焉作信宫渭南，已更命信宫为极庙，象天极。"[②]

唐司马贞索隐："为宫庙象天极，故曰极庙。"[③]极庙是秦始皇的宫庙，由他于二十七年兴建的用来处理政务的信宫转化而来。[④]天极即北极星，为秦汉时期宇宙观念中最为尊贵的星辰。如《史记·天官书》就记录："中宫，天极星，其一明者，太一常居也。"又唐司马贞索隐："中宫大帝，其精北极星。"[⑤]准此，我们就可以看出，秦始皇建立作为宇宙中心象征的信宫（极庙）是有他自己的独特考虑的。在他的思想意识里，自己不光是人间的帝王，也是想象中的天庭世界的帝王。而这一行为也揭示出在他的脑海里，自己及他所处的咸阳都城之重要组成部分——位于渭水南岸的信宫——就是天宫在地上世界的象征性中心。

当然秦始皇对这个中心的建构与强调也不限于极庙本身。他的这种建构后来也扩展到其对整个咸阳城的建设。对信宫的营造也并不是他对都城乃至整个国家的政治空间秩序进行视觉构建的终点，实际上那仅仅是一个开始。终其一生，秦始皇都在不断通过新建筑的构建来营造他统治天下的中心——咸阳城。如在统一天下后不久，秦始皇就大力增广宫室，对原有的、在秦孝公迁都咸阳后即使用的咸阳宫进行增修。[⑥]自20世纪70年代中期以后，考古工作者陆续发掘出土的三组宫殿群遗迹就给我们提供了很好的视觉遗迹材料。（图1、图2）

---

① 《汉书》卷二七《五行志》，中华书局，1962年，第1458页。
② 《史记》卷六《秦始皇本纪》，中华书局，1959年，第241页。
③ 《史记》卷六《秦始皇本纪》，中华书局，1959年，第242页。
④ 参见刘庆柱、李毓芳：《秦都咸阳"渭南"宫台庙苑考》，见《古代都城与帝陵考古学研究》，科学出版社，2000年，第87—88页。
⑤ 《史记》卷二七《天官书》，中华书局，1959年，第1289页。
⑥ 秦都咸阳考古工作站：《秦都咸阳第一号宫殿建筑遗址简报》，《文物》1976年第11期；咸阳市文管会、咸阳市博物馆、咸阳地区文管区：《秦都咸阳第三号宫殿建筑遗址简报》，《考古与文物》1980年第2期；秦都咸阳考古工作队：《秦咸阳宫第二号建筑遗址发掘简报》，《考古与文物》1986年第4期；陕西省考古研究所：《秦都咸阳考古报告》，科学出版社，2004年。

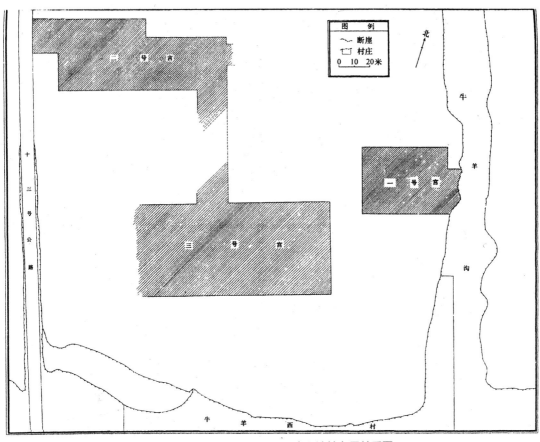

图 1　秦咸阳宫一、二、三号宫殿遗址布局关系图

（出自陕西省考古研究所：《秦都咸阳考古报告》，科学出版社，2004 年，第 451 页）

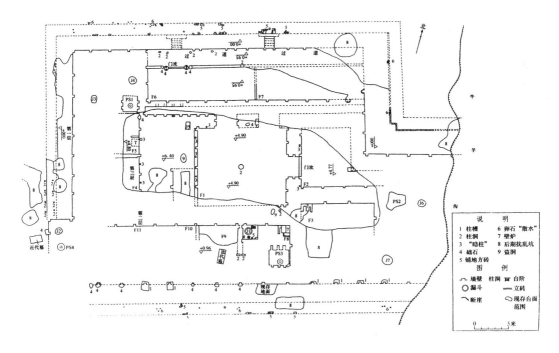

图 2　秦咸阳宫一号宫殿遗址布局平面图

（出自陕西省考古研究所：《秦都咸阳考古报告》，科学出版社，2004 年，第 284 页）

在这三组宫殿中，1974年3月在咸阳市东15公里窑店乡牛羊村北塬发掘出土的第一组宫殿群遗址保存较好。其他两组宫殿遗址则毁坏严重①，据学者研究应为战国中期孝公迁都咸阳后，由商鞅所筑的冀阙宫。（图3、图4）据发掘报告，一号宫殿殿址平面呈东西向"凹"字形，基址东西长177米、南北宽45米。虽然殿址东部已经遭到破坏，但经过考古发掘钻探，我们得知东半部的建筑形体和西半部是对称的。这样一来，考古发掘显示出的这种形体的空间展现，就与文献所记载的"商鞅作为冀阙宫庭于咸阳，秦自雍徙都之"中阙本身所具有的对称性的建筑特征相对应。② 正如考古发掘者所认为的：秦都咸阳第一号宫殿（冀阙宫）是一座以飞阁复道跨越南北向深沟（牛羊沟）的三层曲尺形建筑。在高度达6米的夯土台基之上建筑有数十间大小不一的屋舍，每间屋舍相互用甬道加以连接，其中又以处理政务的主体殿堂F1为整个建筑的核心。而这里在秦始皇时代应该是最为繁忙地展示其帝王威仪的公共活动空间之一。

图3　秦咸阳一号宫殿（冀阙宫）夯土台遗迹（西部）
（出自王仁波主编：《秦汉文化》，学林出版社，2001年，第36页）

① 陕西省考古研究所：《秦都咸阳考古报告》，科学出版社，2004年，第283—574页。
② 《史记》卷六八《商君列传》，中华书局，1959年，第2232页。

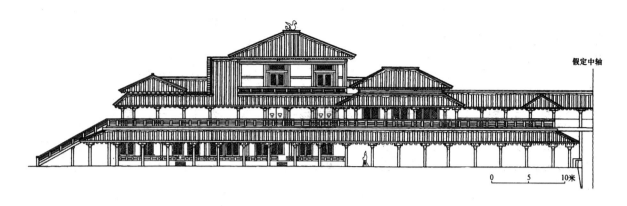

图4　考古学家依据出土的夯土台遗迹复原的秦咸阳一号宫殿图
（出自陕西省考古研究所：《秦都咸阳考古报告》，科学出版社，2004年，第770页）

　　当然，对原有咸阳宫的修建只是秦始皇构建其政治中心的一个部分。除此之外，他还将原有六国的宫殿移置于都城咸阳的周围："秦每破诸侯，写放其宫室，作之咸阳北阪上。南临渭，自雍门以东至泾、渭。殿屋复道周阁相属。多得诸侯美人钟鼓，以充入之。"①这自然是他穷奢极欲的表现，但在一定程度上也可看作他建构帝国中心空间的某种政治欲望的一部分。

　　值得注意的是：秦始皇三十五年（前212），"始皇以为咸阳人多，先王宫廷小。吾闻周文王都丰，武王都镐，丰镐之间，帝王之都也。乃营作朝宫渭南上林苑中。先作前殿阿房，东西五百步，南北五十丈，上可以坐万人，下可以建五丈旗。周驰为阁道，自殿下直抵南山。表南山之巅以为阙。为复道，自阿房渡渭，属之咸阳，以象天极阁道绝汉抵营室也。阿房宫未成；成，欲更择令名名之。作宫阿房，故天下谓之阿房宫"②。（图5）

---

　　① 《史记》卷六《秦始皇本纪》，中华书局，1959年，第239页。
　　② 《史记》卷六《秦始皇本纪》，中华书局，1959年，第255—256页。考古发掘报告见中国社会科学院考古研究所、西安市文物考古研究所、阿房宫考古工作队：《阿房宫前殿遗址的考古勘探与发掘》，《考古学报》2005年第2期。

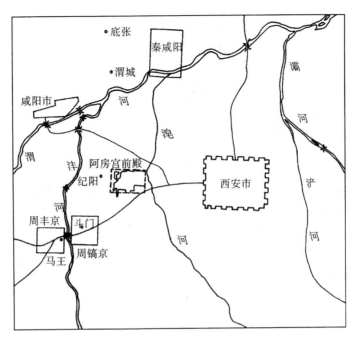

图 5　阿房宫前殿遗址位置示意图

（出自中国社会科学院考古研究所、西安市文物考古研究所、阿房宫考古工作队：《阿房宫前殿遗址的考古勘探与发掘》，《考古报告》2005 年第 2 期）

　　对此，郑岩已从历史、历史学、文学、图像、考古遗迹五个方面复原与阐释了阿房宫的前世今生。我们从他对这个专题多维度的观察与思考中，能够注意到曾经有过辉煌景象的阿房宫虽然目前只剩下少许的残垣断壁，但在文学、艺术、学术与一般历史记忆中却在不断地被记录、想象、复制、呈现的心灵史。[①]（图6）无论如何，在秦始皇的观念中通过阿房宫的修建塑造帝国的新政治中心却是客观存在的。只不过，目前的发掘报告显示：虽然现在遗存的阿房宫前殿遗迹规模巨大，东西长1270米、南北宽426米，现存最大高度12米，面积达54万平方米，但实际上在秦代它并未完成，而只是修建了夯土台基和三面墙体。[②]而考古学家对此问题的结论也与文献记载相互印证："阿房宫未成；成，欲更择令名名之。作宫阿房，故天下谓之阿房宫。"[③]

---

　　① 郑岩：《阿房宫：记忆与想象》，《美术研究》2011年第3期。考古发掘报告参见中国社会科学院考古研究所、西安市文物考古研究所、阿房宫考古工作队：《阿房宫前殿遗址的考古勘探与发掘》，《考古学报》2005年第2期。

　　② 中国社会科学院考古研究所、西安市文物考古研究所、阿房宫考古工作队：《阿房宫前殿遗址的考古勘探与发掘》，《考古学报》2005年第2期。

　　③ 《史记》卷六《秦始皇本纪》，中华书局，1959年，第256页。

图6　秦阿房宫前殿遗址夯土台遗迹（西南—东北）
（出自王仁波主编：《秦汉文化》，学林出版社，2001年，第24页）

虽然阿房宫并未建成，但我们从相关文献的解读中仍然能够看出秦始皇对阿房宫的建设规划及它所具有的政治中心功能。《史记·秦始皇本纪》记载："周驰为阁道，自殿下直抵南山。表南山之巅以为阙。为复道，自阿房渡渭，属之咸阳，以象天极阁道绝汉抵营室也。"①这里的"营室"是秦汉时代宇宙观想象中的天帝之别宫。②"汉"则为天河的象征。《诗经·小雅·大东》曰："维天有汉，监亦有光"。③《毛诗》注："汉，天河也。"④由此，我们可以看到秦代阿房宫的另一个重要功能是象征天帝的别宫。连接咸阳宫与阿房宫的复道也象征着"天极阁道"。⑤二者之间的渭水也就被象征为天上的银河。这也就是所谓的"渭水贯都，以象天汉。横桥南渡，以法牵牛"⑥。这样一来，秦始皇构建的整个咸阳城就被他转化为一个具有强烈象征功能的宇宙中心——天宫图景在地上的浓缩式景观。这个在地上被建构出来的"天宫"不仅包括渭水北岸的咸阳宫，也包括阿房宫、极庙、复道等附属性建筑。这里需要注意的是：从历史上看，天的观念也由来已久，在西周以后的

① 《史记》卷六《秦始皇本纪》，中华书局，1959年，第256页。

② 《史记》卷二七《天官书》，中华书局，1959年，第1291页。

③ 程俊英、蒋见元：《诗经注析》，中华书局，1991年，第634页。

④ 〔汉〕毛亨传，〔汉〕郑玄笺，〔唐〕孔颖达疏：《毛诗正义》，北京大学出版社，2000年，第919页。

⑤ 《史记》卷二七《天官书》，中华书局，1959年，第1290页。

⑥ 何清谷：《三辅黄图校释》卷一"咸阳故城"条，中华书局，2005年，第21页。

各类文献中就普遍存在具有人文主义与道德训诫意义的"天"之思想。[1]这种观念在秦代应该也被继承。但在秦始皇看来，自己虽然可以在雍地对天神、四帝、日月星辰、二十八宿、山川、风伯雨师等神灵进行祭祀，但从另一个角度讲，作为统一天下、构建皇帝制度，并且认为自己的文治武功是"自古以来未尝有、五帝所不及"的第一位人间的帝王，将自身居住的宫廷营建为模仿天帝所居的天庭在地上世界的中心的图景，应该也不失为一种可供秦始皇本人探索与展现其皇权威仪的方案。而这种对有关政治中心意识的不断塑造与强调，也正可以显示出秦始皇对建构"政治空间秩序"的思考。亦即他将都城咸阳营造成理想中的政治秩序空间的中心，而这个权力中心也只有他这位人间的帝王才能够拥有、支配与永久使用。

二、都城之外：秦始皇运用视觉艺术形式对帝国的整体控制与秩序建构

饶有意味的是，从有关的文献或遗迹中我们还可以发现秦始皇对"政治空间秩序"的视觉建构并不仅仅局限于对咸阳都城空间内部的规划，相反，通过出巡显示出的一系列视觉威仪、场面，以及伴随而来的对特殊的视觉景观的艺术化塑造也成为他建构新兴帝国政治秩序的组成部分。换句话说，他所建构的视觉化的政治空间并不拘泥于都城之内。

秦始皇的出巡开始于统一六国后的第二年，那一年他四十岁，精力充沛，巡视了北方边地陇西、北地等，并由此拉开了他数次出巡的序幕。[2]已经有学者注意到秦始皇的数次出巡具有开创性的意义。它事实上构成了一种庞大的视觉化的政治表现仪式，它的直接目的就是塑造一种新型的君民关系，即所谓的"天高皇帝近"[3]。事实上也的确如此，秦始皇的出巡不仅宣示着对新取得的天下空间的实际占有，它给人民视觉、心理的震慑也同样不容忽视。比如，在秦始皇二十八年（前219）东巡登峄山、泰山、琅琊山并立石刻文后，从南郡经武关归咸阳过程中，一位居住在安陆的小吏在他书写的编年记事中写上了"廿八，今过安陆"[4]。这段记载秦始皇

① 很多学者都已经讨论过这个问题，参见王国维：《观堂集林》（外二种），河北教育出版社，2001年，第139—140页；［美］顾立雅：《释天》，《燕京学报》1935年第18期；傅斯年：《周初人之帝、天》，见《傅斯年全集》（第2册），陈槃校定，联经出版事业公司，1980年，第597—610页；郭沫若：《先秦天道观之进展》，见《青铜时代》，中国人民大学出版社，2005年，第1—48页；许倬云：《西周史》，生活·读书·新知三联书店，2012年，第114—125页；陈来：《古代宗教与伦理——儒家思想的根源》，生活·读书·新知三联书店，2009年，第174—242页。
② 《史记》卷六《秦始皇本纪第六》，中华书局，1959年，第241页。
③ 雷戈：《秦汉之际的政治思想与皇权主义》，上海古籍出版社，2006年，第436—438页。
④ 睡虎地秦墓竹简整理小组编：《睡虎地秦墓竹简》，文物出版社，1990年，第283页。

在二十八年东巡返回咸阳、路过安陆的文字虽然简略，但正如邢义田所言："由此不难想象'今过安陆'对他一生具有的意义。秦始皇曾频频巡行天下，所到之处，'天威不违颜咫尺'的肉身形象不知在多少百姓的心中就这样建立起来了。"① 所以，当刘邦、项羽在看到秦始皇出行所呈现的帝王威仪这一视觉景观时，也不由得发出了"大丈夫当如此""彼可取而代也"之类的话语。②

而在我看来，秦始皇的历次出巡除了它所具有的以上功能外，还应该包括与它伴随而来的若干视觉艺术作品的显现。比如，在他历次出巡过程中相继在峄山、泰山、琅邪台、之罘（前后共两次）、之罘东观、碣石、会稽等地留下的八块石刻碑文。③无论就事件本身，还是在这个事件中衍生出的视觉图像及这些视觉图像被放置的空间场景，它们在秦始皇构建天下秩序的过程中，同样起到了关键作用。有关材料现举备如下：

（1）二十八年（前219）峄山刻石④；

（2）二十八年（前219）泰山刻石⑤；

（3）二十八年（前219）第一块之罘刻石⑥；

（4）二十八年（前219）琅邪台刻石［图7、图8，注：现存石刻为秦二世元年

---

① 邢义田：《中国皇帝制度的建立与发展》，见《天下一家：皇帝、官僚与社会》，中华书局，2011年，第9页。

② 《史记》，中华书局，1959年，第344、296页。

③ 有关这些立石的文本内容参见《史记》卷六《秦始皇本纪》（中华书局，1959年，第242—262页）以及清王昶《金石萃编》卷四［见新文丰出版公司编辑部编：《石刻史料新编》（第1辑第1册），新文丰出版公司，1977年，第79—82页］。参见金其桢《秦始皇刻石探疑》（《北京大学学报》2001年第6期）。笔者认为作者对其中八块刻石的考证是完全正确的，但对秦始皇三十五年（前212）东海上朐界刻石的观点似乎并不成立，原因在于：我们从有关的历史记载上仅仅能够获知秦始皇"立石于东海上朐界中，以为秦东门"，但这并不表明在此石中就刻有文本。因此，笔者认为秦始皇于二十八年至三十七年所立刻石共计有八块而非九块。对秦始皇出巡石的研究，还可参见容庚《秦始皇刻石考》（《燕京学报》1935年第17期）。

④ 〔清〕王昶：《金石萃编》卷四，见新文丰出版公司编辑部编：《石刻史料新编》（第1辑第1册），新文丰出版公司，1977年，第79—82页。

⑤ 《史记》卷六《秦始皇本纪第六》，中华书局，1959年，第242—262页；〔清〕王昶：《金石萃编》卷四，见新文丰出版公司编辑部编：《石刻史料新编》（第1辑第1册），新文丰出版公司，1977年，第82—84页。

⑥ 《史记》卷六《秦始皇本纪第六》，中华书局，1959年，第244页。

（前209）于琅邪台所加刻辞，秦始皇二十八年原刻石已毁］①；

（5）二十九年（前218）第二块之罘刻石②；

（6）二十九年（前218）之罘东观刻石③；

（7）三十二年（前215）碣石刻石④。

（8）三十七年（前210）会稽刻石⑤。

图 7　北京故宫博物院藏秦二世元年琅邪台刻辞拓片

（出自中国美术全集编辑委员会编：《中国美术全集·书法篆刻编·商周至秦汉书法》，人民美术出版社，1987 年，第 52 页）

---

①《史记》卷六《秦始皇本纪第六》，中华书局，1959 年，第245—247页。秦始皇二十八年琅邪台石刻今已无存，而秦始皇二世元年于琅琊台所加刻辞残件则尚存于中国国家历史博物馆。其刻辞内容见《史记》卷六《秦始皇本纪第六》（中华书局，1959 年，第267页）。所录内容另分别见清王昶《金石萃编》卷四、清毕沅《山左金石志》卷七，［见新文丰出版公司编辑部编：《石刻史料新编》（第1辑），新文丰出版公司，1977 年，第1册第84—86页、第19册第14417—14418页］。

②《史记》卷六《秦始皇本纪第六》，中华书局，1959 年，第249页。

③《史记》卷六《秦始皇本纪第六》，中华书局，1959 年，第250页。

④《史记》卷六《秦始皇本纪第六》，中华书局，1959 年，第252页。

⑤《史记》卷六《秦始皇本纪第六》，中华书局，1959 年，第261—262页。

图 8　北京中国国家博物馆藏现存秦二世元年琅邪台刻辞残迹

　　仔细推敲，这数块刻石虽然在内容上有所差异，但实际上都传达着若干重要的信息。首先，这些材料无一例外地都谈到了秦始皇诛灭六国、统一天下的历史事实。而按照这些立石的叙述，这种统一六国的行为本身也是"六王专倍，贪戾傲猛，率众自强"的纷扰局面造成的，必须予以惩罚。因此，秦王以"讨伐乱逆，威动四极，武义直方""振救黔首，周定四极""遂兴师旅，诛戮无道"为己任的道德说教与理念便在立石文本中变得合法、合情、合理。其次，这些历史文本也宣示着始皇在统一六国之后能够做到勤政爱民、明德修业，以达到所谓"节事以时，诸产繁殖。黔首安宁，不用兵革""和安敦勉，莫不顺令。黔首修洁，人乐同则"的太平景象。最后，也是最为重要的一点，在秦始皇的个人想象中，他所建构的帝国被扩大为"日月所照，舟舆所载，皆终其命，莫不得意"的理想化帝国，其统治的疆域空间也早已远远超过了他实际所能控制的地域，这种观念实际上也属于一种秦始皇个人一厢情愿式的"天下观"。因此，从上述内容上看，秦始皇在这若干次出巡过程中所立碑石实际上也是现实与理想信念的综合体。他以视觉载体的形式向普天之下宣告了他所建立帝国的合法性、正当性与真实性。进一步而言，秦始皇出巡立石的地点大体上都在靠近帝国东部的地区，北可至环渤海湾一带的碣石，南可至位于长江下游一带的会稽。而这些地点无一例外都属于秦始皇新近才征服的地区，换句话说，他在中国东部地区的统治基础其实并不太牢固。[①] 因此，我们可以看到：无论就这些刻石所宣示的内容，还是这些刻石所放置的地点、空间，这些由秦始皇在新近征服的地区放置的若干立石，都可被看作他借此框定、控制帝国政治疆域空间的极强欲望表达。

此外，他的这种对帝国四周空间的控制与塑造也可以从他塑造的另一些视觉作品中体现出来。比如，在其于三十五年建设阿房宫前殿之际，即"立石东海上朐界中，以为秦东门"[②]。这种体量巨大的视觉形式建构，不由得使我们注意到，秦始皇在同年于都城咸阳渭水南岸建造阿房宫前殿时"表南山之巅以为阙"的视觉建构规划。属于这种样式的巨型建筑或雕塑创作在秦始皇时代已经成为一种风格惯例。除了我们津津乐道的在秦始皇统一天下不久即被塑造并放置在咸阳宫前那十二个体量巨大的金人塑像外，自20世纪80年代以来，考古学家在辽宁绥中至河北省秦皇岛市沿海地区发现的若干处秦汉建筑遗迹也值得我们特别注意。这些遗迹大体由石碑地、止锚湾、黑山头、瓦子地、大金丝屯、周家南山六处互相关联的秦汉建筑遗址组成，分布范围900万平方米。[③]其中，石碑地、止锚湾、黑山头面向大海，属于该遗址的主体部分。而在这三个遗址中，石碑地遗址的重要性最为突出，并被认为是秦始皇三十二年东巡，命燕人卢生求仙人羡门、高誓的"碣石"行宫所在。考古学家在靠近海岸的遗址中发掘出规模宏大的秦代时期宫殿建筑群遗迹。它由坚固的城墙围绕，并以南部的大夯土台为中心，在城内形成了三级阶梯状的建筑平台面。（图9）其内发掘出土在秦代皇家宫殿中特有的夔纹式大瓦当。由此也可确定该遗址所具有的秦代皇家建筑特征[④]。（图10）

---

① 傅斯年与日本学者内藤湖南均曾认为在早期中国时代，中国政治权力的争斗主要还是东、西之争，至三国以后慢慢演变为南北势力之争斗，这一点值得特别注意。参见傅斯年《夷夏东西说》［见《庆祝蔡元培先生六十五岁论文集》（下册），中央研究院历史语言研究所，1933年，第1093—1134页］，该文另刊陈槃校定《傅斯年全集》第3册（联经出版事业公司，1980年，第822—893页）。夏应元选编并监译《内藤湖南博士中国史学著作选译》上册（社会科学文献出版社，2004年，第165—166页）。

② 《史记》卷六《秦始皇本纪第六》，中华书局，1959年，第256页。

③ 中国社会科学院考古研究所编著：《中国考古学·秦汉卷》，中国社会科学出版社，2010年，第55页。

④ 中国社会科学院考古研究所编著：《中国考古学·秦汉卷》，中国社会科学出版社，2010年，第67—70页；辽宁省文物考古研究所编著：《姜女石——秦行宫遗址发掘报告》（上册），文物出版社，2010年，第402—404页。图片来源见《姜女石——秦行宫遗址发掘报告》下册图版10。

图9　辽宁绥中石碑地遗址发掘区域全景
［辽宁省文物考古研究所：《姜女石——秦行宫遗址发掘报告》（下册），文物出版社，2010年，图版6］

图10　石碑地碣石宫遗址出土具有秦代皇家性质特征的夔纹大瓦当

更值得注意的是，在这组建筑遗迹的对面则矗立有三块体量巨大的海蚀柱。（图11）在海蚀柱与岸边宫殿建筑遗迹之间，有一条连接二者的人工铺就的甬道。其中甬道所铺石块在"文革"期间多被百姓拆除，作为"石灰石"出卖，零星的剩余石块则被海水冲走。①而郑岩进一步指出，在最大的一块高出海面24米的海蚀柱底部堆放着一些大

图11　辽宁绥中石碑地碣石宫遗址对面之三块巨型海蚀柱（姜女石）及人工甬道

型的白色河光石。这类白色的石头不见于附近的海域，应是前人有意放置，并与秦始皇、汉武帝在此地求仙的活动息息相关。②因此，我们可以得出结论：这一组海蚀柱虽然属于天然的自然景观，但由于有连接海蚀柱的人工甬道、被移置的巨型河光石的参与，因此这一自然景观就具有了人工景观的某种元素。这也就如郑岩所认为的：它们或许是秦始皇、汉武帝时代在此地求仙的中介，是他们希图通往仙境的桥

---

① 辽宁省文物考古研究所编著：《姜女石——秦行宫遗址发掘报告》（上册），文物出版社，2010年，第5页。图片来源见《姜女石——秦行宫遗址发掘报告》下册图版1。

② 郑岩：《风格背后——西汉霍去病墓石刻新探》，见《陕西历史博物馆馆刊》（第18辑），三秦出版社，2011年，第151页。

梁。①虽然这处遗迹的主题与升仙有关，但就其视觉表现形式而言，和秦始皇在帝国的中心建构都城、塑造巨型雕像、出巡四方过程中立石一样，成为秦始皇利用巨型的人工性视觉景观控制天下、随意塑造他所控制国土的有机组成部分。对此，苏秉琦曾认为碣石宫象征着秦帝国的国门，并在地理选址上"暗含着将辽东半岛与山东半岛作为屏风，将渤海湾作为其庭院"②。刘庆柱也进一步指出，从这个视觉案例上可以看出"始皇应该具有拥有海洋、管理海洋的观念，后世皇帝将'海洋'搬入皇宫，究其源头无疑应从始皇开始"③。

秦始皇的这种对异域世界的关注与控制欲望，也可以在他于都城咸阳特意营造的兰池宫看出。该宫室由于年代久远早已荡然无存，据学者结合有关出土遗存考证在今咸阳市东杨家湾附近。④《三秦记》"兰池宫"条记载："始皇引渭水为长池，东西二百里，南北三十里，刻石为鲸鱼二百丈。"⑤此外，宋敏求在《长安志》中对《三秦记》的注引也保存了更为完整的信息："始皇引渭水为长池，东西二百里，南北三十里，筑为蓬莱山，刻石为鲸鱼，长二百丈。亦曰兰池陂。"⑥从以上秦始皇对辽宁绥中石碑地"碣石宫"以及兰池宫的营造上，我们也可以注意到秦始皇对海洋这一异域世界的关注与占有欲望。对此，我们当然可以找到其他的类似例子，如在秦始皇二十八年，他出巡东部从彭城归来，在泗水捞鼎失败，"渡淮水，之衡山，过南郡，浮江至湘山祠不得渡后大怒，使刑徒三千人皆伐湘山树，赭其山"。这一案

---

① 郑岩：《风格背后——西汉霍去病墓石刻新探》，见《陕西历史博物馆馆刊》（第18辑），三秦出版社，2011年，第152页。

② 苏秉琦：《中国文明起源新探》，生活·读书·新知三联书店，1999年，第155—156页。

③ 辽宁省文物考古研究所编著：《姜女石——秦行宫遗址发掘报告》（上册），文物出版社，2010年，第403—404页。

④ 对秦兰池宫遗址位置的考证，参见王丕忠、李光军：《从长陵新出土的瓦当谈秦兰池宫地理位置等问题》，《人文杂志》1980年第1期；刘庆柱：《〈谈秦兰池宫地理位置等问题〉几点质疑》，《人文杂志》1981年第2期；刘庆柱：《三秦记辑注》，三秦出版社，2006年。需要注意的是，史念海指出：辛氏《三秦记》虽然不见于隋唐时期的目录学著作著录，但成书于东汉以后的《三辅黄图》、北魏郦道元《水经注》、梁刘昭《续汉书郡国志注》均对《三秦记》的记载有所征引。其所记录又皆秦汉都邑、宫室、苑囿地理。因此该书当是由熟悉两汉历史文化并对此有感同身受的人士所著。参见史念海为《三秦记辑注·关中记辑注》所作总序（三秦出版社，2006年，第1页）。有关秦兰池与兰池宫遗址的考古发掘报告，参见陕西省考古研究所：《秦都咸阳考古报告》，科学出版社，2004年，第15页。

⑤ 刘庆柱：《三秦记辑注》，三秦出版社，2006年，第8—9页。

⑥ 〔宋〕宋敏求：《长安志》，〔清〕毕沅校证，成文出版社有限公司，1970年，第67页；〔清〕毕沅：《关中胜迹图志》，张沛校点，三秦出版社，2004年，第272页。

例也可说明他已经把他拥有的帝国当作自己可以随意建构或改造的个人物件。①

公元前210年，秦始皇在第五次出巡返回途中于河北沙丘平台病逝，随同的皇子、妃嫔、官僚、兵士护送他的尸体经由他两年前构建的另一处人工性的视觉景观——直道返回咸阳。②早在其统一六国后的第二年，秦始皇为加强对整个帝国的控制就开设了自咸阳通往各地的驰道："二十七年……是岁，赐爵一级，治驰道"③。（图12）应劭曰："驰道，天子道也，道若今之中道然。"④又《汉书·贾山传》云："秦为驰道于天下，东穷燕齐，南极吴越，江湖之上，濒海之观毕至。"⑤而在秦始皇三十五年，他则更是出于沟通咸阳与帝国北方边境的考虑，命蒙恬开筑自九原至云阳的直道："三十五年，除道，道九原，抵云阳，堑山堙谷，直通之。"⑥驰道与直道的开凿一方面固然是出于他为加强帝国中心与四方边界的考虑，而从另一个层面的意义上说，秦始皇也借此将整个帝国转化为自己可以随意控制的私人空间。因此从这个层面上看，驰道与直道建筑也和长城一样属于秦始皇借以框定和构建帝国的政治空间秩序而塑造的多种视觉形式中的有机组成部分。⑦

---

① 《史记》卷六《秦始皇本纪第六》，中华书局，1959年，第248页。
② 《史记》卷六《秦始皇本纪第六》，中华书局，1959年，第248页。
③ 《史记》卷六《秦始皇本纪第六》，中华书局，1959年，第241页。
④ 《史记》卷六《秦始皇本纪第六》，中华书局，1959年，第242页。
⑤ 《汉书》卷五一《贾山传》，中华书局，1962年，第2328页。
⑥ 《史记》卷六《秦始皇本纪第六》，中华书局，1959年，第256页。图片来源见甘肃省文物局：《秦直道考察》，兰州大学出版社，1996年，第83页。对秦直道遗迹的调查与研究，参见史念海：《秦始皇直道遗迹的探索》，《文物》1975年第10期；孙相武：《秦直道调查记》，《文博》1988年第4期；王开：《秦直道新探》，《成都大学学报》（社会科学版）1989年第1期（原刊《西北史地》1987年第2期）；吕卓民：《秦直道歧义辨析》，《中国历史地理论丛》1990年第1辑；张洪川：《内蒙古自治区境内秦直道遗迹考察纪实》，《内蒙古公路交通史资料选辑》1991年第14期；鲍桐：《鄂尔多斯秦直道遗迹的考察与研究》，《包头教育学院学报》1990年第1期；甘肃省文物局编：《秦直道考察》，兰州大学出版社，1996年；王子今：《秦直道的历史文化参照》，《人文杂志》2005年第5期；国家文物局秦直道研究课题组、旬邑县博物馆编：《旬邑县秦直道遗址考察报告》，《文博》2006年第3期。
⑦ 对"长城"这一独特的视觉建筑景观在秦汉"天下观"思想中的作用，邢义田已经做了深入的研究。参见邢义田：《从古代天下观看秦汉长城的象征意义》，《燕京学报》2002年第13期；邢义田：《天下一家——中国人的天下观》，见刘岱主编：《永恒的巨流》，生活·读书·新知三联书店，1991年，第425—478页；邢义田：《秦汉史论稿》，东大图书出版公司，1987年，第3—41页；邢义田：《天下一家：皇帝、官僚与社会》，中华书局，2011年，第84—135页。

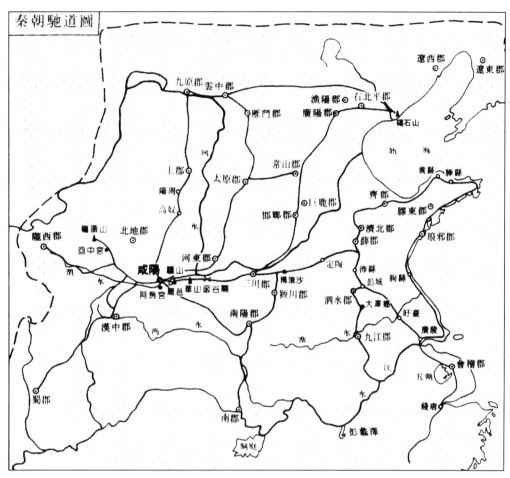

图 12　秦始皇二十七年修筑的自咸阳通往各地的驰道示意图

（出自梁二平：《谁在世界的中央——古代中国的天下观》，花城出版社，2010年，第161页）

三、结论

综合而论，我们可以看到：在秦始皇统一六国、平定宇内之后，除通过政令、经济、军事、文字、仪式等手段显示其对天下的占有与改造之外，还通过多层次、多种表现样式的视觉景观去建构、框定、控制帝国的政治秩序空间，凸显政治中心，展现帝王威仪。同时，控制四方空间的天下观念也成为他统治后期一系列政治行为的有机组成部分。这也正如王健文所言："空间也是概念借以实现的重要依据，人世间的权力结构，往往具体地呈现在空间格局之中。""空间格局本身就体现了权力结构。"①事实上，通过视觉艺术形式的建构将皇权政治秩序加以框定与展

---

① 王健文：《奉天承运——古代中国的"国家"概念及其正当性基础》，东大图书股份有限公司，1995年，第20页。

现，也是秦始皇本人细致考虑的问题。

　　具体来说，秦始皇时代对政治权力中心观的强调是由他营建极庙、阿房宫，以及增筑战国时期的咸阳宫等一系列建筑行为完成的。这个中心不仅仅代表了位于地上世界的政治中心，也应被看作秦始皇掌控的天地之轴心。而他对帝国四方空间的框定与控制则大体由历次出巡立石、碣石宫、驰道、直道、长城等一系列在都城外部营建的巨型视觉景观的修建而显现。然而，以上种种基于构建与改造帝国政治空间的初步尝试，都伴随着秦始皇肉体的消逝而中道崩殂。他的去世也标志着一个时代的结束。而他历次出巡所致力的求仙活动也并未带给他长生的福祉。他对整个天下的控制、建构，对营造帝国政治空间的强烈渴望、期许与追求，都只能由七十多年以后另一位帝王——汉武帝用另一些视觉空间的表现形式来继续展现。只不过，后者塑造的视觉形式及所显示的观念又将呈现出另一番图景。

原载《美术学报》2013年第2期

（刘晓达，广东第二师范学院美术学院教授）

汉武帝时代的上林苑与"天下"观

——以昆明池、建章宫太液池的开凿为论述中心

刘晓达

一

由汉武帝推动、营造的上林苑是西汉中期最重要的皇家园林。（图1）我在相关研究中，已就武帝时代对上林苑的营造所显现的多重动机与观念进行过分析，并认为武帝对上林苑的建造并非只是一味地出于游猎与休憩，其中似乎隐藏着更为深入的政治与文化欲望。汉武帝时代推动营造的上林苑应与下面四个层面的观念有关。其一，汉初以来活跃在宫廷内外的方士集团为武帝提供了关于宇宙空间与仙界的认知。其二，司马相如的文学作品《上林赋》为武帝呈现了一个理想化的杳远空间与蓝图。其三，武帝即位早期即具有的"内修法度、外攘夷狄""王者无外、天下一家"式的政治与学术修养，为其建构上林苑提供了某种心理上的暗示。其四，秦至汉初宫苑池沼景观的修建为武帝和武帝时代的工匠提供了可以依据的视觉模本。[①]但如何将这些欲望以视觉艺术的形式转化为可见的景观，这当然有一个过程。譬如，武帝对上林苑内昆明池的开凿，以及对昆明池内外巨型雕塑的放置就在司马相如创作《上林赋》若干年后的元狩三年（前120）才完成。[②]因此从这个层面上讲，汉武帝对上林苑的历时性建构也不是一蹴而就的。上林苑内一些重要的视觉景观塑造，其实也显现出武帝本人的政治、文化欲望和对天下的理解意识。我们接下来将主要以他对上林苑内所做的几处关键景观的推动、营造为论述的中心。

---

① 刘晓达：《汉武帝时代营造上林苑的动机与观念来源》，《美术研究》2014年第3期。
② 《汉书》卷六《武帝纪第六》，中华书局，1962年，第177页。

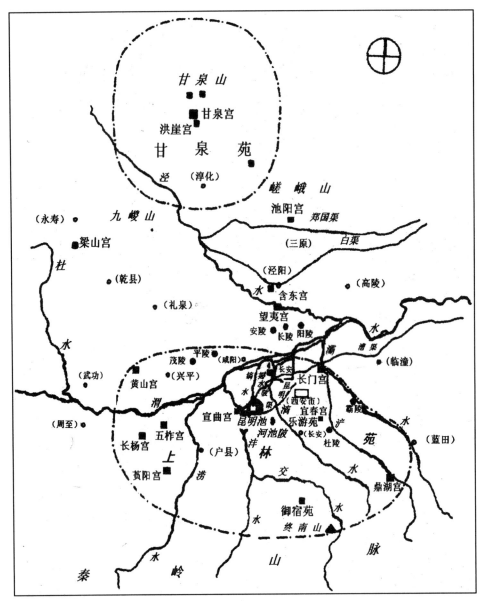

图1 汉武帝时期上林苑的大体地理空间范围

（出自林通雁：《西都：汉长安城美术史遗迹的发现与研究》，陕西人民美术出版社，2012年，第68页）

实际上，在武帝开始对上林苑进行建构的早期阶段，他已希图将各类来自异域的动植物从遥远的边疆移至他幻想中的上林苑内。如《三辅黄图》记载："武帝初修上林苑，群臣远方，各献名果异卉三千余种植其中。亦有制为美名，以标奇异。"①《西京杂记》又载：武帝"初修上林苑，群臣远方，各献名果异树，亦有制

① 何清谷：《三辅黄图校释》卷四"苑囿"条，中华书局，2005年，第230页。

为美名，以标奇丽"①。又，上林苑积草池中就有南越王赵佗所献高一丈二尺的珊瑚树。②汉武帝元鼎六年（前111）以后，又将来自南越地区的奇草异木移至新建立的扶荔宫中。③至于上林苑中来自帝国各地和异域的珍禽异兽就更多了，这些记录在司马相如《上林赋》、班固《西都赋》、扬子云《长杨赋》、张衡《西京赋》里不胜枚举。对此，一些学者还专门撰文整理了汉武帝时代上林苑内自远方、异域移植过来的珍果、异树、珍禽、鸟兽的品种及数量。④如果将上述行为与其后他在昆明池周围营造的视觉景观连缀在一起综合考虑的话，我们就会注意到，在汉武帝的视野里，上林苑已然成为那一时代他所认识的大千世界的一个缩影。通过视觉艺术的形塑，他所认知的世界被人为地缩微化，成为在长安附近他可以随意控制与建构的视觉景观。

汉武帝其后对上林苑中一些体量、规模巨大的人工性景观的踵事增华更值得我们注意。在汉武帝对外征伐并进而建构统一帝国日趋频繁的元狩三年，他在上林苑内营造了昆明池。（图2、图3）⑤在有关文献的记述中，上林苑共有池十五所，但最为重要的苑池即昆明池。⑥对昆明池的开凿活动当然与武帝借此训练水军、讨伐西南夷等军事战略密切相关。如《汉书·武帝纪》记载："汉使求身毒国，而为昆明所闭。今欲伐之，故作昆明池象之，以习水战。"⑦《汉书·食货志》也记载："是时粤欲与汉用船战逐，乃大修昆明池，列馆环之。"⑧一些学者也进而认为它的开凿与

① 上海古籍出版社编：《汉魏六朝笔记小说大观》，上海古籍出版社，1999年，第83页。

② 何清谷：《三辅黄图校释》卷四"池沼"条，中华书局，2005年，第268页。此外，该书卷三"建章宫"条又记录："奇华殿，在建章宫旁，四海夷狄器服珍宝，火浣布、切玉刀、巨象、大雀、狮子、宫马、充塞其中。"

③ 何清谷：《三辅黄图校释》卷三"甘泉宫"条，中华书局，2005年，第208页。扶荔宫虽属于甘泉宫建筑群，并不在上林苑中，但武帝将来自远域的奇花异草，移至自己可以随意控制的长安附近这一行为却是值得特别注意的。

④ 参见林通雁：《西都：汉长安城美术史遗迹的发现与研究》，陕西人民美术出版社，2012年，第69—70页。

⑤ 发掘报告见中国社会科学院考古研究所汉长安城工作队：《西安市汉唐昆明池遗址的钻探与试掘简报》，《考古》2006年第10期。

⑥ 何清谷：《三辅黄图校释》卷四"池沼"条，中华书局，2005年，第248页；〔唐〕徐坚等：《初学记》，中华书局，1962年，第148页。

⑦ 《汉书》卷六《武帝纪第六》，中华书局，1962年，第177页。

⑧ 《汉书》卷二四下《食货志第四下》，中华书局，1962年，第1170页；《史记》卷三〇《平准书第八》，中华书局，1959年，第1436页。

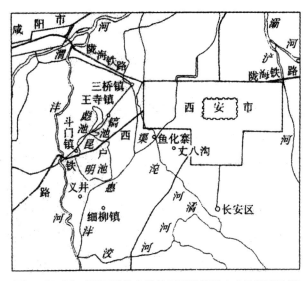

图 2　汉武帝时期开凿的上林苑昆明池遗址之大致地理位置

（出自中国社会科学院考古研究所汉长安城工作队：《西安市汉唐昆明池遗址的钻探与试掘简报》，《考古》2006 年第 10 期）

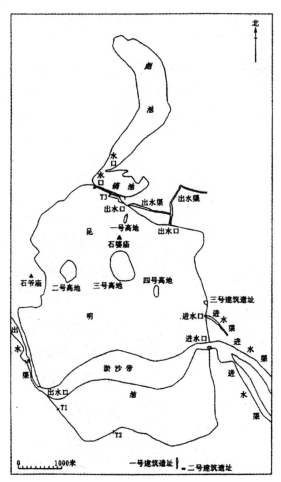

图 3　汉武帝时期开凿的上林苑昆明池遗址之钻探试掘平面图

（出自中国社会科学院考古研究所汉长安城工作队：《西安市汉唐昆明池遗址的钻探与试掘简报》，《考古》2006 年第 10 期）

为长安城的居民提供水源联系密切。①但正如我在另文中曾分析过的，宫廷方士对宇宙空间的想象、这一时代关于"上林苑"的文学创作、武帝本人的政治抱负，以及前代帝王对都城内外水面景观的视觉表现"模本"，可能都会对包括昆明池在内的上林苑景观的构建产生直接的推动。②而从武帝在昆明池两岸放置牵牛、织女雕塑，并在池内营造石鲸鱼等行为看，其背后隐藏的政治与文化意义当更为复杂。据《三辅故事》记载："昆明池有豫章台及石鲸。刻石为鲸鱼，长三丈，每至雷雨，常鸣吼，鬐尾皆动。""昆明池中有二石人，立牵牛、织女于池之东西以象天河。"③（图4）正如巫鸿所言："织女像和牛郎像分别被放置在相对的两岸，使该池成为对银河的模拟，池中有一巨大的石鲸，把这个人工湖泊转化成一个汪洋大海。"④在武帝充满想象力的视野中，天上的银河、来自边远异域地区的奇特生物等都可以借视觉艺术的形式，从远方移动至上林苑内并得到不断的感神通灵式复制以便尽量地接近于真实。通过视觉艺术的手法刻画物象，以达到真实和通灵式的效果，自汉代以来就已经形成了一个视觉表现传统。如在汉武帝时期，齐人少翁便建议汉武帝"上即欲与神通，宫室被服非象神，神物不至"⑤。

---

① 参见刘振东、谭青枝：《汉唐昆明池杂议》，见中国社会科学院考古研究所、陕西省考古研究院、西安市文物保护考古所编：《汉长安城考古与汉文化——纪念汉长安城考古五十周年国际学术研讨会论文集》，科学出版社，2008年，第263—264页。

② 参见刘晓达：《汉武帝时代营造上林苑的动机与观念来源》，《美术研究》2014年第3期。

③ 〔晋〕佚名撰，〔清〕张澍辑：《三辅故事》，陈晓捷注，三秦出版社，2006年，第23页。另参见何清谷：《三辅黄图校释》卷四"池沼"条，中华书局，2005年，第253—254页；〔唐〕佚名撰，〔清〕张澍辑：《三辅旧事》，陈晓捷注，三秦出版社，2006年，第22页。考古发掘报告及著作参见胡谦盈：《汉昆明池及有关遗存踏查记》，《考古与文物》1980年第1期；刘庆柱、李毓芳：《汉长安城》，文物出版社，2003年，第186—203页。

④ 〔美〕巫鸿：《中国古代艺术与建筑中的纪念碑性》，李清泉、郑岩等译，上海人民出版社，2009年，第227页。

⑤ 《汉书》卷二五上《郊祀志第五》，中华书局，1962年，第1219页。此外，石守谦通过对汉代以后画史研究的梳理也对这个问题进行了深入讨论。参见石守谦：《"幹惟画骨不画肉"——兼论"感神通灵"观在中国画史上的没落》，见《风格与世变——中国绘画十论》，北京大学出版社，2008年，第52—84页。（原刊《艺术学研究年报》1990年第4期；又收入石守谦：《风格与世变——中国绘画十论》，允晨文化出版公司，1996年）

图 4　汉武帝时在上林苑开凿昆明池后放置在东岸的牵牛像（左）和放置在西岸的织女像（右）
（出自中国美术全集编辑委员会编：《中国美术全集·秦汉雕塑》，人民美术出版社，1985 年，第 36、37 页）

二

对上林苑的视觉形塑在武帝统治的中晚期仍在继续。我们从这一历史进程中也可以感受到汉武帝"包容天下于一苑内"的某种心态。在太初元年（前104）二月左右，已经进入统治晚期的汉武帝开始建造建章宫，至太始四年（前93）左右这个建筑大致完成。①该工程最引人注目的地方，在于武帝在建章宫西北部营造的太液池。太液池遗址位于前殿基址西北450米处，面积15.16万平方米。池塘内东北部尚有渐台遗址。该遗址现存东西长60米、南北长40米、残高8米。②（图5）使我们感兴趣的则是太液池内设置的体量巨大的雕塑等视觉"景观"。《关辅记》云："建章宫北有池，以象北海。刻石为鲸鱼，长三丈。"③《史记·封禅书》记载："建章宫其北治大池，渐台高二十余丈，命曰太液池，中有蓬莱、方丈、瀛洲、壶梁，象海中神山龟鱼之属。"④《汉书·郊祀志》也记载："建章宫其北治大池，渐台高二十余丈，

---

① 《汉书·武帝纪》记载："太初元年二月，起建章宫。""太始四年夏五月，还幸建章宫。大置酒，赦天下。"由此可知，建章宫的建设在武帝太初元年二月即已开始，至太始四年实际已经完工。参见《汉书》卷六《武帝纪第六》，中华书局，1962年，第199、207页；刘庆柱：《关中记辑注》，三秦出版社，2006年，第55页。

② 参见刘庆柱、李毓芳：《汉长安城》，文物出版社，2003年，第186—190页。

③ 何清谷：《三辅黄图校释》卷四"池沼"条，中华书局，2005年，第261页。

④ 《史记》卷二八《封禅书第六》，中华书局，1959年，第1402页。

名曰泰池。池中有蓬莱、方丈、瀛洲、壶梁，象海中神山龟鱼之属。其南有玉堂、壁门、大鸟之属。"①《三辅旧事》亦云："太液池北岸有石鱼，长三丈，广五尺。西岸有石龟两枚，并长六尺。"②

图 5　上林苑东北建章宫太液池渐台遗址

虽然到目前为止，能够被找到并确认的属于原建章宫太液池中的遗物，仅有陕西历史博物馆馆藏的1973年发现于西安三桥北高堡子村西的石鲸鱼残件③（图6），但我们结合上述的历史文献记载，依然能够想象历史上的建章宫及太液池在刚刚竣工后的视觉图景。这也正如班固在《西都赋》中所写的："前唐中而后太液，览沧海之汤汤。扬波涛于碣石，激神岳之嶈嶈。滥瀛洲与方壶，蓬莱起乎中央。"④班固的描述虽然有夸大之辞，但我们也应当看到：汉武帝通过视觉手段将太液池转化为在杳远的帝国边域存在的海洋世界，将来自异域世界的图景移至帝国的中心，呈现融天下景观于一苑的心态却是非常值得注意的。

---

①　《汉书》卷二五《郊祀志第五下》，中华书局，1962年，第1245页。相似的记载在汉魏时期的笔记小说中也有记述，参见佚名：《汉武故事》，王根林校点，见上海古籍出版社编：《汉魏六朝笔记小说大观》，上海古籍出版社，1999年，第174页。

②　〔唐〕佚名撰，〔清〕张澍辑：《三辅旧事》，陈晓捷注，三秦出版社，2006年，第59页。

③　考古发掘报告参见黑光：《西安汉太液池出土一件巨型石鱼》，《文物》1975年第6期。对这件作品归属地的研究参见郑岩：《风格背后——西汉霍去病墓石刻新探》，见《陕西历史博物馆馆刊》（第18辑），三秦出版社，2011年，第142页。（该文另见《中国国家美术》2012年第3期；又收入郑岩：《逝者的面具——汉唐墓葬艺术研究》，北京大学出版社，2013年）图片为陕西历史博物馆壁画保护修复研究中心主任文军摄影，郑岩提供照片。

④　〔梁〕萧统：《文选》，〔唐〕李善注，上海古籍出版社，1986年，第17页。

图6　陕西历史博物馆正门前放置的建章宫太液池石鲸鱼（残件）

　　建章宫的使用及太液池内诸视觉景观的营造，都在一定程度上标志着汉武帝穷尽一生所营造的皇家苑林——上林苑最终被塑造完成并呈现在世人的面前。无论是他将帝国四边的奇花、异草、瑞兽移至上林苑中，还是在其统治中期于开凿的昆明池内放置石鲸、设立牵牛和织女像，抑或是其后在建章宫以北太液池内放置石鲸鱼，营造象征域外未知世界的"蓬莱、方丈、瀛洲、壶梁，象海中神山龟鱼之属"，诸如此类的视觉表现其实都很好地表达了武帝希望将他认识到的天下世界，以缩微性景观的视觉表现手法立体性地呈现出来。而用于处理政务的建章宫之建立则又使上林苑及周边地区具有了一个政治中心。据《汉书·郊祀志》载："汉武帝于是作建章宫，度为千门万户。前殿度高未央。"[1]又《关中记》云："建章宫'制事兼未央'。"[2]这表明在汉武帝时代，作为上林苑中一个有机组成部分的建章宫实际上承担了重要的政治功能。[3]亦即，我们以上关于对武帝塑造上林苑的历时性复原与分析，都展现出汉武帝时代的上林苑已然成为一个具有强烈政治意义的、由缩微性视觉形式表现出来的天下世界，而不仅仅作为一个单纯的娱乐休憩场所而存在。

---

　　① 《汉书》卷二五《郊祀志第五下》，中华书局，1962年，第1245页。

　　② 刘庆柱：《关中记辑注》，三秦出版社，2006年，第50页；〔宋〕宋敏求：《长安志》，〔清〕毕沅校证，成文出版社有限公司，1970年，第78页。

　　③ 参见刘庆柱、李毓芳：《汉长安城的宫城和市里布局形制述论》，见《考古学研究》编委会：《考古学研究——纪念陕西省考古研究所成立三十周年》，三秦出版社，1993年，第604页。

饶有意味的是，考古学家于20世纪50年代，在上林苑东北建章宫遗址中也发掘出土了大量的瓦当文字材料，其中一些瓦当资料就篆刻有"汉并天下"这一带有强烈政治信息的纪年文字①（图7）。据刘庆柱论述，在上林苑建章宫遗址出土的带有"汉并天下"字样的瓦当材料并不只一件，而是有若干件。这也是一个值得注意的现象。②此外，陕西省周至县八云塔文管所也收藏了一件上林苑长杨宫遗址出土的"汉并天下"文字瓦当（图8）。③又，考古学者在陕西省淳化县铁王乡东嘴村甘泉宫遗址附近也采集到一件"汉兼天下"文字瓦当（图9）。

图7　20世纪50年代建章宫遗址出土"汉并天下"字样的瓦当（汉武帝时期）

（出自俞伟超：《汉长安城西北部勘察记》，《考古通讯》1956年第5期，第22页图3）

图8　陕西省周至县八云塔文管所收藏上林苑长杨宫遗址内出土"汉并天下"文字瓦当（汉武帝时期）

（出自陕西省考古研究所秦汉研究室编：《新编秦汉瓦当图录》，三秦出版社，1986年，第223页）

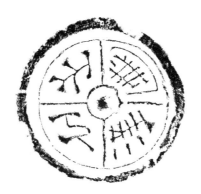

图9　1990年陕西省淳化县铁王乡东嘴村出土"汉兼天下"文字瓦当（汉武帝时期）

（出自姚生民：《新中国出土瓦当集录·甘泉宫卷》，西北大学出版社，1998年，第298页）

---

① 俞伟超：《汉长安城西北部勘察记》，《考古通讯》1956年第5期。

② 刘庆柱：《战国秦汉瓦当研究》，《汉唐与边疆考古研究》（第1辑），科学出版社，1994年，第1—30页；刘庆柱：《汉长安城遗址及其出土瓦当研究》，见《古代都城与帝陵考古学研究》，科学出版社，2000年，第354、359—360页。

③ 参见刘庆柱：《汉长安城遗址及其出土瓦当研究》，见《古代都城与帝陵考古学研究》，科学出版社，2000年，第359—360页。

这些在内容上较为相似的文字瓦当已经被确定为属于汉武帝时期扩建上林苑，修建建章宫、甘泉宫时的遗物。[①]虽然这些瓦当的文字内容较为简略，但这些在武帝时期修筑建章宫等其他宫室时所遗存的文字信息，却在不经意间流露出武帝时代对拥有天下世界的政治欲望与情感。据学界普遍研究，汉代文字瓦当大约在西汉初期已出现。[②]据陈直著录与考证，在陕西省南郑地区西汉初期的宫室遗迹中，即出土有"佳汉三年，大并天下""当王天命"等反映西汉初年一统天下思想的文字瓦当材料。[③]（图10、图11）但这些在西汉初期制作的显现新近统一天下观念的材料，所涵盖的政治疆域范围显然要小于在汉武帝时期被广泛用于上林苑、建章宫、甘泉宫中的带有相似文字主题的瓦当资料。于后者而言，这里的"汉并天下""汉兼天下"所指代的疆域，就不一定只是西汉王朝实际能掌控到的天下世界，它所暗示的很可能是随着汉武帝开疆拓土与域外地理大发现，皇帝与臣僚们所能想象的理想化了的天下世界。而这一特殊的、看似不经意的零碎历史遗存，则或许可被视为汉武帝构建上林苑时所显现的"王者无外""天下一家"的政治心态之注脚。

图10　陕西省南郑地区西汉初期宫室遗迹出土
"惟汉三年，大并天下"文字瓦当（西汉初期）
［出自陈直：《关中秦汉陶录》（上册），中华书局，
2006年，第210页］

图11　陕西省南郑地区西汉初期宫室遗迹出土"当王天命"文字瓦当（西汉初期）
［出自陈直：《关中秦汉陶录》（上册），中华书局，2006年，第236页］

在张骞通西域前后的汉武帝中后期，汉帝国对域外世界的理解已愈来愈清晰。这在学界对《史记·大宛列传》《汉书·西域传》《魏略·西戎传》《后汉书·西

---

① 刘庆柱：《汉长安城遗址及其出土瓦当研究》，见《古代都城与帝陵考古学研究》，科学出版社，2000年，第359—360页。
② 刘庆柱：《战国秦汉瓦当研究》，见《汉唐与边疆考古研究》（第1辑），科学出版社，1994年，第20—21页；申云艳：《中国古代瓦当研究》，文物出版社，2006年。
③ 参见陈直：《关中秦汉陶录》（上册），中华书局，2006年，第210—211、236—237页。图片材料见第210、236页。另可参见陕西省考古研究所秦汉研究室编：《新编秦汉瓦当图录》，三秦出版社，1986年，第220—223页。

域传》等文献的解读中已有专论。①在汉武帝的脑海中，上林苑中的诸多视觉景观可以像一件被随意玩赏的器物一样，是他对整个天下空间进行永久性控制与占有的象征图像。同时，该宫苑成为武帝款待外国使节，以示"华夷一体，天下一家"的象征道具。如《汉书·西域传》中就记录武帝在上林苑中"设酒池肉林以享四夷之客，作巴俞都卢、海中砀极、漫衍鱼龙、角抵之戏以观视之"，极尽炫耀与夸张之能事。②而他所认为的"天下"也应该包括了现实、域外、仙界、天上等不同层次的空间世界。换言之，秦汉时代所理解的"天下"在狭义上讲当然是指中央政权能够有效控制的疆域。但从广义上讲，它则指一种理想化的包含了周边、域外、仙界等普天之下的世界。游逸飞即注意到在一些汉代铜镜铭文中，有所谓"见日之光，天下大明""尚方作镜真大好，上有仙人不知老。渴饮玉泉饥食枣，浮游天下遨四海""顺天下，宜阴阳"等之类将天下的概念大而化之的趋势。③

从这一点上看，我们也就能够很好地理解为什么这一时代的某些帝王，会将来自域外、仙界等一些远离自己国土的题材都以缩微化的形式移动、复制到都城附近，以展现其对"普天之下"观念的思考。这种视觉景观的表现并不需要考虑武帝在现实中是否真正完成了对这些世界的实际控制。我想这一理念与秦始皇在扫灭六国后"写放其宫室，作之咸阳北阪上"以示对天下世界的独占有一定联系。④换句话说，运用视觉表现手法在都城附近展现一个缩微式的天下世界或许在秦始皇时代就已有表现的雏形。⑤只不过，汉武帝在官僚、工匠的协助下通过缩微式景观的视觉表现手法"形塑""永恒天下"观要比秦始皇的更为复杂一些。

具有吊诡意味的是，虽然汉武帝毕生致力于以军事征伐、政令、外交、祭祀、

---

① 参见余太山：《古代地中海和中国关系史研究》，商务印书馆，2012年；余太山：《两汉魏晋南北朝正史西域传研究》，商务印书馆，2013年。

② 《汉书》卷九六下《西域传第六十六下》，中华书局，1962年，第3928页。

③ 游逸飞：《四方、天下、郡国——周、秦、汉天下观的变革与发展》，硕士学位论文，台湾大学，2009年，第76页。有关的材料整理参见管维良：《中国铜镜史》，重庆出版社，2006年，第131—133页。

④ 《史记》卷六《秦始皇本纪第六》，中华书局，1959年，第239页。

⑤ 对此，美国学者鲁威仪（Mark Edward Lewis）曾初步注意到此事件可能与秦始皇希望在咸阳附近展现一个缩微性的国家观念具有一定联系。参见 Mark Edward Lewis, *The Construction of Space In Early China*, Albany：State University of New York Press, 2006, p. 171.

视觉艺术等方法营造"天下一家""普天之下"式的政治与文化秩序观①，但在他统治的末期，不无遗憾的是，他的事业实际上已经走下坡路。如田余庆即认为武帝在政治、军事上所获得的巨大成就主要是在其统治中期即元狩与元鼎年间（前122—前111）完成的，有少数成就则是在元封年间（前110—前105）完成的。②随着征和二年（前91）巫蛊之乱、诸多战事失利尤其是其宠信的外戚李广利在征和三年（前90）兵败、投降匈奴③，他的这种雄心壮志也就伴随着这一系列的来自军事、政治上的巨大打击和国内经济形势的恶化而慢慢地趋于减退。在他生命历程的最后几年，大概也只有上林苑这个理想化的视觉空间可以作为他一生政治与理想追求的侧影聊以慰藉了。

三

"天下没有不散的筵席"，这句话如用来形容汉武帝时期的上林苑就再合适不过了。公元前87年汉武帝病逝，上林苑在其后的一段时期仍然保持着一定的政治地位。如汉昭帝始元元年（前86）春二月，"黄鹄下建章宫太液池中。公卿上寿，赐诸侯王、列侯、宗室金钱各有差"④。但从汉昭帝元凤二年（前79）"自建章宫徙未央宫"以后，它作为除长安都城未央宫外另一个政治中心的地位已然慢慢失去。⑤

公元9年王莽篡位建立新朝，这个新式政权最引人注目的地方在于：它的建立者王莽是一位深受儒家思想熏染的统治者，在其朝中也囊括、豢养了一大批像他这类的官僚、文士。因此，在他和他的那些具有良好儒学修养的大臣与文士们看来，上林苑所显示出的一切浮华、怪异与张扬是不可能为他的新王朝提供任何法理上的皇权正当性基础的。当然，更不用说它在武帝一朝所显现的那种"天下一家"式的政治欲望与象征意义，能够对王莽这个虔诚的、致力于复兴古典文化的儒教徒有多少吸引力了。具有强烈对比与讽刺意味的是，王莽地皇元年（20）七月以后，上林苑中的诸多雄伟与华丽的宫殿被依次拆除，并用于营造能够显示其王朝统治正统性与

① 陈苏镇在研究西汉时期《公羊春秋》对政治策略的影响时，注意到从高祖到武帝相继采取的"内其国而外诸夏""内诸夏而外夷狄""远夷之君，内而不外"的策略，恰好与《公羊春秋》中所强调的"三世异治"（衰乱世、升平世、太平世）息息相关，具有重要的启发意义。参见陈苏镇：《汉代政治与〈春秋〉学》，中国广播电视出版社，2001年，第195—314页；陈苏镇：《〈春秋〉与汉道——两汉政治与政治文化研究》，中华书局，2011年，第221—240页。

② 田余庆：《秦汉魏晋史探微》，中华书局，2004年，第32页。

③ 《汉书》卷六《武帝纪第六》，中华书局，1962年，第209页。具有讽刺意味的是，李广利在征和三年的投降匈奴，距上林苑最后一组宫殿建章宫的使用仅仅过了三年。

④ 《汉书》卷七《昭帝纪第七》，中华书局，1962年，第218页。

⑤ 《汉书》卷七《昭帝纪第七》，中华书局，1962年，第228页。

历史传承性的九庙建筑群。《汉书·王莽传》记载："莽乃博征天下工匠诸图画，以望法度算，及吏民以义钱谷助作者，骆驿道路。坏彻城西苑中建章、承光、包阳、大台、储元宫及平乐、当路、阳禄馆。凡十余所，取其材瓦，以起九庙。"①对此，颜师古注释："自建章以下至阳禄，皆上林苑中馆。"②

从这个历史事件上看，上林苑在此时期已经完全退化成为一个无关紧要的、仅供帝王休憩的闲暇空间。它重新回归原先所具有的单纯的娱乐、休憩与闲暇功能。它在刻意标榜节俭、礼仪、德治与复古主义传统的王莽一朝的政治生活与理念中已经不再占据重要的位置。东汉初年的历史学家班固曾云："徒观迹于旧墟，闻之乎故老。"③随着上林苑连同长安城逐渐消逝，并成为仅供后人凭吊的废墟，那个曾经属于汉武帝与上林苑的辉煌时代也就在此完全落下了帷幕。（图12）而我们对中国古代废墟艺术的研究或许才刚刚开始。④

图 12　已经成为一片废墟的上林苑遗迹（局部）
（出自王仁波主编：《秦汉文化》，学林出版社，2001年，第118页）

原载《美术学报》2017年第3期

（刘晓达，广东第二师范学院美术学院教授）

① 《汉书》卷九九下《王莽传第六十九下》，中华书局，1962年，第4162页。有关长安以南王莽九庙遗迹的考古发掘报告，参见考古研究所汉城考古队：《汉长安城南郊礼制建筑遗址群发掘简报》，《考古》1960年第7期；黄展岳：《汉长安城的发掘：礼制性建筑遗址》，见中国社会科学院考古研究所编：《新中国的考古发现与研究》，文物出版社，1984年，第396—397页；黄展岳：《汉长安城南郊礼制建筑遗址》，见《中国大百科全书·考古卷》，中国大百科全书出版社，1986年，第162页；中国社会科学院考古研究所编著：《西汉礼制建筑遗址》，文物出版社，2003年；刘瑞：《汉长安城的朝向、轴线与南郊礼制建筑》，中国社会科学出版社，2011年。

② 《汉书》卷九九下《王莽传第六十九下》，中华书局，1962年，第4163页。

③ 〔梁〕萧统：《文选》卷一《西都赋》，〔唐〕李善注，上海古籍出版社，1986年，第23页。

④ 对于中国古代废墟遗迹的初步研究，参见〔美〕巫鸿：《废墟的故事——中国美术和视觉文化中的"在场"与"缺席"》，肖铁译，上海人民出版社，2012年。

早期中国的宫廷苑池艺术与缩微景观
——以秦至西汉中期宫廷苑池艺术的营建为中心

刘晓达

导言

中国古代的宫廷苑池艺术发展到明清时期臻于极盛，如清代圆明园将宫殿、林木、池沼、假山、西洋建筑等景观融于一体的设计历来受学界关注。尤其是该园林中的福海及其内的蓬岛瑶台、北岛玉宇、瀛海仙山，已构成中国传统"一池三山"苑池设计的范本。（图1）不过任何成熟的艺术都有最初的观念与形式缘起，宫廷苑池也不例外。这一视觉样式的最基本因素在早期中国时代就已初具雏形。本文希望通过文献与图像分析对该问题进行梳理，重点论述秦至西汉中期宫廷苑池的形式塑造与观念呈现的历史。

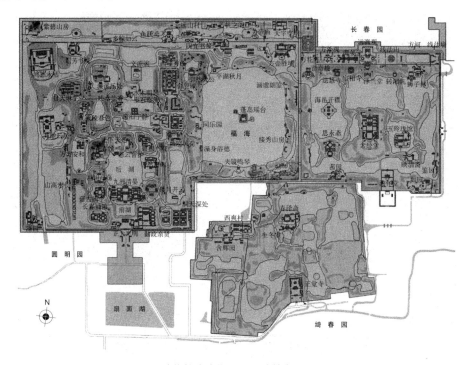

图 1　清代乾隆中期圆明园建筑布局平面图

一、先秦宫廷苑池艺术的初现

宫廷苑池在新石器时代晚期至商周时期似乎就已出现，如考古学家最新在陕北神木持续发掘的石峁古城皇城台遗址即发现了苑池遗迹。[①]如情况属实则可算目前中国境内最早的宫廷苑池遗存。《史记·殷本纪》载帝纣"好酒淫乐，嬖于妇人。……益收狗马奇物，充仞宫室。益广沙丘苑台，多取野兽蜚鸟置其中，慢于鬼神。大冣乐戏于沙丘，以酒为池，悬肉为林，使男女倮相逐其间，为长夜之饮"[②]，表明商代晚期将走兽禽鸟置于宫苑的行为已存在，不过此文献并未显示当时建有宫廷苑池。随着考古发掘激增，人们对该时期宫廷苑池的理解变得更为直观。1998年至2000年考古学者在河南偃师商城宫城遗址勘查并发掘了商代早期水池遗址。（图2）水池位于宫城遗址北部居中，在形态上呈现长方形斗状布局。水池东西长约130米，南北宽约20米，深约1.4米，池岸距宫城的东、西、北墙均为20多米。水池池壁最先由大小不一的石块包砌，其后改为垒砌而成。水池的东西两侧还修建有排水道，并均与城外护城河相通，这样就使水池纳入完整的活水循环系统。水池东部堆积层由黑灰色土、红褐色土、青褐色淤土、青灰色淤土四层堆积，其中在第三层青褐色淤土中发现有陶网坠、白玉网坠等文物。[③]从水池位于宫城北部，与商王室生活联系密切这一特点分析，该水池是商王与王室成员平时在水池周边垂钓的娱乐场所，应是中国历史上最早的宫廷苑池景观。

无独有偶，1986年至1992年河南郑州商代宫殿区边界处又发掘了商代早期石筑水槽遗址。该池平面呈长方形，方向为西北、东南向，长度在100米左右，宽约20米，口大底小。水池建于生土上，然后用人工回填掺有料礓的土分层铺垫。水池四周修筑有池壁，斜直的水池坑壁用掺有料礓石颗粒的白色土附着其上，坑底仍旧用掺有料礓石颗粒的白色土夯实，并用加工过的青灰色石灰岩板铺底，再用圆形卵石保护坑壁。该石筑水槽还与邻近石筑水管道相通，这种设计也使具有蓄水功能的石筑水槽可和邻近水道贯通，并非死水一潭，从而纳入商城整体的水循环系统。[④]（图3）虽

---

① 孙周勇、邵晶、邸楠等：《石峁遗址2018年考古纪事》，《中国文物报》2019年8月23日。

② 《史记》，中华书局，1959年，第105页。

③ 杜金鹏、张良仁：《偃师商城发现商早期帝王池苑》，《中国文物报》1999年6月9日；中国社会科学院考古研究所河南第二工作队：《河南偃师商城宫城池苑遗址》，《考古》2006年第6期。

④ 河南省文物研究所：《郑州商城考古新发现与研究》，中州古籍出版社，1993年，第101—103、87—89、55页；河南省文物考古研究所：《郑州商城：1953—1985年考古发掘报告》（上册），文物出版社，2001年，第233—235页。

然和河南偃师商城宫城内的水池相比，郑州商城宫殿区的石筑水槽更具备实际的蓄水功能，休闲与娱乐性并不强，也不具备后世宫廷苑池常具有的象征意义，但它和前者都属于目前不多见的商代宫殿水池遗存，在中国早期宫苑史上具有重要的史料价值。

图2　河南偃师商城商代早期　　　图3　河南郑州商城商代早期宫殿边界处的石筑水槽遗址
宫城苑池遗址（局部）

周代以后宫苑景观继续发展，如《诗经·大雅》"灵台"条载："王在灵囿，麀鹿攸伏。麀鹿濯濯，白鸟翯翯。王在灵沼，于牣鱼跃。"[1]从中可看出该时期即有台榭池沼之景。不过此时的宫廷苑池中似乎还未出现后来广泛应用的、具有强烈象征意义的假山、岛屿、雕塑等各类景观，这与秦汉以后的宫廷苑池艺术在营建思想上具有本质不同。

二、从兰池、沧池到蕃池：缩微景观样式在秦汉之际的生成

从秦始皇时代起缩微景观样式开始出现。东汉辛氏《三秦记》"兰池宫"载："始皇引渭水为长池，东西二百里，南北三十里，刻石为鲸鱼二百丈。"[2]另据《史记·秦始皇本纪》："三十一年，始皇为微行咸阳，与武士四人俱，夜出逢盗兰池，见窘，武士击杀盗，关中大索二十日。"唐张守节《史记正义》引《括地志》："兰池陂即古之兰池，在咸阳县界。"又引《秦记》："始皇都长安，引渭水为池，筑为蓬、瀛，刻石为鲸，长二百丈，（始皇）逢盗之处也。"[3]兰池虽无

---

①　〔清〕王先谦：《诗三家义集疏》（下册），吴格点校，中华书局，1987年，第863页。
②　刘庆柱：《三秦记辑注》，三秦出版社，2006年，第8—9页。
③　《史记》，中华书局，1959年，第251页。

存，但据刘庆柱考证秦代兰池应在今陕西省咸阳市东的杨家湾附近。[1]以上文献均显示至少在秦始皇统治晚期兰池就已存在，但最值得注意的还是始皇命工匠营建兰池时以缩微景观的象征主义手法引水为池，并在池内刻石为鲸鱼，又积土成仙山，从而完成对域外世界与仙界的想象。这种表现形式与商周时代宫廷苑池艺术的重要区别在于，没有象征性视觉元素鲸鱼、山岩等的参与，商周时代的宫廷苑池只是一处人工土塘而没有太多象征意义。而兰池在营建时加入了鲸鱼、仙山等复杂的象征元素，已被转化为统治者对域外世界、仙界的想象的承载物，因此在艺术创作上具有开创性。

"兰池"样式在西汉获得继续发展。《汉书·邓通传》载："文帝尝梦欲上天，不能，有一黄头郎推上天。顾见其衣尻带后穿，觉而之渐台，以梦中阴梦求推者郎，见邓通，其衣后穿，梦中所见也。"唐颜师古注解："未央殿西南有苍（沧）池，池中有渐台。"[2]该记载还见于东汉晚期文献《三辅黄图》。[3]沧池是汉初萧何营建长安城未央宫的重要组成部分，从中可获知它的营建在汉高祖时已开始并在文帝时继续使用。（图4）20世纪80年代在未央宫西南部发现沧池遗址。[4]它平面呈不规则的圆形，东西400米，南北510米，面积20.4万平方米，其地势低于周围地面1—2.5米。（图5）结合文献记载可确认这片低矮洼地即《汉书》记载的沧池。而从前文《汉书》对汉文帝梦境的记述中可确知沧池内有渐台。又《西京杂记》卷一"萧相国营未央宫"记述："汉高帝七年，萧相国营未央宫。因龙首山制前殿，建北阙。未央宫周回二十二里九十五步五尺，街道周回七十里。台殿四十三，其三十二在外，其十一在后。宫池十三，山六，池一、山一亦在后"[5]。据此可知未央宫各苑池中应营建有假山，如将这类表现与秦始皇营造兰池的记载相对比，亦可看出二者在形式上的相似性。

---

① 刘庆柱：《〈谈秦兰池宫地理位置等问题〉几点质疑》，《人文杂志》1981年第2期。
② 《汉书》，中华书局，1962年，第3722页。
③ 何清谷：《三辅黄图校释》，中华书局，2005年，第284页。
④ 中国社会科学院考古研究所编著：《汉长安城未央宫：1980—1989年考古发掘报告》（上册），中国大百科全书出版社，1996年，第19页。
⑤ 〔晋〕葛洪：《西京杂记》，周天游校注，三秦出版社，2006年，第1页。

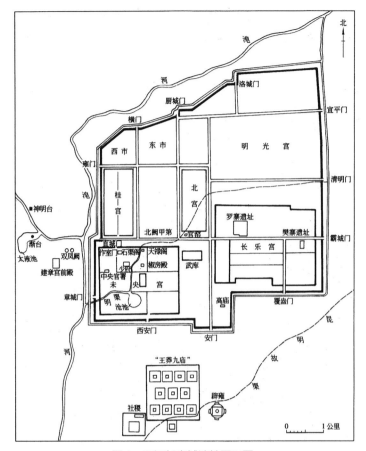

图 4　西汉长安城遗址平面图

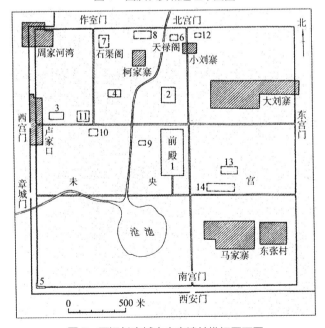

图 5　西汉长安城未央宫遗址勘探平面图

秦汉之际逐渐生成的缩微景观样式在同时代南越国王宫（图6）蓄池中也存在。蓄池遗址位于广州中山四路北面忠佑大街城隍庙西侧南越国王宫一、二号宫殿遗址东北处。从1995年发掘至今已清理出水池南壁西段、西壁南段和池底西南一角。考古发掘报告显示，蓄池东西长24.7米，南北宽20米，池壁向内倾斜，池底平正，深度大概在2.5米，为斗状形。池底呈近长方形，东西现长11.3米，南北现宽9.65米。蓄池底面平整，系用自然石块和碎石呈不规则形状平铺。池壁各壁面平面均呈梯形，由上部往池底逐渐收窄，全部由砂岩石板呈密缝冰裂纹铺砌。南壁仅露出西端一段，东端还未清整完毕；西壁已揭出南端一段，北端还未清理完毕。[①]（图7）蓄池池壁由12块石板组成并刻凿篆书、隶书文字。据南越王宫水井内出土"蓄池"字样木简（图8），以及位于该池南壁东南部石板面上的"蓄"字可确认，该池即南越王宫内的"蓄池"。（图9）

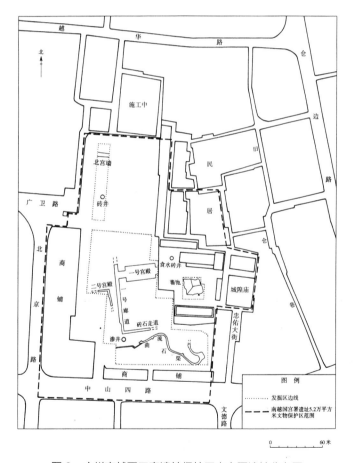

图6　广州南越国王宫遗址保护区内主要遗址分布图

---

① 南越王宫博物馆筹建处、广州市文物考古研究所：《南越宫苑遗址：1995、1997年考古发掘报告》（上册），文物出版社，2008年，第18—22页。

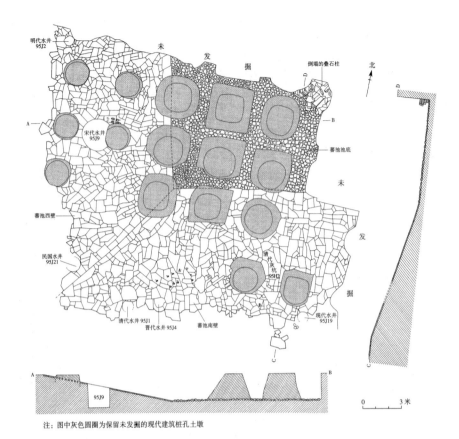

图7　广州南越国宫殿遗址东北侧的蕃池遗址平面图

注：图中灰色圆圈为保留未发掘的现代建筑桩孔土墩

图8　广州南越国王宫内水井遗址出土的带有"蕃池"字样的木简
（拍摄于广州南越国王宫博物馆）

图9　广州南越国王宫蕃池遗址南壁东南部石板面上的"蕃"字（由北向南书写）

　　蕃池遗址已揭露出的东北角还有一组向西南方向伸延的叠石柱。这种石柱由长约35厘米、宽约23厘米、厚6—7厘米的长方形石块依次叠砌而成，原先属于一石制建筑的组成部分。（图10）在叠石柱附近还散落着大量板瓦、筒瓦和"万岁"文字瓦当。蕃池遗址还出土了数量较多的石制八棱柱与八棱望柱等建筑残件。①（图11）一些学者指出南越宫苑蕃池、曲流石渠等遗址的建筑形式如冰裂地、叠石柱等元素源自地中海沿岸、两河流域、古印度等地的建筑装饰构件。②笔者曾认为"蕃池的结构包含两个部分。其一，池壁和池底首先框定了蕃池建筑的外部空间形状，使其被形塑成为一个斗状的苑池；其二，该苑池内倾倒的叠石柱和在其周围散落的板瓦、筒瓦、'万岁'文字瓦当显示出在蕃池中原本应该有一组由叠石柱、各类瓦当等组成的巨型建筑群，使其成为一座人工岛屿。这种在宫廷苑池内积石成岛的设计也可谓是独具匠心"③。因此如果我们将秦汉之际相继营建的兰池、沧池、蕃池连缀在一起比对，就可看出三者之间的紧密联系。秦始皇对兰池的营建开创了缩微景观的经典样式：在人工苑池中放置石刻鲸鱼，或筑蓬莱、瀛洲仙岛，用以象征域外海洋与蓬莱仙山。该样式在西汉初期的沧池、蕃池中获得了继承。尽管未央宫沧池、南越国王宫蕃池并未出土石刻鲸鱼等遗存，但文献中对沧池渐台的记载，以及考古发掘中蕃池内的人工岛屿遗迹都显示出积土成山、积石成山的样式正是取材自兰池，只不过在物质材料与形式上略有变化。

图10　南越国宫殿遗址东北侧的蕃池遗址池底和叠石柱

图11　散落在广州南越国王宫蕃池池壁的八棱石柱与石板（由东南向西北）

---

① 南越王宫博物馆筹建处、广州市文物考古研究所：《南越宫苑遗址：1995、1997年考古发掘报告》（上册），文物出版社，2008年，第18—22页。

② 南越王宫博物馆筹建处、广州市文物考古研究所：《南越宫苑遗址：1995、1997年考古发掘报告》（上册），文物出版社，2008年，第298—299页；全洪、李灶新：《南越宫苑遗址八角形柱的海外文化因素考察》，《文物》2019年第10期。

③ 刘晓达：《南越国王宫蕃池的营造特点与形式、观念来源》，《广东第二师范学院学报》2018年第1期。

三、昆明池与太液池：西汉中期缩微景观样式的定型及思想意义

秦汉之际逐渐生成的缩微景观样式在汉武帝时代营造的上林苑昆明池、建章宫太液池中得到进一步发展。汉武帝元狩三年（前120）令工匠修建了昆明池。（图12）《汉书·武帝纪》载："元狩三年春，发谪吏穿昆明池。"同卷附晋臣瓒注解："汉使求身毒国，而为昆明所闭。今欲伐之，故作昆明池象之，以习水战。"①《汉书·食货志》载："是时粤欲与汉用船战逐，乃大修昆明池，列馆环之。"②由此看出昆明池的营建具有军事征伐目的。一些学者另指出昆明池也有为长安城居民提供水源的目的。③但笔者认为它的修建具有更为丰富的观念。《三辅故事》载："昆明池有豫章台及石鲸。刻石为鲸鱼，长三丈，每至雷雨，常鸣吼，鬐尾皆动。"④刘庆柱记述："昆明池西岸，今马营寨曾出土汉代石

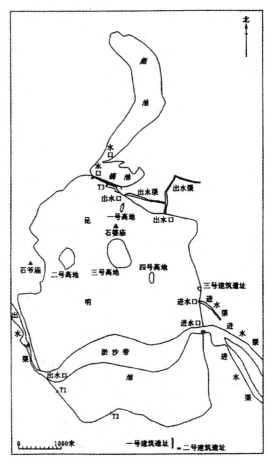

图12　汉代上林苑昆明池遗址钻探试掘平面图

鲸，石为火成岩质。鲸体浑圆，长1.6米，最大径0.96米。头部雕出鲸眼，尾部弯曲，鲸体鳞纹仍依稀可辨。"⑤2015年10月，考古学者在西安马营村实地考察并找到了这件石鲸，现露出地面30厘米，但仅存尾部。据当地村民回忆，鱼身已被毁。⑥（图13）豫

---

① 《汉书》，中华书局，1962年，第177页。

② 《汉书》，中华书局，1962年，第1170页。

③ 中国社会科学院考古研究所、陕西省考古研究院、西安市文物保护考古所：《汉长安城考古与汉文化——纪念汉长安城考古五十周年国际学术研讨会论文集》，科学出版社，2008年，第263—264页。

④ 〔晋〕佚名撰，〔清〕张澍辑：《三辅故事》，陈晓捷注，三秦出版社，2006年，第23页。

⑤ 刘庆柱、李毓芳：《汉长安城》，文物出版社，2003年，第197页。

⑥ 晏新志：《汉长安城太液池、昆明池考》，《文物天地》2016年第6期。

章台遗址所处具体位置还有待考证。①不过文献记载武帝于昆明池"刻石为鲸鱼，长三丈"，这显然继承了秦始皇修建兰池的传统，它以缩微景观形式展示了汉武帝时代对域外世界的认知。

图 13　位于西安马营村的西汉昆明池石鲸鱼尾部残件

《三辅故事》引《关辅古语》："昆明池中有二石人，立牵牛、织女于池之东西以象天河。"②现存牵牛、织女塑像在汉武帝时期就分别放置于昆明池东西两岸。传统解释使我们想到了"法天象地"，但笔者认为该景观同时展现出那一时代人们对于天下的思考。早在周代天下就不再是平面空间，而具有立体空间维度，如《诗经·小雅·皇矣》载："皇矣上帝，临下有赫。监观四方，求民之莫。维此二国，其政不获。维彼四国，爰究爰度。上帝者之，憎其式廓。乃眷西顾，此维与宅。"③《皇矣》向来被视作西周开国史诗。在这篇纪念碑性的颂诗中，作为天地万物主宰，周人心目中的上帝即天帝，庄严肃穆，富有道德。诗中还提到当商朝君主胡作非为时当然不会再得到天帝垂顾，因此天帝也就"乃眷西顾，此维与宅"，将位于西陲的周王国作为其统治人间的代表，予其土地，对其扶持。虽然颂诗并未出现明显的"天下"语词，但其传递的政治信息却已是"天帝掌控普天之下世界"的天命观念，因此《诗经·大雅·文王》篇也就有"侯服于周，天命无常"的感叹。④

① 研究显示豫章台遗址可能位于昆明池东岸。参见中国社会科学院考古研究所汉长安城工作队：《西安市汉唐昆明池遗址的钻探与试掘简报》，《考古》2006年第10期。
② 〔晋〕佚名撰，〔清〕张澍辑：《三辅故事》，陈晓捷注，三秦出版社，2006年，第23页。
③ 〔清〕王先谦：《诗三家义集疏》（下册），吴格点校，中华书局，1987年，第852页。
④ 〔清〕王先谦：《诗三家义集疏》（下册），吴格点校，中华书局，1987年，第826页。

《逸周书·度邑解》记述周武王"定天保，依天室。志我共恶，俾从殷王纣"[①]，也同样传递出他服膺天帝控驭的"天之下"世界观。这类文献均显示至少自周代开始天下即含有普天之下的立体空间观，故而我们就能理解为何上林苑昆明池会将牛郎、织女、鲸鱼等一系列视觉元素纳入其中。秦汉时代，伴随古代中国人对周边地理世界的探寻思考，天下已是无所不包的世界，仙界也是其中的重要组成，否则秦始皇、汉武帝也不会费尽心机派方士到帝国周边求仙。该思潮甚至已影响到汉代官僚、士人的生活，如湖南出土的一件汉代"新有善铜"四神博局镜，其镜面外区就镌刻"尚方佳竞（镜）真大好，上有仙人不知老，渴饮玉泉饥食枣，浮游天下遨四（海）"的铭文，其内容早已暗示出仙人遨游于天下的观念。[②]

汉武帝修建昆明池所确定的缩微景观样式在他晚年营建建章宫太液池时也得到了延续。从太初元年（前104）二月到太始四年（前93），建章宫太液池在汉武帝的推动下修建完成。《汉书·武帝纪》载："太初元年二月，起建章宫"，"太始四年夏五月，还幸建章宫。大置酒，赦天下"[③]。建章宫位于长安城西、上林苑东北部。武帝营造该宫是希望将其作为除未央宫之外的另一权力中心。《汉书·郊祀志》记："汉武帝于是作建章宫，度为千门万户。前殿度高未央。"[④] 又《关中记》载：建章宫"其制度事兼未央宫"[⑤]。这些均显示营建建章宫的政治目的。

建章宫太液池同样继承了秦始皇时代的缩微景观样式。据近年考古调查，太液池遗址位于建章宫前殿基址西北450米处，平面呈曲尺形，东西510米，南北450米，面积15.16万平方米。池内东北部另有渐台遗址，遗址现存东西长60米、南北长40米、残高8米。[⑥]属于建章宫太液池遗物的还有1973年发现于西安三桥北高堡子村西太液池遗址北岸的石刻鲸鱼。[⑦]目前它被陈列于陕西历史博物馆馆前水池。石刻鲸鱼全长4.9米，最大直径1米，头径0.59米，尾径0.47米。（图14）石鱼由巨型砂石雕刻而成，整体呈橄榄形，仅略微雕饰鱼眼，虽已残缺不全，但风格上与西汉霍去病墓前石鱼大体一致。[⑧]

---

① 黄怀信、张懋镕、田旭东：《逸周书汇校集注》（上册），黄怀信修订，李学勤审定，上海古籍出版社，2007年，第472页。

② 孔祥星、刘一曼：《中国铜镜图典》，文物出版社，1992年，第267页。

③ 《汉书》，中华书局，1962年，第199、207页。

④ 《汉书》，中华书局，1962年，第1245页。

⑤ 刘庆柱：《关中记辑注》，三秦出版社，2006年，第50页。

⑥ 刘庆柱、李毓芳：《汉长安城》，文物出版社，2003年，第186—190页。

⑦ 黑光：《西安汉太液池出土一件巨型石鱼》，《文物》1975年第6期。

⑧ 郑岩：《风格背后：西汉霍去病墓石刻新探》，见《陕西历史博物馆馆刊》（第18辑），三秦出版社，2011年，第142页。

太液池虽已沦为废墟，但也曾是西汉王朝展现皇家威仪的焦点，如《三辅黄图》注引《关辅记》："建章宫北有池，以象北海。刻石为鲸鱼，长三丈。"①《史记·封禅书》载："建章宫其北治大池，渐台高二十余丈，命曰太液池，中有蓬莱、方丈、瀛洲、壶梁，象海中神山龟鱼之属。其南有玉堂、壁门、大鸟之属。"②相似记载也见于《汉书·郊祀志》《关中记》《汉武故事》《三辅旧事》等文献。③正是由于建章宫太液池太过璀璨，给世人留下了深刻印象，所以100多年后的东汉史学家班固在《西都赋》中还追忆建章宫太液池盛况："前唐中而后太液，览沧海之汤汤。扬波涛于碣石，激神岳之嶈嶈。滥瀛洲与方壶，蓬莱起乎中央。"④在他笔下，汉武帝时代的工匠通过营造水池、堆积山峦、放置石鲸等缩微景观的处理手法将来自域外、仙界的元素移动复制于建章宫，以呈现特殊的地理、宗教、政治等复杂观念。有意味的是，20世纪50年代建章宫遗址曾发掘出土有篆刻"汉并天下"的文字瓦当。⑤（图15）笔者曾指出"汉并天下""汉兼天下"文字瓦当在上林苑和

图 14　陕西历史博物馆正门前放置的建章宫太液池石鲸鱼（残件）

（刘晓达 2017 年 8 月 17 日拍摄）

图 15　建章宫出土的西汉"汉并天下"文字瓦当（拓片）

① 何清谷：《三辅黄图校释》，中华书局，2005年，第261页。
② 《史记》，中华书局，1959年，第1402页。
③ 《汉书》，中华书局，1962年，第1245页；刘庆柱：《关中记辑注》，三秦出版社，2006年，第51页；上海古籍出版社编：《汉魏六朝笔记小说大观》，王根林校点，上海古籍出版社，1999年，第174页；〔唐〕佚名撰，〔清〕张澍辑：《三辅旧事》，陈晓捷注，三秦出版社，2006年，第59页。
④ 〔梁〕萧统：《文选》，〔唐〕李善注，上海古籍出版社，1986年，第17页。
⑤ 俞伟超：《汉长安城西北部勘察记》，《考古通讯》1956年第5期。

祭祀"太一"神灵的甘泉宫遗址中也曾大量出土，这种看似不经意的文字恰恰暗示出汉武帝对上林苑、建章宫诸多景观的认知并不限于娱乐与怡情，而是他对帝国疆域、域外、仙界、天地、皇权建构在内的"普天之下"世界观的思考。①

结语

早期中国的政治、文化、艺术、思想构成了中国传统文化思维之源，因此学人有必要重新检视该时期宫廷苑池艺术的形成与发展。论文认为缩微景观样式初步形成于秦始皇时代的兰池，发展于西汉初年未央宫沧池与南越王宫蕃池，最后成型于汉武帝时期的上林苑昆明池与建章宫太液池。它既显示了统治者对域外、仙界的畅想，也暗含着他们对"普天之下"天下观的认知。

原载《艺术设计研究》2020年第4期
（刘晓达，广东第二师范学院美术学院教授）

---

① 刘晓达：《王者无外、天下一家：美术史视野中秦皇汉武时代"天下"观》，文物出版社，2018年，第187—191、250—255页。

君权演替与汉长安城文化景观

唐晓峰

西汉长安城，自刘邦时代的始建到王莽时代的改革，经历了不同的发展阶段。不同的皇帝，基于不同的意识形态，对长安城进行了不同程度的改建，使长安景观屡有变化。在这些变化中，可以看出早期都城制度的演进，即这座王朝都城由实用性的帝王之居，逐步升级为大王朝的最高符号象征，这一符号象征体系，是由多重王朝文化景观所体现的，王朝都城观念由此更加完善。从人文地理学的角度看，景观变化导致了城市的空间性（spatiality）的升级，即由宫室体制发展为都城体制。

宫室体制与城市体制，是都城空间性的两个层面，在中国早期历史中，政治都城的发展表现出先有宫室体制后来逐步完善形成城市体制的过程。这里所说的"体制"，是指皇权在整体城市建筑空间中所刻意追求的结构。皇权在空间中，不仅需要位置，也需要结构。皇权都城空间结构是一个逐步完善的过程。

一、秦咸阳回顾

在帝王集权体制下，皇权要求笼罩天下的威权，皇帝个人以及帝国都城都被赋予超越性的形象，这种情形是集权王朝共同的特征，在短暂的秦代就有所表现，尽管秦咸阳只是一座未完成的都城。

秦咸阳城本在渭河北岸，在秦惠文王的时候开始向渭河南岸拓展，启动了阿房宫的修建（但远未完成）。其后，秦昭王又在渭南修建了章台宫和兴乐宫（完成修建）。在统一天下之后，秦始皇在渭南大规模修建宫殿，致使渭河南北呈现宫殿连绵的壮观景象。所谓"令咸阳之旁二百里内宫观二百七十复道甬道相连，帷帐钟鼓美人充之"[①]。

秦始皇的咸阳城（图1）形态有如下特征：宫殿无拘无束地广泛分布，数目多，跨度大，呈现独特的空间形态和宫殿景观，仿佛整个关中地区都是他的都城范

---

① 《史记·秦始皇本纪》。

围，宫殿群几欲遍布全畿①，犹如贾谊《过秦论》所形容的："斩华为城，因河为津""六合为家，殽函为宫"②。这是秦皇得志而不可一世的一面。

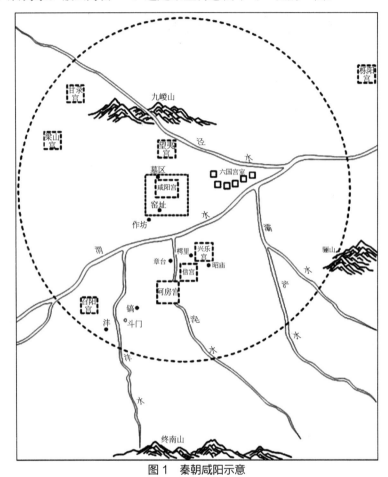

图 1　秦朝咸阳示意

［据贺业钜《中国古代城市规划史》（中国建筑工业出版社，1996 年）第 313 页图改绘］

咸阳的连绵宫殿群组有辉煌壮观的一面，但也有紧张求安的一面。秦朝新建未稳，秦始皇仍保持高度的防范意识，除了一些特殊的"安检"措施外③，始皇在咸阳诸宫殿的行幸也是十分秘密的，有时是"微行"④，规定皇帝"行所幸，有言其处者，罪死"。有一次，始皇到梁山宫，在高处看到丞相所率的车马众多，不以为意。事后有人告知丞相，丞相赶忙减损车马的数量。始皇知道后大怒，以为有人泄露了他的行踪

---

① 贺业钜：《中国古代城市规划史》，中国建筑工业出版社，1996年。

② 《史记·秦始皇本纪》。

③ 《三辅黄图》：阿房宫"以磁石为门"。《三辅旧事》："以磁石为门，阿房宫之北却胡门也。"

④ 《史记·秦始皇本纪》："三十一年十二月，……。始皇为微行咸阳。"

056 ｜ 法天地·界无形——古都长安营建中的行为选择

和谈话，因问不出何人所干，于是杀掉当时所有在其身旁的人员。①可见，秦始皇宫殿的广泛分布，也是要多建皇居处所，达到对皇帝"莫知所在"的隐蔽效果。②

在秦朝初年，始皇重视的是宫殿，而不是整个都城，安全设防依托于宫城，而不是大城。大城没有城墙。皇帝空间以宫殿本身为主体，所以阿房宫又称"阿城"③。出了宫殿，便是无设防地带，因此需要特殊的具有隐蔽防范功能的复道、阁道沟通各个宫殿，保持皇帝的隐蔽性、安全性。一座座宫殿之间，虽然广布民居，但因皇帝空间没有超出宫殿，故民居空间与皇权空间是完全分离的。④

始皇的大咸阳是宫殿群的聚合体，大咸阳的建设虽然有了大都城意识，但没有什么大都城的具体布局概念，这表现在仅仅追求宫殿的规模、数量以及大力扩展宫殿的分布范围上，似乎大便是伟大王朝（great dynasty）的伟大都城（great capital）。

咸阳的宫殿当然有主次之分，宫殿的分布虽然向渭南大幅扩展，但真正的朝宫（最高主政场所）还是在渭北的老咸阳宫，渭南的宫殿，地位尚不及渭北。例如秦昭王时，在渭南的章台宫会见楚怀王，因场所礼仪级别不高，将怀王视为蕃臣，而激怒楚王。⑤与此对照，荆轲以秦王极欲得到的樊於期人头与督亢地图为见面礼请见秦王，秦王大喜，以最高礼仪着朝服，设九宾，在渭北的咸阳宫召见荆轲。⑥

渭北宫殿的礼仪级别高于渭南的宫殿，以咸阳宫为朝宫，议大政（统一大策）、设大礼（见荆轲）均在渭北，这不是有意的规划，而是因循传统。在统一秦朝的前十来年中，也是这样。不过，渭南地区的地理优势明显，在关中立都，重心

---

① 《史记·秦始皇本纪》："始皇帝幸梁山宫，从山上见丞相车骑众，弗善也。中人或告丞相，丞相后损车骑。始皇怒曰：'此中人泄吾语。'案问莫服。当是时，诏捕诸时在旁者，皆杀之。自是后莫知行之所在。"

② 《史记·秦始皇本纪》中记载，始皇追求隐蔽是出于方士思想。其实，方士思想被采纳，根本原因还是"未能恬倓"的实际需要。《秦始皇本纪》的原文是："卢生说始皇曰：'臣等求芝奇药仙者常弗遇，类物有害之者。方中，人主时为微行以辟恶鬼，恶鬼辟，真人至。人主所居而人臣知之，则害于神。真人者，入水不濡，入火不爇，陵云气，与天地久长。今上治天下，未能恬倓。愿上所居宫毋令人知，然后不死之药殆可得也。'"

③ 阿房宫又叫"阿城"。《史记·秦始皇本纪》正义引《括地志》："秦阿房宫亦曰阿城。"

④ 在西汉初年，宫城的防范功能仍是第一位的。据考古调查，长乐宫的宫墙厚度超过了长安城墙，厚达20多米。参见刘运勇：《西汉长安》，中华书局，1982年。

⑤ 《史记·楚世家》："（怀王）于是往会秦昭王。昭王诈令一将军伏兵武关，号为秦王。楚王至，则闭武关，遂与西至咸阳，朝章台，如蕃臣，不与亢礼。楚怀王大怒，悔不用昭子言。"

⑥ 《史记·刺客列传》："秦王闻之，大喜，乃朝服，设九宾，见燕使者咸阳宫。荆轲奉樊於期头函，而秦舞阳奉地图柙，以次进。"

向渭南发展，势在必然。[1]终于，在始皇三十五年（前212，距其去世仅两年），秦始皇提出新的京师建设计划，欲在渭南修建新朝宫，以此形成新的都城格局。关于这次计划，《史记·秦始皇本纪》留下了一段记载，虽然简单，却十分重要：

> 三十五年……于是始皇以为咸阳人多，先王之宫廷小，吾闻周文王都丰，武王都镐，丰镐之间，帝王之都也。乃营作朝宫渭南上林苑中。先作前殿阿房，东西五百步，南北五十丈，上可以坐万人，下可以建五丈旗。周驰为阁道，自殿下直抵南山。表南山之巅以为阙。为复道，自阿房渡渭，属之咸阳，以象天极阁道绝汉抵营室也。

这是古代关中城市地理的一次重大改变。秦始皇的这个正式的都城规划方案，不仅使咸阳的重心南移，而且改变了原来宫殿分布相对散漫的局面，利用并整合历史环境与自然环境中的重要因素，进行统一布局。这样，最终形成了秦都咸阳的核心范围：地跨渭水南北两岸，北至老咸阳城区，西至沣水，东至龙首山北坡的兴乐宫，南至阿房宫一带。在这个核心区内，新朝宫（阿房）有南北贯通的中枢意义。向北，有复道北渡渭水，直通老咸阳宫区；向南，有阁道直抵南山。在这个结构中，可以看出一条有意规划的南北贯通景观线。在这条贯通景观线上，除了有形的建筑群体（宫殿复道、阁道）之外，还附加有一番思想性的解释，即"象天极阁道绝汉抵营室"。这些解释，更令咸阳格局呈现非凡特色，升级为天文象征，成为真正的"天子"之居。

在都城概念中终于出现了整体秩序，它不再是简单自然的宫殿的聚合体，都城本身具备了任何独立宫殿都无法展现的高层意义。城市，其高于建筑的文化意义（政教意义）被展现出来，尽管秦始皇还没有城市边界的概念，但城市轴心的概念已经提出。城市意义主要由轴心体现，由轴心逐步形成整个都城的空间体制，轴心是都城空间体制的起点。

秦始皇的规划还来不及实现，秦朝就已灭亡。我们虽然没有看到秦朝咸阳制度的事实，但已经看到了其关于都城空间体制的思想。

二、汉长安城的初创

西汉长安城的修建也是从实用性的宫殿开始，逐步增修改建的，所谓"世增饰以崇丽"[2]。西汉长安城的发展，类似秦朝咸阳，也是从实用走向礼仪象征，或者说，其城市建设的第一步是巩固皇权，第二步是礼仪天下。

---

[1] 参见史念海、辛德勇：《西安》，见陈桥驿主编：《中国七大古都》，中国青年出版社，1991年。

[2] 〔汉〕班固：《西都赋》。

西汉长安城的始建，只是从长乐、未央两座宫殿开始，谈不上城市结构。皇权的概念仅仅体现在未央宫自身的壮丽，还不是在城市的整体形态中。城市整体（包括宫殿和各类居住区）是存在的，但在空间结构上主要是自然发展，没有被规划或赋予什么具有高尚意义的准则。

长乐、未央两座宫殿形成职能核心区，两宫之间所夹南北通道，在实际活动中具有中心意味。北面增修的宫殿自然会从方位关系上被命名为"北宫"。长乐、未央、北宫三大宫殿群，确定了刘邦时期长安城的核心地带，其间还有具备防范功能的武库。（图2）武库的修建，完全是出于实际功能的需要，没有意识形态意义。宫殿北面与渭河所夹地区，是大面积的居民区、市场区以及其他功能区。上述就是刘邦修建长乐宫以后10年间的城市形态。

惠帝三年（前192），开始在长安周围加筑城墙，这项工程用了两年多的时间。①这道城墙的修筑完全出于实用，在惠帝的时代，恐未及施行意识形态计划。②不过，城墙的出现毕竟确定了一道界线，可能有一些功能区受到影响，需要重新安置调整。例如，惠帝六年（前189），"起长安西市，修敖仓"③。新起的西市被整齐地规划在长安城墙之内。④在城墙范围之内，宫殿北面直到北城墙的区域，应为居民区。（图3）

图2　刘邦时期的长安城

图3　惠帝时期的长安城

① 《史记·吕太后本纪》："（惠帝）三年，方筑长安城，四年就半，五年六年城就。"
② 自《三辅黄图》以来，一直有人以为长安城南北城墙曲折形状是模仿星座，但也有学者认为这类说法是后来的附会，缺乏直接的证据。班固《西都赋》和张衡《西京赋》都没有提到北斗形或南斗形。笔者同意后面的观点。
③ 《汉书·惠帝纪》。
④ 刘庆柱：《西安市汉长安城东市和西市遗址》，见中国社会科学院考古研究所汉长安城工作队、西安市汉长安城遗址保管所：《汉长安城遗址研究》，科学出版社，2006年。

在初期的长安城，城市生活重心在北部，并注重与渭河北岸的关系。据司马贞《索隐》、张守节《正义》以及《三辅旧事》等文献中的说法[1]，初期的长安城重视与渭北的关系，是受秦朝旧咸阳城格局的影响。当然，从实际情况来看，也是对渭水河道运输的实用考虑，是"取其便也"。未央宫虽然坐北朝南，这是宫室制度（以及北方人居的合理性）的要求，但实用起来，却是北部繁忙，所以要建北阙；南部萧条，没有建阙的必要。[2]宫殿的门阙，要面对活动人群才有意义。

长安城的实际生活是朝北的，是朝向渭河谷地的；而南部是内区，是后方。另外，匈奴的威胁也是来自北方，所以长安周边的军事防守也只是守东、西、北三面，没有南面。[3]不过，在后来的发展中，一些重要的礼制建筑在长安城的南部出现，就意识形态意义来说，南部逐渐重于北部。

三、关于安门轴线

1995年，秦建明等人在《文物》杂志上发表了对长安城5个点位，即子午谷、安门、长陵中间点、清河折转处、天齐祠的经度的测量结果，并以此推测长安城可能存在一条"超长建筑基线"（南北建筑轴线，图4）。[4]这5个地点的经度均在东经108°52′左右，如此接近的数据令人不得不认真地关注这个轴线的存在问题。有的学者已经认可了这条轴线，并就此展开讨论。

这条轴线穿过长乐、未央两宫之间。如果这条轴线上几个点位的关系不是偶然的巧合，而是有意的设计，那么长乐、未央两宫之间的位置（具体说是两宫所夹的南北道路），按照建设时间的顺序，应该是轴线最初的基本点。[5]

轴线的第二个点位——具有决定性的点位——是长陵。刘邦、吕后陵墓的位置分别与未央、长乐二宫相对应，两陵之间的中心点与长乐、未央二宫之间的中心带大体

---

① 《史记·高祖本纪》司马贞《索隐》："秦家旧处皆在渭北，而立东阙北阙，盖取其便也。"张守节《正义》："北阙为正者，盖象秦作前殿，渡渭水属之咸阳。"《三辅旧事》："汉都渭南，开北阙以临渭，渭北则陵庙所在。"

② 刘运勇：《西汉长安》，中华书局，1982年。

③ 《史记·匈奴列传》："又置三将军，军长安西细柳、渭北棘门、霸上以备胡。"霸上，在长安之东。

④ 秦建明、张在明、杨政：《陕西发现以汉长安城为中心的西汉南北向超长建筑基线》，《文物》1995年第3期。文中认为："西汉时期曾经存在一条超长距离的南北向建筑基线。这条基线通过西汉都城长安中轴线延伸，向北至三原县北塬阶上一处西汉大型礼制建筑遗址，南至秦岭山麓的子午谷口，总长度达74公里。"

⑤ 由于武库与北宫的存在，实际道路线的位置稍微偏东，在武库与长乐宫之间。后来的安门正是在这条线路上设置的。

对应。值得注意的是，这个时候还没有安门。所以说，长陵与长乐、未央二宫的对应关系，可能最早确定了一条南北方向的中枢带。这条中枢带，主要由宫殿区与陵墓区南北对应构成。

惠帝修筑长安城墙时，在这条中枢带的南部修建了安门，它成为中心带上的第三个点。而由于城门位置的确定性，使原来的中枢带精确化为一条中枢线。

以上几个点位的关系，有可能是规划设计的，在这个距离范围内规划的难度并不大。至于这条轴线向南方子午谷的延伸，以及向北方天齐祠的延伸，是否为早时确定的规划，我们尚无法确证。天齐祠距离长安很远（45公里），能做到如此精

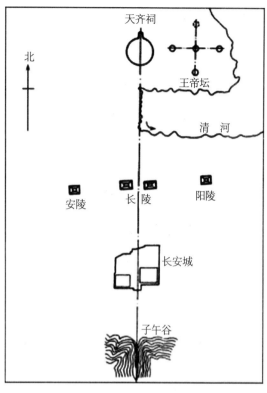

图4　长安城"超长建筑基线"
（出自秦建明、张在明、杨政：《陕西发现以汉长安城为中心的西汉南北向超长建筑基线》，《文物》1995年第3期）

确的对应，需要有大范围的测量技术。西汉时是否已经具备了大范围的测量技术，需要考察。至于与子午谷的精确对应，很可能是一种巧合。很难想象，萧何在修建未央宫、武库的时候，就考虑到与南方山口的对应关系。

至少，从安门到长陵这条轴心区，在惠帝时已经出现。它在长安城的空间皇权景观中，居于中心的地位。不过，需要指出的是，在这条轴线带上，并没有宫殿建筑依轴线排列（这恰恰是后代都城轴线的主要特征），而只是通道、门阙，因此意义并不重大，实用性大于象征性。[①]

未央宫北面与北宫、桂宫所夹的东西道路也十分重要，上面有专供皇帝使用的"驰道"[②]。这条东西大道与长乐、未央间的南北大道，构成长安城内的十字中心。

---

① 中国古代最典型的都城中轴线可以在明清北京城看到，在北京中轴线上坐落着紫禁城中最重要的6座宫殿，即太和殿、中和殿、保和殿、乾清宫、交泰殿、坤宁宫。

② 《汉书·成帝纪》："（成帝为太子时）初居桂宫，上尝急召，太子出龙楼门，不敢绝驰道，西至直城门，得绝乃度，还入作室门。上迟之，问其故，以状对。上大说，乃著令，令太子得绝驰道云。"这里所说的"驰道"就在未央宫北面与北宫、桂宫所夹的东西道路上。

仅仅作为道路，长乐、未央间的南北通道（轴线所经），并不比未央北侧的东西通道更重要。所以，即使安门轴线是存在的，但在这个时期，它对于长安城整体的文化景观意义并不大。

刘邦居京师长安仅5年，惠帝7年，吕后8年，文帝23年，景帝16年。他们对自己所拥有的帝都，在空间大格局上所做的配列，大体如此。其主要特征（包括街道、城门位置的形成）是由长乐、未央、北宫、长陵的位置关系决定的。在这些要素中，突显的是实用主义的、直截了当的皇帝本人的威权。这种形态的本质，可以称为宫殿决定主义（palace determinism）。

四、武帝的长安城建设

在武帝以前，长安只有三组宫殿：长乐、未央、北宫。而武帝基于王朝的繁盛与自己对于宫殿作用的重视，大力增筑新宫殿，主要有桂宫、明光宫、建章宫，令长安宫殿占地面积扩大了将近一倍。（图5）相应地，长安城围墙范围内的居民区则大幅度减小。长安城皇帝宫殿的极度扩充，与武帝个人的政治威权的增长相对应，这一点很像秦始皇的时代。在武帝看来，宫殿比城市更重要，建章宫与明光宫的修建，在一定程度上是对城墙的否定。他的庞大的建章宫可以无视城墙界线的存在而坐落在西城墙的外边，建章与未央之间，由阁道跨越城墙相联通。明光宫的修建，必然将大面积的居民迁到城墙之外，这也是否定了城墙的分隔意义。建章宫的修建，起因是要起"大屋"，以方术之法去镇胜火灾，但实际修建出来的建章宫，却是为满足皇帝的奢华欲望和对仙境的模仿。[1]建章宫似乎与朝政没有关系，主要是武帝迷信方术观念的反映，后来的王莽在营造更加儒家礼制化的京师时，将其拆除。

武帝没有像秦始皇那样提出对都城总格局的构想，但这并非意味着武帝缺乏对象征意义的追求。除了模仿方士们宣扬的海中山、神明台以外，据《史记·封禅书》记载，武帝曾有在长安城南建立明堂的计划。[2]这是一项儒家礼制建筑规划，可能是长安城第一座有意体现儒家思想的建筑。由于这座纯粹的意识形态建筑选址于

---

① 《史记·封禅书》："勇之乃曰：'越俗有火灾，复起屋必以大，用胜服之。'于是作建章宫，度为千门万户。前殿度高未央。其东则凤阙，高二十余丈。其西则唐中，数十里虎圈。其北治大池，渐台高二十余丈，命曰太液池，中有蓬莱、方丈、瀛洲、壶梁，象海中神山龟鱼之属。其南有玉堂、璧门、大鸟之属。乃立神明台、井干楼，度五十丈，辇道相属焉。"

② 《史记·封禅书》："（武帝）元年，汉兴已六十余岁矣，天下乂安，荐绅之属皆望天子封禅改正度也，而上乡儒术，招贤良，赵绾、王臧等以文学为公卿，欲议古立明堂城南，以朝诸侯。"

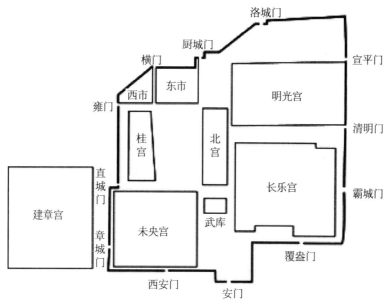

图 5　武帝时期的长安城

城南，将使原来缺乏都城重要内容的长安之南显现出异乎寻常的意义，从而使长安城的南北空间比重出现转变。不过，《史记》《汉书》中都没有武帝的明堂在长安被实施建成的记载。可以确定的是，他建成的明堂是在泰山。

武帝是一位具有高度意识形态信仰的皇帝，但他的一些重要的王朝信仰活动并没有汇聚在都城，在都城的景观建设上也没有充分展现这些信仰活动的内容。汉武帝的礼仪空间视野宽广，很重要的一些祭祀，如雍畤、后土、泰一等都不在长安，不少祭祀活动场所还未能脱离实际的山川场地（如封禅）。对比后来形成的都城郊祀（重要的祭祀活动收缩在都城近郊），武帝的祭祀活动空间几乎要覆盖整个帝国。对于武帝来说，作为场所的都城属于皇帝，还不是属于神祇，至少不是神祇的重要场所。都城主要是皇帝居住、施政、展现自己威仪的权力基地，所以宫殿是最重要的，其余的寰宇山河信仰均表达在都城范畴之外。在这种情形下，都城体制即宫室体制，都城并没有多少超越宫室的意义。

五、成帝都城概念的超越

武帝之后55年，成帝即位，此时儒家风气已经盛行于王朝。成帝接受匡衡的建议[1]，罢停远方的甘泉、汾阴等的祭典，而改在长安城郊区进行。[2]长安郊祀的设置

---

① 匡衡的奏文见《汉书·郊祀志》。

② 《汉书·成帝纪》："（成帝建始元年）十二月，作长安南北郊，罢甘泉、汾阴祠。……二年春正月，罢雍五畤。辛巳，上始郊祀长安南郊。诏曰：'乃者徙泰畤、后土于南郊、北郊，朕亲饬躬，郊祀上帝。……'"

虽有反复，但最终还是被确定下来。①京师成为祭祀天地上帝的核心场所，从空间上看，祭祀活动的范围收缩了，但都城的意义却扩大了，具有了规范的礼仪天下的象征性。

于这样的新的都城概念中，在体现皇族至尊、君臣制度的政治文化体系之外，加入了另一套礼仪文化体系。宫室建筑群不再是都城唯一的高尚景观体系，礼制建筑开始出现在景观中，都城成为两大高尚体系的合一体。在本质上，礼仪观念是皇帝权威的工具，但在形式上高于皇权。礼制建筑的规模虽然比不上皇宫，但其内涵则超越了君权的政治范畴，使城市景观具有了超越意义。君权与礼仪，两种精神整合的层面在都城，而不在宫殿，于是新的都城概念开始出现，新的都城体制由此诞生。在新的都城概念里，皇帝不必亲行天下，而是将天下聚缩于京城，用一种象征手法，完成对天下的掌控。

京师地区具有了权力行为、礼仪行为（当然还有民生活动）的完整性。京师不再只是皇帝本身的权力形象（如当年萧何所言），而具备了更高的礼仪信仰、道德观念的"大天下"的形象。②

不过，成帝虽然在长安城增加配列了祭祀建筑，但可能没有将它们与长安城原来的结构进行整合（或说没有利用原来的结构），至少，我们还不知道南北郊祀建筑的确切位置。

六、王莽的礼制规划

在王莽的一系列改革措施中，包括京师礼制建筑的大规模建设，在他的规划中，强调了未央宫轴线，这一点很值得注意。

根据历史留下的隐约记载推测，王莽有按《考工记》中的营国制度改造长安的想法。王莽上台后，托古改制，《周礼》是他改制的重要依据之一，而补作"冬官"的《考工记》很可能成为他改造长安城的蓝本。（图6）例如改未央宫前殿为"王路堂"，其实就是仿照《周礼》"路寝"，再加上北面原先存在市场，恰好形成"面朝后市"的格局。这是王莽对原有城市结构的利用和进行的新的解释。

① 《汉书·成帝纪》：（永始三年）"冬十月庚辰，皇太后诏有司复甘泉泰畤、汾阴后土、雍五畤、陈仓陈宝祠。""（绥和）二年春正月，行幸甘泉，郊泰畤。……三月，行幸河东，祠后土。丙戌，帝崩于未央宫。皇太后诏有司复长安南北郊。"

② 成帝在刘向的建议下还有在长安城南立辟雍的计划，但没有实施。《汉书·礼乐志》："刘向因是说上：'宜兴辟雍，设庠序，陈礼乐，隆雅颂之声，盛揖攘之容，以风化天下……'成帝以向言下公卿议，会向病卒，丞相大司空奏请立辟雍。案行长安城南，营表未作，遭成帝崩，群臣引以定谥。"

更重要的是，王莽把宗庙、社稷修建在西安门外，宗庙居左，社稷居右，形成"左祖右社"的局面。① "面朝后市""左祖右社"正是《考工记》主张的都城空间配列模式。

王恩田的研究值得注意，他指出："王莽所说的他为汉室所从事的'建郊宫、定桃庙、立社稷'等三大工程恰好就是汉长安城南郊由东而西并列的这三座建筑群基址。即东组建筑群是祭祀天地为主的郊宫，又称'辟雍'和'圜丘'；中组即以祭祀祖宗为主的'桃庙'，也称'明堂'；西组即祭祀土地社神和后稷

图6　王莽时期的长安城

的'社稷'。如果以面对未央宫前殿的西安门南出大道为轴线，桃庙与社稷分列左右，恰好就是《考工记》所说'左祖右社'的布局。"②

在王莽的统治时期，可能《考工记》的原则第一次被实施，即"匠人营国，方九里，旁三门。国中九经九纬，经涂九轨。左祖右社，面朝后市，市朝一夫"。这些原则反映的是都城制度，而不只是宫室制度。王莽规划所突出的未央宫轴线与原安门轴线有重要的差别，安门轴线上主要是道路（御道），而未央宫轴线上则坐落着朝宫。

王莽的目标在于强化权力，手法是端正礼仪，包括增设都城的礼仪景观。他运用景观语言，而不仅仅是建筑本身的功能，运用建筑配列格局的象征意义，达到意识形

① 在长安城未央宫遗址的南方，原西安门外，发现了大规模的礼制建筑遗址，其中偏东的遗址，有学者称为"王莽九庙"，也有的学者推断为"桃庙"。偏西的遗址，为汉社稷遗址。参见王恩田：《"王莽九庙"再议》，见中国社会科学院考古研究所汉长安城工作队、西安市汉长安城遗址保管所：《汉长安城遗址研究》，科学出版社，2006年，第377—390页。

② 王恩田：《"王莽九庙"再议》，见中国社会科学院考古研究所汉长安城工作队、西安市汉长安城遗址保管所：《汉长安城遗址研究》，科学出版社，2006年，第377—390页。

态的特定目标。武帝修筑建章宫，其意识形态的目标是打造方士文化的"神台"，而王莽要的是圣王。礼制建筑是圣王价值的最高体现，京师成为圣王的象征。

七、结语

从西汉长安城的发展历史可以看出，随着皇权的礼仪化，都城也开始出现变化。新帝国初期的皇权是实力权威，后来逐渐上升为礼仪权威。而都城制度正是在礼仪化的过程中形成的。

在高祖刘邦的时候，皇帝不可能没有礼仪，刘邦在长乐宫曾初尝礼仪的滋味。[①]未央宫的豪华也包含对威仪的追求[②]，但那只是在宫殿不是在城市，城市建设的礼仪化还没有跟上。刘邦的京师只有两三组宫殿。从某种意义上说，中国传统文化的最高形态是礼仪文化。从家族文化到皇权文化，其发展演进，都有朝向礼仪的趋势。

都城礼仪化的重要手法是轴线的运用。轴线意识是逐渐形成的，轴线手法是逐渐明朗化的。轴线的建设在于表达礼仪意义，是都城景观结构的最高文化形态。轴线与外郭的对应关系，是后来进一步追求的特征，轴线成为中轴线。早期只重视轴心，不注意城郭外形，轴线两侧没有对称。整齐外形与中轴线的结合，是从曹魏邺城开始，在隋大兴（唐长安）城走向成熟的。

整齐的方形城郭，宫殿之间有序的排列关系，宫殿与居民区的整齐分割，这些我们所熟悉的后代都城的特征在秦汉时代还没有出现。在秦汉时代的初期，只有宫殿位置的选择，无全城布局意识，这有些像西方的罗马城，即看不出都城整体空间结构。中国古代都城整体空间结构观念是从建立轴心带起源的。应该说，西汉有好几个长安城，它们分属不同的皇帝。所以，我们不能将城市最后总结局的形态看作唯一的长安而进行解读。

原载《城市与区域规划研究》2011年第3期

（唐晓峰，北京大学城市与环境学院教授）

---

① 《史记·刘敬叔孙通列传》：刘邦初即位，"群臣饮酒争功，醉或妄呼，拔剑击柱，高帝患之"。叔孙通定朝仪，群臣"无敢谨哗失礼者"。于是高帝曰："吾乃今日知为皇帝之贵也。"

② 《史记·高祖本纪》："萧丞相营作未央宫，立东阙、北阙、前殿、武库、太仓。高祖还，见宫阙壮甚，怒，谓萧何曰：'天下匈匈苦战数岁，成败未可知，是何治宫室过度也？'萧何曰：'天下方未定，故可因遂就宫室。且夫天子四海为家，非壮丽无以重威，且无令后世有以加也。'高祖乃说。"

西汉未央宫的政治空间

黄怡君

前言

汉代的"宫"是一大片建筑群，外围有宫墙，内部有殿、池沼、苑囿等设施。长安城内有数座宫，其中以皇帝的经常居所并包含一些行政机关的未央宫最为重要。（图1）早有学者指出，汉代宫中设有禁区"省中"。宫外、宫中、省中形成三重空间，愈往内层愈接近皇帝，门户的警备愈见森严，允许出入的官员也逐层递减。（图2）最内层的省中，是皇帝与家人的私人生活空间，戒备周密，只限少数士人官员出入。①有资格进出省中的官员未必是高阶官吏，但由于亲近皇帝，有机会攫取更大的政治权力，②于是省的设置便对政治产生影响。

"省中"这一空间是分析西汉政治史的重要切入点，然而，由于史料的缺乏与零散，过去讨论未央宫内"省中"格局的专论甚为稀少③，研究者往往笼统地将其等同于后宫④，未注意到"省中"还有其他设施及功能。仅有日本学者青木俊介曾考察其中的设施⑤，但他的研究侧重宫内建筑物的考证，相对轻忽了建筑物的使用，部分论点也有待商榷。

---

① 杨鸿年：《汉魏制度丛考》，武汉大学出版社，2005年，第1—33页；廖伯源：《西汉皇宫宿卫警备杂考》，见《历史与制度：汉代政治制度试释》，台湾商务印书馆，1998年，第1—35页。本文说的"士人"，是相对于"阉人"而言的。

② 杨鸿年：《汉魏制度丛考》，武汉大学出版社，2005年，第13—20页。

③ 刘敦桢：《大壮室笔记》，见《刘敦桢文集》（第1册），中国建筑工业出版社，1982年，第142—157页；项秋华：《前汉宫殿建制对政局的影响》，《台东师专学报》1984年第12期；［日］青木俊介：《漢長安城未央宮の禁中—その領域の考察—》，《学習院史学》2007年第45号；辛德勇：《薛季宣的〈未央宫记〉与汉长安城未央宫》，见《纵心所欲——徜徉于稀见与常见书之间》，北京大学出版社，2011年，第29—65页。

④ 杨鸿年：《汉魏制度丛考》，武汉大学出版社，2005年，第7、43、51页；祝总斌：《两汉魏晋南北朝宰相制度研究》，中国社会科学出版社，1990年，第242—245页。

⑤ ［日］青木俊介：《漢長安城未央宮の禁中—その領域の考察—》，《学習院史学》2007年第45号。

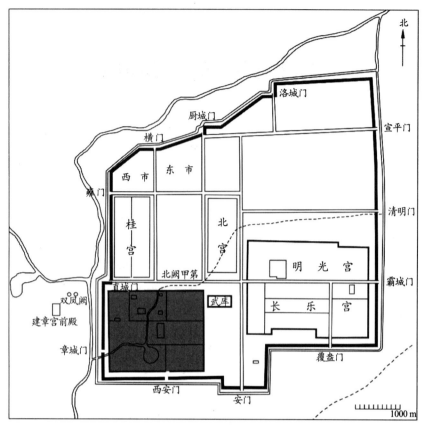

图 1 未央宫在汉长安城内的位置图

（底图据中国社会科学院考古研究所编：《中国考古学·秦汉卷》，中国社会科学出版社，2010年，第177页；
宫室位置据刘瑞：《汉长安城的朝向、轴线与南郊礼制建筑》，中国社会科学出版社，2011年，第25页）

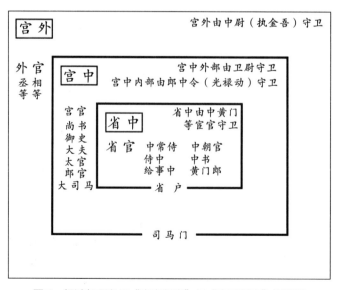

图 2 杨鸿年所考订"宫省制度"与"宫卫制度"示意图

本文在前人的研究基础上，重新分析未央宫的设施分布，勾勒出省外、省中建筑设施的布局，并展示政治空间随着皇帝的政治活动而变化的情形。未央宫设有以墙环绕、以门阁管制出入的省中，与省外空间有物理上的区隔。然而，学界对于宫中是否仅区分为省中、省外两层物理空间尚有争议。本文支持划分为这两个空间，但认为空间的机能并非只有两个层次。考察宫中的人事活动，可呈现各个建筑设施的机能。由此不仅能划出省中、省外的具体范围，从诸设施所处理的政治事务及参与者的差异来看，还可看到宫中由外而内实分为三层政治空间，与省中、省外的物理空间分隔不完全重叠。外层政治空间为皇帝在省外的理政之处，公卿大臣可进入此区；中层是皇帝日常处理政务及商议机密政事、召见个别官员的地方，包含省中的外围与省门外的一些设施；内层——省中内部——才是皇帝的私人生活空间。

一、词汇界定和研究取径

汉代宫中设有省中这个区域，典籍记载明确，历来并无争议。省中应有围墙，并以门阁管制出入，和宫中其他区域形成区隔。为了讨论之便，本文将省中之外的宫内区域权称为省外。然而，宫中是否只分成省中、省外两个物理上的空间层次，学界尚有异说。以往多认为"省中"一词等同禁中，但也有学者主张两者有差异；此外，一些研究提到省中之外尚有殿中这一层。是故，本节先说明本文仅将宫中分为省中、省外两个物理空间层次的理由，再提出根据人事活动划出省中具体范围的研究方法。

（一）未央宫中的物理空间层次

根据既有研究成果，未央宫内可见"禁中""省中""殿中"几个指涉某块区域的词汇。其中"禁中"与"省中"两词是否等同，还有争议。以下先说明本文采用"省中"一词的理由。

唐代的《三辅黄图》曾提到"汉宫中谓之禁中"[①]，然此说在汉代史籍中并无佐证，未必可信。《史记》《汉书》提到禁中时，多指称宫中某个禁区。东汉蔡邕说，禁中即省中。《汉书·昭帝纪》载云昭帝（前87—前74在位）幼年即位，养于省中，颜注引蔡邕之说为解："本为禁中，门合有禁，非侍御之臣不得妄入。行道

---

① 何清谷：《三辅黄图校释》，中华书局，2005年，第378页。今日所见《三辅黄图》是唐代中期以后的重编本，已非其原貌，但此书仍保存汉代文献所述宫殿方位，虽资料零散、未成体系，仍可用来与《史记》《汉书》相互证证。参见辛德勇：《薛季宣的〈未央宫记〉与汉长安城未央宫》，见《纵心所欲——徜徉于稀见与常见之间》，北京大学出版社，2011年，第50—51页。

豹尾中亦为禁中。孝元皇后父名禁，避之，故曰省中。"师古又说："省，察也。言入此中皆当察视，不可妄也。"①由此可见，"禁"因"门合有禁"得名，"省"则为察视之义，门合有禁与察视的目的皆为"不得妄入"。而蔡邕认为，禁中在元帝（前48—前33在位）后因避讳改称省中。不少近人研究采用蔡邕之说。②

然而，也有学者持不同意见。如清人周寿昌说："汉制原有禁与省之别，不自避王禁讳始。"③项秋华、曲柄睿也主张禁中与省中有别，前者为皇帝私人生活场所，后者则是皇帝与大臣议政之处。唯对于两者关系，两人见解又稍有不同。项秋华认为省中是禁中的一部分；禁中靠近前殿的部分宫殿，用作皇帝理事之处，即为省中。曲柄睿则认为，广义的禁中就是省中，狭义的禁中是指省中核心处的皇帝私人空间。④

今案，考索《史记》与《汉书》的"禁中""省中"两词，就记事用词的时代而言，《史记》记武帝（前141—前87在位）以前事仅用"禁中"一词；直到宣、元之际的褚少孙补《史记》，才提到"省中"。⑤可见最晚在元帝初年已出现"省中"一词。《汉书》在因袭《史记》处也都用"禁中"，"省中"始见于武帝时期，此后的记事两者兼用，未严格避"禁"字之讳。⑥这显示"省中"一词似乎比"禁中"一词晚出现，但两者同时存在，并未在某个时间点发生取代关系。

就词汇所指涉的空间功能而言，《史记》与《汉书》提到"禁中"内的活动，始终与皇帝的私人生活有关，"省中"的情况则有时代变化。武帝时，省中为皇帝

---

① 《汉书》卷七《昭帝纪》，中华书局，1962年，第218页。

② 杨鸿年：《汉魏制度丛考》，武汉大学出版社，2005年，第1—4、42—43页；廖伯源：《西汉皇宫宿卫警备杂考》，见《历史与制度：汉代政治制度试释》，台湾商务印书馆，1998年，第28—32页；李玉福：《秦汉制度史论》，山东大学出版社，2002年，第166页；〔日〕米田健志：《前漢後期における中朝と尚書—皇帝の日常政務との關連から—》，《東洋史研究》2005年第64卷第2期；〔日〕青木俊介：《漢長安城未央宮の禁中—その領域の考察—》，《学習院史学》2007年第45号；陈苏镇：《汉未央宫"殿中"考》，《文史》2016年第2辑。

③ 〔清〕王先谦补注：《汉书补注》卷七《昭帝纪》，上海师范大学古籍整理研究所整理，上海古籍出版社，2008年，第310页。

④ 项秋华：《前汉宫殿建制对政局的影响》，《台东师专学报》1984年第12期；曲柄睿：《汉代宫省宿卫的四重体系研究》，《古代文明》2012年第3期。

⑤ 《史记》卷五八《梁孝王世家》，中华书局，1959年，第2090—2091页。褚少孙在解说汉景帝时梁孝王入朝提到"省中"，而本文认为这段话反映的是他生活年代的情形。褚补《史记》的年代，参见易平：《褚少孙补〈史记〉新考》，《台大历史学报》2000年第25期。

⑥ 廖伯源：《西汉皇宫宿卫警备杂考》，见《历史与制度：汉代政治制度试释》，台湾商务印书馆，1998年，第31页。

私人空间。昭帝即位之初，《汉书》在两处记录同一事，用"省中"与"禁中"互文，都是指皇帝的私人生活空间。①宣帝（前74—前48在位）以后，省中多与政治事件有关，并出现"漏泄省中语"的罪名。②由此看来，宣帝以后"省中"的政务功能显著增强。不过，这两个词汇始终区别不严。宣、元之际，褚少孙将"省中"视为禁门内皇帝与宗族聚会的私人空间③。王莽（9—23在位）摄政时，群臣奏请以"安汉公庐为摄省，府为摄殿，第为摄宫"④；"庐"为居住休止之处，⑤"府"为办公之处，"省""殿"分别对应"庐""府"，则"省"指的也是私人生活空间。

由以上考辨可知，"省中"与"禁中"可以不加分别，蔡邕的"省中即禁中"之说仍难以推翻。"省中"一词可涵盖皇帝的理政空间与私人空间；而"禁中"在用例上只见与皇帝的私人生活有关，尚难确定可否包括理政空间。因此，本文选择采用"省中"一词指称宫中整个禁区。

此外，有学者注意到，未央宫的省外尚有称"殿中"的地方。⑥陈苏镇指出，"殿中"是皇宫中某片特定区域，包围着"省中"，有殿墙环绕，由殿门出入，其内包含几座殿式建筑。⑦今案，宫内省外确实有称为"殿中"的场所，且"殿中"一词有时指称一个区域，然其是否能确指一层以围墙封闭的特定区划，则尚有疑义。

本文认为"殿中"一词像是泛称，可确定指称一座殿式建筑的范围，也有可能指称数座殿式建筑集合而成的区域。前人研究指出，汉代的殿式建筑是独立院落，有大门，其内以"殿（堂）"为核心，殿前有内、外两个庭院。⑧根据考古探勘，未央宫规模最大的殿式建筑——前殿，建于大型台基上，其内有五座建筑遗址、五个庭院，周围有数座附属建筑。⑨

---

① 《汉书》卷七《昭帝纪》、卷九七《外戚传上》。

② 关于"漏泄省中语"，可参见廖伯源：《西汉皇宫宿卫警备杂考》，见《历史与制度：汉代政治制度试释》，台湾商务印书馆，1998年，第1—35页；李玉福：《秦汉制度史论》，山东大学出版社，2002年，第166—167页。

③ 《史记》卷五八《梁孝王世家》，中华书局，1959年，第2090页。

④ 《汉书》卷九九上《王莽传上》，中华书局，1962年，第4086页。

⑤ 关于"庐"，参见杨鸿年《汉魏制度丛考》（武汉大学出版社，2005年，第31—33页）、［日］佐原康夫《漢代都市機構の研究》（汲古书院，2002年，第76—78页）。

⑥ 曲柄睿：《汉代宫省宿卫的四重体系研究》，《古代文明》2012年第3期；孙闻博：《西汉加官考》，《史林》2012年第5期。

⑦ 陈苏镇：《汉未央宫"殿中"考》，《文史》2016年第2辑。

⑧ 劳幹：《礼经制度与汉代宫室》，见《劳幹学术论文集·甲编》，艺文出版社，1976年，第455—475页；陈苏镇：《秦汉殿式建筑的布局》，《中国史研究》2016年第3期。劳幹认为堂的前、后皆有庭院，而陈苏镇则认为堂前有内、外两个庭院，本文采后者之说。

⑨ 西安市文物局等：《汉长安城遗址保护》，文物出版社，2012年，第110—112、119—122页。

这显示史书提到的"殿"常是复合式建筑，有垣墙包围，其内及周边有附属设施。既然有墙与门，"殿中"自然也有出入管制，只是不若省中严格。①若"殿中"泛指一座或数座殿，确实足以构成一个区域；但要确指"殿中"为宫内一片特定区划，则似缺乏证据。

史籍提到的"殿中"较似没有明确交代殿名的泛称，未必实指省外的特定区划。虽然"殿中"大多指称省外的场所，但也有在省中之例。如成帝（前33—前7在位）时，"郑宽中、张禹朝夕入说《尚书》《论语》于金华殿中"，下文将证明金华殿在省中，而此处以"殿中"称之。成帝时，中宫史曹宫自称怀了成帝的孩子，官婢曹晓"入殿中，见宫腹大"；曹宫产子后，在掖庭牛官令舍哺乳。此处官婢与中宫史所居的"殿中"，可能在掖庭或椒房殿内部，应属省中。哀帝（前7—前1在位）时，董贤为驸马都尉侍中，"常与上卧起"，"每赐洗沐，不肯出，常留中视医药。上以贤难归，诏令贤妻得通引籍殿中，止贤庐"，此后"贤与妻旦夕上下，并侍左右"，②此"殿中"也可能在省中。以上数例"殿中"，指省中的某座殿之中。

综上所述，由于"殿中"难以确定是指省外的一层特定区划，本文拟考证个别数座殿分布于省中、省外的情形。

（二）省中设施的判定方法

省中是宫中的禁区，为保护皇帝的安全与保守政治机密，严格管制人员出入。那么，要如何判明未央宫有哪些具体设施属于省中？

青木俊介考察省中建筑物的研究方法颇值得参考。首先，他证明金马门为禁门，然后考察位于金马门内的建筑物，判定它们属于省中。此外，他也以建筑物的地缘关系（与属省中的建筑物相邻）和机能（皇帝家族的私人生活空间）为指标，判定若干建筑物属于省中。最后，他指出省中是一块由集中在未央宫北部的建筑群所构成的区域。③其后，渡边将智根据未央宫的考古资料推定省中的位

① 廖伯源即指出，各殿门置名籍，入宫者只能到指定的殿，否则便会触犯"阑入殿中"罪。参见廖伯源：《西汉皇宫宿卫警备杂考》，见《历史与制度：汉代政治制度试释》，台湾商务印书馆，1998年，第21—23页。

② 参见《汉书》卷一○○上《叙传上》、卷九七下《外戚传下》、卷九三《佞幸传》，中华书局，1962年，第4198、3990、3733页。

③ ［日］青木俊介：《漢長安城未央宫の禁中—その領域の考察—》，《学習院史学》2007年第45号。

置，如图3所示。[①]

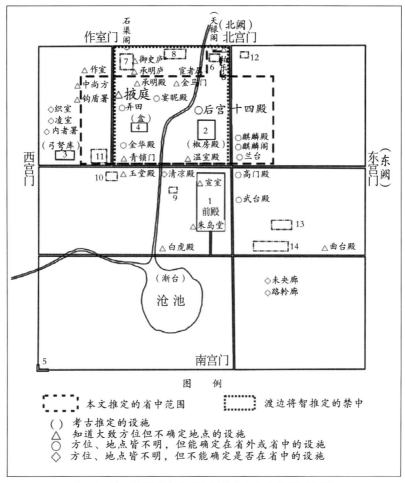

图3　渡边将智及本文所考订未央宫宫省范围示意图

（底图据中国社会科学院考古研究所编：《中国考古学·秦汉卷》，中国社会科学出版社，第184页）
说明：编号1—14之处为考古探勘或发掘的建筑遗址。此图所绘设施，只有宫墙、宫内道路、宫门、沧池、
前殿的位置已经考古证实，以明体标示，其余皆仅表现相对位置或大致位于此区块。

　　青木氏的研究成果令人敬佩，然其"先寻找禁门，再将禁门内的建筑物划入
省中"的研究方法，仍有局限。第一，若只考虑禁门与建筑物的位置，忽视人在
建筑物的活动，有时会出现难以解释的矛盾。例如，在青木氏用以证明金马门为
禁门的关键史料中，提到有"群臣"在金马门以内活动，与其"只有特定人士才
拥有出入省中资格"的说法相冲突，他却未作解释。第二，青木氏以建筑物的地
缘关系及使用机能将某些建筑物划入省中，这样的推论方法过于简化，有些情况

──────────

① ［日］渡边将智：《後漢洛陽城における皇帝・諸官の政治空間》，见《後漢政治制
度の研究》，早稻田大学出版部，2014年，第249—292页。

不尽符合他的设想。

本文在青木俊介的研究基础上，采取不同的研究取径，探讨皇帝与官员在未央宫的活动空间。下文分析发生在未央宫的历史事件，根据事件发生的地点、参与的职官及活动类型三项线索，推究该地是否属于省中。事件的地点记载通常是最明确的线索。职官则是指事件中出现在该地点的人员，是否具有出入省中的资格。杨鸿年称有权出入省中的官员为省官（参见图2）[①]，如果事件牵涉的人物有省官，则该处极可能位于省中。然而，省官可能出现在省外，外人在特殊状况下也可能出现在省中，因此，还须辨析这些人物在该处进行何种活动。既有研究显示，皇帝进行私人活动（如与亲人、宠臣的宴饮或聚会）及讨论机密事务的场所较可能在省中，而举行公开活动（如公卿大臣出席的典礼）之处则较可能在省外。[②]此外，也须留意该事件是特殊情况，抑或常态活动。

本文期望借由上述研究方法分析史料，对前人说法有所修正与补充。在上述三项线索中，以事件牵涉的人物是否为省官最为重要。那么，接下来便须厘清，按照制度规定，哪些职官拥有出入省中的资格。

（三）有资格出入省中的职官

杨鸿年注意到汉代存在"宫省制度"，即宫廷空间区分成宫外、宫中、省中三层，他将在此三层区域工作的职官分别称为外官、宫官、省官（参见图2）。[③]本文袭用杨氏的"省官""宫官"两个词汇，分别指称有资格出入省中的职官与在宫内省外工作的职官。

据杨鸿年考证，侍中、中常侍、给事中、黄门郎、中书令、中朝官为省官，尚书、御史、大夫、郎官、大司马、太官为宫官。[④]然杨鸿年所说的省官是否皆有资格出入省中，还可再作检讨，以下分类讨论。

---

① 杨鸿年：《汉魏制度丛考》，武汉大学出版社，2005年，第13—20页。

② ［日］米田健志：《前漢後期における中朝と尚書—皇帝の日常政務との關連から—》，《東洋史研究》2005年第64卷第2期；［日］青木俊介：《漢長安城未央宮の禁中—その領域の考察一》，《学習院史学》2007年第45号。

③ 杨鸿年：《汉魏制度丛考》武汉大学出版社，2005年，第1—20页。

④ 杨鸿年：《汉魏中书》，《文史》1963年第2辑；杨鸿年：《汉魏制度丛考》，武汉大学出版社，2005年，第1—144页。

1.侍中、中常侍、给事中

西汉除了阉人之外，一些由士人担任的职官也有入省资格。如《汉书·百官表》云："侍中、中常侍得入禁中。"①

给事中亦然。如《汉官解诂》云：给事中"掌侍从左右，无员，常侍中"；《汉旧仪》也说给事中位次侍中、常侍。②然而《汉仪注》却说："诸给事中日上朝谒……以有事殿中，故曰给事中。"③此说认为给事"中"指的是"殿中"。上文已指出，"殿中"一词偶尔指称省中的殿，因此，给事"中"即使指的是殿中，也与省中之义不相斥。成帝时，谷永以光禄大夫给事中外放为北地太守，上奏自言"幸得给事中出入三年……思慕之心常存于省闼"④。可见给事中出入之处正是"省闼"，据此确定给事中能出入省中。

2.中朝官、尚书与中书

关于中朝官包含哪些职官，《汉书》颜注引用的孟康之说，是最基本的史料。其后，钱大昕与劳干相继补入孟康没提到的给事中、左右曹与尚书。⑤现在学界大致认为中朝官有大司马、诸将军、侍中、中常侍、给事中、散骑、诸吏、左右曹，而不包括尚书。⑥近年研究进一步主张中朝官不能囿限于这些官名，并指出工作地点是定义中朝官的一项要素。⑦

---

① 《汉书》卷一九上《百官公卿表上》，中华书局，1962年，第739页。
② 《汉书》卷一九上《百官公卿表上》，中华书局，1962年，第739页；〔清〕孙星衍等辑：《汉官六种》，中华书局，1990年，第64页。
③ 《太平御览》卷二二一《职官部十九》，中华书局，1960年，第1052页。
④ 《汉书》卷八五《谷永杜邺传》，中华书局，1962年，第3466页。
⑤ 〔清〕王先谦补注：《汉书补注》卷七七《盖诸葛刘郑孙毋将何传》，上海师范大学古籍整理研究所整理，上海古籍出版社，2008年，第4999—5000页；劳干：《论汉代的内朝与外朝》，《"中央研究院历史语言研究所"集刊》1948年第13本。
⑥ 徐复观：《汉代一人专制政治下的官制演变》，见《两汉思想史》（第1卷），华东师范大学出版社，2001年，第120—165页；祝总斌：《两汉魏晋南北朝宰相制度研究》，中国社会科学出版社，1990年，第73—78页；李玉福：《秦汉制度史论》，山东大学出版社，2002年，第148—156页。
⑦ 廖伯源：《西汉之中朝官考论》，《新亚学报》2013年第31卷下册，第79—180页；陈苏镇：《汉未央宫"殿中"考》，《文史》2016年第2辑。

不少学者认为中朝官在省中工作①，孙闻博、陈苏镇却主张其工作地点在省外的殿中。②本文认为，除了上文提到的侍中、中常侍、给事中可确认制度上有资格出入省中，其余中朝官皆缺乏佐证。

中朝官之外，学界对于尚书是否为省官也有不同看法。杨鸿年认为尚书不是省官，米田健志的看法则相反。③然主张尚书为省官的学者，并未提出坚实的证据，最大疏忽是未考虑中书的作用。

中书与尚书在西汉武帝至成帝时期并置，两者职掌重叠，差异在于前者由阉人担任，后者为士人，且工作地点不同。④中书在后庭或省中工作，这块区域尚书不能进入。⑤既然尚书的职务与中书高度重叠，若也在省中工作，即无设置中书之必要。基于这个理由，本文认为尚书的工作地点在省外，中书则在省中兼任尚书的职能。然而也必须说明，西汉只在武帝晚年至成帝建始四年（前29）设有中书机构，尚书机构确实可能在哀帝时短暂移至省中。⑥

---

① 项秋华：《前汉宫殿建制对政局的影响》，《台东师专学报》第1984年12期；杨鸿年：《汉魏制度丛考》，武汉大学出版社，2005年，第134—144页李玉福：《秦汉制度史论》，山东大学出版社，2002年，第166—167页；〔日〕米田健志：《前漢後期における中朝と尚書一皇帝の日常政務との關連から一》，《東洋史研究》2005年第64卷第2期；廖伯源：《西汉之中朝官考论》，见《历史与制度：汉代政治制度试释》，台湾商务印书馆，1998年，第83页。

② 孙闻博：《西汉加官考》，《史林》2012年第5期；陈苏镇：《汉未央宫"殿中"考》，《文史》2016年第2辑。

③ 杨鸿年：《汉魏制度丛考》，武汉大学出版社，2005年，第81—85页；〔日〕米田健志：《前漢後期における中朝と尚書一皇帝の日常政務との關連から一》，《東洋史研究》2005年第64卷第2期。

④ 中书在后庭担负尚书的传递、起草文书之职，且能处置尚书所掌文书，权力在尚书之上。参见杨鸿年：《汉魏中书》，《文史》1963年第2辑；〔日〕鎌田重雄：《汉代の尚书官——领尚书事と录尚书事とを中心として》，《東洋史研究》1968年第26卷第4号；李玉福：《秦汉制度史论》，山东大学出版社，2002年，第189—202页。

⑤ 祝总斌：《两汉魏晋南北朝宰相制度研究》，中国社会科学出版社，1990年，第239—245、306—314页；〔日〕山田胜芳：《前汉谒者、中书、尚书考》，《东洋学集刊》1991年第65号。

⑥ 汉哀帝时，孙宝称尚书仆射郑崇为"禁门内枢机近臣"，可见尚书仆射在当时能出入禁门。这可能是因郑崇个人"数求见谏争"，哀帝愿意在省中接见。另一种可能是，尚书机构在哀帝时期曾短暂移到省中。哀帝"欲强主威，以则武、宣"，当时中书已然撤废，且无强力外戚领尚书事，他有可能将尚书机构移到省中，直接由己指挥。即便如此，这也是暂时现象，尚书工作地点在王莽时又移到省外。王莽在策文中提到"漏泄省中及尚书事者，'机事不密则害成'也"，将"省中"与"尚书"并列，可见尚书不在省中。参见《汉书》卷七七《盖诸葛刘郑孙田将何传》、卷九九《王莽传中》，中华书局，1962年，第3262、4116页。

3.中郎、侍郎、黄门郎

杨鸿年提出的省官并不齐全，还有其他职官在省中工作。西汉时期，某些郎官可进入省中。谢彦明注意到，士人担任的中郎在省中宿卫，[①]然并非整个西汉皆如此。严耕望已指出：武帝时，中郎渐失内侍给事的意义，于是复增置常侍郎；西汉中叶以后，侍郎又"不必果侍左右矣"[②]。

确有实例显示，汉武帝时不是所有中郎都可进入省中。元狩五年（前118），汲黯曾对武帝说："臣愿为中郎，出入禁闼，补过拾遗，臣之愿也。"元狩年间另有吾丘寿王为侍中中郎之例。[③]若中郎都能如汲黯"出入禁闼"，吾丘寿王何以还需加官侍中？可见当时只有部分中郎能在省中宿卫。此外，也有常侍郎的实例。武帝初即位，以东方朔"为常侍郎，遂得爱幸"，"常在侧侍中，数召至前谈语"，[④]由此可知常侍郎应能进入省中。

杨鸿年所说的省官黄门郎，似又比常侍郎更晚出现。[⑤]黄门侍郎"掌侍从左右，给事中，关通中外"。《汉官》曰："尚书郎奏事于明光殿，省中皆胡粉涂壁，其边以丹漆地，故曰丹墀。尚书郎含鸡舌香，伏其下奏事。黄门侍郎对揖跪受。"[⑥]可见黄门侍郎的"关通中外"，包括在省中边缘接受尚书郎奏事，将之传达到省中。然而，上述说法可能反映的是东汉的制度，西汉的情况须以实例检视，详见下文讨论。

综上所述，从制度规定来看，只有侍中、中常侍、给事中、中书令、黄门郎确定是省官。惟不同省官与皇帝的关系仍有亲疏之别，有的可以住居在省中，有的因职务得以出入省门但不能留宿。[⑦]而省外的官员在某些特殊情况下（如皇帝召见），也能进入省中。

---

① 谢彦明：《汉代禁省宿卫制度试探》，《人文杂志》2007年第5期。

② 严耕望：《秦汉郎吏制度考》，见《严耕望史学论文选集》（下册），中华书局，2006年，第283—338页。

③ 《史记》卷一二〇《汲郑列传》，中华书局，1959年，第3110页；《汉书》卷六四《严朱吾丘主父徐严终王贾传上》，中华书局，1962年，第2795页。

④ 《汉书》卷六五《东方朔传》，中华书局，1962年，第2845页；《史记》卷一二六《滑稽列传》，中华书局，1959年，第3205页。

⑤ 杨鸿年曾罗列两汉担任黄门郎的人物，可知西汉的黄门郎以宣帝之后为多。参见杨鸿年：《汉魏制度丛考》，武汉大学出版社，2005年，第65—73页。

⑥ 《后汉书》，中华书局，1965年，第3593页；《太平御览》卷二二一《职官部十九》，中华书局，1960年，第1050页。

⑦ ［日］米田健志：《前漢後期における中朝と尚書—皇帝の日常政務との関連から—》，《東洋史研究》2005年第64卷第2期。

二、未央宫中皇帝的活动空间

上一节已经说明本文的研究取径，以下两节将分别解析未央宫中皇帝的活动空间，以及各种人员活动于其间的诸类设施。

考古调查勾勒出未央宫的大致布局。宫内由两条东西向干道将其分成北、中、南三个部分（参见图3）。北部是文化设施区与后宫区，西北部似为少府官署区，东北部可能有不少礼制建筑。中部以前殿居中，两侧有一些规模较大的建筑遗址。南部西边有沧池，东边分布着大量建筑遗址。①配合文献记载来看，未央宫中部的前殿周围应是主要的政务处理区，而文化设施、后宫、少府属官分布在前殿以北。

以往认为省中、省外的分隔即皇帝的公私界线，此种认识可再检讨。本节按照宫中诸设施所处理的政治事务与参与者的差异，将宫中分成三层政治空间，与物理上省中、省外的分隔不完全重叠。最外一层为皇帝理政之处，最内层是皇帝的私人空间，中间一层则介于两者之间（参见图4、表1）。

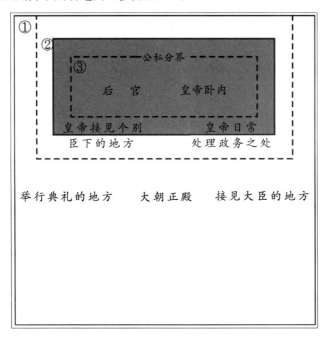

图4　西汉皇宫中政治空间的层次示意图（每层的具体设施参见表1）

说明：实线外框为未央宫，宫中设有省中禁区（灰色区块）。政治空间分为三层，分界以虚线标示。①外层位于前殿以南区域。②中层位于前殿以北，分成南区与北区，包含省中外缘与省外一些靠近省门的设施。③内层又在中层之内。政治空间的分界与省中、省外的物理区隔不完全相合。

---

① 刘庆柱：《汉长安城未央宫布局形制初论》，见《古代都城与帝陵考古学研究》，科学出版社，2000年，第177—189页。

表1 未央宫内空间建筑一览表

位置	政治空间层次	名称	建筑物的功能	始建或见于文献记载的时间	备注
省外	外层	前殿	皇帝举行重大典礼	高帝七年（前200）建	未央宫1号建筑遗址
		宣室殿	皇帝从事宗教活动与商讨军国大事	文、武、宣、成、王莽	可能是未央宫1号建筑遗址的一部分
		武台殿	皇帝召见武将	武帝建/元	
		曲台殿	皇帝游玩观览 举行射礼 皇帝临飨罢卫士	文、景、武、宣、成	
		白虎殿	察举直言之士对策 皇帝会见外宾 皇帝与诸侯王"小见" 皇帝举行大型宴饮活动	元、成、王莽	
		高门殿	皇帝接见大臣 谏大夫所居	武、元、哀	作为谏大夫居所时属中层
		柏梁台	皇帝诏群臣和诗	武帝建，亦毁于武帝时	
		渐台	皇帝游览 皇帝举行大型宴饮活动	文、成、王莽	
		石渠阁	诸儒讲论经义 藏秘书	萧何建/宣、成	
		承明庐	文人待诏、著述之廷	武、成	
		宦者署	文人待诏、著述之廷	武、宣、元、成	
		金马门	文人待诏、著述之廷	武、昭、宣、元、成	
		玉堂殿	文人待诏、著述之廷，黄门郎居所	元、成、哀	
		青琐门	黄门郎在门外待命	成	
省中	中层	承明殿	皇帝召见文人 皇室女眷居所	文、昭宣之际，成、王莽	
		温室殿	皇帝燕居 公卿群臣与郎官议事 给事中入值	昭宣之际 元 成	文帝时已有
		金华殿	经师讲学	元、成	
		兰台	归御史中丞管理，藏秘书		
		天禄阁	藏秘书，大夫校书	萧何建/成、哀、王莽	
		麒麟阁	藏秘书，处贤才	武帝建	
		麒麟殿	皇帝举行私人宴饮活动	元、哀	
		宴昵殿	皇帝与亲戚宴饮会同	成	

位置	政治空间层次	名称	建筑物的功能	始建或见于文献记载的时间	备注
省中	内层	椒房殿	皇后居所		
		昭阳殿		武、成	
		飞翔殿		武	
		增成殿		武、成	
		合欢殿		武	
		兰林殿		武	
		披香殿		武	
		凤皇殿	后宫得宠妃嫔居所	武、宣(?)、元(?)	
		鸳鸯殿		武	
		安处殿			
		常宁殿			
		茝若殿		建于武帝以后	
		椒风殿			见于哀帝时
		发越殿			
		蕙草殿			
		掖庭	妃嫔与宫女居所		其内有许多设施
宫中(不知是否在省中)	供应生活所需的设施	钩盾署	少府属官,掌近苑囿	昭、元、成、王莽	
		弄田	属钩盾,皇帝宴游之田	昭	
		中尚方	少府属官,主作禁器物	王莽	
		作室	尚方的工作之所	作室门见于成帝、王莽时	作室门遗址位于北宫墙西段
		织室	少府属官的设施,掌织作文绣郊庙之服	惠、宣、成	
		凌室	由少府属官太官管理,藏冰之处	惠、成	
		内者署	少府属官,掌宫中步帐亵物	武、哀、王莽	
		未央厩	由太仆属官管理,掌皇帝舆马		
		路軨厩	由太仆属官管理,主乘舆路车与凡小车		
	不明	清凉殿	皇帝幸臣所在	武	
		朱鸟堂	文人学士校治地理图籍	王莽	

最外层的政治空间是皇帝参与公开及大型活动的地方,地位高但与皇帝关系较疏的公卿百官能进到此区。这层政治空间包括皇帝在省外理政与休闲之处:前殿举行重大仪式,宣室殿为从事宗教活动与商讨军国大事之处,武台、曲台、高门、白虎诸殿是接见大臣、礼宾与参加典礼之所;柏梁台与渐台则是皇帝举行公开宴会与游乐观览之处。

中层政治空间包含省中的外围与省门外的部分地区，皇帝在此处理日常政务与商议机密政事。省中只有皇帝的亲戚、侍臣能常态出入，个别官员若获得召见也可不定期出入。此层位于省外的设施，也只有特定职官因职务而能出入，这些官员亦会被视为皇帝近臣。中层政治空间包括省中的温室殿，是处理政务与商议机密政事的场所；省中的麒麟殿、宴昵殿则是皇帝与近侍、外戚举行私宴的地方。

内层政治空间为后宫，是皇帝家属及宫女的居所。后宫是皇帝的私人空间，不当在此处理政务；然汉武帝之后，常见皇帝游宴后庭、任用中书宦官之事，因此虽乏明确政治事件可考，但后宫可说是最内层的政治空间，包含省中的椒房殿、掖庭与十四座殿。

以下逐项考述三层政治空间具体包含哪些分布于省外、省中的建筑设施。

（一）外层政治空间：皇帝会见群臣与参加典礼的场所

外层政治空间大略位于前殿以南的区域。前殿为未央宫1号建筑遗址，位于宫内中心，处理政务的设施分布在周围。宣室殿可能位于前殿北部，曲台殿在宫内东南部，白虎殿在西南部。此外，曲台、西南部沧池的渐台、靠近北阙的柏梁台，皆供皇帝休闲观览。以下依序考证。

1.前殿、宣室殿

前殿为举行国家大典之处，大朝、皇帝登基、结婚、入殡、策拜丞相等典礼常在此举行。前殿建于高帝七年，其内有非常室与附属的后阁。考古调查显示，前殿遗址大致位于未央宫正中央，由一组建筑群构成。遗址自南而北有三座逐层增高的台面，台上各自有大型宫殿建筑遗迹，以中间台面的面积最大。[1]刘庆柱与杨鸿勋皆推测，前殿遗址中央台基上的大殿即为宣室殿。[2]学者之所以主张宣室为前殿的主体殿堂，是因为《三辅黄图》说宣室在未央宫前殿北，为前殿的正室，如淳又说宣室为"布政教之室"[3]。然而，汉代史籍的实例却显示未必如此。

---

① 中国社会科学院考古研究所编著：《汉长安城未央宫：1980—1989年考古发掘报告》（上册），中国大百科全书出版社，1996年，第15—17页；西安市文物局等编著：《汉长安城遗址保护》，文物出版社，2012年，第110—112、119—122页。

② 刘庆柱：《汉长安城未央宫布局形制初论》，科学出版社，2000年，第182—183页；杨鸿勋：《西汉未央宫前殿与椒房殿复原初探》，见《杨鸿勋建筑考古学论文集》（增订版），清华大学出版社，2008年，第237—256页。

③ 何清谷：《三辅黄图校释》，中华书局，2005年，第152、153页；《汉书》卷二三《刑法志》，中华书局，1962年，第1102页。

汉文帝（前180—前157在位）在"方受厘，坐宣室"时，召见贾谊，谈论鬼神之事至夜半。宣帝"常幸宣室，斋居而决事"。颜师古认为："盖其殿在前殿之侧也，斋则居之。"[1]则宣室为斋居僻静之处，是前殿建筑群中的侧殿，不是主殿，较可能在后侧（北部）。和林格尔汉墓壁画《宁城图》的斋室位于正堂右后方，即为其证。[2]陈苏镇亦认为，从功能上看，宣室是位于前殿北侧的附属建筑，并非主殿。[3]

除了供皇帝斋戒事鬼神，宣室亦是商议军国大事的场地。武帝在宣室置酒宴请姑母窦太主，命令谒者引窦太主的男宠董偃入内。当时东方朔为中郎，陛戟殿下，不让董偃上殿，他对武帝说："夫宣室者，先帝之正处也，非法度之政不得入焉。"宣帝曾于宣室召见何武等"通达茂异士"。成帝在宣室召见陈汤问西域军事，鸿嘉年间（前20—前17）还"举敦朴能直言，召见宣室，对政事得失"。[4]

史书提到宣室是"先帝正处"，"非法度之政不得入"，又云皇帝"幸宣室""斋居"，则此地为皇帝出外处理国家大政的场所，必不在省中。此外，以上事件出现的人物都不是省官，也可证宣室不在省中。贾谊为长沙王太傅，董偃、何武、陈汤皆无官职，王嘉以长陵尉入对政事得失，另有谒者与对策者。虽有中郎在宣室外，然上文已说明，中郎在武帝时并不是都能出入省中的，因此中郎的出现不表示宣室在省中。

2.武台殿、曲台殿、高门殿、白虎殿

武台殿为武帝所建。天汉二年（前99），武帝在此召见骑都尉李陵，商讨击匈奴军事。[5]西汉的骑都尉常以武将、近臣或外戚担任，此职并非省官，[6]因此武台殿

---

① 《史记》卷八四《屈原贾生列传》，中华书局，1959年，第2502—2503页；《汉书》卷二三《刑法志》，中华书局，1962年，第1102—1103页。

② 内蒙古自治区博物馆文物工作队编：《和林格尔汉墓壁画》，文物出版社，1978年，第86页。线描图参考［日］佐原康夫：《汉代都市机构の研究》，汲古书院，2002年，第201—202页。

③ 陈苏镇：《未央宫四殿考》，《历史研究》2016年第5期。如上文所述，1号遗址的三座台面为建筑基址，刘庆柱与杨鸿勋皆认为最大的中央基址即宣室殿遗址。陈苏镇则认为，南部基址为大门，中央基址为前殿，北部基址才是宣室殿。本文亦认为宣室殿位于1号遗址北部，然目前缺乏证据落实为具体的一座建筑基址，因此图3将其标示为"知道大致方位但不确定地点的设施"。

④ 《汉书》卷六五《东方朔传》、卷八六《何武王嘉师丹传》、卷七〇《傅常郑甘陈段传》、卷八六《何武王嘉师丹传》，中华书局，1962年，第2855—2857、3481、3022—3023、3488页。

⑤ 何清谷：《三辅黄图校释》，中华书局，2005年，第121页；《汉书》卷八六《李广苏建传》，中华书局，1962年，第2451页。

⑥ 金涉、王去疾、赵钦、王莽都曾任"侍中骑都尉"，可见骑都尉要加官侍中才能进入省中，它本身不会是省官。参见《汉书》卷六八《霍光金日磾传》、卷九三《佞幸传》、卷一一《哀帝纪》、卷一〇《成帝纪》，中华书局，1962年，第2964、3738、338、319页。

应不在省中。

曲台殿在文帝时已存在。①景帝（前157—前141在位）初年，枚乘劝谏吴王的上书曾提到曲台，是供君主游玩观览之地。张晏说曲台"临道上"②，司马相如《长门赋》提到从长安城东南的长门宫可望见曲台，可知曲台应临近未央宫东南部宫墙。程大昌也认为曲台"必当行路冲要，不在宫中深邃之地"③。博士后仓曾在曲台著书立说，如淳曰："行礼射于曲台，后仓为记，故名曰《曲台记》。"孟喜通《易》，举孝廉为郎，任曲台署长。成帝时，司隶校尉王尊劾奏丞相匡衡，他提到皇帝"正月行幸曲台，临飨罢卫士，（匡）衡与中二千石大鸿胪赏等会坐殿门下"，"百官共职，万众会聚"。④曲台是博士行射礼、皇帝参加罢卫士餐会的地方，在此活动的官员为博士、郎、百官，不属省中。

高门殿为武帝所建，武帝曾在此接见右内史汲黯。哀帝时，鲍宣为谏大夫，自言："陛下擢臣岩穴，诚冀有益豪毛，岂徒欲使臣美食大（太）官，重高门之地哉？"又言："高门去省户数十步，求见出入，二年未省。"⑤可知高门殿在省门外不远处，哀帝时为谏大夫居所，则此时高门殿属中层政治空间。

白虎殿可能坐落在未央宫西南的沧池、渐台附近⑥，文帝时尚未建。成帝时，曾"尽召直言之士诣白虎殿对策"；河平四年（前25），单于来朝，在廷中谒见丞相王商，又到白虎殿见成帝；王莽曾"大置酒未央宫白虎殿，劳赐将帅"。⑦这些都是对外公开的活动，可见白虎殿应在省外。不过，成帝时也有白虎殿看似属省中之例。"楚思王衍、梁王立来朝，明旦当辞去"，成帝"宿供张白虎殿"。又据褚少孙言："诸侯王朝见天子，汉法凡当四见耳……复入小见，辞

---

① 《汉书》卷七五《眭两夏侯京翼李传》，中华书局，1962年，第3175页。翼奉云："（文帝时）未央宫又无高门、武台、麒麟、凤皇、白虎、玉堂、金华之殿，独有前殿、曲台、渐台、宣室、温室、承明耳。"以下提到文帝时的情况皆根据此条，不另出注。

② 《汉书》卷五一《贾邹枚路传》，中华书局，1962年，第2364页。

③ 〔宋〕程大昌：《雍录》，中华书局，2002年，第33页。

④ 《汉书》卷三〇《艺文志》、卷七六《赵尹韩张两王传》，中华书局，1962年，第1710、3231页。

⑤ 《汉书》卷七二《王贡两龚鲍传》，中华书局，1962年，第3088、3093页。

⑥ 成帝曾微服出巡，"过曲阳侯第，又见园中土山渐台似类白虎殿"。王莽逃难时，"群臣扶掖莽，自前殿南下椒除，西出白虎门，和新公王揖奉车待门外。莽就车，之渐台"。事见《汉书》卷九八《元后传》、卷九九《王莽传下》，中华书局，1962年，第4025、4191页。

⑦ 《汉书》卷六〇《杜周传》、卷八二《王商史丹傅喜传》、卷九九上《王莽传上》、卷八四《翟方进传》，中华书局，1962年，第2673、3370、4089、3438页。

去……小见者，燕见于禁门内，饮于省中，非士人所得入也。"①诸侯王辞去前应在省中与皇帝"小见"，而成帝选择在白虎殿举行，则白虎殿似在省中。然宫中设省应有固定范围，且上举诸例皆显示白虎殿用于对外的大型活动，属省外，则成帝在此"小见"或属特例。白虎殿在成帝时的用途歧异，或可反映皇帝有时未必严格按照制度规定安排活动，宫中部分设施的使用功能带有某种程度的弹性。

3.柏梁台、渐台

柏梁台在未央宫的北阙内道西②，建于武帝元鼎二年（前115），至太初元年（前104）毁于火灾。③武帝曾召群臣在此和诗④，柏梁台应在省外。未央宫西南的沧池中有渐台，供皇帝游览。汉文帝梦见戴着黄帽的郎官，醒后到渐台，果真看到邓通衣着如梦中所见；王莽得到传国玺后，为太后置酒于此，"大纵众乐"。⑤郎官、众官皆可至渐台，则此地也不属省中。

（二）中层政治空间：皇帝处理机密政务及举行私宴之处

中层政治空间位于前殿以北。省中的温室殿在前殿北侧，而温室殿有禁门，可见它在省中边缘。由此可推测，省中如温室殿这类与政务有关的设施，应在南缘，靠近前殿周边的政务处理区。

1.温室殿

温室殿在文帝时已存在，亦有说为武帝所建，在前殿北。⑥分析史籍的记载，可知温室在省中。昭帝崩，昌邑王入继大统，但行为失序。霍光与群臣谋废昌邑王，引皇太后为援，之后发生以下事件：

> 光即与群臣俱见白太后，具陈昌邑王不可以承宗庙状。皇太后乃车驾

---

① 《汉书》卷九七下《外戚传下》，中华书局，1962年，第3989—3990页；《史记》卷五八《梁孝王世家》，中华书局，1959年，第2090页。

② 〔宋〕宋敏求：《长安志》，辛德勇、郎洁点校，三秦出版社，2013年，第174页。

③ 《汉书》卷六《武帝纪》，中华书局，1962年，第182、199页。

④ 何清谷：《三辅黄图校释》，中华书局，2005年，第281页。北宋《长安志》卷三引《汉武帝集》的"柏梁诗"，提到与会者有皇帝、诸侯王、三公、九卿、侍臣。

⑤ 《史记》卷一二五《佞幸列传》，中华书局，1959年，第3192页；《汉书》卷九八《元后传》，中华书局，1962年，第4032—4033页。

⑥ 何清谷：《三辅黄图校释》，中华书局，2005年，第154、152页。

幸未央承明殿，诏诸禁门毋内昌邑群臣。王入朝太后还，乘辇欲归温室，中黄门宦者各持门扇，王入，门闭，昌邑群臣不得入。……光使尽驱出昌邑群臣，置金马门外。车骑将军安世将羽林骑收缚二百余人……令故昭帝侍中、中臣侍守王。①

此处有几条线索显示温室在省中：其一，皇太后"诏诸禁门毋内昌邑群臣"，而昌邑王回到温室，"门闭，昌邑群臣不得入"，则温室的门为禁门之一。其二，昌邑王回到温室，关门的是"中黄门宦者"，中黄门以阉人担任，②省中多以阉人任职。其三，昌邑王被软禁在温室，霍光"令故昭帝侍中、中臣侍守王"，侍中、中臣皆为省官。此时温室可能是昌邑王的寝殿③，王及从官日夜出入温室，在此生活。其后废皇帝的仪式中，群臣的奏书即数落昌邑王"独夜设九宾温室，延见姊夫昌邑关内侯"④。

元帝和成帝时期，省中的温室似为处理政事之处。元帝曾使郎官京房作考功课吏法，"令公卿朝臣与房会议温室"⑤。公卿朝臣与郎官都能进省中的温室开会，应属于特例。⑥元帝之所以命群臣在温室开会，可能是因为他倾向于在省中办公⑦，或考虑到政策尚在讨论阶段，必须保密。成帝时，孔光为光禄勋、诸吏、给事中、领尚书，"沐日归休，兄弟妻子燕语，终不及朝省政事。或问光：'温室省中树皆何木也？'光嘿不应，更答以它语，其不泄如是"⑧。由

---

① 《汉书》卷六八《霍光金日磾传》，中华书局，1962年，第2938—2939页。
② 石显、弘恭皆少坐法腐刑，为中黄门。参见《汉书》卷九三《佞幸传》，中华书局，1962，第3726页。
③ 陈苏镇：《未央宫四殿考》，《文史》2016年第2辑。
④ 《汉书》卷六八《霍光金日磾传》，中华书局，1962年，第2944页。
⑤ 《汉书》卷七五《眭两夏侯京翼李传》，中华书局，1962年，第3161页。
⑥ 青木俊介《汉长安城未央宫の禁中》推测称为温室殿的地方不止一处，在省中、省外皆有，本文则认为未央宫内应只有一座温室殿。温室为冬季温暖之义，即"设有取暖设备的殿堂"，《三辅黄图》提到长乐宫、未央宫皆有温室殿。何清谷已指出，《汉书》提到的温室殿都在未央宫。《后汉书》注所引《三辅黄图》还提到未央宫有"中温室殿"。据陆德富《汉代中尚方诸问题研究》之说，汉代位于省中的机构常以"中"字，则中温室殿实即温室殿，不是另一座建筑。附带一提，昌邑王是在夏季待在此处（四月至六月），可见温室殿不是仅供冬季使用的。
⑦ "是时，元帝被疾，不亲政事……以（中书令石）显久典事，中人无外党，精专可信任，遂委以政。事无小大，因显白决，贵幸倾朝，百僚皆敬事显"。而周堪为光禄大夫领尚书事，"希得见，常因显白事，事决显口"。元帝时，贾捐之、杨兴、京房、陈咸都曾对外泄漏与皇帝谈话的内容，而犯"漏泄省中语"之罪，可见元帝常在省中接见臣下。由此可知，元帝不常到省外与官员接触。参见《汉书》卷九三《佞幸传》、卷三六《楚元王传》，中华书局，1962年，第3726、1948页。
⑧ 《汉书》卷八一《匡张孔马传》，中华书局，1962年，第3354页。

此亦可知温室省中有理政之事。

2.麒麟殿、宴昵殿

麒麟殿建于文帝以后，位于前殿周围。哀帝曾"置酒麒麟殿，（董）贤父子亲属宴饮，王闳兄弟、侍中、中常侍皆在侧"[①]。这是皇帝的私人宴会，侍中（时王闳兄去疾为侍中骑都尉）、中常侍（王闳时亦为中常侍）随侍在侧，则麒麟殿应在省中。此外，成帝曾在宴昵殿召见班倢伃的兄弟班伯，张晏称宴昵殿为"亲戚宴饮会同之殿"[②]，由此观之，宴昵殿也属省中。

（三）内层政治空间：后宫

后宫为皇帝后妃的居所。《西都赋》云："后宫则有掖庭、椒房，后妃之室。"《三辅黄图》说，武帝时后宫八区有昭阳、飞翔、增成、合欢、兰林、披香、凤皇、鸳鸾诸殿，其后又增修安处、常宁、茝若、椒风、发越、蕙草六殿，为十四位。可见在西汉一代，未央宫的后宫不断扩建，除了椒房与掖庭，还有十四区供得宠妃嫔居住的殿。

西汉时，皇后居住在未央宫内，号称中宫或长秋宫。在汉代，于宫墙之内划出一片自立门户的区域，也可称为"宫"。[③]长秋宫设有长秋门。武帝征和二年（前91），卫太子刘据为江充所逼，密谋发兵反抗，于是"使舍人无且持节夜入未央宫殿长秋门，因长御倚华具白皇后，发中厩车载射士"[④]。皇后居所在宫中自成一区，与皇帝有各自的生活空间，同时各有一组为其日常生活服务的官吏。[⑤]据《汉书》记载，皇后居所又称椒房殿，属大长秋管理。未央宫考古报告将2号建筑遗址命名为椒房殿[⑥]，可惜此说缺乏决定性的证据。

后宫十四殿仅有少数实例见于《汉书》。《三辅黄图》的武帝后宫八区有凤皇

---

① 《汉书》卷九三《佞幸传》，中华书局，1962年，第3738页。
② 《汉书》卷一〇〇《叙传上》，中华书局，1962年，第4198页。
③ 刘敦桢主编：《中国古代建筑史》，中国建筑工业出版社，1984年，第49页。
④ 《汉书》卷六三《武五子传》，中华书局，1962年，第2743页。
⑤ 据《汉书》载，汉代皇后、太子、皇太后皆如此。皇后詹事的属官负责服侍皇后起居，犹如皇帝的少府、太仆属官。例如：皇后自有中厩、私官，掌其车马与饮食，有别于皇帝的大厩、大官。太子也有"太子宫"，太子詹事属官的职能相当于皇帝的郎中令、卫尉、太仆、少府。哀帝时，曾并存四位太后，她们各自称"宫"，各置少府与太仆。
⑥ 中国社会科学院考古研究所编著：《汉长安城未央宫：1980—1989年考古发掘报告》（上册），中国大百科全书出版社，1996年，第171页。陈苏镇认为2号建筑遗址是温室殿，然亦无决定性证据，参见《未央宫四殿考》（《文史》2016年第2辑）。

殿，然《汉书》云宣帝时"凤皇集上林，乃作凤皇殿"①，不知两处所指是否为同一座殿。成帝的赵昭仪居昭阳舍，班倢伃居增成舍；哀帝时，封董贤之妹为昭仪，"更名其舍为椒风，以配椒房云"②。昭阳、增成、椒风皆属后宫十四殿。

掖庭是妃嫔宫女的居处。从汉宣帝幼年曾养于掖庭来看，某些未成年的宗室近亲也可能在此生活。掖庭有不少附属设施，《西京杂记》提到月影台、云光殿、九华殿、鸣鸾殿、开襟阁、临池观。③青木俊介则指出：掖庭有开襟楼，供女官学习裁缝；牛官令舍是管理家畜的官署；掖庭狱为宫女犯罪时收监的牢狱；暴室是掌管染织的官署，也设有宫人狱。④王莽末年，汉兵入城，城中少年朱弟、张鱼等"烧作室门，斧敬法闼"，"火及掖廷、承明"，"莽避火宣室、前殿，火辄随之"。⑤可见掖庭靠近未央宫北宫墙的作室门，或许也与承明殿（详见下文）比邻，而宣室、前殿在其南。

掖庭是后宫的一部分，理应在省中，然《汉旧仪》却说："掖庭令……庐监以茵次上婕好以下至后庭，访白录所录，所推当御见。刻尽，去簪珥，蒙被入禁中，五刻罢，即留。"若如此，则掖庭不在省中。这段记载不知反映的是何时的制度，考诸史籍，西汉掖庭在省外的可能性很低。⑥掖庭是宫人、官婢居住之地，其内的官吏都以阉人担任，只有皇帝及宗室近亲可以出入，在此发生的事不易为外人所知。例如，宗室刘辅为谏大夫，上书劝阻成帝立赵倢伃为皇后，言辞激切。被激怒的成帝"使侍御史收缚（刘）辅，系掖庭秘狱，群臣莫知其故"。连中朝官员都不知刘辅为何下狱，于是联名上书建议成帝应公开治其罪，成帝才"徙系辅考工狱"。又如，汉成帝暴崩，民间归罪于赵昭仪，皇太后特别命掖庭令协助御史大夫、丞相、廷尉调查"皇帝起居发病状"，理由是"掖庭令辅等在后庭左右，侍燕迫近"⑦，这也显示了在掖庭工作的宦官肯定知道丞相、御史无法得知的事情。由掖庭的封闭性可推测它属于省中。

综合本节所考，根据诸设施的使用功能划出的外、中、内三层政治空间，在宫中大致以前殿为界，由南而北分布，可将其概念化为图4。省中的掖庭靠近北宫墙的作室

---

① 《汉书》卷二五《郊祀志下》，中华书局，1962年，第1252页。

② 《汉书》卷九七《外戚传下》，中华书局，1962年，第3983、3989页。

③ 〔晋〕葛洪：《西京杂记》，周天游校注，三秦出版社，2006年，第43—44页。

④ 〔日〕青木俊介：《漢長安城未央宮の禁中—その領域の考察—》，《学習院史学》2007年第45号。

⑤ 《汉书》卷九九《王莽传下》，中华书局，1962年，第4190页。

⑥ 陆德富也找到东汉掖庭在省中的例证，参见《汉代中尚方诸问题研究》。

⑦ 《汉书》卷七七《盖诸葛刘郑孙田将何传》，中华书局，1962年，第3252—3254页。

门，然北宫墙内侧尚有省外的柏梁台，可知省中的范围似未一路延伸到北宫墙，省的北界与北宫门之间还夹有一些设施（参见图3），这一点将在下一节展开论述。

惟须补充说明，多数建筑设施的确切位置今已不详，政治空间的分层仅是大致符合宫中建筑的分布方位，或许和个别设施的位置有落差。例如：高门殿在省门外不远处，则其位置应接近宫内北部的省中，但早期此处用作皇帝接见大臣的场地，从功能来看，应与前殿以南诸殿同属外层政治空间；哀帝时，其使用功能改变，则可划归中层政治空间。

此外，本节的考察呈现省中的形态存在这些现象。第一，功能类似的建筑物可以同时分布在省中和省外，相同机能的建筑物未必全部集中在一处。例如，柏梁台、渐台、麒麟殿、宴昵殿都是皇帝举行宴饮活动的地方，只是前两处的参与者为群臣，在省外，后两处的参与者为宠臣、外戚，在省中。第二，省中建筑物的使用功能在不同时期可能有变化。例如，温室殿在昭、宣之际为昌邑王的寝殿，元、成时期则在此商讨机密政务。省外建筑物的使用亦有变化，例如：武帝时，皇帝在高门殿接见大臣，其后这里变成谏大夫的居处；成帝时，白虎殿一般用于对外公开活动，但皇帝也曾在此举行家宴，这显示部分设施的使用带有弹性。

三、未央宫中不同功能设施的分布

未央宫除了是皇帝的施政与生活空间，还有不少官员在宫中供职与留宿，他们的出入自然须受管制。宫中门户的守卫，由外而内，以卫尉、郎中令（光禄勋）及少府属官中黄门分掌。卫尉负责守备未央宫宫墙与宫门；郎中令统领郎官，守卫宫中殿台馆阁的门户走廊；少府底下以阉人担任的中官、中黄门则守备省中的门户及内部。宫门、殿门户皆置名籍，被登录在名籍上且持有通行证"符"的人员方能出入①，禁门闼亦应如是。

未央宫中官员的活动空间，依照建筑设施的功能可分为皇帝的秘书机构、文化设施与供应生活所需的设施。秘书机构协助皇帝处理日常与机密政务，属中层政治空间。文化设施也是文人学士的居所，他们由皇帝特许居住在宫中，有机会得到皇帝私下接见，甚至能随侍在侧，皇帝不免向他们咨询政事。是故，文化设施也属中层政治空间。此外，文献与考古所见供应生活所需的设施，多由少府属官管理，一个职官所管辖的复数设施可能分布于省内外，在各层政治空间里皆有，因此分开说明。

以下分项探讨这几类设施在省内外的分布情形及其管理方式。

---

① 廖伯源：《西汉皇宫宿卫警备杂考》，见《历史与制度：汉代政治制度试释》，台湾商务印书馆，1998年，第1—28页。

（一）中层政治空间：秘书机构与文化设施

中层政治空间兼跨省内外。上一节提到此层有商讨机密政务与皇帝宴见宠臣、外戚之处，如省中的温室、麒麟、宴昵殿。此外，这层政治空间还包含支持皇帝处理日常政务的秘书机构以及文化设施。

1.皇帝的秘书机构

在宫中协助皇帝处理文书的职官有少府属官中书、尚书以及御史。前文已提到，中书以阉人任职，协助皇帝在省中理政，或可进入内层政治空间。尚书则负责在省外收发文书，其工作地点应在省门附近。成帝时，曾"使尚书责问司隶校尉、京兆尹"，责其知外戚王商、王根骄奢僭上，而"皆阿纵，不举奏正法"，当时司隶、京兆"二人顿首省户下"。[①]可见尚书在省户责问司隶、京兆，其值勤地点应靠近省门。

御史的工作地点则有时代变化。御史在君主身边掌管图籍文书，统于三公之一的御史大夫。侯旭东指出，西汉的御史大夫寺本在宫中，后于昭帝元凤元年（前80）至宣帝本始四年（前70）间移到宫外。[②]本文认为，御史大夫寺移出的时间需要重新考察[③]，而线索为御史何时分化出侍御史。

樱井芳朗早已注意到，西汉的御史逐渐分化成两类——御史大夫与辖下的御史、宫中的御史中丞与侍御史，此种分化与"御史大夫府（寺）和御史中丞的分离"密切相关。[④]合理推测，御史大夫寺与御史中丞分离，表示前者从宫中移到了宫外。御史的分化则源于部分御史随着大夫寺移到宫外，留在宫中、统于御史中丞的御史则被特称为侍御史。既然侍御史的出现是由御史大夫寺移出宫外所致，那么后者发生的时间应早于前者。樱井芳朗认为侍御史大约在武帝末年出现，然《汉书》

---

① 《汉书》卷九八《元后传》，中华书局，1962年，第4025页。

② 侯旭东，《西汉御史大夫寺位置的变迁：兼论御史大夫的职掌》，《中华文史论丛》2015年第1期。

③ 《汉书·杜周传》曰："五凤中，（杜延年）征入为御史大夫。延年居父官府，不敢当旧位，坐卧皆易其处。"杜周于武帝天汉三年（前98）至太始二年（前95）间任御史大夫；而宣帝五凤三年（前55），杜延年任御史大夫时，所居官府与其父任上为同一处。则至少从武帝太始二年（前95）到宣帝五凤三年，御史大夫府的位置并没有改变。侯旭东推测的御史大夫寺外迁时间段（前80—前75），全部落在杜氏父子任御史大夫的时间段内，因此其说不能成立。

④ ［日］樱井芳朗：《御史制度の形成（上）、（下）》，《東洋学報》1936年第23卷第2、3号。

所记年代最早的侍御史实为武帝初年的张汤，则御史大夫寺应在武帝初年以前便已移到宫外。

《汉旧仪》云侍御史"给事殿中"，其"宿庐在石渠门外"。目前缺乏资料可讨论此"殿中"是否在省中，而石渠门或许在石渠阁附近。侍御史统于御史中丞，此职官在史书中的实例较多，以下尝试分析御史中丞与省中的关系。

御史中丞"在殿中兰台，掌图籍秘书"，《通典》提到兰台在"内禁"。[①]武帝时，李文与御史大夫张汤"有隙，已而为御史中丞，荐数从中文事有可以伤汤者，不能为地"[②]，可知御史中丞已经比御史大夫还靠近皇帝。元帝时，陈咸为御史中丞，"内执法殿中，公卿以下皆敬惮之"，"时槐里令朱云残酷杀不辜，有司举奏，未下。咸素善云，云从刺候，教令上书自讼。于是石显微伺知之，白奏咸漏泄省中语"。丞相韦玄成也劾奏陈咸曰："咸宿卫执法之臣，幸得进见，漏泄所闻，以私语云……"[③]可见御史中丞陈咸能觐见皇帝，有机会漏泄省中语。成帝时，皇帝下诏给在省中工作的掖庭狱丞，封以御史中丞之印。[④]从上述诸例可知，御史中丞执法的"殿中"是公卿议事的地方，似在省外，但御史中丞管理省中的兰台，为皇帝发出文书，能刺探省中情况。由此看来，御史中丞虽不能确定是省官，但其职务与省中关系密切。

2.文化设施

西汉的皇宫不仅是政事、燕游之地，也是学术、著作的重镇。宫中的文化设施可分成两类，一是文人学士待诏之处，二是藏秘书的建筑。

皇帝招来的文人学士没有被登录在省门的名籍上[⑤]，平常多在靠近省门的设施待命，等候皇帝召见。这类设施在未央宫北部有金马门（省门）外的宦者署、承明庐，在前殿西侧有青琐门（省门）附近的玉堂殿，上一节提到谏大夫所居的高门殿，也离省户不远。皇帝或许会在承明庐旁属于省中的承明殿接见文人学士。

藏秘书的建筑有未央宫北部的石渠、天禄二阁，以及麒麟阁、兰台。只有石渠阁在省外，其余三者皆在省中。由于管制秘书有特殊规定，只有获得特许者才能

---

① 《通典》卷二六《职官八》，中华书局，1988年，第732页。
② 《汉书》卷五九《张汤传》，中华书局，1962年，第2643页。
③ 《汉书》卷六六《公孙刘田王杨蔡陈郑传》、卷六七《杨胡朱梅云传》，中华书局，1962年，第2900、2914页。
④ 《汉书》卷九七《外戚传下》，中华书局，1962年，第3990页。
⑤ 例如《汉书》载元帝在省中数度召见郎官京房之后，京房仍求"通籍殿中"，可见原本未被登录在名籍上。

接触秘书，因此收藏秘书的建筑另有管制出入人员的办法。此外，王莽时期的朱鸟堂、经师讲学的金华殿、宠臣所居的清凉殿，亦附论于此。

（1）金马门、宦者署

汉武帝以后，皇帝常招文人学士在宫中"待诏"（听候诏令差遣，多未授命官职），宫内的待诏地点自外而内有好几处，金马门、宦者署即属之。[①]金马门就是宦者署的门，门旁有铜马，因此得名。此地是武帝以后储备人才的处所，西汉待诏金马门、宦者署的人物见表2。文人学士可在此住宿，致力于著述立说。

表2　西汉待诏金马门、宦者署的人物

时代	姓名	出处
武帝	东方朔	《汉书》卷六五、《三辅黄图》卷三
	主父偃	《三辅黄图》卷三
	严安	
	徐乐	
	聊苍	《汉书》卷三〇
	公孙弘	《汉书》卷五八
宣帝	苏武	《汉书》卷五四
	王褒	《汉书》卷六四下
	刘向	
	张子侨	
	华龙	
	柳褒	
	赵定	
	龚德	
元帝	贾捐之	
	郑朋	《汉书》卷七八
	李宫	
	翼奉	《汉书》卷七五
成帝	冯商	《汉书》卷三〇、卷五九
	刘歆	《汉书》卷三六

----

① 杨鸿年：《汉魏制度丛考》，武汉大学出版社，2005年，第145—151页。

青木俊介指出金马门为禁门；陈苏镇则认为金马门介于殿门与禁门之间，并非禁门。[①]既有异说，则金马门是否为禁门尚待考实。《霍光传》说：

> 光使尽驱出昌邑群臣，置金马门外。车骑将军安世将羽林骑收缚二百余人，皆送廷尉诏狱。令故昭帝侍中、中臣侍守王。……（昌邑王在温室）顷之，有太后诏召王……太后被珠襦，盛服坐武帐中，侍御数百人皆持兵，期门武士陛戟，陈列殿下。群臣以次上殿，召昌邑王伏前听诏。光与群臣连名奏王，尚书令读奏曰……（霍光）乃即持其（王）手，解脱其玺组，奉上太后，扶王下殿，出金马门，群臣随送。王……起就乘舆副车。[②]

霍光将昌邑群臣驱离到金马门外，车骑将军张安世率羽林骑布置在此处收捕，后来昌邑王又出金马门就乘舆副车。这些安排显示金马门是宫内起某种分界作用的重要门户。而汉元帝时，贾捐之待诏金马门，屡次得到元帝召见，班固称他"出入禁门招权利"[③]，显见金马门确为禁门。霍光谋划废黜昌邑王，既要事前保密不让王发觉，又要让群臣参与才具公信力，他可能挑选一个离省门（金马门）很近的地方（或即为太后临幸的承明殿，详下），引期门武士、群臣、尚书令入省中举行废帝仪式。[④]这是极端特殊的情况。

青木俊介认为宦者署在金马门内的省中，这一看法值得商榷。在西汉晚期之前，"宦者"一词并非仅指阉人。[⑤]如表2所示，在金马门、宦者署待诏的都是士人，他们既非阉人，也非省官，他们居住的宦者署不太可能在省中。

金马门、宦者署的位置设在北宫门的公车居内。[⑥]武帝初，东方朔"待诏公车，奉禄薄，未得省见"，后来"待诏金马门，稍得亲近"，[⑦]但仍不如省官亲近皇帝。

① ［日］青木俊介：《漢長安城未央宮の禁中—その領域的考察—》，《学習院史学》2007年第45号；陈苏镇：《汉未央宫"殿中"考》，《文史》2016年第2辑。
② 《汉书》卷六八《霍光金日磾传》，中华书局，1962年，第2939—2946页。
③ 《汉书》卷六四《严朱吾丘主父徐严终王贾传下》，中华书局，1962年，第2830—2838页。
④ 期门也不是省官，参见杨鸿年：《汉魏制度丛考》，武汉大学出版社，2005年，第161—162页。
⑤ 萧璠：《关于汉代的宦官》，见许倬云等编：《中国历史论文集》，台湾商务印书馆，1986年，第563—612页；阎步克：《论张家山汉简〈二年律令〉中的"宦皇帝"》，《中国史研究》2003年第3期；李开元：《说赵高不是宦阉——补〈史记·赵高列传〉》，《史学月刊》2007年第8期。
⑥ 关于北宫门的公车，参见陈苏镇：《"公车司马"考》，《中华文史论丛》2015年第4期。
⑦ 《汉书》卷六五《东方朔传》，中华书局，1962年，第2842—2843页。

元帝时，贾捐之待诏金马门，上书建议罢珠厓郡，元帝先命侍中驸马都尉王商诘问。其后贾捐之数度获元帝召见，"言多纳用"，却因诋毁中书令石显，"后稀复见"。贾捐之于是与长安令杨兴约定，两人面见皇帝时要互相引荐，不料皆因此被石显安上"漏泄省中语"的罪名。①据此可知，待诏金马门者有时需透过省官侍中与皇帝接触，只有获得皇帝召见时，才能进入省中，而这种机会是不定期且难得的。综上所述，"待诏金马门、宦者署"的地点应在省外，即金马门外。

（2）承明殿、承明庐

承明殿在文帝时已存在，成帝时曾有雉飞集于此。陈苏镇认为承明殿是皇帝日常办公与议政之处②，然史料似未呈现这种迹象。由以下二例可见，承明殿在西汉某些时期为皇室女眷的居处。昭宣之际，霍光谋废昌邑王，求助于太后，"皇太后乃车驾幸未央承明殿"③。上官太后应是从平日居住的长乐宫移驾至未央宫承明殿，前文讨论温室殿、金马门处已分析这是特殊状况。王莽末年汉兵入长安城时，城中少年纵火，"火及掖廷、承明，黄皇室主所居也"④，"黄皇室主"即王莽之女，曾为平帝（前1—6在位）的皇后。然此二例未必属常态。

承明殿平常的用途或与承明庐有关。班固《西都赋》云"承明、金马，著作之庭"，《三辅黄图》也说承明殿为"著述之所"。"庐"是宫内工作人员的居所，承明庐即供文学之士居住。武帝时，善于文辞的严助为中大夫，后出为会稽太守，武帝赐书言及"君厌承明之庐，劳侍从之事"。颜注引张晏曰："承明庐在石渠阁外。"⑤成帝时，擅长作赋的扬雄"待诏承明之庭"，他后来称这段经历为"历金门"⑥，可见承明庐或许也在金马门附近。由此可知，承明庐、石渠阁、金马门、宦者署这些与文人著述有关的设施，彼此相距不远。

不过，程大昌已指出，承明殿与承明庐在空间上应有区别。李贤注班固《西都赋》，说承明的"殿前之庐"是"著作之庭"；宋敏求《长安志》也将承明殿与承明庐分成两个不同的条目。如上所述，承明殿在王莽时期为皇室女眷的居处，承明庐在武帝、成帝时为中大夫严助、"待诏"的扬雄的居处。两者时代虽有落差，然皇室女眷应不会被安排住在与待诏士人毫无区隔之处。因此本文推测承明殿属省

---

① 《汉书》卷六四《严朱吾丘主父徐严终王贾传下》，中华书局，1962年，第2830—2837页。
② 陈苏镇：《未央宫四殿考》，《文史》2016年第2辑。
③ 《汉书》卷六八《霍光金日磾传》，中华书局，1962年，第2938页。
④ 《汉书》卷九九《王莽传下》，中华书局，1962年，第4190页。
⑤ 《汉书》卷六四上《严朱吾丘主父徐严终王贾传上》，中华书局，1962年，第2790页。
⑥ 《汉书》卷八七《扬雄传》，中华书局，1962年，第3522、3566页。

中，而承明庐可能是其附属建筑，与殿之间有门闳及墙垣相隔，不属省中。

文献提到的"殿中庐"，即附属于殿的庐舍，承明庐应是这类建筑。考古队在未央宫前殿台基西侧南部（编号为A区）发掘的一排房址，或许就是殿中庐的实例。A区发掘的长方形房址共46座，其方向大多为坐东朝西、南北排列，以前殿台基的台壁为房屋的后山墙。房址内出土少量日用陶器，F13与F26还出土共115枚有字的木简。[①]佐原康夫已指出，虽然无法判别A区房址是办公室，还是仓库，抑或是生活空间，但将这种建筑物视为"周庐"的一种，应接近实际。[②]

从考古发掘的前殿A区房址来看，庐虽建于殿的周围，但低于殿的台面，与殿互不相通。不过，目前考古调查在未央宫内发现的建筑遗址并不全是高台建筑，庐与殿也可能是以墙相隔的建筑形式，如《汉书》中有例：王莽时，"昭宁堂池东南榆树大十围，东僵，击东阁，阁即东永巷之西垣也"[③]。东永巷的西墙即昭宁堂的东阁，显示相邻的设施共享一面墙。据此可知，承明殿在省中，而其附属建筑物承明庐却与主殿隔开，互不相通，这从当时的建筑形制来看是有可能的。

与掖庭相近的承明殿应位于省中的北缘，邻接承明庐，承明庐又在金马门、宦者署附近。当武、宣、元、成、哀之世，招文人学士在宫中待诏的活动兴盛时，承明殿有可能是皇帝在省中召见文人的场地之一。惟王莽时，承明殿为皇室女眷居所。

（3）玉堂殿（附青琐门）

玉堂殿建于文帝以后，在前殿西。《汉书·五行志》说："玉堂、金门，至尊之居。"可见玉堂殿与金马门、宦者署一样，皆靠近皇帝居处。谷永曾上书劝谏成帝"抑损椒房、玉堂之盛宠"，颜师古曰："玉堂，嬖幸之舍也。"[④]可知玉堂殿是皇帝宠臣的居所。此地也是黄门侍郎的居所。扬雄在成、哀间为黄门郎，久不迁官，自言："历金门，上玉堂有日矣……然而位不过侍郎，擢才给事黄门。"[⑤]黄门郎、给事黄门侍郎皆为黄门侍郎的异称。尚无官位的人亦在此待诏。哀帝时，召李寻待诏黄门，李寻言："臣寻位卑术浅，过随众贤待诏，食太官，衣御府，久污玉堂之署。"其后李寻也迁为黄门侍郎。[⑥]

① 中国社会科学院考古研究所：《汉长安城未央宫：1980—1989年考古发掘报告》（上册），中国大百科全书出版社，1996年，第221—249页。

② ［日］佐原康夫：《汉代都市机构の研究》，汲古书院，2002年，第77页。

③ 《汉书》卷九九《王莽传下》，中华书局，1962年，第4159页。

④ 《汉书》卷八五《谷永杜邺传》，中华书局，1962年，第3463页。

⑤ 《汉书》卷八七《扬雄传下》，中华书局，1962年，第3566页。

⑥ 《汉书》卷七五《眭两夏侯京翼李传》，中华书局，1962年，第3183、3192页。

黄门郎平时应在省外待命，因事被召方能进入省中。宣帝时，"待诏黄门数入说教侍中"，熟习《易经》的梁丘贺"入说，上善之，以贺为郎"；后来其子梁丘临"亦入说，为黄门郎"。①梁丘贺父子为黄门郎，未入省中教书时，或许就待在省门外。哀帝时，李寻待诏黄门，皇帝遣侍中卫尉傅喜问李寻灾异事，李寻自言："比得召见，亡以自效。"李寻推荐的夏贺良等人也"待诏黄门，数召见"②。可见居玉堂殿的待诏黄门并不比省官侍中近密，需透过侍中传话给皇帝，被动等待皇帝召见。

上文曾提到，不同省官与皇帝的关系有亲疏之分，黄门郎在省官中显然不如侍中、给事中近密。举例而言，成帝时，淳于长"少以太后姊子为黄门郎，未进幸"③，可见即使身为黄门郎，也未必能得宠。另外，西汉黄门郎还有被特许给事中的例子。元帝时，外戚冯参"少为黄门郎，给事中，宿卫十余年"，史书尚云冯参"以严见惮，终不得亲近侍帷幄"。成帝时，张禹为其小子求官，"上即禹床下拜为黄门郎，给事中"④。由此推测，黄门郎在省门外待命，有事方被召入，须得到给事中的资格才能常态出入省中。即使如此，仍未必能"亲近侍帷幄"。除了玉堂殿，《汉旧仪》还提到黄门郎在青琐门值勤。⑤未央宫有青琐门，青琐为天子门制。成帝时，司隶校尉解光劾奏曲阳侯王根"大治室第，第中起土山，立两市，殿上赤墀，户青琐"⑥，即是抨击王根僭越使用天子门制。第一节曾提到，东汉黄门郎的职掌为"给事中，关通中外"，然并无实例显示西汉宫中的青琐门具有沟通内外政务的功能。不过，西汉的黄门郎常在省外等候皇帝召见，则青琐门极可能是省门。黄门郎居住的玉堂殿应在青琐门外附近。

陈苏镇认为金马门即黄门，待诏黄门就是待诏金马门。元帝以后，待诏金马门、宦者署的人员值于玉堂殿。⑦然金马门以门旁有铜马得名，没有证据显示它是黄门。如上所考，待诏黄门所居的玉堂殿在前殿西，而金马门、宦者署、承明殿及承明庐相近，位于靠近北宫墙处，两者处于不同方位（参见图3）。文人学士所

---

① 《汉书》卷八八《儒林传》，中华书局，1962年，第3600页。

② 《汉书》卷七五《眭两夏侯京翼李传》，中华书局，1962年，第3183、3192页。

③ 《汉书》卷九三《佞幸传》，中华书局，1962年，第3730页。

④ 《汉书》卷七九《冯奉世传》、卷八一《匡张孔马传》，中华书局，1962年，第3306、3350页。

⑤ "黄门郎……日暮入对青琐门拜，名曰夕郎。"参见《太平御览》卷二二一《职官部十九》，中华书局，1960年。

⑥ 《汉书》卷九八《元后传》，中华书局，1962年，第4028页。

⑦ 陈苏镇：《汉未央宫"殿中"考》，《文史》2016年第2辑。

居在宫中分成两区，应是两者有待遇差异。前殿西边的玉堂殿待诏区被形容为"盛宠""嬖幸之舍"，可见此区比起接近北宫墙的金马门待诏区，与皇帝距离更近，待遇也较佳。扬雄先"待诏承明之庭"，其后"除为郎，给事黄门"，他自称"历金门，上玉堂"，①即是"金门"与待诏承明对应，"玉堂"与黄门郎对应，此亦可证从金马门到玉堂殿是待遇提升。

（4）石渠阁、天禄阁、麒麟阁

石渠、天禄、麒麟三阁是收藏图书之处。石渠、天禄二阁皆为萧何所造，位于未央宫北部，今有当地人传说的遗迹尚存，天禄阁在东、石渠阁在西。《西都赋》《西京赋》言此二阁是藏书、校书、诸儒讲论经义的地方。

甘露三年（前51），宣帝"诏诸儒讲五经同异，太子太傅萧望之等平奏其议"，皇帝"亲称制临决焉"，②这次会议的地点就在石渠阁。与会者有博士薛广德、施雠、欧阳地余、林尊、张山拊、张长安、戴圣，淮阳中尉韦玄成，黄门郎梁丘临，译官令周堪，谒者假仓，太子舍人闻人通汉，待诏刘向。③天禄阁则见于成帝时，光禄大夫刘向校书于此。哀帝时，命侍中骑都尉、奉车、光禄大夫刘歆继承父业，"乃徙温室中书于天禄阁上"。王莽时，扬雄为大夫，校书于天禄阁上。

青木俊介认为石渠、天禄二阁所藏为"中秘书"，"中"即省中，可证二阁皆在省中，且石渠阁外属于省中的承明庐（青木氏视同承明殿）也是著述之所，基于地缘关系和建筑物功能的相类，石渠、天禄应与承明殿一样属省中。④此说有几个问题：其一，上文已辨明"著作之庭"承明庐不在省中，不能据此以为功能类似的建筑物皆在省中。其二，参加石渠阁会议的人物多非省官，然此事或属特例。其三，在天禄阁校书的人物也不全是省官。刘向、扬雄校书时皆为大夫，而大夫不是省官。步兵校尉任宏、太史令尹咸、侍医李柱国与刘向一起校书，一般情况下，应只有侍医能出入省中。虽然接续刘向在此校书的刘歆为省官侍中，但省官也可能在省外活动。校书或属特殊事件，似不能仅据在天禄阁校书者多不是省官就断定此地不在省中。

① 《汉书》卷八七《扬雄传》，中华书局，1962年，第3522、3566、3583页。
② 《汉书》卷八《宣帝纪》，中华书局，1962年，第272页。
③ 《汉书》卷三六《楚元王传》、卷七一《隽疏于薛平彭传》、卷七三《韦贤传》、卷八八《儒林传》。《儒林传》提到甘露元年有一次"召五经名儒太子太傅萧望之等大议殿中，平公羊、谷梁同异，各以经处是非"，应不等同于甘露三年的石渠阁会议，因此未将甘露元年与会者列入。
④ ［日］青木俊介：《漢長安城未央宮の禁中—その領域的考察—》，《学習院史学》2007年第45号。

本文尝试从西汉的秘书管理制度来考察石渠、天禄是否在省中。西汉对秘书管制严格，藏之于"秘府"。汉武帝"建藏书之策，置写书之官，下及诸子传说，皆充秘府"。武帝在位时，鲁恭王破坏孔子宅发现古文经，最后"遭巫蛊仓卒之难，未及施行"，这些古文旧书皆"藏于秘府，伏而未发"，直到成帝时才"陈发秘藏，校理旧文"。①这些藏于"秘府"的书，从武帝迄成帝之世，将近七十年间，几乎无人得见，确实可能放在管制严格的建筑物内。

关于西汉政府的藏书之处，刘歆《七略》提到："外则有太常、太史、博士之藏，内则有延阁、广内、秘室之府。"②太常官府在宫外③，其属官太史、博士之藏也未必全在宫内。因此，此句的"外"与"内"亦可解为宫外与宫内，未必是指省外与省内。《通典》则提到省中的藏书处："汉氏图籍所在，有石渠、石室、延阁、广内，贮之于外府。又有御史中丞居殿中，掌兰台秘书，及麒麟、天禄二阁，藏之于内禁。"④这清楚表明，同为宫内存放图籍之所，兰台与麒麟、天禄二阁在省中，石渠却在省外。

《三辅黄图》云石渠阁"所藏入关所得秦之图籍；至于成帝，又于此藏秘书焉"⑤。这里的"入关所得秦之图籍"，即是萧何收集的秦丞相、御史律令图书，由丞相、御史大夫掌管。丞相为宫外官，御史大夫在汉初是宫官，则收藏相关档案的石渠阁设在省外允称合理。成帝以后，石渠阁也收藏秘书，则此地应受到更严密的管制。

天禄阁分明在省中，为何进天禄阁校书的人物不全是省官呢？如上所言，西汉藏秘书之处分布在省中、省外，甚至在宫外。秘书即使不收藏在省中，也受到严格管制，只有获得特许者才能看到。有权看秘书的官员，不一定是省官，如御史中丞"在殿中兰台，掌图籍秘书"；武帝时，太史令司马迁"紬史记石室金匮之书"而著成《太史公书》。宣帝时，霍山以奉车都尉领尚书事，"坐写秘书，（霍）显为上书献城西第，入马千匹，以赎山罪"，霍山所写秘书是从太常苏昌处取得的。⑥霍山当时领尚书事，也掌管一批宫内的文书档案，却需从宫外官的太常之处取得秘

① 《汉书》卷三〇《艺文志》，中华书局，1962年，第1701页。
② 《汉书》卷三〇《艺文志》，中华书局，1962年，第1702页。
③ 成帝时，有飞雉"径历三公之府，太常、宗正典宗庙骨肉之官（府），然后入宫"。由此可知太常、宗正府不在宫中。参见《汉书》卷二七《五行志中之下》，中华书局，1962年，第1417页。
④ 《通典》卷二六《职官八》，中华书局，1998年，第732页。
⑤ 何清谷：《三辅黄图校释》，中华书局，2005年，第339页。
⑥ 《汉书》卷六八《霍光金日磾传》，中华书局，1962年，第2956页。

书①，可见即使是省官，也未必有资格出入所有藏秘书的场所，或者未必可以传抄。

总而言之，虽然《通典》明确提到天禄阁在省中，石渠阁在省外，但因管制秘书另有规定，使此二建筑与省中一般出入管理办法不同，可视为另一类特殊管制区域。能进入省中的天禄阁校书者，也只是被特许获得接触秘书的权限，不能完全等同于具有入侍省中资格的省官。

石渠、天禄之外，宫中收藏秘书的场所还有麒麟阁。此阁可能是麒麟殿的附阁，建于武帝时，也是藏秘书、处贤才之处。②宣帝曾画十一位功臣的画像于麒麟阁。③《通典》云麒麟阁在"内禁"，则此阁也属省中。

（5）朱鸟堂、金华殿、清凉殿

除了上述文化设施，宫中臣下所居之处还有朱鸟堂、金华殿、清凉殿。

朱鸟堂可能是《西京赋》提到的朱鸟殿。④王莽时，为"定诸国邑采之处，使侍中讲礼大夫孔秉等与州部众郡晓知地理图籍者，共校治于寿成朱鸟堂"；其后，又因"王路朱鸟门鸣"，"令群臣皆贺，所举四行从朱鸟门入而对策焉"。⑤王莽改未央宫为寿成室，改前殿为王路堂。王路堂有朱鸟门，以其名称来推测，或许朱鸟堂属于前殿南部的一部分。朱鸟堂能让"州部众郡晓知地理图籍者"进入，这种"校治"事件似不是一般情况，难以据此断定此地是否属省中，但若朱鸟堂为前殿的一部分，则应与前殿一样，不属省中。

金华殿建于文帝之后。汉成帝初即位，召"郑宽中、张禹朝夕入说《尚书》《论语》于金华殿中"，中常侍班伯也一起听讲。⑥郑宽中、张禹当时皆为诸吏、光禄大夫、给事中、领尚书事⑦，班伯为中常侍，三人皆有入省资格，据此推测金华殿应在省中。

清凉殿在前殿北。武帝时，董偃曾燕居清凉殿。⑧董偃为馆陶公主的幸臣，无官无职，仅凭此段记载无法判断清凉殿是否在省中。

以上为未央宫中层政治空间有史料可考的设施。结合第二节的考察，可看出中层

---

① 陈苏镇即认为秘书归太常掌管。

② 《汉书》卷五四《李广苏建传》，中华书局，1962年，第2469页；何清谷：《三辅黄图校释》，中华书局，2005年，第340、342页。

③ 《汉书》卷五四《李广苏建传》，中华书局，1962年，第2468—2469页。

④ 〔梁〕萧统：《文选》卷二，中华书局，1977年，第39页。

⑤ 《汉书》卷九九《王莽传中》，中华书局，1962年，第4129、4144—4145页。

⑥ 《汉书》卷一〇〇《叙传上》，中华书局，1962年，第4198页。

⑦ 《汉书》卷八一《匡张孔马传》、卷八八《儒林传》，中华书局，1962年，第3348、3605页。

⑧ 何清谷：《三辅黄图校释》，中华书局，2005年，第152、156页。

政治空间包含一些位于省中边缘与省外靠近省门处的设施，并且夹着后宫分成南、北两区。南区包含省中南缘的温室殿，是处理机密政务之处。由于宫内中部前殿周围是最主要的政务处理区，因此虽然缺乏明确证据，仍可推测支持皇帝处理日常政务的秘书机构——尚书与御史位于前殿北侧靠近省门处，也属中层政治空间的南区。此外，南区还包括前殿西侧的玉堂殿待诏区，黄门侍郎在此备皇帝咨询学术与政务。

北区主要是文化设施，包括文人学士待诏之处与藏书处，如省中的承明殿、天禄阁，以及省外的承明庐、金马门、宦者署、石渠阁（参见图3、图4）。这种地缘安排应是因收受天下吏民上书的公车司马设在北宫门，通过上书引起皇帝注意的士人便被安置在北宫墙这一带。从待诏黄门（玉堂殿）与金马门的待遇落差来看，在南区值勤的官员可能与皇帝更亲近，地位较高，优于北区。

以上考察也说明省中的形态存在这些现象。第一，皇帝在省中的外围办公。如皇帝在省中召见文人学士的承明殿、给事中入省中议政的温室殿，皆靠近禁门。可知在省中范围内，也有皇帝办公与私人空间的内外之分（参见图4）。第二，功能类似的建筑物可以同时分布在省中和省外。例如，同为藏秘书之处，石渠阁在省外，天禄阁、麒麟阁、兰台在省中。第三，省中建筑物的用途在不同时期可能有变化。如承明殿平常应是皇帝在省中召见文人学士的场地，但有时则是皇室女眷的居处。第四，一部分的省门与省的围墙，可能利用既有建筑物的围墙与门户。例如，温室殿有禁门，宦者署的门——金马门为省门。承明殿在省中，而其附属设施承明庐在省外，由此推测殿周围的墙或即省中围墙的一部分。

（二）供应生活所需的设施

未央宫中供应人员衣食住行的设施，可分为官署、室、厩、库、仓、苑囿、作坊几种，多由九卿及其属官管理，尤以少府属官所掌最多。[1]《三辅黄图》提到的相关设施，有凌室、织室、内谒者署、未央厩、路軨厩、钩盾署、弄田、尚方、作室，以下分别考述这些设施的功能及其是否位于省中。

太官负责供应宫内膳食，凌室归太官管辖，是藏冰供给饮食之处。织室是"织作文绣郊庙之服"的地方。[2]内谒者署"掌宫中步帐褥物"，此实为内者令的职掌，内谒者署多半为"内者署"之误。未央宫中有未央厩、路軨厩，皆置令，负责管理皇帝的车马，并属太仆。凌室、织室、内者署照料宫内人员的"食、衣、住"，由

---

① 虽然宫中设施多由少府属官管理，但少府卿的官署却未必设在宫中，参见［日］山田胜芳：《前汉谒者、中书、尚书考》，《东洋学集刊》1991年第65号。

② 何清谷：《三辅黄图校释》，中华书局，2005年，第169—171页。

少府属官掌管；而马厩打理皇帝的"行"，由太仆属官掌管。可惜这些设施都因资料缺乏，无法判断是否在省中。

除了文献记载，考古调查也显示未央宫中有库与仓一类的建筑。未央宫3号、4号建筑遗址皆位于宫内西北部，可能是归少府属官管理的设施。3号建筑遗址出土数万枚刻字骨片，文字内容与地方工官所造器物有关，考古报告称之为"骨签"，并据此推测这个遗址是"中央政府或皇室管辖有关郡国工官的官署"①。佐原康夫指出，这批骨片应是实际使用过的弓弭（弓末端的部件），而3号建筑遗址是收藏天子狩猎用弓矢的武器库，应由少府属官左弋（佽飞）管辖。②李昭毅则认为，3号建筑遗址确为用于修缮及暂时存放兵器的库房，但尚难确定由哪一个或哪些官署管辖。③少府的属官左弋、尚方、若卢、考工的职掌都可能与制造、修缮弓弩有关。本文同意李说。

4号建筑遗址出土封泥，包括私印、掌厩大夫章、掌牧大夫章，而为数最多的是汤官饮监章，考古报告据封泥推定此遗址为少府（或所辖官署）。4号遗址的主体建筑F17、F23有当时罕见的木地板，地板下挖有基槽。数座附属建筑的地板下方也有构筑基槽，F4、F5还在地板底下设置通气道。④或可推测，4号建筑遗址的主体部分是存放粮食的仓储。与此类似的建筑方式也见于西汉京师仓的一号仓遗址。在地板下构筑基槽，使空气在其中对流，具有通风、防潮的作用，能让储放的粮食不易腐坏。⑤虽然仅凭出土封泥，尚无法确认4号遗址由何种职官管辖，然其地理位置似位于省中。

根据文献及考古资料，少府属官所辖的设施一部分集中在未央宫西北部。陆德富已指出，部分少府属官附属的设施，分散在省内外。以下即以尚方与作室、钩盾所辖设施、太官与食监为例，阐述这个现象。

王莽时，"省中黄金万斤者为一匮，尚有六十匮，黄门、钩盾、臧府、中尚方处处各有数匮"⑥。据此可知，黄门、钩盾、臧府、中尚方皆在省中，这些设施应皆由少府属官管理。

<hr/>

① 中国社会科学院考古研究所：《汉长安城未央宫：1980—1989年考古发掘报告》（上册），中国大百科全书出版社，1996年，第91—123页。

② ［日］佐原康夫：《漢代都市機構の研究》，汲古書院，2002年，第103—126页。

③ 李昭毅：《西汉长安武库职官建置与兵器管理制度》，《早期中国史研究》2015年第7卷第2期。

④ 中国社会科学院考古研究所：《汉长安城未央宫：1980—1989年考古发掘报告》（上册），中国大百科全书出版社，1996年，第124—155、176—179页。

⑤ 陕西省考古研究所：《西汉京师仓》，文物出版社，1990年，第10—15、61、78页。

⑥ 《汉书》卷九九《王莽传下》，中华书局，1962年，第4188页。

省中的尚方主作禁器物，作室为尚方的工作之所。史书提到未央宫的"作室门"在桂宫龙楼门对面，今考古调查正好在北宫墙西段，正对着桂宫遗址的位置发现门迹，应即作室门，作室或在此门内不远处。成帝时，关中闹大水，"渭水虒上小女陈持弓年九岁，走入横城门，入未央宫尚方掖门，殿门门卫户者莫见，至句盾禁中而觉得"①。此处的尚方掖门应即指北宫墙上的作室门，由此门入宫，经过一些殿门户，能到达省中的钩盾。据此可知，作室、尚方、钩盾署应皆位于作室门附近的宫内西北部，而后两者在省中，作室不知是否属省中。

少府属官钩盾掌管宫中的苑囿。②钩盾署在省中，长官钩盾令也由阉人担任。③钩盾辖下有弄田、殿中土山与仙人掌。昭帝即位之初，年纪尚幼，养于省中，曾试耕于未央宫中的钩盾弄田，此弄田应在省中。王莽时，"殿中钩盾土山仙人掌旁有白头公青衣，郎吏见者私谓之国师公"④。郎吏并非省官，他们能见到的土山、仙人掌不会在省中。钩盾管辖的设施，分布在省中与省外，应是其所掌的近苑囿分散于各处之故。东汉的制度可作为参照。东汉钩盾令底下有六个丞、两个监，分掌散布在洛阳附近的"诸近池苑囿游观之处"，只有钩盾令本人、丞与永安丞以宦者担任，⑤应是在省中工作，其余以士人担任的丞与监则在省外。以此类推，钩盾的总部钩盾署与辖下的弄田确在省中，但殿中土山、仙人掌则分布在省外。

太官管辖的设施除了上文提到的凌室，尚有可能位于省中的食监。昭帝崩，昌邑王入继大统，却在服丧期间"诏太官上乘舆食如故。食监奏未释服未可御故食，复诏太官趣具，无关食监。太官不敢具，即使从官出买鸡豚，诏殿门内，以为常"⑥。昌邑王常在省中与从官游戏，配合这段记载可推测，王向掌膳食的长官太官下令，而直接负责供给省中饮食者为食监。食监不肯为王准备皇帝平日的饮食，王才命令省外的太官供给。太官又不肯，于是王乃差遣从官出宫购买肉食。由此可知，食监可能是省中从属于太官的分支机构。

① 《汉书》卷二七《五行志第七下之上》、卷一〇《成帝纪》，中华书局，1962年，第1474、306页。

② 《汉书》卷一九《百官公卿表上》，中华书局，1962年，第732页。

③ 元帝时，京房密谋将弄权的中书令石显迁置他官，以钩盾令徐立代之。钩盾令可取代由阉人担任的中书令，则也是以阉人为之。参见《汉书》卷七五《眭两夏侯京翼李传》，中华书局，1962年，第3166—3167页。

④ 《汉书》卷九九《王莽传下》，中华书局，1962年，第4185页。

⑤ 《后汉书》志二六《百官三》，中华书局，1965年，第3595—3596页。

⑥ 《汉书》卷六八《霍光金日磾传》，中华书局，1962年，第2944页。

结语

以往的研究指出未央宫中设有严格管制出入的禁区，称为省中。本文分析历史事件中的人事活动，据此厘清省中、省外诸建筑设施的布局与功能，进而发现，可按照诸设施进行的政治事务与参与者的差异，将宫中分成外、中、内三层政治空间，与省中、省外的物理空间分隔不完全重叠，显示政治空间随着皇帝活动而变化的灵活性。

总结本文的考证，未央宫最外层的政治空间在省外，是皇帝参与公开及大型活动的地方，地位高，但与皇帝关系较疏的公卿百官能进到此区。中层政治空间包含省中的外围与省外靠近省门的部分设施，皇帝在此处理日常政务与商议机密政事，或召见个别官员私下面谈。只有与皇帝关系亲近的人物，以及特定官员因职务之便能进入此层。最内层的政治空间是省中的后宫，为皇帝家属及服侍他们的宫人居住的地方。武帝以后，常见皇帝游宴后庭、任用中书宦官之事，由此窥见皇帝也可能将政务带入此层处理，可惜未有明确发生在此层的政治事件可考。

外层政治空间位于前殿以南的区域，包含若干皇帝在省外处理政务的设施。皇帝在前殿举行重大仪式，在宣室殿从事宗教活动与商讨军国大事，也在武台、曲台、高门、白虎诸殿接见大臣、礼宾与参加典礼。柏梁台与渐台则供皇帝举行公开宴会与游乐观览。

中层政治空间位于前殿以北，分成南区与北区。南区包括省中南缘的温室殿，是处理机密政务的地方。省外靠近省门处则有前殿西侧的玉堂殿待诏区，黄门侍郎在此待命，供皇帝咨询学术与政务。尚书与御史这类支持皇帝处理日常政务的职官，可能也在南区的省外邻近省门处值勤。北区包括靠近北宫墙分布的文化设施，主要为文人学士待诏之处与藏书处。省外的文人学士待诏处有承明庐、金马门、宦者署，皇帝可能在省中的承明殿召见这些人。省外的石渠阁与省中的天禄阁则为藏秘书之处。南区的玉堂殿待诏区比北区的金马门待诏区更接近皇帝，待遇也较佳，可见在南区值勤的官员或许地位较高。

内层政治空间是省中的后宫，位于温室殿以北、文化设施以南，包含椒房殿、掖庭与十四座殿。（参见图3、图4）由少府属官掌管的供应宫中生活所需的设施，一部分集中在宫内西北部（参见图3），而部分少府属官掌管复数的设施，可能分散在省内外。例如，钩盾署与辖下的弄田皆在省中，殿中土山、仙人掌则分布在省外。太官所管辖的设施有凌室，还有设于省中的分支机构食监。

本文亦指出，除了可以常态出入省中的省官侍中、给事中、中常侍，至少还有另外两种与此不同的出入管理办法。其一是皇帝招来住在宫中的文人学士，没有被登录在省门的名籍上，平日多在省门外侧附近的设施待命，等候皇帝召见。其二，收藏秘书的建筑另有一套管制出入人员的办法，只有获得特许者才能接触秘书，并非身为省官就可以出入。

关于省中这个空间，青木俊介首先探讨其实态，指出未央宫的省中诸设施多在前殿以北的北部区域，因此省中的形态不是散布于未央宫各处，而是集中在宫内的特定区划里。①本文同意这个论点，而对省中的形态有以下的补充。

第一，皇帝办公地点在省中外围。如给事中入省中参与机密政务的温室殿，与皇帝在省中会见文人学士的承明殿，皆靠近禁门，可见这些设施在省中外围。据此推测，省中亦有皇帝办公之处与私人空间的内外之分。宫中的中层政治空间即包含省中外缘与省门外侧的秘书机构、文化设施，出入此区的官员具有沟通内外的作用。例如，省官侍中可出入省中，传递信息；②御史中丞虽未必能经常性出入省户，却能刺探省中情况。"漏泄省中语"的罪名就是为了封锁这些管道而设。

第二，功能类似的建筑物可以同时分布在省中和省外，未必集中在一处。例如，皇帝可在柏梁台、渐台、麒麟殿、宴昵殿举行宴饮活动，而前两处的参与者为群臣，在省外，后两处的参与者为宠臣、外戚，在省中。又如，藏秘书的天禄阁、麒麟阁在省中，石渠阁却在省外。此外，某些少府属官所管辖的功能类似的设施，也可能散布在省内外。

第三，省中建筑物的用途在不同时期可能有变化。例如，昌邑王在位时，温室殿为王的寝殿，而元、成时期则在此商讨机密政务。承明殿在王莽时期为皇室女眷居所，其他时候可能是皇帝召见待诏的文人学士之处。另外，皇帝未严格按照制度规定的地点活动，也可能导致宫中部分设施的功能带有若干弹性。例如，皇帝与诸侯王道别的"小见"，依规定应在省中举行，成帝却选择在省外的白虎殿进行。

第四，一部分的省门与省的围墙，可能利用既有建筑物的围墙与门户。例如，温室殿有禁门，宦者署的门——金马门为省门，这显示这两座建筑物所含的门户被作为省门使用。承明殿在省中，而其附属设施承明庐在省外，或可推测殿周围的殿墙被用作省中围墙的一部分。

西汉皇宫中的物理空间虽有省外与省中两个层次，但两者的分界并不能完全与

---

① ［日］青木俊介：《漢長安城未央宮の禁中—その領域的考察—》，《学習院史学》2007 年第45号。

② ［日］米田健志：《前漢後期における中朝と尚書—皇帝の日常政務との關連から—》，《東洋史研究》2005年第 64 卷第 2 期。

皇帝的公私空间之分重叠（参见图4）。造成这种现象的主因，可能是西汉皇帝将政务带入原本应属私人空间的省中处理，尤以武帝以后为然。当皇帝在省中处理政务的倾向与频率增加，宫中的政治空间便随之产生变化，省中的外围区域逐渐成为皇帝日常理政之处，甚至在某些时期，皇帝也在省中的更深处处理政务。

皇帝在省中处理政务，毕竟与在省外有差别。省中尚具有若干皇帝的家内空间性质，其出入管理使公卿大臣不便时常进见。此一私密空间同时形成此前研究者时常强调的保密机能，使政务的决策得以排除外界纷扰，却也难以防杜暗室作业的弊病。从外戚与省官曾在西汉掌握大权的历史事件观之，西汉有几位皇帝应常在深宫理政，造成外戚或省官掌控省内外沟通信息的管道，使皇帝与公卿大臣隔阂更甚。汉武帝崩后及汉元帝时期，侍中与中书令一度弄权，[1]即为皇帝长期待在省中理政所导致的后果。

西汉皇帝常将政务带入省中处理，以致皇宫内皇帝的生活起居区域与商议政治机密的场所混淆不分。西汉以后，省中的皇帝私人生活区域与皇帝处理日常政务之处似有逐渐分化成不同区划的趋势。在汉末曹魏所筑的邺城宫殿区，已能看到大朝正殿、皇帝日常听政空间（包含尚书台、御史台等设施）、后宫有明确分区的现象。[2]这种发展趋势显示，宫廷空间的设计似欲排除皇帝的"私"领域对朝廷政事的干涉，更加要求皇帝的生活公私分明。

原载《台大历史学报》2017年第60期

（黄怡君，台湾"中央研究院"历史语言研究所博士后研究学者）

---

① 廖伯源：《汉武帝朝末期之政治局势及昭帝继承之问题》，《新亚学报》2012年第30卷；［日］鎌田重雄：《漢代の尚書官——領尚書事と録尚書事とを中心として》，《東洋史研究》1968年第26卷第4号；祝总斌：《两汉魏晋南北朝宰相制度研究》，中国社会科学出版社，1990年，第306—314页。

② 牛润珍：《曹魏、西晋时期的邺城》，见《古都邺城研究——中世纪东亚都城制度探源》，中华书局，2015年，第39—107页。

汉代长安的神圣化与大众信仰

冯渝杰

都城乃"天子之居"①，其在中国历史上的重要性，学界已从政治、经济、制度、交通、礼仪、文化、军事等诸多角度予以有力揭示，为全面深入认识古代国家内部结构及其统治秩序的建立提供了可靠基础。不过，仔细检视学术史可发现，以往大多数研究呈现的是理性层面的都城样貌和属性，而鲜少触及其宗教性格。实际上，发掘都城的神圣属性及其对大众信仰的影响，不仅有益于厘清中国古代国家非理性层面的内涵与属性，而且可以为我们贴近时人心态与情感，提供一条别样的路径。

长安和洛阳在中国古代都城史上占有十分重要的位置。东都洛阳的神圣性早有其古典学依据，西都长安虽较之少了"天下之中"的优势，但其神圣性实不弱于洛阳。②具体到汉代长安的神圣性，管见所及，比较接近的研究多集中在对都城形制、理念、美学的解析，基本可归结为对其神圣性建构的讨论。③这样的神圣性建构，既是都城规划营建者思想理念的具体呈现，也是统治者主观意志的空间展示。然此般建构是否成功，对社会大众产生怎样的影响，又能反映怎样的时代关切及社会思

---

① 《春秋公羊传注疏》卷五，《十三经注疏》本，中华书局，1980年，第2219页；〔清〕陈立：《白虎通疏证》卷四《京师》，中华书局，1994年，第160页。

② 学界对洛阳神圣性的内涵及来源多有讨论，主要集中在洛阳作为"天下之中"的经学、天文和宗教依据等方面，参见王邦维：《"洛州无影"与"天下之中"》，《四川大学学报》2005年第4期；孙英刚：《洛阳测影与"洛州无影"——中古知识世界与政治中心观》，《复旦学报》2014年第1期；潘明娟：《地中、土中、天下之中概念的演变与认同：基于西周洛邑都城选址实践的考察》，《中国史研究》2021年第1期。

③ ［美］巫鸿：《中国古代艺术与建筑中的"纪念碑性"》，李清泉、郑岩等译，上海人民出版社，2009年，第186—245页；黄晓芬：《论西汉帝都长安的形制规划与都城理念》，见《历史地理》（第25辑），上海人民出版社，2011年，第189—208页；刘瑞：《汉长安城的朝向、轴线与南郊礼制建筑》，中国社会科学出版社，2011年；张腾辉：《从"帝都"到"天下"——秦汉都城空间形态与空间性质的嬗变》，博士学位论文，复旦大学，2012年；张雨：《西汉长安的都城美学与物态哲学》，《西南大学学报》2017年第3期。

潮，政治精英与社会大众所理解的神圣性又在何种层面存在关联互动，这些皆有待深入探究。

本文拟从政治文化、大众信仰与社会记忆三个维度，以汉代正史、铜镜铭文、宗教性随葬文书及早期道经为主要资料①，系统深入探讨西汉中后期与东汉时期不同社会阶层如何理解和接受长安神圣性的问题。首先，通过考察两汉之际诸政权对长安，尤其是位于其间的汉家宗庙的种种言论与举措，透见时人对其神圣性的默识心通，以此追溯、描绘长安在西汉国家政治生活和政治文化中的神圣地位。其次，通过探讨在西汉末"行西王母诏筹"民众运动中长安被赋予的神圣角色，展示长安神圣性对大众信仰的影响。最后，通过分析东汉宗教性随葬文书与早期道经对长安的书写及其信仰内涵，进一步检视长安神圣性对大众信仰与社会记忆的深远影响。

一、宗庙与天命：两汉之际长安神圣性的变易和转移

西汉时期，作为国都的长安既是朝堂政治活动与都城民众生活展开的世俗空间，亦是皇家宗庙及国家祭祀所在，是天子祭拜诸神的神圣空间。即相较于作为区域政治、经济、文化中心的郡县城邑而言，长安还具有强烈的神圣内涵，并在以君权神授为核心的政权合法性体系中占有重要位置。平常之时，这一内涵往往因习焉不察而隐没不彰，但在神器转移的非常时刻，其神圣内涵，包括它对于政权合法性的关键作用，便会特别显露出来。由是，两汉之际诸政权围绕长安及位于其间的汉家宗庙的种种言论与举措，便成为我们窥探长安神圣属性的重要窗口。

我们先从王莽谈起。王莽对待长安的复杂心态，在其篡汉的不同阶段有不同呈现。王莽最初以"安汉公"自居，希望为汉家解除"三七之阨"；即位后亦欲承绍天命，稳居国都，宰制四方，以成圣王之太平伟业。因此，王莽在即位之前便据《周礼》《礼记》等典籍所载古典礼制，开启对长安的儒教化、神圣化的改建工作。②

平帝元始四年（4），王莽"奏起明堂、辟雍、灵台，为学者筑舍万区，作市、常满仓，制度甚盛"；五年，又奏在长安城南北郊外祭祀天地，并依据《周礼》厘定"六宗"概念，将天地群神有序纳入长安东西南北四郊，"于是长安旁诸庙兆畤

---

① "宗教性随葬文书"乃借用黄景春提出的概念，主要是指"人们在丧葬活动中制作并置于墓圹的买地券、镇墓文、衣物疏等宗教性文本"。参见黄景春：《中国宗教性随葬文书研究——以买地券、镇墓文、衣物疏为主》，上海人民出版社，2018年，第1页。

② 相关研究参见［日］佐原康夫：《汉长安城再考》，《考古与文物》2001年第4期；［美］巫鸿：《中国古代艺术与建筑中的"纪念碑性"》，李清泉、郑岩等译，上海人民出版社，2009年，第186—245页；刘瑞：《汉长安城的朝向、轴线与南郊礼制建筑》，中国社会科学出版社，2011年，第64—69页；田天：《西汉末年的国家祭祀改革》，《历史研究》2014年第2期。

甚盛矣"。王莽在长安礼制建筑及礼仪实践方面的巨大调转，乃是其整体性社会变革思想和行动的部分表征，亦是其有别于汉家"霸王道杂之"的制度呈现。通过王莽的激进推动，长安的神圣性得到重新梳理和全新界定。王莽即位后对长安的神圣化建设工作仍有推进。始建国元年（9），为去"汉号"，王莽对各类职官名称及建筑名称、地名等进行修改，"长乐宫曰常乐室，未央宫曰寿成室，前殿曰王路堂，长安曰常安"①。改"长安"为"常安"，表明王莽对长安仍然寄予积极期待，所以基本延续其旧意，唯作象征性的同音同义替代，并未彻底改弦更张。然其所愿所求并不顺利，在遭受一系列现实挫折及频繁的灾异警告后，王莽对长安产生了不能控制的畏葸与恐惧。此般心理的曲折变化可在其对长安高庙态度的变迁中得见一斑。

天子宗庙是皇室独一无二的祭祖场所，在国都中占有核心地位，可谓皇权独特性与神圣性的重要表征。②揆诸历史，国都与宗庙之间唯一的对应关系及宗庙之于国都、王朝的神圣性，乃在秦汉以来宗庙制度的不断演进中，特别是在西汉末年的宗庙改革中真正成立。③王莽在代汉立新的始建国元年，"以汉高庙为文祖庙"，称：

> 予复亲受金策于汉高皇帝之灵。惟思襃厚前代，何有忘时？汉氏祖宗有七，以礼立庙于定安国。其园寝庙在京师者，勿罢，祠荐如故。予以秋九月亲入汉氏高、元、成、平之庙。诸刘更属籍京兆大尹，勿解其复，各终厥身，州牧数存问，勿令有侵冤。④

同年秋，又遣五威将王奇等颁《符命》四十二篇于天下，其中有总括之言曰：

> 至丙寅暮，汉氏高庙有金匮图策："高帝承天命，以国传新皇帝。"明旦，宗伯忠孝侯刘宏以闻，乃召公卿议，未决，而大神石人谈曰："趣新皇帝之高庙受命，毋留！"于是新皇帝立登车，之汉氏高庙受命。⑤

---

① 《汉书》卷九九上《王莽传上》，第4069页；卷二五下《郊祀志下》，第1267—1268页；卷九九中《王莽传中》，第4103页。以上均见《汉书》，中华书局，1962年。

② 先秦秦汉时期若干典籍中均有关于国都与宗庙关系的明确论述，典型者如《墨子》卷八《明鬼下》："且惟昔者虞夏、商、周三代之圣王，其始建国营都日，必择国之正坛，置以为宗庙。"（孙诒让：《墨子间诂》，中华书局，2001年，第235页）《吕氏春秋》卷一七《审分览·慎势》："古之王者，择天下之中而立国，择国之中而立宫，择宫之中而立庙。"（陈奇猷校释：《吕氏春秋新校释》，上海古籍出版社，2002年，第1119页）这是将庙—宫—国的内在秩序予以外在的过程化展示或反向演绎的结果。依此，天子宗庙可谓国都之核心，且在根本意义上决定着国都的属性和地位。相关讨论可参见张富秦：《东汉时期的宗庙与政权正当性》，硕士学位论文，台湾成功大学，2009年，第5页。

③ 有关西汉末年宗庙、礼制改革的讨论，可参见田天：《西汉末年的国家祭祀改革》，《历史研究》2014年第2期。

④ 《汉书》卷九九中《王莽传中》，中华书局，1962年，第4108页。

⑤ 《汉书》卷九九中《王莽传中》，中华书局，1962年，第4113页。

可见，王莽此时尚充分认可高祖的神圣地位，甚至以继承高祖天命为己任，所以才会主动选择前往高庙受命。不过也是在同年，王莽因"长安狂女子碧呼道中曰：'高皇帝大怒，趣归我国。不者，九月必杀汝！'"之事，对高庙心生嫌隙。事后不久，立国将军孙建即奏废刘氏，并"请汉氏诸庙在京师者皆罢"，王莽表示同意。其后王莽对象征前汉功业的长安亦心生忧惧，并逐渐萌生迁都念头。始建国四年（12）二月，他诏令仿周之东都、西都，分设洛阳、常安为新室二都；次年，又根据谶纬言说洛阳符命，试图以此论证都洛的合法性，以安定人心。[①]王莽前后反复申述，并欲借助符命的神圣力量，这说明都洛的阻力较大，人们对长安尚存强烈认同，故迁洛之事终不得行。

尽管在即位之初王莽已通过改名的方式，对长安做出象征性的"去汉家化"处理，并遵照古典礼制对长安予以大规模改造，但是勉强都于前汉国都，对王莽来说仍然如坐针毡。尤其是当"思汉"思潮不断涌起，对汉家天命复兴之疑虑简直成了他的最大心病，于是我们可以看到王莽在该时期的诸多荒唐之举。他于地皇元年（20）在长安南郊修建新室宗庙"九庙"[②]，为此还专门编造了自己家族的神圣谱系，目的在于通过"神道设教"增进人们对新室的服膺和崇信，并进一步抹除前汉帝室在人们心中的印记。由此我们亦可理解王莽在建造九庙过程中摧毁前汉宫殿，并将宫殿材料运用到新室祖庙中的行为，其褒贬寓意及压镇意味清晰可辨。此外，王莽还对汉家宗庙特别是高庙，采取了类似厌胜的荒诞之举。地皇二年（21），"莽坏汉孝武、孝昭庙，分葬子孙其中"；又"莽梦长乐宫铜人五枚起立，莽恶之，念铜人铭有'皇帝初兼天下'之文，即使尚方工镌灭所梦铜人膺文；又感汉高庙神灵，遣虎贲武士入高庙，拔剑四面提击，斧坏户牖，桃汤赭鞭鞭洒屋壁，令轻车校尉居其中，又令中军北垒居高寝"。地皇四年（23），在更始兵临长安的危急之际，王莽"遣使坏渭陵、延陵园门罘罳，曰：'毋使民复思也。'"[③]这些行为看似荒诞，实际上却是笃信符谶、鬼神的王莽，因畏惧汉家宗庙和长安原有的神圣性而企图采用宗教方式应对的举动。

除王莽外，汉家宗庙尤其是高庙所具有的神圣性，也为同时期更始、隗嚣政权所了解和正向利用，其判断和实践之依据是该时期人们对汉家宗庙的普遍情感。

---

① 《汉书》卷九九中《王莽传中》，中华书局，1962年，第4118、4119、4128、4132页。

② 有关王莽九庙的文献考辨及考古认定，参见黄展岳：《关于王莽九庙的问题——汉长安城南郊一组建筑遗址的定名》，《考古》1989年第3期；刘瑞：《汉长安城的朝向、轴线与南郊礼制建筑》，中国社会科学出版社，2011年，第122—230页。

③ 《汉书》卷九九下《王莽传下》，中华书局，1962年，第4166、4169、4186页。

《后汉书·郑兴传》载更始即位恢复"汉"号，郑兴奉命迎接更始迁都长安，然更始诸将皆山东之人，"咸劝留洛阳"，于是郑兴便从人心向背、礼制传统、军事地理三方面展开劝谏。其一，"天下同苦王氏虐政，而思高祖之旧德"，故当顺从民心，急入关安抚翘首以盼的百姓，以免盗贼复起。其二，更始既以承汉自居，按照汉家法度，不朝拜汉家宗庙便不可谓得天命，政权便不合法。稳固政权合法性乃当务之急，也是关乎成败的根本，故亦亟须入关，以免被人占领先机。其三，从军事防御角度看，长安也远胜洛阳。郑兴对当时人心、时势、礼法传统的分析可谓透彻，无怪乎更始听罢即言"朕西决矣"，于是以刘赐为丞相，"令先入关，修宗庙宫室。还迎更始都长安"。①这说明，更始政权对汉家宗庙和容纳宗庙的西京长安所具有的天命所属的神圣性是熟识的，故可自觉遵从、利用之。

稍后历史发展确如郑兴所逆料，隗嚣和赤眉都先后以汉家宗庙或刘氏为号召，与王莽、更始展开有关天命和正统的竞夺。先是隗嚣见刘玄称帝而与当地豪族联合起兵，打出复汉讨莽的旗帜，军师方望深知隗嚣既非刘氏之后，又偏处西北，无法前往王莽据守的长安奉祀汉家宗庙，处于"虽欲以汉为名，其实无所受命"的舆论下风。为此，他建议"求助人神"，通过对礼仪的弹性解释，就地"急立高庙，称臣奉祠"，以此见信于众。隗嚣显然深解其中之秘，故从其言，"遂立庙邑东，祀高祖、太宗、世宗。嚣等皆称臣执事，史奉璧而告"，并郑重其事地歃血盟誓（通过歃血结盟的"古礼"可形成"虚拟血缘"关系），"允承天道，兴辅刘宗"。②隗嚣政权企图通过宗教化的形式和组织，强化其奉祀汉家的形象及复汉之决心，由此达成"神道设教"的目的。而高庙在时人心中的巨大影响力，包括其神圣内涵与地位，亦于此得以明证。

此外，据《后汉书·刘盆子传》载，更始三年（25）正月，在赤眉军连连战胜更始军，快速向西京推进之际，方阳由于更始杀其兄方望之事，怨而言于樊崇等，请立刘氏宗室，"挟义诛伐。以此号令，谁敢不服？"樊崇等以为然。加以齐巫传递军中所祀城阳景王刘章之神意，希望一改群贼身份，引发人心震荡，立宗室的问题随即被推到台前。樊崇等遂于其年六月立刘盆子为帝，自号建世元年。③可见，以祠祀聚众的赤眉同样面临正统化危机，这是其尊立刘氏的内在原因。军中大众能够自然而然地接受这一转变，原因或在于刘章生前本为刘氏诸侯王，加之时人皆以宗

---

① 《后汉书》卷三六《郑兴传》、卷一四《刘赐传》，中华书局，1965年，第1217—1218、565页。

② 《后汉书》卷一三《隗嚣传》，中华书局，1965年，第514页。

③ 《后汉书》卷一一《刘盆子传》，中华书局，1965年，第480页。

庙有神，所以从城阳景王祠之"神"到刘氏宗庙之"神"，殊为亲近，其情可通。①
此外，刘氏宗室和汉家宗庙在大众层面的巨大影响力亦如袁宏所总结的：

> 王莽乘权，窃有神器。然继体之政，未为失民，刘氏德泽，实系物
> 心。故立其寝庙，百姓睹而怀旧；正其衣冠，父老见而垂泣。其感德存念
> 如此之深也。如彼王郎、卢芳，臧获之俦耳，一假名号，百姓为之云集，
> 而况刘氏之胄乎！②

隗嚣也在与班彪的辩论中提及这一现象，谓之"但见愚民习识刘氏姓号之故，而谓
汉家复兴"③。这些细致的观察和论说皆可谓理解宗庙、长安神圣性在两汉之际历史
命运的重要思想背景。

在这样的思想背景和历史延长线上，再看东汉初年的宗庙迁移及相关讨论，我
们或可得出一些新的认识。《后汉书·光武帝纪上》载，建武元年（25）六月，刘
秀正式称帝于鄗；九月，坚镡等十一将军攻克洛阳；十月，车驾入洛，遂定都焉。
第二年正月，"起高庙，建社稷于洛阳，立郊兆于城南，始正火德，色尚赤"；同
月，赤眉焚烧西京宫室，发掘帝王园陵，大司徒邓禹遂入长安，"遣府掾奉十一帝
神主，纳于高庙"。④这一系列前后连贯的行动，不仅呈现出时人默认的称帝建都之
合法程序，显示出定都—建庙—立坛—奉神主的内在递进关系，还将时人对国都神
圣性格的"熟视无睹"或模糊认知，以具体行为而非言说的方式清晰地表达出来

相较于《光武帝纪》中近乎"无情"的记录，一些颇耐人回味的细节性描述出
现在事件主人公邓禹的传记中。《后汉书·邓禹传》载建武二年：

> 时赤眉西走扶风，禹乃南至长安，军昆明池，大飨士卒。率诸将斋
> 戒，择吉日，修礼谒祠高庙，收十一帝神主，遣使奉诣洛阳，因循行
> 园陵，为置吏士奉守焉。⑤

邓禹自幼熟读经书，曾与光武帝刘秀一同受业于长安，颇有儒将风范，对相关礼制
亦甚明了。故他率军至长安，先是驻军于城郊昆明池慰劳士卒，在带领诸将认真斋
戒、择定吉日后方才入城；拜请神主时，亦特别注意"修礼"以谒，一切遵照礼
节，无有违制。谢承《后汉书》记载，他还专门招来西汉时的高庙郎，以之"守高

---

① 有关时人对宗庙有"神"的认识，《汉书》卷九八《元后传》载孝元皇后见孝元庙被
王莽废毁后，论汉家宗庙之语可堪为证："此汉家宗庙，皆有神灵，与何治而坏之！且使鬼
神无知，又何用庙为！如令有知，我乃人之妃妾，岂宜辱帝之堂以陈馈食哉！"
② 〔汉〕荀悦、〔晋〕袁宏：《两汉纪》，中华书局，2002年，第40页。
③ 《汉书》卷一〇〇上《叙传上》，中华书局，1962年，第4207页。
④ 《后汉书》卷一上《光武帝纪上》，中华书局，1965年，第24—25、27、28页。
⑤ 《后汉书》卷一六《邓禹传》，中华书局，1965年，第604页。

庙令，行京兆尹，承事按行，扫除诸园陵"①。奉收神主后，他又特别遣使奉诣洛阳，依礼纳于高庙。邓禹随之循行园陵，置吏士奉守，迁十一帝神主之事于此告结。细绎之，十一帝神主实可谓国都神圣性乃至汉家天命的载体与象征，迁移神主的目的和本质即在于将"可视化"的神圣性予以转移，故邓禹奉请神主过程中丝毫不敢怠慢的谨慎言行与毕恭毕敬的心态，甚合情理。

如果说起高庙、建社稷于洛阳，立郊兆于城南基本完成了定立国都的礼法程序，那么奉请十一帝神主纳于新都高庙，则可谓真正完成了西汉至东汉的天命转移和政统续接。其背后的依据和逻辑在于，凡天子受命治理天下、牧养万民，必土其地、制其域以为邦国，而后居于都城之中以制四方，同时建庙设坛而神统立，与上天的沟通权至此为其所握。据此，定都洛阳后不久，光武帝刘秀便先后主持完成了国都合法化的系列工作，为新都注入了一定的神圣内涵。不过，如何切实完成从旧都长安到新都洛阳，继而从西汉至东汉的天命转移，以减少由人们对旧政权之踟蹰、眷念所带来的离心力，增强人们对新政权的内在认同，的确是光武帝必须解决的一道难题。加之天下尚未统一，诸多军阀势力尚存，地方动乱时兴，这又进一步增加了剪断时人的家园、故土羁绊，完成心理"迁都"的紧迫性。对十一帝神主的转移，堪称漫长而神圣的天命转接仪式的最后一步。伴随神主的移动和安置，寄寓在神主之上的家国情愫亦随之流转，继而逐渐稳定下来。

虽然已经做到如上程度，但是在此后较长一段时期里，回归旧都的思想暗流依旧在朝堂上涌动。建武十二年（36），随着天下统一大业的完成，迁都之议悄然兴起，②其中一个重要原因，即光武帝自己释放了一些信号，由此将潜藏于"长安系士人"内心深处的西都情愫重新点燃了，③积攒日久的情绪遂喷薄而出。据史书所载，建武六年、十年、十八年、二十二年，光武帝皆亲幸长安，并完成祠高庙、祭帝陵、修补西京宫殿等事宜。这些行为自然会引发朝堂的猜测。一方面，"长安系士人"激动地认为"国家亦不忘乎西都"，于是"杜陵杜笃奏上《论都（赋）》，欲令车驾迁还长安。耆老闻者，皆动怀土之心，莫不眷然仁立西望"；另一方面，"山东翕然狐疑，意圣朝之西都，惧关门之反拒也"，于是针锋相对地提出"洛邑

① 周天游辑注：《八家后汉书辑注》，上海古籍出版社，1986年，第11页。
② 梁万斌：《东汉建都洛阳始末》，《中华文史论丛》2013年第1期。
③ 王尔：《"长安系士人"的聚散与东汉建武政治的变迁——从"二〈赋〉"说起》，《中国史研究》2019年第4期。

制度之美"，并以"神雀诸瑞"证"洛邑之美"。^①当然，此次迁都之议由于朝廷不置可否，亦未有圣断，故很快便消歇无闻。不过，通过此次争议可以清楚发现，西京长安影响力尚在，部分人如同王莽和更始时期一般，依旧沉浸在"汉家"和"长安"的神圣荣光中难以走出。

至此，当我们再度仔细检视东汉初期的迁都之议，在杜笃奏上《论都（赋）》之后，王景即作《金人论》以应之，"颂洛邑之美，天人之符，文有可采"^②。细审之，其背后逻辑与王莽都洛以应天命，并试图以此覆盖或转移凝结于长安的神圣性，挣脱"汉家"神学的强大影响与牵制，^③颇有异曲同工之处。进言之，西汉时期所铸就的长安神圣性，正是王莽、刘玄、隗嚣、刘秀等人必须面对和承受的信仰负担。从王莽对汉家宗庙特别是高庙的废除、破坏，到隗嚣和更始政权对汉家宗庙的奉祀、修补和重建，再到刘秀对西京宗庙中十一帝神主的迁移，我们可以看到，汉家宗庙对于长安形象、地位和神圣性的形成，对于两汉之际政权正当性的确固，以及对于两汉政权的继承与转化，都展现出至为重要的作用。同时应注意，刘秀果决地冲破王莽至更始时期的政治文化牢笼，完成与西都长安的切割，最终定都洛阳，这一选择背后似乎已然隐含东汉王朝摆脱高祖阴影、寻求自立，继而走出一条兼容创革和继承的"受命-中兴"之路的政治立意，^④顺此而下或可理解东汉初期包括宗庙、都城在内的若干礼制因革。

二、长乐未央：西汉末民众至京师祠西王母的宗教诉求

进一步验诸史籍可以发现，国都长安的神圣内涵不仅制约该时期的政治实践，亦对大众信仰产生影响，这在汉哀帝建平四年（前3）"行西王母诏筹"民众运动中得到集中体现。《汉书》的《哀帝纪》《天文志》对这一重要事件记载甚简^⑤，《五行志》则多出不少生动的细节描述：

> 哀帝建平四年正月，民惊走，持稿或棷一枚，传相付与，曰行诏筹。

① 《后汉书》卷一下《光武帝纪下》，第48、56、69、74页；卷八〇上《文苑传上·杜笃》，第2609、2598页；卷七六《循吏传·王景》，第2466页；卷四〇上《班彪传上》，第1335页。以上均见《后汉书》，中华书局，1965年。
② 《后汉书》卷七六《循吏传·王景》，中华书局，1965年，第2466页。
③ 对"汉家"神学之讨论，参见冯渝杰：《从"汉家"神化看两汉之际的天命竞夺》，《历史研究》2015年第1期。
④ 王尔：《"创革"与"中兴"的争议及整合——从东汉建武年间南顿四亲庙与封禅礼的议论谈起》，《史林》2020年第1期。
⑤ 《汉书》卷二六《天文志》，中华书局，1962年，第1312页。

道中相过逢多至千数，或被发徒践，或夜折关，或逾墙入，或乘车骑奔
驰，以置驿传行，经历郡国二十六，至京师。其夏，京师郡国民聚会里巷
仟佰，设（祭）张博具，歌舞祠西王母。又传书曰："母告百姓，佩此书
者不死。不信我言，视门枢下，当有白发。"至秋止。[1]

《汉纪·孝哀皇帝纪下》记述也较详，大体内容与《五行志》同，但亦有逸
出者：

四年春正月，关东民相惊走，或持筹相与，号曰"西王母筹"。道中
相逢多至数千人，或披发徒跣，斩斫门关，逾墙入屋，或乘骑奔驰，或致
驿传行。经历郡三十六所，至京师。又聚会祀西王母，设祭于街巷阡陌，
博奕歌舞。又传言："西王母告百姓，佩此符者不死。不信我言，视户枢
中有白发。"[2]

梳理学术史可知，正是在研究这一运动的过程中，学者发现了《太平经》中早期道
教经文"师策文"的重要价值。先是柳存仁烛照幽微，较早指出"行西王母诏筹"
事件与"师策文"可能存在一定联系，[3]但他并未就此展开，殊为遗憾。此后，刘
茜、朴基成讨论了两者之间的关系，认为"师策文"是此次运动的"行动纲领"。[4]
然其论证仍显简略，未为周备，尤其在"师策文"与民众运动相关行为之对应性解
释方面，存在逻辑与证据缺环，由此也影响到人们对此次运动目标和本质的判
定。马怡也以"师策文"解读这一事件[5]，所论深度、广度皆超越前者，却仍有
未尽之意。

下面我们将着重开掘《太平经》经文，尤其是"师策文"与"行西王母诏筹"
运动在"纵乐"思想与"长安"空间方面的联系，在此基础上探研此次民众运动的
宗教本质及其诉求。先看"师策文"原文：

师曰："吾字十一明为止，丙午丁巳为祖始。四口治事万物理，子
巾用角治其右，潜龙勿用坎为纪。人得见之寿长久，居天地间活而已。治

---

① 《汉书》卷二七《五行志第七下之上》，中华书局，1962年，第1476页。

② 〔汉〕荀悦、〔晋〕袁宏：《两汉纪》，中华书局，2002年，第504页。

③ 柳存仁：《关于王母筹》，见饶宗颐主编：《华学》（第9、10辑合刊），上海古籍出
版社，2008年，第1462—1468页。

④ 刘茜、朴基成：《试论〈太平经合校〉中"师策文"与哀帝建平四年的宗教运动之关
系》，《嘉兴师院学报》2012年第2期。

⑤ 马怡：《西汉末年"行西王母诏筹"事件考——兼论早期的西王母形象及其演变》，
见中国社会科学院历史研究所文化史研究室编：《形象史学研究》（2016上半年卷），人民
出版社，2016年，第29—62页。

百万人仙可待，善治病者勿欺绐。乐莫乐乎长安市，使人寿若西王母，比
若四时周反始，九十字策传方士。"①

紧接其后，则有"神人"专为"真人"详细疏解"师策文"的"解师策书诀"。下
文录其要者，以便讨论：

> 乐莫乐乎长安市：乐者，莫乐于天上皇太平气至也；乎者，嗟叹其德
> 大优无双也；长者，行此道者，其德善长无穷已也；安者，不复危亡也；
> 得行此道者，承负天地之谪悉去，乃长安旷旷恢恢，无复忧也；市者，天
> 下所以共致聚人处也；行此书者，言国民大兴云云，比若都市中人也。

> 使人寿若西王母：使人者，使帝王有天德好行正文之人也；若者，顺
> 也，能大顺行吾书，即天道也，得之者大吉，无有咎也；西者，人人栖存
> 真道于胸心也；王者，谓帝王得案行天道者大兴而王也，其治善，乃无上
> 也；母者老寿之证也，神之长也。②

将"师策文"原文、疏解文与上揭史书对"行西王母诏筹"事件相关记载做对照
细读，我们确实可以发现其中多有契合处。"乐莫乐乎长安市""使人寿若西王
母"，似乎就是对事件中民众会聚京师纵乐祠西王母以求不死行为的直接解释。
诡为隐语的"师策文"中，"乐""长安""西王母"三者的意涵及其关系令人
深思。

然而，在进入正式讨论之前，须解决一个前提性问题——"师策文"成于何
时？《正统道藏》所收57卷残本《太平经》中原无此部分内容，今人王明据唐《太
平经钞》补入，前后连贯，文脉畅通。那么，其形成时间当作何判断？我们首先应
当明白，从成帝时齐人甘忠可造《天官历包元太平经》12卷，到顺帝时琅琊宫崇献
干吉所造170卷《太平清领书》，以致最后我们所见到的文本状态，《太平经》是一
部典型的经多人之手创制、在较长时段里层累而成的复杂文本。至于其成书时间，
经研究，已基本形成尽管不排除后人增删改订之可能，但今本《太平经》大部分内
容仍是汉代旧文或基本接近东汉中后期著作本来面目的总体认识。当然，随着细化
研究的不断推进，人们也形成了更多更具体的认识。③具体到"师策文"，姜守诚
提出《太平经》中的"复文"和"师策文"当属先秦秦汉时期神仙方术之祝由或谶

---

① 王明编：《太平经合校》，中华书局，1960年，第62页。
② 王明编：《太平经合校》，中华书局，1960年，第68页。
③ 相关学术史梳理，参见冯渝杰：《"致太平"思潮与黄巾初起动机考——兼及原始道
教的辅汉情结与终末论说》，《学术月刊》2018年第5期。

语。①李铁华认为"师策文"可视作《太平经》一书的总纲,包含阴阳五行、从治国到修炼的"纲纪"及神仙方技等内容,属于绝对灵验式的隐语。②徐华则从"师策文"中透见的西王母信仰的鼎盛状况和京师长安的尊崇地位出发,推测其创作时间应在长安和西王母信仰逐渐衰落的新莽之前;在此基础上,他又从文学角度考察"师策文"七言独体的文体形式,推断"师策文"创作于西汉后期。③通观之,以上诸说皆有洞见与不见。下面我们将以"长乐"与"延寿"两相结合的思想为中心,寻绎"师策文"的相关思想和表达在西汉时期的存在状况,以便为其成书时间的判定提供一个新思路。

"师策文"言"乐莫乐乎长安市""使人寿若西王母",《汉书》载传筹民众至京师后,"其夏,京师郡国民聚会里巷仟佰,设(祭)张博具,歌舞祠西王母"。两者都强调"欢乐""长安""西王母"。我们首先看欢乐这一要素。考诸西汉时期的思想和社会,我们能够明确发现,对"长乐"的强调可谓该时期的一项重要议题,这比较典型而集中地反映在同时期的汉镜铭文中(也见诸西汉时期的砖瓦铭文)。京都大学"中国古镜研究"班曾系统整理西汉时期铜镜铭文④,兹以此成果为主要资料来源,对西汉时期的"长乐"思想加以探讨。

细审"中国古镜研究"班整理的铜镜铭文,与"乐"有关的题铭即有"乐未央""乐毋事""大乐未央""长乐未央""常乐未央""安乐未央""欢乐未央""幸至未央"等,可谓异常丰富。随着时间线后移,"乐未央"镜铭还逐渐与"延年益寿""千秋万岁"搭配起来,且越往后发展,越多祈福对象(双亲、弟兄、子孙、国家等)和神明(角王巨虚、苍龙、白虎、赤鸟、玄武、神人、西王母)也随之加入镜铭,同时"辟不祥"的功能亦随之增入。可见,西汉铜镜铭文本身呈现出一个内在有序的发展过程,而影响其发展的正是西汉时期较为普遍的社会思想和大众信仰。我们尤应注意西汉后期的这两条铭文:

> 桼言之纪造竟始,长保二亲利孙子,辟去不羊(祥)宜贾市,寿如金石西王母,从今以往乐乃始。(430)

> 桼言之纪造竟始,涑铜锡去其宰,以之为镜宜孙子,长葆二亲乐毋事,寿币(比)金石西王母,棠(常)安作。(431)

---

① 姜守诚:《〈太平经〉研究——以生命为中心的综合考察》,社会科学文献出版社,2007年,第21页。

② 李铁华:《〈太平经〉与谶纬关系考析》,《宗教学研究》2013年第1期,第83页。

③ 徐华:《〈太平经〉"七言"考识》,《世界宗教研究》2014年第2期。

④ "中国古镜研究"班:《前汉镜铭集释》,《东方学报》2009年第84册,第139—209页。下引镜铭序号随文附注。

两条铭文对"西王母""寿""乐"三者的融合（后者甚至还提及"常安"），与"师策文"中"人得见之寿长久""乐莫乐乎长安市""使人寿若西王母"等语句颇为相似（拥有相近构成要素，且皆为七言独体），两者的总体精神可谓契合无间。尤其在前一镜铭中，我们已可看到"辟不羊（祥）""寿如金石"与"乐"之间较为严密的逻辑关联。进一步验诸史籍，可发现此种将欢乐与长寿结合在一起的思想尚有更早的渊源，如《荀子·荣辱》已有"安利者常乐易，危害者常忧险，乐易者常寿长，忧险者常夭折"[1]。长乐、未央诸词汇与延寿、西王母等信仰相结合，除镜铭外，在文献记载中亦有体现，且大多与武帝相关。如在武帝命司马相如等作《郊祀歌》中就有"延寿命，永未央""礼乐成，灵将归，托玄德，长无衰"等内容。[2]

《史记·大宛列传》也明确记载张骞前往西域寻西王母而不得之事。[3]在司马相如所作《大人赋》中，我们可看到西王母与长生的连接："吾乃今日睹西王母。皓然白首戴胜而穴处兮，亦幸有三足乌为之使。必长生若此而不死兮，虽济万世不足以喜。"[4]要之，由于完全能够在西汉时期文献中找到与"师策文"相近的思想体系和具体的文字论说，故可认为"师策文"反映的正是西汉时期的思想、社会背景，其文本完全有可能创制于西汉末期，并对"行西王母诏筹"运动产生影响。

欲彻底厘清"行西王母诏筹"运动的诉求和实质，还需解决一个关键问题，即纵情欢乐、会聚长安、祠祀西王母这三者之间到底具有怎样的逻辑关联。一言以蔽之，曰"以乐却灾"。

有关"以乐却灾"之思想与信仰的系统表达，亦明确见于《太平经》，而其渊源同样可以追溯至西汉铜镜铭文等相关文献中。如上引镜铭中，"乐"即与"辟去不羊（祥）"连接在一起。事实上，在较之略早的铜镜铭文中，我们已可看到"乐未央"与"辟不羊（祥）"的关联，如"涷治铜华清而明，以之为镜宜文章，延年益寿辟不羊（祥），与天无亟如日光，千秋万岁乐未央"（401），并且这种关联还有日渐增强的趋势。长乐未央、祛灾避祸、长生不死等诉求因之得以融合，并最终统一到对西王母的崇拜和信仰中。而在大约成书于两汉之际的《易林》中，也有数十条提及"西王母""王母"的占辞，其内容多与长生、赐福、避灾、解难有关。[5]这说明长乐、避灾、长生应即西王母信仰的题中之义，而其形成恐怕与西汉中后期

---

① 〔清〕王先谦：《荀子集解》卷二《荣辱篇》，中华书局，1988年，第58—59页。

② 《汉书》卷二二《礼乐志》，中华书局，1962年，第1069—1070页。

③ 《史记》卷一二三《大宛列传》，中华书局，1959年，第3163—3164页。

④ 费振刚、仇仲谦、刘南平校注：《全汉赋校注》，广东教育出版社，2005年，第119页。

⑤ 相关讨论参见王子今、周苏平：《汉代民间的西王母崇拜》，《世界宗教研究》1999年第2期。

强烈的神仙思想、灾异学说及其引发的社会思潮紧密相关。

当西汉铜镜铭文等所反映的此类思想被吸收进《太平经》之后（或者说两者同源于西汉时期的思想与信仰），经过整理者的系统调和与修整，已呈现为一套语意完整连贯、逻辑圆融自洽的神学理论体系。综观之，《太平经》中，忧愁、怨恨、冤结、病苦、战怒、闭绝、邪恶、刑法等，都被认为是悖天地之道、逆帝王之气、与天地用意相违的东西。相反，大乐不仅可以养性延年，还能够去灾祸、安天下，更能够合阴阳、致太平，故《太平经》明确鼓励人们"纵乐以奉天道"。《庚部》中"今天上皇（太——引者补）平洞极之气俱出治……万物莫不乐喜"的记载，与"师策文"中"乐者，莫乐于天上皇太平气至也"之句颇近，或系同源异出；"乐为天之经，太阳之精""阳精昌兴，万物莫不乐喜。故当象其气而大纵乐，以顺助天道，好是则天道大喜""阳与则阴精伏，犹如春夏起，秋冬伏"等记载，[1]又不得不让人联想到史书所载哀帝建平四年春正月民始行诏筹，但至夏方聚会里巷阡陌，设张博具，歌舞祠西王母，至秋止。两相比照，应可合理推测，民众会聚京师，至夏日歌舞祠西王母，原因正在于夏日皇太平气至而阳精昌兴，此时"当象其气而大纵乐，以顺助天道"，以此迎接西王母，见之不死，且致治太平。由是观之，尽管时人杜邺立足于王氏集团，发挥《春秋》"指象为言语"之灾异解说功能，将"行西王母诏筹"这一自发的民众运动解释为傅晏、丁明加爵大将军和傅太后干政所致的灾异谴告，显然已脱离事件的原本语境，但其所言"临事盘乐，炕阳之意"[2]，却应有时人默认的思想基础。

更堪注意者，在先秦文献中恰好还保留着夏日祭祀西王母的记载。成书于战国的《管子·轻重己》即云："以春日至始，数九十二日，谓之夏至……皆齐大材，出祭王母。"[3]"王母"，一般认为指祖母。[4]然此处言"出祭"，据《礼记·祭统》所言"外祭，则郊社是也；内祭，则大尝禘是也"[5]，故诚如马非百所辨："王母既为祖母，岂有对祖母不在家举行祭祀而出祭于外之理？"此与传筹运动中民众在夏日于

① 王明编：《太平经合校》，中华书局，1960年，第649—651页。

② 《汉书》卷二七《五行志第七下之上》，中华书局，1962年，第1476页。有关不同政治势力出于自身利益考虑，对该事件做出不同解释的讨论，参见曹建国：《灾异还是祥瑞？——"行西王母诏筹"事件解读》，《安徽大学学报》2018年第5期。

③ 黎翔凤：《管子校注》卷二四《轻重己》，中华书局，2004年，第1535页。有关《管子·轻重己》成书时间的讨论，参见胡家聪：《〈管子·轻重〉作于战国考》，《中国史研究》1981年第1期。

④ 《尔雅注疏》卷四《释亲》："父之妣为王母。"《礼记正义》卷五《曲礼下》："王母曰皇祖妣。"（《十三经注疏》本，中华书局，1980年，第2592、1269页）

⑤ 《礼记正义》卷四九《祭统》，《十三经注疏》本，中华书局，1980年，第1607页。

里巷阡陌祭祀西王母之行为颇合。另外，马非百还指出，"齐"当作"赍"，持也；"材"即木材。《说文》言"木薪曰椒"，故《管子》载"齐大材出祭王母"亦合《汉书·五行志》"民持稿或椒一枚"之说。①所论有理，可从。如此，"行西王母诏筹"运动与"师策文"及《太平经》部分经文存在对应关系，便再次得到验证。

既然纵乐合乎"天道"，利于帝王理平和人民寿老，那么如何才能达至大乐？对此《太平经》又针对性地提出了一套"大乐之经"，旨在让沟通天人的君王长乐无忧，继而泽及凡人乃至草木，万物大乐而各得其所，神灵愉悦来助而太平可至。当然，对于让帝王大乐无忧之必要性与重要性的强调，《太平经》亦不吝笔墨："帝王长无忧而寿，身能自除其疾病，各竟其天年，恩流凡人。"在此意义上，所谓"要道秘德"，"乃所以承天心而顺地意，可以长安国家，使帝王乐者也"；"天地病除，帝王安且寿，民安其所，万物得天年，无有怨恨，阴阳顺行，群神大乐且喜悦，故为要道也"。所以有道之士理应"上辅其君为治，亦得尽其能力勉勉，使共解天地大忧"。奉道之民，"其心善，则助天地帝王养万二千物，各乐长生；人怀仁心，不复轻贼伤万物，则天为其大悦，地为其大喜，帝王为其大乐而无忧也，其功增不积大哉？"或许正是基于以乐顺天地、兴万物、合阴阳的神学理论体系，《太平经》还发展出了"王者无忧法""以乐却灾法"，更详细地讨论了以乐除灾害、奸猾凶恶，以解除愁苦之气而致太平的具体操作方法。②

总之，通过对"以乐却灾"的分析、梳理，我们能够感受到《太平经》对西汉时期"千秋万世乐未央"思想的继承，及其更深层次、更系统的宗教化发展。"以乐却灾"可谓深深植根于阴阳五行学说，并受西汉时期灾异、神仙思想与王权神化理论的直接影响，希企通过天人交感之神秘方式愉悦天子和神祇，以此厘正天地阴阳秩序，继而辟除灾祸、求得不死。它是西汉时期宇宙学说、政治神学与宗教信仰交互影响继而贯通融会的结果。明乎此，传筹运动中民众"击鼓号呼""欢哗奔走""博弈歌舞"等行为，便可合理解释为由于万物乐喜而"大纵乐"的表现，纵乐目的即在于"以乐却灾"。

至于"以乐却灾"为何一定要在长安举行，这就要落脚到长安的神圣性问题上了。马怡在考察该事件时曾揭举一些疑难："从《汉书》记载看，有的行筹者很是匆忙，他们连夜闯关，翻墙，乘坐车马奔驰，这是何缘故？……这些行筹者为何去长安？他们要在那里做什么？"继而她提出："西汉后期有一个颇可留意的世风，

---

① 马非百：《管子轻重篇新诠》，中华书局，1979年，第737—738页。

② 王明编：《太平经合校》，中华书局，1960年，第168、334、702、433、468、344、244、726、13—15、640—642页。

即社会各界向帝王献书、献策者很多……涉及关东二三十个郡国的行筹者涌入长安，他们来此地的重要目的之一，可能是要将所谓'西王母诏筹'奉达帝王，或是进献、陈说相关的书、策。"①刘茜、朴基成则提出："当时参与这场宗教运动的人绝非都是普通的信众，他们'经历郡国二十六'、共赴京师显然带有某种特殊的政治目的，那就是希望通过他们的行为对京师的朝政施以影响，向君王传达他们的政治理念。"②细察之，以上两说皆有不可通处。其一，两种观点皆不足以解释为何传筹事件会呈现为群体运动这样的形式，无论献书抑或传达政治理念皆无需如此。其二，献书或传达政治理念为何要歌舞祠西王母？此亦有逻辑上的混乱处。结合上文所论，可以合理判断，传筹民众的诉求正在于"长乐未央""以乐却灾""寿如王母"，而这都能够在"长安"二字及其作为"天子之居"的内蕴中得到暗示或体现。

首先，长安作为国都，设有郊天祭地的神坛，是天子与上天沟通及万国朝拜、万民崇仰的神圣之域，本具神圣性。于是，抱有强烈宗教诉求的民众会聚京师歌舞祠西王母，希冀长生不死、度厄消灾获拯救，情理可通。其次，如上所论，为解除天地间因愁苦怨恨等所带来的郁结乃至承负之灾，理顺"反逆""反悖"的阴阳二气，以此达到天地阴阳和合的"太平""大顺"之境，还必得让天子欢悦无忧，故亦须前往天子所在的京都。王先谦在注释有关该事件的记载时，曾指出："天子将出，一人前行清道，呼曰'传筹'，今制尚有之，盖昉自汉世。此讹言王母将至，为之传行诏筹，即其义也。"③据其所言，为西王母传行诏筹的宗教行为乃是对为天子出行清道之传筹制度的模仿。果如此，那么为了更好地迎接作为"神之长"的西王母及承接"天上皇太平气"，前往天子所在地似亦有其内在依据。最后，更重要的是，"长安"这个名称本身就是一个吉祥语，意为长乐未央、长治久安。④值得

① 马怡：《西汉末年"行西王母诏筹"事件考——兼论早期的西王母形象及其演变》，见中国社会科学院历史研究所文化史研究室编：《形象史学研究》（2016上半年卷），人民出版社，2016年，第43—44页。

② 刘茜、朴基成：《试论〈太平经合校〉中"师策文"与哀帝建平四年的宗教运动之关系》，《嘉兴师院学报》2012年第2期，第79页。

③〔清〕王先谦补注：《汉书补注》卷一一《哀帝纪》，上海师范大学古籍整理研究所整理，上海古籍出版社，2008年，第469页。

④《史记》卷二二《汉兴以来将相名臣年表》载："（高祖六年）刘仲为代王。立大市。更命咸阳曰长安。（七年）长乐宫成，自栎阳徙长安。"司马贞《索隐》："上卢绾已封长安侯者，盖当时别有长安君。""当时别有长安君"者，即指战国时期赵、秦所立之"长安君"也。可见，"长安"这一名称战国已有，且为雅称，后为汉家所用，汉初成为替代"咸阳"的新国都名，具有美好寓意；继而在西汉中后期以降，又逐渐被赋予和加注更多的神圣性内涵，由此发展出千秋万岁、延年不死等宗教内涵。

注意的是，有学者发现，在西汉早期的一方铜镜上仅有"长安"两字铭刻，故认为"长安"既为都城名，又是吉祥语。①近乎谶语的"师策文"亦直言"乐莫乐乎长安市"，而在"解师策书诀"中，"长安"同样被拆解为德善长而无危亡，承负之谪悉数解除，天子与民众之间无有闭绝，帝王长安无复忧，此般颇具宗教色彩的美好状态。以此，"长安"的名称及西汉类似"长乐未央"之类的格套化铭刻，皆可视作彼时思想、信仰的凝固化表达，这在某种程度上也反映了该类思想、信仰在西汉社会的普及。

基于以上讨论，可以认为"长安"在行诏筹民众心中当具隐喻性功能，甚至在民众看来，"长安"二字或许本身就是一句能够应和其宗教诉求，并具积极心理暗示的谶言。因乎此，在西汉末期的灾异乃至末世氛围笼罩下，"神都"长安才能够与西王母信仰融合到一起，成为民众向往的避灾攘祸、长安大宁、欢乐无央、延寿不死的神圣之域。②

三、生属长安："神都"记忆及其对大众信仰的形塑

从颇富神圣性的"天子之居"，到避灾攘祸、长乐不死的神圣之域，人们的广泛接受使得长安的神圣性在社会记忆与大众信仰层面的影响，并未因都城转移戛然而止，而是继续向社会思想更深处沉潜，自根源处形塑大众信仰，之后终于在东汉中后期以降的宗教性随葬文书与早期道经中显现出来。在此之前，让我们将视野拉回至西汉时期，先对长安的神圣化过程予以大致勾勒。

高祖统一天下后，随着中央集权逐渐加强，散布四隅的神圣性开始向国都长安渐次聚拢。这一过程起初主要体现为高祖对各区域巫官系统的收拢与整合。汉高祖六年（前201），"长安置祠祝官、女巫"，聚梁巫、晋巫、秦巫、荆巫、九天巫等代表不同文化系统的巫官于国都，并使其各以岁时祠祀于宫中。③这一行为较大程度地促进了秦汉时期的"神权统一"④，同时在客观意义上开启了长安的神圣化过程。

① 王纲怀编著：《汉镜铭文图集》，中西书局，2016年，第46页图41。
② 这种通过对地名的谶言化解释和运用，以迎合民众诉求、发起民众运动的做法，在汉末亦有所见。如黄巾太平道起于邺、会于真定，即暗合天下始邺（业）之地与天下"真定"之意，参见刘九生《黄巾口号之谜》（《陕西师大学报》1985年第2期，第19页）、姜生《曹操与原始道教》（《历史研究》2011年第1期，第22—23页）。这背后的思维方式与信仰逻辑，当大体一致。
③ 《史记》卷二八《封禅书》（中华书局，1959年，第1378—1379页）与《汉书》卷二五上《郊祀志上》（中华书局，1962年，第1211页）所载略异。
④ 杨华：《秦汉帝国的神权统一——出土简帛与〈封禅书〉、〈郊祀志〉的对比考察》，《历史研究》2011年第5期。

此为长安神圣化构建的第一个阶段。

为长安加注神圣性的第二个阶段是汉武帝时期。汉武帝是一位颇好方术、热忱求仙的帝王。他听信方士公孙卿之言，于长安城中及郊外遍修据说能够招来神仙之属的高台宫苑。①不仅如此，在郊天祭地等礼仪操作层面，武帝也据方士之言，以文帝时期设立于长安附近的五帝坛、五帝庙为基础，对天地诸神祭祀礼做了创新性融合与改革，大胆地将万神聚于泰一祠坛。②泰一祠坛的设立表明，被不同神祇所析分的神圣性得到进一步收拢，来自不同文化和不同地域的多元神圣性在长安叠加，最终熔铸为王朝的国家宗教，并通过层级分明的庞大神灵体系和祭祀系统展现出来。

西汉时期神圣性向长安聚拢的第三个阶段即成帝至王莽时期的郊祀改革。先是成帝即位之初，匡衡奏"正南北郊，罢诸淫祀"，于是，成帝建始元年（前32）十二月，"作长安南北郊，罢甘泉、汾阴祠"；次年匡衡、张谭复条奏罢除其余475所祠畤。③将甘泉泰畤、汾阴祠徙置长安之郊，罢诸淫祀，此皆为规整国家祭祀系统、重新厘定日趋繁复的长安神圣秩序的重要举措。不过，如研究者所指出，成帝时期奠定的郊天祭地的祭祀体系，在此后数十年间兴废无常，并未得到稳定延续，直到王莽将《周礼》引入国家祭祀改革，从空间上对旧祭祀体系予以极大压缩，"将原先分布于全国的重大祭祀迁移至长安四郊"，并且一改匡衡只迁移天地之祭、不废地方祠畤的做法，而将地方神祠彻底清除出国家祭祀，独尊郊祀，如此便在最大限度容纳旧体系神祇的同时，保障了郊祀的威严与神圣。④

经过以上发展，长安的神圣性日趋强烈，影响渐及大众信仰与社会记忆，前揭西汉末民众至京师歌舞祠西王母的宗教运动即为典型。随着两汉之际政权的移易兴废，长安的命运发生转折，人们对"神都"长安的记忆亦由此开启。比如新莽、东汉之际，长安屡遭兵燹，班彪在离开长安避地凉州之际奋笔写下《北征赋》，其中有言："余遭世之颠覆兮，罹填塞之厄灾。旧室灭以丘墟兮，曾不得乎少留。遂奋袂以北征兮，超绝迹而远游。朝发轫于长都兮，夕宿瓠谷之玄宫。历云门而反顾，

---

① 有关武帝在长安的建设情况，《汉书》卷二五下《郊祀志下》载之甚详。（《汉书》，中华书局，1962年，第1244—1245页）《三辅黄图》对此亦有详细描述，可资参证。（何清谷：《三辅黄图校注》卷二《汉宫》，三秦出版社，1998年，第116—120页）。

② 杨树达指出，武帝时太一之祀凡四，祠所各异，而长安为其一，"盖汉以祀太一当祀天，而皆用方士之说，故杂出不经也"。（杨树达：《汉书窥管》，上海古籍出版社，2006年，第157—158页）

③ 《汉书》卷八一《匡衡传》，第3344页；卷一〇《成帝纪》，第304页；卷二五下《郊祀志下》，第1257页。以上均见《汉书》，中华书局，1962年。

④ 田天：《西汉末年的国家祭祀改革》，《历史研究》2014年第2期。

望通天之崇崇。"①班彪离开的时候，遥想和追忆自己生活有年的长安，充盈脑海的尽是旧日国都的神圣气象，放眼望去满是"通天之崇崇"。这当然是士人的文学想象，带有鲜活而独特的个人感受，但也确实映照出鼎盛时期的长安在时人心中留下的难以磨灭的印记，而这些强烈的个人记忆终将交汇、沉淀为更深沉的社会记忆。

"金铜仙人辞汉"可谓"神都"长安影响社会记忆之典型一例。史载汉武帝在建章宫神明台上立有一高耸入云的铜柱，"上有承露盘，有铜仙人，舒掌捧铜盘玉杯，以承云表之露，以露和玉屑服之，以求仙道"②。或许是被这则广为流传的故事感召，魏文帝（一说魏明帝）决定将长安的承露盘整体拆迁至邺城，却因遭遇承露盘折毁后铜人哭泣的"神迹"而未能遂愿。事实上，承露盘及其依以存立的高台宫殿，早已成为"神都"长安不可分割的一部分，搬迁之时铜人之所泣者，乃圣城陨落之殇及其所难承受的分离之恸。此则事例折射出人们对西汉"神都"意象的接受，以及人们对汉长安城的神圣记忆。而不同史料所见铜人哭泣的附会过程③，也是此种神圣记忆逐渐发挥作用的过程。

揆诸史乘，对大众信仰与社会记忆形成重要影响的有关长安的种种神异传说，应是通过"长安谣"（或"长安语""京都谣""里闾语""闾里歌"等形式），逐渐传递至郡国和乡里，由是而遍及天下。比如《乐府诗集》录有一首《城中谣》："城中好高髻，四方高一尺。城中好广眉，四方且半额。城中好大袖，四方全匹帛。"④连长安城中人们的妆容、发饰、衣着都成为天下民众津津乐道的话题，可以想见长安城中的种种景致、风尚、秘闻、轶事、神话、怪谈，完全可以通过这种形式被天下人知晓，甚至广为传布。比如《三辅黄图》中即载有一首以建章宫南北两阙门为唱咏对象的"古歌"："长安城西有双阙，上有双铜雀，一鸣五谷生，再鸣五谷熟。"⑤可见西汉时期的长安风物、景致对民众记忆的深远影响。当然，在神仙思想隆盛的汉代，对广大百姓而言，最有魅力也最具吸引力的，乃是

① 费振刚、伽仲谦、刘南平校注：《全汉赋校注》，广东教育出版社，2005年，第360页。
② 何清谷：《三辅黄图校注》卷三《建章宫》，三秦出版社，1998年，第170页。
③ 相关记载见于《三国志》卷三《魏书·明帝纪》注引《魏略》，中华书局，1959年，第110页；〔清〕汤球辑：《汉晋春秋辑本》卷二，商务印书馆，1937年，第20页；《晋书》卷二七《五行志上》，中华书局，1974年，第810页。三条史料适可呈现后人逐步附会的线索：很可能是亲历者的鱼豢只是写实性地记载"盘折，铜人重不可致，留于霸城"，而以蜀汉为正统的习凿齿则加上了"盘折，声闻数十里，金狄或泣"这样的传闻，最后《晋书》以肯定的语气断之作"金狄泣，于是因留霸城"。
④ 〔宋〕郭茂倩编：《乐府诗集》卷八七《杂歌谣辞五》，中华书局，1979年，第1223页。亦见《后汉书》卷二四《马援传附马廖传》，中华书局，1965年，第853页。
⑤ 何清谷：《三辅黄图校注》卷二《汉宫》，三秦出版社，1998年，第123页。

发生在长安的种种不老不死的传说。①由于很多神异和神迹都附着于长安，所以言之既久，则长安也顺理成章地发展为承载民众信仰的"记忆之场"，凝定为社会记忆中的神圣之地。

我们还发现，《汉书·西域传》在描述西域周边诸国时，总是以其"去长安"的距离起头，此般写法虽应与《西域传》取材于官方簿籍有关（近年出土或发现的若干"里程简"亦堪为证）②，但似乎也反映出至少在西汉时期的政治文化中，人们是将天子之城及天下中心的长安作为认识世界的起点和丈量世界之基准的。而这样的政治文化本有其不容忽视的思想和学说依据，即经学所论证的京师—诸夏—夷狄这般由内而外、逐层推进的王化天下之顺次。③

正是在口头传诵与文字书写的重重渲染下，长安在一定意义上已发展为汉家的代名词，它既是天下子民的安身归命之所，亦是圣贤高德、奇人异士会聚的理想之境，还是诸神庇佑的不死之地、神异之城和仙境奇都。④在这样的历史演进过程中，

① 如汉武帝所用的"返魂香"或曰"月支神香"。据学者研究，征和三年（前90），西胡月支国派遣使者进献了一种神奇香药"返魂香"，后元元年（前88）长安发生瘟疫时，汉武帝曾用焚烧此香的办法成功避疫。相关讨论参见王永平：《论古人焚香避瘟疫之法——以汉武帝时月支献香与长安驱疫为例》，《史志学刊》2020年第1期。

② 聂溦萌：《中古地理书的源流与〈隋志〉史部地理篇》，《史林》2019年第4期，第73页。

③ 这样的认识在经史文献中皆有所见，如《史记》卷一二一《儒林列传》载公孙弘言："故教化之行也，建首善自京师始，由内及外。"（《史记》，中华书局，1959年，第3119页）《盐铁论》卷四《地广》载文学言："夫治国之道，由中及外，自近者始。近者亲附，然后来远；百姓内足，然后恤外。"（王利器校注：《盐铁论校注》，中华书局，1992年，第208页）《说苑》卷一五《指武》曰："内治未得，不可以正外；本惠未袭，不可以制末。是以《春秋》先京师而后诸夏，先诸华而后夷、狄。"（〔汉〕刘向撰，向宗鲁校证：《说苑校证》，中华书局，1987年，第369页）《春秋公羊传》曰："《春秋》内其国而外诸夏，内诸夏而外夷狄。王者欲一乎天下，曷为以外内之辞言之？自近者始也。"何休注："明当先正京师，乃正诸夏；诸夏正，乃正夷狄。以渐治之。"（《春秋公羊传注疏》卷一八，《十三经注疏》本，中华书局，1980年，第2297页）

④ 《汉书》卷七五《眭两夏侯京翼李传》载："汉兴推阴阳言灾异者，孝武时有董仲舒、夏侯始昌，昭、宣则眭孟、夏侯胜，元、成则京房、翼奉、刘向、谷永，哀、平则李寻、田终术。"卷九九上《王莽传上》载王莽更"网罗天下异能之士，至者前后千数，皆令记说廷中，将令正乖缪，壹异说云"。（《汉书》，中华书局，1962年，第3194—3195、4069页）而《太平经》亦言曰："夫京师者，乃应土之中，火之可安止处也。非若市，但可聚财处也。夫京师乃当并聚道与德，仁与贤溗，共治理天下……古者京师到今，诸聚道德贤溗者，天下悉安其理，但聚珍宝财货而无贤明者悉乱。"（王明编：《太平经合校》，中华书局，1960年，第270—271页）长安确堪为天下的学术和文化中心（太学之所在、藏书最丰），为各地方的士人、官吏乃至周边政权的公子王孙所向往，各地的方士、道术之士、异能之士乃至胡人巫者亦纷纷觐见天子，为天子"献宝"，由此将各地域文化中的奇珍异产、神仙方伎、巫术信仰带至国都长安。

长安的神圣意象得以牢固铸就，并被植入社会记忆深处，成为塑造民众信仰形态、影响社会记忆传递和表达的重要因素。在此基础上，我们就能够以东汉中后期出现的"生属长安"类宗教性随葬文书为基础，同时结合相关早期道教经文，对"神都"长安在民众信仰及宗教记忆方面的影响做一梳理和讨论。首先整理相关资料如下（表1）。①

表1 "生属长安"类宗教性随葬文书统计表

纪年或名称	文书内容（部分采择，有所改动）	资料来源
延光元年（122）	延光元年□□十四日，生人之死别解，生自属长安，死人自属丘丞墓。汝□千日，生人食三谷，死人（入）土；生上堂，死人深自臧。如律令	黄景春：《早期买地券、镇墓文整理与研究》，博士学位论文，华东师范大学，2004年，第87页
熹平四年（175）胥氏镇墓文	熹平四年十二月甲酉（午）朔三日丙申……上天仓仓（苍苍），地下芒芒（茫茫）。死人归阴，生人归阳，生人有里，死人有乡。生人属西长安，死人属东大山。乐无相念，苦无相思。大山将阅，人□□□□，地下有谪，蜜人代行……各安其所……	罗振玉：《古器物识小录》，见《罗振玉学术论著集》（第3集），上海古籍出版社，2010年，第382页
熹平六年镇墓文	熹平六年九月癸未朔廿四日丙午……日去……相……民人……生人西属长安，死人东属大山。生人属阳，死（人）属阴，生人□□□无相干……	［日］池田温：《中国历代墓券略考》，见《东洋文化研究所纪要》（第86册），东京大学东洋文化研究所，1981年，第220页
初平元年（190）冯氏镇墓文	初平元年庚午三月辛丑朔十三日……令去人长安，生人无□。□冯氏子孙贵富番（繁）昌，马牛千头，奴婢成行。急急如律令	罗西章编著：《扶风县文物志》，陕西人民教育出版社，1993年，第190页
大吉日陶镇墓文	大吉日直除，天帝下□移别……生人自属长安，死人属大山……□官。生死异division，勿□相奸。天帝所窆，别约咎□各如□别约律令	罗振玉：《古器物识小录》，《罗振玉学术论著集》（第3集），上海古籍出版社，2010年，第383页

① 除表格中所列文献外，相关研究和考辨参见刘昭瑞：《汉魏石刻文字系年》，新文丰出版公司，2001年，第178、203—204、223、234—235页；张勋燎、白彬：《中国道教考古》，线装书局，2006年，第109、163、186页；罗操：《东汉至南北朝墓券研究》，博士学位论文，华东师范大学，2015年，第29—31页。

纪年或名称	文书内容（部分采择，有所改动）	资料来源
无纪年	……死人公……死亡归口土，何……来相聚苦，生人自属西长安，死人自（属东大山）	西安市文物保护考古所：《西安财政干部培训中心汉、后赵墓发掘简报》，《文博》1997年第6期
刘伯平镇墓文	……月乙亥朔廿二日丙申朔……皆归墓丘，大山君召……生属长安，死属大山，死生异处，不得相防，须河水清，大山平……口六丁，有天帝教，如律令	罗振玉：《贞松堂集古遗文》（第15卷下册），北京图书馆出版社，2003年，第358—362页
残镇墓文	……口口西，生人入城，死人出郭，死生异处，莫相干犯。生人属西长安，死人属太山……故为丹书铁券，口及解谪，千秋万岁，莫相来索，如律令	
前秦建元十八年（382）墓券	敬告皇天后土、天龙地使、丘丞墓伯……随太父后死者属太山，生者属长安……死入太山死乡矣。黑帝用事，玄武除央；黄泉九重，鬼神大乡，移殃去咎……	刘卫鹏：《甘肃高台十六国墓券的再释读》，《敦煌研究》2009年第1期

可以发现，从东汉中期至十六国时期，"生属长安"类随葬文书皆有发现，但以东汉中后期为盛，此后逐渐消歇。汉以后有限的含有如是表述的几种文书亦被掺入了更多更复杂的要素，此般现象或许反映了中古时期民众冥世观念的一些变化。[①]当然，在以上宗教性随葬文书中，无一例外地都含有类似"生属长安，死属大（泰）山"的格套化表达（冯氏镇墓文中则只能看到生人离去长安之类的表达）。[②]表面上看去，这些宗教性随葬文书无非强调死、生各有所属，至此两相无碍、安好无殃，此外似再无更多具体含义。然而，当我们仔细思索为何会是泰山和长安这两个地方时，问题便立马凸显出来了。汉纬《孝经援神契》言："太山天帝孙，主召人魂……东方万物始，故主人生命之长短。"[③]《风俗通义·正失》载："岱宗上有

---

① 相关讨论参见刘安志：《从泰山到东海——中国中古时期民众冥世观念转变之一个侧面》，见荣新江主编：《唐研究》（第13卷），北京大学出版社，2007年，第369—395页。

② 此外，所见南朝时期数件买地券中，还有"长安蒿里"的说法，如刘宋元嘉二十一年（444）田和买地券云："神归三天，身归三泉，长安蒿里。"（鲁西奇：《中国古代买地券研究》，厦门大学出版社，2014年，第119页）实际上，此表达同样以"长安"指代生者世界，"蒿里"指代逝者世界，故可谓"生属长安、死属泰山"之简写。

③ 〔日〕安居香山、〔日〕中村璋八辑：《纬书集成》，河北人民出版社，1994年，第961页。

金箧玉策，能知人年寿修短。"①据此，泰山能够成为人死后的魂归之所，似与其主掌人魂并管控人生命长短有关。或许是基于这个原因，与泰山有关的封禅实际上可能与帝王个人的不死欲求相关，而不只是获取或建立政治合法性的神圣仪式。

那么，与泰山对应的作为生之所属的长安，又有怎样的具体含义与实际所指呢？考虑到"生属长安"类宗教性随葬文书盛行之时，国都早已从长安迁至洛阳的历史事实，我们就不得不在政治权力支配外，去考虑究竟是何原因导致长安（而非洛阳，上引材料即有出土于洛阳者）在民众心中留下如此难以抹去的印迹，以致人们将这样的集体性、社会性记忆传续，并带至死后世界的构筑中。对于此般涉及生死归宿的神圣空间，我们或可借助宗教典籍的相关记载，去尝试更大限度地接近与感受。道经中即有对道教神圣空间"治"的本质性界定，比如唐代道教类书《三洞珠囊》引《玄都律》云："治者，性命魂神之所属也。"②《太平御览》引《五岳山名图》曰："性命魂神之所属，皆有理所。"③唐代道书《要修科仪戒律钞》对天师道二十四治扼要描述为"下则镇于人心，上乃参于星宿"④。这些经文都显示出"治"具有管理道民"命籍"的功能⑤，而其神圣性来源则在于老君惠允天师"授气治民"，以及天官、星官依据天地时令运转规律而对人们性命所实施的天管神治体系。"治"乃道教组织管理道民的教区⑥，当然亦是生人之所在。这意味着，如同死者魂归泰山一般，生人的"命籍""魂神"同样有其神圣寓所⑦，此即上引材料中

<hr />

① 〔汉〕应劭：《风俗通义校注》卷二《正失》，王利器校注，中华书局，2010年，第65页。

② 〔唐〕王悬河编：《三洞珠囊》卷七《二十四治品》，见《道藏》（第25册），文物出版社、上海书店、天津古籍出版社，1988年，第330页。

③ 《太平御览》卷六七四《道部十六·理所》，中华书局，1960年，第3003页。

④ 〔唐〕朱法满编：《要修科仪戒律钞》卷一〇，见《道藏》（第6册），文物出版社、上海书宫、天津古籍出版社，1988年，第966页。

⑤ 《陆先生道门科略》载："天师立治置职，犹阳官郡县城府治理民物，奉道者皆编户着籍，各有所属。令以正月七日、七月七日、十月五日，一年三会，民各投集本治，师当改治录籍，落死上生，隐实口数，正定名簿，三宣五令，令民知法。"〔见《道藏》（第24册），文物出版社、上海书店、天津古籍出版社，1988年，第780页〕魏斌指出，或许正是基于道民户籍之"落死上生"，方才形成道教中生籍、死籍的运作与仙府、鬼府的关系，参见魏斌《"山中"的六朝史》（生活·读书·新知三联书店，2019年，第199—207页）。

⑥ 对道教之"治"的更多讨论，参见刘昭瑞：《"东治三师"、"三五将君"、"大一三府"、"南帝三郎"考——谈镇江东晋墓所出道教印》，《考古》1995年第5期；姜生：《道教治观考》，《中国道教》2001年第3期；刘娟：《〈老子想尔注〉的"神治"思想及其在天师道中的实现》，《现代哲学》2020年第2期。

⑦ 傅飞岚：《二十四治和早期天师道的空间与科仪结构》，见《法国汉学》（第7辑），中华书局，2002年，第212—253页。

"生人有里，死人有乡"的内在蕴涵。

如上所论，随着西汉时期神圣性向"天子之居"不断聚拢，长安逐渐被赋予强烈的神圣性格，由此也深刻影响、形塑大众信仰与社会记忆，加之"长安"寓意直白，除了国家长治久安，还有千秋万岁、安乐未央之意，使其很容易与当时盛行的神仙思想（尤其是"太平"思想）及人们的死后世界观联系到一起，此即东汉中后期以降兴起的宗教性随葬文书之所以选择长安作为对应于"死乡"泰山的生人之归宿的历史背景和思想渊源。可以想见，对于非长安籍贯、未能在长安生活的民众来说，"生属长安"大概既是他们生前愿望的抽象与凝固化表达，也是文书作者（亦当为专司丧葬仪式的神职人员）对世间兆民拥有最好归宿的虔诚祝愿。总之，在彼时的宗教记忆中，长安就是生人最好的归宿，亦如泰山即死人最好的归宿一样。[①]当然，对于生于斯、长于斯、死于斯、葬于斯的人们来说，其间所凝结的真挚认同与骄傲自豪，亦不言自明（"自属"一语感情尽现）。此外，东汉晚期的一方画像镜上有铭文曰："周仲作竟（镜）四夷服，多贺国家人民息，胡虏殄灭天下复，风雨时莭（节）五谷孰（熟），长保二亲得天力，传告后世乐无极。盛如长安南，贤如鲁孔子。"[②]透过镜铭，隐约之间仍可感受到东汉时期人们对繁盛长安的绵长记忆。

尤可注意者，此般对长安的神圣记忆，在大致造作于晋宋之际的道经《太上洞渊神咒经》中亦有展现：

> 自伏羲三千年大水流溢，人民半死……至甲午之年，人氏还住中国，长安开霸，秦川大乐。六夷宾伏，悉居山薮，不在中川。道法盛矣。

> 得见太平者，欣乐不知愁……如若不信者，可往问张骞。信与东方朔，心意常令宣。天地得合同，集会成因缘……皇老登坛立，善人还长安。

> 正有中国之人，知礼义耳。中国东西南北十四万里，人人知法学大道，有自然天人往来耳。余国无有此也。十方无量国，此是异国，不同小

---

① 陈槃有泰山主死亦主生之说，要点有二：其一，泰山为地主，人死归于地，故泰山主死；其二，泰山信仰当源于霍泰山祀事，霍泰山神虽有天使、天子、天帝等说，但言其通于天则一也。如此，泰山之天孙与霍泰山天帝、天子之说不无渊源，而天可兴灭国家，生死人物，故泰山不只主死，亦主生。（陈槃：《泰山主死亦主生说》，见《旧学旧史说丛》，上海古籍出版社，2010年，第775—783页）实际上，主死、主生正可谓泰山主人命的一体两面，而魂归泰山也并不意味生命的永结，而同样可以是新生命的开始。此亦与该时期人们释"鬼"为"归"，及上揭随葬文书言泰山为"死乡"（而非治鬼之狱）所传递出的死后世界观相符。

② 王纲怀编著：《汉镜铭文图集》，中西书局，2016年，第446页图426。

小国。圣人所居，自非太上仙人，不得往彼也。元真仙人曰：何国，国为几里，是中国之次也。天尊告太上曰：中国长安是也。①

细绎以上经文，可发现在晋宋之际的道教神学体系中，长安已被进一步想象为历经天下大乱乃至末世劫运之后，圣主、真君"还住中国"的神圣寓所，而此前被迫流移边鄙的"善人"也终于得以还往长安。当然，随之而来的还有"秦川大乐""六夷宾服""天地合同""得见太平"等颇富宗教意味、如同天国乐园一般的神圣景象。衡诸历史，永嘉之乱后，尽管南迁民众身寄边地，然其重返中原故土之心不泯，"忆汉"情愫亦甚强烈。②由是观之，《太上洞渊神咒经》对中国、长安的向往和神化，或许正好宗教化地保存、再现了南渡北人所留存的重返天下一统且以"神都"长安为中枢的盛汉时代的炽热情感。总之，在汉晋时期的道教记忆中，长安就是圣人所居、上仙云集、礼义庄严、道法弘盛、善人遍布的神圣之都，也是"中国"的核心所系，甚至本身就可以代表"中国"。由是观之，从历史实相到"神都"意象，从精英思想到大众信仰，长安的神圣性虽历经时代流转，却并未湮灭消散。

结语

高祖以布衣取得天下后，因检讨暴秦、证成汉家政权合法性所需，一系列符命、祥瑞等"开国神话"被汉朝统治者制造出来。在强大国家权力的干预及儒生、方士的书写与推动下，高祖连同"汉家"一道，逐渐被赋予神圣的光环。如是富有政治目的的行为，"神道设教"的痕迹再明显不过。然而，当起初的附会日趋凝固，外在的文化宣扬亦难免内化为自觉的归附与认同。随着"汉家"神圣化的持续、深入展开，"神汉""圣汉"等语汇逐渐发展成为时人常辞。这些带有强烈神化色彩的语汇不仅见诸史籍，亦载录于碑刻，成为我们体认、追悟汉王朝神圣性的"语言化石"。通过上文的考察，我们可以发现在包裹"神汉"的重重神学符号中，国都长安的位置十分显目，一如其在王朝世俗时空和天下体系中所享有的核心地位一般。

西汉时期，作为"天子之居"的长安，不仅承载着汉家天子沟通祖灵与天地神祇的神权，是天子宗庙及王朝神灵祭祀所在，还深刻影响着汉代大众信仰的形态与特

① 《太上洞渊神咒经》，见《道藏》（第6册），文物出版社、上海书店出版社、天津古籍出版社，1988年，第3、49—50、76—77页。对其成书时间的讨论，参见刘国梁：《试论〈太上洞渊神咒经〉的成书年代及其与佛教的关系》，《世界宗教研究》1983年第3期；〔日〕小林正美：《六朝道教史研究》，李庆译，四川人民出版社，2001年，第355、359页。

② 有关道教与中古时期"汉家"记忆的讨论，参见冯渝杰：《"辅汉"故事在中古的转用》，见武汉大学中国三至九世纪研究所编：《魏晋南北朝隋唐史资料》（第41辑），上海古籍出版社，2020年，第15—17页。

质，使之在大众信仰层面成为有别于一般城邑或其他形胜之地的圣城、圣地。因此，长安的神圣性既潜在地制约着两汉之际政权交替过程中王莽、刘玄、隗嚣、刘秀等人的相关议论与举措，又内在地引导着西汉末年民众至京师表达"以乐却灾"宗教诉求的集体行为；同时，"长安"还进一步出现在东汉中后期以降的宗教性随葬文书中，成为对应于"死乡"泰山的生之归宿。要之，本文从政治文化、大众信仰、社会记忆三个维度，分析西汉末至东汉初作为首都和故都的长安，在广义的社会信仰中的地位及其发展问题，尝试厘清在信仰世界的不同层面，长安的神圣性是如何被接受与表现的。通过这一讨论，三重维度下的"神都"长安逐渐从历史资料中显露出来，其光芒交相辉映，共同投射出长安神圣性被塑造和被接受的历史情境。

就此观之，"神都"长安的成立过程，实际上也是西汉时期政治神学（以王权神化为中心）、灾异理论（以避灾攘祸致太平为要旨）、神仙思想（以不老不死为追求）、大众信仰（以摄取融合前述各类神秘思想为依归），逐渐聚焦到长安这一神圣空间的过程。这样的聚焦过程，不仅透示出汉代都城信仰的几个层次及其相互间的隐然关系，而且呈现出西汉时期各类思想、学说与知识、信仰之间的互融共生状貌，以及促成它们得以交织的某种结构性机理。随着王权神化步伐的推进，宗庙与国都之间的对应关系日趋稳定，大一统王朝的宗教性格愈发明确地映射至天子所在地，形成以国都为中枢的政治神学。而灾异学说、神仙思想与帝王之往来互动，在为天子、国都持续加注神圣性的同时，亦有效泽及大众信仰，由此成为连接不同层次之帝都信仰，以及会通不同种类之知识学说的中转站。在此般思想与历史的交互进程中，政治的宗教性与宗教的政治性得以凸显，"神器有命"的政治神学与"身国同治""佐国扶命"的宗教内核逐渐得以巩固，并沉淀为长期作用于中国历史文化发展的深层因素。

原载《历史研究》2021年第6期

（冯渝杰，四川大学文化科技协同创新研发中心副研究员）

汉长安与古罗马城政治功能比较研究

徐卫民

　　长安与罗马是丝绸之路上的两个重要城市，在世界古代都城发展史上具有重要的作用。"西有罗马，东有长安"妇孺皆知，也展现出东西方都城发展过程的异同。汉长安城是长期发展的结果，罗马城是对希腊雅典的继承与发展。由于东西方在自然环境及人文环境上的巨大差异，因此在都城功能上也出现了不小的差别。正如恩格斯所讲："随着野蛮时代的到来，我们达到了这样一个阶段，这时两大陆的自然条件上的差异，就有了意义。……由于自然条件的这种差异，两个半球上的居民，从此以后，便各自循着自己独特的道路发展，而表示各个阶段的界标在两个半球也就各不相同了。"①

　　汉长安城与古罗马城作为都城的政治功能均突出，这是相同的方面，然而受文化背景、政治经济社会以及自然环境等的影响，汉长安城的政治功能更强烈一些，罗马城的经济功能比长安城要强很多。

　　古代都城从最初的兴建到具备基本城市功能，再到成为政治、经济、社会和文化中心，是一个漫长的发展过程。古罗马城的中心从庙宇迁至城市广场，在城市功能区调整中得到完善。汉长安城在变迁中也在不断拓展其城市功能，改善城市功能划分，但其主要还是为统治阶级的中央集权服务，体现出不同的都城定位。

　　罗马文明是继希腊文明而发展起来的，公元前5世纪成为西方文明的摇篮。在世界文明史上，罗马城的迅速崛起与扩展令人注目。公元前8世纪左右，罗马民族的祖先拉丁人兼并了其他部落，开始砌筑石墙，建设了罗马城。此后，这个民族不断向外开拓，统一了拉丁姆，征服了意大利，从而将地中海变成了它的内湖。公元1世纪时，罗马成为与东方汉王朝相对峙的世界性大帝国。

---

　　① 《马克思恩格斯全集》（第21卷），人民出版社，1965年，第34—35页。

一、汉长安城与古罗马城的布局显现出的不同政治功能

都城是统治者获取或维护权力的工具，是宣示王朝的合法性、实施国家权力的代表。其中的宫殿、宗庙是国家、官府威权的象征，都城的形态和空间布局主要是基于制度安排而形成的，是权力运作与各种社会经济因素共同作用下的产物。

从文献与考古资料来看，笔者认为汉长安城是以政治目的为主的，主导思想是为强化中央集权服务的，城内的宫殿、贵族宅第、官署等建筑约占全城面积的三分之二，很少有公民公共设施，即使有大型的活动场所，也是为达官贵族和皇室服务的。都城的规模都很大，宫殿建筑都非常地高大豪华。要达到的是"非壮丽无以重威"[①]的目的。

汉长安城是当时世界上令人向往的城市，规模庞大，政治稳定，赢得了世界的赞誉。城周长25700多米，面积达36平方公里，这还不算城外的建章宫和上林苑，可以说是当时世界上规模最大的都城。

汉长安城的布局与形制基本上是按照《周礼·考工记》的儒家礼制思想设计营造的，即"匠人营国，方九里，旁三门，国中九经九纬，经涂九轨。左祖右社，面朝后市"[②]。儒家思想的建城理念得到了比较好的体现。

汉长安城平面呈不规则长方形。东城墙比较平直，西、南、北三面城墙多曲折，尤以南、北城墙更为突出，其平面与天上的南斗星、北斗星很相似，因此长安城被称为"斗城"。《三辅黄图》云："城南为南斗形，北为北斗形，至今人呼汉京城为斗城是也。"[③]即认为这是当时长安城的规划者以天上的"北斗"和"南斗"为蓝图设计的。统治者要神化皇权、神化皇帝，皇帝的一言一行、一举一动都要披上上天的外衣，来显示皇权的正当性。

汉长安城出现这样的布局，正是"天人合一"思想在都城规划中的表现。都城规划既考虑了自然地形因素，又将"法天"观念融入城市建设理念，以体现皇帝意志来自上天的理念。应该说汉长安城的建设是对"天人合一"思想的体现。秦汉时期人们在都城修建时都非常注意"天人合一"，就连秦始皇陵的地宫中也要"上具天文，下具地理"[④]。

实质上，都城"法天"的设计思想早在商周时期就已产生，商代称都城为"天

① 《史记》，中华书局，1959年，第386页。
② 许嘉璐：《文白对照十三经（上）》，陕西人民教育出版社，1995年，第150页。
③ 何清谷：《三辅黄图校释》，中华书局，2005年，第64页。
④ 《史记》，中华书局，1959年，第265页。

邑"，周代称之为"天保"，就体现了当时"天人合一"的思想观念。秦都咸阳"端门四达，以则紫宫，象帝居。渭水贯都，以象天汉；横桥南渡，以法牵牛"①的布局就是"法天"思想指导下的结果。汉承秦制，汉长安城形状布局受到秦都咸阳布局的影响，正如张衡《西京赋》所云："揽秦制，跨周法。"②从文献和考古资料来看，汉长安城内长乐宫是在秦兴乐宫基础上加以修葺而成的，未央宫、桂宫等都可能是利用了秦的章台和甘泉宫的旧址建造起来的宫室。《三辅黄图》云："汉之故都，高祖七年方修长安城，自栎阳徙居此城，本秦离宫也。"③

西汉长安城由内城和外城组成。现仍留下不少外城墙的遗迹。城墙纵剖面为梯形，上窄下宽，底部宽16米。城墙原高度在10米以上。城墙全部为版筑夯土墙，墙体坚固。城墙角有角楼建筑。城墙外侧有宽8米、深3米的壕沟围绕。都城的城壕又称"御沟"，这就是当时的护城河，形成了内城、外城、护城河三道防御体系。汉长安城城墙每面各开3座城门，全城共有12座城门。从考古发掘和勘探情况来看，12个城门的大小并不完全一样，有大城门与小城门两种。每个城门都有3个门道，后代城门基本上沿用这种形式。

受到地形特点的制约，汉长安城把宫殿区建在城内的中南部，把居民区和市场设置在城的北部。城内南部的龙首原地势较高，在原上修建宫殿，既便于控制制高点，观察城内的一举一动，又有利于皇宫的安全，还通风防潮，这使得皇宫更加雄伟壮观。

长乐宫是高祖时期的主要政治活动中心。汉初由于国力虚弱，便利用秦的兴乐宫加以修缮而成，改名为长乐宫。长乐宫东西长2760米，南北宽2120米，周长约10000米，占地面积约6平方公里，是长安城中占地面积最大的宫室。从汉惠帝移居未央宫后，长乐宫在西汉一代就变成了太后之宫，然而由于西汉时期外戚专权现象严重，长乐宫的作用和地位不可轻视。汉惠帝虽居未央宫，但性格懦弱，经常要到长乐宫向吕后汇报。汉景帝时，吴楚七国之乱，政局危难，他频繁往来于长乐宫，大事都要和太后商量。即使雄才大略的汉武帝，为田蚡囚禁灌夫之事，也要到长乐宫廷辩。西汉晚期，由于政治动乱加剧，宫廷斗争异常激烈，象征着国家政权的"国玺"也藏在长乐宫的太后之处。王莽建立新朝后，在长乐宫胁迫元后把"国玺"交给他，元后拒不从命，最后无奈，义愤填膺，将"国玺"投之于地，摔坏一角。这充分说明长乐宫在西汉时期占有重要的地位。

---

① 何清谷：《三辅黄图校释》，中华书局，2005年，第22页。
② 〔清〕严可均辑：《全后汉文》，商务印书馆，1999年，第538页。
③ 何清谷：《三辅黄图校释》，中华书局，2005年，第63页。

未央宫从汉惠帝开始成为汉长安城的中枢机构所在地，布局呈长方形，四面筑有宫墙。东西两墙各长2150米，南北两墙各长2250米，全宫面积约5平方公里，约占长安城总面积的七分之一。四面均有宫门，宫内有殿堂40余座，宫内的主要建筑物有前殿、宣室殿、椒房殿、天禄阁、石渠阁等。目前发现的建筑遗迹有未央宫前殿遗址，南北长约350米，东西宽约200米，最高处15米。台基由南向北分为三层台面，中间台面是大朝正殿，凡皇帝登基、朝见群臣、皇家婚丧大典等均在此殿举行。

汉武帝时期还在长安城中营建了桂宫、北宫、明光宫。这样城内就有5座宫殿，占去了城内面积的三分之二。同时，汉武帝时期因为城内面积太小，于是在城西修建了可以度比未央宫的建章宫，其规模恢宏，气势雄伟。为了加强与长安城内的联系，还修建了能联系城内外的复道、阁道系统。

礼制建筑是都城建设中不可或缺的部分，"国之大事，在祀与戎"[1]。祭祀在中国古代是国家最重要的事情之一，也是统治阶级维护统治的有效办法，因此历代统治者在修建都城时都会予以充分考虑。《墨子·明鬼下》云："昔者虞夏、商、周三代之圣王，其始建国营都日，必择国之正坛，置以为宗庙。"[2]《礼记·曲礼》亦云："君子将营宫室，宗庙为先，厩库次之，居室为后。"[3]宗庙之所以成为古代都城布局的中心，是因为古代社会是以宗法制为核心的，宗主要巩固其统治地位，就必须加强本宗族的团结，而宗庙正是维系这种团结的纽带。因此宗庙不仅是这种血亲关系的象征和本族人心目中的神圣殿堂，而且是族权和政权相结合的象征，国家的主要活动都在此进行，宗庙自然成为都城中不可或缺的部分。礼制建筑反映在都城建筑上就表现为："凡帝王徙都立邑，皆先定天地社稷之位，敬恭以奉之。将营宫室，则宗庙为先，厩库为次，居室为后。"[4]西汉的礼制建筑位于汉长安城的南郊，有宗庙、辟雍和社稷遗址等。宗庙遗址位于汉长安城西安门与安门南出平行线之间，包括12座建筑，各座建筑形式均同。辟雍遗址位于今西安市西郊大土门村北。其平面外圆内方，主体建筑居中，建于圆形夯土台上。官社遗址和官稷遗址在汉长安城西南部。考古工作者在长安城的南部发现了当时的礼制建筑遗址10多处，与文献记载吻合。

汉长安城的设计理念总体上采用"前朝后市"的规划格局，统治中心位于中南

---

① 许嘉璐：《文白对照十三经（下）》，陕西人民教育出版社，1995年，第179页。
② 许嘉璐：《文白对照十三经（上）》，陕西人民教育出版社，1995年，第79页。
③ 许嘉璐：《文白对照十三经（上）》，陕西人民教育出版社，1995年，第11页。
④ 《三国志》，中华书局，1982年，第711页。

部，市场、民间手工作坊和闾里集中在城北。之所以如此，是因为长安城的规划是按照《周礼·考工记》的要求进行的，而且这样的格局不仅足以发展城内外交换活动，还可以连结渭河以北的5个陵邑，这些陵邑类似于长安城的卫星城，居住着100多万的人口，可以延伸长安城的经济活动。

汉长安城在中国古代都城史上具有承上启下的作用。汉长安布局上所表现出的崇"方"思想、"择中"观念、规整的城门配置制度、棋盘式道路网，以及"面朝后市"和"左祖右社"的布局等方面都在中国古代都城发展过程中有着典型意义，对后代都城的营建影响深远。

古罗马城地处台伯河下游平原，距海岸100多公里。关于罗马城的面积大小，目前学界的说法有比较大的区别，有说面积不到14平方公里，也有说9平方公里，还有说是24平方公里的。笔者认为，实质上罗马城经过千百年的发展，城在不断扩大。都城整体呈不规则形状，像一只蹲伏的雄狮。城墙跨河依山曲折起伏。

古罗马城的建设经历了三个阶段，即王政时代、共和国时代、帝国时代。共和国时期，为了防止外敌入侵，罗马人不仅将罗马城进一步扩大，还为此修建了周长10公里、厚近4米、高7米多的城墙，并在地势险要和交通要塞之处建造了坚固的城门、塔楼、碉堡等工程。整个工程于公元前378年完成。在此后的近千年里罗马城没有被敌军攻破过，可谓固若金汤，被誉为"永恒之城"。共和国时期罗马城建筑的突出特色是以防御为主。罗马帝国建立后，皇宫主要有3处，分别为古罗马城中心帕拉丁山的宫殿群、罗马城东面28公里的哈德良离宫和斯普利特的戴克利先行宫。公元前1世纪，罗马城已经拥有100万的人口，无论从地理上还是从政治上，都是罗马帝国的中心，也是当时世界上人口最多的城市。

当时的罗马城都城功能走向完善，已经具备一整套有效的给水和排水系统、完整的城市道路网、有效运作的城市消防和警察系统。在弗拉维王朝时期，罗马城开始了大规模的城市建设，建造了一大批著名的建筑，如罗马斗兽场和帝国议事广场的一部分，剩下的一部分由图拉真在2世纪初完成，卡拉卡拉和戴克里先的公共浴场以及周边的图书馆，成为罗马生活中的固定内容。这一时期被认为是罗马帝国最鼎盛的时期，然而罗马帝国的皇帝好大喜功，建造了越来越宏伟的建筑，导致罗马帝国开始走上了衰败之路。随着君士坦丁大帝在330年建成"新罗马"君士坦丁堡，古罗马城逐渐失去其政治地位。

人们常说："光荣属于希腊，伟大属于罗马。"此伟大便是指罗马的建筑成就。维特鲁威在《建筑十书》中，提出了享誉后世的著名的"实用、坚固、美观"的建筑设计理论，把"实用"列为首位。在建筑实践中，罗马人所建造的神殿、广场、剧院、浴室、水道等等，都体现了这一理论原则，这些建筑物具有明显的城市公共设施和为多数公民所享受的实用价值。共和时期的国王都曾大兴土木；帝国时期为了宣扬皇权的伟大，各朝皇帝也是竞相营建大型建筑，奥古斯都以空前的壮举修建豪华建筑。其做法为以后的皇帝做出了榜样，使历代皇帝不甘落后，对罗马城进行了大规模的装饰和修建，以致他自己都说："接受的是一座砖城而留给后人的是一座大理石的城。"①

古罗马城的布局特征主要体现在：其一，为市民服务的公共工程众多。主要包括剧场、竞技场、斗兽场、公共图书馆、供辩论和公众演讲用的讲堂、图片陈列馆、洗浴场等等。古罗马的市政建筑追求整体和谐，有比较好的规划和布局，同东方的建筑一样，强调中轴线在城市建设中的作用。考古发现的庞贝城遗址，让人们清楚地看见了昔日罗马城市的风貌。城里"井"字形的纵横街道，把全城分成9个地区，街道都是由石块铺成的。同时城市建筑追求规模壮观。例如举世闻名的罗马大竞技场是一座略呈椭圆形的庞大建筑，外墙高约48.5米，长径约188米，短径156米，占地面积约2万平方米，从底层到高层，共有60圈座位，可容纳观众5万—8万人，令人叹为观止。

其二，建筑设施完备、功能众多。罗马城有一套非常科学的给排水系统，有着建设精巧的水道，输水源源不断，甚至在高楼之上也能方便用水；有铺砌得很讲究的街道和广场，沿着街道两旁建有柱廊替行人遮蔽阳光和风雨；公共浴场一般都有集中的供暖设施。

其三，建筑材料先进。古罗马人发明了由天然的火山灰、砂石和石灰构成的混凝土。约在公元前2世纪，这种混凝土成为独立的建筑材料，到公元前1世纪，几乎完全代替石材，用于建筑拱券和筑墙，从而使这些建筑尽管经历了长时间的风雨剥蚀，仍然有不少保留了下来，成为重要的世界文化遗产，供人们参观考察。至迟在公元1世纪中叶，已经在窗上安装有几十厘米见方透明度很高的平板玻璃。所有这些，简直就是一幅现代都市生活的画卷，可见当时罗马科技水平之高。

其四，建筑艺术高超。罗马建筑的高超成就主要表现在柱式同拱券的完美组合，既作结构，又作装饰。在空间创造方面，依靠水平很高的拱券结构，获得宽阔的内部空间。有些建筑物内部空间艺术处理的重要性甚至超过了外部体形。此外，他们还极力追求内部装饰的豪华，以及建筑与自然环境的有机结合，在建筑物的地面、墙壁、拱门、壁龛和天花板上均用绘画、镶嵌和浮雕艺术装饰。②

① 李雅书：《罗马帝国时期》（上），商务印书馆，1985年，第33页。
② ［美］迈克尔·格兰特：《罗马史》，国际文化出版公司，1980年，第249页。

二、汉长安城的政治功能

汉长安城选建在宽阔的关中平原上，自然环境优越，建有高大的城墙。城墙的作用是保护统治阶级的人身与财产安全，以维护他们的统治。长安城既有宫城，还有外郭城。至今汉长安的城墙还有不少的遗留，东南城墙保存比较好，高大威严。汉动用大量的人力、物力、财力营建规模庞大的都城，最基本的动因主要是借此以宣示王朝的合法性或正统性权威，突显凌驾于臣民之上的国家权力，并在更大的空间范围和社会范围内攫取更多的权力。

汉长安城内的道路规整，8条大街笔直宽广，或南北向，或东西向，在城内交叉汇合，形成了8个"丁"字形路口和2个"十"字形路口。8条大街长度不等，最长者达5500米，最短者也有800米。这些大街一般宽约45米，其间有两条排水沟将大街分为平行的三股道。中间道宽约20米，两侧道各宽约12米。中间道即驰道，是专供皇帝行走的，其他官吏和平民只能走两边的道路，横穿中间的驰道是违法的。

城门和宫门的保卫工作非常严格。皇宫之宿卫由卫尉、光禄勋、少府三卿负责，加上掌京城警备的执金吾，等于说由四个部门负责皇帝之安全。宫廷之门禁更加严格，依出入者之身份不同而有不同之手续，案籍齿符，严防阑入。有罪之官员，不论其是宫内当差者或朝廷官员，皆禁止入宫。太子诸王以下至百官，出入宫门、殿门，皆得下车、马步行，否则以不敬论罪。宫门入夜关闭，虽宫内之官员、皇亲国戚，无诏不得进出。

汉长安城和罗马城比较起来，更多的是具有"城"的特征而缺少"城市"的特征，以维护中央集权、显示皇权威严为主。汉长安城有鳞次栉比的豪华宫殿建筑，然而市场的发育与罗马城比较并不充分，都城的功能并不是面向普通老百姓的。东、西市虽然具有重要的商业功能，但是由于城门管理严格，并非是为老百姓服务的，而是为达官贵族服务的。市在都城中并不占主要地位，而是处于次要的位置，"前朝后市"，手工业和商业多是满足统治者的需要。由于汉长安城中三分之二的面积被帝王的宫殿占有，因此城市的居住人口受到了很大的限制，尽管有36万平方公里，但只有24万人口，而罗马城则达到百万人口。

也就是说，汉长安城是以政治功能为主的，经济功能是次要的，即使有一些市场，但均是为统治阶级服务的，大都是官营工商业，虽然也有私营工商业，但是有极为严格的各种限制措施，征收高额税费。城中的所有布局和建筑都是一个目的——维护中央集权，因此都城的功能围绕着政治功能而发生变化。以政治为归宿、为皇权服务是第一要务，没有罗马城中众多的公众活动场所，老百姓要进入宫城几乎是不可能的，也没有修建供大众休闲娱乐的场所。

三、古罗马城的政治功能

古罗马城同汉长安城一样，也具有保护统治阶级的作用，但绝对没有长安城的政治功能那么强。古罗马城的建造是一个动态的过程，是在一个较长时间里"自发"形成起来的，没有一个统一的合理的规划。这与罗马从共和到帝国时代国家不断扩大、经济不断发展有密切关系。在此千年间，罗马城一直是地中海地区最繁华的大城市。

古罗马城在历史上曾有过两次较为重要的城墙修建工程。塞文墙（Servian Wall）是罗马城外围的防御性屏障，建于公元前4世纪左右。部分区段有10米高，3.6米宽，长11公里。据文字资料记载，其有16个城门。城市中大量修建的公共建筑是罗马等城市日常生活中不可缺少的部分。在推进城市化过程中，奥古斯都充分展示了其强盛的国力，大兴土木，这使罗马的公共建筑散发出奢侈、豪华的气象。

古罗马城功能的政治色彩要逊于汉长安城，但都城的经济色彩、经济功能要比汉长安城浓厚得多，工商业的发展很快且日趋繁荣，金融、行会、高利贷业也有很大发展。从古罗马城和庞培城考古发现遗迹可见，当时手工业作坊密布于城市街区，罗马城的手工行业达数十种。现在的一些工商业政策在古罗马城也能有体现。不同的政体对都城的功能需求是有一定的差别的。工商业在国家政治中的决定作用表现在，西方古典时代城市里有关行政机关的产生，是手工业集团的利益的产物，是基于城市工商业者的需要。而在古代的东方，最初的城邑的发生是政治的需要，城市的发生发展也都可以归结为统治阶级政治的需要，却没有"城市的特殊需要"。

四、从都城浴场文化看两者都城政治功能的不同

汉长安城与古罗马的都城中虽然都有沐浴的设施，但其所起到的政治作用完全不同。

公共活动空间的修建是古罗马城的重要特点，受到统治者的高度重视，也成为统治者标榜自己功绩的办法。公共浴场的设立是罗马城公共文化的具体表现形式之一，也是反映罗马城政治功能的重要表现形式。

古罗马浴场原来又暗又窄，公元前19年，阿格里帕在罗马城兴建了第一个新式的浴场，开启了公共浴室的新纪元，旧有的浴场逐渐成为历史陈迹。进入帝国时代后，许多人涌进城市，住在拥挤又没有个人卫生设备的住宅里，公共浴场的需求便

应运而生。古罗马浴场数量之繁多、规模之宏大以及建筑艺术之豪华，确实令人惊讶。阿格里帕浴场是一个大型的圆形建筑物，联结着周围的许多厅。水由专用渡槽输送，并由地下火炉加热。

公共浴场对于罗马人来说不仅是洗澡的地方，更是发挥着社交中心的作用。因此一个完善的公共浴场，必然配套有图书馆、会客室、健身室、餐馆、商店和花园，功能比较齐全。到公元前33年时，罗马城已经有170个浴场；5世纪初，这个数字增加到了856个，其中还不包括11个大型皇家浴场。[1]

当时的罗马浴室设备之齐全为古代世界所罕见。仅洗浴种类来说，有热水浴、温水浴、蒸气浴等。浴室不仅仅是洗澡的地方，更是人们聚会、聊天、谈事的场所。到了帝国时代，人们已经不再把每天洗浴看成一种奢侈的生活，而是一件最平常不过的事情。罗马浴场的豪华，也显露出某种畸形的文化心态，大量普通群众以及无产者把许多精力花在洗浴上。洗浴的主体已经由社会上层逐步扩大到整个社会层面。当时，甚至把是否经常和平民在一起洗浴作为衡量一个皇帝是否"好"的标准，提图斯之所以获得了好皇帝名声，就是因为经常和平民在一起洗浴。古罗马的统治者乐于让罗马人在浴场消磨时光，让更多不劳而获、闲来无事的贵族成员远离政治。与共和国早期、中期相比，帝国时代的罗马人的确有了更多的空闲时间，罗马人绞尽脑汁地发明众多节庆假日即是具体体现。而建造大规模的浴场只不过是为罗马人休闲生活增加一个很好的去处。实质上公共浴场成为罗马人特有的具有消遣、娱乐性质的公共建筑，乃至于从此以后，没有任何世俗的公共建筑物能超过帝国浴场的宏伟气势。阿格里帕浴场、尼禄浴场、提图斯浴场、图拉真浴场、卡拉卡拉浴场及戴克里先浴场都是当时著名的浴场。卡拉卡拉大浴场可谓豪华至极，它位于罗马市中心边缘的南部，始建于212年，216年竣工使用，总面积157786平方米，规模相当于一个小城镇。该遗址于1983年开始考古发掘，露出的地基下面，盖以穹顶的公共走廊，其宽度足以使车辆通过。

古罗马的洗浴文化既是其政治文化的表现形式之一，也会影响其政治文化的方向，而并非简单的洗浴。浴场和其他公共场所相比有一个明显的不同之处，在剧场和竞技场，人们被分成很多等级，而在浴场里人们穿着一样的衣服做着同样的事情，至少在表面上是平等的。这也是广大市民阶层喜欢去浴场的一个原因。罗马人继承了雅典文化一个显著的特点，喜欢在公共场所高谈阔论、评论时政。因为在这里有来自各阶层的浴客，演讲者可以高谈阔论，见解不同者也可以拍桌反对。可以

---

① D. S. Potter and D. J. Mattingly，*Life，Death，and Entertainment in the Rome Empire*，Ann Arbor：The University of Michigan Press，1999，p. 246.

说，浴场里汇集了社会和文化领域内各种敏感的问题，包括各种社会问题。浴场成为发挥都城政治功能的重要地点。

汉长安城中虽然也有洗浴场所，但大多局限于贵族官吏，与一般老百姓无关。汉代由于受到等级制度和礼制、儒家思想的影响和束缚，洗浴不完全是一种纯粹的清洁行为，它所具有的若干社会文化的含义在沐浴禁忌中得到鲜明的体现。而在这些禁忌中，最为显著的是不同等级、身份或辈分的人不能在一处沐浴。父子同浴也为汉代人所不齿。贾捐之认为越地之人"父子同川而浴，相习以鼻饮，与禽兽无异"①的行为，反映了当时人对沐浴的看法是非常保守的。对于中国古人来说，全身沐浴是一种私人行为，与他人同浴或被别人观看为社会伦理道德和风俗所不容。人们对身体的高度自闭不仅仅出现在沐浴过程中，而且是汉文化大背景下的一种约定俗成的规范。当时的女性自不待言，即使对于男性来说，裸露躯体也绝不是一件光彩的事情，因为赤裸上身或是具有请罪的意义，或是地位低下的俳优抑或侏儒的滑稽表演。

汉成帝的故事或许可以使我们了解当时皇家的洗浴文化。自从汉成帝一次无意间从门窗缝隙中窥见了赵合德洗澡后，"看澡"就成为他一种新鲜的刺激，于是他对身边的太监说：自古以来皇帝没有两个皇后，如果有的话，我一定要把昭仪立为皇后。后来他为赵合德修宫殿时，还用蓝田玉镶嵌了一个大浴缸。

考古工作者最近在秦栎阳城遗址中发现了当时国君的洗澡池，过去在秦都咸阳和汉长安城也曾经发现过皇家的浴池，但都位于宫城中，只有贵族官僚可以涉足，其他人看不到，更用不到。即使周秦汉唐时期的温泉华清池环境优雅，虽然不在宫城中，却也成为皇家的离宫别苑，与老百姓没有任何关系。享誉盛名的该温泉在西周（前1066—前771）时就开始利用，相传周幽王曾在此建骊宫；秦始皇时成为离宫，以石筑室，名"神女汤泉"，成为沐浴治病的地方；汉武帝时也在此扩建离宫；唐太宗贞观十八年（644）在此修建了汤泉宫；高宗咸亨二年（671）改为温泉宫；唐玄宗在位期间修建的宫殿楼阁更为豪华，天宝六年（747）正式命名为华清宫。千百年来，唐代诗人白居易《长恨歌》中"春寒赐浴华清池，温泉水滑洗凝脂"的佳句令华清池温泉声名远播。区内还有荷花阁、飞霞阁、莲花汤、海棠汤、太子汤、尚食汤、星辰汤、九龙湖、飞霞殿等，但这些皇家浴池与老百姓没有任何关系。

从古罗马与汉长安城的洗浴文化对比可以看出，差别是十分明显的，都城中浴场建筑的功能完全不同，服务对象完全不同。汉代皇帝和官僚贵族把自己封闭于都

---

① 《汉书》，中华书局，1962年，第2834页。

城中，与老百姓天各一方。

五、结论

总而言之，汉长安城是为维护其中央集权服务的，都城以"天人合一"为设计理念，都城中的各种设施与布局均以此为目的，宫殿是城市的核心，高大雄伟。其功能主要是政治中心、文化中心和军事重镇，手工业、商业仍处于次要地位，其都城中市场的设置主要是为统治阶级服务的。

古罗马城设计除了考虑统治者利益的政治功能之外，在都城中也有老百姓可以随意活动的地方，广场文化得到了充分体现。受民主制度的影响，广场是都城的核心，成为市场和集会之地。统治者在这里修建庙宇、宫殿、政府机构，是政治、宗教、商业和公众活动的中心。罗马城中的建筑政治功能就要弱一些，而大量修建的公共建筑成为罗马城日常生活中不可缺少的部分，是为城市建设和市民服务的。

汉长安城与古罗马城尽管都显示出"好大喜功"的特征，建筑物都富丽堂皇，但建筑物服务的对象是不一样的。尽管古罗马城和汉长安城在建筑材质、风格、形体等等方面具有很多不同，但是，由于同属于帝王所在地，在各自的国家都拥有不同凡响的政治、经济、文化地位，两座古城在一个方面却是不谋而合的，即都在想方设法地将城市建设与帝国的强盛结合起来，使建筑能最大限度地表现君王的威严和显赫。古罗马时期的著名建筑学家维特鲁威在盛赞罗马建筑的伟大时，就曾直言不讳地将"显示了伟大的权力"作为首要因素；中国古代也有"非壮丽无以重威"的要求。

汉长安城内的宫殿比比皆是，而且建得那样迅速、那样辉煌，与当时的中央集权有着直接关系。比较起来，罗马古城的建筑在很大程度上就是直接由最高统治者指挥修建的，但不管在功能上还是在种类上都要比长安城丰富，反映出建造者除了为皇族的享乐着想外，还要兼顾对神和祖先的顶礼膜拜，对市民利益的考虑。

古代中西方的城市的起源不同，古代中国的城市往往一开始就是行政中心和军事要塞，而古代西方的城市最初是农民的自发避难所，后演变为商业中心和军事要塞。除去军事要塞这个古代的共性，古代中西方城市在宋代之前性质截然不同。应该说，古代西方城市的市民性、商业性与现代城市有更多共同点。

原载《文博》2018年第3期

（徐卫民，西北大学文化遗产学院教授）

高楼对紫陌，甲第连青山

——唐长安城的甲第及其象征意义

荣新江

　　唐代长安城，向来以其规模宏大而成为都市史研究的关注重点。有关长安城内部的城市建筑问题，也有学者从不同的角度加以研究，[①]为我们今天探讨长安城市建设与社会生活、文化艺术诸方面提供了基础。本文就长安城的甲第略作整理，并从城市史的角度来看甲第的象征意义。甲第与长安的生活、文化关系密切，惟篇幅所限，本文只能略有涉及。

　　应当说明的是，本文采用"诗史互证"的方法，引用一些唐诗来论证史实，而唐人有关长安的诗篇常常表面上是吟咏汉代的长安，但实际上是暗喻本朝的都城。[②]

---

　　① 在有关长安全面性通论著作中，基本都有相关的探讨，如宿白：《隋唐长安城和洛阳城》，《考古》1978年第6期；Chye Kiang Heng，*Cities of Aristocrats and Bureaucrats：The Development of Medieval Chinese City scapes*，Singapore：Singapore University Press，National University of Singapore，1999；Victor Cunrui Xiong，*Sui-Tang Chang'an：A Study in Ubran History of Medieval China*，AnnArbor：Center four Chinese Studies，The University of Michigan，2000；［日］妹尾達彦：《長安の都市計畫》，講談社，2001年；傅熹年主编：《中国古代建筑史》第2卷《三国、两晋、南北朝、隋唐、五代建筑》，中国建筑工业出版社，2001年。其他单篇文章，比较集中的研究，略举如下。雷巧玲：《唐代赐宅述论》，《唐都学刊》1994年第4期；雷巧玲：《试论唐代的住宅文化》，《人文杂志》1997年第4期；黄正建：《唐朝人住房面积小考》，《陕西师大学报》1994年第3期；［日］妹尾達彦：《唐長安城における官人の居住環境》，见《歴史人類》（第27号），筑波大学，1999年；陈忠凯：《略论唐人宅第之营缮》，见《碑林集刊》（第8辑），三秦出版社，2002年；宁欣：《由唐入宋都城立体空间的扩展——由周景起楼所引起的话题兼论都市流动人口》，《中国史研究》2002年第3期。最近发表的熊存瑞《唐长安住房考略》，从奢靡之风、房产等级与种类两方面，概要讨论唐长安的甲第，见陈平原、王德威、陈学超编：《西安：都市想象与文化记忆》，北京大学出版社，2009年，第56—73页。

　　② 倪豪士：《我心中的长安：解读卢照邻〈长安古意〉》（Chang'anon My Mind：A Reading of Lu Zhaolin's "Chang'an，Thoughtson Antiquity"），见《"都市繁华——1500年来的东亚城市生活史"国际学术研讨会论文集》（上卷），复旦大学文史研究院、哈佛大学东亚系，2009年，第120—171页。

对于这些诗文的"古典"与"今典",除个别篇章外,笔者按照自己的理解来处理,限于篇幅,不一一加以论证,希读者鉴察。

一、唐朝士族中央化对门第的影响

中古时代的门第,是世家大族的代称,他们是在一些特定地域形成的特定门阀。

进入唐朝,魏晋以来的门阀士族仍然在地方社会上具有很大的势力。在唐朝都城长安,门第依然是一些士族之家一直要保持和标榜的象征,而社会上对于魏晋南北朝以来的高门士族,多少都还有些敬重的心理。卢辂撰《唐故范阳卢氏(辂)荥阳郑夫人墓志铭》记:"肃宗朝,中书侍郎、集贤崇文大学士揆,即夫人外曾祖也。故杭州刺史幼公,即夫人外祖父也。肃宗常谓揆曰:卿门地、人物、文章,皆为当代之冠。朕宗族中乃遂有卿,足为朝廷羽仪也。当时称揆为'三绝'。"①《册府元龟》卷三一〇《宰辅部·问望》亦记:"李揆为中书侍郎、平章事。揆美风仪,善奏对,每有敷陈,甚得称辩。肃宗赏叹之,尝谓曰:'卿门地、人物、文章,皆当代所推。'故时人称为'三绝'。"②门第,更多的是社会地位在人们观念中形成的意识,它凭借家族文化传统、累世冠冕而构建。李揆是山东甲族,夫人荥阳郑氏,也是高门士族。这说明到安史之乱后的肃宗时,唐朝仍将门第列在人物、文章之前,表明社会上门第观念的延续。

直到宣宗登基后,发布《再贬李德裕崖州司户参军制》称:"守潮州司马员外置同正员李德裕,早藉门第,叨践清华。累居将相之荣,惟以奸倾为业。"③李德裕出身赵郡李氏,为山东大族。陈寅恪先生曾论李德裕的士族观念,说其不事浮华,保持士家大族的门风。④宣宗虽然对李德裕的门第清华给予正面评价,但以其他理由把这位李党领袖逐出长安。

随着时代的推移,由于选官制度的变化,士族至唐代也逐渐中央化。⑤但是,对于以地方为根基的士家大族来说,要在都城长安保持住自己的门第,从宗族关系、

---

① 吴钢主编:《全唐文补遗》(6),三秦出版社,1999年,第174页。

② 《册府元龟》,中华书局,1960年,第3658页。

③ 《全唐文》卷七九,中华书局,1983年,第827页。

④ 陈寅恪:《论李栖筠自赵徙卫事》,原载《中山大学学报》1956年第4期,见《金明馆丛稿二编》,上海古籍出版社,1980年,第1—8页。

⑤ 毛汉光:《从士族籍贯迁移看唐代士族之中央化》,《"中央研究院"历史语言研究所集刊》,1981年第52本第3册,第421—510页;毛汉光:《中国中古社会史论》,上海书店出版社,2002年,第234—333页;王静:《靖恭杨家——唐后期长安官僚家族之个案研究》,见荣新江主编:《唐研究》(第11卷),北京大学出版社,2005年,第389—422页。

婚姻联系，到住宅规模等方面，许多都要从头做起，相对于其他皇亲国戚、贵族、功臣、新兴士人等，并没有明显的优势。

二、长安甲第的修建

翻开有关长安的史籍，等级、地位、权势的一个物化表现，就是宅第。在长安城中，居大不易，能拥有自己的宅邸，便是一种身份、地位、财力的象征。宅第的地理位置、宅第的规模、宅第主人的身份，都是一所宅第成为权势与荣耀象征的条件。最早系统记录隋唐长安坊里家族宅第的《两京新记》，作者韦述是开元天宝时期的唐朝史官，对于当时士族之家非常了解。他曾因为在秘阁中见柳冲所撰《姓族系录》而另外撰写了一本《开元谱》，二十卷，记录开元时唐朝的士族谱牒。[①]但我们今天从残本、辑本《两京新记》以及从《两京新记》传承下来的《长安志》的内容中，却看不到许多他特意表明士族门第的文字。

在描述长安的文字中，我们看到更多的是"甲第"。"第"在汉唐时期的城市中有特殊的含义。《初学记》卷二四"宅"条云："宅亦曰第，言有甲乙之次第也；一曰出不由里门，面大道者，名曰第。爵虽列侯，食邑不满万户，不得作第，其舍在里中，皆不称第。"[②]据唐朝令式规定，只有三品以上的官员和坊内三绝者才能直接向街开门。[③]坊内三绝是指三面都没有出路的住宅，显然不是大宅第的情形，因此，所谓不走坊里之门而自家直接开门向街的，正是三品以上高官的宅第。甲第应当是这种大的宅第，可以向街开门，占地面积也应有相当的规模，宅内多层建筑的楼阁一定非常壮观，其中包括许多雄伟的厅堂和屋宇，还有山池花木。在中古时期的城市中，甲第还有特殊的意思，甲第的主人有皇亲国戚、军功贵族，也有传统士族、新兴士人，中晚唐还有地方节帅、宦官中贵各色人等。虽然唐朝令式的规定是三品以上的官员，但中晚唐时期显然已经越过这个规定。而且，甲第更重要的特征不是门第所强调的门风，而是高大的豪宅和富贵的排场。甲第的主人往往是长安重大历史事件的主角，他们是长安城中耀眼的人物，他们的宅第也是长安城中壮丽的建筑。有时候文献中的甲第指的就是甲第的主人，他们与六朝的门第不同，是"当朝冠冕"。正是因为居住者或者他们壮丽的宅邸，甲第往往成为长安城某一地段或某一坊的标志物。

在等级社会中，宅第车服都有不同的等级。在长安城中，宅第也是等级社会

---

① 荣新江、王静：《韦述及其〈两京新记〉》，《文献》2004年第2期。
② 〔唐〕徐坚等：《初学记》卷二四，中华书局，1962年，第578—579页。
③ 《唐会要》卷八六"街巷"条，上海古籍出版社，1991年，第1867页。

的一个标志物，宅第的规格应与身份、地位相符。唐朝对于各个阶层的宅第建筑是有明确规定的。天一阁藏宋《天圣令》抄本中的《营缮令》，保存了北宋留存的唐《营缮令》的内容，一般认为这是本自《开元二十五年令》①：

> （宋5）诸王公以下，舍屋不得施重拱、藻井。三品以上不得过九架，五品以上不得过七架，并厅厦两头。六品以下不得过五架。其门舍，三品以上不得过五架三间，五品以上不得过三间两厦，六品以下及庶人不得过一间两厦。五品以上仍连作乌头大门。父、祖舍宅及门，子孙虽荫尽，仍听依旧居住。

> （宋6）诸公私第宅，皆不得起楼阁，临视人家。②

《唐会要》卷三一《舆服上·杂录》也在太和六年（832）六月的敕书中，保存了《营缮令》的内容：

> 〔太和〕六年六月敕，详度诸司制度条件等。……又奏："准（準）《营缮令》，王公已下，舍屋不得施重栱藻井；三品已上堂舍，不得过五间九架，厅厦两头门屋，不得过五间五架；五品已上堂舍，不得过五间七架，厅厦两头门屋，不得过三间两架，仍通作乌头大门。勋官各依本品。六品、七品已下堂舍，不得过三间五架，门屋不得过一间两架。非常参官，不得造轴心舍及施悬鱼、对凤、瓦兽、通袱（栿）乳梁装饰。其祖父舍宅，门荫子孙，虽荫尽，听依仍旧居住。其士庶公私第宅，皆不得造楼阁，临视人家。近者或有不守敕文，因循制造，自今以后，伏请禁断。又庶人所造堂舍，不得过三间四架，门屋一间两架，仍不得辄施装饰。又准律，诸营造舍宅，于令有违者，杖一百。虽会赦令，皆令改正。其物可卖者，听卖。若经赦百日不改去及不卖者，论如律。"③

结合两者的文字，再参考《唐六典》卷二三"将作都水监左校署令"条注、《唐律疏议》卷二六"杂律舍宅车服器物"条《疏议》引《营缮令》（《宋刑统》

---

① 此据最早发现《天圣令》的戴建国先生的看法，见其所撰《天一阁藏明钞本〈官品令〉考》（《历史研究》1999年第3期）、《〈天圣令〉所附唐令为开元二十五年令考》〔见荣新江主编：《唐研究》（第14卷），北京大学出版社，2008年，第9—28页〕。不同的看法，参见黄正建《〈天圣令〉附〈唐令〉是开元二十五年令吗？》（《中国史研究》2007年第4期）、卢向前、熊伟《〈天圣令〉所附〈唐令〉为建中令辩》〔见《国学研究》（22），北京大学出版社，2008年，第1—28页〕。

② 天一阁博物馆与中国社会科学院历史研究所天圣令整理课题组：《天一阁藏明钞本天圣令校证》，中华书局，2006年，第421页。

③ 《唐会要》，上海古籍出版社，1991年，第668—671页。

卷二六同）、《倭名类聚抄》引唐令以及仁井田陞《唐令拾遗》据《天圣令》之外的材料所复原的令文，负责整理《天圣令》的牛来颖女史将唐《营缮令》复原为：

（复原6）诸王公以下，舍屋不得施重拱、藻井。三品以上不得过九架，五品以上不得过七架，并厅厦两头。六品以下不得过五架。其门舍，三品以上不得过五架三间，五品以上不得过三间两厦，六品以下及庶人不得过一间两厦。五品以上仍通作乌头大门。勋官各依本品。非常参官不得造轴心舍，及施悬鱼、对凤、瓦兽，通栿乳梁装饰。父、祖舍宅及门，子孙虽荫尽，仍听依旧居住。其士庶公私第宅，皆不得起楼阁，临视人家。[①]

据此，王公以下、三品以上官员的住宅，其所建堂舍不能超过面阔五间、进深九架的歇山顶规制；门舍不能过面阔三间、进深五架的悬山屋顶大门；以下类推。

因为《唐六典》卷二三就有大致相同的内容，一般认为在《六典》所据的《开元前令》（开元七年）中已经有这样的条文了，从而推测这项规定可能还要早。从文宗太和六年敕书引用的情形看，直到晚唐，政府仍然坚持同样的法条。但是，总有特权人物凭借一时特权和势力最大限度地展现自己的荣耀，所以，唐朝的这项法令早已受到挑战，从唐朝前期开始，就宅第起楼阁一条，长安官僚贵族已突破制度的界限。因此，这些甲第豪宅往往是逾制的。

高宗时期，许敬宗因赞成立武后而崇极一时，官至中书令。其宅第位于长安城城东的永嘉坊，奢华逾制，显示了主人在当时崇遇之重。史书记载他"营第舍华僭，至造连楼，使诸妓走马其上，纵酒奏乐自娱"[②]。许家宅第中，不仅起楼，而且连成一排，女妓们可以走马其上。然而时移世易，往往物是人非，许敬宗败后，其宅第改为无量寿寺。寺废后，因为毗邻兴庆宫，玄宗又赐给自己的兄弟申王撝作宅第，以便与薛王业、岐王范等诸王宅第都能环绕于兴庆宫侧。

又如唐太宗李世民的堂侄、高宗李治的堂弟、开国元勋李孝恭之子李晦，任秋官尚书，封谯国公。[③]"晦私第有楼，下临酒肆，其人尝候晦言曰：'微贱之人，虽则礼所不及，然家有长幼，不欲外人窥之。家迫明公之楼，出入非便，请从此辞。'晦即日毁其楼。"[④]正因为唐令有"其士庶公私第宅，皆不得造楼阁，临视人家"的规定，该酒肆中人才能理直气壮地找李晦理论，所以李晦高姿态地把下临酒

---

① 牛来颖：《天圣营缮令复原唐令研究》，见《天一阁藏明钞本天圣令校证》，中华书局，2006年，第662页。

② 《新唐书》卷二二三上《奸臣传上》，中华书局，1975年，第6338页。

③ 参见焦南峰、王保平、马永嬴：《唐〈秋官尚书李晦墓志〉考略》，见《碑林集刊》（第10辑），三秦出版社，2004年，第36—44页。

④ 《旧唐书》卷六〇《宗室传》，中华书局，1975年，第2350页。

肆的楼拆掉了。其不以权势凌人的行为，固然值得称道，但也表明，此事于情于法都有乖违，他自己是明了的。旧史虽然表彰他拆楼的行为，但我们应该看到，李晦曾任检校雍州长史，即长安的地方官，却带头在京城建造高楼。

还有中宗和韦后的女儿长宁公主宅在崇仁坊，韦后得势时，长宁公主下嫁杨慎交，神龙元年（705），"又取西京高士廉第、左金吾卫故营合为宅，右属都城，左俯大道，作三重楼以冯观，筑山浚池"①。韦后女儿甚至侵占负责京城治安的左金吾卫的故营地来造作自己的豪宅，起楼三层，甚是雄伟。崇仁坊长宁公主宅在坊内的西南隅，坊外路的对面就是皇城的东墙，在这样的位置上，如果不是长宁公主，谁敢建造三层高的楼房！

可见唐朝的不许造楼的规定，对于一些权臣和国戚，是没有约束力的。而另一方面，从宅第的奢华逾制，我们往往能看到宅第主人崇极一时的状况。

所以，终唐一代，虽有明令禁止，但我们却看到宅第营建方面奢华逾制、不遵法令的情况时有发生。上举《唐会要》所记太和六年敕书重申朝廷关于品官建造宅第的令文规定，但就在随后的太和七年（833），史书记载："近者官才升于郎署，位始至于郡符（府），莫不高其闬闳，广以池榭，非惟僭侈逾制，实亦豪蠹伤财。其百官第宅已造成者，并许仍旧。今日后，如更有创立新宅，及屋室高大者，并委御史台弹纠，必严加黜责。"②显然，百官宅第逾制的现象十分严重。有意思的是，朝廷对此发号施令，却说"已造成者，并许仍旧"，即承认了既成事实，只是对新宅的建造强调限制，但这未必是有约束力的。

三、长安甲第的主人

宅第是主人身份、地位、财力的体现，所以，长安甲第的主人身份，才是撑起豪宅大厦的基础。唐朝的统治结构已经发生了很大的变化，因此长安上层社会主体已经不是魏晋以来的士族，而是与李唐（含武周）政权共荣的新贵。这些新贵在长安的特征之一，就是拥有一所甲第。

以下对甲第的主人身份略作分类，提示一些相关的记录，然后加以分析。

---

① 《新唐书》卷八三《诸帝公主传》，中华书局，1975年，第3653页。按，以上许敬宗、李晦和长宁公主三个例证的史料，李健超《增订唐两京城坊考》（三秦出版社，2006年，第147、93、84页）都已提到，本文参考其他材料，并结合居住地点加以铺陈。
② 《册府元龟》卷六五《帝王部·发号令》，中华书局，1960年，第724—725页。

（一）皇亲国戚

皇亲国戚是特权阶层，他们往往凭借权势高规格地营建自己的宅第，这与他们在当时的权势程度是成正比的。我们从上面列举的李晦和长宁公主的例子，可以看出李唐（或武周）的皇亲国戚，大多数都拥有一区甲第。关于王府和公主宅第的一般情况，布目潮渢先生有《唐代长安的王府与王宅》①《唐代前半期长安公主宅的道观化》②，孙英刚《隋唐长安的王府与王宅》和蒙曼《唐代长安的公主宅第》也有所论说，③可以参看。

《长安志》卷七朱雀门街东第一街从北往南第三排安仁坊记载："东南隅，赠尚书左仆射刘延景宅。坊西南，汝州刺史王昕宅。延景即宁王宪之外祖，昕即薛王业之舅，皆是亲王外家。甲第并列，京城美之。"④据妹尾达彦教授的考察，《长安志》中这种能够指明开元十年（722）以前坊里位置的记录，都是来自韦述的《两京新记》。⑤我非常赞同这种看法，并把这里的记录看作韦述的原话。

为什么说刘延景和王昕"皆是亲王外家"，我在《碑志与隋唐长安研究》一文中已经考证清楚。刘延景的女儿刘氏，就是睿宗为相王时的妃子，后封为肃明皇后，她也就是睿宗长子宁王李宪（让皇帝）的生母，所以延景是宁王的外祖；睿宗为相王时的另外两个妃子是王美畅的两个女儿，长女封德妃，生睿宗第五子薛王业，德妃不久即卒，薛王由德妃妹妹贤妃王芳媚抚养成人，所以说王昕是薛王业的舅舅。⑥开元皇帝玄宗是宁王宪的三弟，薛王业的兄长，从这一点来说就可以知道宁王的外祖刘延景和薛王业的舅舅王昕在开元初期是什么人物了。他们由于睿宗的原因而形成姻亲关系，其甲第在安仁坊中并列而立。我们虽然没有见到关于这两家甲第的具体描述文字，但从韦述的"甲第并列，京城美之"的话来看，一定非常壮观。另外，朱雀门街西第四街最南面的昭行坊（原名显行坊）十字街之南，有"汝

---

① ［日］布目潮渢：《唐代長安における王府・王宅についこ》，见《中国聚落史の研究》，刀水书房，1980年，第115—124页。

② ［日］布目潮渢：《唐代前半期長安における公主宅の道観化》，《中国の都市と農村》，汲古书院，1992年，第203—234页。

③ 荣新江主编：《唐研究》（第9卷），北京大学出版社，2003年，第185—214、215—234页。

④ 〔宋〕宋敏求：《长安志》卷七，见《宋元方志丛刊》（1），中华书局，1990年，第110页。

⑤ ［日］妹尾达彦：《韦述的〈两京新记〉与八世纪前叶的长安》，见荣新江主编：《唐研究》（第9卷），北京大学出版社，2003年，第14—16页。

⑥ 西安碑林博物馆编：《纪念西安碑林九百二十周年华诞国际学术研讨会论文集》，文物出版社，2008年，第46—54页。

州刺史王昕园，引永安渠为池，弥亘顷亩，竹木环布，荷荇丛秀"①。这里距离安仁坊很远，在城南人少的地方，也可以看出王昕家的势力之大，不仅在城内有甲第，还有"弥亘顷亩"的庄园。

另一个典型的例子是兴庆宫旁安兴坊和胜业坊的宁王宪、申王㧑、岐王范的宅第。《旧唐书》卷九五《睿宗诸子传·让皇帝宪》记载：

> 让皇帝宪，本名成器，睿宗长子也。……成器可雍州牧、扬州大都督、太子太师，别加实封二千户，赐物五千段、细马二十四、奴婢十房、甲第一区、良田三十顷。……大足元年，从幸西京，赐宅于兴庆坊，亦号"五王宅"。及先天之后，兴庆是龙潜旧邸，因以为宫。宪于胜业东南角赐宅，申王㧑、岐王范于安兴坊东南赐宅，薛王业于胜业西北角赐宅，邸第相望，环于宫侧。玄宗于兴庆宫西南置楼，西面题曰花萼相辉之楼，南面题曰勤政务本之楼。玄宗时登楼，闻诸王音乐之声，咸召登楼同榻宴谑。或便幸其第，赐金分帛，厚其欢赏。诸王每日于侧门朝见，归宅之后，即奏乐纵饮，击球斗鸡。或近郊从禽，或别墅追赏，不绝于岁月矣。游践之所，中使相望，以为天子友悌，近古无比，故人无间然。②

李成器（后名宪）作为长子，原本是法定的睿宗继承人，但李隆基先后消灭韦后、太平公主两股势力，保住了李唐好不容易从武周王朝夺回的政权，于社稷有大功，因此，睿宗让三郎隆基即位，是为玄宗，而成器就成了让皇帝。史料记载睿宗所赐甲第一区是在东都洛阳，以后又于兴庆坊赐宅，与另外四位亲王的宅第相连，号为"五王宅"，规模一定很可观。后来因为这里成为玄宗龙潜之地，立为兴庆宫，于是玄宗把其兄弟宁王宪、申王㧑、岐王范的宅第安排在安兴坊和胜业坊，环绕在兴庆宫的西侧，以便相互往来。

《旧唐书》对于诸王宅第具体位置的记载不够准确，《长安志》卷八记大宁坊"南门之东，宁王宪宅。宅以东，岐王范宅"③。胜业坊"西北隅，薛王业宅。本赠

---

① 〔宋〕宋敏求：《长安志》卷七，见《宋元方志丛刊》（1），中华书局，1990年，第128页。

② 《旧唐书》卷九五，中华书局，1975年，第3009—3011页。

③ 〔宋〕宋敏求：《长安志》卷七，见《宋元方志丛刊》（1），中华书局，1990年，第118页。徐松将《长安志》的文字移入《唐两京城坊考》时，把这句改作安兴坊"南门之东，申王㧑宅，宅以东，岐王范宅"，并加按语："按《旧书·让皇帝传》：宪于胜业东南角赐宅，申王㧑、岐王范于安兴坊东南赐宅。则'宁王宪'为'申王㧑'之讹，今正。"（〔清〕徐松：《唐两京城坊考》卷三，〔清〕张穆校补，中华书局，1985年，第72页）。辛德勇《隋唐两京丛考》对此有考辨："据《长安志》、《通鉴》卷二一一"玄宗开元二年"条及《雍录》，应为安兴坊'南门之东，宁王宪宅，宅以东，岐王范宅'。"（辛德勇：《隋唐两京丛考》，三秦出版社，1991年，第53页）

礼部尚书韦行伭宅。东北隅，宁王宪山池院"。永嘉坊"西南隅，申王撝宅。本中书令许敬宗宅。后为无量寿寺，寺废，赐申王撝宅"。①由此可见，胜业坊西北隅的薛王业宅，东北隔街与安兴坊宁王宪宅相望，宁王宅东即岐王范宅，再东，就是兴庆宫；而安兴坊东、兴庆宫北面，是因建兴庆宫而面积减半的永嘉坊，坊西南与岐王范宅隔街相望的是申王撝宅。此外，《长安志》记胜业坊东北隅为宁王宪山池院，辛德勇据《旧唐书·让皇帝传》及吕大防《长安图》残石，指出其应当在胜业坊东南隅。②李健超据《雍大记》明确指出宁王池院之九曲池在兴庆池西，引兴庆水西流灌之，也肯定了山池在东南隅。③除了这三位亲王宅第和山池外，据《长安志》卷八载：永嘉坊"（十字）街南之西，成王千里宅。南门之东，蔡国公主宅。……西北隅，凉国公主宅。此坊隋末有方士云贵气特盛。自武德、贞观之后，公卿王主居之多于众坊。公主，睿宗女。降薛伯阳。碑云：嫁温彦博孙曦"④。具体说来，蔡国公主是睿宗第七女，始封清阳，嫁王守一，守一诛后，降裴巽；凉国公主是睿宗第六女，降薛伯阳，后降嫁温彦博孙曦。可见，这两位公主也是玄宗、宁王等的姐妹，她们的宅第和申王的宅第又连在一起。此外，成王千里是太宗子吴王恪的儿子。这些亲王、公主的宅第连在一起，环绕着兴庆宫，相当壮观。

与皇亲国戚宅第相般配的，是奢侈、隆重的排场。戎昱所作《赠别张驸马》诗，给我们一个长安甲第及其主人的动态画面：

上元年中长安陌，见君朝下欲归宅。飞龙骑马三十匹，玉勒雕鞍照初日。数里衣香遥扑人，长衢雨歇无纤尘。从奴斜抱敕赐锦，双双蹙出金麒麟。天子爱婿皇后弟，独步明时负权势。一身扈跸承殊泽，甲第朱门耸高戟。凤凰楼上伴吹箫，鹦鹉杯中醉留客。⑤

在长安宽阔的街道上，有一位皇帝的驸马早晨下朝回家，皇帝派出飞龙厩的宝马三十匹，由禁军乘骑护送而归。宝马玉制的勒绳和雕刻的马鞍，反射着初升太阳的光芒。马队走过，留下数里扑鼻的香气。长长的街衢刚刚下过小雨，马队走过也

① 〔宋〕宋敏求：《长安志》卷七，见《宋元方志丛刊》（1），中华书局，1990年，第120页。徐松《唐两京城坊考》对此处申王撝宅加按语云："申王宅已见安兴坊，盖永嘉之西南即安兴之东南，宅毗连二坊也。"辛德勇《隋唐两京丛考》以为系推论，无凭据。

② 辛德勇：《隋唐两京丛考》，三秦出版社，1991年，第54页。

③ 〔清〕徐松撰，李健超增订：《增订唐两京城坊考》，三秦出版社，2006年，第124页。

④ 〔宋〕宋敏求：《长安志》卷七，见《宋元方志丛刊》（1），中华书局，1990年，第120页。《新唐书·公主传》"蔡国公主"将作"薛国公主"。（《新唐书》，中华书局，1975年，第3656页）。

⑤ 《全唐诗》卷二七〇，中华书局，1960年，第3010页。

没有任何灰尘。随从的奴仆怀中斜抱着皇帝赏赐的锦缎，上面用金线刺绣着麒麟。驸马是天子的爱婿、皇后的弟弟，独步当朝，极富权势。他独自一人扈从皇帝，因而受到特殊的恩泽，在京城建造了甲第豪宅，朱门前耸立着代表身份的画戟。在甲第的凤凰楼上，有人相伴吹箫。而宅第中的客人，往复饮着鹦鹉杯中的美酒，不觉沉醉不归。

（二）武将功臣

上文已提及，甲第规模、装饰多超出常规，而我们知道越是如此，越是显示出主人的非凡，因此，皇上也往往将这样的宅第作为赏赐给予大臣。自唐初始，开国勋贵、平叛功臣、屡建奇功的武将，都会受到皇帝的许多赏赐，赐予京城甲第往往是赏赐的重要内容，而且有一系列讲究排场的入第仪式。以下列举一些例子。

《册府元龟》卷一六四《帝王部·招怀二》："（武德）三年正月，黎州总管李世绩于窦建德中自拔来归。帝大喜，遣使迎劳之，诏授黎州总管、上柱国、莱国公。寻加右武侯大将军，改封曹国公。绩本姓徐，赐姓李氏，赐良田五十顷、甲第一区。"[①]李世绩（后避太宗讳去"世"字）宅在长安普宁坊西南隅。

《旧唐书》卷五七《裴寂传》："及京师平，赐良田千顷、甲第一区、物四万段，转大丞相府长史，进封魏国公，食邑三千户。"[②]裴寂宅已不知所在。

《旧唐书》卷六〇《河间王孝恭传》："孝恭命骑将追之，至武康，擒公祏及其伪仆射西门君仪等数十人，致于麾下，江南悉平。玺书褒赏，赐甲第一区、女乐二部、奴婢七百人、金宝珍玩甚众，授东南道行台尚书左仆射。后废行台，拜扬州大都督。"[③]孝恭即上面提到过的李晦之父，可知在李晦建楼之前，李家的宅子就是甲第。

《唐俭墓志铭》："公讳俭，字茂约，太原晋阳人也。……及（刘）武周平，命公为并州道安抚大使，寻拜礼部尚书，赐以（独孤）怀恩田宅，仍兼天策府长史，加位右光禄大夫，改戎秩为上柱国。……贞观十有九年，抗表致仕。……以显庆元年十月三日薨于安仁里第，春秋七十八。粤以其年十一月辛酉朔廿四日甲申陪葬于昭陵。"[④]唐俭宅在长安安仁坊，这里原是刘武周部将独孤怀恩的宅第，唐俭平

---

① 《册府元龟》，中华书局，1960年，第1979页；《旧唐书》卷六七《李绩传》，中华书局，1975年，第2483—2490页。

② 《旧唐书》，中华书局，1975年，第2286页。

③ 《旧唐书》，中华书局，1975年，第2349页。

④ 吴钢主编：《全唐文补遗》（1），三秦出版社，1994年，第27—29页。

刘武周立下殊功，所以就把刘部将的宅第赐予他。这座宅子也是一区甲第。许敬宗《代御史王师旦弹莒国公唐俭文》说："由是越自泥滓，超骧云汉。甲第高门，与绛灌而并列；朱轮翠盖，共吴邓以齐驱。"①

《册府元龟》卷一二八《帝王部·明赏二》："玄宗先天二年七月，诛窦怀贞等。赏定策功臣，下制曰：……又赐姜皎、王守一、王琚、李令问、王毛仲甲第各一区，并加上柱国。"②关于姜皎宅，《长安志》卷七记光福坊："坊东南隅旧有永寿公主庙。公主中宗女。景云中废庙，赐姜皎为鞠场。皎宅在庙北，隔街旧窦怀贞宅。怀贞诛后，赐皇后妹夫窦庭芳。"③照这样的标点理解，皎宅就在光福坊东南隅原永寿公主庙的北面。但玄宗这次赏赐甲第，是因为这些人帮助玄宗平定了太平公主的势力，所以赏赐的甲第往往就是太平党羽的旧宅。因此，方严点校徐松《唐两京城坊考》时，标点作："次南光福坊。……坊东南隅，旧有永寿公主庙。公主，中宗第五女，降韦鏻，早薨。景云中废庙，赐姜皎为鞠场。皎宅在庙北隔街，旧窦怀贞宅，怀贞诛后，赐皇后妹夫窦庭芳。"④这样，姜皎的赐宅就在庙北隔街的窦怀贞宅了，而"怀贞诛后，赐皇后妹夫窦庭芳"又不好解释。从"隔街"来看，似乎窦宅应当在安仁坊。王守一是睿宗女蔡国公主的前夫，其宅第在永嘉坊南门之东（见上文），不知此次赐宅在何处。王琚宅不知所在。李令问宅在兴道坊，原为太平公主宅，"没官后，赐散骑常侍李令问居之"⑤。王毛仲宅在兴宁坊。《长安志》卷九载该坊："西南隅，开府仪同三司姚元崇宅。屋宇并官所造。其东本太平公主宅，后赐安西都护郭虔瓘。宅北，特进王毛仲宅。"⑥由此可见，似乎太平公主宅第只是赐给了郭虔瓘，但王毛仲是平定太平公主的功臣，很可能他的宅第也是原太平公主宅的一部分。

《长安志》卷八载：永宁坊"东门之北，赠太尉、祁国公王仁皎宅。本礼部尚书郑善果宅，后临（此字衍）江王嚣买之。神龙初，宗正卿李晋居焉，缮造廊院，称为甲第。晋诛后，敕赐仁皎"⑦。李晋是太平公主的党羽，王仁皎是玄宗王皇后的父亲，助玄宗平定太平公主有功，因此继承了李晋的甲第。上面说到的王守一，就是他的儿子，与王皇后同胞孪生。

① 《全唐文》卷一五二，中华书局，1983年，第1546页。
② 《册府元龟》，中华书局，1960年，第1532—1533页。
③ 〔宋〕宋敏求：《长安志》卷七，见《宋元方志丛刊》（1），中华书局，1990年，第110页。
④ 〔清〕徐松：《唐两京城坊考》，〔清〕张穆校补，中华书局，1985年，第37—38页。
⑤ 〔宋〕宋敏求：《长安志》卷七，见《宋元方志丛刊》（1），中华书局，1990年，第109页。
⑥ 〔宋〕宋敏求：《长安志》卷七，见《宋元方志丛刊》（1），中华书局，1990年，第120页。
⑦ 〔宋〕宋敏求：《长安志》卷七，见《宋元方志丛刊》（1），中华书局，1990年，第116页。

《旧唐书》卷一二四《令狐彰传》："遂以麾下将士数百人随万定入朝。肃宗深奖之，礼甚优厚，赐甲第一区、名马数匹，并帷帐什器颇盛，拜御史中丞，兼滑州刺史、滑亳魏博等六州节度，仍加银青光禄大夫，镇滑州。"①令狐彰在安禄山叛乱时，原本以本官随张通儒赴京师，被授予伪官；后又陷于史思明，被授予博州及滑州刺史。但令狐彰本人欲立名节，乃以所管兵马、州县归降唐廷。为此，肃宗大悦，大大嘉奖之，其中就包括赐予他京城甲第一区。

《册府元龟》卷一三三《帝王部·褒功二》载："（兴元）元年六月，副元帅李晟讨朱泚，既收复京城，以露布闻。帝览之感泣，百官皆出涕，因上寿，称万岁曰：李晟虔奉圣谟，荡涤凶匿。然古之树勋，乃复都邑者，往往有之。至于不惊宗庙，不易市肆，长安人不识旗鼓，安堵如初，三代已来，未之有也。帝笑曰：天生李晟，为社稷万人，不为朕也。百官再拜而退。拜晟司徒，赐永宁里第，及泾阳上田、延平之门林园、女乐八人。晟入所赐永宁里甲第，帝令宰相及诸将会送。是日特赐京兆府供馔，具鼓吹迎导，集宴京师，以为荣观。"②

《旧唐书》卷一三四《浑瑊传》载："（兴元元年）七月，德宗还宫，以瑊守本官，兼河中尹、河中绛慈隰节度使，仍充河中同陕虢节度及管内诸军行营兵马副元帅，改封咸宁郡王。九月，赐瑊大宁里甲第、女乐五人，入第之日，宰臣、节将送之，一如李晟入第之仪。"③

《册府元龟》卷三八五《将帅部·褒异一一》载："李元谅为镇国军节度副使，德宗居奉天，贼朱泚遣伪将何望之袭华州，遂据城。元谅自潼关将所部遂拔华州，军益振，以功加御史中丞。是时尚可孤守蓝田，与元谅为犄角，贼东不能逾渭南，元谅功居多。迁华州刺史，兼御史大夫、潼关防御、镇国军节度使，寻加简较（检校）工部尚书。兴元元年五月，诏元谅与副元帅李晟进收京邑，帝还宫，加简较（检校）尚书左仆射，实封七百户，赐甲第、女乐。"④《李元谅墓志》称："秋七月，大驾还宫，诏加尚书右仆射，实封九百户，锡以甲第，申之女乐，旌殊效也。"⑤

《册府元龟》卷三八五《将帅部·褒异一一》载："戴休颜为盐州刺史，奉天之难，倍道以所部蕃汉三千人号泣赴难，德宗嘉之，赐实封二百户。及李晟收京

---

① 《旧唐书》，中华书局，1975年，第3528页。

② 《册府元龟》，中华书局，1960年，第1609—1610页。

③ 《旧唐书》，中华书局，1975年，第3707—3708页。

④ 《册府元龟》，中华书局，1960年，第4578页；《旧唐书》卷一四四《李元谅传》，中华书局，1975年，第3916页。

⑤ 吴钢主编：《全唐文补遗》（3），三秦出版社，1996年，第128—130页。

师，既清宫阙，休颜与浑瑊等率兵赴岐阳，邀击朱泚余众。及策勋，加简较（检校）右仆射，实封至六百户。扈驾至京，特赐女乐、甲第。"①

有时候，甲第也赐给归降的外族首领。《隋史射勿墓志》记载，史射勿就因功于"仁寿四年，蒙赐粟一千石，甲第一区，并奴婢绫绢，前后委积"②。史射勿是原州（今宁夏固原）地区的粟特首领，北周至隋，一直为周、隋王朝东征西讨，屡立战功。《契苾嵩墓志铭》记："龙朔元年，诏为辽东道行军大总管，于时九月，水陆两军，大会平壤。……旋师录功，赐甲第一区，加凉国公。"③张说《拨川郡王碑奉敕撰》："故锦衣宝玉，允答戎功。甲第良田，丕承锡命。"④拨川郡王即吐蕃论弓仁，圣历二年（699）率所统吐谷浑部七千帐入中原，受到唐廷的重用，成为重要将领，自武后至唐玄宗时期，功业彪炳，声名显赫。这些为唐朝屡建奇功的外族将领，得到京城一区甲第，也就理所当然。

在唐朝人的观念里，如果一个人"关塞鸿勋著"，那么结果就是"京华甲第全"。⑤京城的甲第往往与拥有者的功绩是相等的，与前面所提及的皇亲国戚不同，他们不是靠血统权势，而是凭赫赫战功而获得甲第，或者是远戍边城、卫国开边，或者是拱卫京师、收复宫阙。因此，京城中的甲第成为主人建功立业的标志，对这样的甲第，人们不会诟病它的奢华侈靡，而是将其视为颂扬护国救难的标志。最为有名的例子就是郭子仪，他在安史乱时，光复唐朝，厥功至伟，毋庸赘言。"其宅在亲仁里，居其里四分之一，中通永巷，家人三千，相出入者不知其居。前后赐良田美器、名园甲馆、声色珍玩，堆积羡溢，不可胜纪"⑥。另一位平定安史之乱的名将李光弼，以功封太尉、中书令、临淮郡王，也有甲第在敦义坊。《旧唐书》卷一一〇《李光弼传》："光弼十年间三入朝，与弟光进在京师，虽与光弼异母，性亦孝悌。双旌在门，鼎味就养，甲第并开，往来追欢，极一时之荣。"⑦其宅既然与其弟光进甲第并开，则光进宅第也在敦义坊，与光弼宅并列，为时人赞美。

故此，杜甫《收京三首》这样吟诵道：

汗马收宫阙，春城铲贼壕。赏应歌《杕杜》，归及荐樱桃。杂虏横戈

① 《册府元龟》，中华书局，1960年，第4579页；《旧唐书》卷一四四《戴休颜传》，中华书局，1975年，第3913—3914页。

② 罗丰：《固原南郊隋唐墓地》，文物出版社，1996年，第7—30，185—196页。

③ 周绍良：《唐代墓志汇编》，上海古籍出版社，1992年，第1374页。

④ 《全唐文》卷二二七，中华书局，1983年，第2298页。

⑤ 〔唐〕高适著，刘开扬笺注：《高适诗集编年笺注》，中华书局，1981年，第45页。

⑥ 《旧唐书》卷一二〇《郭子仪传》，中华书局，1975年，第3467页。

⑦ 《旧唐书》卷一一〇《李光弼传》，中华书局，1975年，第3311页。

数，功臣甲第高。万方频送喜，无乃圣躬劳。[①]

骑着汗血马收复京城的宫阙、铲平贼寇，这样的功臣，必定获得高高的甲第。一方面是臣子靖难立功，另一方面是皇帝大方的赏赐。归融《顺宗加谥至德宏道大圣大安孝皇帝议》中就说道："归功臣之甲第，而中外讴歌；黜残酷之剧吏，而远近欣服。"[②]皇帝赐予功臣甲第，会得到中外朝野的讴歌称赞。

（三）新兴士人

自科举取士以后，新兴的士人有了进身上层统治阶级的机会。唐太宗、武则天都从各自的目的出发，打压门阀士族，提升新进。一些没有多少门第背景的人士，陆续走到历史的前台，进入长安，发挥才干；也有一些人像暴发户一样，成为长安的新贵，忽起忽落。

我们以元载为例。《旧唐书》卷一一八《元载传》曰："元载，凤翔岐山人也。家本寒微，父景升，任员外官，不理产业，常居岐州。载母携载适景升，冒姓元氏。"元载后来发迹，做到中书侍郎、同中书门下平章事这样的高官。同书又记他："城中开南北二甲第，室宇宏丽，冠绝当时。又于近郊起亭榭，所至之处，帷帐什器，皆于宿设，储不改供。城南膏腴别墅，连疆接畛，凡数十所，婢仆曳罗绮一百余人，恣为不法，侈僭无度。……载在相位多年，权倾四海，外方珍异，皆集其门，资货不可胜计。"及载灭后，"并载大宁里、安仁里二宅，充修百司廨宇，以载籍没钟乳五百两分赐中书门下御史台五品已上、尚书省四品已上"[③]。知元载在长安城内大宁坊和安仁坊有两所甲第，一在大明宫南，一在太极宫南，都是京城极佳的处所。而且他在郊区还有亭榭，在城南有别墅数十所，其排场极为可观。

元载甲第中的建筑和陈设，也极为奢华。《杜阳杂编》卷上记载：

> 元载末年，造芸辉堂于私第。芸辉，香草名也，出于阗国。其香洁白如玉，入土不朽烂，春之为屑，以涂其壁，故号芸辉焉。而更构沉檀为梁栋，饰金银为户牖，内设悬黎屏风、紫绡帐。其屏风本杨国忠之宝也。屏上刻前代美女伎乐之形，外以玳瑁水犀为押，又络以真珠瑟瑟，精巧之妙，殆非人工所及。紫绡帐得于南海溪洞之酋帅，即鲛绡之类也，轻疏而薄，如无所碍。虽属凝冬，而风不能入；盛夏则清凉自至，其色隐隐焉，不知其帐也。谓载卧内有紫气，而服玩之奢僭，拟于帝王之家。芸辉之前

---

① 〔唐〕杜甫著，〔清〕仇兆鳌注：《杜诗详注》，中华书局，1979年，第423页。
② 《全唐文》卷七四七，中华书局，1983年，第7731页。
③ 《旧唐书》，中华书局，1975年，第3409、3411、3414页。

有池，悉以文石砌其岸。中有蘋阳花，亦类白蘋。其花红大如牡丹，不知自何而来也。更有碧芙蓉，香洁菡萏伟于常者。……载〔有〕龙髯紫拂，色如栏楯，可长三尺。削水精为柄，刻红玉为环钮。或风雨晦暝，临流沾湿，则光彩动摇，奋然如怒。置之于堂中，夜则蚊蚋不敢入，拂之为声，鸡犬牛马无不惊逸。若垂之池潭，则鳞介之属悉俯伏而至。引水于空中，则成瀑布三五尺，未尝辄断。烧燕肉熏之，则烨烨焉若生云雾。厥后上知其异，屡言之，载不得已而遂进焉。载自云得于洞庭道士张知和。……及载纳（薛瑶英）为姬，处金丝之帐，却尘之褥。其褥出自〔高〕勾骊国，一云是却尘之兽毛所为也。其色殷鲜，光软无比。衣龙绡之衣，一袭无一二两，抟之不盈一握。[1]

由此可见，甲第不仅仅是外表的高大壮观，有着丰富的内涵，包括亭馆楼阁和来自各地各国的珍宝装饰。

（四）传统士族

魏晋以来的高门往往看不惯这些暴发户的做法，因此一般保持自己的门风不变，而优美之门风则来之于学业的因袭。像李德裕承山东士族之旧风习，排斥浮华、轻视新兴词科即为一类。但随着社会变迁，制度、风习、观念均已改变，大多数过去的门第家族，为了保持住自己的地位，也像其他寒门出身的人一样，来到京城，以科举起家。士族的中央化，使得他们脱离了过去的门第，进入新的环境，需要依靠新的力量在京城中确定自己的地位。一些传统的士族，依靠各种各样的做法，有的也广大宅门，竖甲第于京师。

《册府元龟》卷八六八《总录部·游宴》："杜式方，佑之子也，以荫授扬府参军，入为太尝（常）寺主簿。父作镇扬州，家财巨万，甲第安仁里，杜城有别墅，亭馆林池，为城南之最。昆仲皆在朝廷，与时贤游从，乐而有节。"[2]看来，京兆杜氏的这所甲第并不是杜佑从祖上继承下来的，而是坐镇扬州时发了财，才得以在安仁坊这样好的地方置办了一所甲第。徐松《唐两京城坊考》引杜牧《上宰相求湖州第二启》云："某幼孤贫，安仁旧第置于开元末，某有屋三十间。去元和末，酬偿息钱，为他人有，因此移去。八年中，凡十徙其居，……奔走困苦，无所容

---

① 〔唐〕苏鹗：《杜阳杂编》卷上，见〔明〕陶宗仪等编：《说郛三种》（5），上海古籍出版社，1988年，第2120—2121页。

② 《册府元龟》，中华书局，1960年，第10299页；《旧唐书》卷一四七《杜佑传附子式方》，中华书局，1975年，第3984页。

庇，归死延福私庙，支拄欹坏而处之。"①杜佑任淮南节度使而坐镇扬州是在贞元六年（790）至十九年（803）间②，杜牧所记有误。看来，这所房产置于贞元间，到了元和（806—820）末年，就为他人所有，杜牧可能只保存了其中很小的部分而已，所以《自撰墓志铭》云："某月某日，终于安仁里。"③

（五）地方节帅

在长安拥有甲第的还有一类人，就是中晚唐地方藩镇的节度使。地方节帅的甲第，有的是朝廷为了拉拢他们而特别赏赐的；有的则是他们自己在京城购置，以便作为自己的耳目从事活动的据点。对于节度使在长安的宅第，王静已经做了专门的研究，④此不赘述。这里只举若干有关甲第的典型例证。

《资治通鉴·唐玄宗天宝十载》记载："上命有司为安禄山起第于亲仁坊，敕令但穷壮丽，不限财力。既成，具幄帟器皿，充牣其中。"⑤《安禄山事迹》卷上记：

> 禄山旧宅在道政坊（位于兴庆宫南——笔者），玄宗以其陋隘，更于亲仁坊选宽爽之地，出御库钱更造宅焉。今亲仁坊东南隅玄元观，即其地也。敕所司穷极华丽，不限财物，堂隍院宇，重复窈窱，匼匝诘曲，窗牖绮疏，高台曲池，宛若天造，帏帐幔幕，充牣其中。（注文罗列禄山入住时所赐各种物品，从略——笔者）至于厨厩之内，亦以金银饰其器（注文列举所赐金银器具名称，从略——笔者），虽宫中服御殆不及也。⑥

郑嵎《津阳门诗》对此有描述：

> 诏令上路建甲第，楼通走马如飞翚。大开内府恣供给，玉缶金筐银籊箕。时于亲仁里南陌为禄山建甲第，令中贵人督其事，仍谓之曰：卿善为部署，禄山眼孔大，勿令笑我。至于篣筐籊箕釜缶之具，咸金银为之，今四（回）元观即其故第耳。⑦

可见，唐玄宗为了讨好安禄山，以其在兴庆宫南的道政坊宅第陋隘，又在亲仁坊南陌的宽爽之地，用国库的钱来建造甲第，穷极华丽，其中有高台曲池，并且赐予大量金

---

① 〔清〕徐松：《唐两京城坊考》，〔清〕张穆校补，中华书局，1985年，第37页。
② 吴廷燮：《唐方镇年表》卷五，中华书局，1980年，第722—724页。
③ 《樊川文集》卷一〇，上海古籍出版社，1978年，第161页。
④ 王静：《唐长安城中的节度使宅第——中晚唐中央与方镇关系的一个侧面》，《人文杂志》2006年第2期。
⑤ 《资治通鉴》卷二一六，古籍出版社，1956年，第6902页。
⑥ 〔唐〕姚汝能：《安禄山事迹》，上海古籍出版社，1983年，第6—7页。
⑦ 《全唐诗》卷五六七，中华书局，1960年，第6564页。

银锦缎，用为装饰或厨厕用品。安史之乱后，这所宅第改作回元观，1986年在西安南郊西北冶金地质公司出土了《大唐回元观钟楼铭碑》，其中说道："前此天宝初，玄宗皇帝创开甲第，宠锡燕戎。"①安禄山的亲仁坊甲第，应当说是皇帝赐宅的典型。

再看马璘的宅第，《长安志》卷七载长兴坊：

> 邠宁节度使马璘宅。《德宗实录》曰："大历十四年七月，毁元载、马璘、刘忠翼之第。自天宝中，京师堂寝已极壮丽，而第宅未甚逾制。然卫国公李靖庙已为娉人杨氏厩矣。及安、史二逆之后，大臣宿将竞崇栋宇，无复界限，力穷乃止，人谓之'木妖'。而马璘之堂尤盛，计钱二千万贯，他室称是。璘卒于军，以丧归。京师士庶欲观之，假名于故吏，投刺会吊者数十百人。故命撤毁之。自是，京师楼榭之逾制者皆毁。"乾元观。《代宗实录》曰："大历十三年七月，以泾原节度使马璘宅作乾元观，道士四十九人。其地在皇城南长兴里，璘初创是宅，重价募天下巧工营缮，屋宇宏丽，冠绝当时。璘临终献之，代宗以其当王城形胜之地，墙宇新洁，遂命为观，以追远之福。上资肃宗，加乾元观之名。"乾元，肃宗尊号也。然则与《德宗实录》之言相戾。②

徐松《唐两京城坊考》云："按《代宗实录》以为璘献为观，《德宗实录》与《德宗纪》皆云帝命毁之，未详孰是。"③其实两者并不矛盾，即马璘进献后，德宗毁之。然而从改建为乾元观来看，所谓"毁"，也只是部分毁掉而已，因为代宗觉得"墙宇新洁"，所以才立为观。马璘长兴坊的宅第，应当说是方镇节帅自己在京师建造的逾制豪宅。

长兴坊在朱雀街东第二列。另外，马璘在街西延康坊也有宅第，即《长安志》卷一〇所记"马璘池亭"。④徐松又补"马镇西宅"于延康坊，实际上"马璘池亭"就是镇西节度使马璘宅第的一部分。《旧唐书》本传："璘之第，经始中堂，费钱二十万贯，他室降等无几。及璘卒于军，子弟护丧归京师，士庶观其中堂，或假称故吏，争往赴吊者数十百人。德宗在东宫，宿闻其事，及践祚，条举格令，第舍不得逾制，仍诏毁璘中堂及内官刘忠翼之第，璘之家园，进属官司。自后公卿赐宴，多于璘之山池。子弟无行，家财寻尽。"⑤这里所记的马璘宅第，似乎两处都有所

---

① 吴钢主编：《全唐文补遗》（1），三秦出版社，1994年，第8页。
② 〔宋〕宋敏求：《长安志》卷七，见《宋元方志丛刊》（1），中华书局，1990年，第111—112页。
③ 〔清〕徐松：《唐两京城坊考》，〔清〕张穆校补，中华书局，1985年，第42页。
④ 〔宋〕宋敏求：《长安志》卷七，见《宋元方志丛刊》（1），中华书局，1990年，第126页。
⑤ 《旧唐书》卷一五二《马璘传》，中华书局，1975年，第4067页。

指，长兴坊的甲第以室宇宏丽著称，而延康坊宅第则以山池庭园优胜。

此外，《册府元龟》卷三八五《将帅部·褒异一一》记："张茂昭为义武军节度使，德宗贞元二十年十月来朝，累陈奏河北及西北边事，语甚忠切。德宗屡叹曰：恨见卿之晚。锡宴于麟德殿，赐良马、甲第及器用、锦彩极厚。"①《长安志》记河东节度使兼中书令延德郡王张茂昭宅在务本坊②，这所甲第的赐予也是朝廷笼络方镇节帅的做法。

《长安志》卷九记：安业坊，"左龙武军统军归诚郡王程怀直宅。贞元十年，赐怀直甲第一区，伎女一人，令归沧州。初，怀直自沧州归朝，德宗赐务本里宅，又赐安业里别宅，有池榭林木之胜"③。这是同样的情形。在中晚唐方镇强大、朝廷懦弱的情况下，皇帝用手中所具有的长安甲第，来拉拢地方节帅为己所用。

（六）宦官中贵

中晚唐时期，宦官是政治舞台上一个重要的角色。他们把持朝政，势力强盛。虽然按照规定，他们应居于内宫。但权势的膨胀，使他们成为特权阶层。于是，大批宦官在宫外的住宅也随之兴起，其中多为皇帝所赐。《旧唐书》卷一八四《宦官传》的"序"就说："甲第名园之赐，莫匪伶官；朱袍紫绶之荣，无非巷伯。"④以下《高力士传》也说：

> 玄宗尊重宫闱，中官稍称旨，即授三品将军，门施榮戟，故杨思勖、黎敬仁、林招隐、尹凤祥等，贵宠与力士等。杨则持节讨伐，黎、林则奉使宣传，尹则主书院。其余孙六、韩庄、杨八、牛仙童、刘奉廷、王承恩、张道斌、李大宜、朱光辉、郭全、边令诚等，殿头供奉、监军、入蕃、教坊、功德主当，皆为委任之务。监军则权过节度，出使则列郡辟易。其郡县丰赡，中官一至军，则所冀千万计，修功德，市鸟兽，诣一处，则不啻千贯，皆在力士可否。故帝城中甲第，畿甸上田、果园池沼，中官参半于其间矣。⑤

---

① 《册府元龟》，中华书局，1960年，第4580页；《旧唐书》卷一四一《张孝忠传附子茂昭传》，中华书局，1975年，第3862页。

② 〔宋〕宋敏求：《长安志》卷七，见《宋元方志丛刊》（1），中华书局，1990年，第111页。

③ 〔宋〕宋敏求：《长安志》卷七，见《宋元方志丛刊》（1），中华书局，1990年，第123页；《册府元龟》卷三八五《将帅部·褒异》，中华书局，1960年，第4579页；《旧唐书》卷一四三《程日华传附子怀直传》，中华书局，1975年，第3905页。

④ 《旧唐书》，中华书局，1975年，第4754页。

⑤ 《旧唐书》，中华书局，1975年，第4757页。

如果说京城中的甲第宦官占了一半，这话恐怕多少有点夸张。但宦官甲第之多，也由此可以想象。宦官为进入宫廷方便，主要居住在靠近大明宫的长安城东北部的地方，即春明门到金光门横街以北的区域，尤其以翊善、光宅、来庭、兴宁、大宁、永昌、永兴、安兴各坊最为集中。①

四、长安甲第的几点特征

（一）甲第的地理分布

地理位置是判断一座宅第档次的标准之一。就长安城而言，当然是靠近宫城的宅第，即朱雀街东北部，接近大明宫附近的区域，具有地理位置上的优越性。正如李揆《谢赐光宅坊宅表》中所述："以光宅坊去内最近，赐臣宅一区。……古制：宫阙近地，公卿不居。惟信臣密戚，时闻诏赐，所谓北阙甲第者，盖由远近差之。今宅在庙图，地近丹禁，朝天不远于咫尺，捧日如奋于云霄。"②光宅坊的西边是太极宫，北面紧挨着大明宫，可以说是最接近宫阙的地方。

《唐会要》卷一九《百官家庙》也说："又缘近北诸坊，便于朝谒，百官第宅，布列坊中，其间杂以居民，栋宇悉皆连接。"③这些百官的宅第中，就有不少的甲第。前面提到宦官的豪宅，也大多在这一带坊里中间。韦应物《长安道》诗云："贵游谁最贵，卫霍世难比。何能蒙主恩，幸遇边尘起。归来甲第拱皇居，朱门峨峨临九衢。"④正像许多唐代吟咏长安的诗篇那样，韦应物这里也是借说汉代而暗喻唐朝。而在甲第的选址上，汉长安与唐长安有着非常大的相似性。《汉书》卷四一《夏侯婴传》记：惠帝"乃赐婴北第第一，曰'近我'，以尊异之"。颜师古注曰："北第者，近北阙之第，婴最第一也。故张衡《西京赋》云：'北阙甲第，当道直启。'"⑤功臣宅第与帝阙相近，这是汉唐君主共同的心理所促成的，所以，韦应物这里说的古

① 杜文玉：《唐代长安的宦官住宅与坟茔分布》，《中国历史地理论丛》1997年第4辑。
② 《文苑英华》卷五八九，中华书局，1966年，第3052页；《全唐文》卷三七一，中华书局，1983年，第3772页。
③ 〔宋〕王溥：《唐会要》，上海古籍出版社，1991年，第454页。
④ 《全唐诗》卷一九四，中华书局，1960年，第1998页；〔唐〕韦应物著，陶敏、王友胜校注：《韦应物集校注》，上海古籍出版社，1998年，第540—541页。
⑤ 《汉书》，中华书局，1962年，第2079页。这里关于汉代情形的说法，受到长安读书班上徐畅同学的提示，见其所撰《西汉长安城的一处上下交通的空间——未央宫北阙及诣阙事件考察》，未刊。有关汉代长安宫室宅第建筑的基本情况，参见马先醒：《中国古代城市论集》，简牍学会，1980年，第1—80页；刘庆柱：《古代都城与帝陵考古学研究》，科学出版社，2000年，第124—206页。

典是汉，今典是唐。"甲第拱皇居"正好说出了唐朝长安甲第地理位置的特征。我们上面列举的许多甲第，有的在太极宫的东面或南边，有的环绕在兴庆宫的北面和西面，都是拱卫着皇居的位置，也是"宫阙近地"，便于与皇帝接近。

韦应物诗的最后一句，还道出了汉唐长安甲第分布的另一个特征，就是集中在通衢大道的两边，这样具有交通上的便利。

李峤《代公主让起新宅表》："况臣妾承灵天妹，藉宠王姬。舆服亚于椒宫，土田方于茅社。甲第之当衢向术，并列三区；别庐之带水连山，将盈万亩。深埒则可乘骐骥，高楼则惟待凤凰。常忧瞰室之易灾，实惧满堂之难守。宁可更求轮奂，别构崇深，扰闾里之甿黎，倾国家之府藏。……且坊为要冲，地当贵里。亩赁二三十贯，居人四五百家。夺其近市之门闾，生其破家之怨詈。"①这里正可以看出，一所甲第往往位于当衢向术的地方，便于交通往来，但这种冲要之地，属于长安最贵的地方，三区甲第，要占掉四五百家普通民众的宅地。可见，长安的甲第由于多为皇亲国戚和有势力的官僚贵族所有，有的是皇帝的赐宅，所以占据了长安城交通方便的区域，如朱雀门大街偏向皇城的数坊，还有通化门内、春明门内大街的两侧，这些地方不论前往宫城，还是出城、入市，都是方便的处所。这就是白居易所说的"谁家起甲第，朱门大道边"②。要知道，唐朝虽然实行封闭的坊墙制度，但束缚的只是平民百姓，对于这些甲第，他们的主人可以临街开门，以便出入。

前引《新唐书·诸帝公主传》说，长宁公主宅"右属都城，左俯大道"，说出了甲第的两个地理特征；韦应物诗的"归来甲第拱皇居，朱门峨峨临九衢"，也是同样的意思，表明这是唐人对甲第选择的地理空间的一种共识。

（二）甲第的规模

之所以被称为"甲第"，是因为其规模上应是相当宏大的。首先外观要高大、宽广，向上突破了唐朝律令规定的不起高楼的限制，平面上也占据了相当广阔的空间。

前面提到长宁公主宅"作三重楼以冯观"。崔颢《长安道》用文学的笔法说："长安甲第高入云，谁家居住霍将军。"③这里也是诗人借汉喻唐。虽然"高入云"是一种夸张的说法，但这种感觉一定是当年长安甲第给诗人的印象。

到了五代后唐时，"（后唐）庄宗常择高楼避暑，皆不称旨。宦官曰：'今大

---

① 《全唐文》卷二四五，中华书局，1983年，第2477页。

② 〔唐〕白居易：《伤宅》，见〔唐〕白居易著，朱金城笺校：《白居易集笺校》卷二，上海古籍出版社，1988年，第85页。

③ 《全唐诗》卷一八，中华书局，1960年，第195页。

内楼观，不及旧时长安卿相之家。旧日大明、兴庆两宫，楼观百数，皆雕楹画栱，干云蔽日，今官家纳凉无可御者’”[①]。可见唐长安城最辉煌的建筑是大明宫和兴庆宫的楼观，然后是卿相之家的甲第，这些都是后唐宫城的楼观所不能比拟的。

（三）甲第的奢华

长安甲第不仅仅给人以高耸入云、范围广阔的感觉，其庭园内部的奢华，也给当时的文人和后代的史家以深刻的印象。

这些甲第大多都装饰得华丽辉煌。中宗与韦后骄横跋扈的女儿安乐公主，“于金城坊造宅，穷极壮丽，帑藏为之空竭”[②]。

玄宗宠爱的杨贵妃家族的住宅，更是奢华到了极点。《旧唐书》卷五一《后妃传上·玄宗杨贵妃》记：

> 有姊三人，皆有才貌，玄宗并封国夫人之号：长曰大姨，封韩国；三姨，封虢国；八姨，封秦国。并承恩泽，出入宫掖，势倾天下。……妃父玄琰，累赠太尉、齐国公；母封凉国夫人；叔玄珪，光禄卿。再从兄铦，鸿胪卿；锜，侍御史，尚武惠妃女太华公主，以母爱，礼遇过于诸公主，赐甲第，连于宫禁。韩、虢、秦三夫人与铦、锜等五家，每有请托，府县承迎，峻如诏敕，四方赂遗，其门如市。
>
> ……韩、虢、秦三夫人岁给钱千贯，为脂粉之资。铦授三品、上柱国，私第立戟。姊妹昆仲五家，甲第洞开，僭拟宫掖，车马仆御，照耀京邑，递相夸尚。每构一堂，费逾千万计。见制度宏壮于己者，即彻而复造，土木之工，不舍昼夜。玄宗颁赐及四方献遗，五家如一，中使不绝。开元已来，豪贵雄盛，无如杨氏之比也。[③]

同书卷一〇六《杨国忠传》载：

> 贵妃姊虢国夫人，国忠与之私，于宣义（阳）里构连甲第，土木被绨绣，栋宇之盛，两都莫比。……〔国忠子〕暄为太常卿兼户部侍郎，尚延和郡主；昢为鸿胪卿，尚万春公主；兄弟各立第于亲仁里，穷极奢侈。[④]

郑嵎《津阳门诗》记录了每构一堂的花费：“八姨新起合欢堂，翔鹍贺燕无由窥。万

---

① 《旧五代史》卷五七《郭崇韬传》，中华书局，1976年，第767页。

② 《旧唐书》卷一八三《武延秀传》，中华书局，1975年，第4734页。

③ 《旧唐书》，中华书局，1975年，第2178—2179页。

④ 《旧唐书》，中华书局，1975年，第3245—3247页。参见《册府元龟》卷三〇六《外戚部·奢纵》，中华书局，1960年，第3606页。

金酬工不肯去，矜能恃巧犹嗟咨。虢国创一堂，价费万金。堂成，工人偿价之外，更邀赏伎之直，复受绛罗五千段，工者嗤而不顾。虢国异之，问其由。工曰：'某生平之能，殚于此矣，苟不知信，愿得蝼蚁蛣蜴蜂虿之类，去其目而投于堂中，使有隙、失一物，即不论工直也。'于是又以缯彩珍贝与之。"①杨国忠是杨贵妃从父之子，为右相，兼剑南节度使，权倾朝野。其宅第在宣阳坊，位置在朱雀大街东第三列，东面与东市接，北面是平康坊，南面是贵妃诸姊居住的亲仁坊，杨家的住宅连成一片，好不气派。我们可以想象，同在亲仁坊的安禄山，虽然也在玄宗赏赐的甲第中居住，但与杨家比起来，恐怕气派不如。后来安禄山以讨伐杨国忠为旗号发动叛乱，是否与长安密迩空间中因斗富而产生的摩擦有关，虽不得而知，但可以拟想。

以奢华著称的长安甲第还有不少。《长安志》卷八记："河东节度使、同中书门下平章事王锷宅。锷子稷进永宁里第、宣义亭子。时议以锷因缘，累居大镇，营第华侈，既殁而入于官，固其所也。"②王锷因为在方镇中敛得钱财③，所以才能在长安永宁坊建立奢华的甲第。其宅所在的永宁坊东南角，被长安的风水师看作金盏之地。《太平广记》卷四九七"王锷"条引《卢氏杂说》载："泓师云：长安永宁坊东南是金盏地，安邑里西是玉盏地。后永宁为王锷宅，安邑为北平王马燧宅。后王、马皆进入官，王宅累赐韩弘及史宪诚、李载义等，所谓金盏破而成焉。马燧为奉诚园，所谓玉盏破而不完也。"④

与王锷宅东北-西南斜角相对的安邑坊马燧宅，虽然后来破败，但其也是一处豪宅。《长安志》卷八："奉诚园。司徒兼侍中马燧宅，在安邑里。燧子少府监畅，以赀甲天下。畅亦善殖财，贞元末，神策中尉申志廉讽使纳田产，遂献旧第为奉诚园。"⑤《唐国史补》卷中曰："（马）畅以第中大杏馈窦文场，文场以进。德宗未尝见，颇怪之，令使就第封杏树。畅惧，进宅，废为奉诚园，屋木尽拆入内也。"⑥

---

① 《全唐诗》卷五六七，中华书局，1960年，第6562页。

② 〔宋〕宋敏求：《长安志》卷七，见《宋元方志丛刊》（1），中华书局，1990年，第116页。参见《册府元龟》卷一六九《帝王部·纳贡献》，中华书局，1960年，第2033页；《旧唐书》卷一五一《王锷传》，中华书局，1975年，第4059—4061页。

③ 《册府元龟》卷四五五《将帅部·贪黩》云："王锷为岭南节度使，锷以两税钱上供时进及供奉，余皆自入。西南大海中诸国舶至，则尽没其利，由是锷家财富于公藏。日发十余艇，重以犀象珠贝称商货而出诸境，周以岁时循环不绝，凡八年，京师权门多富锷之财。拜刑部尚书，后为淮南节度使。每有飨宴，辄录其余以备后用。或云：'卖之收利皆自归。'故锷钱流行天下。"

④ 《太平广记》，中华书局，1961年，第4076页。

⑤ 〔宋〕宋敏求：《长安志》卷七，见《宋元方志丛刊》（1），中华书局，1990年，第119页。

⑥ 〔唐〕李肇：《唐国史补》，上海古籍出版社，1979年，第36页。

其废弃后的屋木被用来建造宫内的楼观，可想见其宅第建筑的规模。

白居易《伤宅》说的就是马燧的宅第，我们可以引出文人笔下长安甲第奢华的典型例证：

> 谁家起甲第，朱门大道边？丰屋中栉比，高墙外回环。累累六七堂，栋宇相连延。一堂费百万，郁郁起青烟。洞房温且清，寒暑不能干。高堂虚且迥，坐卧见南山。绕廊紫藤架，夹砌红药栏。攀枝摘樱桃，带花移牡丹。主人此中坐，十载为大官。厨有臭败肉，库有贯朽钱。谁能将我语，问尔骨肉间。岂无穷贱者，忍不救饥寒？如何奉一身，直欲保千年？不见马家宅，今作奉诚园。①

白居易讥讽的是，甲第虽然坚固，但随着人物的流转，房屋固然不倒，人物已经败没。

此外，《册府元龟》卷四五五《将帅部·贪黩》记："胡证为岭南节度使，证在外镇好掊敛财货，厚自奉养，脩（修）行坊起甲第，连亘闾巷，车服器用，穷极豪侈，议者罪之。"②又，《杜阳杂编》卷下载："咸通九年，同昌公主出降，宅于广化里。赐钱五百万贯，仍罄内库宝货以实其宅。至于房栊户牖，无不以珍异饰之。又以金银为井栏、药臼、食柜、水槽、釜、铛、盆、瓮之属，仍镂金为笊篱、箕筥……此皆太宗庙（朝）条支国所献也……自两汉至皇唐，公主出降之盛，未之有也。"③此类奢华的记录，比比皆是。

（四）甲第的景致

由于甲第规模大，雕饰繁华，其营造费时费工，需要大量的木石，因此对于长安周边的树木会有一定量的砍伐，按照今天的环保观念来看，这无疑是对周边环境的破坏。《长安志》卷七"安仁坊元载宅"条引《唐实录》："又贬同州刺史宋晦为沣州员外司马。晦尝任虢州刺史，率百姓采卢氏山木为（元）载造东都私第故也。"④这说的是元载东都的住宅，特别说到对于卢氏山木的采伐，显然是过度的做法。元载西京的甲第有二，应当比东都的更加雄伟壮观，那么建造它们所用的山木可想而知。

---

① 〔唐〕白居易著，朱金城笺校：《白居易集笺校》卷二，上海古籍出版社，1988年，第85—86页。

② 《册府元龟》，中华书局，1960年，第5395页。

③ 〔唐〕苏鹗：《杜阳杂编》卷下，见〔明〕陶宗仪等编：《说郛三种》（5），上海古籍出版社，1988年，第2136—2137页。

④ 〔宋〕宋敏求：《长安志》卷七，见《宋元方志丛刊》（1），中华书局，1990年，第110页。

除了规模，长安城中甲第最为引人瞩目的还是它的人文气息，亭台楼阁、假山树石、流水池潭，都构成甲第的精美景致。因此，园林的营造，也是甲第必不可少的一部分。这为甲第带来了文化的氛围，在豪华的排场之外，有了一份更高的精神内涵。

前述永嘉坊许敬宗甲第中的池水是有名气的。唐太宗有《许敬宗家小池赋》："引泾渭之余润，萦咫尺之方塘。"徐松指出是引龙首渠水为之。①许敬宗本人有《小池赋应诏》："臣忝班下列，胥宇上京。欣托巢之有庇，体堧户之全生。爰凿小池，依于胜地。引八川之余滴，通三泾之洋泆……对昆明而取况，喻春兰与秋菊。"②池水的范围可能不大，但也滋润了一方土地。

前述宁王宪的甲第中，有山池院。《雍大记》：九曲池"在长安城内兴庆池西。唐宁王山池院引兴庆水西流，疏凿屈曲，连环为九曲池。上筑土为基，垒石为山，植松柏。有落猿岩、栖龙岫，奇石异木，珍禽怪兽，又有鹤仙渚，殿宇相连，左沧浪，右临漪。王与宫人、宾客饮宴弋钓其中"③。唐玄宗有《同玉真公主过大哥山池》《首夏花萼楼观群臣宴宁王山亭回楼下又申之以赏乐赋诗并序》④，张说有《四月十三日诏宴宁王亭子赋得好字》⑤，这些都是歌咏这个山池院及其中的山亭的。⑥

《长安志》卷一〇记延福坊："西北隅，琼山县主宅。县主开元中适慕容氏，即吐谷浑之苗裔，富于财产，宅内有山池院，溪磴自然，林木葱郁，京城称之。"⑦从所记的方位来看，这条文字应当也来自《两京新记》，对于"林木葱郁"的自然景观，韦述表述的开元时的公共意识是"京城称之"。

杨师道，字景猷，隋宗室，尚桂阳公主（长广公主，始封桂阳），封安德郡公。每"退朝后，必引当时英俊，宴集园池，而文会之盛，当时莫比"⑧。岑文本《安德山池宴集杨师道封安德公》，用优美的诗句，描绘了甲第中人工雕琢出来的自然景观：

> 甲第多清赏，芳辰命羽卮。书帷通竹径，琴台枕槿篱。池疑夜壑徙，山似郁洲移。雕楹网萝薜，激濑合埏箎。鸟戏翻新叶，鱼跃动清漪。自得

① 〔清〕徐松：《唐两京城坊考》，〔清〕张穆校补，中华书局，1985年，第83页。
② 《全唐文》卷一五一，中华书局，1983年，第1536页。
③ 〔清〕毕沅：《关中胜迹图志》卷六，张沛校点，三秦出版社，2004年，第208页。
④ 《全唐诗》卷三，中华书局，1960年，第30、34页。
⑤ 《全唐诗》卷八六，中华书局，1960年，第925—926页。
⑥ 〔清〕徐松撰，李健超增订：《增订唐两京城坊考》，三秦出版社，2006年，第123页。
⑦ 〔宋〕宋敏求：《长安志》卷七，见《宋元方志丛刊》（1），中华书局，1990年，第126页。
⑧ 《旧唐书》卷六二《杨仁恭传附杨师道》，中华书局，1975年，第2383页。

淹留趣，宁劳攀桂枝。[①]

由此可知甲第中的山池，有竹径，有槿篱，有嬉戏的小鸟，有跃出水面的鱼，一派精致的园林风光。

五、甲第的意义与象征

李白《南都行》诗有云："高楼对紫陌，甲第连青山。"[②]南都指南阳。这句对仗工整的概括描写，似乎让我们看到一幅唐朝都市长安的画卷：以高楼作为标志的甲第，沿着长安大道，连绵不断，与周边的青山好像衔接在一起。"紫陌"和"青山"的颜色，描述了甲第的自然景观，给予我们更多的联想。

韦述用"甲第并列，京城美之"来赞美长安城中并排而立的甲第，这代表了开元时长安社会对于甲第的观念。韦述出身京兆韦氏家族，有着士族高门的背景，面对长安权贵们建造的甲第，他作为城市的代言人，说出"京城美之"这样的话，应当是反映了当时的公众意识。

在魏晋南北朝时期，门第观念最盛。门第强调的是"阀阅"，更多的是讲究家世、冠冕、文化的一种观念层面的东西。而甲第则是身份、地位外化的表现。壮丽而又具有相当规模的府第，特别是这种注重装饰的大宅第，是和宫阙、街道联系在一起的，甲第反映的是一种城市观念的兴起。有了甲第，城市就更显得像一座雄伟壮观的城市了。

拥有大量高楼，乃至连成一片的高楼，是长安城市建筑技术进步的结果。过去我们赞美长安城的建造，主要着眼于整个城市范围的广阔；我们赞美大明宫建筑的雄伟，赞美佛寺道观的规模，但这也只是局部的亮点。然而，作为城市景观的更大主体，坊里住宅往往被研究者忽略。事实上，一些甲第的建筑，并不亚于佛寺道观，像"马镇西宅"这样的称呼，应当代表着当时长安坊间意识里的标志性建筑。"甲第并列，京城美之"，这句话也反映了当时人们对于长安城市景观的赞赏。其实，甲第乃是身份、地位、冠冕、崇遇的象征。

甲第在长安的城市生活和文化上具有重要的意义。长安是当时东亚，乃至包括中亚、南亚、西亚的人物精英的荟萃之都，也是各地各国金银财宝等物质文化的集中之地，高僧大德、文人学士中的精英都集中在这里，展示他们的才华。长安东、西市那么多寻宝的外国商人，代表着各国宝物都集中在坊市之间。这样多的精神和物质文化汇集到都城长安，如果只是封闭在宫廷之中，那将不会对唐朝社会的进步产生太大

① 《全唐诗》卷三三，中华书局，1960年，第452页。

② 《全唐诗》卷一六六，中华书局，1960年，第1715页。参见瞿蜕园、朱金城：《李白集校注》，上海古籍出版社，1980年，第478—479页。

的影响。一方面，甲第的宏大规模，使得许多物质文化的精品汇聚其中，虽然像安禄山、元载住宅中的金银器、香料、锦缎是奢华的象征，但许多甲第中的物品也代表着城市物质生活的进步。另一方面，大的宅第可以容纳相当多的人物在其中活动，我们看到一些甲第的山池、庭园成为文人聚会的场所，诗人们在长安城里可以找到兰亭那样的景致，创作一组组优美的诗歌。至于坊里之间对于甲第的许多猜测，成为唐人传奇的一项主题。甲第的营造，也带动了城市生活和城市文化某些方面的发展。

甲第的创建，虽然会对长安周边林木的砍伐带来负面的影响，但对于整个长安城来说，甲第中山池、庭园的经营，树木、花草的栽种，鱼鸟等的养殖，也是对环境的一种有意无意的整治。和此前中国古代都城多以宫殿为主，较少有自然空间相比，长安城因为大批甲第的建造，保留了大量的接近自然的风光。韦述说琼山县主山池院的"溪磴自然，林木葱郁"，"京城称之"，反映了长安社会对于甲第营建的这种自然环境的称许。我们不能说甲第的建造者已经有了近似今人的环境意识，但也不能忽略唐长安城建造中的这些环境"亮点"。如果不避"以古讽今"之嫌的话，那么今天的北京、上海之类的中国大城市，在建造豪宅的时候，不是应当多一点自然的营造吗？

《两京新记》卷三记修德坊金仙、玉真两座道观"门楼绮榭，耸对通衢，西土夷夏，自远而至者，入城遥望，宛若天中"[1]。我想，随着西来的外国人再向前行，走到朱雀大街东面，他们一定也会对一些长安的甲第产生同样的观感。876年来到长安的巴士拉商人伊本·瓦哈卜（Ibn Wahab），向他的同乡描绘长安朱雀大街的东面说："在这个区域，沿街开凿了小河，淌着潺潺流水；路旁，葱茏的树木整然有序，一幢幢邸宅鳞次栉比。"[2]潺潺的流水，葱郁的树木，鳞次栉比的甲第，构成了外国人眼中的长安城市的符号和象征。

原载《中华文史论丛》2009年第4期

（荣新江，北京大学历史学系教授）

---

① 〔唐〕韦述撰，辛德勇辑校：《两京新记辑校》，中华书局，2020年，第88页。

② 《中国印度见闻录》，穆根来、汶江、黄倬汉译，中华书局，1983年，第107—108页。参见〔日〕妹尾达彦：《唐长安の官人居住地》，《東洋史研究》1996年第55卷第2号，第61—64页。

唐长安大明宫朝堂功能新探

杜文玉

朝堂制度是中国古代宫廷与政治制度的重要组成部分，但是长期以来被忽略了，至今未见有专门的研究成果出现，只是在一些论著中偶有提及，而有关唐代朝堂制度的研究更是寥寥无几。[①]至于唐长安大明宫中的朝堂，无论建筑形制还是规模，在中国古代宫廷中都有代表意义，具有承前启后的地位，其功能之复杂性也远远超过前代，应该引起重视，加强这方面的研究。

一、朝堂的渊源与大明宫朝堂的形制

朝堂之置由来已久，从现存典籍的记载看，应出现在汉代。史载："汉制：九嫔、九卿分治内外官府之事，天子居路寝，九嫔序列东、西，三公处朝堂，九卿前居左、右。"[②]但其历史渊源可以追溯到西周。宋人叶梦得在《石林燕语》卷二中指出："古者，天子三朝：外朝、内朝、燕朝。外朝在王宫库门外，有非常之事，以询万民于宫中。内朝在路门外，燕朝在路门内。"所谓"路门"，郑玄解释说："大寝，路寝也，其门外则内朝之中，如今宫殿端门下矣。"[③]即此知，由于天子大寝又称为路寝，所以其门也称为路门，相当于后世宫殿的端门，即正门。林希逸

---

① 渡边信一郎《天空の玉座——中国古代帝国の朝政と仪礼》（柏书房，1996年）一书，涉及了魏晋南北朝时期朝堂的一些功能；松元保宣《从朝堂到宫门——唐代直诉方式之变迁》（见邓小南、曹家齐、平田茂树主编：《文书·政令·信息沟通——以唐宋时期为主》，北京大学出版社，2012年）一文，论述唐代直诉方式的变化，其中涉及了朝堂；刘德增《资治通鉴：中国历代王朝覆亡检讨》（泰山出版社，2009年）一书第五部分"朝堂议事中的专制与民主"，宏观地论述了历代朝堂议事情况，不过对唐代朝堂制度的详情并未涉及；杨鸿勋《宫殿考古通论》（紫金城出版社，2009年）对唐大明宫朝堂的建筑进行了复原性探讨，但未涉及朝堂制度与功能；马得志《唐代长安宫廷史话》（新华出版社，1996年）中，也简要写到过大明宫朝堂的建筑格局及与朝堂有关的事。此外，一些工具书也收有"朝堂"词条。

② 〔清〕徐松辑：《宋会要辑稿·职官四》，中华书局，1957年，第2443页。

③ 〔汉〕郑玄注：《周礼注释》卷三一，见文渊阁《四库全书》（第90册），第575页。

《考工记解》卷下解释说："路门外九室，九卿治事于此也。"郑玄又曰："九室如今朝堂，诸曹治事处。"[①]受这种古制的影响，隋文帝兴建大兴宫时，便把朝堂建在了正门承天门之外。唐朝建立后，改大兴宫为太极宫，左、右朝堂的方位没有改变。

尽管古人大都认为朝堂之名应出现在汉代，然而在《史记》《汉书》中却未见记载，其他典籍中也未见西汉时就有设置朝堂的记载。不过，班固的《两都赋》中有"左右廷中，朝堂百僚之位。萧、曹、魏、邴，谋谟乎其上"[②]等语，赋中提到的四人，分别为萧何、曹参、魏相、邴吉，皆为西汉时的丞相，可知西汉时确已有朝堂之置。从现存史籍的记载看，其名在东汉时期大量出现，如《后汉书》卷二《明帝纪》载："公卿百官以帝威德怀远，祥物显应，乃并集朝堂，奉觞上寿。"《后汉书》卷一六《邓禹传附邓骘传》言："其有大议，乃诣朝堂，与公卿参谋。"自此以后，历代王朝皆置有朝堂，作为公卿大臣议政之处，《晋令》甚至明确规定："朔望，集公卿于朝堂而论政事。"[③]直到隋代仍是如此，如高颎在隋文帝时任尚书左仆射兼纳言，"颎每坐朝堂北槐树下以听事，其树不依行列，有司将伐之。上特命勿去，以示后人。其见重如此"[④]。高颎本应在朝堂内议事，却坐于朝堂外的槐树下，文帝能够优容，表现了皇帝对其高度的信任。炀帝"诏令（裴）矩与虞世基每宿朝堂，以待顾问"[⑤]，也证明了朝堂为议政之处的性质。

关于隋代朝堂的地理方位。宋敏求记曰：太极宫"承天门外有朝堂，东有肺石，西有登闻鼓"[⑥]。这里说的虽然是唐代的情况，但实际上反映的仍然是隋朝建大兴宫时的格局。自从龙朔二年（662）大明宫建成后，高宗遂搬离太极宫，从此大明宫便成为有唐一代的政治中心。

关于大明宫左右朝堂的方位，宋敏求《长安志》卷六《东内大明宫》记载得很清楚："（含元）殿东南有翔鸾阁，西南有栖凤阁，与殿飞廊相接。又有钟楼、鼓楼。殿左右有砌道盘上，谓之龙尾道。夹道东有通乾门，西有观象门。阁下即朝堂、肺石、登闻鼓（原注：一如承天之制）。"程大昌《雍录》中记："大明宫有含元殿，夹殿有两阁，左曰翔鸾，右曰栖凤，两阁下皆为朝堂，东朝堂置肺石，西

---

① 〔汉〕郑玄注：《周礼注释》卷四一，见文渊阁《四库全书》（第90册），第772页。
② 《后汉书》卷四〇上《班彪传附班固传》，中华书局，1965年，第1341页。
③ 《魏书》卷二七《穆崇传附罴弟亮传》，中华书局，1974年，第670页。今本《晋书》未载此条令文。
④ 《隋书》卷四一《高颎传》，中华书局，1973年，第1180页。
⑤ 《隋书》卷六七《裴矩传》，中华书局，1973年，第1582页。
⑥ 〔宋〕宋敏求：《长安志》卷六《宫城》，三秦出版社，2013年，第232页。

朝堂置登闻鼓。"①其他图籍的记载一如《长安志》，并不存在分歧。与太极宫不同的是，大明宫的东、西朝堂并未建在其正门丹凤门外，而是建在宫内主殿含元殿前。这一点与古制完全不同，应是唐代宫廷制度出现的一种变化，就像隋朝在承天门举行外朝活动，而唐朝却改在含元殿举行一样，都是宫廷礼制变化的表现。

关于大明宫东西朝堂的形制。考古工作者曾在1982年进行科学发掘，现将其报告内容简述如下：在翔鸾阁下的为东朝堂，栖凤阁下的为西朝堂，左右两座朝堂东、西相对，北距两阁均30余米。由于西朝堂遗址被现代建筑占压，因此当时只发掘了东朝堂遗址。发掘发现，东朝堂曾经过改建和扩大，遗址有早晚两期重叠在一起。早期朝堂的建筑比较简单，只是一座大型庑殿和一道东西向的墙垣。朝堂坐北向南，基坛残存高0.3—0.6米，基坛平面呈长方形，东西长73米，南北宽12.45米。基坛周围砌砖壁，外铺砖散水一周。据基坛面积推测，朝堂面阔15间，进深约2间。在南侧有踏步三个，间距均24.15米。在朝堂东端的中间，有一道2米的板筑土墙直向东去，发掘长度达87米且尚未到尽头。再向东10米即含耀门南街。估计此墙的东端很可能与含耀门街西之南北墙相接。所谓的"侧门"很可能就在此处。由朝堂东出侧门，稍南即昭训门，再南即出望仙门。百官由望仙门入朝，这一东西向的墙即起着与北面宫廷隔绝的作用。晚期的朝堂基址，是在早期的基址上重建的，但向东移了16米多，并向北展宽4米。又在西端北侧向北新建了一排廊庑，南北长43米多（北端被路沟破坏了一部分），东西宽10.4米。台基两侧未发现踏步，只有散水的遗迹。改建后的朝堂比早期朝堂缩短了5米左右，东西长为68米，南北宽为16米，朝堂面阔可能是13间，进深约3间。南侧沿用了早期的两个踏步，为左、右阶。东端向东去的板筑土墙被废毁，改建为廊道，廊址的台基宽7.5米，东西长73米。廊址两侧有散水，百官入朝时可由长廊直达朝堂。②

大明宫的朝堂形制及在宫中的方位，深刻地影响了两宋之制；唐朝赋予朝堂的许多功能，也为宋制所沿袭。由于这些方面不是本文研究的主题，不作展开论述。

二、东、西朝堂的主要功能

通常均认为朝堂是百官议政与候朝之处，但实际情况远比这复杂得多，朝堂的功能表现在多个方面，而且早在唐代之前就是如此。唐代朝堂的功能主要表现在五个方面。

---

① 〔宋〕程大昌：《雍录》卷一〇《登闻鼓肺石》，中华书局，2002年，第220页。

② 马得志：《唐长安城发掘新收获》，见中国社会科学院考古研究所、西安市大明宫遗址区改造保护领导小组编：《唐大明宫遗址考古发现与研究》，文物出版社，2007年，第72—73页。

（1）百官议事之处。这是朝堂最主要的功能之一，自汉代以来皆是如此。如东汉"邓太后召（班）勇诣朝堂会议"①。汉灵帝"拜（田）晏为破鲜卑中郎将。大臣多有不同，乃召百官议朝堂"②。东汉末年，董卓率军入洛阳，"果陵虐朝廷，乃大会百官于朝堂，议欲废立"③。梁武帝曾颁诏曰："自今尚书中有疑事，前于朝堂参议，然后启闻，不得习常。其军机要切，前须咨审，自依旧典。"④在唐朝以前，朝堂议事有皇帝亲自参与的现象，如北魏"延昌中，世宗临朝堂，亲自黜陟"⑤。不过这一现象并非制度性的规定，在有关朝堂议政的《晋令》中，"亦无天子亲临之文"⑥。

在唐代，皇帝均不参与朝堂议政。杜佑在谈到唐朝的宰相制度时说："开元以前，诸司之官兼知政事者，午前议政于朝堂，午后理务于本司。"⑦因为朝堂议政是由宰相主持的，故才有杜佑此语。有人认为这里所说的"朝堂"是中书之别义，⑧其实是不对的。有关宰相主持朝堂议政的记载颇多，如安禄山叛军猛攻潼关时，宰相"（杨）国忠集百官于朝堂，惶懅流涕，问以策略，皆唯唯不对"⑨，便是典型的事例。有关朝堂为议政之处的记载也很多，如武则天信任宰相狄仁杰，狄仁杰死后，"太后泣曰：'朝堂空矣！'自是朝廷有大事，众或不能决，太后辄叹曰：'天夺吾国老何太早邪！'"⑩这也反映了朝堂为议政之处的情况。有这样一件事，武则天临朝称制时，"四方争言符瑞，嵩阳令樊文献瑞石，太后命于朝堂示百官"⑪。武则天命令将此石拿到朝堂向百官夸示，而没有当殿出示，说明当时百官正在朝堂议事。再如，武则天的男宠张昌宗之弟"昌仪为洛阳令，请属无不从。尝早朝，有选人姓薛，以金五十两并状邀其马而赂之。昌仪受金，至朝堂，以状授天官侍郎张锡。数日，锡失其状，以问昌仪，昌仪骂曰：'不了事人！我亦不记，但姓薛者即

① 《后汉书》卷四七《班超传附勇传》，中华书局，1965年，第1587页。
② 《后汉书》卷九〇《鲜卑传》，中华书局，1965年，第2990页。
③ 《后汉书》卷六四《卢植传》，中华书局，1965年，第2119页。
④ 《梁书》卷三《武帝纪下》，中华书局，1973年，第84页。
⑤ 《魏书》卷八八《明亮传》，中华书局，1974年，第1904页。
⑥ 《北史》卷二〇《穆崇传附寿孙亮传》，中华书局，1974年，第743页。
⑦ 〔唐〕杜佑：《通典》卷二三《职官典五》，中华书局，1988年，第632页。
⑧ 龚延明：《中国历代职官别名大辞典》，上海辞书出版社，2006年。
⑨ 《资治通鉴》卷二一八"唐肃宗至德元载五月癸巳"条，中华书局，1956年，第6970页。
⑩ 《资治通鉴》卷二〇七"周武则天久视元年九月辛丑"条，中华书局，1956年，第6551页。
⑪ 《资治通鉴》卷二〇三"唐武则天光宅元年八月"条，中华书局，1956年，第6421页。

与之。'锡惧，退，索在铨姓薛者六十余人，悉留注官"①。以上这些事例虽然不一定都发生在大明宫，然制度却是一致的，也可以反映大明宫的情况。

在唐代，皇帝面见群臣，商议政事，主要是在大明宫宣政殿举行的中朝和紫宸殿举行的内朝朝会上。此外，皇帝在延英殿召见宰相商议军国大事后，也会召见一些大臣咨询国事，谓之待制官。有关这些方面的情况，学界已有不少研究成果，此处不赘述。

（2）举行重大礼仪的场所之一。唐朝每逢元日、冬至要举行大朝会，届时在京文武官员、各国各族使者以及各地朝集使都要入宫参加朝会。文官集于东朝堂，二王三恪及武官集于西朝堂，各国使者与朝集使依次排列。皇帝在殿上坐定后，高级官员和重要使臣在礼官的导引下，入殿拜见皇帝，其余人员在通事舍人的引导下，各在殿前规定的方位行礼。在这种场合还有酒食招待，酒行12遍后，开始举行乐舞表演，唐初表演九部乐，自太宗以来表演十部乐，群官高呼万岁。

在举行这种大朝会时，各国各族和各地贡献的物品，凡是金玉等珍贵之物皆由其使者手持，站立于殿前各自的方位上，依次献给皇帝，其余贡品则陈列于朝堂前。在元日朝会时，各地参加科举考试的所谓"贡人"也要排列在朝堂前。武则天长寿二年（693）十月，左拾遗刘承庆上疏反对这种做法，认为这是重物而轻视人才，"伏请贡人至元日引见，列在方物之前，以备充庭之礼"②。另据《新唐书》卷四八《百官志三》载："凡献物，皆客执以见，驼马则陈于朝堂。"遂出现了人畜同列的现象，这是刘承庆提出反对意见的根本原因。

唐朝举行献捷、宣露布、册皇后、册皇太子、銮驾出宫、銮驾上山等仪式，军礼中的纂严、解严仪式，以及嘉礼中的亲谒、群臣上礼、临轩命使、命使奉迎仪式，皇帝元正、冬至受皇太子朝贺等仪式时，都离不开朝堂，其或作为举行仪式的场所，或作为场所之一。这在《大唐开元礼》中有大量的记载，不做详述。

此外，外国国王来朝时，其礼仪也与朝堂有关。唐朝派使者将其迎入长安，安置于馆舍后，皇帝派使者宣制表示慰问。国王休整后，由鸿胪寺官员将其迎入宫中，立于朝堂，拜听皇帝敕旨，然后再回馆舍。皇帝再一次派使者到馆舍向其宣布召见的时间，他才能在约定的时间入宫接受皇帝的召见。如果外国使者将返回本国，则由鸿胪寺的典客将其带到朝堂，当面宣赐物品，使者拜谢后退出。

需要说明的是，在这些重大的典礼活动中，朝堂所发挥的作用并不完全相同。在元日、冬至大朝会中，朝堂只是辅助场所；在举行册礼、军礼与嘉礼中的一些典

① 《资治通鉴》卷二〇六"周武则天久视元年六月"条，中华书局，1956年，第6547页。
② 〔宋〕王溥：《唐会要》卷七六《缘举杂录》，上海古籍出版社，2006年，第1638页。

礼时，朝堂则是举行礼仪活动的主要场所。此外，在上述涉外礼仪方面，朝堂也发挥了重要的作用。不过皇帝面见外国国王或使者时，均在相关殿阁进行，与朝堂并无直接的关系。

（3）百官候朝之处。在举行常朝朝会时，百官进入建福门后，先在朝堂等候，天色放明后，御史台官员遂催促百官就班排列。监察御史两名分立在左右朝堂砖道上，"平明，传点毕，内门开。监察御史领百官入，夹阶，监门校尉二人执门籍，曰：'唱籍。'"①进入内门时文班在前，武班在后，至宣政门时，文班入西门，武班入东门，入东、西上阁门时也是如此。朝堂在常朝朝会中的作用就在于此，史载："监察御史分日直朝堂，入自侧门，非奏事不至殿庭，正门无籍。天授中，诏侧门置籍，得至殿庭。开元七年，又诏随仗入阁。"②所谓"无籍"，是指没有监察御史的门籍。这里所谓"正门""侧门"，均是指朝堂之门。可见监察御史如果不奏事，则不能进入殿庭，直到武则天时由于给监察御史在侧门置门籍，于是才可以进入殿庭。开元七年（719）允许其随着仗卫进入阁门，即可以进入紫宸殿。可见在此之前，监察御史在大明宫的主要任务就是在朝堂负责督促百官就班及传点，后来才允许随百官进入阁门，直至紫宸殿。至于入殿后的朝仪，则由殿中侍御史负责监督。

关于朝堂为候朝之处，还可以举出一些事例。如唐太宗时的宰相萧瑀好佛，太宗对他说，既然如此，为什么不出家？萧瑀答应后又反悔，引起太宗不满。于是"瑀寻称足疾，时诣朝堂，又不入见"③。太宗怒，贬其为商州刺史。萧瑀到达朝堂，却又不入殿见皇帝，说明朝堂乃朝臣候朝之处。文宗太和九年（835）发生甘露之变，"四宰相、中丞、京兆尹皆死。翌日，两省官入朝，宣政衙门未开，百官错立于朝堂，无人吏引接"④。所谓"错立于朝堂"，意即杂乱地立于朝堂，因为御史中丞被杀，无人指挥御史整理朝班，于是便出现了这种混乱的局面。

有一点需要说明，唐朝直到宪宗元和三年（808）六月才建待漏院于大明宫建福门外。待漏院是百官早朝时等待宫门打开的场所，与朝堂为候朝之处不同。宫门五更时打开，天子坐朝是日出或天色放明后，臣下进入宫门后仍须等待。

（4）举行册礼之处。在唐代举行册立皇后的礼仪时，朝堂只是辅助场所之一。册立皇太子的场所很多，主要是在宫中诸殿进行，这时朝堂处在辅助场所的地位。

---

① 《新唐书》卷二三上《仪卫志上》，中华书局，1975年，第488页。
② 《新唐书》卷四八《百官志三》，中华书局，1975年，第1238页。
③ 《旧唐书》卷六三《萧瑀传》，中华书局，1975年，第2403页。
④ 《旧唐书》卷一七一《张仲方传》，中华书局，1975年，第4445页。

但有时也在朝堂行受册之礼，如玄宗被册为太子时，即"诣朝堂受册"①。尽管此次是在太极宫朝堂内进行的，但也说明朝堂是太子受册的场所之一。唐宪宗被册为太子是在宣政殿进行的，其监国时，却是在大明宫东朝堂与百官相见的，"百官拜贺，太子涕泣，不答拜"②。按照唐制，高级官员的任命也要举行册礼，这种册礼通常在朝堂进行。如唐太宗贞观八年（634）敕云：

> 拜三师、三公、亲王、尚书令、雍州牧、开府仪同三司、骠骑大将军、左右仆射，并临轩册授。太子三少、侍中、中书令、六尚书、诸卫大将军、特进、镇国大将军、光禄大夫、太子詹事、九卿、都督及上州刺史，在京者朝堂受册。

唐高宗显庆元年（656）九月敕云：

> 拜三师、三公、亲王、尚书令、雍州牧、开府仪同三司、骠骑大将军、左右仆射、侍中、中书令、诸曹尚书、诸卫大将军、特进、领军、镇国大将军、光禄大夫、太子詹事、太常卿、都督及上州刺史，在京者诣朝堂受册。

显庆元年的规定与贞观八年的相比，在朝堂举行受册之礼的范围进一步扩大。这一规定一直执行到武则天光宅元年（684）才停止。③通过以上规定可以看出，凡三品以上职官均要册授，并且是在朝堂受册。自开元以来，册礼渐废，只有天宝末年册杨国忠为司空、代宗时册郭子仪为尚父、德宗时册李晟为太尉举行过册礼。总的来说，这种礼仪很少举行，且多不在朝堂进行。

此外，某些大臣死后要给予赠官，凡赠予高官者，也要举行册礼。史载："其以敕使册赠，则受册于朝堂，载以犊车，备卤簿，至第。"④这种规定与上述册授三品以上官员的规定是一致的，只不过由于受册者已亡，所以在朝堂举行礼仪后，还需乘犊车、备卤簿以送册于其府宅。唐朝自开元、天宝以来，连活人的册礼都很少举行，更何况对死者的赠官了。故唐后期，赠官现象虽不绝于史，但册礼却极少举行。

（5）上表与待命。在京百官可以通过朝堂上表。如贞观时，迁魏徵为太子太师，"徵疾少愈，诣朝堂表辞"⑤。贞观五年"十一月己亥，朝集使利州都督武士彟等，诣朝堂又上表请封禅"⑥。玄宗开元"十二年闰十二月辛酉，文武百官、吏部尚

---

① 《旧唐书》卷八《玄宗纪上》，中华书局，1975年，第168页。
② 《资治通鉴》卷二三六"唐顺宗永贞元年七月乙未"条，中华书局，1956年，第7619页。
③ 以上均见〔宋〕王溥：《唐会要》卷二六《册让》，上海古籍出版社，2006年，第569页。
④ 《新唐书》卷二〇《礼乐志十》，中华书局，1975年，第442页。
⑤ 《资治通鉴》卷一九六"唐太宗贞观十六年九月丁巳"条，中华书局，1956年，第6177页。
⑥ 〔宋〕王溥：《唐会要》卷七《封禅》，上海古籍出版社，2006年，第94页。

书裴漼等上请封东岳曰……谨于朝堂奉表陈情以闻"①。开元"二十八年九月己丑，邠王守礼率宗子，左丞相裴耀卿率百官、僧道、父老，皆于朝堂抗表，以时和年丰，请封嵩、华二山。帝抑而不许"②。

唐制，百司有关政务的表章，可以通过尚书省这条通道分门别类地呈上，由中书省草拟批答，门下省审议；也可以直接向皇帝上表，向皇帝上表则通过朝堂进行。史载：侍御史"则与给事中、中书舍人，更直朝堂受表"③。其所接受的也包括民间的上书。从以上所列举的史料看，通过朝堂所上之表，多与朝廷重大政务无关，而是应该由皇帝直接决断的。当然也不能排除与政务相关的表章通过朝堂呈上的现象发生，但通常多是大臣之间有争议的问题，通过朝堂直接呈送皇帝。

朝堂的这一功能，在唐朝以前早已有之，如东汉"和帝即位，窦太后临朝，后兄车骑将军宪北击匈奴，安与太尉宋由、司空任隗及九卿诣朝堂上书谏"④；隋人陆知命"诣朝堂上表，请使高丽"⑤。此后历代皆有这种现象，唐朝只不过是沿袭了这一做法而已。

此外，朝堂还是官员待命的场所。比如武则天时，狄仁杰负责督运粮米，"失米万斛，将坐诛，（魏）玄同救免。而河阳令周兴未知也，数于朝堂听命。玄同曰：'明府可去矣，毋久留。'兴以为沮己，衔之"⑥。魏玄同时为宰相，"明府"是对县令的尊称。狄仁杰失米，是在河阳县境内，其县令负有连带责任。周兴不知狄仁杰已被获免，数次在朝堂待命，故魏玄同令其速去。可见朝堂亦为官员待命场所。这样的事例在史籍中甚多，不一一列举。

三、东、西朝堂的其他功能

唐代大明宫朝堂除了具有以上功能外，还具有其他方面的一些功能，这些功能有的是对历代功能的沿袭，有的则是唐代出现的新变化。

（1）宴集场所。唐朝宫中举行宴会的场所很多，其中也包括朝堂。这方面的例子很多，如永徽五年（654）三月，"皇后宴亲族邻里故旧于朝堂"⑦。武则天统治时，"（宋）璟尝侍宴朝堂，时易之兄弟皆为列卿，位三品，璟本阶六品，在下

---

① 〔宋〕王溥：《唐会要》卷八《郊议》，上海古籍出版社，2006年，第125页。
② 《册府元龟》卷三六《帝王部·封禅二》，中华书局，1960年，第404页。
③ 〔宋〕王溥：《唐会要》卷六〇《侍御史》，上海古籍出版社，2006年，第1239页。
④ 《后汉书》卷四五《袁安传》，中华书局，1965年，第1519页。
⑤ 《隋书》卷六六《陆知命传》，中华书局，1973年，第1560页。
⑥ 《新唐书》卷一一七《魏玄同传》，中华书局，1975年，第4254页。
⑦ 《旧唐书》卷四《高宗纪上》，中华书局，1975年，第80页。

座"①。唐睿宗景云二年（711）三月十七日敕："每御承天门楼，朝官应合食，并蕃客辞见，并令光禄准旧例，于朝堂廊下赐食。"②所谓"每御承天门"，是指举行大朝会时，这是唐朝制度的规定，并非一时之举措。唐玄宗"开元二年（714）八月辛巳，上以河陇之故，命有司大募壮勇士从军。既募引见，置酒于朝堂享之"③。这是皇帝在朝堂宴享从军壮士的例子。立功将士，皇帝也往往在朝堂设宴款待，如"（开元）十二年七月，以黔州道招讨使内侍杨思勖，讨溪州贼帅有功……并依品级宴思勖以下立功将士于朝堂"④。

朝堂也是皇帝宴集朝集使的场所之一。据《册府元龟》卷八〇《帝王部·庆赐二》载：开元"二十年二月，诸州朝集使还，宴之朝堂，送之赐帛各有差"。唐玄宗还在朝堂宴享过参加制举的举子。史载：开元九年（721）五月，玄宗敕曰："并宜朝堂坐食讫，且归私第，即当有试期也。"⑤这说明曾在这里举行过宴会，而且还是坐食，其规格高于廊下食。玄宗还在朝堂给道士赐过宴，开元"七年九月诏曰：东都道俗有来请驾者……仍于朝堂赐食，即发遣"⑥。玄宗在位期间，十分重视对县令的选拔，为了鼓励县令们勤于政务、关爱民众，开元二十四年（736）二月，铨选结束后，"宴新除县令于朝堂，上作《令长新戒》一篇，赐天下县令"⑦。

前面曾提到景云时规定在朝堂为诸番使者赐食，那是指大朝会时的赐食，其他时间也有在朝堂赐宴的情况，如开元"二年二月癸丑，宴突厥使及新罗王子于朝堂，以旱废乐"⑧。开元十二年（724）七月，"突厥遣使哥解颉利发献方物求婚，宴于朝堂，赐帛五十匹"⑨。朝堂并非唯一的宴请外来使者的场所，宫内其他诸殿也可以设宴。

综上所述，可以看出设在朝堂的宴会，款待对象的范围十分广泛，既有朝廷百官，也有立功将士、外来使者、各地朝集使，乃至于举子、僧道、战士及普通百姓。这一点与大明宫中其他诸殿阁有很大的不同，诸如针对僧道、战士及普通百姓的宴集活动，无论如何是不会在这些建筑内进行的，原因就在于宴会也是有等级性的。由此可见，朝堂的宴集活动具有更大更广泛的适应性。

① 《旧唐书》卷九六《宋璟传》，中华书局，1975年，第3030页。
② 〔宋〕王溥：《唐会要》卷六五《光禄寺》，上海古籍出版社，2006年，第1344—1345页。
③ 《册府元龟》卷一二四《帝王部·修武备》，中华书局，1960年，第1489页。
④ 《册府元龟》卷一三六《帝王部·慰劳》，中华书局，1960年，第1646页。
⑤ 《册府元龟》卷六四三《贡举部·考试一》，中华书局，1960年，第7710页。
⑥ 《册府元龟》卷一四七《帝王部·恤下二》，中华书局，1960年，第1779页。
⑦ 《资治通鉴》卷二一四"唐玄宗开元二十四年二月甲寅"条，中华书局，1956年，第6813页。
⑧ 《册府元龟》卷一一〇《帝王部·宴享二》，中华书局，1960年，第1308页。
⑨ 《册府元龟》卷九七五《外臣部·褒异二》，中华书局，1960年，第11449页。

（2）待罪之处。唐制，大臣如被御史对仗弹劾，"必趋出，立朝堂待罪"。中宗时，宗楚客为宰相，被御史崔琬当廷弹劾。"楚客乃厉色大言：'性忠鲠，为琬诬诋！'中宗不能穷也，诏琬与楚客、处讷约兄弟两解之，故世谓帝为'和事天子'"①。这当然是一个特例，更多的大臣在这种情况下是要待罪于朝堂的，如显庆元年八月，侍御史王义方弹劾中书侍郎李义府，王义方"对仗叱义府令下，义府顾望不退，义方三叱，上既无言，义府趋出。义方乃读弹文"②。文中所谓"趋出"，就是勒令被弹劾的大臣出殿到朝堂待罪；所谓"对仗"，就是面对仗卫当众宣读弹文。

还有一种情况，即大臣有罪须在朝堂等待皇帝处理，或者向皇帝请罪。唐太宗就规定："自今三品已上犯罪，不须引过，听于朝堂俟进止。"③所谓"俟进止"，就是待罪听候处理。如当时的著名贤相房玄龄，史载："玄龄虽蒙宠待，或以事被谴，辄累日诣朝堂，稽颡请罪，恐惧若无所容。"④安史叛军攻陷两京，不少原唐朝官员失节任伪职，后来脱身归朝，肃宗"又令朝堂徒跣如初，令宰相苗晋卿、崔圆、李麟等百僚同视，以为弃辱，宣诏以责之"⑤。这也是一种待罪的形式，只不过更具有凌辱性而已，官员犯罪通常都是素服待罪。贞元三年（787），禁军大将韩游瑰之子勾结妖贼，"游瑰入朝，素服待罪，入朝堂，遽命释之，劳遇如故"⑥。

（3）决狱之处。唐制，"凡三司理事，（侍御史）与给事中、中书舍人更直朝堂。若三司所按而非其长官，则与刑部郎中、员外郎、大理司直、评事往讯"⑦。建立这种体制只是为了接受表章或者投状，还没有形成三司在朝堂直接推决刑狱的制度，其决狱之责更多地体现在出使推按上，三司在朝堂决狱是后来的事。武则天时期在朝堂设置铜匦，接受上书、告密和申诉，"由是人间善恶事多所知悉"⑧。这样做的目的除了接受告密、打击政敌外，也能使天下冤狱无处申诉者得以直接向天子申诉，以减少冤案。但是从《旧唐书》卷八五《徐有功传》的记载来看，实施的效果并不理想，原因就在于"其三司受表及理匦申冤使，不速与夺，致令拥塞"。尽管如此，还是有许多人赴朝堂鸣冤叫屈。如有人告太子通事舍人郝象贤谋反，武则天命酷吏周兴审理，被判处死刑。垂拱四年（688）四月，"象贤家人诣朝堂，讼冤

① 《新唐书》卷一〇九《宗楚客传》，中华书局，1975年，第4102页。
② 〔宋〕王溥：《唐会要》卷六一《弹劾》，上海古籍出版社，2006年，第1258页。
③ 《资治通鉴》卷一九二"唐太宗贞观二年三月壬子"条，中华书局，1956年，第6048页。
④ 《资治通鉴》卷一九三"唐太宗贞观三年三月丁巳"条，中华书局，1956年，第6063页。
⑤ 《旧唐书》卷五〇《刑法志》，中华书局，1975年，第2151页。
⑥ 《旧唐书》卷一四四《韩游瑰传》，中华书局，1975年，第3919页。
⑦ 《新唐书》卷四八《百官志三》，中华书局，1975年，第1237页。
⑧ 《旧唐书》卷六《则天皇后本纪》，中华书局，1975年，第118页。

于监察御史乐安任玄殖。玄殖奏象贤无反状，玄殖坐免官"①。这种情况的出现，原因就在于郝象贤被处死的幕后主使者是武则天。尽管如此，可以看出这种体制的确在运行。再如酷吏来俊臣"党人罗告司刑府史樊惎谋反，诛之"。神功元年（697）正月，"惎子讼冤于朝堂，无敢理者，乃援刀自刳其腹"②。这样看来，武则天设置铜匦的效果还需另作评价。

唐朝这一制度的实施，致使诬陷他人者有之，因细微之事申诉者有之，于是唐睿宗在景云三年（712）四月颁布了一道制书，规定"不得辄至朝堂，妄有披诉"③，但并没有废去这一制度。如开元时，宰相张说被御史中丞宇文融、李林甫、御史大夫崔隐甫等奏弹，"敕宰臣源乾曜、刑部尚书韦抗、大理少卿胡珪、御史大夫崔隐甫就尚书省鞫问，说兄左庶子光诣朝堂割耳称冤"④。

在朝堂直接推决刑狱，始于唐太宗贞观元年（627）五月，"敕中书令、侍中朝堂受讼辞，有陈事者悉上封"⑤。次年八月，太宗"幸朝堂，亲览冤屈"⑥，即皇帝亲自到朝堂问案。此后便不断出现在朝堂推决刑狱的现象，如天宝时，京兆人邢縡谋反，御史大夫兼京兆尹王鉷弟王銲与邢縡关系密切，因此王鉷也受到牵连，史载："（王）鉷缘邢縡事朝堂被推。"⑦可知王鉷是在朝堂被推问的。至大历十四年（779）六月一日，规定"三司使，准式以御史中丞、中书舍人、给事中各一人为之，每日于朝堂受词，推勘处分"⑧。"推决尚未尽者，听挝登闻鼓"⑨，意即对推决有异议者，可击登闻鼓，直接向天子申诉。史载："时朝堂别置三司决庶狱，辨争者辄击登闻鼓。（裴）谞上疏曰：'谏鼓、谤木之设，所以达幽枉，延直言。今诡猾之人，轻动天听，争纤微，若然者，安用吏治乎？'帝然之，于是悉归有司。"⑩时裴谞任金吾将军，所谓"悉归有司"，据《旧唐书》卷五〇《刑法志》载，是在建中二年（781）经中书门下奏请，恢复了以刑部、御史台、大理寺等三个

① 《资治通鉴》卷二〇四"唐武则天垂拱四年四月"条，中华书局，1956年，第6448页。
② 《资治通鉴》卷二〇六"周武则天神功元年正月"条，中华书局，1956年，第6513—6514页。
③ 《旧唐书》卷七《睿宗纪》，中华书局，1975年，第159页。
④ 《旧唐书》卷九七《张说传》，中华书局，1975年，第3055页。
⑤ 《新唐书》卷二《太宗纪》，中华书局，1975年，第35页。
⑥ 《册府元龟》卷五八《帝王部·勤政》，中华书局，1960年，第648页。
⑦ 《旧唐书》卷一八六下《吉温传附卢铉传》，中华书局，1975年，第4857页。
⑧ 《旧唐书》卷五〇《刑法志》，中华书局，1975年，第2153页。另据宋王溥《唐会要》卷七八《诸使杂录》载：三司使，"仍取右金吾厅一所充使院，并于西朝堂置幕屋，收词讼"。
⑨ 《资治通鉴》卷二二五"唐代宗大历十四年六月"条，中华书局，1956年，第7261页。
⑩ 《新唐书》卷一三〇《裴漼传附裴谞传》，中华书局，1975年，第4491页。

部门官员组成三司的旧制。当然裴谞的进谏也对恢复旧制起到了一定的推动作用。需要说明的是，经过这一番争议后，皇帝亲决刑狱的行为得到了纠正，三司的构成发生了变化，但在朝堂命三司使推问决狱的做法并未改变。唐朝在朝堂推问决狱，并非其新创的制度。《周礼》中就有这样的记载，郑玄注曰："外朝，司寇断狱弊讼之朝也。"①前面已论到后世的朝堂就是在周代外朝九室的基础上发展来的。自汉代以来，在朝堂决狱的情况便时有出现，如《魏书》载："诏玄伯与长孙嵩等坐朝堂，决刑狱。"②甚至有皇帝亲临朝堂决狱的现象，北魏高祖就曾亲坐朝堂，"引见公卿已下，决疑政，录囚徒"③。

（4）杖决行刑之处。在唐代，刑事审判与行刑并不在一处，但也有特例，这就是朝堂。前面已经论到在朝堂进行刑狱推决的情况，这里主要介绍在朝堂行刑的情况。早在唐太宗时期就有在朝堂行刑的例子，史载："太宗尝怒苑西守监穆裕，命于朝堂斩之。"④长乐郡王李幼良犯罪，太宗"诏礼部尚书李纲召宗室，即朝堂杖之百，乃释"⑤。高宗时亦是如此，如永徽二年（651），"华州刺史萧龄之以前任广州都督赃事发，制付群官集议。及议奏，帝怒，令于朝堂处置"⑥，即处死之意。此后，这种情况还多次发生，如龙朔三年（663）四月，"右史董思恭以知考功贡举事，预卖策问受赃。帝令于朝堂斩之，百僚毕集之"⑦。武则天长寿二年二月，"禁人间锦。侍御史侯思止私畜锦，李昭德按之，杖杀于朝堂"⑧。

有唐一代在朝堂行刑次数最多的当数唐玄宗时期，兹举数例。开元四年（716）正月，"尚衣奉御长孙昕恃以皇后妹婿，与其妹夫杨仙玉殴击御史大夫李杰，上令朝堂斩昕以谢百官。以阳和之月不可行刑，累表陈请，乃命杖杀之"⑨。开元十年（722），"有洛阳主簿王钧为嘉贞修宅，将以求御史，因受赃事发，上特令朝堂集众决杀之"⑩。天宝二载（744）五月，"长安令柳升坐赃，于朝堂决杀之"⑪。

唐朝在朝堂对官员施行杖刑，或斩首，或杖决，均为集众行刑，并且置有监

① 〔汉〕郑玄注：《周礼注释》卷一六，见文渊阁《四库全书》（第90册），第305页。
② 《魏书》卷二四《崔玄伯传》，中华书局，1974年，第622页。
③ 《魏书》卷七下《高祖纪》，中华书局，1974年，第172页。
④ 《旧唐书》卷七四《刘洎传》，中华书局，1975年，第2611页。
⑤ 《新唐书》卷七八《宗室传》，中华书局，1975年，第3521页。
⑥ 《旧唐书》卷八五《唐临传》，中华书局，1975年，第2812页。
⑦ 《册府元龟》卷一五二《帝王部·明罚一》，中华书局，1960年，第1841页。
⑧ 《资治通鉴》卷二〇五"周武则天长寿二年二月乙亥"条，中华书局，1956年，第6491页。
⑨ 《旧唐书》卷八《玄宗纪上》，中华书局，1975年，第176页。
⑩ 《旧唐书》卷九九《张嘉贞传》，中华书局，1975年，第3091页。
⑪ 《旧唐书》卷九《玄宗纪下》，中华书局，1975年，第218页。

刑官员，如开元三年（715）正月，"御史大夫宋璟坐监朝堂杖人杖轻，贬睦州刺史"①。之所以如此严厉，目的就在于通过这种手段震慑犯罪官员，"以肃朝端"②。但是这种做法也引起了士大夫们的反对，如"监察御史蒋挺坐法，诏决杖朝堂"，黄门侍郎张廷珪执奏曰："'御史有谴，当杀杀之，不可辱也。'士大夫服其知体。"③可见在朝堂当众决杖对士大夫来说，是一种极大的侮辱。从"士大夫服其知体"一语看，支持这种看法的人不少。再如，秘书监姜皎在朝堂被决杖后，时任兵部尚书的张说上疏也指出："臣闻刑不上大夫，以其近于君也。故曰：'士可杀，不可辱，'……若其有犯，应死即杀，应流即流，不宜决杖廷辱，以卒伍待之。"④也有人从不利于臣下进谏的角度出发，反对随意在朝堂决杖臣子，所谓"比见上封事者，言有可采，但赐束帛而已，未尝蒙召见，被拔擢。其忤旨，则朝堂决杖，传送本州岛，或死于流贬。由是臣下不敢进谏"⑤。总之，士大夫从不同的角度表达了对这种方式的不满情绪，所以自安史之乱以后，在朝堂惩处和杖决臣下的现象便极少出现。

在朝堂杖责甚至处死臣子的现象，并非沿袭古制。《周礼》虽然有司寇断狱于外朝的记载，却未将这里作为行刑的场所。后世各朝亦是如此。将朝堂作为行刑的场所，多见于隋文帝时期。《隋书》卷二五《刑法志》记载，隋文帝常在朝堂行刑打人，"一日之中，或至数四。尝怒问事挥楚不甚，即命斩之"。开皇十年（590），"尚书左仆射高颎、治书侍御史柳彧等谏，以为朝堂非杀人之所，殿庭非决罚之地。帝不纳"。后来由于反对者众，于是在朝堂撤去行刑之杖，"后楚州行参军李君才上言，帝宠高颎过甚，上大怒，命杖之，而殿内无杖，遂以马鞭笞杀之。自是殿内复置杖"。大理少卿赵绰执法宽简，引起文帝不满，下令将其处死。"至朝堂，解衣当斩，上使人谓绰曰：'竟何如？'对曰：'执法一心，不敢惜死。'上拂衣而入，良久乃释之"⑥。虽然赵绰侥幸免于一死，但在朝堂处决臣子的做法又有所恢复。因此，唐朝在朝堂行刑并处决臣僚的做法，应是沿袭了隋制。

（5）其他方面的功能。在唐代，朝堂还是官员谢官的场所，如武则天"长寿三年五月三日敕，贬降官并令于朝堂谢"⑦。至于新任官员，通常多在光顺门、碽门谢

① 《资治通鉴》卷二一一"唐玄宗开元三年正月"条，中华书局，1956年，第6709页。
② 《册府元龟》卷一五五《帝王部·督吏》，中华书局，1960年，第1878页。
③ 《新唐书》卷一一八《张廷珪传》，中华书局，1975年，第4263页。
④ 《旧唐书》卷九九《张嘉贞传》，中华书局，1975年，第3091页。
⑤ 《新唐书》卷一三二《吴兢传》，中华书局，1975年，第4526页。
⑥ 《隋书》卷六二《赵绰传》，中华书局，1973年，第1485页。
⑦ 〔宋〕王溥：《唐会要》卷四一《左降官及流人》，上海古籍出版社，2006年，第859页。

官，有时也允许当廷面谢。比如唐后期，遇到放假期间，而赴任日期又很急迫时，也会允许新任官员在朝堂辞谢，如"（元和）三年正月，许新除官及刺史等，假内于宣政门外谢讫进辞，便赴任。其日，授官于朝堂礼谢，并不须候假开"①。

至德元载（756），命天下兵马元帅广平王率领朔方蕃汉兵二十万出征，讨伐安禄山叛军。"出辞之日，百僚致谒于朝堂。百僚拜，答拜，辞亦如之"②。这在唐代是一种非常态的举动，以示对此次出征的重视。可是在前代，这却是常制，"汉魏故事，遣将出征，符节郎授节钺于朝堂"③。只是在唐代已经很少实行此制了。

贞观时，宰相戴胄卒，"太宗为举哀于朝堂，哭之甚恸。遣卫尉卿刘弘基监护丧事，诏虞世南为之碑文，赐物千段，悼惜久之"④。唐朝皇帝为重要大臣举哀，并无固定的场所，大多在宫门、皇城门或外郭城门，在朝堂举行此礼，也是一种非常态的举动。与命将出征一样，此举在前代也是经常之制，史书中有大量的记载。据《晋书》记载，郑冲、王祥、何曾、石苞等朝臣死后，皇帝均在朝堂为之"举哀"，并赐以秘器、钱物等。⑤这种情况在其他朝代也时有出现⑥。

总之，朝堂作为宫廷中一处重要的场所，其功能及用途十分复杂，但最主要的还是议政与候朝，这是其最基本的功能。正因为朝堂在古代的政治生活中具有十分重要的地位，所以十分庄严肃穆，决不允许非礼行为出现。如肃宗至德初，"大将管崇嗣于行在朝堂背阙而坐，言笑自若，（李）勉劾之，拘于有司，肃宗特原之"⑦。李勉时任监察御史，负有维护朝堂礼仪及秩序的责任。尽管并非在长安宫中，也不允许有轻佻的举动出现。待到唐军收复长安、肃宗回到大明宫后，遂于乾元元年（758）三月制定了更加严格的规定，颁敕曰："如有朝堂相吊慰、跪拜，待漏行立失序，谈笑喧哗，入衙门执笏不端，行立迟慢，至班列行立不正，起拜失仪，拜跪不俯伏，舒脚穿班，伏出磌门，不即就班，无故离位；廊下食行坐失仪，拜起振衣，退朝不从正衙门出，非公事入中书。每犯者夺一月俸。"⑧此次整顿的全部是有关朝会方面的礼仪问题，是唐朝在取得对安史叛军初步胜利后，为维护朝纲、强化皇帝权威采取的一项重要举措。唐宪宗元和二年（807），再次强调了这道

① 〔宋〕王溥：《唐会要》卷六八《刺史上》，上海古籍出版社，2006年，第1422页。
② 《旧唐书》卷一二八《颜真卿传》，中华书局，1975年，第3591页。
③ 《晋书》卷二一《礼志下》，中华书局，1974年，第662页。
④ 《册府元龟》卷三一九《宰辅部·褒宠二》，中华书局，1960年，第3768页。
⑤ 参见《晋书》卷三三诸人本传（中华书局，1974年）。
⑥ 《魏书》卷三一《于栗䃿传附烈子祚传》，中华书局，1974年，第740页。
⑦ 《旧唐书》卷一三一《李勉传》，中华书局，1975年，第3633页。
⑧ 《册府元龟》卷五一七《宪官部·振举二》，中华书局，1960年，第6182页。

敕令。①五代时期仍然沿用了唐朝的这道敕令。

四、结语

以上所述的大明宫朝堂功能虽然很多，如根据其性质分类的话，大体上可分为百官议政、候朝之处、政务活动、礼仪活动四个方面。其中百官议政是在宰相主持下进行的，皇帝并不参加，讨论的结果通常由宰臣奏闻皇帝。机密要务则由宰相与皇帝议决，并不在朝堂讨论，可见在朝堂议决的只是一般政务。朝堂之所以作为百官候朝之处，与古制相关。由于前代朝堂均设在宫门之外，所以百官上朝时往往在这里待朝，西内太极宫的朝堂就是如此，位于承天门外。大明宫建成后，将朝堂移置宫内，百官无处候朝，早朝时宰相只好在建福门外光宅坊的太仆寺车坊等候，其余百官则各自寻找处所等候，如遇雨雪则非常不便。直到唐宪宗元和三年（808）六月，才建待漏院于建福门外，作为百官的待朝之所。虽然有了待漏院，然大明宫朝堂作为待朝之处的功能仍然存在，因为建福门五更便开，而皇帝坐朝是在日出之后，所以百官入宫后仍然需要等待，朝堂便是其待朝的场所。

在朝堂举行政务活动的范围颇广，上表、待命、决狱、待罪、谢官等皆包括在内。朝堂在礼仪方面的功能更为广泛，诸如册礼、宴集、举哀以及《大唐开元礼》中所记载的一系列与朝堂相关的礼仪活动。需要说明的是，在朝堂举行宴集活动，有着明显的等级性，通常是政治地位不高的人员，如地方官员、军中将士、举子、道士等。在这里款待地位较高的人员虽然不敢说没有，却极少出现，而且这种情况的出现，很可能是出于某种特殊的原因，只是史书疏于记载而已。至于在朝堂款待诸番使者大体分为两种情况：一种是在举行外朝大朝会时，由于所有参加朝会的人员都要赐廊下食，诸番使者作为大唐帝国藩属国的代表，也算是臣下，自然不能例外，于是只好在朝堂廊下给食了。另一种则是特殊情况，如开元二年在朝堂设宴款待突厥使者和新罗王子，因为发生旱灾，不便举乐，宴集的场所自然也要降等，于是便选在朝堂举行了。至于开元十二年突厥遣使向唐朝求婚，因为双方为敌国关系，唐朝也不愿答应婚事，遂有意选在朝堂赐宴，这是唐朝与突厥关系疏远的一种反映。

还有一点需要说明，即朝堂位置从太极宫承天门外，到建在大明宫含元殿前，这是唐朝改变古制的一种反映。这种变化有利于增强其安全性与议政的保密性。

原载《史学月刊》2014年第9期

（杜文玉，陕西师范大学历史文化学院教授）

---

① 〔宋〕王溥：《唐会要》卷二四《朔望朝参》，上海古籍出版社，2006年，第545页。

唐文宗庆成节活动空间转移及其政治文化隐喻*

肖爱玲　赵昕宇

　　唐朝的皇帝诞节，最早始于唐玄宗时期所设的千秋节。唐代宗至唐敬宗时期，虽未专置诞节，但围绕皇帝降诞日展开的一系列庆祝活动并未终止。至唐文宗时，诞节得以重新设立，且自此成为唐宋两代的定制。目前学术界对唐代诞节的研究从时段而言，主要集中于对唐玄宗千秋节的探讨，对中晚唐时期诸帝诞节，特别是对其中单个诞节的研究还不够深入和系统。相关研究也很少关注诞节的空间选择及其所蕴含的政治文化因素。本文不仅是对以往唐代诞节研究的补充，更重要的是通过对庆成节活动空间相关问题的分析，着力于探寻节日活动、政治文化及空间表达之间的复杂关系，为更深入地解析唐文宗时期的政治局势提供有利的思考路径。

一、唐代诞节的发展及庆成节的历史地位

　　诞节脱胎于民间的庆生与贺寿之仪，以献物和祝酒为主要内容的贺寿之仪先秦时已有之，而民间庆祝生日的活动则始于南北朝时期的江南地区。唐玄宗的千秋节将两种人生仪礼整合在一起，形成新的生日习俗，然后再通过举国狂欢的节日形式强化，构建了一套复杂的政治文化活动体系。生日等人生仪礼代表了诸种社会因素影响下人对自我身份的定位，那么在皇权神圣和家国一体等观念的加持下，唐代的皇帝诞节呈现出内外两种面向——"极臣子之诚，显邦家之庆"①——于内是皇帝的个体行为，主要面向官僚系统，中央及地方官员以进献奇珍异物表达忠诚，而皇帝以宴会赏赐示恩典，依托于君臣互动树立皇帝的权威；于外则作为国家政治运作和社会发展中的一个制度性事件，以节日之名表达帝王对于国家形势与社会环境的全新审视和高度自信。两者均以诏令等制度形式为保障。如玄宗的诞节千秋节"主要活动可分为朝廷和民间两个层面：在宫廷，玄宗与百僚于兴庆宫花萼楼下举行宴

---

　　* 本文系国家社科基金重大项目"中世纪东亚都城制度研究——'华夏型'城市的历史变迁"（项目编号：16ZDA120）阶段性成果。

　　① 《册府元龟》卷二《诞圣》，凤凰出版社，2006年，第16页。

会，王公以下向皇帝献金镜绶带及承露囊。玄宗也回赠官员礼品……在地方上，允许天下诸州休假宴乐三日，士人庶民都以丝线编结承露囊，互相馈赠，村社作寿酒宴乐。全国从上到下，均沉浸在欢乐的气氛中。①所以，具有双重属性的诞节就性质而言并不同于一般的民间岁时节日，它是基于主流意识形态而形成的，它存在的目的就是服务现实政治，其发展演变受制于当时的政治环境，也与帝王个人的好恶与权势密切相关，所以诞节具有极强的主观色彩。基于历史文献，统计形成了中晚唐时期皇帝诞节活动一览表（表1），以便于后文分析。

表1　中晚唐时期皇帝诞节活动

诞节名称	在位皇帝	节日时间	置节时间	主要活动	主要空间	原文及出处
千秋节（天宝七载更名为天长节）	唐玄宗	八月五日	开元七年	宴乐	兴庆宫勤政楼、花萼楼、金明门楼	《旧唐书》卷八、卷一〇："（开元十七年）上以降诞日，宴百僚于花萼楼下。百僚表请以每年八月五日为千秋节，王公已下献镜及承露囊，天下诸州咸令宴乐，休暇三日，仍编为令，从之。""（乾元元年）甲辰，上皇诞节，上皇宴百官于金明门楼。" 《册府元龟》卷二："（开元）二十三年八月五日千秋节，御花萼楼宴群臣。御制千秋节诗序。时小旱，是日大澍雨，百官咸上表贺。" 《新唐书》卷二二："每千秋节，舞于勤政楼下，后赐宴设酺，亦会勤政楼。" 《太平广记》卷四八五："中兴之后，制为千秋节。赐天下民牛酒乐三日，命之曰酺，以为常也。大合乐于宫中，岁或酺于洛，元会与清明节，率皆在骊山。每至是日，万乐具举，六宫毕从。"
天成地平节	唐肃宗	九月三日	上元年间	宴乐、置道场	大明宫宣政殿、麟德殿	《册府元龟》卷二："（乾元二年）帝降诞日，宴百官于宣政殿前，赐绢三千匹。" 《资治通鉴》卷二二二："（上元二年）九月，甲申，天成地平节，上于三殿置道场，以宫人为佛菩萨，北门武士为金刚神王，召大臣膜拜围绕。"
代宗降诞日	唐代宗	十月三日	未置节	修斋、行香	章敬寺、资圣寺等寺观	《册府元龟》卷二："（大历四年）百僚于章敬寺修斋行香，陈乐大会。""（大历六年）修众僧斋于资圣寺，百僚行香，诸道使各献方物上寿。""（大历八年）于资圣寺修一千僧斋，度僧尼凡二百余人。""（大历九年）百僚分寺观行香，颁赐茶药。"

① 王兰兰：《唐日皇帝诞节比较研究》，见《唐史论丛》（第27辑），三秦出版社，2018年，第220页。

诞节名称	在位皇帝	节日时间	置节时间	主要活动	主要空间	原文及出处
德宗降诞日	唐德宗	四月九日	未置节	三教讲论	大明宫麟德殿	《唐会要》卷二九："常以此时会沙门道士于麟德殿讲论。至是，兼召儒官，讲论三教。" 《旧唐书》卷一三："（贞元十二年）庚辰，上降诞日，命沙门、道士加文儒官讨论三教，上大悦。"
顺宗降诞日	唐顺宗	正月二日	未置节	未载	未载	未载
宪宗降诞日	唐宪宗	二月四日	未置节	三教讲论	大明宫麟德殿	《册府元龟》卷二："（元和九年）御麟德殿，垂帘，命沙门道士三百五十人斋会于殿内，食毕，较论于高座。"
穆宗降诞日	唐穆宗	七月六日	未置节	奉觞贺寿	大明宫紫宸殿、光顺门、昭德门	《旧唐书》卷一六二："（元和十五年）绶以七月六日是穆宗载诞节，请以是日百官诣光顺门贺太后，然后上皇帝寿。" 《唐会要》卷二九："（长庆元年）自降诞之辰，百官于紫宸殿称贺毕，诣昭德门；外命妇光顺门，并进名奉贺皇太后。"
敬宗降诞日	唐敬宗	六月九日	未置节	三教讲论	大明宫麟德殿	《册府元龟》卷二："（宝历二年）御三殿，命兵部侍郎丁公著、太常少卿陆亘、前随州刺史李繁，与浮图、道士讲论。内官、翰林学士及诸军使、公主驸马皆从。"
庆成节	唐文宗	十月十日	大和七年	宴乐、三教讲论、奉觞贺寿	大明宫麟德殿和延英殿、曲江池、十六王宅	《册府元龟》卷二："（大和元年）召秘书监白居易等与僧惟应、道士赵常盈于麟德殿讲论，赐锦彩有差。""（大和九年）宰臣及文武百官，庆成节赴延英殿庭奉觞称贺。礼毕，赐宴于曲江亭。""（开成二年）十月降诞日，帝幸十六宅，与诸王宴乐。是日赐宴百僚于曲江。"
庆阳节	唐武宗	六月一日	开成五年	修斋、行香、坊市歌舞	慈恩寺等寺观	《唐会要》卷二九："（开成五年）以六月一日为庆阳节，休假二日，著于令式。其天下州府，每年常设降诞斋。行香后，便令以素食宴乐，惟许饮酒及用脯醢等。京城内，宰臣与百官就诣大寺，共设僧一千人斋，仍望田里借教坊乐官，充行香庆赞，各移本厨，兼下令京兆府别置歌舞。""（会昌二年）今年庆阳节，宜准例，中书门下等，并于慈恩寺设斋。行香后，以素食合宴，仍别赐钱三百贯文，委度支给付。令京兆府量事陈设，不用追集坊市歌舞。"

诞节名称	在位皇帝	节日时间	置节时间	主要活动	主要空间	原文及出处
寿昌节	唐宣宗	六月二日	会昌六年	奉觞贺寿、三教讲论	大明宫麟德殿	《唐会要》卷二九："（会昌六年）请以降诞日为寿昌节，天下州府，并置宴一日，以为庆乐。前后休假三日，永著令式。" 《旧唐书》卷一五九："及宣宗弃代，追感恩遇，尝为诗序曰：'去年寿昌节，赴麟德殿上寿，回憩于长兴里第。'" 《宋高僧传》卷六："（知玄）属寿昌节讲赞，赐紫袈裟，署为三教首座。"
延庆节	唐懿宗	十一月十四日	未载	三教讲论	大明宫麟德殿	《宋高僧传》卷六："以十一月十四日延庆节，麟德殿召京城僧道赴内讲论。" 《唐阙史》卷下："尝因延庆节缯黄讲论毕，次及倡优为戏。可及乃儒服险巾，褒衣博带，摄齐以升崇座，自称三教论衡。"
应天节	唐僖宗	五月八日	未载	设内斋	未载	《全唐文》卷九三一载崔致远作《应天节》斋词三首，文略。
嘉会节	唐昭宗	三月十二日	龙纪元年	三教讲论	大明宫麟德殿	《佛祖统记》卷四二："龙纪元年圣诞，敕两街僧道入内殿谈论。"
乾和节	唐哀帝	九月三日	天祐元年	修斋	寺观	《册府元龟》卷二："（天祐元年）诏文武百僚、诸军诸使、诸道进奉官，准故事于寺观设斋，不得宰杀，只许酒果脯醢。"

纵观整个唐代诞节的发展历程，文宗的诞节庆成节是继玄宗千秋节之后规模最大、活动形式最为多样的诞节，具有承上启下的转折性意义。安史之乱后，唐代帝王诞日活动的发展出现了有实无名的特殊现象，虽然期间庆祝活动的规模和形式在不断发展，历朝臣僚们为表忠诚也均有上奏置节之举，但肃宗后诸帝对是否将帝王生辰上升到节日高度存在顾虑。如唐代宗时，诸臣请求新置天兴节为皇帝庆生，代宗不纳，但保留了降诞日进献与节假之制。① 不置诞节既是受到了朝藩战争等现实因

① 〔宋〕王溥：《唐会要》卷二九《节日》："永泰元年，太常博士独孤及上表曰：'……伏愿以十月十二日为天兴节。王公士庶，上寿作乐，并如开元、乾元故事。'表奏不报。"（中华书局，1955年，第543页）。《册府元龟》卷二《诞圣》："（宝应元年）十月，宰臣等上言：'今月十三日，皇帝降诞日，望准天长节休假三日。'帝以山陵未毕，不许。宰臣又上言休假一日。从之。永泰二年十月降诞日，诸道节度使进献珍玩、衣服、名马二十余万计，以陈上寿。自是以为常。"（凤凰出版社，2006年，第19、20页）。

素的影响，也是礼制传统制约下的结果。且在很多人看来，千秋节之设是玄宗君臣的主观行为，并不符合节日发展的传统与规律。

唐宪宗之前，尚有为前代帝王过诞节的成例，因此一年之内便有数个诞日同时存在。而频繁的诞日庆祝活动不仅增加了国家财政负担，助长了以诞日为名的敛财谄献之风，而且休假过多亦影响国家与社会的正常运转。唐德宗时，吏部尚书颜真卿便认为应当取消玄宗诞节千秋节："《礼经》及历代帝王无降诞日，惟开元中始为之；又推复本意以为节者，喜圣寿无疆之庆，天下咸贺，故号节曰'千秋'。万岁之后，尚存此日以为节假，恐乖本意。"①唐宪宗时，李元素等人继承了颜真卿的观点，认为应当完全取消先帝诞日，获得皇帝应允，从而正式确立了仅为当朝皇帝过诞日的制度。②唐穆宗和唐敬宗时，又恢复了玄、肃二宗之诞节及为皇帝上寿的设置，并对诞日假期做出了一些调整。"（元和十五年）闰正月辛亥，太常礼院奏：'准玄宗降诞为千秋节，肃宗降诞为天成地平节，并假一日。自后累圣降诞，虽不别置节名，其休假献馈如旧。今皇帝七月六日降诞，准故事，合休假上礼。'从之。""（长庆四年）四月庚辰朔，中书门下奏：'皇帝六月九日降诞，伏准故事，休假一日。'从之。"③

文宗即位初期遵循旧例，亦未置诞节。至大和七年（833），宰相路随等奏请以文宗生日十月十日为庆成节，是为庆成节建置之始：

> 壬辰，上降诞日，僧徒、道士讲论于麟德殿。翌日，御延英，上谓宰臣曰："降诞日设斋，起自近代。朕缘相承已久，未可便革，虽置斋会，唯对王源中等暂入殿，至僧道讲论，都不临听。"宰相路随等奏："诞日斋会，诚资景福，本非中国教法。臣伏见开元十七年张说、源乾曜请以诞日为千秋节，内外宴乐，以庆昌期，颇为得礼。"上深然之，宰臣因请十月十日为庆成节，上诞日也。从之。④

由上述材料可以看出庆成节设置的直接原因是文宗及路随等人认为诞日活动不应以斋会等宗教活动为主，而是应当恢复诞节的设置，以节日之名安享宴乐。进一步分析庆成节设置的意义，主要有两点：

一是文宗君臣通过"中国教法"更符合为皇帝庆生之义的理论探讨，成功地恢复了诞日置节的制度。更重要的是，如前所述，玄宗设立千秋节本无礼法依据，而

---

① 〔唐〕封演：《封氏闻见记》卷四，中华书局，1985年，第39页。
② 〔宋〕王溥：《唐会要》卷二九，中华书局，1955年，第545页。
③ 《册府元龟》卷二《诞圣》，凤凰出版社，2006年，第21页。
④ 《旧唐书》卷一七下《文宗纪下》，中华书局，1975年，第552页。

路随等人却将玄宗置节旧例推为典范传统，请命为皇帝设诞节，无疑是在暗示宇内和谐，文宗乃中兴之主，堪比玄宗，时世亦如开元盛世一般。"七年八月中书门下奏：'……今陛下功济天下，道覆寰中，威统百灵，宰御群品，修祖宗之德，莫如贞观、开元。'"①千秋节之设，本就是为了美化皇帝，凸显皇帝的神圣地位；而庆成节的设立意味着这种制度设计的回归，强化了诞节的现实政治意义，因此文宗之后唐代诸帝均沿袭诞日置节之制，再无礼法之争。

二是推动了诞节活动内容与内涵的转变。唐代后期，佛教发展空前兴盛，出现了上至皇帝下至百姓无不崇释礼佛的繁荣现象。受此影响，修斋、讲论等佛教活动是皇帝诞日活动的主要内容，佛寺成为帝王诞日活动的重要场所。庆成节设立后，重申了诞节应以上寿庆生为本义的原生传统，暂停了诞节讲论之举，诞节的宗教意味变淡。同时，庆成节还恢复了诞节休假与州县置宴的制度，再造普天同庆的局面，诞节的内外双重面向得以充分体现，重新成为公共性节日。这些都推动了诞节内涵的转变，即以世俗欢娱为主要目的。总之，庆成节以复古为名，开辟了诞节发展的新路径，标志着唐宋帝王诞节制度的真正确立。正如顾炎武评价说：诞节之礼"创于玄、文二宗，成于张说、源乾曜、路随三人之奏，而后遂编于令甲，传之百代矣"②。

二、庆成节活动的空间转移与规模变化

唐文宗的政治生涯可以分为三个时期，而庆成节的兴衰亦可分为三个时期，每个阶段庆成节所发生的空间转移与规模变化可以视作此阶段重要的政治标向，体现了唐文宗个人权力由重整到兴盛再遽然衰落的基本脉络。

第一个时期，即大和元年（827）至大和六年（832），是时唐朝廷正处于内忧外患之中。穆宗和敬宗在位期间，耽于享乐游玩，将朝政委于宦官，宦官以此势大，朝政昏暗。地方上，横海、成德、魏博、山南西道等藩镇先后发生了叛乱与兵士哗变。大和三年（829）末，南诏又入寇剑南，兵至成都、梓州一线，蜀中危急。③人祸不止，天灾亦连绵不断，关中、河北等地旱魃成灾，长江流域常为泽国，大和四年（830）更是发生了全国性的大水灾，大和五年（831）和大和六年的元旦

① 《册府元龟》卷二《诞圣》，凤凰出版社，2006年，第2页。

② 〔清〕顾炎武著，黄汝成集释：《日知录集释》卷一四，上海古籍出版社，2014年，第329页。

③ 《旧唐书》卷一七下《文宗纪下》："（大和三年）十二月丁未朔，南蛮逼戎州，遣使起荆南、鄂岳、襄邓、陈许等道兵赴援蜀川。……西川奏蛮军陷成都府。东川奏蛮军入梓州西郭门下营。又诏促诸镇兵救援西川。"（中华书局，1975年，第533页）

朝会也因京中连绵大雪被迫停办。①

灾异、战争和前朝荒政都极大地消耗着唐朝的国力，为此文宗本人以身作则，厉行节俭，以易宫廷奢侈之风。靡费甚众的官方节日活动，如宴乐、设斋等，在这一时期几乎归于沉寂，地方进献的规模也被大幅削减。如大和二年（828）五月，文宗颁旨："应诸道进奉内库，四节及降诞进奉金花银器并纂组文缬杂物，并折充铤银及绫绢。其中有赐与所须，待五年后续有进止。"②大和三年十月，江西观察使沈传师因建议皇帝诞日设斋而被处罚，"江西沈传师奏：皇帝诞月，请为僧尼起方等戒坛。诏曰：'不度僧尼，累有敕命。传师忝为藩守，合奉诏条，诱致愚妄，庸非理道，宜罚一月俸料。'"③同年十一月，文宗又下诏重申："四方不得以新样织成非常之物为献，机杼纤丽若花丝布缭绫之类，并宜禁断。敕到一月，机杼一切焚弃。刺史分忧，得以专达。事有违法，观察使然后奏闻。"④大和四年之后，地方进献的规模才逐渐恢复。"（大和四年）盐铁使王涯进降诞绫罗锦彩等共一万四千八百匹，银器一百事；判度支王起进绫绢夹缬杂彩等共一万四千三百匹，御衣一副，镜一面，诸方镇称是。"⑤"大和五年敕：'端午节辰，方镇例有进奉，其杂彩匹段，许进生白绫绢。'"⑥

文宗本人降诞日活动的举办基本遵循着简约节俭的原则。玄宗之后，皇帝诞节的活动内容越来越丰富，渐次成为惯例定制。具体而言，有休假、朝贺进献、赏赐、宴乐、设斋及置道场、三教讲论等形式，"千秋节诏天下咸燕乐，有司休务三日。其余凡建节，皆以为例。穆宗虽不建节，而紫宸殿受百官称贺，命妇光顺门贺皇太后；及有麟德殿沙门、道士、儒官讨论三教之制"⑦。而文宗初期的诞节活动在名目上减少了许多，规模也很小，大型的公共性节日活动被告暂停，大和元年至大和五年的降诞日活动就仅是邀儒、释、道三教名上赴麟德殿讲论，并对他们进行赏赐。麟德殿三教讲论发端于唐玄宗时期，德宗时始于皇帝诞节兴设讲论。文宗即位之初即召三教之人讲论，且每年如此，一以贯之。参与大和元年至大和五年麟德殿

---

① 《新唐书》卷三六："浙西、浙东、宣歙、江西、鄜坊、山南东道、淮南、京畿、河南、江南、荆襄、鄂岳、湖南大水，皆害稼。"（中华书局，1975年，第934页）《旧唐书》卷一七下《文宗纪下》："五年春正月庚子朔，以积阴浃旬，罢元会。""六年春正月乙未朔，以久雪废元会。"（中华书局，1975年，第540、544页）。

② 《旧唐书》卷一七上《文宗纪上》，中华书局，1975年，第528—529、533页。

③ 《旧唐书》卷一七上《文宗纪上》，中华书局，1975年，第528—529、533页。

④ 《旧唐书》卷一七上《文宗纪上》，中华书局，1975年，第528—529、533页。

⑤ 《册府元龟》卷二《诞圣》，凤凰出版社，2006年，第21页。

⑥ 〔宋〕王溥：《唐会要》卷二九《节日》，中华书局，1955年，第547页。

⑦ 〔宋〕叶梦得：《石林燕语》卷四，上海古籍出版社，2012年，第35页。

讲论的儒家名士有白居易、杨嗣复、崔戎等，佛僧和道士则有惟应、圭峰禅师、赵常盈等人。①麟德殿位于大明宫西北一隅，是大明宫中最为重要的建筑之一，虽是一处偏殿，却气势恢宏，承担的功能多种多样，而尤以宴饮、娱乐功能为重，"关于这一点早在大明宫规划建设时就已确定了"②。肃宗时于麟德殿内置佛教道场，后又增道教道场，所以麟德殿又兼具宗教功能。唐朝后期诸帝诞节的许多活动，如宴乐、百戏、角抵、蹴鞠、三教讲论等都在麟德殿举办，因此文宗于麟德殿召三教讲论的一个重要原因便是沿袭传统。

大和七年（833）至大和九年（835）是第二个时期。面对错综复杂的藩镇局势和积弊深重的朝政，年轻的唐文宗即位伊始就以雷霆手段整顿乱局。他首先革新内廷，节省宫廷用度。接着任用李德裕、王智兴等能臣平抑藩镇动乱，并通过京官与节度使的频繁对调，加强中央对地方的控制。通过上述有力的政治作为，唐王朝的统治危机得到了暂时性的缓解。大和六年之后，天下重归承平。

大和七年庆成节设立后，文宗诞节活动的兴办规模明显扩大，为前代诸帝所不及，已堪比玄宗之时。此时诞节的主要活动有奉太后与诸王宴乐、命天下州府置宴一天庆贺等，可谓气度非凡。除上述活动之外，还有两项活动的兴办值得关注。一项是延英奉觞，此系文宗时独有的一项诞节活动。穆宗时曾在紫宸殿命百官上寿奉觞，文宗时又恢复了上寿奉觞的礼仪，嗣后再没有在延英殿为皇帝举办过诞节相关活动。延英奉觞之仪始于大和七年，"上于宫中奉迎皇太后，与昆弟诸王宴乐，群臣诣延英门奉觞，上千万寿"③。大和八年（834）至大和九年，又形成了延英奉觞之后再赐宴曲江的制度，其规模不断扩大。"八年九月敕：'庆成节宜令百僚诣延英上寿，仍令太常寺具仪注闻奏。仍准上巳重阳例，于曲江赐宴。'""九年十月庆成节诏：'宰臣及文武百官，庆成节赴延英殿庭奉觞称贺。礼毕，赐宴于曲江亭。'"④

另一项是曲江大宴。唐代历来就有在上巳、重阳、中和等重大节日于曲江赐宴群臣的制度，但很少在皇帝诞日之时于曲江设宴。大和八年之后，每年的庆成节文宗都会在曲江赐宴。曲江"在秦时为宜春苑，汉时为乐游苑。玄宗开元中，凿池引水，环植花木，为京城胜赏之地。遭安禄山焚劫之后，荒凉可知也"⑤。中唐时期，

① 《册府元龟》卷二《诞圣》，凤凰出版社，2006年，第21页。
② 杜文玉：《唐大明宫麟德殿功能初探》，《晋阳学刊》2012年第2期。
③ 〔宋〕王溥：《唐会要》卷二九《节日》，中华书局，1955年，第547页。
④ 《册府元龟》卷二《诞圣》，凤凰出版社，2006年，第22页。
⑤ 〔清〕徐松撰，李健超增订：《增订唐两京城坊考》卷三，三秦出版社，2006年，第163页。

曲江长期处于废置状态，各司亭馆尽被焚毁，荒败不堪。于是，为了在曲江兴办诞节宴会，文宗下诏对曲江进行了大规模的修缮与营建。大和九年二月，"丁亥，发神策军一千五百人修淘曲江。如诸司有力，要于曲江置亭馆者，宜给与闲地"。七月，"戊申，填龙首池为鞠场，曲江修紫云楼"。十月，"内出曲江新造紫云楼、彩霞亭额，左军中尉仇士良以百戏于银台门迎之。时郑注言秦中有灾，宜兴土功厌之，乃浚昆明、曲江二池。上好为诗，每诵杜甫《曲江行》云：'江头宫殿锁千门，细柳新蒲为谁绿？'乃知天宝已前，曲江四岸皆有行宫台殿、百司廨署，思复升平故事，故为楼殿以壮之"。①庆成节的曲江宴会可谓声势浩大，不仅按照上巳、重阳等节的规模兴办，还为此专门疏浚曲江池，在曲江岸边重建了紫云楼等众多殿宇，甚至鼓励臣僚在曲江置地修亭。

开成元年（836）至开成五年（840）是第三个时期。大和年间的政治形势有两条线索，一是地方局面的动荡与平息，二是愈演愈烈的皇宦斗争。文宗本人对宦官可谓是深恶痛绝，"帝以累世变起禁闱，尤侧目于中官，欲尽除之"②。文宗强烈的除宦意向早在大和二年的刘蕡制举案和大和四年的宋申锡案之中显露无遗。当地方危机暂告解除之后，文宗又重新策划他的除宦行动，皇宦之争上升为当时政治局势中的主要矛盾。文宗提拔李训、郑注为亲信，共谋除宦大计。在李训和郑注的建议下，文宗黜置了与宦官勾结的牛李党人，并拜李训、舒元舆为相；同时贬谪了左神策中尉韦元素，另命仇士良为左神策中尉，以制衡王守澄，从而使宦官集团发生了内部分裂。大和九年九月，文宗命内养齐抱真以弑逆之罪杖杀陈弘志于青泥驿（在今甘肃徽县）；同年十月又命宦官李好古鸩杀王守澄于其宅邸。杀害宪宗的两位权宦已被铲除，文宗遂在曲江大宴群臣以为庆贺。接着文宗紧锣密鼓地与李训、郑注、舒元舆等人谋划除掉仇士良。义宗本打算按照郑注的计划，在王守澄的葬礼上尽除宦官，但李训为了争夺功劳，抢先发动政变，终因准备仓促、不够机密而告失败。王守澄被杀一个月后，即大和九年十一月二十一日，甘露之变爆发，京中大乱，权宦仇士良捕杀李训、郑注党羽，掌握大权。北衙势力自此膨胀，不仅掌握了中枢权力，还将皇帝继承权牢牢把控在宦官手中。

甘露之变后，文宗已无法掌控政事，皇权衰落。他终日闲居，苦闷不已，"上自甘露之变，意忽忽不乐，两军球鞠之会什减六七，虽宴享音伎杂沓盈庭，未尝解颜；闲居或徘徊眺望，或独语叹息"③。尽管这一时期庆成节和其他节日活动的规模

---

① 《旧唐书》卷一七下《文宗纪下》，中华书局，1975年，第557、559、561页。
② 《旧唐书》卷一七下《文宗纪下》，中华书局，1975年，第580页。
③ 《资治通鉴》卷二四五，中华书局，1956年，第7927页。

已大不如前，但文宗还是要把握住这难得的与朝臣贵胄们亲密接触的机会，这既是他排遣解忧的一个途径，也可借此显示帝王威仪犹在。

开成年间的庆成节活动整体呈现出一种明盛暗衰的局面。开成二年（837）九月，"庆成节假宜依上元日休假三日"；"十月降诞日，帝幸十六宅，与诸王宴乐。是日赐宴百僚于曲江"。开成三年（838）十月与开成四年十月，文宗又在曲江大宴中书门下及百官，并以酒脯和仙韶乐赐予群臣。①从表面上来看，这一时期的庆成节规模一如往日兴盛，实则另有一番内情。开成二年九月，文宗颁旨：

> 甲申，诏曰："庆成节朕之生辰，天下赐宴，庶同欢泰。不欲屠宰，用表好生，非是信尚空门，将希无妄之福。恐中外臣庶不谕朕怀，广置斋筵，大集僧众，非独凋耗物力，兼恐致惑生灵。自今宴会蔬食，任陈脯醢，永为常例。"又敕："庆成节宜令京兆尹准上巳、重阳例，于曲江会文武百僚，延英奉觞宜权停。"②

开成三年十月，"京兆府奏：'庆成节及上巳、重阳，百官于曲江亭子宴会，彩觞船两只。请以旧船上杖木为舫子，过会拆收，遇节即用者。'敕：'其上巳节置，庆成节及重阳节停。'"③

由上述材料可以看到，开成年间庆成节虽然照旧进行，但其规模被不断压缩，不再逾制兴办。首先是节中禁屠宰，宴席只食蔬脯，④一者节省物力，二者以对众生之慈来消灾祈福；其次延英殿奉觞贺寿被告停止，仅在曲江举办宴会；最后连庆成节曲江宴会所用的彩船也罢止。其中固然有开成初年政局不稳、旱灾绵延等原因，但更多的是因为唐文宗个人权威的下降。

开成五年（840）正月，文宗驾崩，仇士良、鱼弘志等拥立文宗之弟颍王李瀍为帝，是为唐武宗。同年五月，中书向武宗上奏，请以武宗生日六月十二日设庆阳节。庆阳节的设立，即标志着庆成节至此废止。

三、庆成节活动空间的政治隐喻分析

唐文宗的庆成节在整个中晚唐诸帝诞节的发展过程中是一个较为特殊的存在，

---

① 《册府元龟》卷二《诞圣》，凤凰出版社，2006年，第22、23页。
② 《旧唐书》卷一七下《文宗纪下》，中华书局，1975年，第571页。
③ 〔宋〕王溥：《唐会要》卷二九《节日》，中华书局，1955年，第547页。
④ 〔宋〕王溥：《唐会要》卷二九《节日》："至（开成）四年复令其日肉食。"（中华书局，1955年，第547页）

其突出体现为多元化的场所选择，除常用的麟德殿外，还开辟曲江池和延英殿作为新的诞节活动中心。这些空间明显可以分为两类，一类是针对于皇帝本人的个体空间，另一类是面向文武百官的制度空间。前者包括麟德殿和十六王宅，可以反映出文宗面对复杂局势时的个人心态变化；后者包括延英殿和曲江池，文宗通过物质营造、政令维护和空间分化等途径赋予两处空间新的政治功能——延英殿是统驭臣僚的政治工具，而曲江成为彰显盛世的政治舞台。（图1、图2）

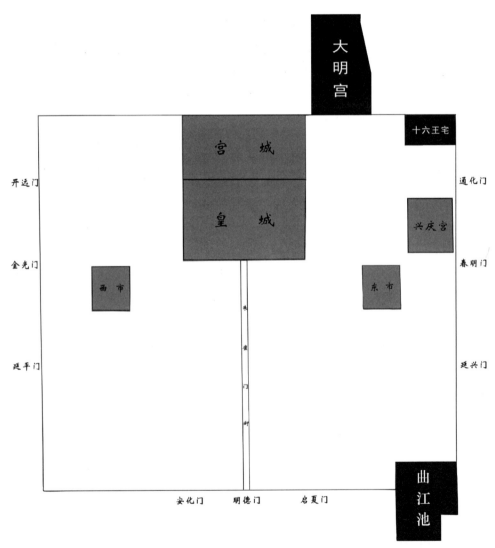

图1　唐长安城大明宫、曲江池和十六王宅位置示意图
［据李健超《唐长安1∶2.5万复原图》（《西北大学学报》1993年第2期）改绘］

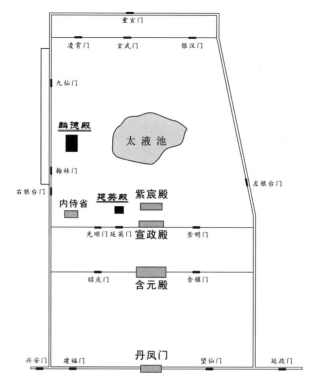

图2　麟德殿和延英殿位置示意图

[据李健超《唐长安1：2.5万复原图》（《西北大学学报》1993年第2期）改绘]

（一）个体空间与情感调适：麟德殿和十六王宅

关于文宗的个人品格，《旧唐书》中评价为"恭俭儒雅，出于自然"①。文宗为人谨慎谦虚，节制节俭。他身上有着强烈的责任感和进取心。"上每视事后，即阅群书，至乱世之君，则必扼腕嗟叹；读尧、舜、禹、汤事，即灌手敛衽。"②他并没有凭借权力肆意妄为，滋营一己之欲，为人处事也始终保持克制。而实际上，外在表现越是理性之人，平日所积累的欲望就越强烈，文宗又是一位少年君主，人在青少年阶段欲望最是强盛但又很容易沉沦无度，所以就更加需要一个合适合理的途径与空间来宣泄自己的情感。

美国心理学家马斯洛于1943年提出了著名的"需求层次理论"，他认为人的个体需要由低到高可以分为生理需求、安全需求、归属与爱的需求、尊重需求和自我实现的需求。对于帝王的认知，当然不能简单将其视为一个时代的政治符号，帝王也有常人的七情六欲和精神追求。所以下述将借鉴需求层次理论，对文宗的个人心

---

① 《旧唐书》卷一七下《文宗纪下》，中华书局，1975年，第579页。

② 〔宋〕王谠撰，周勋初校证：《唐语林校证》卷二，中华书局，1987年，第148页。

态变化做深度剖析，挖掘其空间选择背后的感性因素。段义孚先生认为："闭合空间体现了舒适、安全、惬意，是对私密、幽暗的生活和生理需求的保障。"①所以，麟德殿和十六王宅这样的殿堂屋宅符合皇帝追求个人生理需求的要求。当然其空间选择并不仅有"地域偏好"的感官因素，更多的是在时势与社会环境影响下皇帝本人对安全感和归属感的追求。

文宗执政前期天下形势动荡，这使文宗的内心充满了忧患之思，通过大和初年颁布的一些诏书可以深刻感受到他的这种情绪："（宝历二年十二月）庚申，诏：'……思所以克己复礼，修政安人，宵兴匪宁，旰食劳虑。'""（大和四年四月）壬戌，诏曰：'……朕自临四海，愍元元之久困，日昃忘食，宵兴疚怀。'""（大和六年正月）壬子，诏：'……中宵载怀，旰食兴叹，怵惕若历，时予之辜。'"②但他的性格又驱使他不仅要节制自己的欲望，同时要平息自己的情绪，释放自己的压力。而诞日时开展的三教讲论，正是其解压释怀的合理途径。

麟德殿三教讲论的论辩主题和论辩形式往往是经过事前设计的，有固定的套数，并非即兴的激烈辩论。陈寅恪认为讲论内容"乃预设问难对答之言，颇如戏词曲本之比"③。也就是说，讲论场面和谐，具有一定的表演色彩，取悦皇帝是其内容设计的根本方向。对于当时终日忧心忡忡的文宗来说，借自己生日的机会，通过三教讲论这样一种形式，可以使自己获得短暂的愉悦心情和释放压力的空间，再加上宗教义理本身就具有使人解脱俗世烦恼的属性，所以麟德殿三教讲论符合帝王对心灵安宁的追求。当然，除了安全感的获得外，三教讲论还可以为皇帝在帝王之道与治国方略等层面上提供一些智力支持，使皇帝得到思维上的启迪，同时也体现帝王对于三教并重的认可。

白居易曾撰《三教论衡》一文，文中描述了大和元年文宗诞日麟德殿三教讲论的大致经过，这是目前所知最早的关于三教讲论具体内容的记载。这次讲论的主要参与人有白居易、义林法师、道士杨弘元等。④文中白居易的一段话清楚说明了讲

---

① ［美］段义孚：《恋地情结》，志丞、刘苏译，商务印书馆，2018年，第39页。

② 《旧唐书》卷一七上《文宗纪上》、卷一七下《文宗纪下》，中华书局，1975年，第523、537、544页。

③ 陈寅恪：《元白诗笺证稿》，上海古籍出版社，1978年，第331页。

④ 关于大和元年文宗诞日讲论的具体参与人，白居易自述与《册府元龟》《旧唐书》中的记载不同。《册府元龟》中记为"秘书监白居易等与僧惟应、道士赵常盈"（《册府元龟》卷二《诞圣》，凤凰出版社，2006年，第21页）。《旧唐书》中则记为"居易与僧惟澄、道士赵常盈"（《旧唐书》卷一六六《白居易传》，中华书局，1975年，第4353页）。此处从白氏之说。

论的主要目的："臣居易言：'我大和皇帝祖玄元之教，挹清净之风，儒素缁黄，鼎足列座，若不讲论玄义，将何启迪皇情。'"①也就是说，御前辩论的重心并不是要辨明经义本身，而是针对皇帝的需求做出学理上的回应。讲论论题主要围绕道教经典《黄庭经》中阐述的"养气存神、长生久视"之道和儒家经典《孝经》中所言"敬一人则千万人悦"的君臣忠敬之道，这些论题也从侧面反映了文宗对于身心健康和地位稳固等个人安全因素的关切。

甘露之变后，文宗饱尝失势的痛苦，内心无比失落和孤独，这迫使他要寻求情感上的寄托与归属。皇帝身边最亲近之人，或言内廷的主要成员有后妃、皇亲和宦官三类，有鉴于唐代前期后妃势力和唐代后期宦官势力对皇权的威胁，文宗更偏向于选择向皇亲们，尤其是他的兄弟们靠拢。文宗为人仁孝，他本人对亲情十分珍视。文宗对三宫太后②很是尊重，又善待他的兄弟李瀍和李溶，经常驾幸十六王宅与他们欢享宴乐，而十六王宅的宴乐活动在开成年间变得尤其频繁。

唐玄宗立十六王宅的其中一个目的就是密切自己与皇亲们之间的感情，避免再生血腥的宫廷政变，这一历史传统成为十六王宅自身重要的空间属性。中晚唐时期的皇子诸王们大多居于十六王宅，文宗自己就是以亲王的身份从十六王宅被宦官们拥到宫内为帝的，所以文宗对于潜邸的感情尚在，对其内部情况也比较熟悉。而文宗青睐于这种家庭休闲活动，首先是因为十六王宅这一相对熟悉的环境可以使其产生安全舒适之感；其次通过对血缘纽带的经营，可以提升他在皇室中的认可度，也可确保他在其中的权威地位；最后只有获得了皇亲们的支持和尊重，原有的天然的政治同盟才能得到加强和巩固。总之，文宗执政后期在十六王宅的相关诞节活动，既是一种情感联络，也是一种政治沟通。

（二）延英奉觞：一种空间权术

在庆成节设立之前，唐文宗同大多数中晚唐帝王一样选择了麟德殿为诞节活动的中心。但在庆成节设立之后，延英殿又成为庆成节在大明宫的核心活动场所。奉觞上寿之仪本不新奇，特殊之处在于延英殿规模很小，本不具备举办宴会的条件，在此举办上寿之仪，百官只能于庭院之中奉觞，颇为不便，而且延英殿向来没有举办庆祝活动的传统。延英殿是距离内廷正殿紫宸殿最近的一处偏殿，"自安史之乱以来其在国家政治生活中的地位却日渐提高，就其在政治方面的作用而言，已经远

---

① 〔唐〕白居易：《白居易集》卷六八，顾学颉校点，中华书局，1979年，第1438页。

② 《旧唐书》卷一七下《文宗纪下》："时宪宗郭后居兴庆宫，曰太皇太后，敬宗母宝历太后及上母萧太后，时呼'三宫太后'。"（中华书局，1975年，第580页）。

远超过了含元、宣政、紫宸三大殿"[1]。在"延英召对"制度形成后，延英殿逐步成为大明宫内廷的政治中枢，是一处以处理政事为主的机密要地。文宗无视延英殿的自身规模和殿宇功能，在此公开举办大型的庆祝活动，看似匪夷所思，实则是有预谋的政治运作，奉觞上寿在这里不仅是一种礼仪活动，更是一种与现实政治密切相关的空间权术。

延英殿是文宗个人苦心经营的权力空间，文宗对于延英殿的利用程度在中晚唐诸帝之中当属前列。文宗勤于政事，经常与宰臣们在延英殿对谈良久，"洎即位之后，每延英对宰臣，率漏下十一刻"[2]。除延英召对外，文宗还在延英殿与赴地方就职的刺史和节度使等辞行，外任官员须在此向皇帝当面谢恩，此被称为"延英中谢"。可以看出，文宗将延英殿作为自己施政的重要场所，在自己熟悉的势力范围之内开展名为宫廷礼仪实为政治沟通的相关活动，既有空间保障，也具有隐蔽性。

中晚唐时期，百官入大明宫内朝一般要先集于宣政殿西廊外的中书省附近，在此由延英门赴延英殿，距离远比到麟德殿要近，同时延英殿距皇帝的寝殿紫宸殿也很近，空间距离的缩短可以拉近帝王与臣僚之间的关系。"入延英"在当时是一种身份的象征，意味着可以深入内廷与皇帝近距离接触。延英殿本只有宰相等肱股之臣以及皇帝亲信可以进入，而借着上寿之仪的名义，其他的文武百官也可以入延英殿觐见皇帝。这些细节都体现出了文宗要在礼制之外对臣僚施以恩典，从而使臣僚感激帝王的恩遇之情，敬佩皇帝的胸怀和气度。

此外，大和七年至大和九年，文宗每年都会专门针对延英奉觞之事下诏。如果延英奉觞只是单纯的礼仪活动，那么只需在制度确立后依故事行事即可，无需帝王再降诏命。相关诏令的反复下达，既反映了当时政治态势的变化多端，也充分说明了文宗对延英奉觞这一政治活动的重视程度。

弃麟德而就延英的另外一个主要原因是将百官与宦官势力隔绝开来。宦官机构内侍省，位于大明宫内廷的西南部，即右银台门和光顺门之间的区域。而麟德殿在内侍省之北，赴麟德殿必过右银台门或光顺门。二门均由宦官把持，宦官在空间上控制着入麟德殿的必经之路。而且麟德殿距离内侍省太近，在那里举办宴会很容易受到宦官的干扰和监视。是时文宗正欲展开大规模的除宦行动，自然不肯为宦官所制，只有远离麟德殿，才能保障笼络臣僚策略的顺利进行。

---

① 杜文玉：《论唐大明宫延英殿的功能与地位——以中枢决策及国家政治为中心》，《山西大学学报》（哲学社会科学版），2012年第3期，第196页。

② 《旧唐书》卷一七下《文宗纪下》，中华书局，1975年，第580页。

当然除麟德殿外，还有宣政、紫宸等规模很大的正殿，适合举办大型活动。但文宗没有选择正殿，更多的是受到了礼制传统的影响，同时是他个人克制谨慎的政治品德的体现。首先，唐代中后期大明宫三大殿等正殿的使用频率明显降低，而且皇帝的生活起居和日常办公多数都在内廷进行，文宗遵循了这样的政治传统。其次，中国古代向来有帝王避正殿禳灾修德的传统，避正殿被视为君主罪己反省的象征。大和年间，全国灾异横行，文宗也曾多次下诏罪己。所以即便天下稍有安定，文宗亦不敢懈怠。最后，唐穆宗曾在紫宸殿为自己举办贺寿宴会，这已被视为违背祖制之举。文宗要树立自己的明君形象，自然不会重蹈其父的荒唐行径。

总之，文宗在延英奉觞之仪中通过空间上的亲近与疏离之道，成功地将臣僚笼络到自己的身边，并借此树立了自己的权威，从而为此后的权力斗争提供了有效的政治保障。

（三）景观感知与皇权表达：曲江大宴

文宗构建的新曲江是一个由亭台楼阁和烟柳湖池构成的、水平与垂直并具的多层次立体空间，是诗意空间和政治空间的叠合。曲江的自然风光优美，人文气息也很浓厚，容纳的空间要素及相应组合多种多样，构建的整体风貌也恢宏大气。"通透的、变化较为丰富的空间一般会带给我们灵动的、开阔的感觉，进深增加会让人感到能量释放。"①人处于这样的盛景之中，情绪会发生很大波动，会不禁沉浸叹服，从而由风物之美联系到社稷兴盛，意气横生。

新曲江同时也是一个政治空间。与延英奉觞类似，曲江大宴也具有强烈的意识形态色彩，它向外界宣示着文宗在与宦官的斗争中取得了暂时性的胜利。若干景物的营建都是一个个别具匠心的景观符号，重建的紫云楼等宏大建筑可以唤起对帝王的崇敬之心和对王朝中兴的信心。曲江是一处典型的记忆景观，它早已与开天盛世的历史融为一体，成为集体性的时代记忆。所以文宗的新曲江并不是一种重新建构，而是比照天宝年间形势进行的景观复原，这正是基于人们对一些经验性空间概念的认知，引召人们追忆往昔盛世。诗意空间与政治空间的结构性整合，构成了象征性的空间，这一空间负责渲染天下承平的社会氛围，传递皇权日盛的政治信号。

文宗对曲江盛景的热爱不仅是他的个人喜好，更反映了他志得兴满的气魄。文宗本人有着浓重的太宗情结，"初，帝在藩时，喜读《贞观政要》，每见太宗孜孜

---

① ［美］段义孚：《恋地情结》，志丞、刘苏译，商务印书馆，2018年，第41页。

政道，有意于兹"①。"文宗谓宰臣曰：'太宗得魏徵，采拾阙遗，弼成圣政；今我得魏暮，于疑似之间，必极匡谏，虽不敢望贞观之政，庶几处无过之地。'"②"文宗稽古尚文，多行贞观、开元之事。"③他对贞观与开元之世深有追思，常欲兴复大唐，再造盛世。不惜大兴土木重修曲江，看似与文宗崇尚节俭的个人品格不符，实则是合情合理的，因为呈现一种崭新的政治气象需要力度强劲的空间表达。

但文宗显然对当时的政治形势过于乐观，他认为自己已经初步摆脱了宦官的政治控制，但宦官势力在朝中已经根深蒂固，仅靠以宦制宦等帝王权术显然无法根治阉患。王守澄的倒台对于已经侵入唐朝廷中枢且掌握兵权的宦官势力而言并没有太大影响。文宗个人着力打造的新曲江空间实则掩盖了更深层次的政治矛盾，使得文宗及朝臣对局势，特别是对宦官与外朝力量的权衡对比做出了严重的误判。甘露之变中除宦行动的失败充分说明了外朝力量的整合实际上漏洞百出，宦官的力量依然强大，并非不堪一击，刚刚重整兴盛的皇权又一落千丈。现实政治形势的恶化也使得曲江盛景黯然失色，并最终昙花一现。《旧唐书》中评价文宗"有帝王之道，而无帝王之才"④，所称是也。

开成年间庆成节宴会的延续，一方面是要继续营造天下太平的假象，平抑甘露之变后的政治动荡，维持朝中局面；另一方面，延英奉觞的停止和曲江宴会规模的缩小，也说明当时宦官逐步加强了对文宗个人自由的控制。文宗此时尚有一腔重整天下的热血，"会幸三殿东亭，因见横廊架巨轴于其上，上谓修己曰：'斯《开元东封图》也。'因命内巨轴悬于东庑下。上举白玉如意指张说辈数人叹曰：'使吾得其中一人来，则吾可见开元矣。'"⑤但失去权力的他只能以宴饮享乐来麻醉自己，释放已沦为傀儡的痛苦，以至有"我与卿等论天下事，有势未得行者，退但饮醇酒求醉耳"⑥的激愤之语。透过开成年间庆成节曲江之宴的所谓盛景，应该看到的是文宗个人命运的悲哀，"帝曰：'赧、献受制强臣，今朕受制家奴，自以不及远矣！'"⑦尽管文宗励精图治，勤勉进取，但终归因为个人性格和政治上的不成熟而难有大的作为。

---

① 《旧唐书》卷一七下《文宗纪下》，中华书局，1975年，第580页。
② 〔宋〕王谠撰，周勋初校证：《唐语林校证》卷三，中华书局，1987年，第231、232页。
③ 《太平广记》卷一八七，中华书局，1961年，第1399页。
④ 《旧唐书》卷一七下《文宗纪下》，中华书局，1975年，第580页。
⑤ 〔唐〕李濬：《松窗杂录》，中华书局，1991年，第5页。
⑥ 《资治通鉴》卷二四五，中华书局，1956年，第7928页。
⑦ 《新唐书》卷二〇七《仇士良传》，中华书局，1975年，第5874页。

四、结语

综上所述，唐文宗庆成节的活动空间转移与当时的政治形势变化同向而行，其中蕴含着深厚的政治隐喻，这既反映了文宗的政治野心，也体现了其独到的政治策略。以庆成节为例，我们可以看出唐代的诞节具有极强的个人色彩和阶段性，皇帝的权威与意志在其中扮演着重要的角色。诞节兼具礼仪性与娱乐性，同时是帝王重要的政治工具，所以为现实服务就成了诞节发展的主要动力。在旧制传统与新朝事务、帝王意志与国家公器的权衡博弈之中，诞节被不断重新解构，在人亡政息的历史循环中演进。

原载《济南大学学报》（社会科学版）2020年第4期

（肖爱玲，陕西师范大学西北历史环境与经济社会发展研究院教授；

赵昕宇，四川大学历史文化学院博士研究生）

上下沟通与信息传递

——唐长安城门的政治空间意义

万　晋

近年来，城市史研究在历史学、地理学、人类学等多学科领域广泛兴起，逐渐成为学界关注的热点，有关唐宋之际都城的研究成果尤其丰富。中国学者在城市考古、都市制度、历史地理等诸多方面进行了不同角度的探讨，严耕望先生着力于城市交通领域，硕果累累。日本学者佐藤武敏、平冈武夫、足立喜六、金子修一、妹尾达彦、中村圭尔、古濑奈津子、穴泽彰子等先生的研究为都城长安研究开辟出独特的视角。但对于唐长安三重城制下的城门，除考证性成果之外，学界就其功能和意义的研究仍留有空白，本文就是基于这一思路的一次尝试。

一、唐长安的三重城制

唐长安的城市基本结构为宫城、皇城、外郭城三重城制。宫城位于全城北部正中的位置，太极宫居宫城中央，东西两侧分别为东宫和掖庭宫。南接宫城的是皇城，皇城的高墙之内集中了几乎全部的中央官僚机构。这也是隋唐两代都城将官衙卫府与百姓居住区完全分离，一改两汉"宫阙之间，并有人家"①之状况的重要体现。高宗龙朔二年（662）起重建的大明宫和作为玄宗戏剧性生涯舞台的兴庆宫，分别位于太极宫的东北部和东南部，习惯上被称为"东内"和"南内"。大明宫在安史之乱后作为唐中央政治的核心地，承担了绝大部分原本属于太极宫的职能。唐后期长安城的政治中心从太极宫向大明宫转移，直接带动了城市整体布局和结构的若干变化，使得在特殊时代背景之下城市社会生活的区域性空间特征凸显出来。

将城门作为史学研究对象，在探究城门的功能和意义之前，有必要依据传世文献及城市考古成果理清城门的位置、名称及其沿革。

---

① 〔元〕骆天骧：《类编长安志》卷二，中华书局，1990年，第42页。

（一）宫城城门

《雍录·唐宫总说》记："唐都城中有三大内：太极宫者，隋大兴宫也，固为正宫矣。高宗建大明宫于太极宫之东北，正相次比，亦正宫也……太极在西，故名西内。大明在东，故名东内。别有兴庆宫者，亦在都城东南角，人主亦于此出政，故又号南内也。"①三大内作为有唐一代不同时期体现皇权至高无上的地理中心和政治核心地，其城门也具有更加明确的表征意义。

对于太极宫的城门名称及数量，学界颇有争议。寻其史料来源，主要是宋敏求《长安志》的记载和清人徐松的考证。《长安志》记："西内。正殿南承天门（原注：南面有六门）。门东曰长乐门，次东曰广运门，次东曰重福门（原注：即东宫之正门），次东曰永春门。承天门之西曰永安门……东面一门凤凰门。西面二门南曰通明门，北曰嘉猷门。北面三门，正北曰定武门，次东曰安礼门，东宫北门曰元德门。"②徐松《唐两京城坊考》载："宫城，亦曰西内，其正牙曰太极殿。城之南面五门，正南承天门……承天门东长乐门，长乐门内东左藏库。承天门西广运门，广运门内有西左藏库。长乐门东永春门。广运门西永安门。东面一门凤皇门。西面二门，南通明门，北嘉猷门。北面二门，中为定武门，定武门东安礼门。"③这两条史料记载的分歧主要在宫城南面的城门。宫城中央为太极宫，太极宫之东为东宫的建制，使得何为太极宫之门、何为东宫之门的问题，在自北宋以降的文献记载中久有异词。辛德勇在《唐长安宫城南门名称考实》中考证各类史料并综合日本学者的研究，提出太极宫南面自东向西为永安门、承天门、长乐门，东宫之南自东向西为广运门、重明门、永春门，④这应是颇为精当的，本文即采用这一说法。而宫城东、西、北三面，东为凤凰门，西为通明、嘉猷二门，北为玄武、安礼、玄德三门，当无异议。

太极宫城门名称在隋唐时期的变化⑤如下。承天门，隋开皇二年（582）作，初名曰广阳门，仁寿元年（601）改曰昭阳门，唐武德元年（618）改曰顺天门，神龙元年（705）改曰承天门。外有朝堂，东有肺石，西有登闻鼓。凤凰门，隋曰建春门，后改通训门。明皇时，凤凰飞集通训门，诏改曰凤凰门。⑥

---

① 〔宋〕程大昌：《雍录》卷三，中华书局，2002年，第53页。
② 〔宋〕宋敏求：《长安志》卷六，三秦出版社，2013年，第232页。
③ 〔清〕徐松：《唐两京城坊考》卷一，〔清〕张穆校补，中华书局，1985年，第1—2页。
④ 辛德勇：《隋唐两京丛考》，三秦出版社，2006年，第93—102页。
⑤ 由于避讳产生的名称变化，如清人刻本改"玄"为"元"等，不在此内。
⑥ 〔宋〕宋敏求：《长安志》卷六，三秦出版社，2013年，第232页。

龙朔二年（662）起，高宗重建大明宫并开始于此听政。但直到安史之乱后，大明宫才成为真正意义上唐长安政治的核心地和中央集权政治的主要舞台。妹尾达彦的研究表明，8世纪末到9世纪前半期的大明宫，其建筑构造与当时政治、社会机构有着密切的关联。大明宫的建成，使唐代宫廷仪礼从与天、皇族祖先密切相关，转变为以官人为多数参加的、现世的、世俗的仪礼。①大明宫的宫城各城门，《两京新记》载："宫南面五门，正南丹凤门，次东望仙、延政门，次西建福、兴安门。"②东、西、北三面分别有太和、日营、玄武诸门。其中丹凤门"至德三载改明凤门，寻复旧名"③。史料记载各门的方位与中国社科院考古研究所西安唐城工作队实测大明宫遗址的成果④基本一致。

兴庆宫于开元二年（714）置，因位于兴庆坊而得名，是唐长安城内重要的宫殿群之一，在玄宗时代一度成为王朝政治的中心舞台。与西内太极宫和东内大明宫有所不同，兴庆宫的修建以西向的兴庆门为宫之正门，兴庆殿为正殿。兴庆门之南曰金明门，南面二门为通阳门和明义门，东城墙外为夹城复道，所谓"六飞南幸芙蓉苑，十里飘香入夹城"⑤。北面有丽苑、跃龙、芳苑三门。宫城西南隅的花萼相辉楼和勤政务本楼临街而立，迫近繁华的东市，演绎出不少关于太上皇玄宗的故事，更成为中央与地方、朝廷与民众相接触的特殊场所，具有与太极宫正南承天门前广场相似的意义和作用。这两楼虽不是位于南内宫城中轴线之上，但其横跨兴庆宫西南两面，分别面朝两边的道路，两楼特殊的地理位置和建筑构造上的舞台彰显功能，使得牡丹飘香、华丽壮观的兴庆宫更多地展现在长安民众面前。

（二）皇城城门

宋敏求《长安志》载唐长安皇城"东西五里一百一十五步，南北三里一百四十步。南面三门正南曰朱雀门，东曰安上门，西曰含光门。东面二门南曰景风门，北曰延喜门。西面二门南曰顺义门，北曰安福门。城中南北七街，东西五街，其间并列台省寺卫。宫城南门外有东西大街，承天门外横街之南有南北大街曰承天门

---

① 〔日〕妹尾达彦：《大明宫的建筑形式与唐后期的长安》，《中国历史地理论丛》1997年第4辑。

② 〔唐〕韦述撰，辛德勇辑校：《两京新记辑校》卷一，三秦出版社，2006年，第6页。

③ 〔清〕徐松：《唐两京城坊考》卷一，〔清〕张穆校补，中华书局，1985年，第17页。

④ 中国社会科学院考古研究所西安唐城工作队：《陕西唐大明宫含耀门遗址发掘记》，《考古》1988年第11期。

⑤ 〔唐〕杜牧：《长安杂题长句六首之五》，见《樊川诗集注》卷二，上海古籍出版社，1978年，第118页。

街"。其中安上门"至德三载改为光天门，寻复旧"。[1]

皇城与宫城之间以一条横街相隔，这一空间里聚集了除在宫城之内的其他绝大多数官僚机构。皇城和宫城共同维护了"三朝"[2]制度，各级官署整齐有序地分列其中。皇城是政治中心宫城与长安居民聚集的外郭城区的沟通和交接地带，其城门常常具有特殊的意义和作用。

（三）外郭城城门[3]

外郭城城门联系着城市和郊区，在筑起城墙的古代城市，联系城内城外的就只有城门。宋敏求《长安志》载唐长安"东西一十八里一百一十五步，南北一十五里一百七十五步，周六十七里，其崇一丈八尺。南面三门正中曰明德门，东曰启夏门，西曰安化门。东面三门北曰通化门，中曰春明门，南曰延兴门。西面三门北曰开远门，中曰金光门，南曰延平门。北面一门曰光化门。皇城之东五门（原注：并见上大明宫），皇城之西二门，当皇城西第一街曰芳林门，当皇城西第二街曰光化门"。又记禁苑"南面三门，中曰景跃门，东曰芳林门，西曰光化门"。[4]另《唐两京城坊考》载："北面即禁苑之南面也，三门皆当宫城西。中景跃门，东芳林门，西光化门。"[5]宋敏求所记"皇城之东五门"即大明宫南面的五座城门，从严格意义上讲不能看作外郭城的城门。而光化、景跃、芳林三门，则是出入禁苑的通道，于外郭城与禁苑相接的北缘自西向东排列。以上三门虽都处于同一街，但其被利用之频繁程度，或说是在史料记载中出现的频繁程度，还是有一定的差别的。芳林门为禁苑南门，处于宫城西墙与外郭城相接的特殊位置。对于不适宜穿过宫城北面的城门进入禁苑的人员，芳林门是最便捷的通道，与此有关的一个群体也因此被习惯性地称为"芳林十哲"[6]。有关芳林门的记载，另举几例如下：

---

① 〔宋〕宋敏求：《长安志》卷七，三秦出版社，2013年，第247—248页。
② 所谓三朝，即外朝、中朝、内朝。《唐六典》卷七"工部"条载："若元正、冬至大陈设，燕会、赦过宥罪，除旧布新，受万国之朝贡，四夷之宾客，则御承天门以听政。本注：盖古之外朝也。""其北曰太极门，其内曰太极殿，朔、望则坐而视朝焉。盖古之中朝也。""又北曰两仪门，其内曰两仪殿，常日听朝而视事焉。盖古之内朝也。"。
③ 限于本论题的研究重点，对于外郭城的探讨侧重东、西、南三面的城门。对于出入禁苑的光化、景跃、芳林三门，在此略作讨论。
④ 〔宋〕宋敏求：《长安志》，三秦出版社，2013年，第255页。
⑤ 〔清〕徐松：《唐两京城坊考》卷二，〔清〕张穆校补，中华书局，1985年，第34页。
⑥ 〔五代〕王定保撰，姜汉椿校注：《唐摭言校注》卷九"芳林十哲"条："（懿宗）咸通中自云翔辈凡十人，今所记者有八，皆交通中贵，号芳林十哲。芳林，门名，由此入内故也。"（上海社会科学院出版社，2003年，第187—188页）。

（徐齐聃）高宗时为潞王府文学、崇文馆学士，侍皇太子讲修书于芳林门。①

景龙四年正月八日立春，上命侍臣自芳林门经苑东展仗，入望春宫迎春，内出采花树，人赐一枝。②

中宗令学士自芳林门入，集于梨园，分朋拔河。③

与光化、景跃两座城门相比，芳林门因距离太极宫较近而更多地被作为皇家仪式展开的舞台，甚至在元和十三年（818），西市百姓还在这里举行过一定规模的集会"无遮僧斋"④。而在此之前一年，宪宗刚刚修建了自芳林门至修德坊兴福寺的夹城。⑤尽管如此，外郭城邻接禁苑的北缘三门，还是因禁苑为皇家园林的特殊性而与东、西、南面的外郭城城门截然不同。仪式和规范对城门的地域空间选择，体现出社会空间运作过程中诸因素的相互制约与协调。

外郭城城门名称在有唐一代的变化如下。通化门，至德二载（757），改为达礼门。《长安志》引《两京道里记》："通化门改达礼门，识者曰：'三年之丧，天下达礼，非嘉名。'三年而玄、肃晏驾，还复旧名也。"⑥延兴门，《唐两京城坊考》引《雍录》："长安城东面三门，有安兴。是延兴先为安兴，不知何时改。"⑦

二、宫城城门构建的政治空间

城门在政治层面作为社会空间的意义，首先是以皇帝亲临或由官方主持的仪式和活动这样一种形式表现出来的。城门作为宫城、皇城、外郭城之间的交界点，借助其高大的门楼、门前与主干街道共同构建的开敞空间，形成具有舞台性质的"场"，很容易得到高度的聚焦和关注。以城门为地点举行的仪式和活动，也因为这样的场景选择而凸显其规模的宏大和地位的重要。皇城之内官府机构的集中，必然会有很多政令或公告需要对长安民众"广而告之"。上下信息得以最大限度地交换和传达的地点，城门亦是最优的选择。

---

① 〔唐〕张说：《唐西台舍人赠泗州刺史徐府君碑》，见《张燕公集》卷二〇，上海古籍出版社，1992年，第173页。

② 《太平御览》卷二〇，中华书局，1960年，第99页。

③ 〔宋〕程大昌：《雍录》卷九，中华书局，2002年，第197页。

④ 《册府元龟》卷五二，中华书局，1960年，第579页。

⑤ 〔宋〕王溥：《唐会要》卷三〇《杂记》："（元和）十二年四月，诏左右神策军以众二千筑夹城，自云韶门过芳林门，西至修德里，以通于兴福佛寺。"（古籍出版社，2006年）

⑥ 〔宋〕《长安志》卷七，三秦出版社，2013年，第255页。

⑦ 〔清〕徐松：《唐两京城坊考》卷二，〔清〕张穆校补，中华书局，1985年，第33页。

以城门为地点举行的仪式和活动，大致可以分为这样几类：皇帝即位、大赦和赏赐、国家祀典、宣慰和献俘仪式、送行和迎接、节庆娱乐以及有关佛事的活动等。其中前两者多选择宫城城门为仪式举行的场所。

对于宫城而言，作为外朝核心地的承天门是皇帝亲临和朝廷举行各类仪式最为频繁的城门。《唐六典·工部》载："若元正、冬至大陈设，燕会，赦过宥罪，除旧布新，受万国之朝贡，四夷之宾客，则御承天门以听政。"①承天门前横街和贯穿南北的中轴线承天门街，最大限度地彰显着这一城门在唐帝国政治运行中的突出地位。有唐一代几乎全部的皇帝即位仪式，以及大明宫替代太极宫成为唐长安的政治中心之前的重要宣敕、朝贺、大赦和赏赐等，皆在此举行。处于长安城中轴线之上且作为宫城正门、外朝核心地的承天门，在王朝政治和仪礼体系中具有方位上的权威意义。《大唐开元礼》中有多处是以承天门为界规定的礼制细则：皇帝冬至祀圜丘，銮驾出宫，"驾出承天门，至侍臣上马所，黄门侍郎奏称请銮驾权停，敕侍臣上马"②；銮驾还宫，"驾至承天门外，侍臣下马所，銮驾权停，文武侍臣皆下马"③；皇帝宴蕃国使，"所司迎引使者至承天门外，通事舍人引就次"④；皇帝讲武毕，"文武群官至承天门外，舍人承制，敕群官还"⑤；等等。可见，承天门作为自皇城进入宫城的正门，在唐国家礼仪的建构体系中，是一个非常特殊而重要的地点分界。对于百官来说，门外是日常熟悉的办公地带，门内则是皇权威严的象征。在这里举行的赏赐和宴会，规模和级别都较高，参加者以皇亲国戚和中高层官员为主，所谓"长说承天门上宴，百官楼下拾金钱"⑥，实只限于中书门下五品及诸司三品以上的官员。⑦值得注意的是玄宗开元六年（718）在承天门的一次授官和赏赐："十一月辛卯，至自东都。丙申，亲谒太庙，回御承天门，诏：'七庙元皇帝已上三祖枝孙有失官序者，各与一人五品京官。内外官三品已上有庙者，各赐物三十匹，以备修祭服及俎豆。'赐文武官有差。"⑧玄宗从东都洛阳返回长安，在太庙的礼祀仪式结束之后，到承天门宣布这次赏赐。开元六年前后，玄宗是在大明宫听政

① 《唐六典》卷七《工部》，中华书局，1992年，第217页。
② 《大唐开元礼》卷四，民族出版社，2000年，第39页。
③ 《大唐开元礼》卷四，民族出版社，2000年，第44页。
④ 《大唐开元礼》卷八〇，民族出版社，2000年，第391页。
⑤ 《大唐开元礼》卷八五，民族出版社，2000年，第410页。
⑥ 〔唐〕张祜：《退宫人》，见《张祜诗集》卷四，江西人民出版社，1983年，第69页。
⑦ 《旧唐书》卷八："开元元年九月乙卯，宴王公百僚于承天门，令左右于楼下撒金钱，许中书门下五品已上官及诸司三品已上官皆拾之，仍赐物有差。"（中华书局，1975年，第171页）
⑧ 《旧唐书》卷八"开元六年十一月辛卯"条，中华书局，1975年，第179页。

的，而承天门在玄宗时代仍然被选择作为颁布赏赐之诏令的地点，这至少说明其作为西内太极宫的标志性地点的意义并没有动摇。正如妹尾达彦在其研究中提到的，并不是所有的宫廷仪礼都伴随政治中心的变动而转移到了大明宫，其中大丧、即位仪式、太庙、太社及郊祀等与隋唐初长安城的都市计划密不可分的宫廷仪礼，就没有移迁。①因为是"亲谒太庙"之后的颁诏，玄宗还未返回坐落于长安城东北的大明宫，所以承天门就成为记录这次赏赐的舞台。同样是在玄宗时代的开元二年（714）五月，吐蕃宰相坌达延陀献书，曰："两国地界，事资早定，界定之后，然后立盟。"当月，"吐蕃使其宰相尚钦藏及御史名悉猎来献盟书"，玄宗即"御承天门楼，命有司引见，置酒于内殿，宴遣之"。②唐朝皇帝亲自登上承天门楼接见少数民族首领，且"置酒于内殿"，这样的情况并不多见。由此透视出的是唐中央与吐蕃之间的微妙关系：开元年间，势力不断扩张的吐蕃已在陇右和西域地区构成对唐中央朝廷的威胁，唐廷通过盟书维持边境的相对稳定、缓和同强盛的吐蕃之关系，借用在承天门举行仪式的隆重性表现出来。承天门本身，以及在承天门举行的仪式，明确了内外之限、上下之别，皇权威严在这里得到最充分而直观地展现和不遗余力地强调。

　　构成仪式现场的要素，通常包括表演者、观者和记录者三个方面。在承天门举行的皇家仪礼中，皇帝和王公百官是整个事件的表演者和直接参与者。由于皇家活动的某些私密性和宫廷仪礼的神圣性，除记录者即史官之外，仪式的直接参与者和观者发生了身份上的重叠。见证这些仪式的群体范围十分有限，并且具有身份和等级上的严格限制。然而，无论是新皇帝的即位还是赏赐，抑或与少数民族首领缔结盟约，这样国于民的重大事件，最终会通过一定的传播方式和渠道使民众周知。除诏令自上而下的运行之外，一个重要的因素是官员以普通民众身份进行的接受和再传播。而皇帝的恩赦仪式，参与的群体范围就大了许多，旁观者的数量也有所增加。基于这样的原因，我们有必要将这一与其他仪礼有所不同的仪式单独做一分析。③

　　定期和非常时的赦免是中国古代皇权政治的特征之一，是皇帝统治广土众民、

---

　　① 〔日〕妹尾达彦：《大明宫的建筑形式与唐后期的长安》，《中国历史地理论丛》1997年第4辑。

　　② 〔宋〕王溥：《唐会要》卷九七《吐蕃》，古籍出版社，2006年，第2053页。

　　③ 陈俊强《皇权的另一面：北朝隋唐恩赦制度研究》（北京大学出版社，2007年）系统梳理了北朝至隋唐恩赦制度的流变，对恩赦的频率、恩赦与礼制、恩赦的内容和效力、与恩赦有关的曲赦、降罪、录囚进行了深入研究。本文所涉及的恩赦，论述的着力点主要在仪式的地点及其参与者之层面，探讨的范围仅限于在城门举行的恩赦仪式。

贯彻皇权的必要手段。大赦的仪式通常是展现在公众面前的，包含免罪和恩赏的"浩荡皇恩"得以一层层下达到百姓中间。无论其最终执行的力度如何，毕竟是将皇帝的恩泽广被四方、下达万民的重要方式。有唐一代在承天门宣布的大赦，通常伴随新一任皇帝的即位或改元进行，恩赦的范围一般较大，"常赦所不免并原之"[①]。或是皇帝在郊庙、圜丘祭礼结束后，御宫城城门大赦天下。另外在承天门也有过多次临时性的恩赦（见表1）。

表1

时间	事件	地点	史料出处
太宗贞观七年（643）	四月丙戌，立晋王为皇太子。是日，帝御承天门楼，大陈仗卫。文武百辟列于外，京邑士女重叠而观者，皇城街悉满。当道中树金鸡，大赦天下	承天门楼	《册府元龟》卷八四
中宗景龙二年（708）	崇训死，主素与武延秀乱，即嫁之。是日，假后车辂，自宫送之第，帝与后为御安福门临观……翌日，武攸暨与太平公主偶舞为帝寿。赐群臣帛数十万。帝御承天门，大赦，因赐民酺三日，内外官赐勋，缘礼官属兼阶、爵	承天门	《旧唐书》卷七
中宗景龙四年（710）	（睿宗）即皇帝位，御承天门楼，常赦所不免并原之。内外官四品以上加一阶，相王府官吏加两阶。流人长流、长任未还者并放还	承天门楼	《旧唐书》卷七
中宗景龙四年（710）	七月己巳，睿宗御承天门，皇太子诣朝堂受册，是日有景云之瑞，改元为景云，大赦天下	承天门	《旧唐书》卷八
玄宗先天二年（713）	兵部尚书郭元振从上御承天门楼，大赦天下，自大辟罪以下，无轻重咸赦除之	承天门楼	《旧唐书》卷七
穆宗长庆元年（821）	乃月正日，陛下有事于南郊回，御丹凤楼赦天下	丹凤楼	《文苑英华》卷四九〇
武宗会昌五年（844）	（正月）辛亥，有事于郊庙，礼毕御承天门，大赦天下	承天门	《旧唐书》卷一八上
僖宗文德元年（888）	（二月戊子）上御承天门，大赦，改元文德	承天门	《旧唐书》卷一九下
昭宗龙纪元年（889）	（十一月）甲寅，圜丘礼毕，御承天门，大赦	承天门	《旧唐书》卷二〇上

---

① 《旧唐书》卷七："（睿宗）即皇帝位，御承天门楼，常赦所不免并原之。"（中华书局，1975年，第154页）

梳理有关史料之后，我们发现，除在宫城正门（包括太极宫承天门、大明宫丹凤门）举行的大赦之外，于其他城门举行的赦免次数十分有限（见表2）。

表2

时间	事件	地点	史料出处
中宗景龙四年（710）	六月辛丑，帝（睿宗）挟少帝御安福门楼慰谕百姓，大赦天下，见系囚徒常赦所不免者咸赦除之	安福门楼	《旧唐书》卷七
玄宗先天元年（712）	冬十月庚子，皇帝亲谒太庙，礼毕，御延喜门，大赦天下	延喜门	《旧唐书》卷七

陈俊强在其研究中指出，唐代的赦免无外乎两种情况，一是国家祭典，一是皇室喜庆。另外，诸如武后行新政、中宗复新政、德宗行两税法、武宗整顿佛教等关涉国计民生的重大决策，都是借助恩赦下达的。由以上两表，对于唐代皇帝在城门举行的恩赦，大致可以得到以下两点结论：其一，恩赦仪式的地点选择，以宫城正门（承天门或大明宫丹凤门）为主，偶有在安福门和延喜门举行的恩赦，但为数不多。作为皇权象征的恩赦仪式，永远都是在皇城之内进行的。其二，所有的恩赦仪式中，皇帝皆亲御城门楼之上，亲临现场，亲自将恩德遍布到王朝子民中间。

唐代的恩赦，无论是在承天门、丹凤门还是在安福门、延喜门，这种象征皇恩浩荡的仪式都拥有众多的参与者：不仅仅是皇亲国戚、王公百官，还有相当数量的父老、囚徒。这些人作为恩泽的接受者出现在仪式的现场——百官享受赏赐，囚徒得以免刑，父老也许会得到逋欠租税的一笔勾销。而这样的仪式，必然是无比隆重的。穆宗长庆元年（821），庞严的对策言："乃月正日，陛下有事于南郊回，御丹凤楼赦天下。臣与百姓咸观，列在大陆之南。祥风北来，时聆德音，乃闻有直言极谏之召，私自快喜，得进所志于今日也。"[1]帝王的德泽随着赦书的颁行而惠及众民，宏大的宣行场面无疑具有特殊的政治意义。《新唐书·百官志》"中尚署"条载："赦日，树金鸡于仗南，竿长七丈，有鸡高四尺，黄金饰首，衔绛幡长七尺，承以彩盘，维以绛绳，将作监供焉。击坬鼓三声，集百官、父老、囚徒。坊小儿得鸡首者官以钱购，或取绛幡而已。"[2]恩赦仪式开始之前，"先建金鸡，兼置鼓于宫城门之右"，而后"视大理及府、县囚徒至，则挝其鼓"。[3]唐太宗贞观七年立晋王

---

① 〔唐〕庞严：《对贤良方正能直言极谏策》，见《全唐文》卷七二八，中华书局，1983年，第7509页。

② 《新唐书》卷四八，中华书局，1975年，第1269页。

③ 《唐六典》卷一六，中华书局，1992年，第464页。

为皇太子后的一次大赦，《册府元龟》记载了当时承天门外的场景："是日，帝御承天门楼，大陈仗卫。文武百辟列于外，京邑士女重叠而观者，皇城街悉满。当道中树金鸡，大赦天下。"①承天门楼之上，是太宗仪临天下的国君风范；承天门外，文武百官按序站班；承天门街之上，则聚集了为数众多的京城士女。承天门与其前的横街，以及皇城中央的承天门街，共同构成一个"T"形空间，作为惠及万民的恩赦仪式之舞台。借助这一仪式，京城百姓得以进入平日被严格戍卫的皇城之内，成为典礼的直接见证者。皇帝宣赦释囚之后，长安小儿争先沿绛绳而上，抢夺鸡首及绛幡，所谓"日照彩盘高百尺，飞仙争上取金鸡"②。这样一个简洁而郑重的仪式，其象征意义也许远远超过史料中平铺直叙的书写。在皇权恩赦之日的清晨，皇城城门对百姓暂时开放，人们以市民个体的身份涌入城墙之内的宫廷要地，参与这场仪式。尽管仪礼过程中的限制必然繁杂苛刻，但对于聆听赦书宣读的百姓，这扇城门的打开成为其作为大唐子民正式身份的表征，无疑具有非常的意义。

龙朔二载（662）高宗重建大明宫并开始在这座位于长安城东北的宫城听政。但直到安史之乱后，大明宫才正式替代了太极宫的大部分职能，成为唐代政治的核心地。玄宗在开元二年从太极宫迁往大明宫，但在开元十六年（728）以后的时日，都是常居在春明门内的兴庆宫里。肃宗收复长安以后即位的皇帝，都以大明宫为长期的居住、听政场所。丹凤门进而作为皇帝改元、大赦、宴见使节等外朝大典的舞台而发挥作用，王维《和贾至舍人早朝大明宫之作》云："九天阊阖开宫殿，万国衣冠拜冕旒。"③张祜《元日仗》诗云："文武千官岁仗兵，万方同轨奏升平。上皇一御含元殿，丹凤门开白日明。"④两《唐书》中亦多处可见皇帝亲临丹凤楼之仪式的记载。相对西内太极宫而言，大明宫的一个重要改变就是宫城之内官署和宫殿的集中。太极宫内外朝的核心地承天门前广场面对的是官署的集中地皇城，而与大明宫丹凤门直接相向的是光宅、翊善二坊。宫城正门与长安居民所居住的坊之间，距离大大缩短，从某种程度上来说，是强化了其作为和民众接触的场所而发挥的作用。大明宫以丹凤门—含元殿—宣政殿—紫宸殿为中轴线，借助地势构造出的高度差，

① 《册府元龟》卷八四，中华书局，2006年，第925页。

② 〔唐〕王建：《宫词一百首之十一》，见《王建诗集》卷一〇，中华书局，1959年，第88页。

③ 〔唐〕王维：《和贾至舍人早朝大明宫之作》，见《王维集校注》，中华书局，1997年，第488页。

④ 〔唐〕张祜：《元日仗》，见《张祜诗集》卷三，江西人民出版社，1983年，第65页。

给在这里举行的仪式带来了戏剧性的效果。①宪宗元和二年（807），始置百官待漏院于建福门外，参朝的文武百官于待漏院等候自丹凤门上朝，张籍《赠姚合》诗曰："丹凤城门向晓开，千官相次入朝来。"②

政治中心由太极宫向大明宫的东移，带来的是官方仪式的地点和场所、皇帝出行的方式和路径等方方面面的变化，这些变化同时使得居住在长安城的官员和百姓往城东活动的频率大幅增加，唐都长安的政治运作空间发生了明显的变动，进而带动了整个都城社会空间的某些改变——外郭城东面的通化门和春明门承载的功能较唐前期更加丰富；城东逐渐聚集了更多的官员；唐后期藩镇于长安所设的进奏院全部在城东，以崇仁坊和平康坊最为集中；朱雀街西的城市社会表现出更多的平民化特征。

三、皇城和外郭城城门构建的政治空间

唐承隋制："于国城西北十里亥地，为司终、司命、司禄三坛，同墠。祀以立冬后亥。国城东北七里通化门外为风师坛，祀以立春后丑。国城西南八里金光门外为雨师坛，祀以立夏后申。坛皆三尺，牲并以一少牢。"③"隋五时迎气。青郊为坛，国东春明门外道北去宫八里，高八尺。赤郊为坛，国南明德门外道西，去宫十三里，高七尺。黄郊为坛，国南安化门外道西，去宫十二里，高七尺。白郊为坛，国西开远门外道南，去宫八里，高九尺。黑郊为坛，宫北十一里丑地，高六尺。并广四丈。各以四方立日，黄郊以季夏土王日。祀其方之帝，各配以人帝，以太祖武元帝配。五官及星三辰七宿，亦各依其方从祀。其牲依方色，各用犊二，星辰加羊豕各一。其仪同南郊。其岳渎镇海，各依五时迎气日，遣使就其所，祭之以太牢。"④另"启夏门外西南二里有圜丘及先农、藉田二坛"⑤。日僧圆仁来到长安，记"（皇帝）早朝出城，幸南郊坛。坛在明德门前。诸卫及左右军廿万众相随，诸奇异事不可胜计"⑥。由此可见，唐长安的外郭城城门在国家仪礼体系中承担了一个重要角色。在距离城门不远之处举行的国家祭祀典礼，被严格纳入国家仪礼体系，或被视作祈求"国门之神"以保国安民之举。"唐之郊庙，皆在都城之南。

① 〔日〕妹尾达彦：《大明宫的建筑形式与唐后期的长安》，《中国历史地理论丛》1997年第4辑。

② 〔唐〕张籍：《赠姚合》，见李冬生注：《张籍集注》，黄山书社，1989年，第56页。

③ 《隋书》卷七《礼仪二》，中华书局，1973页，第147页。

④ 《隋书》卷七《礼仪二》，中华书局，1973年，第130页。

⑤ 〔清〕徐松：《唐两京城坊考》卷二，〔清〕张穆校补，中华书局，1985年，第33页。

⑥ 〔日〕圆仁：《入唐求法巡礼行纪》，花山文艺出版社，2007年，第364页。

人主有事郊庙，若非自丹凤门出，必由承天门出"①，有关国家祭典的实施规定也是非常严格的。《周礼·春官·邑人》载："凡祭祀，社壝用大罍，禁门用瓢赍。"②《大唐开元礼》记："霖雨不已，禁京城诸门，门别三日，每日一禁。不止，乃祈山川岳镇海渎三日。不止，祈社稷、宗庙，若州县，荣城门。不止，祈界内山川及社稷，三禁一祈，皆准京都制，并用酒脯醢。国城门，报用少牢，州县城门用特牲也。"③《旧唐书·五行志》载："（天宝）十三载秋，京城连月澍雨，损秋稼。九月。遣闭坊市北门，盖井，禁妇人入街市，祭玄冥大社，禁门。"④除日常的国家祭祀之外，遇有灾荒，都城和地方州县都要采取"禁城门"之礼来祈求风调雨顺，国泰民安。开元二十一年（733）之前，唐宫廷仪礼的另一组成部分"大射"，也常选择在城门举行，并且召集百官参加，这说明举行大射之礼的城门前，必然有视野开阔、足够施展的空间存在。《通典》言唐制"三月三日、九月九日，赐百僚射"⑤，先天元年（712）九月九日，玄宗即位伊始，"御安福门，观百僚射，至八日乃止"⑥；开元二十一年，玄宗敕"其三九射礼，即宜依旧遵行，以今年九月九日，赐射于安福楼下"⑦，这是有唐一代举行的最后一次大射之礼。

此外，唐长安城门又常被当作展现献俘、处决仪式的舞台。除太极宫之承天门、大明宫之兴安门、兴庆宫之勤政楼外，⑧献俘和处决仪式的地点，以皇城东北和西北的延喜门和安福门，外郭城之开远门为集中（详见表3）。

---

① 〔宋〕程大昌：《雍录》卷四"浴堂殿"条，中华书局，2002年，第77页。

② 〔汉〕郑玄注，〔唐〕贾公彦疏：《周礼注疏》卷一九，上海古籍出版社，1990年，第299页。

③ 《大唐开元礼》卷三，民族出版社，2000年，第32页。《唐六典》也有类似记载。

④ 《旧唐书》卷三七《五行志》，中华书局，1975年，第1358页。

⑤ 《通典》卷七七，中华书局，1988年，第2107页。

⑥ 〔宋〕王溥：《唐会要》卷二六《大射》，上海古籍出版社，2006年，第583页。

⑦ 〔唐〕李隆基：《赐百官九日射敕》，见《全唐文》卷三五，中华书局，1983年，第386页。

⑧ 承天门：唐玄宗开元二十年（732）五月，承天门献俘（《旧唐书》卷八《玄宗上》）。勤政楼：唐玄宗天宝十三载（754）三月，壬戌，御勤政楼，大酺。北庭都护程千里，生擒阿布思，献于楼下，斩之于朱雀街。（《旧唐书》卷九《玄宗下》）。兴安门：唐宪宗元和元年（806），俘剑南西川节度使刘辟、刘辟子刘超郎等九人，御兴安楼受俘。元和二年（807），俘浙西节度使李锜、李锜子李师回，御兴安门受俘。元和十二年（817）十一月丙戌朔，御兴安门受淮西之俘。以吴元济徇两市，斩于独柳树。元和十四年（819）二月己巳，上御兴安门受田弘正所献贼俘，群臣贺于楼下。文宗大和三年（829），俘兖海等州节度使李同捷母、妻、男元达等，御兴安楼下受俘。（《唐会要》卷一四《献俘》）武宗会昌四年（844），俘昭义节度使刘从谏之侄刘稹，来首两市，武宗于兴安门受首，百僚楼前称贺。（《新唐书》卷二一四《刘稹传》）。

表3

时间	事件	地点	史料出处
玄宗天宝九年（750）	唐安西四镇节度使执突骑施石国王开远门献俘	开远门	《玉海》卷一九一
德宗贞元七年（791）	十二月回纥遣杀支将军献吐蕃俘大首领结心，德宗御延喜门观之	延喜门	《旧唐书》卷一九五
德宗贞元十八年（803）	《唐剑南西川节度使同中书门下平章事破吐蕃露布》：开远门揭候，坐收西极之旧封	开远门	《玉海》卷二〇四
宪宗元和十一年（816）	同有王承宗部下将兵三百首，枭通化门外	通化门	《册府元龟》卷四三四
武宗会昌四年（844）	（八月戊戌）王宰传（刘）稹首与大将郭谊等一百五十人，露布献于京。上御安福门受俘，百僚楼前称贺	安福门	《旧唐书》卷一八
昭宗龙纪元年（889）	（二月）昭宗御延喜楼受俘（秦宗权）	延喜门	《旧唐书》卷二〇上
昭宗乾宁二年（895）	（十二月甲申）昭宗御延喜门受俘馘（王行瑜）	延喜门	《旧唐书》卷二〇上

　　妹尾达彦将献俘仪式置于皇帝仪礼和长安城的仪礼空间中考察，以太庙为中心探讨献首级、俘虏和战利品的仪式，指出从告捷、献俘仪式和弃市之间，形成民众、军人和皇帝一体互动的空间。[1]《旧唐书·音乐志》记载了包括奏乐、仪仗在内的献俘仪式场景："候行至太社及太庙门，工人下马，陈列于门外。候告献礼毕，复导引奏曲如仪。至皇帝所御楼前兵仗旌门外二十步，乐工皆下马徐行前进。兵部尚书介胄执钺，于旌门内中路前导。"[2]事实上，唐代长安的献俘仪式，除在太庙外，也多在城门举行。皇帝御临城门楼之上，俯观城门楼下的献俘仪式，城门楼上楼下形成的高度差被用以彰显献俘仪式所要表征的中心——大唐皇权的无限威严。

　　除前揭玄宗在承天门楼接受吐蕃宰相献盟书的事例之外，城门在处理与周边少数民族相关的问题中所起的作用和象征意义，在皇城和外郭城的其他城门也有明确的例证。而这一点在以往的研究中没有得到足够的重视。永徽元年（650）五月宝王吐蕃赞府薨，"帝举哀于光化门，遣右武候将军鲜于济赍玺书往吊祭之"[3]。大中三

---

　　① ［日］妹尾达彦：《唐长安城的礼仪空间——以皇帝礼仪的舞台为中心》，见［日］沟口雄三、［日］小岛毅编：《中国的思维世界》，孙歌等译，江苏人民出版社，2006年，第466—498页。

　　② 《旧唐书》卷二八《音乐一》，中华书局，1975年，第1054页。

　　③ 《册府元龟》卷九七四，中华书局，2006年，第11443页。

年（849），吐蕃宰相杀东道节度使，愿以秦、原、安乐三州和石门、木硖等七关款塞，宣宗命太仆卿陆耽前往慰劳。"七月，河、陇耆老率长幼千余人赴阙，上御延喜楼观之，莫不欢呼忭舞，更相解辫，争冠带于康衢，然后命善地以处之，观者咸称万岁。"①薛逢《八月初一驾幸延喜楼看冠带降戎》诗记录下此情此景："城头旭日照阑干，城下降戎彩仗攒。九陌尘埃千骑合，万方臣妾一声欢。楼台乍仰中天易，衣服初回左衽难。清水莫教波浪浊，从今赤岭属长安。"②德宗建中末曾在外郭城西南的延平门与吐蕃会盟，"欲重其诚信，特令告庙"③。圆仁《入唐求法巡礼行纪》载："会昌三年二月廿五日，和蕃公主入城，百司及三千兵马出城外接。入通化门，入内得对……随公主来回鹘人并不得入城。"④皇帝是否亲临城门、迎接仪式的级别差异反映出统治者对待该事件的不同态度。而对于从远方前来的人们来说，城门的意义不仅仅是进入唐都长安城本身的标志，更重要的则是跨过这座城门，就意味着以不同的身份、各种各样的形式，感受或参与到大唐帝国的政治运作、经济运行和社会变动之中。

由关东入关中的官员、军人、商旅以及东来的遣唐使，很多是由春明门进入这座都城的。圆仁进入长安之前，即宿于春明门外的镇国寺西禅院。⑤僖宗广明元年（880），黄巢自灞上率军"入自春明门，升太极殿"⑥。由长安前往洛阳，也常取道春明门，所谓"莫道两京非远别，春明门外即天涯"⑦。春明门在文人墨客的笔下，阐发出更多的离愁别绪："今日春明门外别，更无因得到街西。"⑧"春明门，门前便是嵩山路。"⑨外郭城西面的开远门，则更多地具有丝路之起点的表征意义，当时凡言长安去西域的里程，大致都是从开远门算起的。这里通常也是西来的商人和使者进入长安的所经之处。东之春明，西之开远，也因此成为时人到达或离开长

---

① 《旧唐书》卷一九六下《吐蕃下》，中华书局，1975年，第5266页。
② 〔唐〕薛逢：《八月初一驾幸延喜楼看冠带降戎》，见《全唐诗》卷五四八，中华书局，1960年，第6328页。
③ 《旧唐书》卷一九六下《吐蕃下》，中华书局，1975年，第5263页。
④ 〔日〕圆仁：《入唐求法巡礼行纪》，花山文艺出版社，2007年，第410页。
⑤ 〔日〕圆仁：《入唐求法巡礼行纪》，花山文艺出版社，2007年，第335页。
⑥ 《新唐书》卷二二五下《逆臣下》，中华书局，1975年，第6458页。
⑦ 〔唐〕刘禹锡：《和令狐相公别牡丹》，见《刘禹锡集》卷三三，上海人民出版社，1975年，第317页。
⑧ 〔唐〕张籍：《赠别王侍御赴任陕州司马》，见《张司业诗集》卷四，商务印书馆，1938年，第41页。
⑨ 〔唐〕白居易：《送张山人归嵩阳》，见《白居易集》卷一二，中华书局，1979年，第47页。

安城的标志性地点。

城门出入通道之原始功能，使其作为送行、迎接的场所而存在（见表4）。但这些仪式并不仅仅把城门当作出入的通道，亦将其视为城市社会空间的一部分，最大限度地加以利用。在丧礼中，皇帝亲临城门也具有非常重要的象征意义（见表5）。

表4

时间	事件	地点	史料出处
高宗弘道元年（683）	（李义琰）乃将归东都田里，公卿以下祖钱于通化门外，时人以比汉之二疏	通化门	《旧唐书》卷八一
中宗神龙三年（707）	六月乙未，（中宗）亲送朔方军总管韩国公张仁愿于通化门外，上制序赋诗	通化门	《旧唐书》卷七
德宗建中四年（783）	及（哥舒曜）行，帝（德宗）祖通化门	通化门	《新唐书》卷一三五
宪宗元和三年（808）	其年九月，（李吉甫）拜检校兵部尚书兼中书侍郎平章事充淮南节度使，上御通化门楼钱之	通化门	《旧唐书》卷一四八
宪宗元和五年（810）	乙亥，吐突承璀军发京师，上御通化门，劳遣之	通化门	《旧唐书》卷一四
宪宗元和十二年（817）	八月戊午朔，庚申，裴度发赴行营，敕神策军三百人卫从，上御通化门劳遣之	通化门	《旧唐书》卷一五
穆宗长庆元年（821）	七月辛酉，太和公主发赴回纥，上以半仗御通化门临送，群臣班于章敬寺前	通化门	《旧唐书》卷一六
穆宗长庆元年（821）	十一月辛巳，李光颜赴镇，百僚钱于章敬寺，上御通化门临送，赐玉带名马	通化门	《旧唐书》卷一六、卷一六一
代宗广德二年（764）	十一月丁未，子仪自泾阳入觐，诏宰臣百僚迎之于开远门上，御安福寺待之	开远门	《旧唐书》卷一一
宪宗元和二年（807）	十月丁卯，以门下侍郎平章事武元衡检校吏部尚书兼下侍郎平章事，成都尹充剑南西川节度使，仍封临淮郡公。将行，上御安福门慰劳之	安福门	《旧唐书》卷一四
穆宗长庆三年（823）	杜元颖赴镇蜀，上御安福门钱，因赐皇城留守及金吾卫率等帛有差	安福门	《旧唐书》卷一六
宣宗大中五年（851）	（白）敏中以司空、平章事兼邠宁节度、招抚、制置使。及行，帝御安福楼以钱	安福门	《新唐书》卷一一九
顺宗贞元四年（788）	十月，回纥公主及使至白蓿，上御延喜门，禁妇人及车舆观者	延喜门	《唐会要》卷六

表5

时间	事件	地点	史料出处
宪宗元和十五年（819）	（李源）葬于昭应，有陵无号。发引之日，百官送于通化门外，列位哭送	通化门	《旧唐书》卷一五〇
顺宗贞元十一年（795）	（马燧）及葬，又废朝，遣百僚于延兴门临送	延兴门	《册府元龟》卷三一九
懿宗咸通十二年（871）	（葬卫国公主）上与郭淑妃御延兴门哭送	延兴门	《旧唐书》卷一九上
代宗广德二年（764）	（李光弼）葬于三原，诏宰臣百官祖送于延平门外	延平门	《旧唐书》卷一一〇
太宗贞观十九年（643）	（魏徵）公葬日，敕京官文武九品以上及计吏并送至开远门外，太宗幸苑日楼望哭尽哀，令晋王宣敕祭之	开远门	《魏郑公谏续录》卷下
高宗永徽元年（650）	永徽元年五月宝王吐蕃赞府薨，帝举哀于光化门，遣右武侯将军鲜于济赍玺书往吊祭之	光化门	《册府元龟》卷九七四
德宗建中二年（781）	（郭子仪）及葬，帝御安福门，哭过其丧，百官陪位流涕	安福门	《新唐书》卷一三七

不同城门的功能和意义，与其所处的地理位置密切相关。唐长安外郭城东南的延兴门外多为墓葬之地，因此丧礼的送行地点常在此门。清明时节缅怀故人的活动，也曾集中在这里进行。"都人并在延兴门看内人出城洒扫，车马喧阗。"①长安城东北郊外则为帝陵集中的区域，唐宪宗葬礼时，"都城人士毕至。前集州司马裴通远家在崇贤里，妻女辈亦以车舆纵观于通化门。及归日晚，驰马骤至平康北街"②。在外郭城诸城门中，皇帝亲临次数最多的应为通化门，这与通化门本身所处的位置临近太极宫和大明宫有直接的关系。这里亦是皇帝亲自参加送行和迎接仪式所到达的最远处。皇帝御此亲送即将离都的大臣，多为出征战事，隆重的仪式使官员感受到来自当朝天子的信任和嘱托。也正因通化门临近东内大明宫，这里又常常是政治事件的发生地。晚唐的泾原兵变中，德宗派出赐帛宣慰的中使于此被杀，参加兵变的军士由通化门入城，进而陈兵于丹凤门外，"小民聚观者以万计"③。

在唐代的上元节日里，安福门常常是皇帝观灯的场所。按照唐代的规定，上元

---

① 〔唐〕佚名：《辇下岁时记》，见〔明〕陶宗仪等编：《说郛三种》（6），上海古籍出版社，1988年，第3218页。

② 《太平广记》卷三四五"裴通远"条，中华书局，1961年，第2734页。

③ 《资治通鉴》卷二二八，中华书局，1956年，第7352—7353页。

节日的三天是没有夜禁的，"月色灯光满帝都，香车宝辇隘通衢"①。皇帝登上皇城西北的安福门楼，皇城西三条街道和数坊之喧闹景象尽收眼底，"灯火家家市，笙歌处处楼"。在这样与民同乐的节日里，皇亲国戚赏灯游乐的规模日益扩大，中宗与韦后御安福门观灯，"灯烛供拟，彻明如昼"②；时间大大延长，先天二年（713）正月上元日夜，"于京安福门外作灯轮，高二十余丈"③，"胡人婆陀请然百千灯，因弛门禁，又追赐元年酺，帝（玄宗）御延喜、安福门纵观，昼夜不息，阅月乃止"④，时为太上皇的睿宗也"御安福门观灯，出内人联袂踏歌，纵百僚观之，一夜方罢"⑤。由此可见，安福门外应有一定的空间，且登楼而望视野较为开阔。正因如此，在安福门还举行过多次的大酺、设乐和百戏：

> 高宗永徽三年，以岁旱，帝避正寝，撤膳，遂降甘雨，相率宴乐，兼奏倡优百戏，帝御安福门楼以观之。⑥

> 高宗显庆元年正月，御安福门，观大酺，有伎人欲持刀自刺，以为幻戏，诏禁之。⑦

> 景云三年六月乙卯，上（睿宗）观乐于安福门，以烛继昼，经日乃止。⑧

> 睿宗延和元年七月庚申，御安福门宴群公卿士，设太常九部乐，帝夜观乐之。⑨

除安福门之外，芳林门也有设乐的记载，如"宪宗元和三年四月甲寅，御芳林门张乐设百戏"⑩。文宗则在开成四年（839）的寒食节走出皇城，"御通化门以观游人"⑪。

由于统治者推崇和皇室支持，城门也常作为规模宏大的宗教仪式的舞台。贞观二十二年（648）十二月，三藏自西域回，太宗"诏太常卿江夏王道宗设九部乐，迎

---

① 〔唐〕李商隐：《正月十五闻京有灯恨不得观》，见《李商隐诗集疏注》，人民文学出版社，1985年，第497页。
② 《旧唐书》卷一八三《外戚》，中华书局，1975年，第4734页。
③ 〔唐〕张鷟：《朝野佥载》卷三，赵守俨点校，中华书局，1979年，第69页。
④ 《新唐书》卷一二九《严挺之传》，中华书局，1975年，第4482页。
⑤ 《旧唐书》卷七，中华书局，1975年，第161页。
⑥ 《册府元龟》卷一一○，中华书局，2006年，第1306页。
⑦ 〔宋〕王溥：《唐会要》卷三四《杂录》，中华书局，1975年，第628页。
⑧ 《旧唐书》卷七，中华书局，1975年，第160页。
⑨ 《册府元龟》卷一一○，中华书局，2006年，第1308页。
⑩ 《旧唐书》卷一七下，中华书局，1975年，第577页。
⑪ 《旧唐书》卷一七下，中华书局，1975年，第577页。

经像入寺，彩车凡千余辆，上御安福门观之"①。《大慈恩寺三藏法师传》更为详尽地记载了这场规模盛大的迎送仪式：

> 十二月戊辰，又敕太常卿江夏王道宗将九部乐，万年令宋行质、长安令裴方彦各率县内音声及诸寺幢帐，并使务极庄严。己已，旦集安福门街，迎像送僧入大慈恩寺。至是陈列于通衢，其锦彩轩槛，鱼龙幢戏，凡一千五百余乘，帐盖三百余事。先是内出绣画等像二百余躯，金银像两躯，金缕绫罗幡五百口，宿于弘福寺，并法师西国所将经、像、舍利等，爰自弘福引出，安置于帐座及诸车上，处中而进。又于像前两边各丽大车，车上竖长竿悬幡、幡后布师子神王等为前引仪。又庄宝车五十乘坐诸大德，次京城僧众执持香花，呗赞随后，次文武百官各将侍卫部列陪从，太常九部乐挟两边，二县音声继其后，而幢幡钟鼓訇磕缤纷，眩日浮空，震曜都邑，望之极目不知其前后。皇太子遣率尉迟绍宗、副率王文训领东宫兵千余人充手力，遣御史大夫李乾佑为大使，与武侯相知检校。帝将皇太子、后宫等于安福门楼手执香炉目而送之，甚悦。衢路观者数亿万人，经像至寺门，敕赵公、英公、中书褚令执香炉引入，安置殿内，奏九部乐、破阵舞及诸戏于庭，讫而还。②

这则史料中提到的安福门街是整场仪式举行的主要舞台。安福门街即指从开远门到安福门之间东西向的大道。据足立喜六的实测和文献对比研究，宫城西侧辅兴坊和颁政坊之间的这条道路宽广百步，折合为151.5公尺，超出了宫城与皇城两侧另外两条东西向街道的宽度，而与承天门街和朱雀门街的宽度相同。③连通开远门和安福门的这条街道，不仅仅是外郭城西北门直达皇城城门的交通要道，且兼有宫城和皇城西面广场的功能。

晚唐佛教地位又一次被提高的表现，最典型的莫过于懿宗皇帝在咸通十四年（873）四月八日的迎佛骨仪式。这场仪式选择了与上述事件完全相同的路线和舞台：

> 佛骨入长安，自开远门至安福楼，夹道佛声震地，士女瞻礼，僧徒道从。上御安福门，亲自顶礼，泣下沾臆。幡花幢盖之属，罗列二十余里。

---

① 〔唐〕段成式：《酉阳杂俎》续集卷六《寺塔记下》，杜聪校点，齐鲁书社，2007年，第193页。

② 〔唐〕慧立、彦悰：《大慈恩寺三藏法师传》卷七，中华书局，2000年，第156—157页。

③ 〔日〕足立喜六：《长安史迹研究》，王双怀、淡懿诚、贾云译，三秦出版社，2003年，第148、162页。

间之歌舞管弦，杂以禁兵兵仗。锱徒梵诵之声，沸聒天地。民庶间有嬉笑欢腾者，有悲怆涕泣者。……时有军卒断左臂于佛前，以手持之一步一礼，血流满地。至于肘行膝步，啮指截发，不可胜数。又有僧以艾覆顶，谓之炼顶。火发痛作，即掉其首呼叫，坊市少年擒之，不令动摇，而痛不可忍。乃号哭卧于道上，头顶焦烂，举止窘迫，凡见者无不大哂焉。……初迎佛骨，有诏令京城及畿甸于路傍垒土为香刹，或高一二丈，迤八九尺，悉以金翠饰之，京城之内约及万数。……又坊市豪家相为无遮斋大会，通衢间结彩为楼阁台殿……又令小儿玉带金额，白脚呵唱于其间，恣为嬉戏。①

皇帝本人的虔诚和支持，寺院的重视和极力鼓动，以及京城百姓对佛教近乎疯狂的顶礼膜拜，使这场声势浩大的迎佛骨仪式成为当日皇城西自开远门到安福门整条大街及周围各坊的壮丽景观。仪式本身的盛大景象借助宽阔的街道和高耸的城楼得以最充分的展示，行进队伍的"豪华阵容"以及观览人群的高度聚集又进一步增强了其视觉和听觉上的效果。宗教仪式和国家礼仪在这样的场景中走向一定程度的结合。

中宗景龙三年（709）七月，曾在安福门设无遮斋，命三品以上官员行香。②这又可以印证安福门外应当有空间相对开阔的场地，以供举行这样大规模的斋会。武德元年（618）举行的佛事活动设在南当皇城正门的朱雀门，并"于朱雀门南通衢之上，普建道场，设无遮斋会"③，遍布整条朱雀大街。不仅是安福门、朱雀门，就连掖庭宫西、北当禁苑的芳林门，也举行过大规模的千僧斋会：宪宗元和三年（808）四月"甲寅，幸兴福寺赐绢一百匹。辛酉，西市百姓于芳林门为无遮僧斋，命中使以香施之"④。佛教仪式对城门地点的选择，与城门周边的寺院也有密切关联。于芳林门举行的无遮僧斋，即与其位于修德坊内的兴福寺附近有关。显庆元年（656）四月八日，玄奘率京城僧尼，备幢幡、宝辇、香花、梵仪扣芳林门迎御制碑。"敕太常九部乐，并长安万年二县乐戏及戚里侯王者辇送之。是日以雨不克，十四日遂迎

---

① 相关记载见《旧唐书》卷一九上（中华书局，1975年，第683页）。此处所引为汤用彤先生《隋唐佛教史稿》据《杜阳杂编》并参以《剧谈录》整理之内容（武汉大学出版社，2008年，第29—30页）。

② 《旧唐书》卷七，中华书局，1975年，第147页。

③ 〔唐〕释道世撰，周叔迦、苏晋仁校注：《法苑珠林校注》卷一〇〇《传记篇兴福部第五》，中华书局，2003年，第2894页。

④ 《册府元龟》卷五二，中华书局，2006年，第579页。

之"①，高宗"御安福门观僧玄奘迎御制并书慈恩寺碑文"②。位于长安城东、临近通化门的章敬寺"寺抵国门，贤愚必至"③，皇帝基于佛教意义之上的赏赐，多次在通化门进行。穆宗长庆三年（823）八月，"上由复道幸兴庆宫，至通化门，赐持盂僧绢二百匹，因幸五方，赐从官金银铤有差"④，同年十一月，又"御通化门，观作毗沙门神，因赐绢五百匹"⑤。

四、主干街道：城门功能的延伸

无论是皇帝亲临城门的仪式，还是官方以城门为舞台举行的活动，都是对大唐都城长安雄伟威严的塑造。在这种塑造中城门是不可或缺的重要环节。这样的塑造不仅体现在高大的城门楼阁和坊墙严整的都城布局上，更体现在唐帝国实际的政治运作中。位于长安城中轴线之上的承天门、朱雀门，前者作为外朝核心地而成为皇帝即位、颁布诏令、大赦等相对固定的地点，一般来说这些仪式更加庄重严肃，象征皇权威严；而后者直接面对外郭城，与朱雀大街的连通使其具有足够开阔的场地，更多地上演一些长安市民"倾城而出"的活动，由于参与的群体范围扩大，在这里举行的仪式也具有相对世俗化的特点。仪式根据其本身的需要选择城门。对于其他城门而言，能否被选中与其所处的位置和周边环境等因素有关。究其规律，皇城东西两面的安福门、延喜门，以及外郭城的通化门，是皇帝经常亲临的城门。究其原因，通化门在外郭城诸门中距离太极宫、大明宫和兴庆宫的距离都比较近，门外的章敬寺亦常作为送行仪式中百官列班的场所；安福、延喜二门迫近宫城，基本可以满足皇帝亲临宣慰、献俘仪式、赏灯娱乐活动，以及迎接、饯送出征的大臣、和亲的公主之需要；安福门之北贯穿开远门—承天门—通化门的东西向街道，宽度达100步（147米）⑥，因其交通便捷，视野开阔，利于人群的聚集和仪式的展开，而成为经像、佛骨西来的路线和举行大规模佛事活动的舞台。

就唐都长安而言，连通外郭城东西六城门和南面三座城门的街道，即通常意义

---

① 〔元〕释念常：《佛祖历代通载》卷一四，见《永乐北藏》整理委员会编：《永乐北藏》（第190册），线装书局，2000年，第515页。

② 《旧唐书》卷四，中华书局，1975年，第75页。

③ 《太平广记》卷二一三，中华书局，1961年，第1631—1632页。

④ 《旧唐书》卷一六，中华书局，1975年，第503页。

⑤ 《旧唐书》卷一六，中华书局，1975年，第503页。

⑥ 〔日〕平冈武夫主编：《唐代的长安与洛阳（地图）》，陕西人民出版社，1957年，第7页。

上所指的"六街"①。"六街"作为长安城的主干街道，是城市中颇具典型意义的公共空间，也是城门功能的进一步延伸。这种延伸不仅指地域空间的层面，也体现在社会空间的层面。前面提到的迎接经像和佛骨入京的仪式，经过的不仅是城门，更是以开远门—安福门整条街道为开放性的舞台，演绎出隆重壮观的场景。街道具有开阔性、延展性、开放性等特点，适宜大规模仪式的展开。这一点在承天门—朱雀门—明德门的中轴大街上，表现得尤为突出。白居易《过天门街》诗云："雪尽终南又欲春，遥怜翠色对红尘。千车万马九衢上，回首看山无一人。"②

在"六街"中，承天门—朱雀门—明德门这条宽达100步的街道，作为长安城的中轴线，将皇城和外郭城分为东西两部分，外郭城的区域以此为界分属万年、长安两县管辖。承天门街为皇城的中轴线，南北长度为3里140步。自朱雀门抵明德门的街道，即"朱雀街"或"天门街"，长9里175步。③平冈武夫在《唐代的长安与洛阳（地图）》"长安城的展望"中指出，据《延喜式》"左右京职"条，朱雀大路宽280尺，由四个部分组成：中央是234尺的车马道，其左右分别有5尺的沟、15尺的步行道及3尺坊里的墙角。④《延喜式》的记载与长安城的实际情况究竟有多少出入，我们尚无法得知，但对于长安城中的主干街道，唐代有明确的规划和管理措施。唐玄宗开元二十八年（740）正月，令于两京路及城中苑内种果树。代宗广德元年（763）又全面禁止在"六街"之上种植树木。一年之后，"又诏：禁之初，诸军诸使以时艰岁俭，奏耕京城六街之地以供刍，或谓非宜，乃罢之"⑤。《旧唐书·吴凑传》载："官街树缺，所司植榆以补之。凑曰：榆非九衢之玩，命易之以槐。及槐阴成而凑卒，人指树而怀之。"⑥据《册府元龟》记，武宗会昌元年（841）的诏令曾禁止在天门街这条中轴大街两侧的坊中设立私庙。⑦

前文已论述承天门及门前横街所具有的宫城前广场之性质，承天门街又使仪式展开的舞台在南北方向上得以扩展。承天门街是举行国家祭祀活动——祈雨仪式的

---

① 关于唐长安"六街"所指，宁欣在《诗与街——从白居易〈歌钟十二街〉谈起》（《中国历史文物》2005年第5期）中已进行充分论证，明确其为通东西六城门和南面三城门的六条大街。

② 〔唐〕白居易：《过天门街》，见《白居易集》卷一三，中华书局，1979年，第257页。

③ 以上数据出自〔日〕足立喜六：《长安史迹研究》，三秦出版社，2003年，第148页。

④ 〔日〕平冈武夫主编：《唐代的长安与洛阳（地图）》，陕西人民出版社，1957年，第17页。

⑤ 《册府元龟》卷一四，中华书局，2006年，第159页。

⑥ 《旧唐书》卷一八三《吴凑传》，中华书局，1975年，第4748—4749页。

⑦ 《册府元龟》卷五九二，中华书局，2006年，第7080页。相关记载见《唐会要》卷一九（中华书局，1975年，第452页）。

重要场所。①《法苑珠林》载："贞观元年献春之月，爰诏阖京众僧德行之者，并令入内殿行道。各满七日，有司供备，务在精华。至三年帝恐年谷不登，忧矜在虑，爰发纶旨。简精诚宿德并侍者二七人，于天门街祈雨七日。圣力冥扶，稼苗重秠。家丰万箱之敛，国富九年之资。自尔已来，常丰不绝。"②代宗时任京兆尹的黎幹，曾"祈雨于朱雀门街。造土龙，悉召城中巫觋，舞于龙所。幹与巫觋更舞，观者骇笑"③。德宗贞元年间，著名琵琶手康昆仑也出现在祈雨仪式中，这场祈雨仪式最终引发了东西两市一场声势浩大的竞赛："贞元中有康昆仑，第一手。始遇长安大旱，诏移两市祈雨。及至天门街，市人广较胜负，及斗声乐。即街东有康昆仑琵琶最上，必谓街西无以敌也。遂请昆仑登彩楼，弹一曲新翻羽调《录要》。其街西亦建一楼，东市大诮之。及昆仑度曲，西市楼上出一女郎，抱乐器，先云：'我亦弹此曲，兼移在枫香调中。'及下拨，声如雷，其妙入神。"④宪宗之子荣王聘妃，也将仪礼的舞台设在承天门街。诗人张光朝和梁锽分别作诗记录当时的胜景：

> 仙嫒来朱邸，名山出紫微。三周初展义，百两遂言归。
>
> 郑国通梁苑，天津接帝畿。桥成乌鹊助，盖转凤凰飞。
>
> 霜仗迎秋色，星缸满夜辉。从兹磐石固，应为得贤妃。⑤

> 帝子乘龙夜，三星照户前。两行宫火出，十里道铺筵。
>
> 罗绮明中识，箫韶暗里传。灯攒九华扇，帐撒五铢钱。
>
> 交颈文鸳合，和鸣彩凤连。欲知来日美，双拜紫微天。⑥

在震动朝廷和整个京城的政治事件中，这条中轴大街往往作为事件发生的中心地出现。代宗广德元年（763），吐蕃人侵长安。武将王甫"诱长安恶少数百人集六

① 雷闻《祈雨与唐代社会研究》[《国学研究》（第8卷），北京大学出版社，2001年]从礼法制度、宗教因素、民间祠祀与祈雨之关系三个角度分析了唐代祈雨活动与社会的关系，认为中央祭礼中，祈雨仍以儒家传统的大雩之礼为中心，同时，佛道二教的宗教仪式逐步进入宫廷和地方政府的祈雨活动，而民间祠祀则在地方政府的祈雨活动中占有重要地位，这既与国家礼典的模糊性有关，又反映了地方政府面对自然灾害的威胁时凝聚民心的实际需求。

② 〔唐〕释道世：《法苑珠林校注》卷一〇〇《传记篇兴福部第五》，中华书局，2003年，第2896页。

③ 《太平广记》卷二六〇，中华书局，1961年，第2032页。

④ 〔唐〕段安节：《乐府杂录》，中华书局，2012年，第130页。

⑤ 〔唐〕张光朝：《天门街西观荣王聘妃》，见《文苑英华》卷一八九，中华书局，1966年。

⑥ 〔唐〕梁锽：《天门街西观荣王聘妃》，见《文苑英华》卷一八九，中华书局，1966年。

街鼓于朱雀街，大鼓之。吐蕃闻之震慑，趁夜而遁"①。唐末动乱，王行约与弟行实联合枢密使骆全瑾，"谋挟帝（昭宗）幸邠"，而时在右军的李茂贞党李继鹏、刘景宣则"欲以兵劫全瑾等，请帝幸凤翔"，"两军合噪承天门街，帝登楼谕和之，继鹏怒，辄射帝，纵火焚门，帝率诸王及卫兵战，继鹏矢及帝胄，军乃退"。②由此可见，承天门街—朱雀门街一线，贯穿都城长安宫城、皇城、外郭城南面的三座正门，作为都城的中轴大街，起到"牵一街而动全城"的作用，从而能最大限度地发挥其政治社会方面的功能。在这条街道上举行的徇街公斩，也往往具有较强的警示意义。高祖李渊入长安后，将发其祖坟的隋将阴世师、骨仪、崔毗伽、李仁政等斩于朱雀街道，"以不从义而又愎焉。余无所问。京邑士女，欢娱道路，华夷观听，相顾欣欣"③。天宝十三载（754）三月，北庭都护程千里生擒突厥首领阿布思，献俘于兴庆宫勤政楼下，斩之于朱雀街。④无论斩杀的是隋末旧将还是突厥首领，在主干街道朱雀街上的行刑，无疑都具有明显的宣示意图，大唐皇帝的威仪得到了充分展现。这条贯穿长安城南北的中轴大街，扩展了承天门及其前宫廷广场的地理空间，在社会空间的层面则是对承天门、朱雀门的功能和意义的进一步延伸。

结语

唐代的都城长安，坐落在关中平原的渭水南岸。在6至9世纪的绝大多数时期，长安都是王朝政治、经济、文化的中心。在这座设计缜密、管理制度严格的都城中，两市、坊里是居民的重要居住和活动场所。正因如此，在以往的城市史研究中，城门更多的只是作为防卫的关卡和出入的通道存在。然而，我们在这里需要强调的是，城市布局中的城门与两市、街道、坊里一样，都具有城市社会空间的意义。本文的论述，即是在这样的思路之下展开的。

城门在政治层面的社会空间的意义，在长安"中轴大街"之上的承天门、朱雀门和明德门表现得尤为突出。以其为舞台举行的仪式，往往蕴含国家礼仪的意义。由这些城门，包括其高大的城楼和门前的广场构建的社会空间，也具有国家礼仪空间的性质。⑤这些仪式，有的仅限皇亲国戚和朝中官员参与，有的则将长安居民都列

① 《册府元龟》卷三六七，中华书局，2006年，第4363页；《旧唐书》卷一一，中华书局，1975年，第273页。

② 《新唐书》卷一八七，中华书局，1975年，第5438页。

③ 〔唐〕温大雅：《大唐创业起居注》卷二，上海古籍出版社，1983年，第37页。

④ 《旧唐书》卷九，中华书局，1975年，第228页。

⑤ 〔日〕妹尾达彦：《唐长安城的礼仪空间——以皇帝礼仪的舞台为中心》，见〔日〕沟口雄三、〔日〕小岛毅编：《中国的思维世界》，孙歌等译，江苏人民出版社，2006年，第466—498页。

入旁观者的行列。恩赦仪式表征大唐皇帝将恩泽施及广土众民，当众举行的献俘和处决则从另一方面宣示皇权威严。皇城东、西面的城门，常为节庆娱乐和佛事活动中皇帝亲临之场所，皇帝通过这样一种方式表达与民同乐的意愿或信仰佛教的虔诚态度，官方的意识形态在官民互动的情境之下传播到民众中间。可以说，长安的城门作为城市社会空间，是各类仪式举行的舞台，在这些仪式中，城门又作为上下信息交换的场所而存在。中唐以后，长安政治中心由太极宫向大明宫的转移，使承天门一线的作用有所减弱，丹凤门街开始承担较多的政治层面的机能。

当我们将唐都长安的城门置于城市社会空间的视野之下进行考察，其呈现出的，就已然不仅仅是防卫的关卡和出入的通道，而承载着更多更丰富的政治、经济、社会生活层面的内涵。以城门为枢纽营造出的各具特色的互动空间和平台，促使不同阶层、不同群体、不同城市空间之间的信息沟通和多向交流得以实现。以王朝政治为核心，在宫城、皇城正门举行的大赦仪式面向长安百姓和国土众民，皇帝向民众宣布政令，民众在这样的仪式中作为政治运作过程的参与者，身临其境地感受皇恩之浩荡。国家祭典是塑造礼法社会的重要组成部分，皇帝亲率仪仗卫士，经承天门—朱雀门—明德门穿过中轴大街前往明德门外的郊祀现场，城门和街道本身亦是仪式展开的舞台。皇城和外郭城东西面的城门，则在献俘、宣慰仪式，送行和迎接出征将领、外任官员以及和亲公主之仪式中发挥着重要作用，表达典型的象征意义。迎接经像和佛骨的宗教仪式，借助开远门—安福门宽阔的街道、两边坊内的寺院和高大的城楼，实现了宗教仪式和国家礼仪的充分结合。宗教仪礼本身所要传达的信息可能主要面对僧侣和信徒，但在城门和街道共同构筑的空间范围之内，在王朝政权的支持和宏大规模的仪式渲染之下，这些仪式成为轰动全城的事件，更多的长安民众得以耳闻目睹、亲身感受。

"门"的功能和作用，是建立在"城"的背景之下的。而唐都长安之"城"，其首要角色是国都，是与王朝政治紧密相连的。在作为受律令制度层层限制的关卡的同时，城门在王朝政治中显示出其沟通上下和信息传递的作用。在这样的视角之下，我们发现，城门由单一的出入通道转向内涵丰富的政治空间；长安静的城市地域空间和动的社会空间得以一同进入我们的研究视角；在相对静止的制度之下，流动的社会彰显出纷繁的色彩。

原载《中国社会历史评论》2011年第12卷

（万晋，中国海洋大学马克思主义学院副教授）

空间过程与空间生产

"大邑"的营造
——先秦、秦及西汉都城规模与组织初论

王鲁民

一、营造"大邑"的诉求与增强聚落防御能力有关

在甲骨卜辞中殷人屡屡称自己的都城为"大邑商"①，《尚书·武成》称西周都城丰镐之地为"大邑周"②，《逸周书·作雒解》也称周人在河洛地区所设的新都城为"大邑成周"③。古人用"邑"字指称人类聚落，在自己的都城名称前冠以"大邑"两字，明确地显示出当时人们对于制作庞大都城的关切。

聚落规模"大"的好处可能有许多，但最为实在的似乎是军事上的好处。由于直到战国末年，各国还是采用民军制度，常备军不多，寓兵于民，凡住在城中的家户中到了一定年龄的男性，一旦发生战事，都会被纳入军旅，担负起守土之责，成为军队主力的一部分。所以《史记·苏秦列传》记苏秦说齐宣王曰："临淄之中七万户，臣窃度之，不下户三男子，三七二十一万，不待发于远县，而临淄之卒固已二十万矣。"④按照苏秦的计算，由于住户众多，使得临淄不用从外面调集，自身就拥有20万的士卒，这在任何时候都是一支庞大的队伍，对于巩固城防的作用应当不言而喻。在当时条件下，城市户口的多寡，实际上意味着紧急情况下城防的坚强程度。扩大都城的人口规模，就是增加政权稳定性的手段。

二、在都邑中安排农户，是先秦营造大邑的重要手段

上古之时，国土初辟，区域性道路系统支撑能力不强，尤其是水运交通尚未开

---

① 韦心滢：《殷墟卜辞中的"商"与"大邑商"》，《殷都学刊》2009年第1期。
② 江灏、钱宗武注译：《今古文尚书全译》，贵州人民出版社，1990年，第226页。
③ 黄怀信、张懋镕、田旭东：《逸周书汇校集注》，上海古籍出版社，2007年，第525页。
④ 《史记·苏秦列传》，中华书局，1959年，第2257页。

发。①因而，区域性粮食和货物转运能力不强，加上当时统治者所拥有的疆土不大，实际物资支配规模也就有限，所有这些都使得都邑中需要他人提供食粮供养的非农人口的增长受到极大的约束。在这样的情况下，怎样在不付出太多代价的前提下来增加城邑人口呢？

人们知道，传统城市是由原始村落发展而来的，其生活组织方式与一般的村落一脉相承。传统的村落在古代，当然首先是指房屋的集合。但在实际空间设想中，人们也往往把屋舍四周属于该村的土地、坟墓、林木等等一并考虑②。正是这些东西与屋舍一道，共同满足着村落的经济、社会、文化生活需求。从历史上看，中国古代的各层次聚落都免不了有以务农为生者存在，因而聚落和农田也就存在着一定的对应关系。也就是说，城市作为一定地区的中心聚落，虽然拥有一定量的非农人口，但因周边从属于其的田地存在，城市中历来不乏农户。雒阳自西周以来即是中原地区的重要都市，苏秦是战国末年的雒阳人。《史记·苏秦列传》载苏秦衣锦还乡后曾感叹说："且使我有雒阳负郭田二顷，吾岂能佩六国相印乎！"③这就表明了务农是当时雒阳城中普通居民谋生的常规现象。

如果务农可以是当时城市居民谋生的常规现象，那么，有着传统的城乡空间连续的观念支撑，在供应条件不足以支撑大量非农人口集聚的情况下，尽可能地安排农户入驻，应是扩大城市规模最为方便且自然的选择。

不仅如此，农民守土重迁，都邑附属的田地将农民与都邑相对固定地捆绑在一起，使其在都邑遇到军事威胁时能够派上用场。在当时的统治者看来，农民身强力壮，入驻的农户所赖以为生者就是附城的田地，外敌入侵会影响到农户的耕作，使其利益受损，从而强化其与城邑利害的共同性，使之成为自然的抵抗者，所以在军事上，城市中安排农民入驻军事的好处要优于工商业者的入驻。于是，统治者为了增强城防，更乐于尽可能地安排农户入驻城邑。④

---

① 《管子·乘马》说："凡立国者，非于大山之下，必于广川之上，高毋近旱而水用足，下毋近水而沟防省。"这里水足是作为饮用水水源和沟通元素来考虑的，根本未提及水上运输。这表明了对于当时的城市来说，水上运输的问题还提不到议事日程上。参见姚晓娟、汪银峰注译：《管子》，中州古籍出版社，2010年，第47页。

② 万国鼎：《中国田制史》，商务印书馆，2011年，第9页。

③ 《史记·苏秦列传》，中华书局，1959年，第2262页。

④ 如《商君书·农战》主张农战以兴邦："国之所以兴者，农战也。……豪杰务学诗书，随以外权，要靡事，商贾为技艺，皆以避农战。民以此为教，则粟焉得无少，而兵焉得无弱也。……国待农战而安，主待农战而尊。"（《商君书锥指》，中华书局，1986年，第20—22页）

三、"春出冬入"的都邑生活制度是先秦大邑营造的副产品

正是要在城邑内安排尽可能多的农户，造成了中国古代的一种特殊的城市管理制度。因为，紧邻城市的用地永远是有限的，城内农户数量的增加就会使越来越多的农户不得不到远离城市的田亩上劳作。一旦这个距离造成这部分出耕农人消耗在路途上的时间和体力过多而不适宜每天往返于耕地和城邑之间，但统治者又要求这部分人作为城邑人口的一员在关键时候能够搬回城中协助城防时，人们就得在生产及生活组织方式上做出调整。

为了说明问题，这里把《汉书·食货志》的相关记述完整地抄录下来，以供分析。《汉书·食货志》说："春令民毕出在墅（野），冬则毕入于邑。其《诗》曰：'四之日举止，同我妇子，馌彼南亩。'又曰：'十月蟋蟀，入我床下，嗟我妇子，聿为改岁，入此室处。'所以顺阴阳，备寇贼，习礼文也。春将出民，里胥平旦坐于右塾，邻长坐于左塾，毕出然后归，夕亦如之。入者必持薪樵，轻重相分，斑白不提挈。冬，民既入，妇人同巷，相从夜绩，女工一月得四十五日。必相从者，所以省费燎火，同巧拙而合习俗也。男女有不得其所者，因相与歌咏，各言其伤。"①与这一记述相应的说法，还有《公羊传》何休注、《诗经》的言说及相关笺注。《公羊传·宣公十年》何休注说："民春夏出田，秋冬入保城郭。……五谷毕入，民皆居宅。"②《诗经·豳风·七月》则说："我稼既同，上入执宫功。昼尔于茅，宵尔索绹。亟其乘屋，其始播百谷。"《笺》："既同，言已聚也。"《传》："入为上，出为下。"《笺》："可以上人都邑之宅，治宫中之事矣。于是时，男之野功毕。"③把这些说法合并起来，可以看到，在一定时期，在某些城邑中，统治者在春天时要让城中的农户统统到田野上去耕作，并且居住在田间地头；到冬天则让其都回到城内修屋冶陶、纺纱织布，从事手工业劳动。当时，在田野里的劳动叫作"野功"，而将在都邑内的手工业劳作称作"宫功"。

从汉书的描述方式看，这应是可以上溯到更早并一直沿袭到西汉的，在某种程度上被视作常规的做法。从管制的经济性看，让农夫住在田间地头，当然造成了农夫的额外付出，如果城邑中农夫的数量有限，其所耕作的田地就会较近，就不必"春令民毕出在墅"，所以这种做法，只能是尽可能增加城市农户以成"大邑"的结果。在"大邑"中，如果想尽可能减少农户在相当长的时间里住在田间的负担，

---

① 《汉书·食货志》，中华书局，1960年，第1121页。
② 《春秋公羊传注疏》，北京大学出版社，1999年，第361页。
③ 黄焯伯：《诗经蕠诂》，中华书局，2012年，第208页。

也可以让那些持有的田亩离城较近的农户当日往返于田邑之间，不必苦住田头，上引《汉书》说到傍晚农夫归来的情况应该就是在某一时期实行这种办法的证明。

不过，细读《汉书》这段记述，似乎"夕亦如之"并不能与"春将出民"在时间上形成对偶，因"冬"和"夕"两字形态相近，颇疑"夕"乃"冬"之误。无论如何，从行文的逻辑合理性看，将"夕亦如之"之"夕"改为"冬"更为适当。若如此，历史上应该采取过不分邑中农户所持田亩之远近，为了公平划一、方便管理，要求他们都开春即住到田头到冬天才得返回的办法。

四、"春出冬入"的城邑制度应该废止于西汉

从上述引文中所存在的文字问题长期得不到改正和《汉书》的记录上竟然缺失对男人回到城邑中的工作的描述来看，东汉以后，人们对"春令民毕出在壄"做法的演变和细节已不甚了解。春秋至西汉这一时段常备军逐渐成为军事活动的主导部分，城防逐渐不必过分倚重城邑中的普通居民，加之西汉时漕运有较大发展，都城周边土地大幅改良，大大提升了对都城的供应能力，使得王朝有条件在城中填充较多的非农人口。所以，这种记述上的问题实际上表明了上述"春出冬入"的城邑制度应当在西汉一朝逐渐废止。

虽然如此，对于"春出冬入"做法的存在和大体的作用，汉书的作者还是清楚的。《汉书》的作者将这种做法的作用归纳为"顺阴阳，备寇贼，习礼文"九个字。"顺阴阳"，说的是聚落周边的田地需要依时耕种，并在不同的季节安排不同的劳动。"习礼文"是说将在田野的人冬天集中起来由统治者进行教化。"备寇贼"则主要是指这种安排有助于在特定时期将人民集中于城邑，增加城邑的防守力量。当然，都邑周边的农户在一般的情况下应该也愿意在战争时撤入城内，这种撤离，会起到坚壁清野的作用，这应是"备寇贼"的进一步内容。

按照《汉书》，到了冬天，出耕在野的邑民入城后，妇女还要加班加点地纺织，为了节约火燎的费用，发挥高技术者的带动作用和进行文化交流，统治者要求妇女们聚集在一起劳动。人的聚合造成了交流的机会，造成了言论的发生和意见的表达。以至于"孟春之日，群居者将散，行人振木铎徇于路，以采诗，献之大师，比其音律，以闻于天子"，成为汉代还在实行的规则。如果把这里的"群居者将散"和前引"冬则毕入于邑"联系起来，就会很明确地看到在历史上确曾存在过让大量农户入驻城中且在某些城邑中实行让部分或全部农户"春出冬入"的做法。

按照《汉书》，农夫在地头住宿的设施叫作"庐"[1]，其大略相当于现在还能在北方田头看到的窝棚。《说文解字·广部》说："庐，寄也，秋冬去，春夏居。"[2]既然冬天不用，其建筑的严密程度当然大打折扣。从军事的需求看，这种房子也不必建得扎实，免得在战时落入敌手为对方所用。

五、军事需求条件下的附城农田规模

在尽可能安排农户入驻的情况下，一个城邑所拥有的田亩空间范围可以是多大呢？在城中尽可能安排农户的做法主要着眼于军事效能，所以对此一问题的解答，似乎也可以由保证"备寇贼"的实际效果入手。

《周礼·地官·遗人》云："凡国野之道，十里有庐，庐有饮食；三十里有宿，宿有路室，路室有委；五十里有市，市有候馆，候馆有积。"[3]这样的说法似乎表明，30里和50里都是人们进行空间分划和设置时所参照的重要尺寸标准。之所以如此，当然和当时人的行走速度相关。人的行走速度在不同的条件下可以大有不同，但若将行走和军事行动联系在一起，单位时间里的行程有可能会关系战争的胜负，因而必须慎重地对待。在先秦，通过长期的行军实战，人们总结出了一些规则性数据。这些数据，长久地用作空间尺寸确定的模数。《诗·小雅·六月》："我服既成，于三十里。"《毛传》曰："师行日三十里。"朱熹《诗集传》云："古者吉行日五十里，师行日三十里。"[4]就是说，古人快速地行走，每天可达50里，而军队常规的行军，每天按30里计，通常走30里就要驻扎休息，驻扎休息称作"舍"，所以，古代以30里为"一舍"。《国语》卷十："兵法日行不过三十里，以戒不虞。"[5]《孙子·军争篇》更为具体地说明了行军速度对军队的影响："倍道兼行，百里而争利，则擒三将军，劲者先，疲者后，其法十一而至。五十里而争利，则蹶上将军，其法半至。三十里而争利，则三分之二至。"[6]按照孙子的说法，当时的军队，如果每天走100里会有十分之九的人跟不上队伍，如果每天走50里，还会有一半人跟不上队伍，这都会给战争带来灾难性后果。如果每天走30里，使跟上队伍的人达到三分之二，才能基本上保证战斗正常进行。对于普通农夫，其从田

---

① 《汉书·食货志》："在野曰庐，在邑曰里。"（中华书局，1960年，第1121页）

② 《说文解字》，中华书局，2013年，第190页。

③ 《周礼注疏》，上海古籍出版社，2010年，第484页。

④ 〔宋〕朱熹注：《诗集传》，中华书局，2011年，第151页。

⑤ 《国语·晋语四》："若以君之灵，得复晋国，晋楚治兵，会于中原，其避君三舍。"韦昭注："古者师行三十里而舍，三舍为九十里。"

⑥ 杨丙安：《十一家注孙子校理》，中华书局，2012年，第172页。

头撤退少不了携带坛坛罐罐，行走速度不会太快，因此，可以和军队的常规速度相比。如果要求在附城农田上耕作的农户在发生战争时一日之内基本都撤回城中，那么以距城最远的田亩在30—50里为据来确定从属于都邑的耕地范围应该是合理的。

古代文献言及一定地域时常涉及"方七十里"和"方百里"。《史记·平原君虞卿列传》记毛遂说："且遂闻汤以七十里之地王天下，文王以百里之壤而臣诸侯。"[①]《汉书·王莽传》记王莽云："诸公一同，有众万户，土方百里。侯伯一国，众户五千，土方七十里。子男一则，众户二千有五百，土方五十里。"[②]注意到这里的"方七十里"和"方百里"，并不是一个空洞的空间范围，两者都暗含着一个中心聚落作为主导的空间体系，在这样的空间单元中，从中心聚落到用地边界的路程大部分在30—50里，为当时常规行军条件下大致一天的路程。方70里和方100里的空间格局设想，并不是随意的，它设定的从中心到边缘的距离，从军事上看，为空间所有者的防御动作的实施提供了基本的空间和时间保证。

"方五十里"的面积为$50 \times 50 = 2500$平方里，"方七十里"的面积为$70 \times 70 = 4900$平方里，而"方百里"的面积为$100 \times 100 = 10000$平方里，也就是说，前者的面积依次为后者的一半。所以，在通常的情况下，前者的经济能力也是后者的一半，这当然也暗示着一定的权力等级的差别。"方七十里"和"方百里"的边缘到中央之间距离的军事含义、空间容纳水平、权力等级的差异加上"方七十里""方百里"自身及其平方的数字整齐性，促使"方七十里"及"方百里"成为有一定秩序建构目的的整体聚落范围设定的支持性数据。

六、西周雒邑的附城田亩与大郭范围的配合

《逸周书·作雒解》说，周公"乃作大邑成周于土中。城方千七百二十丈，郭方七百里"[③]。"郭方七百里"，《宋本》作"七十二里"，此外，还有十七里、七十里之说。究竟成周的大郭尺寸为何？《诗经》的说法或者可以引作参考。《诗经·周颂·噫嘻》云："噫嘻成王！既昭假尔。率时农夫，播厥百谷。骏发尔私，终三十里。亦服尔耕，十千维耦。"此诗他句易通，有争论者唯"终三十里"一句。要解释此句，首先要弄清楚事情发生的地点和性质，从诗句看，这是一首与周成王藉田之礼相关的诗[④]，所以可以设想事件发生在京师（成周）城外郭内的田地之

① 《史记·平原君虞卿列传》，中华书局，1959年，第2367页。
② 《汉书·王莽传》，中华书局，1960年，第4128页。
③ 黄怀信、张懋镕、田旭东：《逸周书汇校集注》，上海古籍出版社，2007年，第510页。
④ "噫嘻，春夏祈谷于上帝也。"参见黄焯伯：《诗经叕诂》，中华书局，2012年，第516页。

上。这样，《毛诗传》所说的"终三十里，言各极其望也"就有了着落。《正义》就"终三十里"一句说："人目之望所见极于三十。"马端辰不同意，说："古有极言所望之远者，《诗》云'维此圣人，瞻言百里'是也。有实指其所望者，《论衡·书虚篇》云'人目之所见不过十里'是也。目所极望，未闻其三十里为极致。"[1]其实，按照《作雒解》，成周城方千七百二十丈，大致相当于方9里，这样，若郭方72里，则郭墙和城墙平行段之间距为31.5里；若郭方70里，则郭墙与城墙平行段之间距为30.5里。这样，由于有郭的存在，由城内看去，人所望到的大约30里处就有一道界限，而这一界限，也正是附城农田的终点，也就是说，依《毛诗传》云"终三十里"为"言各极其望"，那么《噫嘻》一诗就表明了由城向四方望，每个方向都存在着一道距城30里的界限，所以，大邑成周的郭方为72里或70里都应该距实际不远。

距城最远之田亩，若以城为主位，其近城部分当被视为正面，远城部分则为背面，这个背面以郭墙为依托，所以距城较远的田亩就被称作"负郭田"。"负郭田"离城较远，所有者就必须得每年春天出城住到田头，年末才得回城，耕作起来特别辛苦，因而不算好田。只有以此为背景，似乎才能更为贴切地理解前引苏秦的感叹。

如果西周雒邑的郭方为"七十里"或"七十二里"，那么，西周雒邑当是采取了把郭的范围与城邑拥田的需求结合起来的做法，这在当时应是一项创新，是传统的"造郭以守民"概念的更为积极的表达。城与郭为雒邑之居民提供了耕地与家宅的双重的保护和空间界定，使得所持耕地远离城邑的农户得以稳稳当当地将自己归属于雒邑。

七、"尽地力"条件下的附城田亩与城邑人口

春秋战国，不同势力间的争斗日益激烈，争霸的诸侯们需要更加强大的邑落防御系统，从某一方面说，统治者需要都邑遭到进攻时能有更多的人集聚于单一的城圈之内，参与防卫活动。所以，《管子》、李悝等都倾向于把"方百里"作为诸侯都邑空间设置的一个基本的衡量尺度。[2]"方百里"，也就意味着由这一空间的多数边缘地段到达中心的距离在50里上下，而50里在许多时候是一般人在负担辎重的情

[1] 马端辰：《毛诗传笺通解》，中华书局，1988年，第1070页。

[2] 《管子·乘马》："中地方百里，万室之国一，千室之都四。"《汉书·王莽传》："凡万户，地方百里。"参见姚晓娟、汪银峰注释：《管子》，中州古籍出版社，2010年，第4100页。

况下所不能完成的日行距离，所以，以"方百里"的格局来确定附邑农田的范围是一个极限值。

在"方百里"的情况下，城里大致可以容纳多少农夫呢？

以当时的农耕水平，一个农夫所耕之地大约是一百亩。"《孟子》曰：'百亩之粪，上农夫食九人。'《汉书·食货志》魏李悝曰：'今一夫挟五口，治田百亩。'《沟洫志》魏史起曰：'魏氏之行田也以百亩，邺独二百亩，是田恶也。'可见战国时农户分别各治其田，大抵一夫所耕，上地以百亩为率。"[1]《汉书·食货志》云："李悝为魏文侯作尽地力之教，以为地方百里，提封九万顷，除山泽邑居三分去一，为田六百万亩。"[2]按照这种说法，"方百里"范围里的田地需要6万个农夫来耕种。战国时期，许多诸侯为了争取更多的税赋，采用各种方式促成人们分户，特别是战国后期的秦国，"民有二男以上不分异者"，就会对其采取"倍其赋"的办法加以惩罚。[3]若按照一个农夫对应一个农户计算，于是在"尽地力"的条件下人们有可能在城中安排6万农户。当然，这是特定条件下的最大值，实际要落实这个最大值有很大难度。

最大值是难以达到的。城邑外部空间的地形地貌，附邑农田的好坏以及城邑中每一农户所含的劳动力数量等等，都会影响城邑人口的规模。可是，即使城中农户只有6万户的一半，那么，一个迫切要求扩大城市人口规模的诸侯都城中也会拥有3万农户。具体到当时商业活动特别发达的据称有7万户的齐临淄，如果其在"方百里"的条件下安排附邑农田，即使再不济，农户占城市中总户口的比例也在百分之四十以上，对于其他的诸侯都城，农业户数所占比例应会更高。

齐鲁之地，海有鱼盐之利，山拥桑麻之饶，姜太公封齐之后，通商工之业，便鱼盐之利，促成了地方经济的发展，特别是春秋时，齐人发明了海水煮盐之法，齐盐的质、量大幅提升，让齐国成为这一特殊商品的输出国并因此获得极大利益。种种条件造成齐之都城临淄人口超常聚集，成为当时东方人口规模最大的都会，可即使如此，在苏秦不无夸饰的叙述中临淄也不过7万户，若以苏秦所说"户有三男子"为据，按户均6.5人计，当时临淄应约有45万人。这一数字现在看来不算什么，可在当时，却是难以超越的标尺。正是如此，也许还参酌了李悝在尽地力条件下对都邑可拥土地量的考虑，在农业生产方式、粮食单产量和长度衡量单位没有大变的情况

---

① 参见万国鼎《中国田制史》（商务印书馆，2011年，第40页），又同书第65页云：周时百亩合今30余亩。

② 《汉书·食货志》，中华书局，1960年，第1124页。

③ 《史记·商君列传》，中华书局，1959年，第2230页。

下，6万户和"方百里"这一对数字，在一定时期成为一个基本的但又具有极限意味的组合。在秦汉都城区域的人口安排与空间提供上，这两个数字往往同时出现，成为特别值得城市建设史研究者关注的一个现象。

八、秦汉都城的人口与空间

秦始皇统一六国，建立了前所未有的中央集权的庞大帝国，在气焰万丈的嬴政那里，齐临淄显然不是他的目标。为了填充京畿，他曾"徙天下豪富于咸阳十二万户"①。"十二万户"恰为6万户之两倍，而当时咸阳的实体性范围就200里，所谓"咸阳之旁二百里内，宫观二百七十，复道甬道相连，帷帐钟鼓美人充之，各案署不移徙"②。"咸阳之旁二百里内"虽然不见得可以直接理解为方200里，但其在一定方向上以两个100里为单位展开却是明白的。考虑到咸阳本身的尺寸和另一个方向上展开的可能性，设想其总涉及面积不止于两个"方百里"应不为过。以此，这一空间应该有条件涵盖既有农户与新输12万户对耕地的需求。被强制迁徙至咸阳的豪富，是被打击看管的对象，他们当然不可能在那里坐享安乐，务农恐怕是大多数人的谋生手段。从前面述及的人与田亩关系着眼，在咸阳的农户当然不可能集中于一地安排。③

从现有的考古发掘成果看，秦始皇所营之咸阳应该采取了在渭水两岸漫延式发展的格局。之所以如此，首先是秦咸阳采用了超常规的城市空间单位和高度膨胀的宫观安排格局，巨大的尺寸当然给设置单一的坚强城圈造成了困难。同时，为了伺服农田且保卫大面积漫延的宫观，一般居住地段不可能在一点集中布置，若结合居民点设置多个城圈，则会在以宫殿为主要元素的系统中造成心理和视觉分量过分突出的特异元素，从而影响秦始皇关注的开放式的金字塔式的中心-边缘格局的有效呈现。④有了这些实际条件的制约，加上秦始皇的无比自信，秦咸阳最终不设将漫延发展的地区统括起来的城墙应该是完全有可能的。

西汉以前，由于受到单一城邑可能有效地拥有的田亩数量的限制，单一城郭的

---

① 《史记·秦始皇本纪》，中华书局，1959年，第239页。
② 《史记·秦始皇本纪》，中华书局，1959年，第257页。
③ "'十二万户'，应是'徙天下豪富于咸阳'编户后的总数，既是徙居的富户，也就成了秦贫户，因为他们是秦王朝打击和削弱的对象，其待遇似更苛刻一些，竟被称之为'迁虏'。""（咸阳诸市）既是工商业者集中的地方，又同宫区杂处，这正反映了早期城市在规划上散点布局的一大特点。"（王学理：《秦都咸阳》，陕西人民出版社，1985年，第97、98页）。
④ 王鲁民：《"秦制"初探——以秦人都城营造为基础》，《城市规划》2014年第12期。

人口规模相当有限，在这种情况下，在一定范围内，相对密集地安排多个城邑，形成一个人口众多的京畿地区是"大邑"需求在一定条件下的自然延伸。将秦咸阳的大量人口在京畿地区分散安排的做法，就暗示了这种情况。并且，从相关资料看，这是一个历史悠久的传统。

汉代中央大帝国，当然有强烈的提升都城首位度、打造皇帝权威确保政权安定的欲求，如何在京师聚集更多的人口，是当时面临的重要问题。从实践情况看，汉代的发明是系统地利用陵邑，通过多个陵邑与主城配合，形成一个相互支撑的防御系统。这种做法在伺服帝王的观念框架下，依靠一系列人口相对集中因而有较强战斗能力的据点拱卫长安，显然是对秦咸阳相对分散的人口安排方式的一种改进。西汉共设有7座陵邑。据《通考》卷一二四引《汉旧仪》，安陵邑、霸陵邑、阳陵邑各万户；平陵、杜陵两邑居家在3万户以上。[1]《汉书·地理志》载汉末时长陵邑户50057，茂陵邑户61081。[2]注意到其所述及的中等规模的陵邑以3万户为基准，而大陵邑则在6万户左右，也就是说，大陵邑之规模与前文涉及的方百里之邑极限规模相近，而中等陵邑的规模则与方70里之邑的极限规模相合。这样的陵邑规模并不见得是预先安排所致，但也应该表明了是某种条件约束甚至是管控在起作用。这样的人口格局在一定时期，当然有助于都邑人口和相关田亩之间的匹配，为京畿地区的人口合理集聚提供了条件。

原载《城市规划学刊》2015年第1期

（王鲁民，深圳大学建筑与城市规划学院教授）

---

① 曾晓丽、郭风平、赵常兴：《西汉陵邑设置刍议》，西北农林科技大学学报（社会科学版）2005年第5卷第3期。

② 《汉书·地理志》，中华书局，1960年，第1543—1547页。

长安：西汉经学的"天府"

王子今

　　长安作为西汉王朝的都城，曾经表现出世界都会的气象。这里是政治和经济的中心，也是文化的中心。《史记》和《汉书》所见区域政治与区域经济的评价，六见"天府"的说法，其中五次是指关中。如苏秦语："秦四塞之国，被山带渭，东有关河，西有汉中，南有巴蜀，北有代马，此天府也。"[①]娄敬语："秦地被山带河，四塞以为固，卒然有急，百万之众可具也。因秦之故，资甚美膏腴之地，此所谓天府者也。"[②]张良语："夫关左殽函，右陇蜀，沃野千里，南有巴蜀之饶，北有胡苑之利，阻三面而守，独以一面东制诸侯。诸侯安定，河渭漕挽天下，西给京师；诸侯有变，顺流而下，足以委输。此所谓金城千里，天府之国也。"[③]如果借用"天府"一词来形容其区域文化优势，也是适宜的。正是在西汉长安，经学的主导地位才得以确立，经学的人才空前集中，经学论著的收藏和传播、经学的研究和教育，也以此为中心。长安，可以称作西汉经学的"天府"。

一、长安与齐鲁文化的西渐

　　西汉时期，是先秦时代已经成熟并分别形成深刻影响的楚文化、秦文化和齐鲁文化相互融汇的历史阶段。此时一个突出的文化现象是全国政治重心在关中地方确立之后，齐鲁文化的西渐。齐鲁地区基础深厚的文化，在战国时代已经形成对周边地区产生重要影响的显著领先的优势。《史记》卷一二一《儒林列传》："及高皇帝诛项籍，举兵围鲁，鲁中诸儒尚讲诵习礼乐，弦歌之音不绝，岂非圣人之遗化，好礼乐之国哉？""夫齐鲁之间于文学，自古以来，其天性也。"（《史记》卷三二《齐太公世家》："太史公曰：吾适齐，自泰山属之琅邪，北被于海，膏壤二千里，其民阔达多匿知，其天性也。以太公之圣，建国本，桓公之盛，修善政，

---

① 《史记》，中华书局，1982年，第2242页。
② 《史记》，中华书局，1982年，第2716页。
③ 《史记》，中华书局，1982年，第2044页。

以为诸侯会盟，称伯，不亦宜乎？洋洋哉，固大国之风也！"《史记》关于地方民风，除卷一一〇《匈奴列传》"其俗，宽则随畜，因射猎禽兽为生业，急则人习战攻以侵伐，其天性也"及卷一一二《平津侯主父列传》"行盗侵驱，所以为业也，天性固然"言匈奴"天性"外，只言及齐民"天性"和"齐鲁之间""天性"。）

秦汉时期，齐鲁文化在保持自己个性的同时，又积极参与了"远迩同度"[1]的文化共同体的建设。秦最后灭齐，秦始皇东巡，表现出对包括神祀体系的齐鲁文化传统的某种尊重。齐鲁作为历史悠远的文化高地，各地人皆不得不仰视，甚至连嬴政这样的强势政治人物也不能例外。秦始皇当政时，据说"天性刚戾自用""天下之事无小大皆决于上"，以其绝对的刚愎自信，却仍然"悉召文学方术士甚众，欲以兴太平"，在他的高级咨政集团中有许多儒学博士担当政治文化顾问。秦始皇廷前议地方行政格局事，至湘山祠问湘君，海上"求芝奇药仙者"等，都曾经听取他们的意见，"上邹峄山，立石"，又曾经直接"与鲁诸儒生议"。就所谓"坑儒"这一著名冷酷的集体残杀儒学之士的血案来看，当时在秦王朝统治中心咸阳，"诸生皆诵法孔子"者，仅"自除犯禁"而"坑之咸阳"的就多达四百六十余人。[2]

刘邦的汉军在歼灭项羽军之后，"项王已死，楚地皆降汉，独鲁不下。汉乃引天下兵欲屠之，为其守礼义，为主死节，乃持项王头颅视鲁，鲁父兄乃降。始，楚怀王初封项籍为鲁公，及其死，鲁最后下，故以鲁公礼葬项王谷城。汉王为发哀，泣之而去"[3]。原秦博士，出生于鲁国薛地的叔孙通被刘邦拜为博士，号稷嗣君。他"征鲁儒生三十余人"西行，合作帮助汉王朝制定朝仪。成功后，刘邦感叹道："吾乃今日知为皇帝之贵也！"于是"拜叔孙通为太常，赐金五百斤"[4]。鲁地儒生拜为九卿，使儒学的影响第一次可以托附于政治权力的作用而空前扩展。

继秦始皇"徙天下豪富于咸阳十二万户"[5]之后，西汉政权策划过徙关东贵族豪杰名家居关中时，首先想到的又是"徙齐诸田"[6]。这一政策也许也是齐鲁经学向西部地区传递的一个重要契机。

汉武帝时期，儒学在百家之学中的主导地位得以彻底确定。齐地儒生公孙弘相继任博士、太常、御史大夫、丞相，封平津侯，是标志儒学地位开始上升的重要文化信号。《史记》卷一二一《儒林列传》记载："公孙弘以《春秋》为天子三公，

① 《史记》，中华书局，1982年，第250页。
② 《史记》，中华书局，1982年，第258页。
③ 《史记》，中华书局，1982年，第338页。
④ 《史记》，中华书局，1982年，第2723页。
⑤ 《史记》，中华书局，1982年，第239页。
⑥ 《史记》，中华书局，1982年，第2720页。

封以平津侯，天下之士靡然向风矣。"公孙弘作为齐鲁儒生的代表，建议各地荐举"好文学，敬长上，肃政教，顺乡里，出入不悖所闻者"，加以培养，充实政府机构，"以文学礼义为官"。这一建议为汉武帝所认可，于是"自此以来，则公卿大夫士吏，斌斌多文学之士矣"①。

陈直曾经著文论述西汉时期齐鲁文化人的学术艺术成就，题为《西汉齐鲁人在学术上的贡献》。其中凡举列九种：（1）田何、伏生等的经学；（2）褚少孙的史学；（3）东方朔的文学；（4）仓公的医学；（5）尹都尉的农学；（6）徐伯、延年的水利学；（7）齐人的《九章算术》；（8）宿伯年、霍巨孟的雕绘；（9）无名氏之书学。陈直先生主要讨论了齐鲁人以上九种文化贡献，其他"至于《汉书·艺文志》所载师氏的乐学，《律历志》所载即墨徐万且的历学，《曹参传》所载胶西盖公的黄老学，其事实不够具体，故均略而不论"②。在齐鲁文化对社会的影响之中，经学被列为第一，是符合文化史的实际的。

长安因政治重心西移得以吸引齐鲁文化西渐。③作为帝国的都城，长安又是齐鲁文化向西扩展影响的主要目标。长安以积极的态度迎接这一历史变化。然而这里并不是儒学向西传播的终点。从儒学向巴蜀和河西等地普及的文化轨迹看，长安实际上承担了经学传播中继站的重要作用。

二、石渠千秋

汉代开创了中国古代图书收藏史的新阶段。其重要成就是经学论著的收藏，而长安成为经学论著收藏和进一步传播的中心。

在儒学地位空前上升的背景下，汉武帝命令广开献书之路，又设写书官抄写书籍。按照《汉书》卷三〇《艺文志》的说法，汉武帝时期，"建藏书之策，置写书之官，下及诸子传说，皆充秘府"。刘歆《七略》说，当时的藏书机构，"外则有太常、太史、博士之藏，内则有延阁、广内、秘室之府"。这说明当时集中了相当数量的书籍，外廷有太常、太史、博士等部门的收藏，宫内又有命名为延阁、广内、秘室的书库。汉成帝时，又进一步访求天下遗书，并指令刘向总校诸书。刘向的儿子刘歆继承父业，在校书过程中发现了一些儒学经典的不同底本。他宣布自己发现了古文《春秋左氏传》，还说发现了《礼》三十九篇（《逸礼》）以及《尚

① 《史记》，中华书局，1982年，第3120页。
② 陈直：《西汉齐鲁人在学术上的贡献》，见《文史考古论丛》，天津古籍出版社，1988年，第182页。
③ 王子今：《秦汉时期齐鲁文化的风格与儒学的西渐》，《齐鲁学刊》1998年第1期。

书》十六篇（《古文尚书》）。这两种书据说都是鲁恭王坏孔子旧宅时所得到，由孔子十二世孙孔安国献入秘府的。刘歆要求把这些书立于学官，并且与反对这一主张的博士进行激烈的论辩，于是经学中出现了今文经学和古文经学两个流派。唐人崔日知"孔壁采遗篆，周韦考绝编"的诗句（《石仓历代待选》），又如元人柳贯诗所谓"孔壁发神秘"（《待制集》），王逢诗所谓"简册潜回孔壁光"（《梧溪集》），也都是对"孔壁"图书发现的感叹。汉长安城出土的"石渠千秋"瓦当可以看作对这种文献学成就的纪念。

汉代的国家藏书有确定的制度，而民间图书收藏也有可观的规模。最典型的例证也发生在长安。《史记》卷一一七《司马相如列传》记载，司马相如病重，汉武帝吩咐臣下："司马相如病甚，可往从悉取其书；若不然，后失之矣。"使者前往司马相如家，"而相如已死，家无书。问其妻，对曰：'长卿固未尝有书也。时时著书，人又取去，即空居。'"这里所说的"家无书""未尝有书"，是指司马相如的论著，而并非图书收藏。《后汉书》卷八二下《方术列传下·王和平》记载："北海王和平，性好道术，自以当仙。济南孙邕少事之，从至京师。会和平病殁，邕因葬之东陶。有书百余卷，药数囊，悉以送之。后弟子夏荣言其尸解，邕乃恨不取其宝书仙药焉。"北海方士王和平由弟子孙邕陪伴前往京师，途中不幸病逝，安葬在东陶。所有图书百余卷，都随葬于墓中。后来听说王和平尸解成仙，孙邕于是悔恨当初不如取其"宝书"以为私有。从王和平出行携带图书多达百余卷可以推想其收藏文献的数量。这是一个图书随主人向"京师"集聚的故事。这里所说的"京师"当然是洛阳。但是西汉时期儒生西行长安必然携带常用图书的情景，是可以由王和平事迹推知的。

三、《法言》"书肆"与"槐市"传说

西汉思想家、文学家扬雄在《法言·吾子》中写道："好书而不要诸仲尼，书肆也。"他强调应当理解和领会孔子的思想实质，而不仅仅是熟悉和爱好孔子的文字言谈。关于"书肆"，注家解释说："卖书市肆，不能释义。"涉及"书肆"的这句话，可能是关于出售书籍的商店的最早记载。扬雄的意思是说，如果只是喜欢孔子的书而不懂得其中的真义，则不过是陈列和出售书籍的店铺而已。《法言》所说到的书肆告诉我们一个重要的文化信息：在秦始皇推行焚书之令、制定挟书之律的政策成为历史之后，民间书籍流通显现出新的形势，长安地方专营图书销售的"书肆"已经出现。扬雄是在讨论仲尼思想的时候说到书肆的，由此可知在这样的图书传播场地，经学书籍很可能是流通的主体。

记录汉长安城地方风俗制度的《三辅黄图》一书中，说到长安有一处特殊的市场"槐市"。《艺文类聚》卷三八引文云："列槐树数百行为隧，无墙屋，诸生朔望会此市，各持其郡所出货物及经传书记、笙磬乐器，相与买卖。雍容揖让，论说槐下。"都城中有以槐树为标志的专门设置的空地，国家官学的学生们在月初和月中聚会在这里，以家乡土产以及"经传书记""笙磬乐器"彼此交换，"相与买卖"。这样定时交易的图书市场，参与流通者是特定的人群。所谓"雍容揖让，论说槐下"，形容了这个特殊市场的特殊文化氛围。唐代诗人刘禹锡有"学古游槐市"诗句（《刘宾客文集》）。刘禹锡又写道："槐市诸生夜对书，北窗分明辨鲁鱼。"（《刘宾客文集》）又如宋代诗人葛胜仲诗："旧直蓬山无俗梦，今官槐市有清阴。"（《丹阳集》）周必大也有这样的诗句："君不见，汉京辟雍载《黄图》，博士直舍三十区，分行数百曰槐市，下有诸生讲唐虞。"（《文忠集》）似乎"槐市"的商业色彩较为淡薄，而学术气氛相当浓烈。后来文人们习惯或以"槐市"与"杏坛"并说，[①]或以"槐市"与"兰台"为对，[②]又有"槐市育才"（《梅溪后集》）、"槐市育材"（《樗溪居士集》），以及"太学曰槐市"（《绀珠集》）等说法，也以"槐市"作为文化机关和教育场所的象征。"诸生"所经营的"经传书记"，可以明确主要是经学图书。

四、经学研究的中心

《史记》卷一二一《儒林列传》："汉兴，然后诸儒始得修其经艺，讲习大射乡饮之礼。叔孙通作汉礼仪，因为太常，诸生弟子共定者，咸为选首，于是喟然叹兴于学。"儒学被最高执政者重视，其契由正是发生在长安的经学的一次实际应用。据司马迁记述，"及今上即位，赵绾、王臧之属明儒学，而上亦乡之，于是招方正贤良文学之士。自是之后，言《诗》于鲁则申培公，于齐则辕固生，于燕则韩太傅。言《尚书》自济南伏生。言《礼》自鲁高堂生。言《易》自菑川田生。言《春秋》于齐鲁自胡毋生，于赵自董仲舒。及窦太后崩，武安侯田蚡为丞相，绌黄老、刑名百家之言，延文学儒者数百人，而公孙弘以春秋白衣为天子三公，封以平津侯。天下之学士靡然乡风矣"。在长安确立最高执政中心的汉王朝努力招募人才，除了吸引各地学者参与议政和行政之外，还殷勤邀请经学专家来京师。此所谓

---

① 如唐代黄滔《谢试宫》："得槐市三千，杏坛七十。"（《黄御史集》卷七《启》）宋代杨亿《景德二年三月试草泽刘牧策二道》："复杏坛槐市之规，遵小成大成之制。"（《武夷新集》卷一二）宋代欧阳修《早赴府学释奠》："雾中槐市暗，日出杏坛明。"
② 如宋代苏轼《次韵徐积》："但见中年隐槐市，岂知平日赋兰台。"

"详延天下方正博闻之士，咸登诸朝"，于是长安成为经学研究的中心。

申公曾在长安求学，后又来到长安。《史记》卷一二一《儒林列传》写道："吕太后时，申公游学长安，与刘郢同师。已而郢为楚王，令申公傅其太子戊。戊不好学，疾申公。及王郢卒，戊立为楚王，胥靡申公。申公耻之，归鲁，退居家教，终身不出门，复谢绝宾客，独王命召之乃往。弟子自远方受业者百余人。申公独以诗经为训以教，无传，疑者则阙不传。"据《汉书》卷六《武帝纪》，汉武帝刘彻即位初，建元元年（前140），"议立明堂。遣使者安车蒲轮束帛加璧征鲁申公"。《前汉纪》卷一〇的记载是："遣使者安车蒲轮束帛加璧征鲁申公，议立明堂。申公年八十余矣。"可见，直接动因似是就经学与行政结合的具体问题请教。《史记》卷二四《乐书》说音乐节奏合宜，则"民康乐"。"乐行而民乡方，可以观德矣。"张守节《正义》："乐音多文采与节奏简略，而下民所以安。""君上内和志行，乐教流行，故民皆向君子之道。"经学"德""教"和"民""安"的关系，通过申公的故事可以得到鲜明的体现。"民""安"，或直接写作"民安"，见于《史记》卷六八、卷六九《苏秦列传》。《史记》卷三九《晋世家》作"民必安之"，《史记》卷四三《赵世家》作"吏民能相安"，《史记》卷一二二《酷吏列传》作"黎民艾安"。

《史记》卷一一二《平津侯主父列传》中"班固称曰"：在汉武帝重视儒学文化建设，"兴造功业，制度遗文，后世莫及"之后，"孝宣承统，纂修洪业，亦讲论六艺，招选茂异，而萧望之、梁丘贺、夏侯胜、韦玄成、严彭祖、尹更始以儒术进。"这些人物集中于长安，更强化了京师作为经学研究基地的文化影响。

以梁丘贺为例，《汉书》卷八八《儒林传·梁丘贺》记载："年老终官。传子临，亦入说，为黄门郎。甘露中，奉使问诸儒于石渠。临学精熟，专行京房法。琅邪王吉通五经，闻临说，善之。时宣帝选高材郎十人从临讲，吉乃使其子郎中骏上疏从临受易。临代五鹿充宗君孟为少府，骏御史大夫，自有传。充宗授平陵士孙张仲方、沛邓彭祖子夏、齐衡咸长宾。张为博士，至扬州牧，光禄大夫给事中，家世传业；彭祖，真定太傅；咸，王莽讲学大夫。繇是梁丘有士孙、邓、衡之学。"由此一例，亦可以大致得知长安经学的学术渊源和传递方式。经学名家往往同时又是朝廷大员，经学和行政的关系也因此明朗。

据《汉书》卷九九上《王莽传上》，"有逸《礼》、古《书》、《毛诗》、《周官》、《尔雅》、天文、图谶、钟律、《月令》、兵法、《史篇》文字，通知其意者，皆诣公车。网罗天下异能之士，至者前后千数，皆令记说廷中，将令正乖缪，壹异说云"。李约瑟说：这是在王莽的倡议下召开的"中国历史上第一次科学专家会议"①。经学研究人才的集中和经学研究水准的提升又达到新的程度。

五、太学：经学教育的基地

长安除了作为经学研究的中心以外，也是经学教育的最重要基地。

汉武帝时代在文化方面的另一重要举措，是兴太学。《史记》卷一二一《儒林列传》记录汉武帝的指示："其令礼官劝学，讲议洽闻兴礼，以为天下先。太常议，与博士弟子，崇乡里之化，以广贤材焉。"公孙弘建议："闻三代之道，乡里有教，夏曰校，殷曰序，周曰庠。其劝善也，显之朝廷；其惩恶也，加之刑罚。故教化之行也，建首善自京师始，由内及外。今陛下昭至德，开大明，配天地，本人伦，劝学修礼，崇化厉贤，以风四方，太平之原也。古者政教未洽，不备其礼，请因旧官而兴焉。为博士官置弟子五十人，复其身。太常择民年十八已上，仪状端正右，补博士弟子。郡国县道邑有好文学，敬长上，肃政教，顺乡里，出入不悖所闻者，令相长丞上属所二千石，二千石谨察可者，当与计偕，诣太常，得受业如弟子。一岁皆辄试，能通一艺以上，补文学掌故缺；其高弟可以为郎中者，太常籍奏。即有秀才异等，辄以名闻。其不事学若下材及不能通一艺，辄罢之，而请诸不称者罚。"太学的创建，采用了公孙弘制定的具体方案。公孙弘拟议：第一，建立博士弟子员制度，将博士私人收徒定为正式的教职，将私学转变为官学；第二，规定为博士官置弟子五十人；第三，博士弟子得以免除徭役和赋税；第四，博士弟子的选送，一是由太常直接选补，二是由地方官选补；第五，太学管理，一年要进行一次考试；第六，考试成绩中上等的太学生可以任官，成绩劣次、无法深造以及不能勤奋学习者，令其退学。汉武帝批准了公孙弘拟定的办学方案。《汉书》卷八八《儒林传》："为博士官置弟子五十人，复其身。太常择民年十八以上仪状端正者，补博士弟子。"汉昭帝时，"增博士弟子员满百人，宣帝末增倍之"。汉元帝时，"更为设员千人"。"成帝末，或言孔子布衣养徒三千人，今天子太学弟子少，于是增弟子员三千人。"据《汉书》卷九九上《王莽传上》，在王莽专政时代，长安曾经一次即"为学者筑舍万区"，又扩展经学研习和传授名目，"立乐经，益博士员，经各五人。征天下通一艺教授十一人以上"。其中"教化之行也，建首善自京师始，出内及外"的意见，值得我们重视。

汉武帝元朔五年（前124）创建太学。国家培养政治管理人才的正式官立大学

———————

① ［英］李约瑟：《中国科学技术史》，科学出版社，1990年。

于是出现。《汉书》卷五六《董仲舒传》说，汉武帝创办太学，是接受了著名儒学大师董仲舒的献策。董仲舒指出，太学可以作为"教化之本原"，也就是作为教化天下的文化基地。他建议，"臣愿陛下兴太学，置明师，以养天下之士"，这样可以使有志的学者"以尽其材"，而朝廷也可以因此得天下之英俊。所谓"养天下之士"，体现出太学在当时有为国家培育人才、储备人才的作用。

太学的兴立，进一步有效地助长了民间积极向学的风气，对于文化的传播起到了重大的推动作用，同时使大官僚和大富豪子嗣垄断官位的情形有所改变，一般中家子弟入仕的门径得以拓宽，一些出身社会下层的"英俊"之士，也得到入仕的机会。东汉太学生运动受到较多关注。吕思勉还注意到，早在西汉，已经发生过太学生的请愿运动。他写道："今世学校，有所谓风潮者，汉世即已有之。"并举《汉书》卷七二《鲍宣传》所见太学诸生为营救鲍宣，拦截丞相乘车，并守阙上书事。[①]田昌五、安作璋也对这一史事有所关注，指出："由于太学生中不少人来自地主阶级的下层，对外戚、宦官集团的横行无忌和瘫残腐化十分不满，因而不断酝酿着反对当权集团和改良政治的运动。西汉哀帝时，他们曾声援因反对丞相孔光而获罪下狱的司隶校尉鲍宣。"[②]对于汉哀帝时的这起政治变故，在《汉书》卷七二《鲍宣传》的记述中可以看到如下情节："丞相孔光四时行园陵，官属以令行驰道中，（鲍）宣出逢之，使吏钩止丞相掾史，没入其车马。摧辱宰相，事下御史，中丞侍御史至司隶官，欲捕从事，闭门不肯内。宣坐距闭使者，亡人臣礼，大不敬，不道，下廷尉狱。博士弟子济南王咸举幡太学下，曰：'欲救鲍司隶者会此下。'诸生会者千余人。朝日，遮丞相孔光自言，丞相车不得行，又守阙上书。上遂抵宣罪减死一等，髡钳。宣既被刑，乃徙之上党，以为其地宜田牧，又少豪俊，易长雄，遂家于长子。"西汉长安的太学生运动是东汉洛阳太学生运动的先声。以"王咸举幡"为标志的这一事件，表现了青年知识人作为执政集团的后备力量在进入官场之前即主动参与政治活动的社会责任心。这种责任的正义性长期受到肯定和赞誉。事件发生的场地在长安太学，又是以经学为学术方向的学人们的行为，因此特别值得我们重视。[③]

汉武帝时期，除了建立太学之外，还令天下郡国皆立学校官，初步建立了地方教育系统。而长安的太学，是各地经学教育系统的领导和典范。

---

① 吕思勉：《秦汉史》，上海古籍出版社，1983年。
② 田昌五、安作璋：《秦汉史》，人民出版社，1993年。
③ 王子今：《西汉长安的太学生运动》，《唐都学刊》2008年第24卷第5期；王子今：《王咸举幡：舆论史、教育史和士人心态史的考察》，《读书》2009年第6期。

六、从西汉长安的文化地位看正统意识形态与政治主导的关系

自西汉时代起，以儒学为主体的正统意识形态形成了政治主导作用。这是此前从来没有出现过的政治文化现象。此后这一形式经后世王朝继续沿承，得以凝定化，又影响了中国政治风貌和政治生活长达两千年。

经学的兴起，是这一历史变化中最显著的现象。"罢黜百家，表章《六经》"①，"推明孔氏，抑黜百家"②，确定了儒学在百家之学中的主导地位，是汉武帝时代影响最为久远的文化政策。汉武帝贬抑黄老刑名等百家言，大力起用文学儒者，齐鲁儒学之士纷纷西行，进入执政集团上层。儒学学者在文化史的舞台上逐渐成为主角，"师异道，人异论，百家殊方"的局面结束，中国文化进程进入新的历史阶段。值得注意的是，这一变化是和以"汉"为标号的民族文化共同体的基本形成大体同步的。现在总结汉武帝时代思想文化的格局时，多使用"独尊儒术"的说法，其实这种表达方式出现较晚，不能准确地反映历史真实。当时最高执政集团的统治方略其实是"霸王道杂之"。即使对汉武帝决策多所谘议的儒学大师董仲舒，终生也未能真正显达。于是《艺文类聚》卷三〇引董仲舒《士不遇赋》有"呜呼嗟乎，遐哉邈矣！时来曷迟去之速矣"，以及"遑遑匪宁只增辱矣，努力触藩徒摧角矣"等感叹。宋人石介诗句"追惜汉武世，仲舒道硗确"写绘了历史的这一侧面。当然，这一执政策略的灵活性，并不能够动摇儒学作为主体意识形态理论基础的地位。

七、结语

西汉时期，长安作为政治都会和文化重心所在，成为经学发育的主要园地。西汉长安的文化地位，使得中国政治文化格局的形成和政治体制发展的走向大体得以确定。对西汉时期经学的大体形态和发展趋势进行研究，有学术史的意义，也有思想史和文化史的意义，对于从区域文化研究的角度说明长安的历史地位也是极有价值的工作。

原载《长安大学学报》（社会科学版）2011年第1期

（王子今，中国人民大学一级教授，西北大学、中央民族大学特聘教授）

---

① 《汉书》，中华书局，1962年，第2525页。

② 《汉书》，中华书局，1962年，第212页。

西汉长安的公共空间

王子今

西汉长安有公众活动利用都市空间的记载，都市结构服务普通居民的若干要素开始初步具备，都市社会生活实现了历史的进步。然而正如有的学者所指出的，"西汉长安城内，宫室、宗庙和官署占全城面积三分之二以上。""规模巨大的皇宫、宗庙、官署、附属机构以及达官贵人、诸侯王、列侯、郡主的邸第，占据了长安城的绝大部分。"①汉长安城内，面向普通民众的公共空间因而相对有限。因宫殿区的规模宏大，西汉长安都市功能的全面实现，不得不以诸陵邑作为必要的补充。

东汉洛阳则已经有更为充裕的公众活动场所，使得较多人数的集会具有了基本条件。比较西汉长安和东汉洛阳的城市结构，公共空间的规模有显著的区别。城市史的这一具有进步意义的变化，也体现了汉代都市社会构成和社会生活的若干历史特征。

一、阙：标志性建筑与公众集会场地

萧何初建长安城，曾经和刘邦关于都市规划理念发生争执。《史记》卷八《高祖本纪》记载：

> 萧丞相营作未央宫，立东阙、北阙、前殿、武库、太仓。高祖还，见宫阙壮甚，怒，谓萧何曰："天下匈匈苦战数岁，成败未可知，是何治宫室过度也？"萧何曰："天下方未定，故可因遂就宫室。且夫天子四海为

---

① 参见杨宽：《中国古代都城制度史研究》，上海人民出版社，2003年，第110、112页。贺业钜《中国古代城市规划史》也指出：西汉长安庞大的宫殿区"配合府库、官署和府第等，规划用地之多，几占全城总面积的三分之二。不仅如此，而且又在毗邻未央宫的西城垣外，营建了'千门万户'的宏伟壮丽的建章宫，并通过跨越西城垣的复道与城内诸宫连成一片，进一步显现了宫廷区在全城规划中的庞大分量"。（中国建筑工业出版社，1996年，第323—324页）。

家，非壮丽无以重威，且无令后世有以加也。"①高祖乃说。

关于未央宫建设工程，首先说到"立东阙、北阙"，甚至置于未央宫"前殿"之前，可知"阙"在宫殿区规划中的重要。张守节《正义》："颜师古云：'未央殿虽南向，而当上书奏事谒见之徒皆诣北阙，公车司马亦在北焉。是则以北阙为正门，而又有东门、东阙，至于西南两面，无门阙矣。萧何初立未央宫，以厌胜之术理宜然乎？'按：北阙为正者，盖象秦作前殿，渡渭水属之咸阳，以象天极阁道绝汉抵营室。"

秦都咸阳的建设，曾经首先注重"阙"的修筑。《史记》卷五《秦本纪》："（孝公）十二年，作为咸阳，筑冀阙。"张守节《正义》："刘伯庄云：'冀犹记事，阙即象魏也。'"卷六八《商君列传》："作为筑冀阙宫庭于咸阳，秦自雍徙都之。"司马贞《索隐》："冀阙，即魏阙也。冀，记也。记列教令当于此门阙。"《商君列传》又记载赵良和商鞅有关"治秦"行政的讨论。商鞅自谓："大筑冀阙，营如鲁卫矣。子观我治秦也，孰与五羖大夫贤？"赵良则批评道："相秦不以百姓为事，而大筑冀阙，非所以为功也。"双方都重视"大筑冀阙"事。阙，是宫殿标志性建筑。西汉宫阙基于"天子四海为家，非壮丽无以重威"的考虑，又为了容留"上书奏事谒见之徒"，前面应有较宽阔的场地，应是汉长安城值得重视的公共空间。正如有的学者所指出的，"人们从外地要进入未央宫，多数还是从宣平门或横门入城，经横门大街南下进未央宫北阙，或者再经安门大街南下进未央宫东阙。"②

《商君列传》司马贞《索隐》所谓"记列教令当于此门阙"，指出宫阙是公布政令的地方。而西汉长安发生的有意扩大政治影响的公众集会，也因同样的思路，专意利用了"阙"前空间。《汉书》卷七二《鲍宣传》记载了汉哀帝时发生的一次太学生运动：

> 丞相孔光四时行园陵，官属以令行驰道中，（鲍）宣出逢之，使吏钩
> 止丞相掾史，没入其车马。摧辱宰相，事下御史③中丞侍御史至司隶官，
> 欲捕从事，闭门不肯内。宣坐距闭使者，亡人臣礼，大不敬，不道，下廷
> 尉狱。博士弟子济南王咸举幡太学下，曰："欲救鲍司隶者会此下。"诸

① 实际上所谓"无令后世有以加也"的设想，并没有能够限制汉武帝时代宫殿的扩建，建章宫甚至超了汉初的长安城区。但是汉长安城的建设确实超越前代，同时其许多特点，"也是以后所少见的"。参见刘致平：《中国居住建筑简史——城市、住宅、园林》，中国建筑工业出版社，2000年，第18页。

② 杨宽：《中国古代都城制度史研究》，上海人民出版社，2003年，第114页。

③ 中华书局标点本作"没入其车马，摧辱宰相。事下御史……"，文义不通。

生会者千余人。朝日，遮丞相孔光自言，丞相车不得行，又守阙上书。上遂抵宣罪减死一等，髡钳。①

这次集会，是以"守阙上书"的形式进行的。②阙前的场地，可以容纳"诸生会者千余人"。

有学者在讨论汉长安城"城市分区规划"时指出，"汉长安城也和渭北咸阳故城一样，实系由以宫为主之政治活动中心和以市为主之经济活动中心两个综合区（规划结构单元）所组成。"③"阙"是宫廷的显著标志，也是这两个"综合区（规划结构单元）"的标志性界点。

《汉书》卷六六《刘屈氂传》记载汉武帝征和二年（前91）"巫蛊之祸"情景，说太子刘据"殴四市人凡数万众，至长乐西阙下，逢丞相军，合战五日，死者数万人"，中国古代罕见的正规军镇压都城市众的政治事件中最惨烈的决战，就发生在长乐宫"西阙下"。这可能与刘据举事得到卫皇后赞许，所控制的基本武装是"长乐宫卫"有关。④而"长乐西阙下"能够成为会战战场，自然应当有相对广阔的对阵空间。

九年之后，汉昭帝始元五年（前82），一位自称卫太子刘据的可疑男子突然出现。《汉书》卷七一《隽不疑传》：

始元五年，有一男子乘黄犊车，建黄旐，衣黄襜褕，著黄冒，诣北阙，自谓卫太子。公车以闻，诏使公卿将军中二千石杂识视。长安中吏民聚观者数万人。右将军勒兵阙下，以备非常。

这是"北阙"前可以集会"数万人"的史例。而假冒的"卫太子""诣北阙"，又有"长安中吏民聚观者数万人"。城市公众行为动辄有多达"数万众""数万人"集中的记载，也可以为我们推算长安户口数字、认识长安社会生活提供某种参考。而对于"阙"在都市建筑体系中的特殊作用，也因此可以加深理解。

---

① 《山堂肆考》卷一〇六"举幡救鲍宣"条："汉司隶校尉鲍宣，字子都，以摧辱宰相下廷尉。博士弟子王成举幡太学下，曰：'欲救鲍司隶者会此。'诸生会者千余人。""王成"应是"王咸"之误写。《前汉纪》卷二九关于太学诸生请愿具体情节的记载，文字表述略有不同："博士弟子济南王咸等，举幡太学下，曰：'欲救鲍司隶者立此幡下。'会者千余人，守阙上书，遂免宣抵罪减死一等。"

② 王子今：《西汉长安的太学生运动》，《唐都学刊》2008年第6期。

③ 贺业矩：《中国古代城市规划史》，中国建筑工业出版社，1996年，第324页。

④ 《汉书》卷六三《武五子传·戾太子刘据》："太子使舍人无且持节夜入未央宫殿长秋门，因长御倚华具白皇后，发中厩车载射士，出武库兵，发长乐宫卫，告令百官曰江充反。乃斩充以徇，炙胡巫上林中。遂部宾客为将率，与丞相刘屈氂等战。长安中扰乱。"颜师古注："中厩，皇后车马所在也。"

汉宣帝五凤二年（前56），"三月辛丑，鸾凤又集长乐宫东阙中树上，飞下止地，文章五色，留十余刻，吏民并观"①，也是一则类似的阙下"吏民聚观"的记载，只是没有人数的估计。不过，这样的故事告诉我们，"阙"，是西汉长安社会公众可以自由聚合的场所。

二、太学规模与王莽时代征天下学者的京师学术会议

太学的规模，西汉历代逐步扩大。汉武帝元朔五年（前124）创建太学。虽然最初的太学规模很有限，只有几位经学博士和50名博士弟子，但是这一文化雏形却代表着中国古代教育发展的方向。汉昭帝时太学生的数量增加到100人，汉宣帝时增加到200人，汉元帝时增加到1000人，汉成帝末年增加到3000人。前说"王咸举幡太学下"，"诸生会者千余人"事，似说明"太学下"自有集合"千余人"的场地。

汉平帝时太学生已经多达数千人，王莽时代进一步扩建太学，一次就曾经兴造校舍"万区"。

《汉书》卷九九上《王莽传上》记载元始四年（4）事："是岁，莽奏起明堂、辟雍、灵台，为学者筑舍万区，作市，常满仓，制度甚盛，立《乐经》，益博士员，经各五人。征天下通一艺教授十一人以上及有逸《礼》、古《书》、《毛诗》、《周官》、《尔雅》、天文、图谶、钟律、月令、兵法、《史篇》文字，通知其意者，皆诣公车。网罗天下异能之士，至者前后千数，皆令记说廷中，将令正乖缪，壹异说云。群臣奏言：'昔周公奉继体之嗣，据上公之尊，然犹七年制度乃定。夫明堂、辟雍，堕废千载莫能兴，今安汉公起于第家，辅翼陛下，四年于兹，功德烂然。公以八月载生魄庚子奉使，朝用书临赋营筑，越若翊辛丑，诸生、庶民大和会，十万众并集，平作二旬，大功毕成。'"②在按照儒学经典的理想主义规划进行基础设施建设和相关制度建设的同时，汉王朝开始注意进行学术层次的建设。李约瑟所言"网罗天下异能之士，至者前后千数"，可以看作在王莽的倡议下召开的"中国历史上第一次科学专家会议"③。

关于这次"科学专家会议"，《汉书》卷一二《平帝纪》关于与会人数有不同的说法："征天下通知逸《经》、古《记》、天文、历算、钟律、小学、《史篇》、方术、《本草》及以《五经》、《论语》、《孝经》、《尔雅》教授者，在所为驾一封轺传，遣诣京师。至者数千人。"言"至者数千人"。而《资治通鉴》

---

① 《汉书》卷八《宣帝纪》。
② 颜师古注："平作，谓不促遽也。平字亦作丕。丕亦大也。"
③ ［英］李约瑟：《中国科学技术史》（第1卷），科学出版社，1990年，第112－113页。

卷三六"汉平帝元始四年"取《王莽传》"至者前后千数"说。

这次"会议"参与人数即使按照《王莽传》的说法，非"数千"而为"千数"，规模也值得关注。人们自然会联想，这些来自各地的"天下异能之士"是以"皆诣公车"，"在所为驾一封轺传"[①]的形式集中到长安城中的，他们的食宿接待以及会议场所等条件，也都应当有相当高的规格。

三、辟雍：礼学空间的考古探察

我们还注意到，营筑明堂、辟雍的工程，"诸生、庶民大和会，十万众并集，平作二旬，大功毕成"，也是一次长安众人集合的特殊史例。其形势，可以和长安城市史初期汉惠帝时代营筑长安城垣的工程相比。"城长安"工程"三十日罢"[②]，或称"速罢"[③]，王莽时代的这一礼制建筑工程"平作二旬，大功毕成"，也可以看作"速罢"，施工管理的效率应当是相当高的。与"城长安"的工程有所不同，"十万众并集"于明堂、辟雍有限的工作场地，人员的密集程度是惊人的。

我们可以试探以完工之后的"辟雍"的建筑形制作为局部资料讨论汉长安城公共空间的情形。

从考古发掘获得的关于辟雍的遗迹资料看，"圜水沟"内的圆形空间，"其直径东西368米、南北349米"，总面积约100941平方米。有论著称"总占地面积达11万余平方米"[④]。中心建筑"南北通长42、东西42.4米"。除去中心建筑及围墙、四门和四角配房，[⑤]空地面积仍有约98050平方米，大致相当于现今北京天安门广场面

---

① 对于"在所为驾一封轺传"，颜师古注："如淳曰：'律，诸当乘传及发驾置传者，皆持尺五寸木传信，封以御史大夫印章。其乘传参封之。参，三也。有期会累封两端，端各两封，凡四封也。乘置驰传五封也，两端各二，中央一也。轺传两马再封之，一马一封也。'师古曰：'以一马驾轺车而乘传。'"李约瑟《中国科学技术史》第1卷《导论》理解是"每辆马车上加套第二匹马（作为一种特殊的荣誉标志）"。

② 《史记》卷九《吕太后本纪》："三年，方筑长安城，四年就半，五年六年城就。"《汉书》卷二《惠帝纪》："三年春，发长安六百里内男女十四万六千人城长安，三十日罢。""（五年）春正月，复发长安六百里内男女十四万五千人城长安，三十日罢。""九月，长安城成。"《汉书》卷二七中之上《五行志中之上》："（惠帝五年）先是发民男女十四万六千人城长安，是岁城乃成。"

③ 《汉书》卷二《惠帝纪》颜师古注："郑氏曰：'城一面，故速罢。'"

④ 刘叙杰主编：《中国古代建筑史》（第1卷），中国建筑工业出版社，2003年，第430页。

⑤ 《西安西郊汉代建筑遗址发掘报告》，《考古学报》1959年第2期；中国社会科学院考古研究所编著：《西汉礼制建筑遗址》，文物出版社，2003年，第197—207页。

积的25.81%，对应当时长安人口总数，①规模可以说已经相当可观。只不过，其性质是皇家礼制建筑，而并非民众可以随意集会的社会公共空间。

然而，比照发生在王莽营筑明堂、辟雍52年之后，建武中元元年（56）汉明帝即位初，于辟雍"亲行其礼"又正坐讲学，回答诸儒提问，"观听者盖亿万计"的情形，②可以推想长安辟雍空间的设计思路，或许也有容纳众多群众的考虑。

四、长安的"市"与服务业经营

西汉末年太学的扩建，有"为学者筑舍万区"的记载。随后的文字，就是"作市"。长安的"市"，自是最为典型的公共空间。对于长安的市的位置尚多有争议，然而，以为市应当"适应居民需要"、临近"居民聚集之区"的分析，③是合理的。

《史记》卷二二《汉兴以来将相名臣年表》："（高皇帝六年）立大市。""（惠帝六年）立太仓、西市。"《汉书》卷二《惠帝纪》："（惠帝六年）起长安西市。"有学者指出，长安的东市和西市，与未央宫均营造于西汉初期，"建筑于高祖和惠帝时期，属于统一规划的布局"，体现出"面朝后市"的原则。④可知"市"的营建，是受到重视的。不过，按照礼制传统规划的"市"，管制严格，压抑了经济的自由性。⑤

汉长安城市的设置，讨论多集中于所谓"九市"的位置。⑥也有学者认为，"九市"可能只是约数，长安市场的数量可能会超过"九市"。⑦或说汉长安城并非只有

---

① 《汉书》卷二八上《地理志上》"京兆尹"条："长安，高帝五年置。惠帝元年初城，六年成。户八万八百，口二十四万六千二百。王莽曰常安。"

② 《后汉书》卷七九上《儒林列传上》。

③ 杨宽：《中国古代都城制度史》，上海人民出版社，2006年，第117页。

④ 中国社会科学院考古研究所编著：《中国考古学·秦汉卷》，中国社会科学出版社，2010年，第226页。

⑤ 傅筑夫指出："市是城的一部分，城既然是官家根据自身统治的需要有目的有计划地建立起来的，不是自由发展而成的，则城中之市当然也是由官家设立，并且是由官家管理的。"因而不可能"是自治的和自由的"。参见《中国封建社会经济史》第2卷，人民出版社，1982年，第128页。

⑥ 杨宽：《西汉长安布局结构的探讨》，《文博》1984年创刊号；孟凡人：《汉长安城形制布局中的几个问题》，见《汉唐与边疆考古研究》（第1辑），科学出版社，1994年；刘运勇：《再论汉长安城布局及其形成原因》，《考古》1992年第7期。

⑦ 刘庆柱、李毓芳：《汉长安城的宫城和市里布局形制述论》，见《考古学研究——纪念陕西省考古研究所成立三十周年》，三秦出版社，1993年；刘庆柱：《汉长安城的考古发现及相关问题研究》，《考古》1996年第10期。

"九市"，文献中记载的"九市"当指汉长安城九个主要的且有一定规模的市场。①

班固《西都赋》以十分热烈的语调形容长安城区"市"的繁荣：

内则街衢洞达，闾阎且千，九市开场，货别隧分。人不得顾，车不得旋。阗城溢郭，傍流百廛。红尘四合，烟云相连。于是既庶且富，娱乐无疆，都人士女，殊异乎五方。游士拟于公侯，列肆侈于姬姜。②

《文选》卷一李善注："《汉宫阙疏》曰：'长安立九市，其六市在道西，三市在道东。'"张衡《西京赋》也有类似文字：

尔乃廓开九市，通阛带阓，旗亭五重，俯察百隧。周制大胥，今也惟尉。瑰货方至，鸟集鳞萃，鬻者兼赢，求者不匮。尔乃商贾百族，裨贩夫妇，鬻良杂苦，蚩眩边鄙，何必昏于作劳，邪赢优而足恃。彼肆人之男女，丽美奢乎许、史。若夫翁伯、浊、质、张里之家，击钟鼎食，连骑相过，东京公侯，壮何能加。

汉赋作品多夸张虚饰。从西汉长安城市布局看，市的所在空间十分有限，而且又限于人口数量，似乎不大可能出现"红尘四合，烟云相连"的景况。人们首先会考虑，东汉学者班固《西都赋》和张衡《西京赋》有关市的文字，很可能不免掺杂有对东汉洛阳的市的文化感觉。然而据《汉书》卷七六《张敞传》，"长安市偷盗尤多，百贾苦之"，张敞"一日捕得数百人，穷治所犯或一人百余发，尽行法罚"，可见市中商贾数量可观，当绝不止一般约数的所谓"百贾"或"商贾百族"。又如《汉书》卷六六《刘屈氂传》说"巫蛊之祸"情节："太子引兵去，殴四市人凡数万众，至长乐西阙下，逢丞相军，合战五日，死者数万人，血流入沟中。""四市人"竟然有"数万众"，可知确实"定居在市内的商贾人数是很多的"。③市中往往"人不得顾，车不得旋"的情形，有可能是真实的。

有学者指出，"汉代公开执行死刑与陈尸称为'显戮'，通常在闹市举行"，"显戮的刑场多设于市楼鼓下"。④这一行刑示众以造成行政宣传和社会威慑效果的司法形式也说明了市作为公共空间的作用。

长安又有另一处特别的市，即"槐市"。据《艺文类聚》卷三八引《三辅黄图》："（常满）仓之北为槐市，列槐树数百行为隧，无墙屋，诸生朔望会此市，

---

① 何岁利：《汉唐长安城市场探析》，见《汉长安城考古与汉文化——纪念汉长安城考古五十周年国际学术研讨会论文集》，科学出版社，2008年。

② 《后汉书》卷四○上《班固传》。

③ 傅筑夫：《中国封建社会经济史》（第2卷），人民出版社，1982年，第132页。

④ 宋杰：《汉代死刑中的"显戮"》，中国秦汉史研究会第十三次年会暨国际学术研讨会会议论文，南阳，2011年8月。

各持其郡所出货物及经传书记、笙磬乐器，相与买卖。雍容揖让，论说槐下。"都城中有以槐树为标志的专门设置的空地，国家官学的学生们在月初和月中聚会在这里，以家乡土产以及"经传书记""笙磬乐器"彼此交换，"相与买卖"。这样定时交易的图书和文化用品市场，参与流通者是特定的人群，所谓"雍容揖让，论说槐下"，形容了这个特殊的市场的特殊的文化气氛。通过古人咏叹"槐市"的诗句①可知，似乎"槐市"的商业色彩较为淡薄，而学术气氛相当浓烈。这里其实是一处文化交流的场所。后世诗文或以"槐市"与"杏坛"为对，②或以"槐市"与"兰台"为对，③也体现出这样的事实。"槐市"虽然场地规模有限，"会此市"的时间每月不过两天，却是富有文化深意的社会交往所在。而长安诸生在社会公共活动中的活跃，又得一史例可以说明。

《汉书》卷九九中《王莽传中》记载，王莽始建国四年（12），曾经至明堂授诸侯茅土，宣布"其以洛阳为新室东都，常安为新室西都。邦畿连体，各有采任"。于是洛阳具有了与常安（长安）相并列的地位。第二年，王莽又策划迁都洛阳。这一决定，一时在长安引起民心浮动，许多百姓不愿修缮房屋，甚至拆除了原有住宅。"是时，长安民闻莽欲都雒阳，不肯缮治室宅，或颇彻之。"王莽于是宣布："以始建国八年，岁缠星纪，在雒阳之都。其谨缮修常安之都，勿令坏败。敢有犯者，辄以名闻，请其罪。"王莽预定在三年之后，即"始建国八年"正式迁都洛阳。又宣布在此之前，常安（长安）的城市建设，不能受到影响。看来，"长安民"对于执政中心是否转移是颇为关注的。他们甚至在听说王莽"欲都雒阳"之后，"不肯缮治室宅，或颇彻之"。通过这种态度，应当可以推知其政治地位、社会身份和职业特征。他们可能是政府机构即所谓"中都官"的从业人员或者附属人口，也可能是服务于这些人等的社会构成的就业者。

《史记》卷一二九《货殖列传》写道："长安诸陵，四方辐凑并至而会，地小人众，故其民益玩巧而事末也。"而长安城区所谓"玩巧""事末"之民，多有专门从事服务业者。例如司马迁论述"夫纤啬筋力，治生之正道也，而富者必用奇

---

① 如唐代诗人刘禹锡《秋萤引》："槐市诸生夜对书，北窗分明辨鲁鱼。"（《刘宾客文集》卷二一）又如宋代诗人葛胜仲诗："旧直蓬山无俗梦，今官槐市有清阴。"（《丹阳集》卷二十）周必大也有这样的诗句："君不见，汉京辟雍载《黄图》，博士直舍三十区，分行数百曰槐市，下有诸生讲唐虞。"（《文忠集》卷四三）

② 如唐代黄滔《谢试官》："槐市三千杏坛七十。"（《黄御史集》卷七）宋代欧阳修《早赴府学释奠》："雾中槐市暗，日出杏坛明。"（《文忠集》卷五六）

③ 如宋代苏轼《次韵徐积》："但见中年隐槐市，岂知平日赋兰台。"（《东坡全集》卷一五）宋代喻良能《挽黄泰之》："槐市师模邃，兰台史笔遒。"（《香山集》卷七）

胜"时，于"田农，掘业，而秦扬以盖一州；掘冢，奸事也，而田叔以起；博戏，恶业也，而桓发用富。行贾，丈夫贱行也，而雍乐成以饶"之后又写道：

　　贩脂，辱处也，而雍伯千金。卖浆，小业也，而张氏千万。洒削，薄

技也，而郅氏鼎食。胃脯，简微耳，浊氏连骑。马医，浅方，张里击钟。

此皆诚壹之所致。

　　这就是张衡《西京赋》所谓"翁伯、浊、质、张里之家，击钟鼎食，连骑相过"。"翁伯"应即"雍伯"①，"质"应即"郅"。"贩脂"，张守节《正义》："《说文》云'戴角者脂，无角者膏'也。""洒削"，裴骃《集解》引徐广曰："洒，或作'细'。"裴骃案："《汉书音义》曰'治刀剑名'。"司马贞《索隐》："洒削，谓摩刀以水洒之。"所谓"胃脯"，司马贞《索隐》引晋灼云："太官常以十月作沸汤燖羊胃，以末椒姜粉之讫，暴使燥，则谓之脯，故易售而致富。"张守节《正义》："案：胃脯谓和五味而脯美，故易售。"联想到《后汉书》卷一一《刘玄传》的记载："王匡、张卬横暴三辅。其所授官爵者，皆群小贾竖，或有膳夫庖人，多着绣面衣、锦袴、襜褕、褌于，骂詈道中。长安为之语曰：'灶下养，中郎将。烂羊胃，骑都尉。烂羊头，关内侯。'"可知两汉之际长安"胃脯"（"烂羊胃"一类饮食业经营）依然颇为繁荣。

　　这些都市服务业的经营，都应有公众对市场的支持。这种支持是群体性的。经营者因此方能"鼎食""连骑""击钟"，于是可以致"千金""千万"。

五、诸陵社会生活

　　杨宽指出，西汉陵邑应看作构成汉长安城的要素之一。②长安城内有限的平民居地集中"口二十四万六千二百"，以当时的居住习惯判断，生存空间十分狭小。然而通过"乡"的设置，推想部分长安户籍资料统计的民众有居住在城外的可能。而长安大都市功能的实现，又因诸陵邑的作用而得到补充。③

　　《汉书》卷二八下《地理志下》说，西汉前期的关中移民，大都围护于帝陵附近，"汉兴，立都长安，徙齐诸田，楚昭、屈、景及诸功臣家于长陵。后世世徙吏二千石、高訾富人及豪桀并兼之家于诸陵"。西汉王朝在帝陵附近设置陵邑的制

---

　　① 裴骃《集解》引徐广曰："雍，一作'翁'。"司马贞《索隐》："雍，于恭反。《汉书》作'翁伯'也。"

　　② 杨宽：《西汉长安布局结构的探讨》，《文博》1984年创刊号；杨宽：《西汉长安布局结构的再探讨》，《考古》1989年第4期。

　　③ 王子今：《西汉长安居民的生存空间》，《人文杂志》2007年2期。

度，使官僚豪富迁居于此，每个陵邑大约聚居5000户到10000多户，不仅以此保卫和供奉陵园，还形成了相对集中的文化中心。陵邑直属位列九卿的太常管辖。于是，从高祖长陵起，到昭帝平陵止，形成了若干个异常繁荣的、直辖中央的准都市。

关于西汉陵区布局的原则及其文化背景，学者曾经进行了有益的讨论。①尽管目前对于有些问题尚难做出确定的结论，然而帝陵和陵邑的规划对于形成以长安为中心的新的区域文化格局的意义，应当是可以肯定的。②

班固在《西都赋》中评述了长安"睎秦岭，睋北阜，挟沣灞，据龙首"的胜状，又说到临秦岭与倚北阜的诸陵邑的形势：

> 若乃观其四郊，浮游近县，则南望杜、霸，北眺五陵，名都对郭，邑居相承，英俊之域，绂冕所兴，冠盖如云，七相三公。与乎州郡之豪杰，五都之货殖，三选七迁，充奉陵邑，盖以强干弱枝，隆上都而观万国也。

"万国""豪杰""英俊"，于是聚萃于"上都"。实际上"五陵""近县"，也成为"英俊之域，绂冕所兴，冠盖如云，七相三公"的文明胜地。《后汉书》卷四〇上《班固传》李贤注对"浮游近县"的解释是"'浮游'谓周流也"。长安"四郊""近县"的特殊关系，使得史籍出现"长安诸陵"③"诸陵长安"④以及"长安五陵"⑤等区域代号。长安周围的诸陵邑在某种意义上已经成为长安的卫星城，⑥或亦可看作"大长安"的有机构成。

诸陵邑广聚天下"英俊"，集会四方"豪杰"，又能够较为显著地打破传统的地域文化界域，能够毫无成见地吸取来自不同区域的文化营养，于是文化的积累和文化的创获也有突出的历史贡献。正如武伯纶总结五陵人物的文化贡献时曾经指出的，"他们都以迁徙的原因而列于汉帝诸陵。他们从汉代各个地区（包括民族）流动而来，造成了帝陵附近人口的增殖及人才的汇合，形成一个特殊的区域文化"。"这无疑是中国汉代历史上人文地理研究中的一个重要课题"，"对这种人物的流

① 杜葆仁：《西汉诸陵位置考》，《考古与文物》1980年创刊号；刘庆柱、李毓芳：《关于西汉帝陵诸形制问题的探讨》，《考古与文物》1985年第5期；叶文宪：《西汉帝陵的朝向分布及其相关问题》，《文博》1988年第4期。

② 王子今：《西汉帝陵方位与长安地区的交通形势》，《唐都学刊》1995年第3期。

③ 《史记》卷一二九《货殖列传》。

④ 《汉书》卷七〇《爰盎传》。

⑤ 《汉书》卷九二《游侠传·原涉》。

⑥ 刘文瑞：《试论西汉长安的卫星城镇》，《陕西地方志通讯》1987年第5期；《我国最早的卫星城镇——试论西汉长安诸陵邑》，《咸阳师专学报》1988年第1期；王子今：《西汉帝陵方位与长安地区的交通形势》，《唐都学刊》1995年第3期；《西汉诸陵分布与古长安附近的交通格局》，见《西安古代交通志》，陕西人民出版社，1997年。

动促成的汉代某些地区文化的扩散和融合现象，以及对后代的影响，如果加以研究，将会更加丰富汉代的文化史及中国文化史的内容，并有新的发现"。①

诸陵邑的社会生活，较长安城区有更明显的平民化的特征。从另一角度也可以说，平民在诸陵的生活，有更大的自由度。汉宣帝的经历，体现出"诸陵"特殊的社会文化氛围对于高层政治的影响。汉宣帝刘询出生仅数月就遭遇巫蛊大案，在襁褓中就被牵连入狱。后来受到有关官员的怜护，被安置由女犯乳养。后逢大赦，释放出狱，并且恢复了皇族身份。刘询幼年得到应有的教育，"高材好学，然亦喜游侠"，于研习《诗》《书》之余，又欣赏豪迈奔放的任侠之风。他经常往来于长安附近地方，"数上下诸陵，周遍三辅，常困于莲勺卤中。尤乐杜、鄠之间，率常在下杜"。在民间与平民少年一同斗鸡走马，于是"具知闾里奸邪，吏治得失"②，熟悉了贵族阶层难以知晓的下层政治生活和社会生活的种种隐秘细微之处，多少了解了一些民间疾苦。正因为经历过平民生活，这使得汉宣帝具有了一般"生于深宫之中，长于妇人之手，未尝知忧，未尝知惧"③的皇族子弟不可能具有的政治素质。由于他对底层社会情状、基层行政特点以及若干政治关系的深层奥秘，都有一定的感性认识，所以在他主持政务期间，能够有功必赏，有罪必罚，政治风格表现出注重实效的倾向，于是一时"吏称其职，民安其业"④。这样比较清明安定的政治局面的形成，绝不是偶然的。考察"昭宣中兴"的政治成功，不能忽略汉宣帝"数上下诸陵"经历平民生活时得到民间文化营养的人生条件。

"诸陵"的交往条件优越，强势人物四周可以形成较宽广的辐射面，从而便于施行社会影响。如张衡《西京赋》所说："都邑游侠，张赵之伦，齐志无忌，拟迹田文，轻死重气，结党连群，实蕃有徒，其从如云。茂陵之原，阳陵之朱，赳悍虓豁，如虎如貙，睚眦蚤芥，尸僵路隅。"所谓"结党连群""其从如云"的凝聚力，应有必要的交往空间方能形成。张衡又说到"诸陵"地方社会舆论力量的强大："若其五县游丽辩论之士，街谈巷议，弹射臧否，剖析毫厘，擘肌分理。所好生毛羽，所恶成疮痏。"⑤能够相互辩论，能够"街谈巷议，弹射臧否"，自当有充备的公共空间以为信息集中与传播的必要条件。

① 武伯纶：《五陵人物志》，《文博》1991年第5期。
② 《汉书》卷八《宣帝纪》。
③ 《汉书·景十三王传》赞引《荀子》。
④ 《汉书》卷八《宣帝纪》赞美当时政治的成就："孝宣之治，信赏必罚，综核名实，政事文学法理之士咸精其能，至于技巧工匠器械，自元、成间鲜能及之，亦足以知吏称其职，民安其业也。"
⑤ 〔梁〕萧统：《文选》卷二。

六、流民"西入关至京师"以及"聚会里巷仟佰"

西汉时期多次发生影响广泛的流民运动。农人离开土地的流动,有走向都市的选择。有学者指出,"大体说来,每一个朝代的前期和中期政局稳定经济上升的时候,人口逐渐向城市集中。"[1]就西汉时期的情形来说,对于这样的认识也许还应当作更细致的考论。

《汉书》卷一一《哀帝纪》记载了西汉晚期的一次典型的"向城市集中"的人口移动,直接冲击的对象就是长安。建平四年(前3)春,"大旱,关东民传行西王母筹,经历郡国,西入关至京师。民又会聚祠西王母,或夜持火上屋,击鼓号呼相惊恐"。对于这一历史事件,《汉书》卷二七下之上《五行志下之上》记述更为详尽:

> 哀帝建平四年正月,民惊走,持稾或椒一枚,传相付与,曰"行诏筹"。道中相过逢,多至千数,或被发徒践,或夜折关,或逾墙入,或乘车骑奔驰,以置驿传行,经历郡国二十六,至京师。其夏,京师郡国民聚会里巷仟佰,设张博具,歌舞祠西王母。又传书曰:"母告百姓,佩此书者不死。不信我言,视门枢下,当有白发。"至秋止。

这是由特殊社会意识动因导致的大规模的流民运动。当时曾经有人分析说:"讹言行诏筹,经历郡国,天下骚动,恐必有非常之变。"[2]发出即将发生"非常之变"的警告。班固在分析这一事件时曾写道:"民,阴,水类也。水以东流为顺走,而西行,反类逆上。"又说:"白发,衰年之象,体尊性弱,难理易乱。"班固又指出,通过这种特殊的乱局的"类"与"象"的分析,似乎已经可以隐约察觉政治"逆""乱"的先兆。这一历时长达半年,"经历郡国二十六,至京师",涉及地域极其广阔的富有神秘主义色彩的民间运动,其真正的文化内涵我们今天尚不能完全明了,但是大体可以知道,其原始起因可能是"大旱",而所谓"曰'行诏筹'",或"传行西王母筹",所谓"道中相过逢,多至千数",则暗示流民群体已经形成了某种类似于后世秘密社会结构的组织形式。所谓"京师郡国民聚会里巷仟佰,设张博具,歌舞祠西王母"以及"或被发徒践,或夜折关,或逾墙入,或乘车骑奔驰""或夜持火上屋,击鼓号呼相惊恐"等行为所表现的以西王母崇拜为信仰主题的类似宗教狂热的情绪,在条件适合时能够集聚极强大的社会冲击力。在"京师"和其他都市"击鼓号呼""聚会""歌舞"诸行为表现,书写了秦汉都市史与秦汉社

---

① 赵文林、谢淑君:《中国人口史》,人民出版社,1988年,第625页。

② 《汉书》卷四五《息夫躬传》。

会意识史的特殊的一页。[1]这一动乱明确冲击到京师。从发起到平息，《五行志》说“正月”发生，“至秋止”，[2]即整个夏季影响了京师的正常秩序。

特别值得我们注意的，是“里巷仟佰”进行“设张博具，歌舞祠西王母”等活动的场所。类似反映都市基层社会公众活动的历史资料，我们又看到《盐铁论·国病》有这样的说法：“里有俗，党有场。康庄驰逐，穷巷蹋鞠。”所谓“驰逐”“蹋鞠”，都是集体参与的以街巷为比赛和游乐场地的娱乐竞技运动。

司马迁在《史记》卷三〇《平准书》赞赏文景时代政策得宜、社会经济再生的形势，有“众庶街巷有马，阡陌之间成群，而乘字牝者傧而不得聚会”语，也说到了“街巷”和“聚会”的曲折关系。裴骃《集解》引《汉书音义》曰：“皆乘父马，有牝马间其间则相踶啮，故斥不得出会同。”

据《汉书》卷九九下《王莽传下》记载：“流民入关者数十万人，乃置养赡官禀食之。使者监领，与小吏共盗其禀，饥死者十七八。先是，莽使中黄门王业领长安市买，贱取于民，民甚患之。业以省费为功，赐爵附城。莽闻城中饥馑，以问业。业曰：‘皆流民也。’”王莽得知“城中饥馑”，询问曾经“领长安市买”的王业，回答“皆流民也”，可知“流民”入居长安城，往往在十分艰难的生活境况中挣扎。

也许汉平帝“起五里于长安城中，宅二百区，以居贫民”事中所谓“贫民”也包括“流民”。这样的新街闾，也会成为“贫民”“聚会”的方便场所。涌入长安的流民具体的生活情状，还可以由霸桥失火事件得到说明。《汉书》卷九九下《王莽传下》记载：新莽地皇三年（22），“二月，霸桥灾，数千人以水沃救，不灭”。灾情引起王莽心理的震动。“莽恶之，下书曰：‘……惟常安御道多以所近为名。乃二月癸巳之夜，甲午之辰，火烧霸桥，从东方西行，至甲午夕，桥尽火灭。大司空行视考问，或云寒民舍居桥下，疑以火自燎，为此灾也。……’”霸桥位于关东至长安的要道上，火灾可能因“寒民舍居桥下”“以火自燎”发生，火势“从东方西行”，也正与流民入居长安的行进方向一致。“霸桥灾”被王莽看作“戒此桥空东方之道”的警告。他宣布：“今东方岁荒民饥，道路不通，东岳太师亟科条，开东方诸仓，赈贷穷乏，以施仁道。其更名霸馆为长存馆，霸桥为长存

---

① 王子今：《两汉流民运动及政府对策的得失》，《战略与管理》1994年第3期；王子今、周苏平：《汉代民间的西王母崇拜》，《世界宗教研究》1999年第2期；王子今：《秦汉农人流动对都市生存空间的压抑》，《学术月刊》2010年第8期。

② 《汉书》卷二六《天文志》：“（汉哀帝建平）四年正月、二月、三月，民相惊动，讙哗奔走，传行诏筹祠西王母。”

桥。"面向"东方"的赈贷政策和更名霸桥为"长存桥"同时宣布，说明王莽内心视两者有密切的文化联系。我们还应当注意的，是"舍居桥下，疑以火自燎"导致霸桥烧毁的"寒民"们，依赖霸桥避寒，也形成了事实上的聚居。大约霸桥的引桥下，也成为极其特别情况下的公共空间。

《国语·周语上》记载了周幽王故意压制民声，终于导致政治失败的故事："厉王虐，国人谤王。邵公告曰：'民不堪命矣！'王怒，得卫巫，使监谤者，以告，则杀之。国人莫敢言，道路以目。王喜，告邵公曰：'吾能弭谤矣，乃不敢言。'"邵公批评说："是障之也。"于是发表了"防民之口，甚于防川"的名言。他警告："川壅而溃，伤人必多，民亦如之。"建议"为川者决之使导，为民者宣之使言"，关于开放言论渠道，有"庶人传语"语。《史记》卷四《周本纪》复述了这一历史情节，只不过"防民之口，甚于防川"写作"防民之口，甚于防水"。对于所谓"庶人传语"，张守节《正义》的解释是："庶人微贱，见时得失，不得上言，乃在街巷相传语。"由"道路以目"和"在街巷相传语"，可知都市中的"道路""街巷"通常可以成为社会舆论形成和传播的场所。

"传行西王母筹"事可见如下情节："道中相过逢，多至千数，或被发徒践，或夜折关，或逾墙入，或乘车骑奔驰，以置驿传行，经历郡国二十六，至京师。"所谓"道中相过逢"，所谓"徒践"以及"夜折关""逾墙入"乃至"乘车骑奔驰，以置驿传行"等，都是交通行为。交通与合聚社会力量的关系，值得重视。

七、郅支"县头藁街蛮夷邸间"故事

《汉书》卷七〇《陈汤传》记载，汉军破郅支城（今哈萨克斯坦江布尔），击杀匈奴单于之后，甘延寿、陈汤上疏："臣闻天下之大义，当混为一，昔有唐虞，今有强汉。匈奴呼韩邪单于已称北藩，唯郅支单于叛逆，未伏其辜，大夏之西，以为强汉不能臣也。郅支单于惨毒行于民，大恶通于天。臣延寿、臣汤将义兵，行天诛，赖陛下神灵，阴阳并应，天气精明，陷陈克敌，斩郅支首及名王以下。宜县头藁街蛮夷邸间，以示万里，明犯强汉者，虽远必诛。"这是西汉帝国军事史和外交史上富有光彩的一页。

就郅支单于是否"县头藁街蛮夷邸间"，朝廷进行了讨论。事下有司。丞相匡衡、御史大夫繁延寿以为："郅支及名王首更历诸国，蛮夷莫不闻知。《月令》春'掩骼埋胔'之时，宜勿县。"车骑将军许嘉、右将军王商则以为："春秋夹谷之会，优施笑君，孔子诛之，方盛夏，首足异门而出。宜县十日乃埋之。"于是，"有诏将军议是"。看来郅支终于悬首藁街。

关于所谓"宜县头藁街蛮夷邸间"，颜师古解释说："晋灼曰：'《黄图》在长安城门内。'师古曰：'藁街，街名，蛮夷邸在此街也。邸，若今鸿胪客馆也。'"[1]"藁街"作为公共交通道路，又与一般的街巷不同，由于是"蛮夷邸"集中的街区，可以生成"以示万里"的宣传效应。

八、西汉长安与东汉洛阳公共空间的比较

虽然有学者认为，东汉时期"洛阳整个城属于'皇城'（内城）性质"[2]，但从许多迹象看来，东汉洛阳都市功能较西汉长安已经有重要的历史性进步。东汉都城洛阳的公共空间得以较频繁利用的史例，显现出这种历史变化。

东汉太学生运动较西汉王咸举幡事迹有更深远的社会文化影响。自汉光武帝建武年间（25—56）就有名儒欧阳歙下狱，"诸生守阙为歙求哀者千余人，至有自髡剔者"的事件。[3]东汉晚期，更形成以支持清流派官僚为主要诉求的请愿运动。朱穆因为与宦官集团的冲突被治罪，罚往左校服劳役。太学生刘陶等数千人诣阙上书，申明朱穆出于忧国之心，志在肃清奸恶的立场，指责宦官不仅在中朝以非法手段把持国家权力，而且父兄子弟分布地方，如虎狼一般残害小民，赞扬朱穆亢然不顾个人危难，"张理天网"的勇气，表示愿意代替朱穆服刑劳作。汉桓帝于是不得不赦免朱穆。太学生集体请愿的具体情节，《后汉书》卷四三《朱穆传》记载："……帝闻大怒，征穆诣廷尉，输作左校。太学书生刘陶等数千人诣阙上书讼穆……。帝览其奏，乃赦之。"汉桓帝延熹五年（162），一向"恶绝宦官，不与交通"的议郎皇甫规在论功当封时，拒绝贿赂当权宦官，受到诬陷，也以严刑治罪，太学生张凤等300余人随同若干高级官僚一起诣阙陈诉。皇甫规最终得到赦免。《后汉书》卷六五《皇甫规传》："其年冬，征还拜议郎。论功当封。而中常侍徐璜、左悺欲从求货，数遣宾客就问功状，规终不答。璜等忿怒，陷以前事，下之于吏。官属欲赋敛请谢，规誓而不听，遂以余寇不绝，坐系廷尉，论输左校。诸公及太学生张凤等三百余人诣阙讼之。会赦，归家。"

《后汉书》卷四一《宋均传》记录了另一主题的"诣阙"请愿："永平元年，迁东海相，在郡五年，坐法免官，客授颍川。而东海吏民思均恩化，为之作歌，诣阙乞还者数千人。"人数之多，至于"数千人"。但是我们不知道这是一次请愿人

---

① 颜师古又写道："崔浩以为橐当为橐，橐街即铜驼街也。此说失之。铜驼街在雒阳，西京无也。"

② 杨宽：《中国古代都城制度史》，上海人民出版社，2006年，第133页。

③ 《后汉书》卷七九上《儒林列传上·欧阳歙》。

数还是累计人数。①

比较《汉书》和《后汉书》所记录"诣阙"事，前者十五起，后者八十八起。仅从两《汉书》提供的信息看，东汉"诣阙"事是西汉的586.66%。看来洛阳"阙"的作用更为突出。考察东汉"诣阙"事件，除"诣阙上书"以及类似的"诣阙上疏""诣阙上章""诣阙奉章"等以外，又有"诣阙自陈""诣阙谢恩"以及"诣阙谢罪""诣阙请罪"等，还有"诣阙告诉""诣阙为讼"，即请求皇帝进行司法决策者。另有一类，涉及边疆与民族问题的史例，称"诣阙朝贺""诣阙贡献""诣阙朝贡"。

《后汉书》卷九〇《乌桓列传》记载："（建武）二十五年，辽西乌桓大人郝旦等九百二十二人率从向化，诣阙朝贡，献奴婢牛马及弓虎豹貂皮。""九百二十二人""诣阙朝贡"，形成人数相当多的阙前集会。而《三国志》卷三〇《魏书·乌丸传》裴松之注引《魏书》则写道：

> 建武二十五年，乌丸大人郝旦等九千余人率众诣阙，封其渠帅为侯王者八十余人。②

如果"九千余人率众诣阙"的说法属实，则是两汉"诣阙"记录中人数最多的一例。假若阙前确实能够集合"九千余人"，则规模必然相当可观。

"中元元年，初建三雍。明帝即位，亲行其礼。"《后汉书》卷七九上《儒林列传上》记载当时情形："飨射礼毕，帝正坐自讲，诸儒执经问难于前，冠带缙绅

① 《后汉书》卷五六《种暠传》："后凉州羌动，以暠为凉州刺史，甚得百姓欢心。被征当迁，吏人诣阙请留之，太后叹曰：'未闻刺史得人心若是。'乃许之。暠复留一年，迁汉阳太守，戎夷男女送至汉阳界，暠与相揖谢，千里不得乘车。"所谓"吏人诣阙请留之"未知请愿人数，但是由太后之"叹"，可知"诣阙"者当不在少数。
② 对《后汉书》卷九〇《乌桓列传》，中华书局标点本校勘记："'郝旦等九百二十二人率众向化诣阙朝贡人'至'于是封其渠帅为侯王君长者八十一人。'按：《魏志·乌丸传》注引《魏书》，云'乌丸大人郝旦等九千余人，率众诣阙，封其渠帅为侯王者八十余人'，与此异。'郝旦'作'郝且'，旦且形近，未知孰是。"（中华书局，1965年，第2995页）今按：中华书局标点本《三国志》卷三〇《魏书·乌丸传》裴松之注引《魏书》作"郝旦"不作"郝且"。（中华书局，1959年，第833页）中华书局标点本《后汉纪》卷八"光武皇帝建武二十五年"条："二十五年春正月，乌桓大人郝旦等率众贡献，封其渠帅为侯王。"不言人数。校勘记："'乌桓大人郝旦'，南监本、《后汉书·乌桓列传》作'郝旦'。"［《两汉纪》（下册），张烈点校，中华书局，2002年，第145、159页］《资治通鉴》卷四四"汉光武帝建武二十五年"条："辽西乌桓大人郝旦等率众内属，诏封乌桓渠帅为侯王君长者八十一人。"甚至不言"诣阙"事。《通志》卷一〇〇《四夷传·北国下·乌桓》作"辽西乌桓大人郝旦等九百二十二人率众向化，诣阙朝贡"。《册府元龟》卷九六八《外臣部·朝贡第一》同。《册府元龟》卷九七七《外臣部·降附》则作："二十五年，乌丸大人郝旦等九千余人帅众诣阙，封其渠帅为侯王者八十余人。"

之人，圜桥门而观听者盖亿万计。""亿万"，有解释说"极言其数之多"者。①而此文"盖亿万计"，当并非"极言其数之多"。考察《后汉书》用语习惯，言"亿万"者，很多都是确数，②绝不是"极言其数之多"。"亿万"可能与十万的理解近是。旁听围观的群众多至以十万计，可见儒学隆赫一时的盛况，而这一儒学礼仪演习与儒学学术讲演的共同仪式在辟雍举行，其空间的宏大由此可知。

汉顺帝永建六年（131），又重修太学，扩建240房，1850室，令公卿子弟为诸生。"本初元年，梁太后诏曰：'大将军下至六百石，悉遣子就学，每岁辄于乡射月一飨会之，以此为常。'自是游学增盛，至三万余生。"关于东汉洛阳人口数，学界存在不同看法。有人提出"东汉洛阳城内人口为二十万，洛阳地区人口为四十万左右"③的认识，这种意见大体可信。当时太学生在洛阳居民总数中所占比例是惊人的。而洛阳都市规划和都市建设为这一文化层次的人群提供的公共空间，值得城市史和文化史研究者重视。

"熹平四年，灵帝乃诏诸儒正定五经，刊于石碑，为古文、篆、隶三体书法以相参检，树之学门，使天下咸取则焉。"所谓"树之学门"，李贤注："《谢承书》曰：'碑立太学门外，瓦屋覆之，四面栏障，开门于南，河南郡设吏卒视之。'杨龙骧《洛阳记》载《朱超石与兄书》云：'石经文都似碑，高一丈许，广四尺，骈罗相接。'"④《水经注·谷水》："及碑始立，其观视及笔写者，车乘日千余辆，填塞街陌矣。""学门"这一公共空间有如此的规模，也是和太学受到特殊重视、太学生数量众多有密切关系的。

洛阳的区域文化特色，最突出者，有经商的传统。《史记》卷一二九《货殖列传》写道："洛阳东贾齐、鲁，南贾梁、楚。"战国以来，洛阳就有著名的富商："周人既纤，而师史尤甚，转毂以百数，贾郡国，无所不至。洛阳街居在齐秦楚赵之中，贫人学事富家，相矜以久贾，数过邑不入门，设任此等，故师史能致七千万。"《盐铁论·力耕》说，周地"商遍天下"。《盐铁论·通有》又说，"三川之二周，富冠海内"，称"天下名都"。东汉洛阳必定有繁荣的市。《三国

---

① 《汉语大词典》，汉语大词典出版社，1990年，第1698页。所引书证有："汉司马迁《报任少卿书》：'（李陵）横挑强胡，仰亿万之师，与匈奴连战十有余日。'"

② 如《后汉书》卷一六《邓训传》："岁省费亿万计。"卷三三《郑弘传》："所息省三亿万计。"卷四二《光武十王传·东平宪王苍》："钱布以亿万计。"卷五一《庞参传》："官负人责数十亿万。"卷七八《宦者列传·曹腾》："嵩灵帝时货赂中官及输西园钱一亿万。"卷八九《南匈奴列传》："岁时赏赐，动辄亿万。"

③ 方原：《东汉洛阳历史地理若干问题研究》，硕士学位论文，西北大学，2008年。

④ 《后汉书》卷七九上《儒林列传上》。

志》卷二一《魏书·傅嘏传》裴松之注引《傅子》说："其民异方杂居，多豪门大族，商贾胡貊，天下四会，利之所聚，而奸之所省。"《潜夫论·浮侈》说到当时商业人士面临的社会危局："今举世舍农桑，趋商贾，牛马车舆，填塞道路，游手为巧，充盈都邑，治本者少，浮食者众。商邑翼翼，四方是极。今察洛阳，浮末者什于农夫，虚伪游手者什于浮末。"①

东汉洛阳商业的繁盛，可以通过书肆的存在加以说明。从东汉思想家王充的学习经历，可以看到当时洛阳这样的都市中图书市场的作用。《后汉书》卷四九《王充传》记载："（王充）家贫无书，常游洛阳市肆，阅所卖书。一见辄能诵忆，遂博通众流百家之言。后归乡里，屏居教授。"王充完成的文化名著《论衡》，在学术史上具有里程碑的意义。他的学术基础的奠定，竟然是在洛阳书肆中免费阅读"所卖书"。《太平御览》卷六一四引司马彪《续汉书》："荀悦十二能读《春秋》。贫无书，每至市间阅篇牍，一见多能诵记。"拥有《汉纪》著作权的历史学者荀悦，也有"每至市间阅篇牍"，在书肆中"诵记"文献的学习经历。

汉代图书在市场的流通，有不同的情形。卖书的人有时候是出于特殊的目的。《后汉书》卷八〇《文苑列传下·刘梁》写道："（刘）梁，宗室子孙，而少孤贫，卖书于市以自资。"《太平御览》卷八四五引《文士传》说："（刘梁）少有清才，以文学见贵。梁贫，恒卖书以供衣食。"②因为贫困不得不"卖书于市"，而因此可以取最基本的"衣食"条件"以自资"的情形，透露出当时"书"可以交易于市并且大约可以较快销出的历史事实，这体现了文化传播方式的进步。"东京学者猥众"③，是东汉洛阳引人注目的文化景观。包括商业区这种公共空间的特征也因此受到了影响。

我们可以看到，东汉洛阳的书肆，与西汉长安已出现买卖"经传书记"情形的"槐市"相比，专业性和常态性的特点已经非常突出了。

原载《中国历史地理论丛》2012年第1辑

（王子今，中国人民大学一级教授，西北大学、中央民族大学特聘教授）

---

① 王符接着写道："是则一夫耕，百人食之，一妇桑，百人衣之，以一奉百，孰能供之？天下百郡千县，市邑万数，类皆如此，本末何足相供？则民安得不饥寒？饥寒并至，则安能不为非？为非则奸宄，奸宄繁多，则吏安能无严酷？严酷数加，则下安能无愁怨？愁怨者多，则咎征并臻，下民无聊，而上天降灾，则国危矣。"

② 陈文豪：《汉代书肆及其相关问题蠡测》，见《陕西历史博物馆馆刊》（第8辑），三秦出版社，2001年。

③ 《后汉书》卷七九上《儒林列传上》。

唐宋城市社会公共空间形成的再探讨

宁　欣

士人社会向市民社会的转变是唐宋城市社会转型的重要特征之一。社会公共空间的形成和拓展对市民社会的培育与成长是很重要的。

众所周知，唐朝长安城的空间布局是统治者城市建设理念的典型代表。三重城中的外郭城，规划的坊市格局有三个空间区划，一是居民区——坊，二是商品交易区——市，三是道路通行区——街道，普通市民的社会公共空间并没有在城市规划中体现。随着城市社会的发展和市民阶层的形成，普通居民对社会公共空间的需求必然逐渐显现，这一需求基本集中在大型宗教、文化娱乐及与社会生活有关的群体活动方面。①

我们现在常说的"市场"，其实属于集合型名词，至少在唐朝，"市"与"场"还是两个概念，空间范围所指也是两个不同的区域。以往研究唐代城市社会空间，主要关注坊与市，近年也注意到街的作用。②以长安城为典型，"市"主要指东西两市，③"场"有多种含义。"市"和"场"最初都是作为专有名词而使用，分

---

① 群体性的政治活动空间是受到严格限制的，也不可能有开拓的余地，因此不在本文的讨论范围内。

② 宁欣：《街：城市社会的舞台——以唐长安城为中心》，《文史哲》2006年第4期。

③ 唐朝曾一度在安善坊设置南市（中市），旋废。《长安志》卷七"安善坊"："尽一坊之地为教弩场。注：隋明堂在此坊。高宗时，并此坊及大业坊之半，立中市署，领口马牛驴之肆。然已偏处京城之南，交易者不便，后但出文符于署司而已，货鬻者并移于东市。至武太后末年，废为教弩场，其场隶威远将军。"（《丛书集成初编》本，中华书局，1991年，第92页）或参见杨鸿年《隋唐两京考》（武汉大学出版社，2005年，第68页）。此外，芳林门南还有曾设过新市的记载，《册府元龟》（中华书局，1960年）卷一四《帝王部·都邑二》："（宪宗元和）十二年四月……又置新市于芳林门南。"太仓紧邻之，应该是官府选择置场的较佳位置。修德坊西南隅为兴福寺，"院宇极壮丽"（《宣室志》卷一〇《兴福寺十光佛院》，中华书局，1983年，第138页）。因此，开场、设市、做斋会，都应该有足够的场地。《长安志》卷七"芳林门"，注云："元和十三年，两市百姓于芳林门置无遮僧斋。"《旧唐书》卷六四《楚王智云传附灵龟传》："灵龟，永徽中历魏州刺史，政尚清严，奸盗屏迹。又开永济渠入于新市，以控引商旅，百姓利之。"（中华书局，1975年，第2423页）。

别指特定的空间。"市易"与"开场"也在同一场所进行。在商品经济发展的推动下，"市"与"场"的结合形成了"市场"这一集合名词。不过，"市场"正式成为一个固定名词，是有一个过程的，它成为我们今天意义的市场，更是经历了一个比较长的过程。

我们讨论过街的公共空间职能，[①]与街类似，城市中（包括近郊）"场"的公共空间职能也容易被忽略。"街"与"场"的结合、"街"与"市"的结合、"场"与"市"的结合，是唐朝城市商品经济发展的表现。随着市民阶层的成长，[②]原有的官方场地和宗教场地逐渐面向大众，市民阶层也通过种种努力和采取多种形式，不断拓展着城市社会的公共空间，并使它们逐渐向常年化和固定化发展。

一、场的含义和类型

我们对"市"的关注比较多，近年的研究和认识也更加深入。[③]相反，对"场"的注意不够。其实，"市"与"场"之所以最终走到一起，并非偶然。场，一般意义上是指一片开阔的场地。但在利用其进行某些活动时，就有了特定的职能和新含义。

场的类型有以下几种：

（1）政府控制的场地。可用作堆放物资的场所，如附属转运仓的输场、草场、柴场；或军队训练的场所，如教弩场等。《通典·食货典》记载："从含嘉仓至太原仓，置八递场，相去每长四十里。"[④]这是附属转运仓的场。由于交易活动经常在场举行，城郊附近的仓场逐渐发展为经常性的官民物资交易场所。

（2）政府利用公共空间的赈济、籴粜、兑换恶钱或公益举措称开场、作场。玄宗天宝十三载（754），"霖雨积六十余日，京城垣屋颓坏殆尽，物价暴贵，人多乏食，令出太仓米一百万石，开十场贱粜以济贫民"[⑤]。这是粜场恤民。还有开兑场以宜轻重。粜场或钱场，开场规模都不小，开场地点除两市之外，往往还专门下诏

---

① 宁欣：《街：城市社会的舞台——以唐长安城为中心》，《文史哲》2006年第4期。

② 对中国市民阶层何时形成有不同说法，但都不大明确，比较普遍的看法是宋元以后特别是明清时期普遍兴起。唐宋时期应该是市民阶层萌芽和形成时期。中国传统社会的市民不能与欧洲中世纪的城市市民进行简单的比附，因为两者处于不同的政治结构和社会结构中。关于中国古代市民研究，参见吴铮强《中国古代市民史研究述评》（《云南社会科学》2003年第1期）。

③ 侯旭东对"市"的研究和认识都有新的见解，可参见《北朝的"市"：制度、行为与观念——兼论研究中国史的方法》[见《中国社会历史评论》（第3卷），中华书局，2001年，第282—306页]。

④ 〔唐〕杜佑：《通典》卷一○《食货》，中华书局，1988年，第224页。

⑤ 《旧唐书》卷九《玄宗纪下》，中华书局，1975年，第229页。

"择便要处"作临时性的开场场地。开场时粮食往往在几十万乃至百万石，钱币便换亦达数十万贯，所选场地应该有较大的空间。有记载的是玄宗天宝十一载（752）二月，"龙兴观南街开场①，出左藏库内排斗钱，许市人博换"恶钱。②再如东渭桥是江淮、河东、河北粮物运往京师水陆转运地，位于万年县北五十里，灞、渭二水交汇处，③"车者如户，舟者如徵"④，也经常作为官府选择的开场之所。陆贽曾建议在"京城内及东渭桥开场和籴米二十万石，每斗与钱一百文，计加时估价三十已上，用利农人。其米便送东渭桥及太原仓收贮，充填每年转漕四十万石之数"⑤。

（3）举行宗教活动的称谓，主要指道场等。由于祭祀活动往往在固定的场所举行，如寺庙、宫内等，开始作为道场，是宗教活动场所，因为聚集了很多信徒且流动频繁，后来演变、引申出其他功能的场，成为文化和经济活动的中心。

（4）官方设置的运动场所，如球场、鞠场，但并不对普通市民开放。

（5）戏场。城市居民的真正娱乐场所是戏场，我们在史籍中看到的"场戏"⑥，指的就是利用"场"的空间进行的艺术表演。

（6）非指固定场所，而是代指人们活动的空间，如战场、道场等。

这些实有的"场"和临时指定的"场"，在城市中心区和城市周边地区，不论是官方有意设置还是民间自然形成，往往被民众开辟或利用为开展经济往来和文化娱乐活动的公共空间。市中有场，场外有市；利用市开场，利用各种场活跃市。固定的市和临时的场，逐渐结合趋同，市与场的作用就逐渐合一了，市与场的含义也逐渐合一了。

二、唐长安的戏场

戏场的设置和开辟，从临时走向固定，从上层社会走向民间，是城市社会公共

① 长安城内崇化（教）坊、永崇坊内都有龙兴观，务本坊内的先天观在天宝八载（749）至至德三载（758）期间名为龙兴道士观。关于永崇坊内龙兴观的记载都是贞元末年及其以后的。所以，天宝十一载时的龙兴观，当很可能是指前两者，或其中一个。

② 《旧唐书》卷四八《食货志上》，中华书局，1975年，第2099页。

③ 〔宋〕程大昌：《雍录》卷六《东渭桥》，中华书局，2002年，第126页。

④ 〔唐〕李观：《东渭桥铭并序》，见《全唐文》卷五三五，中华书局，1983年，第5341页。

⑤ 〔唐〕陆贽：《陆贽集》卷一八《请减京东水运收脚价于缘边州镇储蓄军粮事宜状》，中华书局，2006年，第597页。此建议究竟实行与否，尚待考证。

⑥ 有人认为"戏场"在早期汉译佛典中也有虚指的含义，见康保成《"戏场"：从印度到中国——兼说汉译佛经中的梵剧史料》〔《沈阳师范学院学报》（社会科学版）2002年第2期〕。

空间拓展的重要表现。

"戏场"一词出现较早，汉朝已见使用。①戏场在隋唐时期有一个从不固定到相对固定、从少数上层娱乐场所走向民间的过程。

隋唐时期的"戏场"主要有几种形式：

1.官方为庆典和娱乐专门设置的"戏场"

《隋书·音乐志下》："每岁正月，万国来朝，留至十五日，于端门外，建国门内，绵亘八里，列为戏场。百官起棚夹路，从昏达旦，以纵观之。至晦而罢。"②这是官方为庆典专门设置的戏场，是在洛阳主要街道上安排的表演。再如，张祜《千秋乐》诗云："八月平时花萼楼，万方同乐奏千秋。倾城人看长竿出，一伎初成赵解愁。"③这描述的是皇上与民众同乐，将花萼楼下开辟成临时戏场的场景。《开天传信记》载："上御勤政楼大酺，纵士庶观看。百戏竞作，人物填咽。金吾卫士白棒雨下，不能制止。上患之，谓力士曰：'吾以海内丰稔，四方无事，故盛为宴乐，与百姓同欢，不知下人喧乱如此，汝何方止之？'力士曰：'臣不能也。陛下试召严安之处分打场，以臣所见，必有可观。'上从之。安之到，则周行广场，以手板画地示众曰：'逾此者死！'以是终五日酺宴，咸指其地画曰'严公界境'，无一人敢犯者。"④上述的"戏场"都是临时性的。勤政楼和花

---

① 康保成《"戏场"：从印度到中国——兼说汉译佛经中的梵剧史料》[《沈阳师范学院学报》（社会科学版）2002年第2期]一文认为"戏场"一词出现于汉译佛典《修行本起经》，并论证了"戏场与佛教的渊源以及向世俗戏场的转变过程"。文中的有些结论还可斟酌。康氏另文《"瓦舍""勾栏"新解》（《文学遗产》1999年第5期），探讨了瓦舍、勾栏的本义及演绎，并且论述了唐代戏场与宋代瓦舍、勾栏的关系。黄大宏《勾栏：传统文化与佛教文化相互影响的一个范例——对康保成〈"瓦舍""勾栏"新解〉一文的质疑》（《唐都学刊》2002年第1期）对康文过分强调佛教因素提出了不同意见。应场《斗鸡诗》曰："戚戚怀不乐，无以释劳勤。兄弟游戏场，命驾迎众宾。二部分曹伍，群鸡焕以陈。双距解长绁，飞踊超敌伦。芥羽张金距，连战何缤纷。从朝至日夕，胜负尚未分。专场驱众敌，刚捷逸等群。四坐同休赞，宾主怀悦欣。博弈非不乐，此戏世所珍。"参见逯钦立《先秦汉魏晋南北朝诗》魏诗卷三（中华书局，1983年，第384页）。王永平《唐代长安的庙会与戏场——兼论中古时期庙会与戏场的起源及其结合》（《河北学刊》2008年第6期）一文，对戏场的起源有详细的论述。任半塘《唐戏弄》第6章对歌场、变场、道场、戏场有比较详细的论述（上海古籍出版社，1984年，第961—985页）。

② 《隋书》卷一五《音乐志下》，中华书局，1973年，第381页。

③ 《全唐诗》卷五一一，中华书局，1979年，第5838页。

④ 〔唐〕郑綮：《开天传信记》，见王仁裕：《开元天宝遗事十种》，丁如明辑校，上海古籍出版社，1985年，第52页。

蕚楼①下之所以能被辟为君民同乐的"戏场"，与它们所处的地理位置有关，其既可以举行大型演出活动，也便于民众观看。这种戏场是面向大众的，对开拓城市社会公共空间也有一定的积极意义。

2.以贵族官僚为主要观众的戏场

皇帝在宫内或城楼陈百戏，如宣宗时，为表现"天资友爱，敦睦兄弟"，于大中元年（847）"作雍和殿于十六宅，数临幸，诸王无少长，悉预坐，乐陈百戏，抵暮而罢"②。这种内部演出活动其实很多，似乎与大众文化娱乐活动无关，但参加演出的艺人和演出的内容很多也是民间"戏场"的主角。③这些文化娱乐活动起到了沟通宫廷与民间社会的作用。

3.寺院戏场

寺院作为公共空间，在城市社会生活中发挥着重要作用，寺院戏场的开设就是其中之一。寺院的戏场又分两种情况：

（1）寺院内设场。寺院内设戏场以唐朝长安城最为典型。长安佛教寺院最多时有一百多座。著名的大寺院，占地宽阔，环境优美，遍种名花异草，林木掩映，书画精妙，房舍充裕。高僧玄奘取经归来的译经场所大慈恩寺，"凡十余院，总一千八百九十七间"④，假山池水相映，牡丹盛开时节，花团锦簇，京城士女观赏者趋之若鹜。这些著名寺院，通过俗讲、斋会、法事、节庆等活动，聚众效应非常显著。

《南部新书》云："长安戏场多集于慈恩，小者在青龙，其次荐福、永寿。"⑤长安城内设有戏场的寺院目前见于记载的有晋昌坊的慈恩寺、新昌坊的青龙寺、开化坊的荐福寺、永乐坊的永寿寺、平康坊的菩提寺⑥，但没有记载戏场的具体位置，也没有记载是否有固定的演出时间。只能推测，戏场应该设在寺院内的空场，观众

① 勤政楼，全名勤政务本楼；花蕚楼，全名花蕚楼相辉楼。二者都位于兴庆宫南墙，南附大道，西南为东市，面向街市有比较宽阔的空间。

② 〔唐〕王谠撰，周勋初校证：《唐语林校证》卷一《德行》，中华书局，1997年，第17、18页。

③ 如《乐府杂录》中的琵琶第一高手、宫廷艺人康昆仑，经常参加民间的艺术表演；再如《全唐诗》中既活跃于民间又供奉于宫廷的著名舞蹈家公孙大娘。

④ 〔唐〕段成式：《酉阳杂俎续集》卷六《寺塔记下》，中华书局，1981年，第262页。

⑤ 〔宋〕钱易：《南部新书》，黄寿成点校，中华书局，2002年，第67页。

⑥ 菩提寺在武宗会昌六年（846）改为保唐寺，参见〔清〕徐松撰，李健超增订：《增订唐两京城坊考》，三秦出版社，2006年，第86—88页。

有可能受到限制。如宣宗皇帝的女儿万寿公主到慈恩寺看戏，①恐怕不会有众多普通百姓聚观的场面。另外，没有见到普通百姓进寺内观戏的记载。据史载，唐朝后期，长安戏场每天都有数千观众。如果长安人口以一百万计，若观戏人数以五千人计，则所占全城比例不过二百分之一。显然，这些戏场与下面所述的动辄数万的街陌戏场相比，观众群并不具有大众性。

分析有明确记载的设在唐长安寺庙的戏场，可以发现有几个共同特征：

一是都位于朱雀街街东区。如晋昌坊位于街东第三街，新昌坊位于街东第五街，开化坊位于街东第一街，永乐坊位于街东第二街，平康坊位于街东第三街。

二是寺庙在坊中的位置一般都靠坊外街道。唐制，寺庙允许向街开门，如慈恩寺占晋昌坊东"半坊之地"；菩提寺位于平康坊"南门之东"②；荐福寺位于开化坊"半以南"③；永寿寺位于永乐坊，该坊"西南隅，废明堂县廨。县东，清都观。观东，永寿寺"④，应该也是位于坊南临街道的位置；青龙寺，位于新昌坊"南门之东"⑤。

三是开设在寺庙的戏场，此时大概还没有成为固定的戏场，只是很多戏班经常在此开场演出。

（2）寺院门前设戏场。长安城中寺庙的戏场是否有设在寺庙大门外的，不见记载，不好妄说。不过据记载，作为地方政治中心的州郡治所，往往设有临时大众戏场，常设的戏场一般选在重要寺庙大门外的广场，并且与宗教集会活动有关。如江南东道上元县（今南京）的瓦官寺，商人经常选择在此举办大规模的无遮斋⑥，可聚集上万人。又如楚州⑦龙兴寺，"寺前素为郡之戏场，每日中，聚观之徒通计不下三万人"，"而寺前负贩戏弄观看人数万众"。⑧再如越州⑨的宝林寺，观察使皇甫政因其妻陆氏入庙求子报验，遂亲设大斋，富商云集，又择日"率军吏州民，大陈

① 《资治通鉴》卷二四八"大中二年十二月庚午"条，中华书局，1956年，第8036页。
② 〔宋〕宋敏求：《长安志》卷八"平康坊"条，《丛书集成初编》本，中华书局，1991年，第98页。
③ 〔宋〕宋敏求：《长安志》卷七"开化坊"条，《丛书集成初编》本，中华书局，1991年，第85页。
④ 〔宋〕宋敏求：《长安志》卷八"永乐坊"条，《丛书集成初编》本，中华书局，1991年，第91页。
⑤ 〔宋〕宋敏求：《长安志》卷九"新昌坊"条，《丛书集成初编》本，中华书局，1991年，第118页。
⑥ 天遮斋，法事活动的一种，会期设有斋饭，普施僧俗信众。
⑦ 楚州，淮扬运河入淮处。
⑧ 《太平广记》卷三九四《徐智通》，中华书局，1981年，第3148页。
⑨ 越州，唐州治会稽，今绍兴。

伎乐"，僧俗聚集达"百万之众"，"鼎沸惊闹"。①那么，这些百万僧俗聚集的中心可能是寺前广场。由此联想到上揭长安寺院多邻街的现象，利用寺前空场②作为公共活动的场所是完全有条件和有可能的。

（3）与宗教活动伴生的戏场。寺院举办的各种宗教活动，如斋会、俗讲，本来就带有表演性质，寺内外也常会有各种演出伴随其间，有的是寺院组织的，有的是民间艺人和艺术团体主动参与的，与下文所述的"街陌聚观"形成的戏场，聚众效应是一样的。③日僧圆仁《入唐求法巡礼行记》中记述了一些开"俗讲"的寺庙，如街东崇仁坊的资圣寺、翊善坊的保寿寺、常乐坊的景公寺、平康坊的菩提（保唐）寺，街西金城坊的会昌寺、怀德坊的慧日寺等，都有可能掺杂着演出和娱乐活动，而且俗讲本身也越来越具有表演和娱众性质。为争揽听众，佛道还展开竞争，大文豪韩愈为此作《华山女》诗，生动地描述了佛道二教举办讲唱时听众拥趸的盛况，记述了道观因有年轻貌美的华山女儿开讲，居然一扫座下"寥落如晨星"的尴尬局面，车马填塞道路，观内外挤满听众，后来者竟无处可坐。④《因话录》卷四《角部》载："有文淑僧者，公为聚众谭说，假托经论所言，无非淫秽鄙亵之事。不逞之徒，转相鼓扇扶树。愚夫冶妇，乐闻其说，听者填咽。"俗讲从形式到内容日益成为都市文化娱乐活动的重要组成部分，因此才能吸引从普通士子到平康坊妓女的广大听众。⑤

---

① 《太平广记》卷四一《黑叟》，中华书局，1981年，第259页。关于唐代的庙市参见谢重光：《唐代的庙市》，《文史知识》1988年第4期。

② 都城的寺庙前空地的规模可能受到限制，暂且称为空场。

③ 张弓《汉唐佛寺文化史》下册《艺技篇》（中国社会科学出版社，1997年）和王永平《唐代长安的庙会与戏场——兼论中古时期庙会与戏场的起源及其结合》（《河北学刊》2008年第6期）中都详细描述，请参看。

④ "街东街西讲佛经，撞钟吹螺闹宫庭。广张罪福资诱胁，听众狎恰排浮萍。黄衣道士亦讲说，座下寥落如明星。华山女儿家奉道，欲驱异教归仙灵。洗妆拭面着冠帔，白咽红颊长眉青。遂来升座演真诀，观门不许人开扃。不知谁人暗相报，訇然振动如雷霆。扫除众寺人迹绝，骅骝塞路连辎輧。观中人满坐观外，后至无地无由听。抽簪脱钏解环佩，堆金叠玉光青荧。天门贵人传诏召，六宫愿识师颜形。玉皇颔首许归去，乘龙驾鹤来青冥。豪家少年岂知道，来绕百匝脚不停。云窗雾阁事恍惚，重重翠幕深金屏。仙梯难攀俗缘重，浪凭青鸟通丁宁。"参见《全唐诗》卷三四一，中华书局，1979年，第3823、3824页。

⑤ 《北里志》是晚唐人孙棨所著，专门描写居住在平康坊的妓女的生活。平康坊位于朱雀大街东区第三街（自北向南）第五坊，东邻东市，北与崇仁坊隔春明道相望，南邻宣阳坊，都是"要闹坊曲"。《北里志》载："诸妓以出里艰难，每南街保唐寺有讲席，多以月之八日，相牵率听焉。皆纳其假母一缗，然后能出于里。其于他处，必因人而游，或约人与同行，则为下婢，而纳于假母。故保唐寺每三八日士子极多，益有期于诸妓也。"

4.街陌聚观

民间大众戏场最早的形式，应该是以"街陌聚观"的方式出现的。

《尚书故实》记载："京国顷岁，街陌中有聚观戏场者。询之，乃二刺猬对打。"[1]《太平广记》记载，陇西李僐伯，唐宪宗元和初往长安参加调选，居住在兴道里，某日"自省门东出，及景风门[2]，见广衢中人闹已万万，如东西隅之戏场大。围之，其间无数小儿环坐，短女人往前，布幂其首，言词转无次第，群小儿大共嗤笑。有人欲近之，则来拏攫，小儿又退。如是日中，看者转众。短女人方坐，有一小儿突前，牵其幂首布，遂落。见三尺小青竹，挂一髑髅骷然，金吾以其事上闻"[3]。

这种街陌聚观的场面，表演者应该是流动艺人或流动艺术团体，负责京城治安的金吾卫并没有采取任何禁止或限制演出的措施，"上闻"何事没有说明，可能与演出涉及"恐怖"（髑髅）内容有关。如果《太平广记》所记为实，至少在宪宗元和时期，主要街道的繁华地段（街衢或皇城城门外等），规模比较火的临时性戏场已经是常见之事，金吾熟视无睹，见之不怪。这种街陌聚观、围场演出应该已经成为长安城市居民丰富的社会生活中的重要内容。这种戏场既不同于寺院内设的戏场，也不等同于在官府旨意下开展的以商业竞争为目的的"广较声乐"的"士女大和会"。[4]不过，就观众层面看，士女大和会与街陌围场的观众群都是以普通市民为主，因此才会有《李娃传》中的一幕，郑生的父亲，身为堂堂的常州刺史，不得不

---

① 〔唐〕李绰：《尚书故实》，文渊阁《四库全书》本，台湾商务印书馆，1985年，第473页。

② 景风门，唐代长安皇城东城门。

③ 《太平广记》卷三四三《李僐伯》，中华书局，1981年，第2722页。

④ 《太平广记》卷四八四《李娃传》："初，二肆之佣凶器者互争胜负。其东肆车轝皆奇丽，殆不敌，唯哀挽劣焉。其东肆长知生妙绝，乃醵钱二万索顾焉。其党者旧，共较其所能者，阴教生新声而相赞和。累旬，人莫知之。其二肆长相谓曰：'我欲各阅所佣之器于天门街，以较优劣，不胜者罚直五万，以备酒馔之用，可乎？'二肆许诺，乃邀立符契，署以保证，然后阅之。士女大和会，聚至数万，于是里胥告于贼曹，贼曹闻于京尹，四方之士尽赴趋焉，巷无居人。自旦阅之，及亭午，历举輦轝威仪之具，西肆皆不胜，师有惭色，乃置层榻于南隅，有长髯者拥铎而进，翊卫数人，于是奋髯扬眉，扼腕顿颡而登，乃歌白马之词。恃其凤胜，顾眄左右，旁若无人，齐声赞扬之，自以为独步一时，不可得而屈也。有顷，东肆长于北隅上设连榻，有乌巾少年，左右五六人秉翣而至，即生也。整衣服，俯仰甚徐，申喉发调，容若不胜，乃歌薤露之章，举声清越，响振林木。曲度未终，闻者歔欷掩泣。西肆长为众所诮，益惭耻，密置所输之直于前，乃潜遁焉。四座愕眙，莫之测也。"（中华书局，1981年，第3988页）。这种临时性的"广较胜负"，类似于街衢戏场，但性质属于商业竞争。

"易章服，窃往观焉"。

这种面向大众的临时演出百戏场所，利用了街衢的聚众量和流动性特点。这类临时演出也有不同情况：

一种是巡街式的表演，并不设场，如本文开头提到的隋炀帝在洛阳主要街道"绵亘八里，列为戏场"，实际上并没有固定的戏场。唐朝每年上元灯节的全城狂欢，据《朝野佥载》卷三载："睿宗先天二年正月十五、十六夜，于京师安福门外作灯轮高二十丈，衣以锦绮，饰以金玉，燃五万盏灯，簇之如花树。宫女千数，衣罗绮，曳锦绣，耀珠翠，施香粉。一花冠、一巾帔皆万钱，装束一妓女皆至三百贯。妙简长安、万年少女妇千余人，衣服、花钗、媚子亦称是，于灯轮下踏歌三日夜，欢乐之极，未始有之。"张祐有诗赞云："千门开锁万灯明，正月中旬动帝京。三百内人连袖舞，一时天上著词声。"①这是把京城的主要坊市和街道当作一个大戏场。

还有一种就是直接在人群流动量比较大的主要街衢围场演戏。如上文所举《尚书故实》中的"街陌聚观"的戏场，以及《太平广记》所述皇城景风门外"广衢中人闹已万万"围成的"如东西隅之戏场大"，同观的群众至少上万，负责治安的金吾只是将此事禀报上级，并未见采取任何行动。玄宗开元年间，"广场角抵，长袖从风，聚而观之，寝以成俗"②，禁而不止。

泼寒胡戏，也属于街衢戏乐的一种。张说作《苏摩遮》，专门描述泼寒胡戏的场面；③北宋陈旸记载："大抵以十一月保露形体，浇灌衢路，鼓舞跳跃而索寒也。"④《容斋四笔》卷一五"浑脱队"："赢形体、欢衢路，鼓舞跳跃而索寒焉。"

第三种也是比较常见的，一般是因为政治目的或商业目的而举行的声乐赛事。典型的如《李娃传》⑤中所载和"康昆仑"⑥参加的赛声乐，就是在主要街道的街衢处通过搭建彩楼（棚）、展示经营物品而开辟出一个临时的场。《李娃传》中描述了唐长安城有东西二凶肆（经营丧葬用品），经常采取展示卖品、角逐哀挽声乐的方式互较胜负，进行商业竞争。二肆长曾相约在天门街展示"佣器"以"较优

---

① 《全唐诗》卷五一一《正月十五夜灯》，中华书局，1979年，第5838页。
② 〔宋〕王溥：《唐会要》卷三四《论乐》，上海古籍出版社，1991年，第731页。
③ 《全唐诗》卷八九，中华书局，1979年，第982页。
④ 〔宋〕陈旸：《乐书》卷一五八"乞寒"条，见文渊阁《四库全书》本第211册，台湾商务印书馆，1983年，第729页。
⑤ 《太平广记》卷四八四《李娃传》，中华书局，1981年，第3988页。
⑥ 〔唐〕段安节：《乐府杂录》，上海古籍出版社，1988年，第30页。

劣"，当天"士女大和会聚至数万"，"四方之士尽赴趋焉，巷无居人"，西肆搭建"层榻"，东肆设置"连榻"，并各自派出歌手"广较胜负"。两肆以商业竞争为目的的竞赛演出，实际上在朱雀街形成了一个竞技表演和商业竞争的"场"。大致位置是在朱雀门外东西向的春明大街、金光大街①与朱雀大街的街衢处。《乐府杂录·琵琶》也同样用生动的笔墨描述在皇帝下诏"祈雨"的活动中，东西两市市人在天门街斗声乐的场景，各搭彩楼，不惜重金各聘高手。《李娃传》中的"士女大和会"还是经过审批、官府认可的商业竞争和声乐角逐活动，有正式的程序和严格的规定，"二肆许诺，乃邀立符契，署以保证，然后阅之。士女大和会，聚至数万，于是里胥告于贼曹，贼曹闻于京尹，四方之士尽赴趋焉，巷无居人"。天门街即朱雀街，康昆仑所参加的"广较胜负"的场所应该与《李娃传》中的士女大和会一样。《李娃传》记载，郑生之父为常州刺史，随计上京，闻知有士女大和会，"与同列者易服章，窃往观焉"，这说明这种与街陌聚观类似的街头演出还是不登大雅之堂的，观众主要是普通市民，有身份者如郑生之父只能便装前往观看。

民间大众戏场有一个从临时围场到逐渐成为固定戏场的过程。而这一过程正是城市社会公共空间不断拓展的过程。

三、市场的出现与"逢场作戏"

1.市场的出现

"市"与城市社会空间的关系比较明确，但"场"进入城市社会公共空间的时间却比较模糊，"市"与"场"之间越来越密切的联系乃至过渡到二者连用而成为集合名词，大概也是在唐后期。

"市"与"场"连用目前看到的材料有几种情况：一是关、市、场、院等并列②，一般是指相对独立的官府控制的物资集散和商品交易的场所；二是《中朝故事》卷下记载的李思齐，"每阅市场登酒肆，逢人即与相善"③，这里显然已经将"市场"连用，是否指同一场所还有待斟酌，但是指性质相同的场所是可以肯定的；三是官方在边境地区开设的商品交易市场，称为"和市场"，这是在北宋

---

① 春明大街和金光大街的宽度大约为120米。
② 《册府元龟》卷五〇四《关市》中，后汉隐帝乾祐三年（950）太常少卿刘悦上言："臣伏见买卖耕牛官中元无商税，近日关、市、场、院不禀敕文，悉是收税。"（中华书局，1960年，第6053页）
③ 是书记载李思齐为晚唐人。

时期出现的；四是"市场"与"戏"连用，《太平广记》卷八三记载，濮阳郡有名续生者，"每四月八日，市场戏处，皆有续生，郡人张孝恭不信，自在戏场对一续生，又遣奴子往诸处看验。奴子来报，场场悉有。以此异之"①。濮阳郡（濮州）属上郡（州），据《新唐书·地理志二》载："户五万七千七百八十二，口四十万六百四十八，县五。"这里的"市"应该是州城的市，但诸处戏场，可能是市区中开辟的各类演出场所，也可能是指州城中的各类市场，都有临时演出场所，虽然不能详知，但说明戏场不只一处。②

"戏场"和"场戏"，两者在使用时应该还是有区别的。"戏场"应该指专为演戏开辟或指定的场所，"场戏"有可能是指赶场时的临时演出。

《东京梦华录》记载，北宋官府每年三月一日向普通市民开放皇家园林金明池、琼林苑，作者生动描述了皇帝与民同乐的盛景："大殿中坐，各设御幄，朱漆明金龙床，河间云水戏龙屏风，不禁游人。殿上下回廊，皆关扑钱物、饮食、伎艺人作场，勾肆罗列左右。桥上两边，用瓦盆内掷头钱，关扑钱物、衣服、动使、游人还往，荷盖相望。"③这里的"作场勾肆"，显然只具有临时性质，最初瓦市的形成可能正是这样的场景。《东京梦华录》描述了开封城已经有了多处相对固定的瓦市，《梦粱录》则记述了南宋都城临安城的瓦市，大多数都在城外周边。瓦市、勾栏已经是集戏场、卖场等功能于一身的固定的场。交易场所直接用场命名，成为普遍现象。如"杂买务"下设的杂买场，是购买官府所需物品的专卖场。"市"与"场"从相对独立到发展为集合名词，应该是这两种空间最终重合的反映。

由此可知，随着市民阶层的成长，社会公共空间逐渐拓展，"市""场"这些公共场所逐渐面向大众，并向常年化和固定化发展。在这种背景下的"场"向多样化发展，如街衢、原官府控制或设置的各类场、皇家园林等，都成为可以临时"开

① 《太平广记》卷八三《续生》，中华书局，1981年，第532页。如何解释"市""场""戏"三个字之间的关系呢？一是将"市"作为一个独立的词，"场戏"两字作为另一个独立的词，可以解释为四月八日是固定的开市日期，有很多演出班子围场进行表演，因此，断句也可作"每四月八日市，场戏处皆有续生"，否则"市场戏"连用似乎不通。二是将"市场"作为一个词，当时人已经有这种用法，如前所举，不过用"市场"修饰"戏"似乎少了些什么。三是这段描述可能有误，如果换成"市戏场处"，上下文可以呼应，似乎更通顺。孰是，因缺少相关材料，暂无法确定。

② 上述的"市"，有可能是指固定的市，也有可能是定期开的不固定的"市"（因有"每四月八日"字样）。"场"，有可能是开市时临时设场，也有可能是利用原有的"场"临时交易，还有可能就是临时打场专用于演出。"市场戏处"不知是否有脱字或衍字，似乎有些说不通。

③ 〔宋〕孟元老撰，伊永文笺注：《东京梦华录笺注》卷七，中华书局，2006年，第643页。

场"的场所。

"场"深入城市社会，逐渐成为城市社会公共空间的组成部分。我们看到，由唐到宋，城市社会公共空间逐渐扩大，从市区发展到坊市街道并用，并向郊区扩展。郊区的皇家园林在对公众开放时，艺人商贩可以临时"作场"，罗列勾肆，那么城内外的瓦肆勾栏，实际上已经成为"作场"的常设场所。成语"逢场作戏"也就有了生成的基础。

2."逢场作戏"的产生

"逢场作戏"现在的解释是：遇到一定场合，偶尔玩玩，凑凑热闹。

但这句成语最初来源于唐朝艺人的"竿木百戏"。有学者考证为在以鼓为主乐器的演出场（临时性场所）上表演歌舞百戏；[①]也有学者考察了"逢场作戏"用语中的佛教因素，[②]如《景德传灯录》中记载："师云：'石头路滑。'（邓隐峰）对云：'竿木随身，逢场作戏。'"[③]再如《五灯会元》中记载："僧问：'逢场作戏时如何？'师曰：'红炉爆出铁乌龟。'"[④]等。戏场作为复合名词与佛教的关系也有不少学者进行了探讨。[⑤]宋朝时，这个用语的出现和使用率的增加，与戏场从寺院走向社会，并成为大众观看演出的娱乐场所有密切关系。

"逢场作戏"中的"逢"，有学者考证为鼓声，[⑥]但成为一句成语后，更接近现在的用法。如苏东坡《南歌子》：

师唱谁家曲，宗风嗣阿谁。借君拍板与门槌。我也逢场作戏、莫相疑。

溪女方偷眼，山僧莫眹眉。却愁弥勒下生迟。不见老婆三五、少年时。[⑦]

孙惟信《水龙吟·除夕》：

小童教写桃符，道人还了常年例。神前灶下，被除清净，献花酌水。祷告些儿，也都不是，求名求利。但吟诗写字，分数上面，略精进、尽足矣。

---

① 江巨荣：《释"逢场作戏"》，《文史知识》2000年第2期。

② 康保成：《"竿木随身，逢场作戏"——禅宗仪式中的戏剧因素探析》，《中山大学学报》（社会科学版）2001年第2期。

③ 〔宋〕释道原：《景德传灯录》卷六《南岳怀让禅师第一世》，见《佛光大藏经·禅藏·史传部》，佛光出版社，1994年，第244、245页。

④ 〔宋〕释普济：《五灯会元》卷一七，中华书局，1984年，第1124页。

⑤ 康保成：《"戏场"：从印度到中国——兼说汉译佛经中的梵剧史料》，《沈阳师范学院学报》（社会科学版）2002年第2期。

⑥ 江巨荣：《释"逢场作戏"》，《文史知识》2000年第2期。

⑦ 唐圭璋编：《全宋词》，中华书局，1980年，第293页。

饮量添教不醉。好时节、逢场作戏。驱傩爆竹，软饧酥豆，通宵不睡。四海皆兄弟，阿鹊也、同添一岁。愿家家户户，和和顺顺，乐升平世。①

也有学者认为"逢场作戏"在北宋中期已经成为一种盛行的观念，"表现了一些士大夫、僧人对社会、人生以及自我处境的看法"，蕴涵着玩世不恭、人生如戏的情绪。②文人笔下频繁出现的"逢场作戏"中的"场"，应该是艺人依托于市（集）开场表演的场所，经营性的演出活动已经成为市集的重要组成部分。"逢场作戏"一词在宋朝成为俗语和成语，是有其社会背景的。一是"场"已经成为普通百姓可以从事经济活动和文化娱乐活动的公共空间，二是大众化的文化娱乐活动已经有了相对自由的空间。随处、随需开场，某些临时的"场"分化为固定的瓦市，某些专门的"场"适应了城市公共空间扩大的需求和城市相对空间受到限制的现实。临时的作场与固定的瓦市，以及定期的大相国寺庙市，成为城市居民以及外来人口的社会公共活动空间，就有了经常"逢场作戏"的可能，"逢场作戏"也就成了文人词中的带有调侃之意的常用语，抑或演变为一种观念，最终成为一句经典成语而永久保留下来。

从"街陌聚观"到临时性的"逢场作戏""作场勾肆"，再到固定的瓦市，体现了政治与商业、商业与娱乐的巧妙结合。而这种结合反映了城市公共空间扩展进程中的"街"与"场"、"街"与"市"、"场"与"市"等不同空间的结合，在结合的过程中，"市场"也逐渐成为一个固定搭配的集合名词，指向也往往是同一场所。

四、社会公共空间的拓展与市民社会的成长

城市布局所占空间与城市社会公共空间具有密切的关系，但并非在任何情况下都是正比关系。

据考古发掘，唐长安城外城城周为36.7公里，面积约84平方公里，③为三重城，内城二重，包括北部的宫城和南部的皇城，外郭城由坊、市和街三大部分组成。朱雀大街为中轴街，左右两侧分别称东街和西街，有十一条东西向大街和十四条南北

---

① 唐圭璋编：《全宋词》，中华书局，1980年，第2485页。

② 胡明伟：《"逢场作戏"蕴涵的人生教训和戏剧观念》，《怀化学院学报》2003年第6期。

③ 宿白：《隋唐长安城和洛阳城》，《考古》1978年第6期；杨宽：《中国古代都城制度史研究》，上海古籍出版社，1993年；叶骁军：《中国都城历史图录》（第2集），兰州大学出版社，1986年。

向大街，主要街道宽度都在70米以上，中央大道朱雀大街最宽处达155米。[①]东西两市，位于街东和街西中间偏北，各占两坊，是长安繁华区的两大中心区域。街道、市区和经常作为公共活动场所的寺观等在某种意义上都属于社会公共空间，很多具有公共性质的政治、经济、文化和宗教活动（包括官方和私人性质的活动）在这里展开。

北宋开封城主要是在后周世宗扩建汴州城的基础上发展起来的。后周世宗显德二年（955）四月诏："东京华夷辐辏，水陆会通，时向隆平，日增繁盛。而都城因旧，制度未恢，诸卫军营，或多窄狭，百司公署，无处兴修。加以坊市之中，邸店有限，工商外至，络绎无穷。傭赁之资，增添不定，贫乏之户，供办实难。"[②]扩建后的汴州为三重城，第一重是以原唐宣武军节度使治所为皇城；第二重是原唐汴州州城，周围20里有余，即里城；第三重是新建的外城，或称新城、罗城，周围48里有余，比原州城扩大了四倍，[③]比唐朝长安城小了很多。按照周世宗扩建外城的原则，城内主要街道约30米宽，这与唐朝长安城100多米宽的街道亦相去甚远，但城市人口的数量却多于长安，人口流动的频率也大于长安，空间的局限是显而易见的。

"场"的演变，"逢场作戏"成语的形成，"市"与"场"成为集合名词，"市"与"场"逐渐合一，"市场"突破空间限制的发展等，都反映了拓展社会公共空间是市民社会成长的需要，也是市民社会成长的结果。我们探讨中国城市市民不断争取社会公共空间的过程，也可以更好地了解中国古代城市社会发展的历程。[④]

原载《中国史研究》2011年第2期

（宁欣，北京师范大学历史学院教授）

---

① 唐代长安城外郭城的街道，据目前考古发掘实测，从20米到155米不等，参见宁欣《诗与街——从白居易"歌钟十二街"谈起》（《中国历史文物》2005年第5期）。

② 〔宋〕王溥：《五代会要》卷二六《城郭》，上海古籍出版社，1978年，第417页。

③ 杨宽：《中国古代都城制度史研究》下编《唐宋之际都城制度的重大变化》，上海古籍出版社，1993年，第251、252页；吴涛：《北宋东京城的营建与布局》，《郑州大学学报》1982年第3期。

④ 因有另文《从士人社会到市民社会——以都城社会的考察为中心》（《文史哲》2009年第6期）阐述了中国古代市民及市民社会的形成与发展，故本文不再赘述。

街市广场与寺观园林：隋唐长安城公共空间的衍化与拓展

郝鹏展

空间是由位置、距离和方向三个基本要素相互关系构成的，而城市空间是城市社会、经济、政治、文化等要素的运行载体。古代城市的城墙为居民提供了身体上的保护，同时用建筑和礼仪构建起城市神圣空间，为居民提供了精神上的保护。"因为，所谓城市，系指一种新型的具有象征意义的世界，它不仅代表了当代的人民，还代表了城市的守护神祇，以及整个井然有序的空间。"①在此意义上，空间是在人为的营造下产生的，如果没有人的存在，其实空间只是物理概念。根据杜理斯（Perry Duis）的划分，城市空间根据可达性可分为公共空间、半公共空间和私密空间三类。②公共空间是区别于私人（或者私密）空间的人们的共同空间，是真正公开的地方，诸如街道、公园、广场等。私人空间是人格独立发展的空间，是保护个人不受集体干扰的空间，③诸如私人住宅等；半公共空间是介于公共空间和私人空间之间的，由私人拥有和管理但为公共服务的空间，诸如剧院、商场等。

"公共空间"作为特定的名词最早出现在1950年代西方的社会学和政治学著作中，代表人物主要有英国社会学家查尔斯·马奇（Charles Madge）和政治哲学家汉娜·阿伦特（Hannah Arendt）。特别是汉娜·阿伦特所著《人的条件》中对"公共空间"虽并未做出完整的定义，但是却指出，公共（public）和私人（private）的差别可以用"可见性"（visibility）和"集体性"（collectivity）两个认识范畴来区分。④这一论点成为以后学术界讨论公共空间的基本思路。

---

① ［美］刘易斯·芒福德：《城市发展史——起源、演变和前景》，宋俊岭、倪文彦译，中国建筑工业出版社，2005年，第39页。

② 详见Perry R. Duis: *The Saloon*：*Public in Chicago and Boston*，*1880-1920*，University of Illinois Press，1998。

③ ［荷兰］赫曼·赫茨伯格：《建筑学教程》，仲德昆译，圣文书局，1996年，第12页。

④ 详见［日］汉娜·阿伦特：《人的条件》，王世雄、胡泳浩、杨凌云等译，上海人民出版社，1999年。

1960年代初，"公共空间"的概念不仅在政治学和哲学领域继续延展，影响最大的莫属德国社会学家哈贝马斯（Jiirgen Habermas）。与此同时，公共空间概念也逐渐进入城市和社会学科领域，诸如著名的城市规划学家刘易斯·芒福德（Lewis Mumford）和简·雅各布斯（Jane Jacobs）及其后的一些建筑学术著作中。直到1970年代，"公共空间"才被普遍接受并成为学术界广泛研究的议题。

其实，在中国的话语体系中，更多的是在"公"和"私"的背反对立关系中发展延伸出公共空间概念的。"中国的公、私在由共同体的公和私扩张到君、国、官的公和私。同时又形成了天之公、私这种更为高层次的，即原理性、道义性的概念世界，对政治性的公、私产生了影响。"①根据学者的研究，中国古代的"公私"概念有两层意义。一是从"公"和"私"的字义理解而延伸出来的，"公"即"平分也"，"私"即"自坏也"；二是从"公"和"共"所表示的众人共同的劳动、祭祀场所，即公宫、公堂，以及支配这些场所的族长的称谓，进而在统一国家成立后，"公"成为君主、官府等统治机关相关的概念。②本文探讨的唐长安城公用空间主要是从西方关于城市和社会学意义上的公共空间和中国传统社会中众人共同劳动和祭祀场所层面上的公共空间加以分析的。

因之，公共空间指一般社会成员均可自由进入并不受约束的进行正常活动的地方场所，是地理学概念，多用于社会文化地理学。狭义的公共空间指城市居民日常生活和社会生活公共使用的室外空间，包括街道、广场、公园等场地；广义上讲，公共空间不仅仅是地理概念，更重要的是进入空间的人们，以及展现在空间上的广泛参与、交流与互动。城市公共空间是指城市中在建筑实体之间存在着的开放空间实体，是城市居民进行公共交往、举行各种活动的开放性场所，其目的是为广大公众服务，从根本上说，城市公共空间是市民社会生活的场所，是城市多元文化的载体。

近年来，城市社会学和城市文化传播学的发展，特别是对城市公共场域的关注，也促进了历史城市社会中的城市公共空间的研究。长安城作为当时隋唐帝国的首善之区，其城市社会的演变和发展自然也成为学术界关注的焦点。如妹尾达彦、金子修一等对唐代长安城礼仪空间构建和演变的研究；③荣新江从王宅到寺观来探讨

① ［日］沟口雄三：《中国的公与私·公私》，郑静译，生活·读书·新知三联书店，2011年，第50页。

② ［日］沟口雄三：《中国的公与私·公私》，郑静译，生活·读书·新知三联书店，2011年，第5—6页。

③ ［日］妹尾达彦：《唐长安城的礼仪空间——以皇帝礼仪舞台为中心》，见［日］沟口雄三、［日］小岛毅编：《中国的思维世界》，孙歌等译，江苏人民出版社，2006年。

唐代长安城公共空间的扩大和变迁；[1]宁欣从城市经济与社会的角度对唐都城社会结构的研究；[2]张晓虹对唐长安城流行文化传播的地域和等级的关注；[3]王静从社会史角度对唐长安新昌坊变迁的考察；[4]等等。这些研究使我们对隋唐长安城公共空间演变和社会交往有了更为细致的了解。

本文即在以上这些研究的基础上，以长安城公共空间为主题，在讨论以象征性和礼仪性为主旨的封闭的城市空间前提下，论述城市公共空间的衍化和层级结构的形成，以及随着王朝统治的既成事实和工商业的发达，城市空间构造的变动和社会经济的发展对城市公共空间变化产生的影响。

一、长安城空间布局和管理制度对城市公共空间的影响和限制

唐长安城是在隋大兴城的基础上建成的，其规划建设受到了以《周礼》国都模型为代表的礼制思想、《易经》阴阳五行思想以及传统的天文思想的影响，分为宫城、皇城、外郭和禁苑四部分，除外郭城外的其他三部分作为国家统治中心而有着十分严格的控制，并不对普通民众开放，只有外郭城是所谓的"筑郭以卫民"，为普通市民所居之地。但即便是普通市民居住的外郭城，由于建立了一整套完善的里坊制度，普通市民也不能自由出入。长安城的里坊可以分为三类，皇城以南、朱雀大街两侧的四列坊最小，南北长500—590米、东西宽558—700米；皇城以南其余六列坊较大，南北长为500—590米、东西宽1020—1125米；宫城、皇城两侧的坊最大，南北长838米、东西宽1115米。[5]按照制度，这些坊是被高高的坊墙包围着的。[6]

长安城的规划和建设多以礼制为核心，追求对称性和象征性以巩固统治正统化并加以严格管理，没有太多考虑城市居民生活对公共空间的需求。

从长安城空间布局来看，唐长安城建立之初，与皇城、宫城的面积相比，外郭

---

① 荣新江：《从王宅到寺观：唐代长安公共空间的扩大与社会变迁》，见荣新江编：《隋唐长安：性别、记忆及其他》，复旦大学出版社，2010年。

② 宁欣：《唐宋都城社会结构研究——对城市经济与社会的关注》，商务印书馆，2009年。

③ 张晓虹：《唐代长安流行文化的传播地域及方式》，见李孝聪编：《唐代地域结构与运作空间》，上海辞书出版社，2003年。

④ 王静：《唐代长安新昌坊的变迁——长安社会史研究之一》，见荣新江主编：《唐研究》（第7卷），北京大学出版社，2001年。

⑤ 中国科学院考古研究所西安唐城发掘队：《唐代长安城考古纪略》，《考古》1963年第11期。

⑥ 也有学者开始质疑坊墙的普遍存在，如齐东方：《魏晋隋唐城市里坊制度——考古学的印证》，见荣新江主编：《唐研究》（第9卷），北京大学出版社，2003年；成一农：《走出坊市制研究的误区》，见荣新江主编：《唐研究》（第12卷），北京大学出版社，2006年。

城的面积较大。虽然从表面看，市民生活的空间占据了城市的较大面积，但是从实际生活的情况而言，并非如此。外郭城被高高的坊墙分割成了一个个的独立区域，坊的四周，环筑有坊墙，彼此加以分割，从长安城的外观上看，宛如大城市之中又套筑了许多小城①，每个坊之间并不能直接进行沟通和联系。唐长安城外郭城的管理是多重制管理，一为行政管理系统，由京兆府主管，下属以朱雀街为分界线的万年和长安两县；一为监察治安管理体系，由御史台和金吾卫主管②。

坊门由专职门吏掌管，负责按时开关，"长安城中百坊，坊皆有垣有门，门皆有守卒"③。坊有坊正、里正、保长进行管理，所谓"坊有墉，墉有门，捕亡奸伪，无所容足"，④街有街使、巡使、街鼓、街铺、街亭等，"凡城门坊角，有武候铺，卫士、犷骑分守，大城门百人，大铺三十人，小城门一十人，小铺五人"。⑤

在禁夜制度和门籍制度下，城门和坊门都会按时启闭，"闭门鼓后，开门鼓前，有行者，皆为犯夜"，"违者，笞二十"。⑥每当日落，城门、坊门、市门都会关闭，左右街使就分别率兵士巡街，实行戒严和宵禁。⑦没有按时回到固定坊内的市民，就会受到金吾卫的盘问，甚至殴打，不能进城的民众也只能在城外驿站或旅店住宿。

这种较为封闭的城市规划理念和管理体系使城市的公共交往受到严格的限制，城市公共空间被忽略。随着大明宫、兴庆宫的兴建以及城市社会生活的开展引起的城市空间结构的变化，长安城逐渐从象征性的礼仪空间向日常生活的世俗化空间转变，城市居民生活的需要成为城市发展的核心。在城市象征性的礼仪空间向世俗化和功能化转变的过程中，城市的公共交往空间也在隐性发展，客观上部分城市用地演变成了城市公共空间，形成了中国传统城市典型的以城市广场和寺观园林为特色的城市公共空间格局。

二、街市广场的层级结构与公共空间的形成

城市广场是来源于西方城市建筑的概念，在严格意义上，中国传统城市并无城

① 张永禄：《唐都长安》，三秦出版社，2010年，第186页。
② 宁欣：《唐宋都城社会结构研究——对城市经济与社会的关注》，商务印书馆，2009年，第77—78页。
③ 《资治通鉴》卷二五四，中华书局，1956年，第8258页。
④ 〔宋〕宋敏求：《长安志》卷七，台湾商务印书馆，1983年，第164页。
⑤ 《新唐书》卷四九，中华书局，1975年，第1285—1286页。
⑥ 《唐律疏议》卷二六，中华书局，1983年，第490页。
⑦ 《新唐书》卷四九，中华书局，1975年，第1284页。

市广场。由于封建王权意识和礼制秩序等观念占主导地位，宫殿、陵墓、宗庙等类型的建筑在城市中占有重要地位，形成了传统城市特有的庙宇或殿堂的前厅、交通干道的节点等类似广场的空间布局，而作为市民聚集交流的公共空间则相对呈隐性状态发展着。①长安城也一样形成了多处类城市广场的空间布局，我们姑且称之为街市广场。

隋唐长安城的街市广场可以划分为两种性质——开放性广场与半开放性广场。半开放性广场往往由皇家礼仪主导，通过严格的礼仪规范和等级差别，自上而下进行交流和传播。如承天门、横街与太极殿组成的半开放性广场，又如大明宫含元殿、两阙以及丹凤门组成的广场，这一类型广场往往成为国家大典、重要外事活动的场所，与皇家威仪一致，秩序和规范严格，但参与度和受众相对狭窄，主要集中在上层统治阶层，对于广大市民的日常交往而言，不能起到太大作用。

另外类型的街市广场，即开放性的广场，才是真正意义上的城市公共交往的空间。如安福门广场、延熹门广场、朱雀门广场、丹凤门广场等，都是围绕城门、城内交通干线、地标性建筑等形成的城市结点，成为城市公共交往的中心地区。在封闭的城市空间格局下，这些街市广场逐渐衍生成为居民所需求的公共空间，城市的各种节俗活动、商业活动，甚至一些政治活动都是围绕这些城市公共空间展开的。如安福门楼、开远门安福门街以及安福门横街形成的安福门"T"字形广场，因既处于宫城、皇城和外郭城的节点，又是通往西域的重要交通干线，因此安福门广场成为宗教活动、节俗活动的重要空间场所，成为皇帝、大臣以及普通民众同时聚集的空间。

在太宗贞观年间，"三藏自西域回，诏太常卿江夏王道宗设九部乐，迎经像入寺，彩车凡千余辆，上御安福门观之"②。这种以政府为主导"迎经像"宗教行为，声势浩大，参与人数众多，从开远门入城，向东直达安福门外，皇帝在安福门楼上观看，楼下彩车千辆，万头攒动，浩浩荡荡行进，这种壮观的场面充分起到了公众宣示效果，安福门广场在这种宗教活动中充分发挥了公共空间的作用。

懿宗咸通十四年（873）春的"迎佛骨"活动，"其剪裁为幡为伞，约以万队。四月八日，佛骨入长安，自开远门安福楼，夹道佛声振地，士女瞻礼，僧徒道从。上御安福楼亲自顶礼，……召两街供奉僧赐金帛各有差。……长安豪家竞饰车服，驾肩弥路，四方携老扶幼来观者，莫不疏素以待恩福。通衢间结彩为楼阁台殿。或

---

① 朱国理、赵欢：《中国古代城市广场类型及历史发展》，《热带建筑》2008年第1期。
② 〔唐〕段成式：《酉阳杂俎续集》卷六，曹中孚校点，见上海古籍出版社编：《唐五代笔记小说大观》，上海古籍出版社，2000年，第765页。

水银以为池，金玉以为树。竞聚僧徒，广设佛像，吹螺击钹，灯烛相继"①。这种宝帐彩棚夹道、士女僧道争相瞻礼、豪家竞饰车服、四方携老扶幼、锦车载歌载舞的宏大场景，以官方的宗教意志带动民间参与，使得街道这个公众开放区域成为各个阶层民众的娱乐交往场所。加之皇帝亲临观礼，安福门广场就成为这种公共活动的重要空间和重要的城市结点。长安城四次迎佛骨、迎经像路线，参见图1。

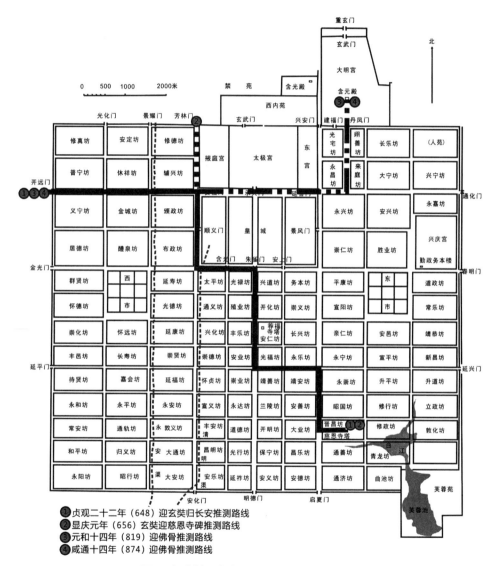

图 1　长安城四次迎佛骨、迎经像路线示意图

① 〔唐〕苏鹗：《杜阳杂编》卷下，阳羡生点校，见上海古籍出版社编：《唐五代笔记小说大观》，上海古籍出版社，2000年，第1398页。

与安福门广场空间作用相同，作为皇城正门的朱雀门广场同样起着城市公共空间的作用。朱雀门广场处于都城礼仪轴线和都城经济中心轴线（金光门和春明门的东西横街）交叉点，这里有东西长150米、南北宽120米，约1.28公顷的长方形广场。①加上东西南北侧大街，空间更大。如贞元中，"有康昆仑，第一手。始遇长安大旱，诏移两市祈雨，及至天门街，市人广较胜负，及斗声乐，即街东有康昆仑琵琶最上，必为街西无以敌也。遂请昆仑登彩楼，弹一曲新翻羽调《录要》。其街西亦建一楼，东市大诮之。及昆仑度曲，西市楼上出一女郎抱乐器，……及下拨，声如雷，其妙入神"②。天门街即朱雀街。又有唐代宗时，"京兆尹黎幹以久旱，祈雨于朱雀门街。造土龙，悉召城中巫觋，舞于龙所"③。这种公共活动选择在朱雀门街举行，能充分利用朱雀门广场宽阔的空间和交通要道人流容易聚集的特点，利用公共空间来达到宣示的效果。

其实，不同于安福门广场的官方行为主导，朱雀街广场更多地显现出市民自发地组织利用公共空间的情况。如《李娃传》中描写的为了商业竞争，东肆将主人翁郑生打造成长安城最有名气的挽歌高手。郑生就曾在朱雀街广场与西肆歌手进行比赛，当天"士女大和会，聚至数万"，以至于"四方之士，尽赴趋焉，巷无居人"④。

对于此点，日本学者妹尾达彦先生以李娃传为中心叙述唐代后期的长安与传奇小说时，已经有所讨论，其认为"要想在天门街寻找能够展览葬仪用品、举行挽歌大赛、且能容纳长安城数以万计的观众的场所，首先应想到城内街衢中空间最广的皇城南面一带的广场"⑤。关于朱雀街广场上东西两市的公共空间的商业活动，除以上李娃传有描述外，《乐府杂录》亦有类似记载，贞元中，长安大旱，"诏移两市祈雨"，东西两市利用这个时机"及斗声乐"，都在朱雀街搭建彩楼，炫耀实力。⑥可见朱雀街广场已经成为长安城中最重要的公共空间之一，在人际交流、商业活动以及礼仪活动中起着重要作用。

---

① 中国科学院考古研究所西安唐城发掘队：《唐代长安城考古纪略》，《考古》1963年第11期。

② 〔唐〕段安节：《乐府杂录》，亓娟莉校，上海古籍出版社，2015年，第59页。

③ 《太平广记》卷二六〇《黎幹》，中华书局，1981年，第2032页。

④ 《太平广记》卷四八四《李娃传》，中华书局，1981年，第3988页。

⑤ 〔日〕妹尾达彦：《唐代后期的长安与传奇小说——以〈李娃传〉的分析为中心》，见刘俊文编：《日本中青年学者论中国史（六朝隋唐卷）》，上海古籍出版社，1995年，第533页。

⑥ 〔唐〕段安节：《乐府杂录》，亓娟莉校，上海古籍出版社，2015年。

三、寺观园林的演变与公共空间的拓展

长安城除了不同层次街市广场为主的城市公共空间外，也会形成不同层次和级别的以园林为主要特色的隐性的城市公共空间，其对市民交往交流起着更为重要的作用。这种隐性的城市公共空间有以国家行为建设的曲江等园林区，也有由私宅和官府用地演变而来的寺观园林，同时存在一些达官贵人建设在长安城各处的亭子园林或无人看管闲置成公共娱乐场地的庭院。

私宅向寺观转变，为城市居民交往交流提供了许多公共空间，特别是王宅和公主宅第最为突出。隋代王宅数量不多，但规模宏大，因"京城南面阔远，恐竟虚耗，乃使诸子并于南国立第"①，诸宅多分布在城内西南部无人居住的坊中，如蜀王秀宅院在归义坊、汉王谅宅院在昌明坊、秦王俊宅院在崇德坊，但由于其不在城市中心，不能和唐代王宅在城市中的地位和功能相比。唐代直到玄宗在城东北角建"十六王宅"之前，大量的王宅和公主宅第不再偏处城南空旷偏僻之地，而是位于离宫城较近的坊中，处于城内较繁华的地段。②如贞观初晋王宅第占保宁坊一坊之地，甚至如太平公主还不止一处宅第。③原有的王宅和公主宅第的主要去向，就是改建为佛寺或道观。如唐高祖通义坊西南隅旧宅"制度宏敞、以崇神祠，敬增灵佑，宜舍为尼寺，仍以兴圣为名"④，改为兴圣尼寺；保宁坊一坊之地本为唐太宗第九子晋王宅院，"显庆元年，为太宗追福，立为观"⑤；崇义坊招福寺为睿宗在藩旧居；⑥安定坊千福寺，本章怀太子宅，咸亨四年（673）舍宅为寺；⑦大业坊东南隅太平女冠观，本为徐王元礼宅，后因太平公主出家于此改为观；⑧开化坊的大荐福寺，本为隋炀帝在藩旧宅，武德中赐尚书左仆射萧瑀为西园，瑀子锐尚襄城公主后为公主宅第，公主薨后又为英王宅，文明元年（684）高宗崩后立为大献福寺，后改为荐福寺。⑨另有布政坊镇国公波若寺、崇仁坊景龙观、长乐坊大安国寺、崇业坊福唐寺、通义坊九华观、亲仁坊咸宜女冠观、延福坊玉芝观、崇业坊新昌观、平康坊华

---

① 〔唐〕韦述撰，辛德勇辑校：《两京新记辑校》卷三，三秦出版社，2006年，第54页。

② 蒙曼：《唐代长安的公主宅地》，见荣新江主编：《唐研究》（第9卷），北京大学出版社，2003年，第215—234页。

③ 李健超：《唐长安城太平公主宅地究竟有几处》，《中国历史地理论丛》1999年第1辑。

④ 《全唐文》卷九，上海古籍出版社，1990年，第107页。

⑤ 〔宋〕宋敏求：《长安志》卷七，台湾商务印书馆，1983年，第110页。

⑥ 〔宋〕宋敏求：《长安志》卷七，台湾商务印书馆，1983年，第111页。

⑦ 〔唐〕韦述撰，辛德勇辑校：《两京新记辑校》卷三，三秦出版社，2006年，第43页。

⑧ 〔宋〕宋敏求：《长安志》卷七，台湾商务印书馆，1983年，第112页。

⑨ 〔宋〕宋敏求：《长安志》卷七，台湾商务印书馆，1983年，第110—111页。

封观、宣阳坊东北隅奉慈观等都为诸王或公主等私人宅第转为寺观，据马文军等人的统计，私宅或官府用地转变为寺观用地的有28处之多。①

私人宅第转变为寺观后，这些城市空间从被包围的私密空间转变为寺观园林性质的公共开放空间，其意义不仅在于主人的更换，更重要的意义在于为城市提供了大量布局精巧、环境优美的向大众开放的公共空间。如延康坊西南隅的西明寺，"本隋尚书令越国公杨素宅。大业中，素子玄感被诛后没官。武德初为万春公主宅。贞观中赐濮恭王泰。泰死后，官市之立寺"②，寺院"三百五十步，周围数里，左右通衢，腹背廛落。青槐列其外，渌水亘其间，亹亹耽耽，都邑仁祠……廊殿楼台，飞惊接汉，金铺藻栋，炫目晖霞"③，面积广阔，环境优美。

又如崇仁坊西南隅长宁公主宅院，有山池别院，雕饰绝胜，甚至唐中宗游览至此，"留连弥日，赋诗饮宴"，可见其园林景致甚为精美，立为景龙观后，从封闭的私人空间转变为对公众开放的公共空间，以至于"词人名士，竞入游赏"。苏颋曾在诗中描写道："昔日尝闻公主第，今时变作列仙家。池傍坐客穿丛筱，树下游人扫落花。雨雪长疑向函谷，山泉直似到流沙。君还洛邑分明记，此处同来阅岁华。"④由诗文可见，原本只是听闻的公主宅第，现今变成了仙家道观，于是文人学士可以在其中约会，赏游山水，或者迎宾饯客，还有一些游客穿梭于弯曲的池畔，游园赏花。并且由于"北街当皇城之景风门，与尚书省选院最近，又与东市相连"，更成为"选人入京城无第宅者，多停憩此"，⑤可见其人流众多，公共空间性质显著。

这种转变为城市提供了面积可观、景色幽丽的公共空间，这些区域不但成为公共的政治活动空间和公共的学术交流空间，也成为城市大众文化传播空间和大众娱乐空间，⑥这些空间的出现成为封闭的里坊结构和严格的宵禁制度约束下城市公共空间交流必不可少的组成部分。

作为城市公共空间的寺观园林，特别在中晚唐时期，成了士子读书、聚会、交往、游玩的场所。⑦长安作为科举士子汇聚的地方，寺观这种公共空间因为环境优

① 马文军、李保明、潘英华：《唐长安城土地利用的非经济性及其批判》，《甘肃社会科学》2005年第2期。

② 〔唐〕韦述撰，辛德勇辑校：《两京新记辑校》卷三，三秦出版社，2006年，第38页。

③ 〔唐〕慧立、严悰：《大唐大慈恩寺三藏法师传》，中华书局，1983年，第214页。

④ 《全唐诗》卷七三《景龙观送裴士曹》，中华书局，1960年，第805页。

⑤ 〔宋〕宋敏求：《长安志》卷八，台湾商务印书馆，1983年，第114页。

⑥ 荣新江：《从王宅到寺观：唐代长安公共空间的扩大与社会变迁》，见荣新江编：《隋唐长安：性别、记忆及其他》，复旦大学出版社，2010年，第78—87页。

⑦ 严耕望：《唐人习业山林寺院之风尚》，见《"中央研究院"历史语言研究所集刊》，1959年，第689—728页。

美、清静幽雅，就成了许多考生读书学习的首选之地。①元和初，白居易就曾和元稹居住在永崇坊的华阳观准备科举考试。②这里"永崇里巷静，华阳观院幽。轩车不到处，满地槐花秋"③，正是读书的好地方。文人也往往选择在寺院聚会，如"元和九年（814）春，予初成名，与同年生期于荐福寺，余与李德垂先至，憩西厢元鉴室"④。在坊里制度和夜禁制度下，文人学士如若不能在坊门关闭之前回到自己居住的坊里，还可以在寺院中过夜，而不受夜禁制度的限制。白居易在做官后就曾因同友人交往游玩住宿在寺观，"我与二三子，策名在京师。……沉沉道观中，心赏期在兹。……置酒西廊下，待月杯行迟。……终夜清景前，笑歌不知疲。"⑤可见寺观为文人甚至市民提供了一个环境优雅、远离世俗的公共交流空间。

当然，寺观里经常举行的俗讲和戏场都会吸引大量的百姓前往，这种喜闻乐见、简单易懂的形式，为大众文化传播提供了绝好的公共空间。俗讲的兴盛使长安城出现了因俗讲而享有盛名的僧人和寺观。中晚唐金城坊会昌寺文溆的俗讲最为有名，"城中俗讲，此法师为第一"⑥，"公为聚众谈说，……愚夫冶妇，乐闻其说，听着填咽寺舍，瞻礼崇奉，呼为和尚。教坊效其声调，以为歌曲"⑦。由于其俗讲的名气很大，甚至敬宗皇帝曾"上幸兴福寺，观沙门文溆俗讲"⑧。《入唐求法巡礼行纪》中对俗讲也有详细的记载，长安城左右街共有七寺开俗讲，左街四处——崇仁坊资圣寺、翊善坊保寿寺、平康坊菩提寺和常乐坊景公寺；右街三处——金城坊会昌寺、怀德坊惠日寺和休祥坊崇福寺，还有道教俗讲在崇仁坊玄真观。⑨这些俗讲的地点都集中在长安城较为繁华的中部、北部，客观上为城市提供了多处公共空间，使封闭的坊里空间重新得到整合。（图2）

除了俗讲外，唐长安城依托寺观形成的戏场也是城市公共空间延伸和扩展的重要组成部分。"长安戏场多集于慈恩，小者在青龙，其次荐福"⑩。对于戏场在市民

① 〔宋〕钱易：《南部新书》，黄寿成点校，中华书局，2002年，第21—22页。

② 《全唐文》卷六七〇，上海古籍出版社，1990年，第6811页。

③ 《全唐诗》卷四二八，中华书局，1960年，第4713页。

④ 《全唐文》卷七二一，上海古籍出版社，1990年，第7420页。

⑤ 《全唐诗》卷四二八，中华书局，1960年，第4713页。

⑥ 〔日〕圆仁撰，白化文、李鼎霞、许德楠校注：《入唐求法巡礼行记校注》，花山文艺出版社，1992年，第369页。

⑦ 〔唐〕李肇：《唐国史补》卷四，上海古籍出版社，1979年，第94—95页。

⑧ 《资治通鉴》卷二四二，中华书局，1956年，第7850页。

⑨ 〔日〕圆仁撰，白化文、李鼎霞、许德楠校注：《入唐求法巡礼行记校注》，花山文艺出版社，1992年，第369页。

⑩ 〔宋〕钱易：《南部新书》，黄寿成点校，中华书局，2002年，第67页。

中的影响，最著名的要数万寿公主不顾小叔子病危而仍前往慈恩寺戏场观看表演的例子了。① 由此可见长安城寺观戏场吸引力之大，寺观吸引市民争相观看的公共空间影响力也可见一斑。②

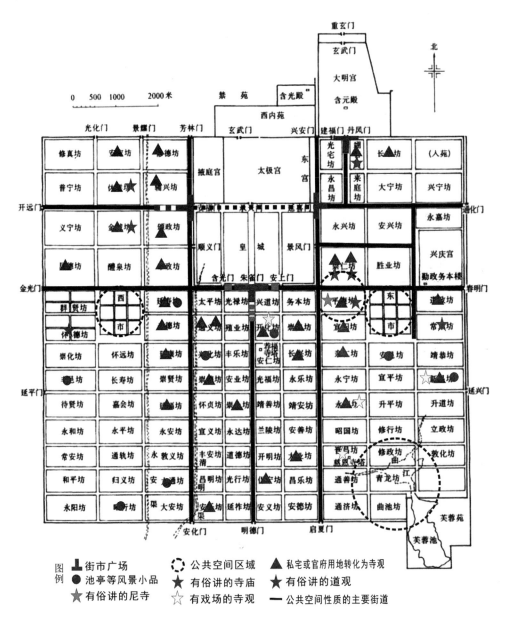

图 2　长安城街市广场以及俗讲戏场示意图

①《资治通鉴》卷二四二，中华书局，1956年，第8036页。

② 关于围绕慈恩寺大雁塔形成的城市公共空间和文化传播，参见拙文《地标建筑与城市传播——以唐代长安大雁塔为例》（《中国名城》2017年第4期）。

除了城市广场和寺观园林外，长安里坊也有很多环境优美的风景小品，如园子、亭子、假山等，这些也成为城市公共空间的补充。这一现象得到了考古的印证，西安西郊中堡村出土的一套住宅模型，除八座房屋建筑外，还有八角亭、四角亭各一座和带池塘、绿地的假山。①长安除了有普通住宅的院子外，还有占地面积较大的名园，通常以权贵命名，如开化坊萧瑀西园、大通坊郭子仪园、昭行坊王昕园、新昌坊吏部尚书裴向宅竹园、丰邑坊李晟林园等。②在庭院中有许多山亭、池亭、山池、池院、池台等各种景观。③这些长安的私人景点如果设在宅第之内应归主人所有，但不少景点却是独立于宅第而存在的，其功能则有所不同。从《逸史》记载的一段在兴化坊裴度池亭卖鱼的故事④来看，名义上属于宰相的私人池亭已经起着公共场地的作用。据白居易《宿裴相公兴化池亭》的描述，"林亭一出宿风尘，忘却平津是要津。松阁晴看山色近，石渠秋放水声新。孙弘阁闹无闲客，傅说舟忙不借人。何似抢才济川外，别开池馆待交亲。"⑤此池亭景色秀丽，近山傍水，俨然是一座坊内的公园。安邑坊西"玉杯地"原为侍中马燧宅院，唐德宗时入官为奉诚园。院内屋木尽拆入内，一片凋零。从大量诗人作诗凭吊来看，该园也已变为公共游园。⑥延康坊邠宁节度使马璘池亭⑦，主人死后入官，贞元后为群臣赐宴场所，⑧成为由朝廷支配的坊中御园。

寺院园林空间已成了不分阶级、不分贵贱的市民同乐的场所，经常举行俗讲、戏场、法会、斋会，还有杂技、舞蹈表演以及设摊买卖等交易行为，可见其俨然已成为当时极为生动的"城市广场""市民广场"空间。⑨毫无疑问，这些空间结构和属性的改变，必将成为城市公共空间变迁和拓展的重要步骤，由私人宅院和官府用地演变成的寺观园林已经成为城市公共空间的重要部分。

---

① 陕西省文物管理委员会：《西安西郊中堡村唐墓清理简报》，《考古》1960年第3期。

② 〔清〕徐松撰，李健超增订：《增订唐两京城防考》，三秦出版社，2006年，第35、88、113、114、122页。

③ 熊存瑞：《唐住房考略》，见陈平原等编：《西安：都市想象与文化记忆》，北京大学出版社，2009年，第68—69页。

④ 〔清〕徐松撰，李健超增订：《增订唐两京城坊考》卷四，三秦出版社，2006年，第99页。

⑤ 《全唐诗》卷四四九，中华书局，1960年，第5057页。

⑥ 〔唐〕李肇：《唐国史补》卷三，上海古籍出版社，1979年，第75页。

⑦ 〔清〕徐松撰，李健超增订：《增订唐两京城坊考》卷四，三秦出版社，2006年，第110页。

⑧ 〔宋〕宋敏求：《长安志》卷十，台湾商务印书馆，1983年，第130页。

⑨ 朱国理、赵欢：《中国古代城市广场类型及历史发展》，《热带建筑》2008年第1期。

三、结论

隋唐长安城空间格局以封闭的里坊结构为主，由于象天设地和继承传统的规划理念以及夜禁、门籍、坊市等管理制度，作为国家的首都，长安城的空间规划并没有专门营造城市公共空间。城市公共空间是市民生活、社会流动的必备空间，随着城市经济社会的发展，在封闭的里坊模式下，长安城逐渐自发构建出层级分明、功能突出的城市公共空间体系。长安城城市公共空间包括由城门、主要道路、地标建筑组成的街市广场，也包括由大量的私人宅第和官府用地演化成的以寺观园林为主的公共空间，同时还有独立于宅第之外属于公共空间性质的园林、亭子、山水风景小品，这些共同构成了长安城特有的城市公共空间。同时，长安城的公共空间随着社会的稳定和使用的频繁也在发生着许多变化，从隋唐前期的以主干街道为主的公共政治空间逐渐演化为以街道、园林、寺观等为主的多维复杂的政治、娱乐、信仰等综合化的公共空间。

从公共空间的层次而言，街市广场集中了皇帝、贵族、官员、文人学士以及各类市民，成为凝结社会不同阶层的中心，这类空间也构成城市公共空间中最突出的层级，不同层次的市民在此交往交流，不同特色的城市文化在此吸纳融合。由各类私宅和官府用地逐渐演化而来的寺观风景园林成为文人学士、市民百姓、宗教人士聚集和交往的据点，这一层次的公共空间虽没有第一层次的公共空间那样声威浩大，却更自发和自由，成为城市公共空间的第二层次。除此之外，散落在城市不同地点的园林亭子成了公众更为自由的交流场地，对以上两个层次的公共空间起着重要的补充作用。

这些城市公共空间并不是固定不变的，会随着城市空间结构本身的变化而发生改变，也会随着市民生活和城市文化的迁移而重新整合和拓展。关于此，由于迁移变化的情况较为复杂，容另文探讨。这些不同层次、不同特色规模的公共空间为长安城市民的交往和交流提供了重要舞台，也为城市提供了生机和活力。以此为切入点，长安城不再是冷冰的里坊建筑和严整的街道，而是充满活力的传播交流之都市。丰富的城市文化和城市社会生活就在这种公共空间的舞台上不断演绎和发展。

街市广场和寺观园林公共空间成为中国古代城市中最具代表性的、在政治化主导的城市空间格局下隐性发展的城市公共空间。街市广场和寺观园林将民众的娱乐需求、社会需求以及国家的统治需求相结合，相互促进和交织，最终形成了长安城中自发的、自下而上的独特公共空间发展模式。寺观从开设道场到俗讲和戏场，再到宋以后的庙会，宗教神秘色彩和世俗化的结合形成了中国古代城市特有的空间公共化进程。

街市广场和寺观园林的公共化演变结合了国家祭祀礼仪和民间宗教体系，不仅推动了寺观空间布局结构从以佛塔为中心向以院落为中心的转变，而且成为中国古代城市最基本的公共空间模式。西方学者认为，隋唐时期长安城的主要街道作为公共空间是有名无实的，市民的公共活动处于被压制、散乱分布的状态，城市内完整的公共空间体系尚未建立。①他们否认长安城存在公共空间体系。但通过前文的研究，我们现在可以看出，长安城的公共空间体系并非尚未建立，而是依据城市空间特点而形成了中国化的内向型的城市公共空间体系。②这种中国古代城市独特的公共空间体系上承秦汉都城的"冀阙""双阙"公共化空间，下启宋代之后城市中大量出现的"庙会""庙市"公共化空间。这种中国古代城市的内向化公共空间体系直接并长期影响着中国城市的空间生产，成为中国城市演变进程中独特的公共空间生产模式。

原载《中国名城》2019年第11期。收入本书时有修改
（郝鹏展，陕西师范大学新闻与传播学院党委副书记）

---

① 杨震、徐苗：《西方视角的中国城市公共空间研究》，《国际城市规划》2008年第4期。
② 详见郝鹏展：《公共空间、城市传播与社会控制——基于隋唐长安城的研究》，博士学位论文，陕西师范大学，2017年。

李晟家族与长安城

李韫卓

一、刻画战勋：长安城定难政治景观群的营建

作为唐后期政治史上的重大事件，"奉天之难"使肃、代以来艰难恢复元气的唐帝国遭受重创。兴元元年（784）七月，唐德宗终于结束辗转奉天县、兴元府逾一年半的颠沛生活，抵达京西近郊三桥，与两月前收复长安的李晟会合。时人赵元一在《奉天录》中记载了这次令人感慨的君臣会面：

> 李公见上，自扑于地，号哭良久，气绝。上亦悲不自胜，诏令左右洒水救之，方得苏息。文武大臣，莫不掩面雪涕。李公含悲而奏曰："臣在朔方，与河北叛将锋刃交驰，将必清宇宙之沴气，洗乾坤之瑕垢，然后返斾归朝，致君尧舜。不期事在萧墙，祸生不意，泾原作难，朱泚乱常，大驾播迁，宗庙无主。此则国无谋臣，致有斯祸。"言讫哽咽，举身自扑，流血洒地。亿兆之众，莫不潸然。[①]

出身于天宝年间河西军区的李晟因在凤翔守边有功入职神策军，在德宗继位后奉命入川大败吐蕃、南诏联军，并于建中二年（781）率神策行营东征河朔叛镇。泾师之变发生后，李晟随即与朔方节度使李怀光自河北回师解除奉天之围，并在后者公开叛乱前移师东渭桥，其在京畿长达三月的坚守成为朱泚之乱被迅速平定的关键。作为奉天定难、光复长安的头号功臣，李晟的功绩并未仅被书之国史、束之高阁，在德宗返京后的统治时期内，长安城远郊近畿、南坊北宫频繁出现的官方营建活动，标志着定难政治景观群的诞生，反映出长安城政治文化景观的重大变化。[②]

为酬答戡乱之功，德宗返京当月，随即对李晟进行封赏：

---

① 〔唐〕赵元一：《奉天录》卷四，夏婧点校，中华书局，2014年，第75页。
② 关于唐代都市政治景观的专门研究，可参见包晓悦《兴庆池：一座政治景观的诞生与变迁》〔荣新江主编：《唐研究》（第21卷），北京大学出版社，2015年，第147—162页〕、李永《拆毁与营建：唐玄宗开元时期都城景观的历史变迁》（夏炎主编：《中古中国的都市与社会：南开中古社会史工作坊文集之一》，中西书局，2019年，第249、262页）。

是月（七月），御殿大赦，赠晟父钦太子太保，母王氏赠代国夫人，赐永崇里第及泾阳上田、延平门之林园、女乐八人。入第之日，京兆府供帐酒馔，赐教坊乐具，鼓吹迎导，宰臣节将送之，京师以为荣观。[①]

除御赐宅第外，"上思晟勋力，制纪功碑，俾皇太子书之，刊石立于东渭桥，与天地悠久，又令太子书碑词以赐晟"[②]。作为李晟定难功业的主战场，东渭桥不仅是东南漕运的终点，在陆路上亦是由同州前往长安的必经之地——河东与河北两道行人多由此前往春明门或通化门随即进入长安。可以想见，在东渭桥这一四方辐辏之地由德宗父子御制的巨碑，无疑成为唐王朝向关东诸镇展示长安城元气重振的绝佳窗口。在将形制宏大的李晟纪功碑放置回渭水之滨的同时，不应忽视其文本性。地处长安城远郊的东渭桥纪功碑并未成为唐廷纪念李晟收复长安功绩的唯一工程。贞元五年（789），德宗在延英殿接见已交卸兵权的李晟，促成了长安城内首件"李晟纪功碑"的诞生：德宗慰劳李晟的言语由太子亲笔书写并赐予，而这件文本随即被勒之贞石，出现在永崇坊李晟宅的大门左侧。值得注意的是，城内、城外两件石刻文本在内容上具有高度相似性。为便于说明，列表如下（表1）：

表1 唐德宗御制纪功文本分析表

	兴元元年 《西平王李晟东渭桥纪功碑》[③]	贞元五年 《令画中宗以后功臣于凌烟阁制》[④]
君臣际会之义	天有柱以正其倾，地有维以纽其绝，皇王有辅佐以济其艰难。非命历所归，不得生良弼。非君臣相合，不能集大勋。非暴乱弘多，不足表忠节。非奸猾炽焰，不克展雄才。天与事肆会，然后臣功着而王业兴焉。高祖太宗，拓迹垂统。扫乾坤之沴气，拯生灵之涂炭。其受命也正，其布泽也宽。六宗丕承，克广前烈。虽遇屯否，化危成安。二百年间，五夷大难。由内以正宸极者再，自外而复都邑者三。	昔我列祖，乘乾坤之荡涤，扫隋季之荒屯，体元御极，作人父母；则亦有熊罴之士，不二心之臣，左右经纶，参翊缔构，昭文德，恢武功，威不若，康不乂，用端命于上帝，付界四方。宇宙既清，日月既贞，王业既成，太阶既平；乃图厥容，列于斯阁，懋昭绩效，式表仪形，一以不忘于朝夕，一以永垂乎来裔，君臣之义，厚莫重焉。

① 《旧唐书》卷一三三《李晟传》，中华书局，1975年，第3671页。

② 《旧唐书》卷一三三《李晟传》，中华书局，1975年，第3671页。

③ 《文苑英华》卷八七一，中华书局，1966年，第4595—4597页。另见《全唐文》卷五五，中华书局，1983年，第595—597页。

④ 《旧唐书》卷一三三《李晟传》，中华书局，1975年，第3673—3674页。另见《唐会要》卷四五《功臣》，中华书局，1955年，第808—809页；《唐大诏令集》卷六五，中华书局，2008年，第362页。

	兴元元年《西平王李晟东渭桥纪功碑》	贞元五年《令画中宗以后功臣于凌烟阁制》
历述功臣事迹	山岳降神，云龙叶契。继生贤哲，保定邦家。神龙中，诸武擅权，綦间王室。则有若扶阳王彦范等推戴中宗，绍复洪业。景龙末，嬖韦窥国，渎素乾纲。则有若徐国公幽求等左右玄宗，扫除凶秽。天宝之季，盗起幽陵，翠华南征，潼关不守。广德之际，戎轶郊郊，皇舆东巡，酆宫罢警。则有若尚父子仪等殄殪丑逆，册肃宗于岐；攘却蕃夷，翊代宗于陕。建中四祀，寇发上京，暴蔑人神，僭称名器。则有若西平王晟等剪灭大憝，廓清中区。惟兹数公，异时同德。道济于社稷，勋书于鼎彝。唐之得人，于斯为盛。（下文对李晟收复长安作战过程的记述从略）	贞元己巳岁秋九月，我行西宫，瞻宏阁崇构，见老臣遗像，颙然肃然，和敬在色，想云龙之叶应，感致业之艰难。睹往思今，取类非远。且功与时并，才为代生，苟蕴其才，遇其时，尊主庇人，何代不有？在中宗，则桓彦范等着其辅戴之绩；在玄宗，则刘幽求等申翼奉之勋；在肃宗，则郭子仪扫殄氛祲；今则李晟等保宁朕躬。咸宣力肆勤，光复宗社。
刻画功勋之荣	吾是以知烈祖积德，人怀其深。贤臣佐时，功济斯美。晟有兴运之略，有匪躬之诚，有定乱之勋，有禁暴之德。俾予从义，垂拱仰成。乃册拜司徒兼中书令，加实封一千户，录功第一，序位居首。事业编乎史册，德辉流乎颂声……播扬休风，篆刻贞石。俾厥后嗣，无忘乃功。	订之前烈，夫岂多谢，阙而未录，孰谓旌贤。况念功纪德，文祖所为也，在予曷其敢怠！有司宜叙年代先后，各图其像于旧臣之次，仍令皇太子书朕是命，纪于壁焉。庶播嘉庸，式昭于下，俾后来者尚揖清颜，知元勋之不朽。
颁赐御制文本	帝纪其功，自文于碑，敕皇太子书，立于东渭桥，以示后世云。又令太子录副以赐。①	复命皇太子书其文以赐晟，晟刻石于门左。

由表1可见，德宗御制的《西平王李晟东渭桥纪功碑》与《令画中宗以后功臣于凌烟阁制》采取了完全相同的格套书写。两文起笔先叙唐王朝顺天应时，故而能在危难之际得到良臣辅佐，次述唐王朝在锐意帮助君王"绍复洪业""光复宗社"的功臣辅佐下，得以创造屡历艰难仍延续不亡的历史，直到两文最末方出现对李晟功绩的记述评价。纪功碑对李晟简短的称扬，让位于德宗对自己恩赏功臣不吝官爵的大书特书。而在凌烟阁制中，这样的具体描述已然消失，健在的李晟与早已谢世的桓彦范、刘幽求、郭子仪一起，获得在凌烟阁墙壁上比肩中宗以前功臣的资格，被

---

① 《新唐书》卷一五四《李晟传》，中华书局，1975年，第4869页。

物化为唐王朝优待功臣的政治景观，而这一切都要归功于独得天命的李唐王朝与德宗的知人善任。至于交由太子书写的做法，其象征意义显然大于实际意义：皇家恩宠必将延续，立功之臣将与国终始。可以说，以上两件名为纪念李晟功绩的物质性赏赐，在文本上完全服务于宣扬唐王朝与德宗正统性的需要。李晟永崇里宅第门左诏书刻石末尾对全文与大内凌烟阁壁上所书完全一致的强调，无疑满足了坊里民众对城北封闭隐秘宫廷空间的窥探心理，在长安城居民津津乐道之余，同在长安这一巨大公共空间中活动的外族商旅使节、藩镇驻京官员都能在第一时间前往观看这件自大内流出的罕见文本，其传播范围与效果可想而知。①

除上述主题明确的"定难纪念碑群"外，尤需措意的是李晟家庙的营建。学者多从礼制层面和位置分布对唐代家庙制度演变过程做出通贯论述，②王静则立足朝藩互动视角，将节度使京城宅第与家庙进行综合讨论。③与以上专题性、连贯性论述中的宗庙相比，李晟家庙呈现出明显的特殊性。贞元四年（788）三月，"诏为晟立五庙，以晟高祖芝赠陇州刺史，曾祖嵩赠泽州刺史，祖思恭赠幽州大都督。庙成，官给牲牢、祭器、床帐，礼官相仪以祔焉"④。依据现有史料，加上前文提及兴元元年对李晟父母的追赠，唐王朝追赠四代先祖且皆位至三品以上在唐代空前绝后，⑤依照唐代礼制规定与具体实践，大臣家庙至多营建四庙，而李晟家庙使用五庙规制亦独一无二。⑥从《开元礼》可见，先祖牌位的增加对应家庙规制的扩大：

> 三品已上不得过九架，并厦两头。其三室庙制，合造五间，其中三间
> 隔为三室，两头各厦一间虚之，前后亦虚之……庙垣合开南门、东门，并

① 需要注意的是，德宗返京后唐廷在长安城内外以"官方诏敕＋纪功碑"形式重塑中央权威的努力并非始自李晟，在兴元元年唐廷对段秀实的纪念活动中已出现德宗优恤诏书（《旧唐书》卷一二八《段秀实传》）与御制《赠太尉段秀实纪功碑并序》（《文苑英华》卷八七一），二者在内容和主题上的高度一致。

② 甘怀真：《唐代家庙礼制研究》，台湾商务印书馆，1991年；赵旭：《唐宋时期私家祖考祭祀礼制考论》，《中国史研究》2008年第3期；游自勇：《礼展奉先之敬——唐代长安的私家庙祀》，见荣新江主编：《唐研究》（第15卷），北京大学出版社，2009年，第435—481页。

③ 王静：《唐长安城中的节度使宅第——中晚唐中央与方镇关系的一个侧面》，《人文杂志》2006年第2期。

④ 《旧唐书》卷一三三《李晟传》，中华书局，1975年，第3673页。

⑤ 吴丽娱：《光宗耀祖：试论唐代官员的父祖封赠》，《文史》2009年第1辑。

⑥ 王汝涛等《类说校注》卷二《邺侯家传》："上许立五室，但祀四代，空始祖之室，待后五代孙祀既祧诸主，以晟为始祖不祧之室可也，意令功臣有远长之图……于是许立五庙而空西室。"（福建人民出版社，1996年，第47页）尽管特许营建五庙，但李晟在世时仍然供奉四代祖先，待其身后方祔庙成为五庙。

有门屋。①

官员供奉三庙有九架五间，架为进深，间为横宽。李晟五庙，则供奉五室、进深九架、横宽七间、屋顶厦两头（九脊歇山式）。据《唐会要》所引《营缮令》"三品以上，堂舍不得过五间九架"②，"五间九架"可视为唐代"甲第"的最高形制，而李晟家庙的规模更在其居住的永崇坊甲第之上。从李晟之婿张彧撰写的家庙碑文可见，这一由皇家出资营建的宏伟建筑直至次年二月方告完工：

> 诏有司，涓吉日。勉尔构，咨尔模。出御府之金帛，役王宫之杅匠……祠堂屹峙，斋院宏敞。蔼蔼焉，崇崇焉。修梁施而虹舒，寒瓦黝而鸳覆。粤贞元五年二月丁亥，先庙成。③

那么在规格形制上冠绝全唐的李晟家庙，其具体位置是否有迹可循呢？据北宋张礼《游城南记》：

> 东南至慈恩寺。少迟，登塔，观唐人留题……《续注》曰：正大迁徙，寺宇废毁殆尽，惟一塔俨然……西南一里许，有西平郡王李公晟先庙碑，工部侍郎张彧撰，司业韩秀弼八分书，字画历历可读。④

《续注》为金末元初时人所作，可见家庙碑彼时仍保存完好，元人骆天骧《类编长安志》对此碑亦有著录。⑤据清代谈迁《北游录》载明人赵崡访古所见，该碑在明代毁坏不存：

> 按唐史，高宗御制并书慈恩寺碑，玄奘迎置之寺中。又寺西南一里，有李晟先庙碑。张彧撰，韩秀弼书。今二碑皆亡。⑥

慈恩寺位于唐代晋昌坊内，占去全坊"半以东"的土地，而该坊"西南隅"为

---

① 《宋本册府元龟》卷五九三《掌礼部·奏议二一》，中华书局，1989年，第1785页。

② 《唐会要》卷三一《舆服上》，中华书局，1955年，第575页。

③ 现存对李晟家庙碑的最早著录见于北宋（朱长文纂辑：《墨池编》卷一八《祠庙》，浙江人民美术出版社，2019年，第592页），此后历代不乏著录，但完整碑文诸书并未收录。笔者通过网络检索得《忠武先庙碑记》一文（全文链接见http：／／www．360doc．com／content／16／1003／15／2233003_595507717．shtml），与历代著录信息合。唯家庙碑立于贞元五年，其时李晟仍在世，而"忠武"为李晟谥号，当非原题，其文本来源为何，仍须进一步追索。湖南湘潭《中湘河头李氏四修族谱》（1923）收录《唐太尉兼中书令西平郡王先庙碑》一文，与《忠武先庙碑记》内容略同，但误作"韩愈撰"，当为原始文本流传过程中产生错讹所致，而题目似更符合唐碑原貌。

④ 史念海、曹尔琴：《游城南记校注》，三秦出版社，2006年，第23—24页。

⑤ 〔元〕骆天骧：《类编长安志》卷一〇《石刻》，黄永年点校，中华书局，1990年，第309页。

⑥ 〔清〕谈迁：《北游录》卷八《纪闻上·赵崡游略》，汪北平点校，中华书局，1960年，第292页。

楚国寺与朱泚故宅。晋昌坊东西长650步、南北长350步，①按照考古实测结果，唐代一步约合1.47米换算，②该坊长约955.5米，宽约514.5米。唐以后5尺为1步，360步为1里，结合尺的长度变化，③《游城南记》金代续注"西南一里许"与《北游录》明代"西南一里"所指距离大体相同，李晟家庙应位于慈恩寺西南约558米处。结合相对位置推测，实际上已超出一般认为的晋昌坊范围，④应在晋昌坊正南之通善坊内。与相对私密的李晟家宅相比，地处唐代科举文化活动中著名的曲江流饮、杏园探花等大型宴饮举办地点侧近的李晟家庙，无疑会因为更多文人墨客的在场而声名远播。⑤此外，在熟悉掌故的长安居民眼中，能够有家庙得到皇帝许可建于曲江，已然是前所未有的重大新闻：

> 开元中，萧嵩将于曲江南立私庙，寻以玄宗临幸之所，恐置庙非便，乃罢之。至是，炎以其地为庙，有飞语者云："此地有王气，炎故取之，必有异图。"语闻，上愈怒。⑥

萧嵩开元十五年（727）出任河西节度使，屡次击退吐蕃侵扰，名重当时，仍在玄宗施压后另选他处营建家庙。而首创两税法帮助唐廷度过财政危机的宰相杨炎，因私立家庙于曲江最终招致杀身之祸，正是德宗建中时事。德宗将皇家禁地曲江赐予李晟营建家庙，怎能不令时人瞩目？与前代家庙碑置于庙中不同，唐人皆在家庙大门外立碑以记其事。⑦与东渭桥纪功碑、永崇坊刻石相似，往来游人皆能从庙外碑记中轻易发现李氏家庙在来历和规制上的独特之处，且贞元三年已"中外家人千余"⑧的李氏子孙一年内四仲月规模盛大的庙享活动足以声动京城，⑨因此家庙同样属于定难政治景观群的重要组成部分。

包括高陵县御制东渭桥纪功碑、永崇坊御赐宅第及门左御制石刻、通善坊李晟

① 〔清〕徐松：《唐两京城坊考》卷二《西京·外郭城》，张穆校补，方严点校，中华书局，1985年，第34—35页。
② 中国科学院考古研究所西安唐城发掘队：《唐代长安城考古纪略》，《考古》1963年第11期。
③ 尺度折算参见梁方仲：《中国历代户口、田赋、田地统计》附录二《中国历代度量衡变迁表》，中华书局，2008年，第738—745页。
④ 〔清〕徐松撰，李健超增订：《增订唐两京城坊考》卷三《西京·晋昌坊》，三秦出版社，2019年，第135页。
⑤ 宋德熹：《长安之春——唐代曲江宴游之风尚》，见《唐史识小——社会与文化的探索》，稻乡出版社，2009年，第289、321页。
⑥ 《旧唐书》卷一一八《杨炎传》，中华书局，1975年，第3425页。
⑦ 甘怀真：《唐代家庙礼制研究》，台湾商务印书馆，1991年，第61页。
⑧ 《资治通鉴》卷二三三"贞元三年十月丙戌"条，中华书局，1956年，第7507页。
⑨ 《新唐书》卷一三《礼乐志三》，中华书局，1975年，第346页。

家庙及庙门外家庙碑、凌烟阁李晟像与题壁诏书在内的定难政治景观群，使德宗与李晟君臣际会、共致太平的事迹依托坚实的物质载体出现在长安城的远郊近畿、南坊北宫，并通过流动不息的观众群体将这一公共记忆辐射帝国的四面八方。而我们也可以从明清史中发现，在王朝都城以战勋为主题的帝国文化建构在后世仍有其漫长余绪。①

二、永崇李家：李晟晚年的长安交游

不同于此前唐军收复长安的两次作战，②兴元元年五月，在唐军东西合围下退路断绝的朱泚已做好坚守长安的打算，一场兵燹之灾似已无可避免。但李晟突入禁苑的奇袭将长安城的破坏程度降到了最低，留下了"居人安堵，秋毫无所犯""远坊居人，亦有经宿方知者"③的记载。但官方表面上为彰显李晟功绩不断营建的政治景观，实是帝权衰微的德宗塑造自我形象的工具。与庙堂高处单向度的"制造"相比，永崇坊宅第中的李晟则卸下了单一的忠臣脸谱，而这一历史形象无疑更加鲜活真实。本节将把视线转向坊间闾里，通过笔记小说、墓志等社会史史料勾勒李晟晚年的长安生活图景。④

前已述及，德宗返京后即赐李晟永崇里甲第，参与平叛的浑瑊、骆元光、戴休颜等高级将领亦"特赐女乐、甲第以褒功伐"⑤，浑瑊宅在大宁坊，骆元光宅在开化坊，戴休颜宅在永兴坊。从空间方位上看，浑、骆二将宅第地近皇城、宫城，戴宅则地处朱雀大街，与承天门相距不过一坊之地，唯李晟宅第处于延平门—延兴门一线以南，远离权力中枢。之所以将李晟宅第与其他武将宅第远隔，显然与李晟在军中的崇高声望有关：

> 晟内无货财，外无转输，以孤军而抗剧贼，而锐气不衰，徒以忠义感于人心，故英豪归向。戴休颜率奉天之众，韩游瓌治邠宁之师，骆元光以华州之兵守潼关，尚可孤以神策之旅屯七盘，皆禀晟节度。⑥

---

① 马雅贞：《刻画战勋：清朝帝国武功的文化建构》，社会科学文献出版社，2016年。

② 至德二载九月，西来的唐军于长安城南郊香积寺之战获胜后，长安城中的安史余部随即东撤陕郡；广德二年吐蕃西进攻克长安后，随即在东道唐军的军事压力下自行撤退。两次收复长安皆未发生城市攻坚战。

③ 《旧唐书》卷一三三《李晟传》，中华书局，1975年，第3669页。

④ 此类研究参见荣新江、李丹婕：《郭子仪家族及其京城宅第——以新出墓志为中心》，《北京大学学报》2013年第4期；李丹婕：《亲仁郭家——安史乱后秩序重建与政治博弈》，见荣新江主编：《唐研究》（第20卷），北京大学出版社，2014年，第309—335页。

⑤ 《旧唐书》卷一四四《戴休颜传》，中华书局，1975年，第3914页。

⑥ 《旧唐书》卷一三三《李晟传》，中华书局，1975年，第3666页。

那么德宗此举是否仅为防止高级武将之间往来过密呢？或许事实并非如此。虽然永崇坊李宅远离其他新贵武将宅第，但在与之仅隔永宁一坊的亲仁、宣阳两坊居住的郭子仪家族，却是李晟的密切旧交。在立下比肩郭子仪的不世奇功后，李晟对郭家子弟的全力照拂使新老武臣领袖的交接更为平稳。李晟不仅在收复长安后上疏洗雪郭晞身陷叛军的罪名，[①]贞元四年与李晟同坊居住的郭子仪之弟郭幼冲丧事，亦由李晟与郭晞共同操办。据《郭幼冲墓志》：

> 维巨唐贞元戊辰岁正月壬子……归全于上都永崇里私第……执友太尉、中书令、西平王哭之甚哀，为具葬事……兄子检校工部尚书、兼太子宾客晞等，衔哀见托，刊石表坟。[②]

郭晞、郭暖墓志皆由李晟旧幕僚郑云逵书写，可见李、郭两家的密切关系，而这似乎正是德宗期望达到的效果。从传世文献中可见，德宗对待李晟处处效仿郭子仪晚年待遇。[③]李晟的卓著战功及其与郭家的亲善关系，使其重新统合了郭子仪死后渐趋分离的西北军将群体，在将兵权交还唐廷后，李晟随即发生由"重臣"向"功臣"的转变，延续昔年郭子仪的宦途轨迹。[④]时人"近世勋将，尤贵富者言李、郭"[⑤]印象的产生，想来也不能脱离两家在地理位置和日常交游方面的密切联系。

除新出土墓志反映的李、郭世交外，唐代笔记小说亦可为讨论李晟的长安交游提供线索。据《太平广记》引《博异志》：

> 元和中，凤翔节度李听从子琯，任金吾参军。自永宁里出游，及安化门外，乃遇一车子，通以银装，颇极鲜丽，驾以白牛。从二女奴，皆乘白马，衣服皆素，而姿容婉媚。琯贵家子，不知检束，即随之。将暮焉，二女奴曰："郎君贵人，所见莫非丽质。某皆贱质，又粗陋，不敢当公子厚意。然车中幸有姝丽，诚可留意也。"琯遂求女奴乃驰马傍车，笑而回曰："郎君但随行，勿舍去。某适已言矣。"琯既随之，闻其异香盈路。日暮，及奉诚园。二女奴曰："娘子住此之东，今先去矣。郎君且此回

① 《资治通鉴》卷二三一"兴元元年六月丙午"条《考异》引《兴元圣功录》所载李晟《奏宥郭晞状》。
② 《唐故银青光禄大夫守太子宾客上柱国太原郡开国公郭公墓志铭并序》图版及录文见胡戟、荣新江主编：《大唐西市博物馆藏墓志》，北京大学出版社，2012年，第672—673页。
③ 如代宗称郭子仪为"大臣"，德宗亦称李晟为"大臣"。德宗收回郭、李两人兵权后皆授太尉、中书令。
④ 张照阳：《论贞元初年的禁军改革》，《中华文史论丛》2021年第1期。
⑤ 〔唐〕元稹：《元稹集》卷五三《故中书令赠太尉沂国公墓志铭》，冀勤点校，中华书局，1982年，第576页。

翔，某即出奉迎耳。"车子既入，瑄乃驻马于路侧。良久，见一婢出门招手，管乃下马，入座于厅中。但闻名香入鼻，似非人世所有，管遂令人马入安邑里寄宿。黄昏后，方见一女子，素衣，年十六七，姿艳若神仙。瑄自喜之心，所不能谕。及出，已见人马在门外，遂别而归。才及家，便觉脑疼，斯须益甚，至辰巳间，脑裂而卒。其家询问奴仆昨夜所历之处，从者具述其事云："郎君颇闻异香，某辈所闻，但蛇臊不可近。"举家冤骇，遽命仆人于昨夜所止之处覆验之，但见枯槐树中有大蛇蟠屈之迹，乃伐其树。发据，已失大蛇，但有小蛇数条，尽白，皆杀之而归。①

李听为李晟子，故事主人公李瑄即李晟孙。李瑄因为贪恋美色最终惨死，乍看属于一则典型的以好色亡身为主旨的志怪故事，但故事的主人公和发生地点皆有进一步探讨的必要。从永宁坊居所出长安城南门游玩的李瑄却在女方引领下重返与永宁坊隔街相对的安邑坊奉诚园，其行进路线令人费解。但如果从女方角度看，在城南郊野遇到李瑄之后，随即引领其前往安邑坊奉诚园，这一路线的起点与终点都透露出来自幽冥世界的信号。安化门外不远即毕原，正是长安城南重要的卒葬地，而元和中仅剩枯槐邪物的安邑坊奉诚园，在贞元年间则以马燧家宅闻名长安：

> 燧赀货甲天下，燧既卒，畅承旧业，屡为豪幸邀取。贞元末，中尉杨志廉讽畅令献田园第宅，顺宗复赐畅。初为汇妻所诉，析其产，中贵又逼取，仍指使施于佛寺，畅不敢咨；晚年财产并尽，身殁之后，诸子无室可居，以至冻馁。今奉诚园亭馆，即畅旧第也。②

那么这则故事为何要以李晟之孙殒命马燧故宅为结局呢？据凌准《邠志》，作为朱泚之乱余波的李怀光叛乱，成为昔日共讨河北的李、马二将失和的导火索：

> 七月，马公朝于京师，请赦怀光。陇右节度李公晟闻之，上表请发兵二万独讨怀光，刍粮之费，军中自备。上以李公表示马公，因曰："朱泚之反，不得已也。怀光勃逆，使朕再迁。此而可赦，何者为罪！"马公雨泣曰："十日之内，请献其首。"上遣之。③

李肇《唐国史补》记载此事后径称"自此李、马不叶"④。而据《邠侯家传》记

---

① 《太平广记》卷四五八《蛇三·李黄》，中华书局，1961年，第3752页。

② 《旧唐书》卷一三四《马畅传》，中华书局，1975年，第3701—3702页。

③ 《资治通鉴》卷二三一"贞元元年七月甲午"条《考异》引《邠志》，中华书局，1956年，第7456页。

④ 〔唐〕李肇撰，聂清风校注：《唐国史补校注》卷上"马燧雪怀光"条，中华书局，2021年，第92页。

载，贞元四年唐廷为李晟营建五庙之举更是当即受到马燧质疑。①晚至元和以后流传坊间，以李琯和奉诚园作为故事要素的《李黄》，是否正是长安民众对李、马失和这一现实的加工想象？

如果将观察视角从元和、长庆返回贞元初年可以发现，李、马交恶的真正原因恰恰就在长安城坊里宅第之间。自德宗返京后征召张延赏入朝为相以来，李晟与张延赏不和早已是朝野皆知的事实。而两人矛盾激化的诱因，来自吐蕃对唐王朝的新一轮攻略：

> 会吐蕃有离间之言，延赏等腾谤于朝，无所不至。晟闻之，昼夜泣，目为之肿，悉遣子弟诣长安，表请削发为僧，上慰谕，不许。辛未，入朝，见上，自陈足疾，恳辞方镇，上不许。韩滉素与晟善，上命滉与刘玄佐谕旨于晟，使与延赏释怨。晟奉诏，滉等引延赏诣晟第谢，结为兄弟，因宴饮尽欢；又宴于滉、玄佐之第，亦如之。②

虽然在德宗介入后，张、李先后在永崇坊李晟宅、崇仁坊韩滉宅及刘玄佐宅（尚不详何坊）宴饮释怨，但在韩滉病逝、将相间失去调停人后，张延赏对李晟的攻击变本加厉。面对吐蕃尚结赞的结盟请求，识破其诡计的李晟被罢免兵权，而接受吐蕃贿赂的马燧则与张延赏一同力促唐蕃会盟，最终导致贞元三年（787）闰五月平凉劫盟的发生，后马燧被罢去兵权闲居长安，而张延赏挟私怨罢免李晟兵权的举动激起了武臣群体的强烈反对，张同年七月死于任上。③李晟此后再未掌兵，在永崇里宅第中度过了生命的最后六年。

在李晟晚年宅居长安的岁月中，来自朝野的监视猜忌如影随形：

> 李晟大安园多竹，复有为飞语者，云"晟伏兵大安亭，谋因仓猝为变"。晟遂伐其竹。④李、马二家，日出无音乐之声，则执金闻奏，俄顷必有中使来问："大臣今日何不举乐？"⑤

而德宗借助文武宰臣制衡李晟的措置，更进一步将政争从朝廷引向坊里。囿于现有史料，我们只能对李晟晚年长安交游的几个片段略作分析。见于墓志材料中的李、郭之交，笔记小说中的李、马不叶以及正史记载中的李、张政争，都曾经鲜活地发生在长安城坊里之中。较之官方在公共空间中制作并展示的诸多格套化文本与

① 王汝涛等：《类说校注》卷二《郯侯家传》，福建人民出版社，1996年，第47页。
② 《资治通鉴》卷二三二"贞元二年十二月"条，中华书局，1956年，第7477页。
③ 《旧唐书》卷一二九《张延赏传》，中华书局，1975年，第3609页。
④ 《资治通鉴》卷二三二贞元三年闰五月，中华书局，1956年，第7487—7488页。
⑤ 〔唐〕李肇撰，聂清风校注：《唐国史补校注》卷上"李马不举乐"条，中华书局，2021年，第94页。

冰冷巨碑，社会史史料所见"太平本是将军致，不许将军见太平"①的生活图景，才是李晟长安生活的真实写照。

三、将门浮沉：李晟家族的长安生活

贞元九年（793）八月四日，李晟病逝。由裴度撰写的《唐故太尉兼中书令西平郡王赠太师李公神道碑铭并序》记录了其身后的情景：

> 德宗抚几，哭于别次。自都邑达关畿，无士庶，无老幼，皆发哀相
> 吊。则曩时戢兵安人之德，可谓浃于元元之骨髓矣。册赠太师，赙赗加
> 等。以其年十二月十六日，葬于高陵县奉正原，郑国夫人杜氏祔焉。自捐
> 寝至安宅，皆所司办护，中贵反复，万情所奉，如不及焉。②

德宗命中使代其在李晟灵前立誓保全西平一门，"又时遣中使至晟第存抚诸子，教戒备至，闻愿等有一善，上喜形于色，眷遇终始，无与晟比"，③至宪宗元和四年（809），则以李晟家族编附属籍，纳入皇族谱牒系统。④李晟诸子在顺、宪两朝陆续担任职事后大多外任节度使，这与时代变动息息相关：

> 节度之立，其初固止于沿边十道耳。自安禄山之乱，则内地始置九节
> 度以讨之……自朱氏之倡乱中原也，则自国门之外，皆方镇矣。⑤

在朱泚之乱后被迫"以方镇御方镇"的唐廷眼中，朝廷可控藩镇的节度使选任成为维持统治的重中之重。在此情况下，由德宗有意栽培的李晟诸子成为不二之选，西平李家与长安城的联系并未因家族成员外任节度使而弱化，本节将对李晟后人的长安生活展开论述。

李晟十五子⑥中，以李愿、李宪、李愬、李听最为知名，而兄弟四人皆外任大镇：

---

① 〔宋〕道原著，顾宏义译注：《景德传灯录译注》卷二二《漳州保福院清豁禅师》，上海书店出版社，2009年，第1702页。

② 《金石萃编》卷一〇八《石刻史料新编》（第1辑），新文丰出版公司，1982年，第1821页；《全唐文》卷五三八，中华书局，1983年，第5465—5466页。李晟贞元九年病逝，但由裴度撰写的神道碑制作时间已晚至唐文宗大和三年，前后相距三十七年之久，个中缘由更多涉及政治史问题，与本文讨论重点关联较弱，留待另文讨论。

③ 《旧唐书》卷一三三《李晟传》，中华书局，1975年，第3675页。

④ 《旧唐书》卷一三三《李晟传》，中华书局，1975年，第3675—3676页。

⑤ 〔宋〕王谠撰，周勋初校证：《唐语林校证》卷八《补遗》，中华书局，1987年，第695页。

⑥ 《旧唐书》卷一三三《李晟传》："晟十五子：侗、仙、偕，无禄早逝；次愿、聪、总、愻、凭、恕、宪、愬、懿、听、恭、殷。"（中华书局，1975年，第3676页）另有十子、十二子、十六子之说，详细考证参见林宝撰、岑仲勉校记：《元和姓纂》，中华书局，1994年，第24页。

愿为夏州、徐泗、凤翔、宣武、河中五节度，宪为江西观察、岭南节度，愬为唐邓、襄阳、徐泗、凤翔、泽潞、魏博六节度，听为夏州、灵武、河东、郑滑、魏博、邠宁、凤翔七节度。一门登坛受钺，无比焉。①

据《唐会要》记载，李晟嫡长子李愿外任时间过长，以致永崇坊宅第门戟因无人打理而损坏，只能向宪宗请求更换。②从现有史料看，尽管李愿兄弟在长安活动时间较短，但每次公开行动皆受到长安城居民的高度关注。贞元十四年（798）李愬迎娶德宗外孙女韦氏（唐安公主与韦宥之女）时，便为长安城百姓向德宗申诉被京兆尹韩皋隐瞒的旱灾实情提供了重要契机：

及贞元十四年，春夏大旱，粟麦枯槁，畿内百姓，累经皋陈诉，以府中仓库虚竭，忧迫惶惑，不敢实奏。会唐安公主女出适右庶子李愬，内官中使于愬家往来，百姓遮道投状，内官继以事上闻。③

由徐州武宁军节度副使高瑀撰写的《使院新修石幢记》记载了正使李愿在元和六年（811）动身前往徐州就任时被长安百姓围观的热烈景象：

初，元（戎）岐公辛卯岁自夏台帅奉诏朝于京师。天子当宸，对百辟卿士，登公于明庭曰："自理朔陲，边风变和。毡裘垂臂，敛衽从教。予嘉于衷，文武金同。今之徐方，控临东极。淮海闽越，千里遥赖……故皆命使，期于营度。城一十六，户一十万，兵六十旅……宜咸领焉。"公拜稽首，激诚泪（血）。俯仰交感，左右动色。让德不获，改（辕）而东。红旌大斾，发自□□，都人纵观，光腾九衢。以功绍复，再统幢节，近古无俦。④

令朝野称羡的"以功绍复，再统幢节"背后，是长安都市空间对于李晟的深刻记忆的表现。而李晟曾经担任的凤翔陇右节度使一职，在长安百姓眼中也具有特殊意义。据《旧唐书·李愬传》：

元和十三年五月，授愬凤翔陇右节度使，仍诏路由阙下。愬未发，属李师道再叛，诏田弘正、义成、宣武等军讨之，乃移愬为徐州刺史、武宁军节度使，代其兄愿。兄弟交换岐、徐二镇，旬日间再践父兄之任。⑤

宪宗特命从山南东道赴任凤翔的李愬"路由阙下"，或许正是将巡游长安作为

① 佚名：《大唐传载》，罗宁点校，中华书局，2019年，第23页。
② 《唐会要》卷三二《戟》，中华书局，1975年，第586—587页。
③ 《旧唐书》卷一二九《韩皋传》，中华书局，1975年，第3604页。
④ 《金石萃编》卷一〇七，新文丰出版公司，1982年，第1797页。
⑤ 《旧唐书》卷一三三《李愬传》，中华书局，1975年，第3681页。

彰显荣宠的手段。而李愬与李愿交换凤翔、武宁军节度使的任命，也因为"践父兄之任"得到称美。李听于唐文宗大和七年（833）出任凤翔节度使时，依然得到"时人荣之"①的评价。而与李晟在功业、德行上最为相似的李愬，亦在长安留下了浓墨重彩的历史记忆。

众所周知，李愬平定淮西的功勋，使宪宗"元和中兴"的事业接近顶峰。但就在李愬甫建奇功返京后，围绕《平淮西碑》的争议迅速流传于长安坊间。据《旧唐书·韩愈传》：

> 淮、蔡平，十二月随度还朝，以功授刑部侍郎，仍诏愈撰《平淮西碑》，其辞多叙裴度事。时先入蔡州擒吴元济，李愬功第一，愬不平之。愬妻出入禁中，因诉碑辞不实，诏令磨愈文。宪宗命翰林学士段文昌重撰文勒石。②

黄楼已经注意到唐宪宗对以李愬为首平淮武臣群体的有意抑制，使宪宗收回成命的原因显然并非韦氏的一番控诉，而是武臣群体的集体不满。而长安城中"李愬妻诉碑"一事流传效力与范围之深远，对淮西及其周边地区亦产生显著影响。③宪宗与李愬君臣之间的微妙关系，还体现在李愬的长安宅第中：

> 始，晟克复京城，市不改肆；及愬平淮蔡，复踵其美。父子仍建大勋，虽昆仲皆领兵符，而功业不侔于愬，近代无以比伦。加以行己有常，俭不违礼，弟兄席父勋宠，率以仆马第宅相矜，唯愬六迁大镇，所处先人旧宅一院而已。④

李愬迥出兄弟之上的功业德行，正是以永崇坊旧宅一院为标志闻名坊间的，但宪宗为其另赐宅第的诏命随之而来：

> 元和十五年九月，以愬检校左仆射、同中书门下平章事、潞州大都督府长史、昭义节度使，仍赐兴宁里第。⑤

兴宁坊北邻永福坊，南为延喜门—通化门横街，位置接近皇宫且交通便利，而该坊最显著特点即其为十六宅的组成部分。宪宗将李愬从永崇坊旧居移往与之相隔近半城的兴宁坊，与宗室诸王同住一坊，一方面欲显示李愬作为宗亲的尊贵，另一方面亦有宪宗对其恪守臣节、效忠皇室的提醒，但这次赐宅随着李愬次年病逝变得

---

① 《旧唐书》卷一三三《李听传》，中华书局，1975年，第3685页。
② 《旧唐书》卷一六〇《韩愈传》，中华书局，1975年，第4198页。
③ 黄楼：《〈平淮西碑〉再探讨》，见《碑志与唐代政治史论稿》，科学出版社，2017年，第64—88页。
④ 《旧唐书》卷一三三《李愬传》，中华书局，1975年，第3682页。
⑤ 《旧唐书》卷一三三《李愬传》，中华书局，1975年，第3681页。

并无多少意义。相比诏令搬迁的强制性方式，"率以仆马第宅相矜"的李晟诸子早已开始寻找外坊居所。除前述李听宅在永宁坊外，李商隐《病中早访招国李十将军遇挈家游曲江》二首、《送千牛李将军赴阙五十韵》中出现的"李十将军"则住昭国坊。①囿于史料，目前仅知李晟家族成员在永宁、永崇、昭国及兴宁四坊拥有宅第，具体住宅位置、宅居方式还需留待日后新材料的发现加以探讨。②最后对李晟孙辈家族成员略作考证：

（1）李愿子李叔玫、李瓒。据前引《使院新修石幢记》可知李愿封岐国公。宣宗大中五年（851）九月至六年（852）底，杜牧撰《李叔玫除太仆卿高证除均州刺史万汾除施州刺史等制》：

敕。壮武将军、检校太子宾客、前兼右金吾卫将军、监察御史、上柱国、袭岐国公，食邑三千户、食实三百七十户、赐紫金鱼袋李叔玫等。夫伊、吕之为将也，每以救扶为心，故其苗裔，福随殷、周。我西平王功存社稷，庆流后嗣，子孙多贤，裂土分茅。玫弘毅知书，洵美且武，儒士多誉，将才颇高。庆忌一门，尽有爪牙之用；金敞举族，皆着忠厚之名。置将军之符，列卿寺之任。曰文曰武，唯上所命。尊为才士，实曰宝臣。③

《文苑英华》收录《授李燧平卢军节度使制》：

通议大夫、检校工部尚书、兼少府监、充内中尚使、上柱国、袭岐国公，食邑三千户、实封三百七十户、赐紫金鱼袋李燧。钟鼎垂休，勋庸袭庆，擅文武之全致，蕴公忠之大经。用富机权，学赡韬略，智足成务，词能饰身。屡更惟月之曹，亟践执金之贵，峤南著招抚之绩，泾上垂训齐之名。英烈之门，尔实为冠。于戏！乃祖乃父，克成元勋；惟子惟孙，合异常宠。是用擢尔于优散之地，复尔于节制之雄，拥吾朱旗，往镇青社。④

"燧"字误，当为"瓒"。吴廷燮认为李瓒出镇平卢系于懿宗咸通三年至四年（862—863），并据"峤南著招抚之绩，泾上垂训齐之名"判断其任平卢节度使前曾任岭南、泾原节度使。⑤

---

① 刘学锴、余恕诚：《李商隐诗歌集解》，中华书局，2004年，第398页。

② 目前所见史料仅能确定李晟宅在永崇坊中的相对位置，而永宁、昭国、兴宁三坊内李氏家族成员宅第位置尚不得而知，相关考证见〔清〕徐松撰，李健超增订：《增订唐两京城坊考》卷三《西京·永崇坊》，三秦出版社，2019年，第127—128页。

③ 吴在庆：《杜牧集系年校注》卷一七，中华书局，2008年，第1049—1050页。

④ 《文苑英华》卷四五三，中华书局，1966年，第2297页。

⑤ 吴廷燮：《唐方镇年表》卷三《平卢》，中华书局，1980年，第348—349页。

（2）李愬子李玭。据《大唐前慈州太守谢观故夫人陇西县君墓志铭并序》：

县君姓李氏，名绂，字怛之，其先陇西成纪人。国朝太尉兼中书令、西平王晟之曾孙，魏博节度使、同中书门下平章事愬之孙，凤翔节度使、检校尚书左仆射、赠太保玭之长女也。[1]

李玭在文宗时任黔中观察使，会昌中任平卢节度使，宣宗初年任凤翔节度使，参与收复三州七关。

（3）李听子李琢，《新唐书》有传。[2]另见《资治通鉴考异》：

《实录》及《新书》皆有李琢传，听之子也。大中三年，自洺州刺史除义昌节度使。九年九月，自金吾将军除平卢节度使。[3]

李听另有一女嫁昭义节度使刘从谏之弟刘从素，年十七病亡。[4]

（4）李殷子李琮。大和八年（834）病逝，葬万年县宁安乡杜光里。[5]

（5）不详所出：昭国坊李十将军、李珰、李系、李瑄。

昭国坊李十将军。娶王茂元之女，与李商隐连襟。

天德军防御使李珰。据《唐故昌黎韩府君墓志并序》：

公以外族天德防御使姑臧李珰即故太尉晟公孙也，慕公之义，待以殊礼，辟为防御巡官，公植性放逸，退让不从。[6]

兖州节度使李系。经王铎举荐参与镇压黄巢起义军，守潭州时城陷，奔朗州，此后事迹失载。[7]

李听从子李瑄。事迹仅见于《博异志》，真实性存疑。

光启三年（887），在嗣襄王之乱被诸道勤王军平定后，自兴元府返回长安的唐

---

① 图版见河南省文物研究所、河南省洛阳地区文管处编：《千唐志斋藏志》图1167，文物出版社，1984年，第1167页；录文见周绍良主编：《唐代墓志汇编》"咸通"049，上海古籍出版社，1992年，第2416页。

② 《新唐书》卷一五四《李琢传》，中华书局，1975年，第4880页。

③ 《资治通鉴》卷二四九"大中十二年六月丙申"条《考异》，中华书局，1956年，第8070页。

④ 〔唐〕薛植：《大唐右千牛卫大将军彭城刘公（从孝）故夫人陇西李氏墓志铭》，见吴钢主编：《全唐文补遗》（第6辑），三秦出版社，1999年，第146—147页。

⑤ 《大唐故陇西郡李府君墓志铭并序》，见《全唐文》附《唐文拾遗》卷二八，中华书局，1983年，第10689—10690页。

⑥ 图版见河南省文物研究所、河南省洛阳地区文管处编：《千唐志斋藏志》图1202，文物出版社，1984年，第1202页；录文见周绍良主编：《唐代墓志汇编》"咸通"049，上海古籍出版社，1992年，第2490页。

⑦ 《旧唐书》卷一六四《王铎传》，中华书局，1975年，第4283页；《资治通鉴》卷二五三"乾符六年十月"条，中华书局，1956年，第8217页。

僖宗颁布德音：

> 自贞观之后，建中元年已来，翊戴皇家，扶持宗社，勋绩已铭于鼎
> 鼐，谋猷实在于册书。如闻子孙或多凌替，赠太师汾阳王子仪、临淮王光
> 弼、西平王晟、咸宁王浑瑊、赠太尉秀实、颜真卿、颜杲卿已下子孙，
> 宜各与一子九品正员官。其子孙有才术可称，委中书门下量才叙用，以
> 劝勋贤。[1]

历经百年、功显三代的李晟家族终于面临"或多凌替"的结局，与满目疮痍的
长安城一同走向兵连祸结的五代十国。晋高祖天福二年（937）七月丁卯，"以唐开
府仪同三司、守太尉、兼中书令、西平王李晟五代孙䫛为耀州司户参军，示劝忠之
义也"[2]成为中古时代李晟家族成员的最后记载，而"示劝忠之义"正是对李晟在唐
代生前身后历史形象的最佳概括。贞元初年以纪念李晟战功为名兴建的定难政治景
观群，将长安城转变为一处巨大的"记忆之场（Les Lieux de Mémoire）"[3]，深远而
持久地影响着长安士民的公共记忆。[4]李晟与长安城格外紧密的记忆联系，随其家族
发展不断增加新的内容，而正是这种记忆与现实的交叠、层累，为我们走近这一武
将世家的长安生活提供了可能。

原载《中华文史论丛》2021年第4期

（李韬卓，北京大学历史学系博士研究生）

---

① 《唐大诏令集》卷八六《光启三年七月德音》，中华书局，2008年，第494页。

② 《旧五代史》卷七六《晋高祖纪二》，中华书局，1976年，第1005页。

③ 关于这一概念解释及相关研究，可参见法国皮埃尔·诺拉（Pierre Nora）主编，黄艳红
等译《记忆之场：法国国民意识的文化社会史》（南京大学出版社，2015年）。

④ 在黄巢起义军攻陷长安后，唐廷仍通过编纂李晟定难事迹激励勤王藩镇军收复长安。
据《新唐书》卷一五四《李晟传》："僖宗狩蜀，仓部员外郎袁皓采晟功烈，为《兴元圣功
录》，遍赐诸将，表励之。"（中华书局，1975年，第4872页）

唐代长安的城市建设与管理

宁　欣

在结束了近四百年的分裂割据局面后，唐继隋之后再次实现了大一统局面。唐代是"古典城市化"进程的高峰期，人口向大中城市尤其是都城和地方中心城市集中明显。唐代城市有几个显著特点：一是城市的分级制度，根据所辖人口的多少分为上、中、下县，根据所在位置的特性，又有京、畿、紧、望、雄等类别；二是以都城为首各级城市普遍实行坊市制，城市的空间和时间管理都有明确的规定和配套措施；三是不同地区的城市发展具有明显的差异性。区域性差别、功能性差别以及层级差别等因素，使得制度规定与实际施行也具有很大的差异性。

都城是全国的政治、经济、文化中心，又是外来人口和流动人口集中的城市，正所谓五方杂厝、人文荟萃，因而城市建设理念、基本形制、建设重心和管理制度，都集中体现在都城的建设与治理上。等级的差别、区域性差别以及城市职能的特性，都会影响城市管理制度和措施，不能统而论之。因此，本文集中讨论唐代长安的城市建设和管理问题。

唐代长安城的空间布局是魏晋南北朝以来城市发展的集大成者

唐代长安城即隋大兴城，其空间布局是统治者城市建设理念的典型体现，是魏晋南北朝以来城市发展的集大成者。管理都城的行政机构为京兆府，下辖二京县（赤县），即长安县和万年县，以及蓝田、咸阳等二十余畿县（具体县数有变化，大致20—23），被称为京畿地区。长安城亦可分为三个区：一是长安城内80多平方公里范围，二是长安城外隶属于长安、万年两京县范围内的乡村，三是周围二十余畿县。城市建设和管理的重点是城区，但随着都城人口的增加和实际居住人口的外延，附郭区已经成为城区的一部分，有关政策也将附郭人口与城内居民一体对待。城区和京畿地区的乡村也有着密切的关系，在人员流动和政治、经济、文化交流等方面，既反映了京畿地区的特殊性，也反映了城乡关系的普遍性。

唐长安城为三重城，外城城周为36.7公里，面积约84平方公里，分为内外城。内城二重，位于全城中轴线靠北的区域，北部是宫城，为皇帝起居和理政之所；东边为东宫，是太子起居之所；西边为掖庭，为后宫起居之所。内城第二重城是皇城，为中央官署办公之所，三省六部、九寺五监、一台（御史台）、十六卫都集中于此。第三重城为外郭城，由坊、市和街三大部分组成，朱雀大街为中轴街，左右两侧对称的城区分别称东街和西街（或称街东和街西），有十一条东西向大街和十四条南北向大街，主要街道宽度都在70米以上，其中中央大道朱雀大街最宽处为155米以上。纵横交错的街道将整个外郭城分隔为108坊（略有变化），坊区为居民区。东西城区各设市区，即东西两市，位于街东和街西中间偏北，各占两坊，是长安繁华区的两大中心区域。此外，位于全城东南隅的曲江池、街道、市区和经常作为公共活动场所的寺观等在某种意义上都属于社会公共空间，很多具有公共性质的政治、经济、文化和宗教活动（包括官方和私人性质的活动）在这些场所举办。

三重城中的外郭城，是城市管理的重点区域，占地面积约为74平方公里，约占整个城区面积的十分之八九。严整规划的坊市格局，有三个空间区划，一是居民区——坊，二是商品交易区——市，三是道路通行区——街道。其中，街道往往是被忽略的城区。长安外郭城主干街道的总面积大约是10平方公里，占外郭城总面积的七分之一强，八分之一弱，也是不可忽视的空间。曲江池、寺观、郊外、广场等，虽然都举办过各类群众参与的庆典、娱乐等活动，但普通市民所需的社会公共空间，并没有在城市规划中充分体现，而是融入上述三个区划。随着城市社会的发展、市民阶层的形成，普通居民对社会公共空间的需求必然逐渐显现，这一需求基本集中在大型宗教、文化娱乐及与社会生活有关的群体活动方面。除了要按照各自的区划活动，唐代都城普通民居建筑也有比较严格的规定和限制，如，坊内普通居民住宅不能向街开门，士庶公私第宅皆不得造楼阁，临视人家。富商大贾即使拥有万贯家财，也只能在装修上下功夫，而不能起楼。对商业性质的邸店等，也有限制造楼的规定。普通民居建筑不能高于宫城的建筑，如果登高而俯视宫中，则判徒刑一年；若俯视殿中，处罚还要加重。

唐代城市建设与管理是相辅相成的，具有复杂性和多重性的特点，就都城管理而言，核心问题至少包括几个方面：一是对空间的布局和管理；二是对居民时间的管理；三是对城市居民的行政及组织管理；四是对城市居民所承担责任和义务的规定；五是维护社会秩序和社会稳定的政策和措施；六是应对城市发展过程中出现的种种情况的临时举措。

唐代长安的城市管理：时间管理、行政管理、治安管理、赋役税收

对居民活动时间的管理。长安城区有严格的时间管制，实行街鼓、宵禁、巡查等制度。

一是街鼓。街鼓制度始设于唐朝，且仅限于京城。长安通往主要城门的大街有六街，皆设有街鼓。清晨，内城承天门鼓敲响后，各街鼓依次敲响，分别开启城门、坊门、市门；日暮，鼓声再响则诸门关闭，鼓声绝则禁止行人在街上行走。《新唐书》载："左右街使，掌分察六街徼巡。凡城门、坊角有武候铺，卫士彍骑分守。大城门百人，大铺三十人；小城门二十人，小铺五人。日暮鼓八百声而门闭，乙夜，街使以骑卒循行嚣诟，武官暗探。五更二点，鼓自内发，诸街鼓承振，坊市门皆启。鼓三千挝，辨色而止。"

二是宵禁与巡行。入夜，全城宵禁，金吾卫所设街使和御史台所设巡使负责巡查，街使负责街道，巡使负责两市，纠捕违禁之人，若持有官府文书或有紧急情况，方可放行。有史书记载，有人入城后，恰逢街鼓敲响，因距离住地较远，只得藏身桥下，避开巡使，翌日晨鼓响后再出来行走。

三是禁街。天子、宰相等出行时，实行禁街。每当出行时，由仪仗、仪卫、车舆、冠盖、羽麾组成浩浩荡荡的队列，沿途静街，不得有人行走，所过旗亭、市楼、外窗垂帘遮蔽，禁止窥伺，也不允许普通百姓居高临下观望。京兆尹出行，按规定也要"静通衢闭里门"。一些重要的官吏出行，对前后仪仗的规模和人数有不同规定，其他人士在街道遇见时，一般都要回避。对行道方向、不同城门使用的限制和范围、所乘车辆轴宽窄也有相应规定，以便和街道的宽度相适应，保证交通秩序和出行的顺畅。时间和空间的管理和规定，正是都城实行严格的坊市制的重要表现。

对居民的管理制度主要包括三方面：行政管理制度、治安管理制度、赋役税收制度。

行政管理。一是基层管理组织的设立。城区属京兆府管辖，下辖长安、万年两京县，以中央御道朱雀大街为界，分别管辖街东和街西所属的坊、里（郭外乡村为里制）。各坊设坊正（乡村为里正），掌管坊门开启、按比户口、坊内治安等，并有责任和义务组织协调坊内的各项事务，如坊墙的修补，水渠的维护，坊内集资以帮助有不时之需之人，等等。二是户籍管理制度。唐朝前期实行严格的城乡一体、分类管理的户籍制度，即城乡户口没有区别，不同类别和特殊群体有单列的户籍，分属不同机构管辖。如商人列入市籍，匠人编入匠籍，乐人有乐籍，军人隶军籍，

僧尼和道士等有单独的僧道户籍。这些单独户籍归属人户，在行政管理、承担赋役等方面有不同于普通编户的责任和义务，一定程度上实行地方行政与专属机构系统的双重管理。长安城五方杂处，宫廷、官府所需人数甚多，不同类别的人、单独列籍的人大量集中于此。

治安管理。设置街使、巡使、街鼓、街铺、街亭等警卫治安系统的机构和相应设施，有严格的职责范围和规定。对居民的出行、活动、言论等都有相应的限制和规定，如不得在市区闹事，不得随意张贴榜贴，不得传播谣言，实行门禁和宵禁等。唐朝长安的城市区划管理，并没有实行单一"区制"，实行的是多重管理。一重是行政管理系统；一重是监察治安管理系统，即由御史台和金吾卫主管。城区治安管理又分为坊区、市区和街区，各自又都有不同的管理规定和措施。

赋役税收。长安城市居民除了要承担正常的赋役外，供各级各类官署驱使的色役、杂任、杂职掌等名目繁多，需求量大，主要是由京畿地区有京籍户口的男士充任，但都可以折算成正式的赋役。地方各级城市也需要各类杂役、杂差，但所需人数大大少于都城。

唐代长安城市建设和管理随着历史的发展不断变化

唐朝历史近三百年，前后期发生很大变化，尤其是安史之乱的爆发，不仅影响到政治、经济、军事格局的调整与改变，也使长安城市建设和管理产生相应变化、面临许多新问题。

一是城市建设及布局方面，官府大型工程明显减少，而私人建筑业蓬勃发展，严格的坊市制度逐渐松弛，时间和空间的限制制度逐渐松弛，坊内出现昼夜营业的场所，晚上街鼓敲响后，坊门并没有及时关闭，众多居民仍然在街道上活动。空间的突破则表现为打破了分区活动的限制，商业活动更多在街道和坊内开展，如白居易弟弟白行简撰写的《李娃传》中描写的"士女大和会"，唐代段安节撰写的《琵琶录》中记载的因长安久旱诏"两市"商人举办祈雨活动等，不仅得到官方的允许，还作为政府支持的行为，指令民间承办。但破墙接檐、侵占街铺等侵街现象屡禁不止，流动商贩日益活跃，虽然屡次明令禁止，但管理措施并未到位，新的适应城市建设发展的制度并没有成型，仍然属于带有权宜性的举措。

二是随着城市化的加剧，大量人口向京城集中，长安人口数量膨胀，人口结构更为复杂，外来人口即非京籍增加，人口的成分趋于复杂化。从身份和社会阶层看，有皇室、贵族、官僚、平民、奴婢等；从职业角度看，有工匠、商人、军人、艺人、外来雇佣劳动者、僧道等宗教人士等；从户籍管理角度看，有著籍者、无籍者、常住人口、暂住人口、外来人口、流动人口等。面对上述情况，我们看到唐朝政府实行了一些新的举措：首先，城乡户籍单列，出现坊郭户和乡村户的区别，对二者实行不同的管理方式。其次，对于单列户籍的特殊群体，户籍管理也有明显的变化，匠户、教坊、商人等身份性色彩淡化，限制松弛，甚至不再实行单独的户籍管理。商人除市籍，两税法后纳入正式交税体系；匠户户籍松弛，番匠逐渐被长上匠和明资匠取代；雇佣制普遍代替番上制；服务于宫廷的各类艺人群体，脱籍者和自由职业者逐渐增加。户口管理的原籍原则逐渐被居住地原则取代，对外来人口和浮寄人口给予更宽松的政策，一些岗位对非京籍和浮寄人口甚至逃户也逐渐放开。

三是财富向都城的聚集，引起赋役税收制度的变化。税收结构的调整，更具有针对性，也更为复杂。在都城范围内征收和向都城居民征收的税种逐渐单列，名目繁多，形成以后赋税结构变化的趋势，也开启了此后征税的模式，如唐德宗年间对房产税的征收就仅限于京畿地区。这显然与藩镇割据局面的形成、中央王朝能直接管控的区域有局限有关。两税法实行后，征缴的财税额度相对固定，中央王朝开支名目繁多，财政窘迫，大量人口和巨额财富聚集在京城，也成为官府开辟财税税源时有所指向的重要因素。

四是随着市民阶层的成长，他们通过多种形式表达自己的诉求；城市公共空间需求扩大，民众公共文化娱乐需求增加；政府在公共空间的管理上逐渐松弛。同时，随着外来人口和流动人口的增加，富人、权贵以及财富向都城聚集，加剧了都城居民的贫富分化。

原载《人民论坛》2020年第Z1期）
（宁欣，北京师范大学历史学院教授）

唐代长安的"社区"服务与管理

宁　欣

唐代长安"大社区"的形成

有人把唐代长安城形容为一个拥有一百零八坊（居民区）的"大社区"，政府是唯一的"物业管理公司"，通过晨暮鼓声规定城门、坊门、市门的开闭，规范居民的日常起居，设置坊正来管理人员的出入，保障居民的安全。实际上，"物业"是现代才出现的词汇，其含义逐渐丰富。虽是因建筑物衍生而来，但其实际影响范围已不限于建筑物本身，而是扩展到建筑周边的相对独立的区域。居民居住区是由居住类物业及其附属设施组成的空间，形成相对独立的区域空间——社区。管理这些不同类别的区域，形成了一个行业，即"物业服务业"。物业服务业可分成两类，一类是商业性质的物业服务，一类是政府行政主持的物业服务。因此，在这一划分背景下，可将唐代的长安比喻为一个"大社区"，细分为若干不同类的"社区"。

唐代长安城的城市管理体系已包含了现代意义上的不同物业类型。全城为三重城，即宫城、皇城和外郭城。宫城是皇帝起居和办公之所，皇城是中央官署所在。这两重城是里城，为行政区，如果按现代物业概念，可归于政府类物业。第三重城是外郭城，由东西向十四条大街和南北向十一条大街将郭内分割为108坊，坊为居住区，居住着百万左右的各类居民，按现代物业概念可归于居住类物业。皇城正南门朱雀门到外郭城正南门明德门——贯通南北的中央大街为朱雀大街，将外郭城平均分为东、西两城区，城区内分设东、西两市，各占两坊之地，是专门从事商品交易之场所，可归于商业类物业。此外，还有曲江池这类属于公共娱乐的场所，可归于其他类。长安城这个"大社区"，有相对统一的管理模式，也有针对不同类型区域的管理制度。

唐长安这样一个"大社区"，通过几个关键的制度设计，实行严格的时间和空间管控。首先是门禁和街鼓制度，从时间和空间进行管控。长安城有数百座大小不等的门，以及坊外主要的东西向十四条大街和南北向十一条大街交织而成的几十条大街。仅就外郭城而言，外郭城四面城墙共有十二座门，城区内一百零八坊大约有将近四百个坊门。东西两市四面共开六个门，两市共有十二个市门，有专门人守门并掌管钥匙，进出都有相应的制度，由此区分不同区域。譬如，宫城的门禁就尤为严格，需要有通行证才能出入。全城以鼓声控制各门。清晨，承天门（宫城的正南门）的鼓声响起，其他城门及街铺所置鼓依次响起，城门、坊门、市门依次打开，开始一天的生活。晚上，鼓声响起，各门依次关闭，全城实行宵禁，警卫部队彻夜巡察，纠捕违规犯夜禁者。长安城面积有80多平方公里，如果从西门进，而家住偏东位置，最远步行8公里多。据唐人记载，有人刚进城门不久，晚鼓敲响，因无夜行公文，为不触犯夜禁，只好躲到桥下，挨到天明。坊门关后，居民不得在坊外主要街道上行走；市门关闭后，停止对外交易活动。街鼓也有示警作用。唐后期，吐蕃频频来犯，甚至进逼至长安城下，一些平时活跃于坊市的少年，擂响设置在街铺的街鼓，向全城民众示警，吐蕃得知城中已有防备，悻悻然退兵。

在空间的管控方面，对不同区域的功能有明确的规定。里城是"大内"的官署行政区，门禁和出入森严。坊门和市门的管理相对宽松，进出并无严格限制，只是开门和关门都须按照街鼓敲响的时间。虽然长安城中没有电视剧《长安十二时辰》中的"不良帅"，但维持治安、缉捕贼盗的机构和人员却为数不少，分属不同机构，分掌不同区域，发挥不同的职能。御史台的左右巡使，负责夜间巡视左右街（东、西两大街区）；京兆尹属下的长安和万年县尉，负责维护两大区域平时的治安，缉捕盗贼；京城警卫部队金吾卫负责街道的治安。他们各司其职。

坊区及公共空间的设计与管理

作为最基层单位的坊区，也可看作最具"社区"特征的区域。坊区一般是四面开门，有坊正（属于最基层的行政管理人员）负责开闭坊门，登记出入。唐后期，城镇户籍单列以及城市税收逐渐独立，坊正的职能也包括协助有关部门核查坊内居民税赋的缴纳情况。值得注意的是，坊区居民需承担相应的公共事务，如修缮破败坍塌的坊墙，修筑坊内及坊外邻近的道路、桥梁。坊正还有组织坊内居民互助的义务，若有人去世因贫穷无钱安葬，坊正会发动大家捐款助葬。普通居民一律编为伍保，五家为一保，互相监督，以防奸盗。

长安城的"大社区"，还有对公共空间的管理。长安城的设计虽然严密规整，但对公共空间的考虑很少。城内可供公众文化和娱乐的场所只有位于东南隅的曲江池。新科进士的游宴活动也在曲江池举办。据史载，"曲江会"期间，百姓们争相目睹新科进士的风采，公卿贵族则来挑选东床快婿。

此外，长安城内建有一百多所寺庙，花团锦簇，环境优雅，有的大寺院拥有一千多间房舍。由于寺院是开放性的场所，遂成为文人士子、普通百姓游览、会友、吟诗作画的风雅之所。还有些著名的寺庙成为最早的戏场。据史载，唐宣宗宠爱的小女儿万寿公主下嫁给郑氏，因热衷于到慈恩寺看戏而没有探望生病的小叔子，引得唐宣宗勃然大怒，训斥她不懂礼法。

公共场所里不能忽略的是城内的主要大街。中央大街为朱雀大街，宽155米。关于街道也有规定，例如，街道上不允许有违章建筑，普通住宅不得向坊外街道一侧开门，当皇帝、皇后、宰相的车队通过时，需要静街，如有对外的窗户必须拉下窗帘。街道上如果没有官府批准备案，禁止举行公共聚会和娱乐活动。

生活在这样一个大型"社区"中，制度严格，规划有序，在很大程度上是便于管控的。但有几个明显的缺陷，这也是古代的"社区"和城市管理同现代的社区及其物业服务的区别。一是理念的不同。现代社区的主人是购买了物业的业主，通过购买的方式获得物业服务。而唐代的长安城，即便类似一个"大社区"，但作为帝国的都城，管控还是最重要的，各级各类机构的主要职能就是保障首都的安全和稳定。通过各级财政拨款维持城市这个"大社区"的日常运转，上至中央下到芝麻官的坊正（其实连官的系列都没有进入），都是管理者的身份。因此，是管理还是服务，正是古代和现代的区别。

二是制度设计的不同。仅以唐代逐渐形成的城市税收为例。这一时期城市税收相对独立，具有明显的城市特征，并形成系列，诸如城市地税、房产税、经营税、铺税等。坊内居民往往还需承担公共事务，主要是修桥、修路、修缮坊墙、维护水渠等，甚至参与防火等工作。虽然古代不存在所谓"物业费"，但实际上是以政府税收和杂役的形式维护"社区"的运转。唐代政府管理长安"大社区"，需要众多的人力，丁壮轮番服役的制度逐渐为纳钱物代役的方式所取代，政府则逐渐采用雇召的方式解决原来通过力役所需的人力。

由唐到宋逐步健全了防火、防盗、环境卫生、排水、交通、绿化等公共管理职能。如为防止火灾，建立了类似消防队的机构和人员，正如皮日休诗句中所描述的"腰下佩金兽，手持火铜铃"。宋代建立了火灾登记制度，设置消防机构，设立可用于避火险的坊院，健全消防队伍。

城市的发展使得都城和地方中心城市的人口、外来人口和流动人口增加，贫病老幼等弱势群体聚集在都城。城市管理制度和机构设计逐渐完善，此前薄弱的救助体系逐渐纳入政府的管理体系。官府设置的一些司局和机构，其职能涵盖了城市管理的诸多方面。如唐代设有疠人坊、病坊，收容都城中贫穷的病人。北宋创设的街道司，负责城市环境卫生；惠民局，负责平抑药价；居养院、安养院、慈幼局、施药局等，专门救助鳏寡孤独、老幼病残等。这些举措还推广到大中城市和集镇。宋代苏轼任杭州太守期间捐资创设"安乐坊"，由僧人主持，收治无力求医的患者，他执政期间还实行了很多利民措施。在政府主导下的官办、民办、官（僧）民合办的各类慈善和救助机构在城市管理中发挥了越来越重要的作用。

长安作为"大社区"，清洁卫生是个大问题。政府如何处理污秽之物，史书上没有见到相关记载。但笔记小说《太平广记》一书中却记载了一个叫罗会的富商，他靠收集处理城市污秽之物发家，具体的运作过程语焉不详。有人推测，罗会可能垄断了长安的掏粪业，才得以成巨富。而宋代已有专门负责城市环卫的机构和专业队伍。

管理与服务的相互渗透及转变

唐长安有一个从礼仪之都向生活之都的转变，这种转变，不仅意味着人口结构的变化、百姓生活方式的转变，也促进"社区大管家"——政府职能的部分量变。

虽然还无法建立服务的统一意识，但政府针对百姓的日常所需和城市管理的复杂性，陆续出台了一些举措。在管理和服务的天平上，管理的职能和制度逐渐松弛，服务的举措逐渐增加，这些未必是主动意识，但被动应对也适应了城市发展的趋势。

大社区的管理，更需要针对城市不同区域的特点，更关注普通百姓的日常。民众要享受更好、更便利的生活，商品经济要突破人为设置的藩篱，封闭式的管理方式必然被突破。于是在唐后期，傍晚街鼓虽然敲响，但主要大街上的行人依然来往不绝，坊门也没有按时关闭，位于繁华坊区内的茶坊酒肆彻夜喧嚣。

据白居易的弟弟白行简所撰的长篇传奇《李娃传》描述，东西市的两个商业集团，为促销商品、扩大影响，采取了颇具现代化的方式，在朱雀大街搭彩楼，各派歌手进行声乐比赛，全城百姓争往观赛，热闹非凡。这显然突破了坊、市和街的界限。还有的居民违反规定，破墙开洞、接檐造舍，将居住和使用空间直接扩展到坊外的主要街道，被称作"侵街"，且屡禁不止。这种屡屡突破时间和空间限制的举动，促使作为"大社区"的总管——政府的管理思路和制度都需做出调整和改变。从唐长安到北宋开封，我们看到了这种变化和调整。

首先是管理思路的改变。即前述的适应礼仪之都向生活之都的转变。在制度和措施的制定方面更多地关注民生。其次是管理方式的改变。北宋开封城成为一个开放式的大都市，允许临街设店，不禁夜市，也没有封闭的市场和坊区，民众自由活动的空间和时间范围都扩大了。再次是服务因素的多重渗透，呈现多元化。政府职能的改变，时间和空间管控的变化，专业队伍的逐渐建立，政府参与市场竞争所设立的楼店务（管理官府房屋出租）、专门经营餐饮宴会的四司六局等，都可归到这一类的变化。最后是公共空间逐渐扩大。北宋开封城内设有众多"瓦子"，成为集娱乐、商业为一体的公共场所。具有皇家大寺院功能的大相国寺，成为一个有固定开放时间的庙会场所，天下货物汇集于此。皇家园林也对百姓开放。

综上，由唐入宋，由政府管控的"大物业"的特点发生变化：一是行政行为占主导地位，如对城市的管理、对市场的管理；二是逐渐鼓励和动员民间力量的介入；三是与"物业"管理有关的机构和人员逐渐专业化；四是更多地通过市场行为购买服务；五是"社区"内人员需要承担一定的公共事务（如维修和清理等）；六是政府新创设的一些机构更多地参与社会服务和市场。

当然，唐宋和现代相距一千多年，沧海桑田，物是人非，国家体制和所有制形式都发生了变化。物业和业主已是具有现代意义的独立主体，业主和物业公司的关系，也并非古代的管理（政府）与被管理（民众）的关系，而是一种契约关系。中国古代政府对城市从管理到服务的转变，从缺乏人文关怀、缺乏公共空间、缺乏对弱势群体的救助等到不断调整和改善形成与时俱进的综合治理模式，正是我们今天需要认真总结和借鉴的。

原载《人民论坛》2022年第17期

（宁欣，北京师范大学历史学院教授）

唐长安城城门管理制度研究

肖爱玲　周　霞

中国古代社会礼法森严，礼是行为规范，法是行为禁约，二者相辅相成，以不同人之间的严格级差，保持人际的尊贵卑贱关系，以巩固政权。唐太宗为确保李唐王朝长治久安，在总结历史经验之后即断定："在与国内的其他对立集团相处时，中央权力特别是皇室权力必须加强。"①为此，都城建设及空间构成处处体现严格的礼法思想，使生活在这座城市的人无论是直观视觉效果上，还是内在心理上都能感受到都城空间的有序性，使之各处其位，各司其职，不得僭越。

笔者曾以《隋唐长安城等级规范》②为题有过相关论述，然仍有不到之处，如城门管理制度仅从城门规模、城门门道数量等方面解读，显然不够全面。唐长安城规划整齐有序，由宫城、皇城、外郭城及其内部诸门构成的城门系统不仅是都城内外交通的重要通道，还是维护都城空间秩序的重要组成部分。在相对封闭的都城制度下，唐政府为加强都城防卫及稳定统治，制定了一系列制度对城门进行管理。

关于唐长安城城门管理制度的研究，目前学界虽有涉及，如万晋、赵贞等学者对城门郎、街鼓进行的考证③，但尚未形成系统研究。本文在前人研究成果之基础上，以唐代律令资料及相关文献为依据，从门籍制度、宵禁制度、城门启闭及城门维修等方面，对唐长安城不同类型城门的管理制度做一历史解读。

一、门籍制度

唐都长安规模宏大，由外郭城、皇城、宫城组成。宫城包括三大内，即太极宫（含东宫、掖庭宫）、大明宫及兴庆宫。各宫由数量众多、相对独立的宫殿群构成，各建筑群内亭台楼阁数量繁多，故有诸多宫城门、宫门、殿门等相隔，这使得

---

① 崔瑞德：《剑桥中国隋唐史》，中国社会科学出版社，1990年，第209页。
② 肖爱玲：《隋唐长安城等级规范》，《建筑与文化》2009年第6期。
③ 万晋：《唐长安城门郎官考析》，《绵阳师范学院学报》（哲学社会科学版）2010年第10期；赵贞：《唐代长安城街鼓考》，《上海师范大学学报》（哲学社会科学版）2006年第3期。

宫城布局非常有序。有唐一代，出于保护帝王安全及维护中央权力之目的，在宫城区域实行门籍制度，对宫城诸门进行管理。

门籍制度是指京师官员凭借有效门籍经监门官审核后进出宫殿门的一种制度。门籍制度最早可上溯至汉代，《汉书·元帝纪》注引应劭曰："籍者，为二尺竹牒，记其年纪、名字、物色（相貌及身材特征等），县之宫门，案省相应，乃得入也。"①唐代在前代的基础上，继续推行门籍制度管理宫城诸门。

（一）门籍

所谓门籍，指一种悬挂在宫殿门前的记名牌，上面书写官员的姓名、年龄、身份及特征等，门籍每月更换一次，官员凭借有效门籍进出宫殿门。

门籍主要适用于两类人，一类是百官，另一类是宫中服务人员、值宿官吏及一般人员。②百官凭借门籍进出宫殿门，左入右出；而宫中服务人员及值宿官吏从便门出入。③关于进出宫殿门和城门遵循左入右出原则，《大唐六典》卷二五"左右监门卫"条载："凡宫殿门及城门，皆左入右出。"这一点得到考古发掘资料的证实：20世纪70年代在发掘唐长安外郭城明德门时发现，明德门共有五个门道，除东西两个门道有车辙外，其余车辙是从中间三个门道前面绕至两端门道通行的，车辙绕门而行的原因即遵循左入右出的交通规则。④

百官门籍的获得有两种途径：一是官员所属机关将其姓名、官爵以公文形式送到需进入的宫殿门，经门司送到监门，核对相符才能出入。"凡京司应以籍入宫殿门者，皆本司具其官爵、姓名，以移牒其门，若流外官承角色，并具其年纪、颜状。以门司送于监门，勘同，然后听入。"⑤如果是流外官，需提交个人履历、年龄及相貌特征等。二是九品以上文武官员亲自将门籍送达监门卫，由监门卫送到需进出的宫殿门。唐代对出入宫城的官员采取极为严格的审查制度，一般百姓难以进入宫城区域。

（二）门籍制度执行者——左右监门卫

唐统治者在前代基础上设左右监门卫，掌管宫禁门籍之法。"左右监门卫下设

① 《汉书》，中华书局，1962年，第286页。
② 祝总斌：《两汉魏晋南北朝宰相制度研究》，中国社会科学出版社，1990年，第254页。
③ 《唐六典》，中华书局，1992年，第640页。
④ 中国科学院考古研究所西安工作队：《唐代长安城明德门遗址发掘简报》，《考古》1974年第1期。
⑤ 《唐六典》，中华书局，1992年，第640页。

大将军、将军、郎将等官，大将军掌宫殿门禁及守卫事，将军副之，中郎将分掌诸门，以时巡检。"①左右监门大将军、将军负责宫殿诸门禁卫及门籍之法，中郎将负责宫殿门的巡警事务及检校出入等工作。左右监门将军的职责有二：其一，检查人员及物品进出宫殿，左监门将军掌管进宫殿门者，右监门将军掌管出宫殿门者。"凡朝参、奏事、待诏官及伞扇仪仗出入者，阅其数。"②左右监门将军除对进宫朝参、奏事及仪仗出入者勘验门籍外，还对出入宫殿的物品进行检查，"凡财物器用应入宫者，所由以籍傍取左监门将军判，门司检以入之；应出宫者，所由亦以籍傍取右监门将军判，门司检以出之"③。其二，负责宫殿诸门防卫，如果遇到皇帝大驾行幸，左右监门卫率其所属按照一定的仪仗在衙门监守，以确保皇帝安全。左右监门卫下设的官员分工明确、各尽其职，共同执行门籍制度，负责宫禁安全。

（三）违反门籍制度的处罚规定

唐政府为加强宫城诸门管理，制定出一系列法令，对进出宫城诸门的人员及管理者形成约束。唐律对违反门籍制度者有明确的处罚规定，主要分为无门籍、无效门籍及有门籍三种情况，且对无籍阑入宫门、殿门、阁门者实施不同的量刑标准。

第一，无门籍进入宫殿门，以阑入论；无门籍应入宫殿门，需专人引见，否则减阑入罪五等。唐令规定："诸于宫殿门无籍而入者，以阑入论。"疏曰："应入宫殿，在京诸司皆有籍。其无籍应入者，皆引入。"④又"诸应入宫殿，未着门籍而入，减阑入五等"⑤。无籍应入宫殿门与无籍进入宫殿门相比，处罚相对减轻。无门籍冒承人名进入宫殿门，以阑入论。唐令规定："诸于宫殿门无籍冒承人名而入者，以阑入论。"疏曰："应入宫殿，在京诸司皆有籍……其无籍，不得人引，诈言有籍冒承人名而入者，宫门，徒二年；殿门，徒二年半。"⑥唐律除对冒承人名阑入宫门、殿门的人员进行处罚外，对管理该门的守卫人员亦有处罚规定，根据门的等级，对守卫的处罚不尽相同。唐令规定："对于无籍冒名进入宫殿门者，守卫不知冒名情，宫门杖八十，殿门以内递加一等。"⑦

唐长安城宫城内的门有宫城门、宫门、殿门、阁门等几大级别，门的等级由外

---

① 〔唐〕杜佑：《通典》，中华书局，1984年，第165页。
② 《新唐书》，中华书局，1975年，第1286页。
③ 《唐六典》，中华书局，1992年，第640页。
④ 《唐律疏议》，中华书局，1983年，第152—153页。
⑤ 《唐律疏议》，中华书局，1983年，第155页。
⑥ 《唐律疏议》，中华书局，1983年，第152—153页。
⑦ 《唐律疏议》，中华书局，1983年，第153页。

向内依次提高，唐律对无门籍阑入宫内诸门者，依门的等级治罪。《唐律疏议》记载："诸阑入宫门，徒二年；殿门，徒二年半。持仗者，各加二等。入上阁内者绞……"其下疏议曰：

> 宫门皆有籍禁，不应入而入者，得徒二年。嘉德等门为宫门，顺天等门为宫城门，阑入得罪并同。……太极等门为殿门，阑入者，徒二年半。持仗各加二等，谓将兵器、杵棒等阑入宫门，得徒三年；阑入殿门，得流二千里。……上阁之内，谓太极殿东为左上合，殿西为右上合，其门无籍，应者准敕引入，阑入者绞。……"其宫内诸门，不立籍禁"，谓肃章、虔化等门，而得通内，而辄阑入者，并得绞罪。[①]

唐律对阑入宫门、殿门及阁门者，随着各门级别的提高，处罚逐渐加重。唐长安城宫城太极宫的宫门嘉德门、宫城门顺天门（承天门）不应入而入者，受罚程度相同。阑入太极门等殿门，判处两年半徒刑，若携带兵器，受罚更严。无门籍应入东、西上阁门者，需有皇帝敕令并经专人引见，阑入者受绞刑。

第二，无效门籍不能进入宫殿，违反以阑入定罪。唐令规定："诸应出宫殿，而门籍已除，辄留不出及被告劾，已有公文禁止，籍虽未除，不得辄入宫殿，犯者，各以阑入论。"[②]一些因改任、假患、事故等门籍当日被除的官员，或门籍虽未除但因告劾被文牒禁止者，都不能进入宫殿，违反以阑入定罪。

第三，有门籍未合进入宫殿门，减阑入罪五等论处。唐律规定："虽有长籍，但当下直而辄入者，减阑入五等。"[③]宿卫兵因长期守卫，门籍称为长籍，如果进入宫殿门，未合门籍进入，减阑入罪五等。

唐政府为加强宫城防卫、维护都城治安，设左右监门卫掌管宫禁门籍之法。为保证门籍制度的顺利推行，唐政府依照宫内诸门的等级对违反门籍制度者做出相应的处罚规定。种种措施只有一个目的——树立至高无上的皇权，构建权力等级秩序。

二、宵禁制度

唐政府为维护都城治安，实行宵禁制度对长安外郭城门及坊门进行管理。宵禁制度是配合都城治安管理实行的一种夜禁制度，即按时关闭城门、坊门和禁止居民夜间出行。中国古代城市自春秋时期开始就实行宵禁制度，"昏鼓，鼓十，诸门亭皆闭之，行者断，必击问行故，乃行其罪。晨见，掌文鼓纵行者，诸城门吏各入请

---

① 《唐律疏议》，中华书局，1983年，第150—151页。
② 《唐律疏议》，中华书局，1983年，第159页。
③ 《唐律疏议》，中华书局，1983年，第155页。

钥开门"①。这种夜禁制度一直为后代继承，以唐长安城最为典型。

（一）唐代宵禁制度信号——街鼓

唐长安城以鼓声为准，实行宵禁制度，要求城门、坊门启闭有时，夜间禁止出入。唐政府在长安外郭城主干街道上设置街鼓，鼓声成为城市居民作息时间表，对维护唐长安城的时空秩序具有重要意义。承天门街鼓敲响，城门及坊门按时启闭，人们便开始或结束一天的生活。有学者对唐长安城街鼓进行考证，认为六街鼓目前确定的有承天门街鼓、朱雀门街鼓及春明门街鼓，其他三鼓不可得知。②

唐长安城承天门街鼓的敲响是实施宵禁制度的标志，唐令规定："五更三筹，顺天门（宫城正门）击鼓，听人行。昼漏尽，顺天门击鼓四百捶讫，闭门。后更击六百捶，坊门皆闭，禁人行。"③即每天早晨五更三点，顺天门击鼓，打开城门供行人出入；傍晚时刻，顺天门击鼓四百下，关闭城门，又击鼓六百下，关闭坊门，禁止夜行。城市生活因鼓声而受节制，逋亡奸伪无所容足，以此保障都城治安。

街鼓的敲响是唐长安城一种特有的时间信号，承天门成为长安城的报时中心。唐代街鼓的设置对后代城市管理产生了一定影响，可以说街鼓的设置是后代城市设置钟鼓楼的前奏。唐宋都城在子城设置鼓角楼（即子城门楼），作为传统的报时方式；元大都由于城区辽阔，鼓声不能及远，采用钟报时，开创都城报时用钟的先例；明清南京、北京亦建钟鼓楼，作为都城生活的报时中心。④

（二）宵禁制度执行者——左右街使

唐代设左右金吾卫，掌宫中及京城昼夜巡警之法，下设左右街使、左右翊中郎将府官等。左右街使掌管六街巡逻，负责长安城交通道路治安，是宵禁制度的主要执行者。"左右街使，掌分察六街徼巡……日暮，鼓八百声而门闭；乙夜，街使以骑卒循行呂，武官暗探；五更二点，鼓自内发，诸街鼓承振，坊市门皆启，鼓三千捶，辨色而止。"⑤每当日暮时分，击鼓八百下，守门士兵关闭城门及坊市门，入夜后左右街使在街上巡逻，武官暗中巡查；五更二点，承天门击鼓，随后街鼓响三千下，城门及坊市门开启，左右街使停止巡逻，宵禁结束。

---

① 《墨子》卷一五。
② 赵贞：《唐代长安城街鼓考》，《上海师范大学学报》（哲学社会科学版）2006年第3期。
③ 《唐律疏议》，中华书局，1983年，第489—490页。
④ 郭湖生：《中华古都》，空间出版社，2003年，第91页。
⑤ 《新唐书》，中华书局，1975年，第1286页。

左右街使作为宵禁制度的主要执行者，一般由高级官员兼任。唐代晚期常以左右金吾卫大将军兼任，"郭钊元和初为左金吾卫大将军，充左街使……穆宗即位，郭钊为叔舅，改右金吾卫大将军兼御史大夫，充左街使"①。左街使由金吾卫大将军担任，足以看出统治者对都城治安管理的重视。

（三）犯禁受罚规定

唐长安城实行宵禁制度，以鼓声为准启闭城门、坊门，如果有人在城门、坊门关闭后在街上行走，即被认为是犯夜，处罚十分严厉。唐律规定："闭门鼓后，开门鼓前，有行者，皆为犯夜，违者，笞二十。"②"宪宗元和三年（808）四月癸丑，中使郭里旻酒醉犯夜，杖杀之，金吾薛伾、巡使韦缥皆贬逐"③"右金吾卫将军赵宜，检校街，时大理丞徐遂，鼓绝，于街中行，宜决二十，奏付法，遂有故不伏科罪"④。上层官员夜间在街上行走都要受到严厉处罚，一般百姓更不用说。如果遇到紧急事务或婚嫁丧病等特殊情况必须夜行者，应持官府或本坊文牒，经检查后才能夜出坊门。⑤

唐长安城以鼓声为准，实施宵禁制度，要求城门、坊门启闭有时，夜间禁止出入。承天门街鼓成为长安城的报时中心，对后代都城钟鼓楼的设置产生了一定影响。

三、城门启闭制度

（一）城门启闭时序

唐长安城内存在不同等级、不同类型的门，出于都城防卫的考虑，对不同级别城门的开关顺序、启闭时间及钥匙出入时间都有严格规定：城门左入右出，开则先外后内，闭则先内后外。

唐都长安城门启闭在时间上有严格规定，城门启闭根据鼓声而定，击鼓以漏

① 《旧唐书》，中华书局，1975年，第3472页。
② 《唐律疏议》，中华书局，1983年，第490页。
③ 《旧唐书》，中华书局，1975年，第425页。
④ 《全唐文》，上海古籍出版社，1990年，第777页。
⑤ 《唐律疏议》卷八《卫禁·越州镇戍等城垣》曰："京城每夕分街立铺，持更行夜。鼓声绝，则禁人行；晓鼓声动，即听行。若公使其文牒者，听。其有婚嫁，亦听。注云：'须得县牒。丧、病须相告赴，求访医药，齐本坊文牒者，亦听。'其应听行者，并得为开坊、市门。若有警急及收掩，虽州、县亦听非时而开。"

刻为准。城门启闭最初由人员相互传呼进行，后经马周建言以鼓代之。①拂晓，承天门击鼓，一刻后开启皇城门、京城门，第一鼕鼕鼓声之后开启宫城门、左右延明门及乾化门；第二鼕鼕鼓声后，开启宫殿门。夜幕降临，第一鼕鼕鼓声后，关闭宫殿门；第二鼕鼕鼓声后，关闭宫城门、左右延明门、皇城门及京城门。京城门与皇城门在同一时间内开关，宫城门在其前关，其后开。《唐六典》对城门启闭有详细记载：

> 城门郎掌京城、皇城、宫殿诸门开阖之节，奉其管钥而出纳之。开则先外而后内，阖则先内而后外，所以重中禁，尊皇居也。候其晨昏击鼓之节而启闭之。承天门击晓鼓，听击钟后一刻，鼓声绝，皇城门开；第一鼓鼓声绝，宫城门及左右延明、乾化门开；第二鼓鼓声绝，宫城门闭及左右延明门、皇城门闭。②其京城门开闭与皇城门同刻。承天门击鼓，皆听漏刻契至乃击；待漏刻所牌到，鼓声乃绝。凡皇城、宫城阖门之钥，先酉而出，后戌而入；开门之钥，后丑而出，夜尽而入。宫城、皇城钥匙，每日入前五刻出闭门，一更二点进入；五更一点出开门，夜漏尽，第二鼓鼓后二刻而进入。京城阖门之钥，后申而出，先子而入；开门之钥，后子而出，先卯而入。京城门钥匙于东廊下贮纳，每去日入前十四刻出闭门，二更一点入；四更一点出开门，夜漏尽，第二鼓鼓后十刻入……③

从上面记载可知，城门郎一般不准随身携带钥匙，而是将钥匙存放于城门东廊下，然后由门仆在规定时间送到城门郎手中，听到鼓声后按时启闭城门。宫城门、皇城门、京城门的启闭钥匙需门仆传送才能到达城门郎手中，由于城门开启顺序及时间有先后之分，故门仆传送钥匙的时间也不一致。宫城门、皇城门关闭钥匙先酉出、后戌入，开启钥匙后丑出、夜尽入，五更一点出开门、日入前五刻出闭门；京城门关闭钥匙后申出、先子入，开启钥匙后子出、先卯入，四更一点出开门、日入前十四刻出闭门。赵贞在《唐代长安城街鼓考》一文中认为宫城、皇城城门五更一点开启，按现在时间推算应为凌晨3点24分，日入前五刻闭门，即17时48分；京城门四更一点出开门，相当于凌晨1点40分，日入前十四刻闭门，即15时38分24秒。④笔

---

① 《旧唐书》，中华书局，1975年，第2619页。

② 根据《资治通鉴》卷二一五《唐纪三十一》胡三省注可知，此处应是晚上闭门时击的第二鼓。注解应为"承天门击晓鼓，听击钟后一刻，鼓声绝，皇城门开。第一鼕鼕鼓声绝，宫城门及左右延明门、乾化门开。第二鼕鼕鼓声绝，宫殿门开。夜，第一鼕鼕鼓声绝，宫殿门闭。第二鼕鼕鼓声绝，宫城门闭，及左右延明门皇城门闭"。

③ 《唐六典》，中华书局，1992年，第249—250页。

④ 赵贞：《唐代长安城街鼓考》，《上海师范大学学报》（哲学社会科学版），2006年第3期。

者对赵贞推算的京城门关闭时间表示质疑，按照关则先内后外的原则，京城门关闭时间应在宫城门之后，即在17点48分之后，而非15时38分24秒之后。

唐长安城城门启闭制度非常严格，殿门、宫门、城门及坊门启闭都有特定时间，但因特殊原因，会下令推迟开门。"元和三年（808）六月，百官初入待漏院，候禁门启入朝。故事，建福、望仙等门，昏而闭，五更而启，与诸里门同时。至德中，有吐蕃自金吾仗亡命，因救晚开。"①唐长安城大明宫的建福门、望仙门本来五更开门，与里坊开门时间一致，后来由于吐蕃囚从金吾仗亡命，故推迟开门时间。

（二）城门启闭制度执行者——城门郎

唐政府为加强城门防卫与社会治安管理，设城门郎负责京城、皇城、宫城城门启闭。城门郎这一官职最早可上溯到周代，汉代设城门校尉，隋代改为城门郎，唐仍设城门郎负责京城、皇城、宫城城门启闭。

唐长安城城门、宫门、殿门数量众多，"武德五年，置门仆八百人，番上送管钥"②。根据考古资料推测，外郭城门明德门东南侧、西南侧发现的两座房址，可能是门仆值班的门房基址。③"城门郎掌京城皇城宫殿诸门启闭之节，奉出纳管钥。开则先外而后内，阖则先内而后外……若非其时而有命启闭，则诣阁覆奏。"④如果遇到紧急事务需在城门未开时出入城门，则须到阁门向有关部门奏请，只有遵奉上级旨意、核对鱼符后才能开关城门。非常时受救开启城门，有以下几道程序："殿门及城门若有救夜开，受救人具录须开之门，宣送中书门下。其牙内诸门，城门郎与见直监门将军、郎将各一人俱诣阁门覆奏，御注'听'，即请合符门钥，对勘符，然后开之。"⑤城门及殿门若有救令在夜间开启，接受命令的人应首先详细记录要开之门，以文书形式送达中书省及门下省等相关部门；其次城门郎与当值的监门大将军、中郎将等各一人，一起到阁门上奏，请求皇帝批示；最后对勘合符开门。这种非常时开启城门，显示出城门管理在特殊情况下具有灵活性，宫内各门奉救开关，城门郎、监门将军与中郎将等官员共同协作，体现了唐代行政官僚机构的相互制约与合作。

① 〔宋〕王溥：《唐会要》，中华书局，1955年，第474页。
② 《新唐书》，中华书局，1975年，第1208页。
③ 中国科学院考古研究所西安工作队：《唐代长安城明德门遗址发掘简报》，《考古》1974年第1期。
④ 《旧唐书》，中华书局，1975年，第1846页。
⑤ 《唐六典》，中华书局，1992年，第249—250页。

（三）城门启闭失职处罚的规定

唐政府为维护都城防卫与社会治安，派专职人员负责城门启闭，并制定法令保证制度执行。城门启闭时间是唐都长安的官方时刻表，不容有任何误差。唐律对城门启闭失职有以下处罚规定。

第一，城门启闭钥匙的进出若超过规定时间，被认为"进出钥违迟"，要受处罚。唐律规定："宫殿门闭讫，进钥违迟者，殿门杖一百……宫门以外，递减一等。其开门出钥迟，又各递减进钥一等。"①唐律对进钥、出钥违迟者的处罚规定，随城门级别的降低依次减轻。闭门进钥违迟者，殿门杖一百、宫门及宫城门杖九十、皇城门杖八十、京城门杖七十；开门出钥违迟者，比进钥违迟者各减一等，即殿门杖九十、宫门及宫城门杖八十、皇城门杖七十、京城门杖六十。

第二，城门启闭如果没有按照常规方法操作，要受到处罚。唐律规定："若错符、错下键及不由钥而开者，杖一百；即应闭忘误不下键，应开毁管键而开者，徒一年。其皇城门，减宫门一等。京城门，又减一等。"②如果不依常法开闭城门，受杖一百；关门忘下键、开门毁管键，受徒刑一年。

第三，城门、宫殿门非常时启闭需要有合符、勘符等程序，如果有一个程序不符合，就不能开门，否则要受罚。唐令规定："诸奉敕以合符夜开宫殿门，符虽合，不勘而开者，徒三年；若勘符不合而为开者，流二千里；其不承敕而擅开闭者，绞。"③奉敕开宫殿门，符虽合、未勘而开者，受徒刑三年；勘符不合而开者，流二千里；不承敕擅自开闭，受绞刑。

第四，唐代城门管理制度极为严格，除对城门守卫的工作进行严格规定外，对其在职与否亦有规定，宫门守卫冒名顶替者要受到处罚。唐令规定："诸于宫城门外，若皇城门守卫，以非应守卫人冒名自代及代之者，各徒一年。以应守卫人代者，各杖一百。京城门，各减一等。"④守卫人及冒名顶替者都要受罚，皇城门的守卫，非守卫人冒名守卫人，冒名者及守卫人都要徒一年；应守卫人代替守卫，代替者及守卫人都要杖一百。京城门如果出现守卫冒名或代替现象，依此各减一等。

唐长安城城门启闭有严格的时间规定，遵循开则先外后内、闭则先内后外的原

---

    ① 《唐律疏议》，中华书局，1983年，第162页。

    ② 《唐律疏议》，中华书局，1983年，第160页。

    ③ 《唐律疏议》，中华书局，1983年，第160页。

    ④ 《唐律疏议》，中华书局，1983年，第169页。

则。唐政府为维护都城社会秩序，设城门郎负责京城、皇城、宫城城门的启闭，并根据城门等级，制定相应法令保证制度实施。

四、城门维修制度

唐长安城是在隋大兴城基础上兴建的，城门由于历时较长，受大风、暴雨等自然因素影响，部分有所损坏。建中三年（782）二月己卯，震通化门；[1]长庆四年（824）五月庚辰，大风吹坏延喜、景风二门；太和九年（835）四月二十六日夜，大风，含元殿四鸱吻皆落，拔殿前树三，坏金吾仗舍，废楼观内外城门数处，光化门西城墙坏七十步。[2]城门除受自然因素破坏外，还受人为因素影响，如文宗太和九年（835）秋七月，毁银台门，起修三门楼；[3]代宗大历七年（772）春正月甲辰，回纥使者擅出鸿胪寺以三百骑犯金光、朱雀门。[4]唐长安外郭城门金光门、皇城城门朱雀门遭到回纥兵侵犯，城门为木构建筑，受到一定破坏。

唐长安城城门维修工作主要由将作监负责，将作监下设将作大匠，《唐六典》对将作大匠的职责有如下记载：

> 将作大匠之职，掌供邦国修建土木工匠之政令，……凡西京之大内、大明、兴庆宫，东都之大内、上阳宫，其内外郭、台、殿、楼、阁并仗舍等，苑内宫、亭、中书、门下、左右羽林军、左右万骑仗、十二闲厩屋宇等谓之内作。凡山陵及京都之太庙、郊社诸坛庙，京都诸城门，尚书殿中秘书内侍省、御史台、九寺、三监、十六卫、诸街使、东宫诸司、王府官舍屋宇，诸街、桥、道等，并谓之外作。[5]

从以上记载可知，将作大匠掌管土木工匠政令，负责都城"内外作"工程营建与维修，其中"内作"指宫城及禁苑范围内的营建工程等，"外作"指皇陵营建及都城庙社、城门、东宫诸司、王府屋宇、街道桥梁等维修工作。关于唐长安城的外作营缮事务，"大事则听制敕，小事则须省符"[6]。同时城门守卫人员也参与城门维修，"开元二十三年（735）七月敕，两京城、皇城及诸门，并助铺及京城守把捉兵之处，有城墙若门楼舍屋破坏须修理者，皆与所司相知，并量抽当处职掌卫士，以

① 《新唐书》，中华书局，1975年，第187页。
② 《旧唐书》，中华书局，1975年，第1362页。
③ 〔清〕顾炎武：《历代宅京记》，中华书局，1984年，第105页。
④ 《资治通鉴》，中华书局，1956年，第7218页。
⑤ 《唐六典》，中华书局，1992年，第593—595页。
⑥ 《新唐书》，中华书局，1975年，第1272页。

渐修营"①。城门门楼及舍屋修理需上报职官，然后助铺派城门守卫人员对其进行修缮。唐政府对城门维修极为重视，史书对唐长安城门及门楼的维修有零星记载，具体参见表1。

表1 唐长安城城门及门楼维修记载一览表

序号	文献记载	所属区域	资料出处
1	德宗贞元四年（788）十月二十五日，户部侍郎班宏，奉敕修延喜门，筑夹城	延喜门是皇城东面偏北之门	《唐会要》卷三〇《诸宫》
2	德宗贞元五年（789）正月十九日户部侍郎班宏修玄武楼	玄武楼是大明宫北面正门玄武门门楼	《唐会要》卷三〇《诸宫》
3	德宗贞元八年（792）正月新作玄武门及庑会蹴场	玄武门是大明宫北面正门	《唐会要》卷八六《城郭》
4	德宗贞元十二年（796）八月六日，户部尚书裴延龄，奉敕修望仙楼	望仙楼是大明宫南面城门望仙门门楼	《唐会要》卷三〇《诸宫》
5	德宗贞元十二年八月庚午，增修望仙门，广夹城、十王宅、六王宅	望仙门是大明宫南面城门之一	《旧唐书》卷一三《德宗本纪下》；《册府元龟》卷一四《帝王部·都邑二》
6	穆宗元和十五年（820）七月，新作永安殿及宝庆殿，修日华门、通乾门，并朝堂廊舍	日华门为大明宫廊门，通乾门为大明宫含元殿东侧便门	《唐会要》卷三〇《诸宫》；《历代宅京记》卷六《关中四》
7	文宗太和二年（828）八月敕修安福楼及南殿院屋宇一百八十八间	安福楼为皇城西面城门安福门门楼	《册府元龟》卷一四《帝王部·都邑二》；《唐会要》卷三〇《诸宫》
8	文宗太和九年（835）十月右军擗伏使田全操请准敕拆银台门，起修三门楼……	右银台门为大明宫西面偏南城门	《册府元龟》卷一四《帝王部·都邑二》
9	武宗会昌五年（845）夏六月，神策奏修望仙楼及廊舍五百三十九间功毕	望仙楼为大明宫南面城门望仙门门楼	《历代宅京记》卷六《关中四》；《唐会要》卷三〇《诸宫》
10	宣宗大中二年（848）正月，敕修右银台门楼屋宇及南面城墙至睿武楼	右银台门为大明宫西面偏南城门	《唐会要》卷三〇《诸宫》；《册府元龟》卷一四《帝王部·都邑二》

---

①〔宋〕王溥：《唐会要》，中华书局，1955年，第1584页。

从上表可知，唐长安城城门维修工作多在唐后期进行，其中大明宫的城门修缮较多，凸显出大明宫在唐后期的政治中心地位。唐长安城城门的维修工作主要由将作大匠负责，但根据上表记载，德宗贞元年间户部侍郎班宏奉敕修延喜门及玄武楼、户部尚书裴延龄奉敕修望仙楼，似乎户部尚书和侍郎也负责维修城门。其实不然，"户部尚书、侍郎之职，掌天下户口井田之政令"①，德宗任命户部尚书、侍郎维修城门，主要是利用户部侍郎及其所属机构提供的经费物资，并非营造机构职能的转移。

五、小结

中国古代都城不仅是帝国政治权力中心，还是礼法制度的策源地。唐都长安作为古代封闭都城制度的典型，城门管理制度完备而严格，唐政府不仅推行门籍制度、宵禁制度加强城门防卫，还通过城门启闭、城门维修等制度加强都城安全与防卫。门籍制度是唐政府为加强宫城诸门管理而推行的一种制度，要求百官及宫内服务人员凭借有效门籍进出宫殿门，在物态空间上形成一种门障，体现了统治者"家天下"的管理思想。宵禁制度是街鼓管理与城门、坊门启闭相配合的一种制度，左右街使掌管六街巡逻，是宵禁制度的主要执行者。城门启闭根据鼓声而定，主要由城门郎负责，遵循开则先外后内、闭则先内后外的原则。唐长安城的城门管理制度是在前代基础上逐步完善的，城门管理制度极为严格，依据城门等级制定相应法令保证制度的实施。

唐政府推行城门管理制度，对人们在城门的空间活动进行规范、限制。非常时受敕启闭城门，需经城门郎、监门将军、中郎将等官员共同协作，才能对勘合符开门，体现了唐代行政官僚机构的制约与合作。城门管理职官既各司其职又相互配合，形成高效的行政管理体制，保证了都城秩序的顺畅运行。

唐政府为加强都城防卫与稳定统治，制定出完备严格的管理制度对唐长安城内不同类型、不同等级的城门进行管理，体现了权力运作与都城空间管理的密切相关性。统治者运用最高权力推行城门管理制度，通过设置管理机构、管理者及制定一系列法令保证具体制度的实施，从而使得都城空间管理秩序得以有序运行，达到维护其统治的目的。同时，唐代城门管理制度也是加强都城空间管理、获取或维护权力的一种手段。

唐长安城的城门管理制度完备而严格，对后代都城城门管理产生了深远影

---

① 《唐六典》，中华书局，1992年，第63页。

响。从汉代发展而来的门籍制度，被多个朝代继承，明清北京皇宫城门的进出依然采用门籍制度来加强防卫；唐长安都城管理中的宵禁制度，在宋代之后，被元明清继承，元大都、明清北京城依然推行宵禁制度；唐长安城街鼓报时与之后都城钟鼓楼的设置一脉相承。由此可见，唐长安城城门管理制度对后代产生的深远影响。

原载《陕西师范大学学报》（哲学社会科学版）2012年第1期

（肖爱玲，陕西师范大学西北历史环境与经济社会发展研究院教授；

周霞，陕西省榆林中学中教一级教师）

规划设计与思想观念

基于辨方正位规划传统的秦咸阳轴线体系初探

郭　璐

秦代（前221—前206）是中国历史上第一个天下一统的王朝，疆域确立、制度传成，奠定了此后两千余年封建帝制的根基。秦都咸阳[①]作为天下之都，是秦代"政治与文化之标征"[②]，其都城建制在继承先秦传统的基础上，开辟了一个全新的时代。但是，因为年代玄远，存世文献均为秦以后人所著，且多已散佚不全，长期的河道变迁、雨水冲蚀等又为考古发掘带来重重困难，"二重证据"的匮乏导致当代学者虽已展开大量有意义的研究，但是若干关键性问题仍显得模糊不清，这启发笔者通过研究视野与方法上的重构来探讨新的认知图景。本文将从城市规划的视角出发，基于对先秦秦汉时期规划传统的研究和相关历史文献的佐证，推断秦都咸阳可能的规划设计方法，进而以此逻辑体系为线索，重新认识和组织现有文献与考古资料，最终获得对咸阳都城建制的新认知。

一、辨方正位的规划传统与文献记载的秦咸阳轴线体系

通过辨方正位的方法确立空间轴线是自先秦时期即已得到广泛应用的一种规划设计手法。通过对《史记·秦始皇本纪》的研究可知，秦咸阳分别以极庙与阿房宫为中心塑造轴线体系，进而形成城市空间的主干。"辨方正位"应被视为秦都咸阳规划中的一个重要方法。

---

① 公元前350年，秦孝公迁都咸阳；前221年，秦始皇统一天下，继续以咸阳为都，并大规模扩建，直至秦末。咸阳作为秦都，历8君144年，经历了129年的诸侯国都城时期和15年的帝国都城时期。在秦始皇统一天下之前的很长一段时期，咸阳都是作为诸侯国的都城而存在的，本文的研究对象主要是帝国都城时期的咸阳。

② 王国维：《观堂集林》，中华书局，2006年，第451页。

（一）辨方正位以确立空间轴线的规划

中国人对方向的辨认历史悠久，新石器时代已有相当一部分房屋和墓穴的方向非常端正①，先秦时期即有通过立表测影与观察星象以辨认方向的记载②。辨方正位为古人进行人居建设之大务。③所谓"相地""相宅"之"相"，从木从目，就是依靠木杆去测量，其中一个重要工作应当就是用表测定日影以辨认方向。《诗经·大雅·公刘》："既景乃冈，相其阴阳，观其流泉"。《汉书·晁错传》："相其阴阳之和，尝其土泉之味。"《尚书讲义》卷十五："将营宫室，必相其阴阳。所谓辨方正位以建国也。"这些都说明辨方正位作为一种重要的规划设计方法，在人居环境建设中具有基础性和结构性的作用。

辨方正位的核心，在于以一点为中心，辨明四方，确立空间结构的控制线，也就是轴线。三代之时，在城市（如早期商代的都城偃师商城遗址）、建筑群（如夏偃师二里头遗址中的一、二号宫殿建筑）、单体建筑（如西周岐山凤雏村宫室遗址）等不同层次上已体现出明确的轴线。春秋战国时，各国都城或整体（如鲁曲阜）或局部（如赵邯郸、燕下都）都存在轴线。这些轴线往往串联起具有重要地位的一系列空间要素，成为各个层次上的空间主干。

辨方正位首先是"立中"，轴线是空间主干，这一中点则是主干上的枢纽，是辨方正位、建立轴线的起点。《周礼·地官·大司徒》："以土圭之法测土深，正日景，以求地中。……乃建王国焉。"《吕氏春秋·慎势》："古之王

---

① 冯时：《中国古代的天文与人文》，中国社会科学出版社，2006年，第6页。

② 古人很早就掌握了辨认方向的方法，立表测影是一个核心方法。殷商甲骨文的"中"即被认为是立表测影之表〔萧良琼：《卜辞中的立"中"与商代的圭表测影》，见中国天文学史整理研究小组编：《科技史文集》（第10辑），上海科学技术出版社，1983年〕。《考工记·匠人》中对这种技术方法有详细的记载："匠人建国，水地以县，置槷以县，视以景，为规，识日出之景与日入之景，昼参诸日中之景，夜考之极星，以正朝夕。"即通过观察日出、日入时的日影确定正南北方向，再以正午日影和夜晚极星位置加以校验，这种方法直到宋代《营造法式》中仍旧沿用。

③ "辨方正位"一词首见于《周礼》，"惟王建国，辨方正位，体国经野，设官分职，以为民极"。对于它的理解有狭义和广义两种。狭义而言，正如贾公彦《周礼注疏》所谓："谓建国之时辨别也，先须视日景以别东、西、南、北四方，使有分别也。'正位'者，谓四方既有分别，又于中正宫室、朝廷之位，使得正也。"就是辨别方向、确定位置。广义而言，"辨方"是以方位为线索，对于不同区域的土地及其所附着的自然资源进行综合调查、评估与利用；"正位"则是通过确定空间位置关系而建立社会秩序。详见郭璐、武廷海《辨方正位体国经野——〈周礼〉所见中国古代空间规划体系与技术方法》〔《清华大学学报》（哲学社会科学版）2017年第6期〕。本文所讨论的"辨方正位"是狭义的概念。

者，择天下之中而立国，择国之中而立宫，择宫之中而立庙。"城市的这一中心理所当然地为宫庙等核心建筑所占据。其次，从中心点出发，才能开展《考工记·匠人》中所说的"识日出之景与日入之景。昼参诸日中之景，夜考之极星，以正朝夕"的工作，也就是"定向"，立足中心，测定东、南、西、北四正方位，沿特定方向确定空间发展的控制线，此控制线串联起一系列的标志物，形成空间主干。先秦诸侯国都城与西汉长安城等的轴线都体现了这一点。立中、定向的工作完成之后，才是《考工记·匠人》中接着说的"匠人营国，方九里，旁三门"等具体的空间布局工作。

（二）文献记载的秦咸阳轴线体系

从文献记载来看，秦都咸阳存在一系列空间轴线。据《史记·秦始皇本纪》的记载，秦在统一天下、政治局面初定之时，即着手建立都城咸阳新的空间格局，以极庙为中心的东向与北向的轴线体系是其重要组成部分；此后，在始皇三十三年至三十四年（前214—前213）的又一轮开疆拓土后，又建设了以阿房宫为中心的南向轴线，充实和拓展了极庙的轴线体系。（表1、图1）

表1　《史记·秦始皇本纪》所载轴线体系构建过程

时间	《史记·秦始皇本纪》记载	建设内容
始皇二十六年（前221）	初并天下，分天下以为三十六郡	统一天下，建立帝国
始皇二十七年（前220）	作信宫渭南，已更命信宫为极庙，象天极	（1）确立中心
	自极庙道通郦山	（2）建构东向轴线
	作甘泉前殿，筑甬道，自咸阳属之	（3）建构北向轴线
始皇三十三年至三十四年（前214—前213）	为桂林、象郡、南海，以适遣戍。西北斥逐匈奴……筑亭障以逐戎人 适治狱吏不直者，筑长城及南越地	拓展西南领土，巩固北部边疆
始皇三十五年（前212）	为复道，自阿房，渡渭属之咸阳，以象天极阁道绝汉抵营室也	（4）完善极庙北向轴线
	除道，道九原抵云阳（甘泉宫之所在），堑山堙谷，直通之	（5）延伸极庙北向轴线
	立石东海上朐界中，以为秦东门	（6）延伸极庙东向轴线
	先作前殿阿房……自殿下直抵南山。表南山之巅以为阙	（7）建构阿房宫南向轴线

这一轴线体系包括天下与城市两个尺度，前者东到东海之滨的上朐，北到长城以南的九原，长达上千公里，但其并不代表着空间对位或者结构控制，更多的是观念中的空间关系；后者则在人的感知范围以内，对城市与地区空间结构发挥着切实的控制作用，这也是本文的主要研究对象。

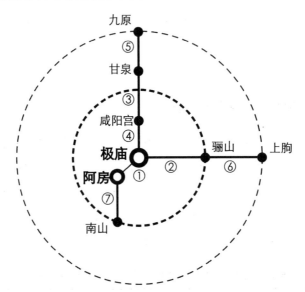

图1 《史记·秦始皇本纪》所载咸阳轴线体系构建过程

二、基于辨方正位规划传统辨识咸阳轴线体系

历史文献勾勒出了秦都咸阳轴线体系的基本结构，以辨方正位的规划过程即"立中"与"定向"为线索，将历史文献、考古成果及当代地形图进行综合比对与研究，可以辨识出咸阳以极庙与阿房宫为核心、经纬纵横的轴线体系，这是咸阳城市空间的主干。

（一）立中：以极庙与阿房宫为核心

夏商西周时期宫庙一体，占据着城市的核心位置，宗庙不仅是祭祀祖先的场所，也是重要的行政场所和重大礼仪活动的举行地。《墨子·明鬼》即有云："三代之圣王，其始建国营都日，必择国之正坛，置以为宗庙。"大约到春秋时期，宗庙与宫殿开始逐渐分离，共同拥有最重要的地位，如《吕氏春秋》所云"寝以安身，庙以事祖"。一般认为鲁国曲阜即以包含主要宫殿与宗庙的小城圈为中心，形成南北贯穿全城的中轴线。①在诸侯国时期，渭北咸阳宫是咸阳最为重要的宫室，但是在始皇统一天下后，着力营建的是新的宗庙——极庙和新朝宫的前殿阿房宫②，二者在作为天下之都的咸阳城中居于最为重要的地位，自然地成了构建轴线体系的中心。

极庙是秦始皇在都城咸阳为自己修造的生祠，它修造于始皇统一天下的第二年（前220），是向渭南扩建咸阳城的第一项重大工程，《史记·秦始皇本纪》载："焉作信宫渭南，已更命信宫为极庙，象天极。"以居于天空之中的天极比附极庙，足可见其在空间布局与文化意义上的核心地位。始皇死后二世即位（前209），第一件事是归葬始皇于郦山，第二件事即与群臣商议尊极庙为帝者祖庙，欲世代供奉。③可见极庙在秦都咸阳的城市建设中占据着核心与首要的地位。

关于极庙的位置，学术界主要存在以下两种观点：（1）今西安市草滩镇东南闫家寺村④，但刘致平在更早的研究中认为此为汉代建筑遗址⑤；（2）今汉长安城遗址范围内，何清谷根据相关文献线索推定其大体在汉长安城的北宫（此为早期认定的汉长安北宫，即今认定的北宫与桂宫之间），位于现西安市北郊的南徐寨、北徐寨一带⑥，徐卫民、刘瑞等根据出土封泥等相关考古发现也基本持此观点。⑦从自然地形来看，秦时渭南的章台宫、兴乐宫、阿房宫等重要宫室都利用了龙首原的高亢地

① 曲英杰：《古代城市》，文物出版社，2003年，第70页。

② 关于阿房宫、阿房前殿、前殿阿房等名词的概念范围多有讨论，如王丕忠：《阿房宫与〈阿房宫赋〉》，《西北大学学报》（哲学社会科学版）1980年第3期；王学理：《"阿房宫""阿房前殿"与"前殿阿房"的考古学解读》，《文博》2007年第1期；辛玉璞：《"阿房宫"含义别说》，见《秦文化论丛》（第2辑），西北大学出版社，1993年。本文根据《史记·秦始皇本纪》的记载，认为阿房为地名，或者是对该地的描述，所谓"先作前殿阿房""作宫阿房"，相当于是"先作前殿于阿房""作宫于阿房"，因而阿房宫是建于"阿房"的前殿的临时名称。作为一期工程的前殿直至秦亡尚未完工，则新朝宫未被命名也是情理之中的事，本文就直接以新朝宫称之。

③ 《史记》，中华书局，1959年，第266页。

④ 聂新民：《秦始皇信宫考》，《秦陵秦俑研究动态》，1991年第2期；王学理：《咸阳帝都记》，三秦出版社，1999年。

⑤ 刘致平：《西安西北郊古代建筑遗址勘察初记》，《文物参考资料》，1957年第3期。

⑥ 何清谷：《关中秦宫位置考》，见《秦文化论丛》（第2辑），西北大学出版社，1993年，第20—28页。

⑦ 徐卫民：《秦都城中礼制建筑研究》，《人文杂志》2004年第1期；刘瑞：《秦信宫考——试论秦封泥出土地的性质》，见陕西历史博物馆馆刊编辑部：《陕西历史博物馆馆刊》（第5辑），西北大学出版社，1998年，第37页。

形①，极庙也极有可能位于渭南龙首原北坡的高点上。北宫与桂宫间的位置也符合这一特点，是基本可信的极庙的位置。

阿房宫是除极庙之外，秦都咸阳的另一重要建筑。始皇三十五年（前212），欲于渭南营建新的朝宫，首先营建的是规模宏大的前殿，这是新朝宫最为重要的宫室，因建于"阿房"，故名为"阿房宫"。前殿工程的规划设计非常宏大，"东西五百步，南北五十丈，上可以坐万人，下可以建五丈旗"②。直到秦二世即位，仍将修建阿房宫作为完成始皇遗愿的头等大事③，但直至秦亡也未完工。今天考古发现的前殿遗址位于古皂河以西，渭河以南，今赵家堡、古城村一带。④（图2）

（二）定向：经纬纵横的轴线体系

在确立了辨方正位的中心之后，则可从此二中心出发，向四正方位建立空间秩序的控制线，这些控制线串联起一系列具有重要功能或文化意义的自然与人工的标志物，形成城市和地区空间的轴线体系，交通系统串联起中心建筑物与这一系列标志物，支撑与强化了这一体系。

1.极庙南北轴线

以极庙为中心，向南北方向考察。极庙向北跨渭河抵渭北二级台地边缘，正是今天考古发现的咸阳宫遗址片区。咸阳宫是秦孝公至秦始皇早期处理政务、举行典礼的主要宫室，直到始皇三十五年（前212），"听事，群臣受决事"⑤仍然在此。

---

① 渭河南岸有龙首原，是残存于二级阶地上的三级阶地，高出两侧地面。秦时渭南的章台宫、兴乐宫、阿房宫等重要宫室都利用了龙首原的高亢地形。汉未央宫前殿可能是在秦章台宫的基础上建设的（刘庆柱：《汉长安城未央宫布局形制初论》，《考古》1995年第12期），郦道元《水经注·渭水》载"萧何成未央宫，何斩龙首山而营之"，考古成果也证实未央宫前殿台基是利用原生土的丘陵，在其四周和表面进行加工夯筑的（中国社会科学院考古研究所：《汉长安城未央宫：1980—1989年考古发掘报告》，中国大百科全书出版社，1996年，第15页）；长乐宫是在秦兴乐宫基础上改造而成的，其主要宫室位于西北角，基本与未央宫前殿同样位于海拔390米等高线位置，也就是龙首原的高端上（刘振东、张建锋：《西汉长乐宫遗址的发现与初步研究》，《考古》2006年第10期），宋人程大昌所绘《龙首山图》中也将未央宫与长乐宫均绘于龙首原之上；阿房宫遗址则主要分布于龙首原向西南延伸的台地上，台基并非全部人工夯筑（李毓芳、孙福喜、王自力等：《西安市阿房宫遗址的考古新发现》，《考古》2004年第4期）。

② 《史记》，中华书局，1959年，第256页。

③ 《史记》，中华书局，1959年，第256页。

④ 中国社会科学院考古研究所、西安市文物保护考古所阿房宫考古工作队：《阿房宫前殿遗址的考古勘探与发掘》，《考古学报》2005年第2期。

⑤ 《史记》，中华书局，1959年，第257页。

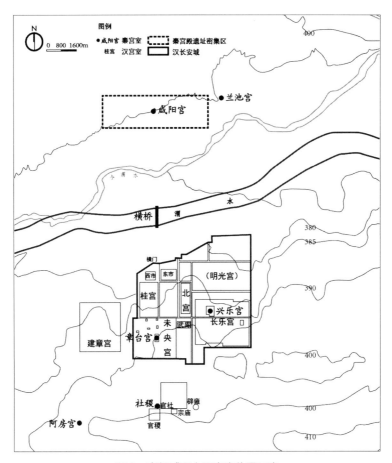

图 2　秦都咸阳主要宫室位置示意

其在孝公移都咸阳时即已兴建，此后屡有修造，始皇时又加以扩建。[①]今咸阳秦都区西自窑店公社毛王沟、东至红旗公社柏家嘴、北起高干渠、南至咸铜铁路以北是秦宫室遗址的密集区，其中聂家沟至姬家道沟建筑遗址分布最多、最密集、规模最大，似为宫殿中心区[②]，学界普遍认定咸阳宫应当就在此片区内。有学者认为现在发掘的牛羊沟1、2号建筑遗址即为咸阳宫[③]，但仍存争议。（图3）故可以认为咸阳宫的位置虽不精确，但也可大致确认正是在极庙位置的正北方向。《史记·秦始皇本

---

① 《史记》卷六八《商君列传》载秦孝公十二年（前350）"筑冀阙宫廷于咸阳"。《三辅黄图·序》载秦惠文公时"取岐雍巨材，新作宫室"。《三辅黄图》卷一《咸阳故城》："始皇穷极奢侈，筑咸阳宫，因北陵营殿，端门四达，以则紫宫，象帝居。"

② 陕西省考古研究所：《秦都咸阳考古报告》，科学出版社，2004年，第14页。

③ 刘庆柱：《论秦咸阳城布局形制及其相关问题》，《文博》1990年第5期。

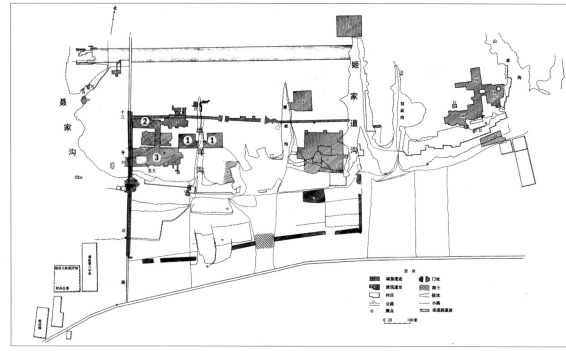

图3 秦都咸阳宫城垣范围及建筑遗址分布
（出自陕西省考古研究所：《秦都咸阳考古报告》，科学出版社，2004年，第14页）

纪》载："为复道，自阿房，渡渭属之咸阳，以象天极阁道绝汉抵营室也。"①极庙象征天极、咸阳宫象征营室，天象中二星隔天河相对，现实中二宫也可能确实存在空间上的对位关系。

极庙与咸阳宫之间有横桥，横桥是秦都咸阳沟通渭河南北的最为重要的桥梁。《史记·孝文本纪·正义》引《三辅旧事》云："秦于渭南有兴乐宫，渭北有咸阳宫。秦昭王欲通二宫之间，造横桥，长三百八十步。"秦始皇统一六国后在扩建咸阳宫的同时也扩建了横桥②，裴骃《史记集解·孝文本纪》中明确记载横桥在西汉长安城横门外三里，汉长安城横门遗址在今西安市未央区六村堡乡相小堡村西50米，横门外有一条南北向的大道遗址，在向北1250米后为淤沙堆积，不见路土，此处即应为秦汉横桥之所在③，约略就在极庙与咸阳宫的连线上。

自咸阳宫向北抵泾水之滨有望夷宫。望夷宫是秦代重要宫殿，《三辅黄图》卷一载其"北临泾水，以望北夷"，有护卫都城之作用。考古发现其位置有两个

---

① 《史记》卷六《秦始皇本纪》。中华书局1959年版将此断句为"为复道，自阿房渡渭，属之咸阳，以象天极，阁道，绝汉抵营室也"。从考古发现来推理，阿房宫距离渭河较远，不可能直接从此渡渭，但是以其为起点再转而到其他位置渡渭是可能的，故而有本文的断句方式。

② 何清谷：《三辅黄图校释》，中华书局，2005年，第27页。

③ 刘庆柱：《论秦咸阳城布局形制及其相关问题》，《文博》1990年第5期。

可能：（1）1985年《中国考古学年鉴》载其位于今泾阳县蒋刘乡余家堡东北的原畔[①]；（2）《咸阳地名志》记载其位于今蒋刘乡福隆庄。前者的赞成者更多，事实上二者相距不远，均在上文述及的咸阳宫片区的正北方向。

将望夷宫、咸阳宫、横桥、极庙一线南延，则可达秦社稷。社为土神，稷为谷神，在农业社会这就是立国之根本，故而社稷向来被作为国家政权的标志。秦曾于咸阳修造社稷，李斯在向二世上书表功时其中重要的一项便是"立社稷，修宗庙，以明主之贤"[②]。《三辅黄图》卷五载："汉初除秦社稷，立汉社稷。"《汉书·郊祀志》颜师古注与此相类，也就是说汉社稷是在秦社稷的基础上建设的。当代的考古工作者认为，在汉长安城南发现的礼制建筑群中的第13号遗址应当就是秦修汉葺的社稷之所在。[③]

自社稷向南有子午谷。子午谷位于今西安市南，是秦岭北坡不足5公里长的一条短谷，子午谷谷口一段谷道端直，谷口两侧山峰对称如阙，与周邻其他山谷迥然有别。战国、秦时子午谷中的子午道已经是贯穿秦岭南北、由关中直抵汉中的重要通道。[④]子午谷的名称带有强烈的象征意义，子居北位，午居南位，王冰《灵枢经·卫气行》所载"子午为经"，说明其为空间的南北主干。子午谷当然不可能南北端直，子午道路线也多有偏折，如此命名应意在凸显其空间上的象征意义。《长安志》卷十二引《括地志》："王莽以皇后有子孙瑞，通子午道。盖以子午为阴阳之王气也。"子午象征着王气，子午谷的地位非一般山谷可比。此外，据《水经·沔水注》，子午谷又有直谷之名。直者，"正见也"[⑤]，这样的命名方式正说明从地理位置而言，子午谷与城市核心区相朝对。

综上，可以看到一条以极庙为中心，自泾水之滨贯穿关中平原中部直抵南山之麓的轴线，从北向南连接望夷宫、咸阳宫、横桥、秦社稷、子午谷口等具有重要功能与文化意义的空间要素。对秦汉时期交通线路的考证也可为这一轴线的存在提供佐证：西汉甘露三年（前51），匈奴呼韩邪单于与宣帝先后南入长安，其行程为甘

① 中国考古学会：《中国考古学年鉴》，文物出版社，1985年，第230页。
② 《史记》，中华书局，1959年，第256页。
③ 中国社会科学院考古研究所：《西汉礼制建筑遗址》，文物出版社，2003年，第222—224页。
④ 《史记》卷八《高祖本纪》载汉高祖刘邦由关中前往汉中，"从杜南入蚀中"。胡三省注《资治通鉴》、顾祖禹《读史方舆纪要》等都据《司隶校尉杨君孟文石门颂序》所载"高祖受命，兴于汉中，道由子午，出散入秦"，认为"蚀中"即子午谷。《水经注·沔水》中也记载张良护送刘邦去汉中途中烧绝的栈道为子午道上的"蓰阁"。
⑤ 〔汉〕许慎撰，〔清〕段玉裁注：《说文解字注》，上海古籍出版社，1981年，第634、634页。

泉宫—池阳宫—长平坂—渭桥—建章宫①，望夷宫在"长平观道东"②。渭桥当为横桥，建章宫在长安城西，秦时交通线路与此应无太大区别，再加上前文提及的子午道，可看出存在一条从渭北望夷宫经咸阳宫、横桥、渭南宫庙抵子午谷口的交通线路，其起到了联系轴线各个部分的作用。

2.极庙东西轴线

秦都咸阳还存在一条以极庙为核心的东西向轴线。《史记·秦始皇本纪》载："自极庙道通骊山。"骊山是秦岭向西北伸出的一个支阜，主峰海拔1302米，东西绵亘超过20公里，是咸阳以东关中平原上最为突出的地理标志。极庙在骊山以西，骊山西麓有芷阳宫与秦东陵。芷阳宫原名霸宫，为春秋时秦穆公所建③，是秦在咸阳这一片区所修造的第一座宫室；战国时期，秦昭襄王对霸宫做了修葺、扩建，改名芷阳宫，在其地设置芷阳县。据考古调查，秦芷阳宫与芷阳城可能位于今西安市临潼区韩峪乡油王村一带。④芷阳以东、韩峪乡骊山西麓的山坡地带有秦东陵⑤，是自昭襄王至始皇之前秦国君主的主要葬地，根据《史记》中的《秦本纪》《秦始皇本纪》《吕不韦列传》等的记载，秦悼太子、宣太后、昭襄王及唐太后、庄襄王及帝太后均葬于此⑥。骊山最高峰、芷阳宫、东陵与极庙基本在一条东西线上，形成一条东西向的轴线。从交通组织来看，联系东方诸国的函谷道与联系荆楚之地的武关道汇聚于骊山西麓、灞水以东、芷阳宫附近的霸上⑦，过灞桥直抵包括极庙在内的城市核心区，也为这一轴线的存在提供了支撑。

---

① 此事见《汉书》卷八《宣帝纪》、卷九四《匈奴传下》。《宣帝纪》载："三年春正月，行幸甘泉，郊泰畤，匈奴呼韩邪单于稽侯狦来朝，赞谒称藩臣而不名。赐以玺绶、冠带、衣裳、安车、驷马、黄金、锦绣、缯絮。使有司道单于先行就邸长安，宿长平。上自甘泉宿池阳宫。上登长平版，诏单于毋谒。共左右当户之群皆以观，蛮夷君、长、王、侯迎者数万人，夹道陈。上登渭桥，咸称万岁。单于就邸。置酒建章宫，飨赐单于，观以珍宝。"

② 何清谷：《三辅黄图校释》，中华书局，2005年，第68页。

③ 刘庆柱：《三秦记辑注》，三秦出版社，2006年，第64页。

④ 张海云：《芷阳遗址调查简报》，《文博》1985年第3期。

⑤ 张海云、骆希哲：《秦东陵勘查记》，《文博》1987年第3期。

⑥ 《史记》卷五《秦本纪》记载昭襄王"四十年，悼太子死魏，归葬芷阳"；昭襄王"四十二年，安国君为太子，十月宣太后薨，葬芷阳郦山"。《史记》卷六《秦始皇本纪》："昭襄王享国五十六年，葬芷阳。"《史记·秦本纪》记载孝文王"尊唐八子为唐太后，而合葬于先王（昭襄王）"。《史记·秦始皇本纪》："庄襄王享国三年，葬芷阳。"《史记》卷八五《吕不韦列传》："始皇十九年，太后薨，谥曰帝太后，与庄襄王合葬芷阳。"

⑦ 辛德勇：《论霸上的位置及其交通地位》，《陕西师范大学学报》（哲学社会科学版）1985年第1期。

3. 阿房宫南北轴线

以阿房宫为中心，有南北向轴线。《史记·秦始皇本纪》载阿房宫"周驰为阁道，自殿下直抵南山，表南山之巅以为阙"。将考古发现与地形图进行对照，阿房宫前殿遗址正与秦岭沣峪口相对。而沣峪的东西两侧，一侧为这一段秦岭的最高峰麦秸磊（海拔2886米），另一侧为海拔2671米的高峰，可谓是南山之巅夹峙，呈现出"门阙"的形式。《秦始皇本纪》又载："先作前殿阿房……周驰为阁道，自殿下直抵南山。"可见，阿房宫有阁道直抵南山之下，强化轴线，同时与极庙也有复道相连，形成贯通的系统。今天的考古发掘并未发现阿房宫通往外部的阁道遗址，一个很大的可能是，阿房作为新朝宫的前殿并未建成，这一本在规划之中的道路体系自然也未落实，或许在秦始皇的规划中还有更为宏大和完善的轴线体系。（图4）

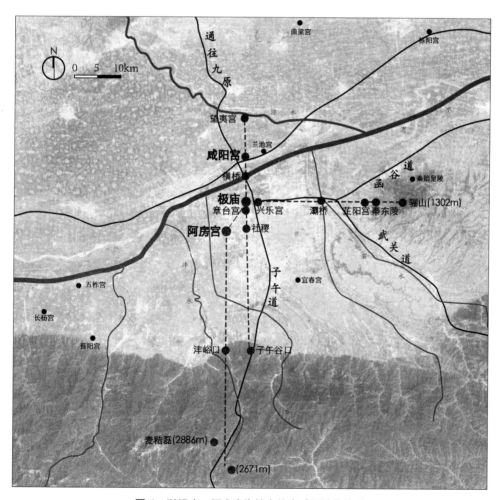

图4　以极庙、阿房宫为核心的秦咸阳轴线体系

三、基于轴线体系的秦咸阳都城建制推测

关于秦都咸阳的空间结构，学界一直众说纷纭，有内城外郭说[①]、有宫城无郭城说[②]等等，对于其空间范围等也有多种不同的观点[③]。在对作为空间主干的城市轴线体系加以考证后，可以对咸阳的都城建制加以重新审视。

可以明确的是，秦都咸阳经过严密的规划设计，并非是松散无组织的宫殿群。极庙作为两条轴线的交汇点，是当仁不让的城市中心；阿房宫作为新朝宫的前殿，是次中心。从这两个中心出发的三条轴线为空间主干，联系咸阳宫、望夷宫、社稷、兴乐宫、芷阳宫、东陵等一系列具有重要地位的人工建筑物，还将南山之巅、子午谷口、骊山之巅等突出且有特殊文化含义的自然标志物纳入人工秩序，交通线路贯穿其中，起到联系作用，形成一个有序、有机的空间整体。

当空间主干明晰后，重新审视相关文献与考古材料，帝都咸阳的都城建制也就自然浮现出来了。轴线贯穿城市中心，串联了最为重要的建筑物，可以看出，以极庙为中心，旧朝宫咸阳宫与新朝宫前殿阿房宫恰位于一个半径约20里[④]的圆周上，这20里以内密集分布着大量宫室建筑，包括兰池宫、甘泉宫、章台宫、兴乐宫等共7组，可以认为这个范围就是咸阳城市的核心区。此核心区外围30里的范围内，分布有望夷宫、仿六国宫室、宜春宫、芷阳宫（霸宫）等若干重要宫室。《史记·秦始皇本纪》载始皇三十五年，"乃令咸阳之旁二百里内，宫观二百七十，复道甬道相连，帷帐钟鼓美人充之，各案署不移徙"。有学者认为"咸阳旁二百里"是指东西南北各50里之和[⑤]，核心区外围30里的范围，恰好就是以极庙为中心，东西南北各50里，很可能就是始皇所规划的"咸阳之旁二百里内"的宫室密集区。除始皇陵之外

---

① 刘庆柱：《论秦咸阳城布局形制及其相关问题》，《文博》1990年第5期。

② 王学理：《咸阳帝都记》，三秦出版社，1999年。

③ 主要有三种观点：一说认为秦都咸阳主要在渭北，如今虽部分被渭河冲毁，但主要部分仍留存（刘庆柱：《论秦咸阳城布局形制及其相关问题》，《文博》1990年第5期）；一说认为秦都咸阳主要部分位于渭水之滨，如今已被冲毁（武伯纶：《西安历史述略》，陕西人民出版社，1979年）；一说认为秦都咸阳应包括渭河两岸的广阔地域，但对于具体的范围仍有不同认识（王学理：《咸阳帝都记》，三秦出版社，1999年；时瑞宝：《秦咸阳相关问题浅议》，《人文杂志》1999年第5期）。

④ 此处的"里"指汉里，合417.5米，详见陈梦家：《亩制与里制》，《考古》1966年第1期。

⑤ 李令福指出："《史记》所谓咸阳旁二百里，不是指以咸阳宫为中心向外200里为半径的范围，即我认为'咸阳旁二百里'指东西南北各50里之和。"（李令福：《秦都咸阳》，西安出版社，2010年，第80页）只是他认为咸阳的中心是咸阳宫，与本文观点不同。

的皇家陵寝也主要分布在这一范围内。这里也是北山[①]、泾渭之交、骊山、终南山围合形成的自然地理单元的范围，是关中平原中部最为开阔平坦的一部分。此外，以这一片区为中心，在关中平原的尺度上，沿主要交通线路还分布有若干行宫苑囿。（图5）

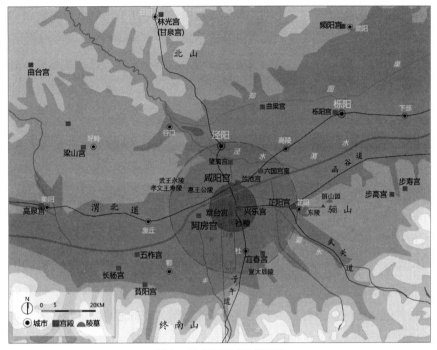

图 5　秦咸阳都城建制示意

由此，秦都咸阳作为中国历史上第一个统一帝制王朝的都城的独有面貌便可得到勾画：中心突出而又向区域扩展，形态分散而又结构严谨，规模宏大而又秩序井然。

四、结论与讨论：历史轴线研究的方法论意义与现实启发

在对中国古代城市规划的研究中，学者们运用考古学的研究方法，通过历史文献与考古成果的比照取得了巨大成果，勾画出各个时期城市的基本面貌。但与此同时，历史文献的留传与考古成果的获得有一定的偶然性，且时间愈久远，材料的破坏就愈严重，获取就愈困难，难免会存在一些难以判断的盲点。这就引导我们在利用现有文献与考古材料的基础上，转化思维模式，从城市规划的视野来加以审视，

① 北山是对关中平原北面诸山的惯常称呼。《资治通鉴》卷二二九《唐纪》载唐建中四年（783），朱泚攻奉天（今陕西乾县），"李怀光自蒲城引兵趣泾阳，并北山而西……败泚兵于醴泉"，即此。

研究对象就不是历史记载与考古挖掘中孤立的"死物",而是那一时代活生生的现实,是经过精心规划设计所形成的人居环境。在此研究视野之下,应当首先认识到"中国古代的人居规划设计中蕴藏着丰富且极具智慧的观念、理论原则和技术方法,它们构成了可与西方规划设计理论并驾齐驱的东方体系"[①],可以通过对中国传统规划设计方法的挖掘,较为准确地把握古代城市空间生成的内在逻辑,进而将逻辑方法与历史方法相结合,按照规划设计的逻辑体系,排除偶然因素的干扰,抓住基本方向和基本线索,对于习见的历史文献与考古资料重新加以审视和整体分析,从旧材料中建立新认识,探讨城市建制的内在体系。当然,本文的研究只是建基于研究视野与研究方法有限重构的学术推论,未来尚需结合更为准确的地理信息、最新的考古发掘成果进一步论证。

除了学术研究中方法论探索的意义外,从规划实践的角度,历史时期咸阳城市轴线和城市建制的研究对于今天城乡规划建设也具有启发意义。秦都咸阳的主要建设范围恰与今天西安市和咸阳市市区重叠,当前,这一地区正处于城市用地扩张最快、城市建设规模最大的时期[②],如何保护与展示历史积淀的文化遗产,如何引导地区空间合理有序地发展,都是当前面临的严峻挑战。秦都咸阳恢宏壮阔的历史轴线在今天仍有迹可循,应当将与之相关的历史遗迹视为一个整体,而非孤立的文物点,通过关键遗址的保护与展示、建筑高度的控制、视线通廊的保护、绿化廊道的强化等手段,尽量保护并再现;而且,因其与城市建成区关系紧密,亦可在未来发展中与城市重要文化设施等的建设相结合,伺机进一步发展,使之成为世代传承、历久弥新的空间主干。与此同时,秦都咸阳利用轴线体系组织大尺度空间的规划设计方法对于今天迅速扩张的城市空间的发展模式具有启发意义,可以特定建筑群或城市片区为核心,结合具有重要功能或文化意义的空间节点、自然地形中的突出标志等形成空间轴线,以空间主干组织各项建设,塑造城市与地区的空间秩序。

原载《城市规划》2017年第10期

(郭璐,清华大学建筑学院副研究员)

---

① 吴良镛:《中国人居史》,中国建筑工业出版社,2014年,第481页。

② 1978—2011年,西安市的建成区面积从95平方公里增长到了415平方公里,市区人口从210.15万增长到568.77万(西安市统计局,国家统计局西安调查队:《西安统计年鉴2012》,中国统计出版社,2012年)。在未来的一段时间内,这一趋势仍将继续,根据陕西省人民政府2013年印发的《陕西省主体功能区规划》,到2020年陕西省城市空间将达到2320平方公里,较2010年增长38.9%(详见《陕西省主体功能区规划》,http://www.shaanxi.gov.cn/uploadfile/ztgnqgh.pdf)。

秦咸阳象天设都空间模式初探

郭　璐

秦都咸阳①是中国历史上第一个大一统帝国的都城，其空间布局在继承先秦都城规划设计的基础上，开辟了一个全新的时代。象天设都起源于先秦的规划设计思想，它贯穿于中国整个帝制时期的都城建设，是论证政权合法性的重要手段，影响深远。秦都咸阳象天而设史有明载，对其空间布局模式进行研究对于中国古代都城史与城市规划史具有重要价值。现有研究已取得不少成果，但观点纷纭、莫衷一是，直接的历史文献与考古材料的不足是难以突破的瓶颈。本文试图运用新的研究方法，另辟蹊径，提出一家之言。

本文研究的基本思路是从整体俯瞰局部，从外围逼近核心，从抽象走向具体。象天设都的空间模式不是孤立的，它与其他门类象天的造型模式是同一时代背景下的产物，有其社会文化、科学知识及技术方法上的必然性。可以首先考察战国、秦汉时期可考的象天制器的模式，从中得到象天设都模式的猜想；在此基础上，对时人关于天、地结构及天地关系的文化观念、科学知识以及通用的城市规划设计的技术方法等加以研究，得到象天设都的可能模式；再以此可能模式为纲，引领和组织对秦咸阳相关文献资料与考古材料的分析应用，得到其象天设都的具体空间模式。

一、秦都咸阳，象天而设

秦人本发源于陇东，秦孝公十二年（前350），商鞅在渭北"作为咸阳，筑冀阙"②，次年秦迁都于此，惠文、武、昭襄、孝文、庄襄等数代君主在此基础之上不断有新的营建。秦始皇二十六年（前221）统一中国，开始在帝都咸阳进行大规模建设，兴建了六国宫殿、阿房宫、极庙等一系列宫室建筑，修复道、甬道以联系各宫

---

① 秦咸阳有144年（前351—前207）的建都史，其中前129年为诸侯国秦国的都城，后15年为秦帝国的都城，本文所讨论的主要是后者。

② 《史记》卷六《秦始皇本纪》，中华书局，1959年，第203页。

室，治驰道、直道以通天下，并大量移民以充实咸阳。咸阳迅速地由"一国之都"成长为气势宏大的"天下之都"。（图1①）

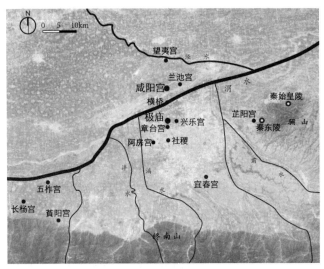

图1　秦都咸阳宫室与道路分布

历史文献中明确记载秦都咸阳的规划布局中有象天设都的思想。《史记·秦始皇本纪》最为完整地记录了始皇扩建咸阳城的思想与过程，其中有两处明确提出其具有将天上星辰与地上宫殿相比附的思想："作信宫渭南，已更命信宫为极庙，象天极"②；"为复道，自阿房，渡渭，属之咸阳，以象天极，阁道，绝汉抵营室也"③。"天极""阁道""营室"都是星宿的名称。《三辅黄图》成书于东汉或曹

① 据史念海《西安历史地图集》（西安地图出版社，1996年）及陕西省考古研究所《秦都咸阳考古报告》（科学出版社，2004年）相关内容绘制。关于极庙的位置，既无明确的历史记载，也无可信的考古发现，学术界主要存在以下两种观点：（1）今西安市草滩镇东南闫家寺村。聂新民、王学理持此观点（聂新民：《秦始皇信宫考》，《秦陵秦俑研究动态》1991年第2期；王学理：《咸阳帝都记》，三秦出版社，1999年），但刘致平在更早的研究中认为此为汉代建筑遗址（刘致平：《西安西北郊古代建筑遗址勘察初记》，《文物参考资料》1957年第3期）。（2）今汉长安城遗址范围内。何清谷认为大体在汉长安城的北宫（此为早期认为的汉长安北宫，即今认为的北宫与桂宫之间），位于现西安市北郊的南徐寨、北徐寨一带，刘瑞（刘瑞：《秦信宫考——试论秦封泥出土地的性质》，《陕西历史博物馆馆刊》1998年第5期）、徐卫民（徐卫民：《秦都城中礼制建筑研究》，《人文杂志》2004年第1期）等根据出土封泥等线索也基本持此观点。从历史文献记载、龙首原自然地形及汉长安对秦宫室的继承等几个方面来看，后者观点更为可取，极庙的位置可能就在北宫与桂宫之间。

② 《史记》卷六《秦始皇本纪》，中华书局，1959年，第241页。

③ 中华书局1959年版将此断句为："为复道，自阿房渡渭，属之咸阳，以象天极，阁道，绝汉抵营室也。"（《史记》卷六《秦始皇本纪》，中华书局，1959年，第246页）从考古发现来推理，阿房宫距离渭河较远，不可能直接从此渡渭，但是以其为起点再转而到其他位置渡渭是可能的，故而有本文的断句方式。

魏初，是保存至今的最早最完整的一部关于秦咸阳、汉长安的地记，其卷一有载：始皇"筑咸阳宫，因北陵营殿，端门四达，以则紫宫，象帝居"①，"紫宫"为天上星座，与渭北咸阳宫相应。张衡《西京赋》所载（汉长安城）"览秦制，跨周法……正紫宫于未央，表峣阙于闾阖"②，说明汉长安仿效秦都，具有象天设都的思想。

将都城建设与天相联系是先秦时期即已产生的规划传统。在人类社会早期，即借助通天的巫术，显示权力与上天之间的密切联系，以保证统治的稳定性和权威性。伴随着社会发展，巫术色彩逐渐淡去，君主仍要借助一些手段向民众昭示其统治权来源于上天，以论证其政权的合法性。人力自然无法直接作用于天，"天人关系"往往是通过人对大地的经营，建立"天地关系"来实现的。《易·系辞》有云"古者包羲氏之王天下也，仰则观象于天，俯则观法于地"③"在天成象，在地成形"④，"王天下"是从仰观俯察、建立天地联系开始的。都城作为政治权力的中心，具有强烈的象征性和唯一性，在都城建设中模仿天象，就成为建立天人关系、树立政权合法性的一个重要手段。殷商人自诩都邑为"天邑"，自称王朝为"天邑商"，意即作邑建都追求上天的体认，按照上帝的意志安排都邑位置与筑邑时间。⑤据《吴越春秋》的记载，春秋时的吴国和越国在都城规划建设中都有象天的举措，伍子胥规划吴都时"象天法地，造筑大城"⑥。范蠡规划越都时"乃观天文，拟法于紫宫，筑作小城"⑦。秦始皇统一天下后所推行的政治、经济、文化等各方面的制度，都明显是在先秦时期旧有制度的基础上整合、提炼、完善而成的，象天设都作为源远流长的城市规划设计传统对秦代的都城建设产生影响是十分自然的。

秦代具有象天设都的政治与文化土壤，"天人相应"是秦代主流的社会文化观念，是其制定政治制度的指导思想之一。权臣吕不韦主持编纂的《吕氏春秋》的《季春纪·序意》篇中即明言："爰有大圜在上，大矩在下，汝能法之，为民父母。"⑧《季夏纪·明理》篇中还对天象与人事的对应关系进行了系统分类和阐述，

---

① 何清谷：《三辅黄图校释》卷一《咸阳故城》，中华书局，2005年，第22页。
② 〔梁〕萧统：《文选》卷二《赋甲·京都上》，〔唐〕李善注，上海古籍出版社，1986年，第52页。
③ 《周易正义》卷八，《十三经注疏》本，中华书局，1980年，第86页。
④ 《周易正义》卷七，《十三经注疏》本，中华书局，1980年，第76页。
⑤ 《尚书·多士》："予一人惟听用德，肆予敢求尔于天邑商。"孔颖达疏引郑玄注："言天邑商者，亦本天之所建。"甲骨文中所记载的信息可为此提供证据："王乍（作）邑，帝若（诺）。"帝即上帝，详参刘桓：《殷墟卜辞"大宾"之祭及"乍邑""宅邑"问题》，《中国史研究》2005年第1期。
⑥ 〔汉〕赵晔：《吴越春秋》卷四《阖闾内传》，江苏古籍出版社，1982年，第25页。
⑦ 〔汉〕赵晔：《吴越春秋》卷八《勾践归国外传》，江苏古籍出版社，1982年，第107页。
⑧ 〔秦〕吕不韦著，陈奇遒校释：《吕氏春秋新校释》卷一二，上海古籍出版社，2002年，第654页。

秦咸阳象天设都空间模式初探 | 349

明确表达了天与人结构相同、人事与天事规律相近，可以互相感应。①秦始皇本人深信君权神授，追求天人沟通，多次出巡祭告上天以宣示政权的合法性，并冀图求仙海上，还重新制定了信仰和祭祀序列②，追求政制与天道相呼应。营国制度作为政治制度中关键的一部分，追求与天相应、象天设都是很有可能的。

秦代也具有象天设都的知识与技术基础，这一时期天文学知识发达并日趋成熟、阴阳术数盛行。天文学在中国古代社会具有特殊的重要地位，"三代以上，人人皆知天文"③。秦时已经有较为精确的天文观测，后世天文学主干之一的"二十八宿"这一名词首次出现是在《吕氏春秋》的《季春纪·圆道》，"十二纪"和《有始览》中还列出了部分或全部二十八宿星名，与后世星名及其排序一致。《史记·天官书》虽成书于西汉中期，但汇总了有史以来，尤其是春秋战国时期的天文学成果，可以认为是秦汉时期皇家天文机构所掌握的天文知识的代表④，其中全面系统地描述了全天星象与分野，星宿的位置功能、运行规律以及与占星相关的人间事务。与此同时，秦代的政治制度推崇阴阳数术，奉"五德终始"。行"四时之政"，阴阳家是一个精通天文知识并掌握堪舆、营建本领的群体，在这一群体的主导下，象天设都具有知识和技术上的可行性。

二、象天设都的可能空间模式

象天设都是先秦、秦汉时期都城规划的一个重要传统，但是除了前文列举的少数文献之外，对其具体空间模式的记载非常稀少，零散的考古成果也难以呈现出象天设都的具体面貌。在具体条件无法摸清的情况下，可以转换思路，并非从一开始就针对咸阳进行研究，而是首先从外围进行概括性、整体性的探讨，将象天设都作为战国、秦汉时期"象天制器"的一个门类，通过挖掘其他门类象天的形态模式的共同特点得到基本猜想，再根据战国、秦汉时期的文化背景、知识基础探索可能模式，并通过对当时惯用的规划技术的研究来验证其可行性。

---

① 〔秦〕吕不韦著，陈奇猷校释：《吕氏春秋新校释》卷六，上海古籍出版社，2002年，第362—363页。

② 《史记·封禅书》载："及秦并天下，令祠官所常奉名山大川鬼神可得而序也。"（《史记》卷二八《封禅书》，中华书局，1959年，第1371页）

③ 〔清〕顾炎武著，陈垣校注：《日知录校注》卷三〇《天文》，安徽大学出版社，2007年，第1695页。

④ 伊世同：《〈史记·天官书〉星象——天人合一的幻想基准（待续）》，《株洲工学院学报》2000年第5期。

1.象天制器的共同特点：抽象表达而非具象模拟

在先秦秦汉时期，象天思想体现在社会生活的各个方面，不仅在都城规划方面，在更小尺度的器物的制造方面也多有体现，对此有比较明确的文献记载可以看出象天制器的基本模式都是从自然天象中提取出某种相对抽象的形态模式，再根据所制之器的实际情况找到相通之处，进行创造性的表达，而非刻板的具象模拟。如，车舆："轸之方也，以象地也。盖之圆也，以象天也。轮辐三十，以象日月也；盖弓二十有八，以象星也。"①古琴："前广后狭，象尊卑也；上圆下方，法天地也；五弦宫也，象五行也。"②这是以形态象天。董仲舒有"服制象天"之说，其具体解释是："剑之在左，青龙之象也；刀之在右，白虎之象也；钩之在前，赤鸟之象也；冠之在首，玄武之象也。四者人之盛饰也。"③这是以位置排布象天。凡此种种，并无完全模拟星象、机械对应的例子。清代崔述《考信录》在阐释《易经·系辞》的"观象制器"之说中提出："不过言其理相通耳，非谓必规摹此卦然后能制器立法也。"④这一思想也与象天制器的思想模式类同，核心在于"理相通"，而非刻意"规摹"，是抽象模式，而非具象模拟，在象天设都的过程中极有可能也是采取这样的方式。

对于秦都咸阳象天模式的研究中，当代不少学者认为宫室布局（或包括其他类型人工建设）是某一时段星象的具体投影，有谓冬至前后者⑤，有谓十月黄昏者⑥，这些研究肯定了咸阳象天设都思想的存在，指出了象天模式的可能性。但是，从规

---

① 《周礼注疏》卷四〇《考工记第六·辀人》，《十三经注疏》本，中华书局，1980年，第914页。贾谊《新书·容经》中也有类似说法："古之为路舆也，盖圆以象天，二十八橑以象列宿，轸方以象地，三十幅以象月。"（〔汉〕贾谊撰，阎振益、钟夏校注：《新书校注》卷六《容经》，中华书局，2000年，第230页）

② 〔汉〕蔡邕：《琴操》，吉联抗辑，人民音乐出版社，1990年，第1页。

③ 〔汉〕董仲舒：《春秋繁露》卷六《服制象天第十四》，中华书局，1975年，第191页。

④ 〔清〕崔述：《补上古考信录》，商务印书馆，1937年，第7页。

⑤ 徐卫民认为，冬至前后傍晚位于咸阳天顶的银河和仙后星座旁围的主要星宿与渭河横桥附近的主要宫苑的位置，被安排在一条垂直线上，使天象与地面互相对应。渭河象天汉，咸阳宫象紫宫，横桥象阁道，天极象阿房宫。参见徐卫民：《秦都咸阳的几个问题》，《咸阳师范专科学校学报》1999年第5期。

⑥ 陈喜波认为，每年十月的黄昏时分，营室星正当南中天，北极星岿然不动，银河居中东西横跨，此时天空中的星象格局正好对应于地上渭水两岸的各个宫殿。咸阳宫象天极，阿房宫象营室。（陈喜波：《"法天象地"原则与古城规划》，《文博》2000年第4期）王学理也有类似的观点，认为所据星象为九至十一月，他还扩大范围，将秦咸阳的一系列宫殿都与当时之星象进行了比照。（王学理：《法天意识在秦都咸阳建设中的规划与实施》，见袁仲一编：《秦俑秦文化研究》，陕西人民出版社，2000年，第421—425页）

划设计实践的角度出发，城市规划是综合考虑功能需求、地理条件、文化观念等复杂因素的结果，这种直接对应的模式，缺少弹性，事实上较难应用于现实中。另有个别研究者提出咸阳象天并不拘泥于某时之星象，而是空间模式上的类同，贺业钜提出以咸阳城为"天极"，宫殿环绕如众星拱极的空间模式设想①，刘九生则依据"内涵明确""方位确定"两条原则，将《史记·天官书》中的五宫星象与秦帝陵建设相联系②。这些研究虽然还比较概念化或局部，但是揭示出从抽象模式入手研究秦都咸阳象天的可能性。

2.象天设都的可能空间模式：中心相对、四方相应

如何得出象天设都的抽象模式？首先，要明确秦代社会普遍接受的大地和天象的结构模式，可以发现"中心-四方"模式是时人认识世界的基本方法，天、地都被笼罩在这个结构模式中；其次，要明确其所认为的天地之间相互关系的模式，可以看出在"盖天说"的思想下，天地呈中心相对、外围相应的对应关系。两相结合，可以得到象天设都的可能"抽象模式"，即中心相对、四方相应，当时通用的城市规划设计的技术方法也可证明这一模式的可行性。

自先秦至秦汉，人们认为"中心"与由其拓展而出的"四方"构成了他们所生存的物质世界的基本空间结构。早在殷商甲骨文的卜辞中，"四方""四土"等词已与"中商"等并举，频繁出现。③四方、东土、西土等都习见于两周文献。《诗经·大雅·江汉》："经营四方，告成于王。四方既平，王国庶定。"④四方就是王所统治的天下，王位于天下之中，治理四方。这种"中心-四方"的结构模式一直延续到秦，从始皇二十八年（前219）东巡琅琊所刻石碑即可看出："皇帝之明，临察四方……皇帝之德，存定四极……六合之内，皇帝之土，西涉流沙，南尽北户，东有东海，北过大夏。人迹所至，无不臣者。"⑤成书于汉初的《礼记·王制》也明确地体现出这种结构模式："中国戎夷五方之民……东方曰夷……南方曰蛮……西

① 贺业钜：《中国古代城市规划史》，中国建筑工业出版社，1996年，第311页。

② 刘九生：《秦始皇帝陵总体营造与中国古代文明——天人合一整体观》，《唐都学刊》2013年第2期。

③ 参见卢央、邵望平：《考古遗存中所反映的史前天文知识》，见中国社会科学院考古研究所编：《中国古代天文文物论集》，文物出版社，1989年，第1—16页。冯时亦指出殷代四方风卜辞明确显示，四风与四方有着固定等对应关系。（冯时：《殷卜辞四方风研究》，《考古学报》1994年第2期）

④ 此外，"四方"还见于《诗经·小雅·节南山》《大雅·棫朴》《皇矣》《下武》《民劳》《周颂·执竞》，《尚书》之《牧誓》《金滕》《召诰》《雒诰》等文献中。

⑤ 《史记》卷六《秦始皇本纪》，中华书局，1959年，第245页。

方曰戎……北方曰狄。"①这种"中心—四方"的空间模式贯穿在社会生活的方方面面，可以说是古人认识世界的一个基本工具，四方、四海、四夷、四至、四境乃至九州岛等等，都是这一空间模式下的产物。

时人对于天象结构的认识也无法脱离这一模式，斗极②居中，二十八宿分属四象，环列于周，同样形成一种"中心—四方"模式。对于北半球的人而言，天象的变化规律呈现出围绕北天极的"斗转星移"，北天极被认为是天空的中心，所谓"譬如北辰，居其所而众星共之"③；北斗是近邻北天极最易于辨识的星宿，围绕天极旋转，具有指示方向的作用，"斗为帝车，运于中央，临制四乡"④。围绕着天中，古人将天球黄赤道附近的恒星划分为二十八组，即"二十八宿"，《周礼》中有"二十八星"之说⑤，《吕氏春秋》和《礼记·月令》完整地记述了二十八宿的名称和排列顺序。这二十八宿根据分布方位的不同，又分别归属于代表东、南、西、北四个方向的青龙、白虎、朱雀、玄武四种神兽，亦即"四象"。《尚书·尧典》第一次将四星与四方对应，建立了将天空星象以正交方式分为四区的天空坐标体系⑥，

---

① 《礼记正义》卷一二《王制》，《十三经注疏》本，中华书局，1980年，第1338页。
② "北斗"与"极星"的合称。《尔雅·释地》："北戴斗极为空桐。"疏："斗，北斗也；极者，中宫天极星，其一明者，泰一之常居也，以其居天之中，故谓之极。极中也，北斗拱极，故云斗极。"（《尔雅注疏》卷七《释地第九》，《十三经注疏》本，中华书局，1980年，第2616页）
③ 《论语注疏》卷二《为政第二》，《十三经注疏》本，中华书局，1980年，第2461页。
④ 《史记》卷二七《天官书》，中华书局，1959年，第1291页。
⑤ 《周礼·春官宗伯》："冯相氏掌十有二岁、十有二月、十有二辰、十日、二十有八星之位。"（《周礼注疏》卷二六《春官宗伯第三·冯相氏》，《十三经注疏》本，中华书局，1980年，第818页）《周礼·秋官司寇》："萩蔟氏……以方书……二十有八星之号。"（《周礼注疏》卷三七《秋官司寇第五·萩蔟氏》，《十三经注疏》本，中华书局，1980年，第889页）
⑥ 《尚书》明确记载了"四仲中星"的观测，鸟、火、虚、昴四星与四方相对应："乃命羲和，钦若昊天，历象日月星辰，敬授人时。分命羲仲，宅嵎夷，曰旸谷。寅宾出日，平秩东作。日中，星鸟，以殷仲春。厥民析，鸟兽孳尾。申命羲叔，宅南交。平秩南为，敬致。日永，星火，以正仲夏。厥民因，鸟兽希革。分命和仲，宅西，曰昧谷。寅饯纳日，平秩西成。宵中，星虚，以殷仲秋。厥民夷，鸟兽毛毨。申命和叔，宅朔方，曰幽都。平在朔易。日短，星昴，以正仲冬。"（《尚书正义》卷二《虞书·尧典》，《十三经注疏》本，中华书局，1980年，第119页）

《吕氏春秋》将二十八宿分为九野，事实上也就是四个正交方位的扩充细化①；《淮南子·天文训》之五星、《史记·天官书》之五宫等都是将二十八宿按方位分为五组，并与四象一一联系。在出土文物当中也能够清晰地看到这种天象的结构模式：湖北随县曾侯乙墓出土的战国初期漆箱盖上绘有围绕一个"斗"字的青龙、白虎，四周漆书篆文二十八宿名称②；西安交通大学出土的西汉墓墓顶有环状的二十八宿带，图的东南西北四边有青龙、白虎、朱雀、玄武四神定位，可以明确地看到二十八宿与四象、四方的对位关系③。

战国末期至秦汉，天文学上普遍认可的宇宙模式是"盖天说"④，在此思想之下，天地之间呈现出上下相覆、中心相对、外围相应的模式。盖天说认为"天象盖笠，地法覆盘。天离地八万里""极下者，其地高人所居六万里，滂沱四隤而下。天之中央亦高四旁六万里"⑤。在《吕氏春秋·有始览》《淮南子·地形训》当中也有对天地中心相对的记述。⑥从"式"这一先秦、秦汉时期进行天文历算和方位测定的主要工具中可以更加清晰地看出这种结构模式。式盘分为两部分，上为圆形的天盘，下为方形的地盘，天盘中心绘有北斗，外围环以按星空方位排布的二十八宿，

---

① 《吕氏春秋·有始览》："何谓九野？中央曰钧天，其星角、亢、氐；东方曰苍天，其星房、心、尾；东北曰变天，其星箕、斗、牵牛；北方曰玄天，其星婺女、虚、危、营室；西北曰幽天，其星东壁、奎、娄；西方曰颢天，其星胃，昴，毕；西南曰朱天，其星觜巂、参、东井；南方曰炎天，其星舆鬼、柳、七星；东南曰阳天，其星张、翼、轸。"（〔秦〕吕不韦著，陈奇猷校释：《吕氏春秋新校释》卷十三《有始》，上海古籍出版社，2002年，第662页）

② 潘鼐：《中国恒星观测史》，学林出版社，2009年，第10页。

③ 呼林贵：《西安交大西汉墓二十八宿星图与〈史记·天官书〉》，《人文杂志》1989年第2期。

④ 钱宝琮认为："盖天说起源可能是在从战国末期到前汉初期的时期里。"成书年代约在公元前100年的《周髀算经》系统地运用定量的、几何模型的方式阐述了盖天说。（钱宝琮：《盖天说源流考》，见中国科学院自然科学史研究所编：《钱宝琮科学史论文选集》，科学出版社，1983年，第377—403页）

⑤ 《周髀算经》（卷下），中华书局，2021年，第53页。

⑥ 《吕氏春秋·有始览》："白民之南，建木之下，日中无影，呼而无响，盖天地之中也。"（〔秦〕吕不韦著，陈奇猷校释：《吕氏春秋新校释》卷一三《有始览》，上海古籍出版社，2002年，第663页）《淮南子·地形训》有云："扶木在阳州，日之所曝。建木在都广，众帝所自上下，日中无景，呼而无响，盖天地之中也。"（〔汉〕刘安：《淮南子》卷四《地形训》，上海古籍出版社，1989年，第41页）

地盘则可明显看出是一个从中心发散，沿"二绳四维"①向四面八方延伸的平面。②天盘中心有孔，可扣置于地盘的中轴上而旋转。（图2）由此可以看出先秦、秦汉时人们脑海中天地对应的空间模式是：天圆地方，天地呈垂直投影关系，上下相覆、中心相对，相应的环列的二十八宿便与地面上的"二绳四维"相呼应。

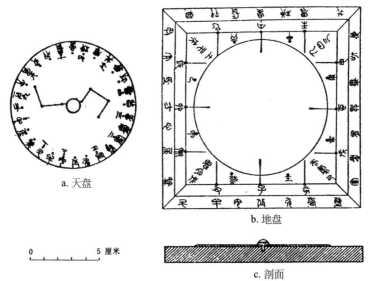

a. 天盘

b. 地盘

0   5 厘米

c. 剖面

图2　西汉初年安徽阜阳双古堆汉墓出土漆木式

（出自王襄天、韩自强：《阜阳双古堆西汉汝阴侯墓发掘简报》，《文物》1978 年第 8 期）

基于以上对战国、秦汉时人所认可的大地模式、天象模式与天地关系的认识，可以得出象天设都的可能模式：中心相对、四方相应。上文所述是其在文化思想上的可能性，与此同时，也具有技术方法上的可行性。在先秦、秦汉时期，通过立表测影辨别四方以确定中心与边界，是进行城市规划与设计的核心内容。《周礼》之《地官·司徒》与《考工记》中对此有详尽的记述，也就是运用圭表测影实现"辨方正位"的"土圭之法"，而圭表本身又是进行天象识别与测度的重要工具③，也就是说"辨方正位"的工作可以很便利地与观测星象的工作结合起来。那么，以"中心"与"四方"为线索来实现天之星象与地之空间规划布局的相互呼应也就是很自然的事情了。班固《西都赋》在记述汉长安的营建时有云："体象乎天地，经纬乎阴

①　"二绳"互交，构成东、西、南、北四方，"四维"互交并叠合于"二绳"之上，构成东北、西北、东南和西南。"二绳"与"四维"的交点被视为中方。

②　式盘模式多样，此为对其模式的概括归纳，参见李零：《"式"与中国古代的宇宙模式》，《中国文化》1991年第1期。

③　吴守贤编：《中国古代天体测量及天文仪器》，中国科学技术出版社，2008年，第364页。

阳。"①可见体象天地、象天设都是与经纬阴阳、辨方正位紧密结合在一起的。

此外，历史文献中虽然没有明确记载象天设都的具体空间模式，但是从其上一个层次"天下"与其下一个层次"建筑"的相关记载中可以明确地看到这种以方位为线索，中心相对、四方相应的空间模式。《史记·天官书》所载二十八宿与十二州的对应关系，可以明显看出是以四方为依据的。②汉未央宫有苍龙阙、朱鸟堂、白虎殿、玄武阙，亦与方向有关。③《三辅黄图》有云："苍龙、白虎、朱雀、玄武，天子四灵，以正四方，王者制宫阙殿阁取法焉。"④这也可以明确地看出这种以方向为依据的天地对应关系。

三、秦都咸阳象天模式与方法分析

基于以上的分析，本文将从"中心相对、四方相应"的抽象模式出发，挖掘和整合历史文献与考古成果中的线索，对秦都咸阳象天而设的具体规划布局手法进行

① 〔梁〕萧统：《文选》卷一《赋甲·京都上》，〔唐〕李善注，上海古籍出版社，1986年，第11页。

② 《史记·天官书》："二十八舍主十二州，斗秉兼之，所从来久矣。秦之疆也，候在太白，占于狼、弧。吴、楚之疆，候在荧惑，占于鸟衡。燕、齐之疆，候在辰星，占于虚、危。宋、郑之疆，候在岁星，占于房、心。晋之疆，亦候在辰星，占于参罚。"《正义》："太白、狼、弧，皆西方之星，故秦占候也。荧惑、鸟衡，皆南方之星，故吴、楚之占候也。辰星、虚、危，皆北方之星，故燕、齐占候也。岁星、房、心，皆东方之星，故宋、陈占候也。辰星、参罚，皆北方西方之星，故晋占候也。"（《史记》卷二七《天官书》，中华书局，1959年，第1346—1347页）

③ 《汉书》中多次提及白虎殿。成帝建始四年，尽召"直言之士诣白虎殿对策"（《汉书》卷六○《杜钦传》，中华书局，1962年，第2673页）。《汉书》卷九八《元后传》记载百姓歌云："土山渐台西白虎。"成帝"微行出，过曲阳侯第，又见园中土山渐台似类白虎殿"（《汉书》卷九八《元后传》，中华书局，1962年，第4024、4025页）。王莽"大置酒未央宫白虎殿，劳赐将帅"。王莽见起义军进城，忙与群臣自前殿南下，"西出白虎门""就车，之渐台"（《汉书》卷九九，《王莽传》，中华书局，1962年，第4089、4191页）。白虎门当为白虎殿之门，据此可知白虎殿在前殿西南渐台附近，渐台在沧池之中，沧池在未央宫西南。朱鸟堂，又名朱雀堂。《汉书·王莽传》记载王莽令"孔秉等与州部众郡知晓地理图籍者，共校治于寿成朱鸟堂"（《汉书》卷九九《王莽传》，中华书局，1962年，第4129页）。莽改未央宫为寿成室，可见朱鸟堂在未央宫。又"王路朱鸟门鸣"，王莽以为吉祥，令四方之士"从朱鸟门入而对策"（《汉书》卷九九《王莽传》，中华书局，1962年，第4144—4145页）。王路即王路堂，王莽改未央宫前殿为王路堂。朱鸟门当是朱鸟堂之门，从朱鸟门入而对策之处当是前殿的主体建筑，据此可知朱鸟堂很可能就在未央宫前殿之南。苍龙阙、玄武阙《史记》有载："萧丞相营作未央宫，立东阙、北阙、前殿、武库、太仓。"《集解》引《关中记》云："东有苍龙阙，北有玄武阙，玄武所谓北阙。"（《史记》卷八《高祖本纪》，中华书局，1959年，第385—386页）

④ 何清谷：《三辅黄图校释》卷三《未央宫》，中华书局，2005年，第160页。

推测与分析。研究中的具体天文知识以《史记·天官书》为主要来源（它是秦汉时期皇家天文机构所掌握的天文知识的集中的体现）①，并参考《吕氏春秋》《淮南子》《晋书·天文志》等相关文献。《史记·天官书》中将浑天星象划分为五区，即所谓五宫，中宫是"紫微大帝"及其子属、正妃与藩臣所居，也就是斗极居中的位置，东宫苍龙，南宫朱鸟，西宫白虎，北宫玄武，分别包括了分布在四个方位的二十八星宿。

以"中心相对、四方相应"为基本线索，考察文献记载与考古成果，将秦都咸阳中心区域与东西南北四方的各项人居建设以空间位置关系为标准，分别与五宫星象进行比照，并将建筑功能与星象的象征意义相比照作为辅证。可以发现，秦都咸阳以极庙为中心，象征天极，区域中一系列宫室、苑囿、陵寝环列于周，象征东南西北四宫，形成了中心明确、秩序井然、气势宏大的区域性都城。

1.以极庙象征天极，确立地区中心

在天空的星象中，居中者为中宫天极，是整个天象结构的中心。在秦都咸阳的规划布局中，以始皇的生祠——极庙象征天极，确立了整个地区空间的中心。

始皇二十七年（前220），于渭南修建极庙，这是始皇生前为自己修建的生祠，秦二世元年（前209）奉其为"帝者祖庙"②。极庙象征天极《史记》有明载："已更命信宫为极庙，以象天极。"③关于天极的性质和地位，《史记·天官书》载："中宫天极星，其一明者，太一常居也。"④可见天极居于中心，为众星所环绕，在天空中的地位是至高无上的。这也与始皇所筑之极庙的地位是相应的，这是始皇的生祠，是帝都咸阳的中心。天极并非指一颗星，而是代指中宫（又名紫宫），极庙周边在诸侯国时代已有章台、兴乐等宫，还有秦诸宗庙，这些都是渭南具有重要地位的建筑，它们将极庙环绕于中，共同组成象征中宫天极的宫殿群。其中极庙自当象征帝星，章台与兴乐二宫环护极庙于左右，恰与匡衡十二星拱卫帝星的格局相似。

在中宫天极诸星中，北斗位于帝星之南，特别具有指明方向、联系四方的作用。《史记·天官书》有云："斗为帝车，运于中央，临制四乡。"⑤角、南斗、参诸宿分别位处东、北、西宫，斗、极位于中央，与诸宫建立密切的联系。在修筑了

---

① 伊世同：《〈史记·天官书〉星象（待续）——天人合一的幻想基准》，《株洲工学院学报》2000年第5期。

② 《史记》卷六《秦始皇本纪》，中华书局，1959年，第266页。

③ 《史记》卷六《秦始皇本纪》，中华书局，1959年，第241页。

④ 《史记》卷二七《天官书》，中华书局，1959年，第1289页。

⑤ 《史记》卷二七《天官书》，中华书局，1959年，第1291页。

极庙之后，始皇立刻着手修建以极庙附近为中心的道路系统，"自极庙道通郦山，作甘泉前殿，筑甬道，自咸阳属之……治驰道"①。极庙一带正位于北通甘泉南抵子午的南北大道与东连郦山的东西大道的交会点附近，似乎正象征了北斗"运于中央，临制四乡"的特点。

2.帝陵为东宫

始皇即位后即开始在位于当时的朝宫咸阳宫东南方向的郦山修治陵墓，但其在位的前十年，政权主要掌握在权臣手中，这一时期的陵墓营建应当也是由吕不韦等人主导的，可能就是东陵的扩展。始皇十六年（前231年），始皇"初置丽邑"，充实人员，作为大规模开展陵墓建设的保障，而始皇陵真正大规模的营建是从始皇三十五年（前212）开始的。②《三辅黄图》载："始皇穷极奢侈，筑咸阳宫，因北陵营殿，端门四达，以则紫宫，象帝居。"③此处所述当为始皇统治早期，以咸阳宫为政治中心之所在进行扩建，比象紫宫（中宫）。这样来看，郦山位居咸阳宫东南，恰好位于东宫的位置上。天下统一后，都城中心南移，帝陵也仍在东方，可认为仍处于东宫的位置。

从《史记·天官书》的记载来看，东宫是一个帝廷、路寝、明堂、军队、市邑、臣属、庙宇等齐全的另一个天庭。如果将咸阳宫城所在视为中宫，是最重要的帝王之廷，那么陵墓选址在东宫位置，是另一个天庭之所在，也可认为在某种意义上印证了《吕氏春秋》中"世之为丘垄也……其设阙庭、为宫室、造宾阼也若都邑"④的说法。

进而，我们可以从空间位置和象征意义出发，将东宫各星与秦始皇陵的各项建设进行比照，从中可以发现一些可能的对应关系。（1）封土与氐。氐星代表"路寝"⑤，是处理国家大事的办公地点，也就是秦汉时期所谓的前殿，在建筑群中具有

---

① 《史记》卷六《秦始皇本纪》，中华书局，1959年，第241页。

② 《史记》卷六《秦始皇本纪》载："隐宫徒刑者七十余万人，乃分作阿房宫，或作丽山。发北山石椁，乃写蜀、荆地材皆至……因徙三万家丽邑，五万家云阳。皆复不事十岁。"（《史记》卷六《秦始皇本纪》，中华书局，1959年，第256页）又载："及并天下，天下徒送诣七十余万人，穿三泉，下铜而致椁，宫观百官奇器珍怪徙臧满之。令匠作机弩矢，有所穿近者辄射之。以水银为百川江河大海，机相灌输，上具天文，下具地理。以人鱼膏为烛，度不灭者久之。"（《史记》卷六《秦始皇本纪》，中华书局，1959年，第265页）

③ 何清谷：《三辅黄图校释》卷一《咸阳故城》，中华书局，2005年，第22页。

④ 〔秦〕吕不韦著，陈奇道校释：《吕氏春秋新校释》卷十《安死》，上海古籍出版社，2002年，第542页。

⑤ 《史记正义》引《星经》云："氐四星为路寝，听朝所居。"《西京赋》云："正殿路寝，用朝群辟。"李善注曰："周曰路寝，汉曰正殿。群辟，谓王侯公卿大夫士也。"

最为重要的地位，这与封土在陵墓建筑群中的地位相应。《三辅黄图》记载汉高祖刘邦的长陵在陵上建有建筑"以象平生正殿路寝也"①。（2）便殿与亢。便殿位于封土的西北方向，具有辅助性质。在氐星偏西北的方向上有亢星，代表外朝②，是听政之所在，与便殿的性质相近。（3）丽邑与天市垣。丽邑遗址位于今临潼区新丰街道办事处刘寨村附近③，在帝陵陵园的北部。始皇曾经迁徙关东六国及秦内部的豪族大贾于此，以强本弱末、统御六国，同时"丽亭""丽市"等陶文④的出土也都证明丽邑有市亭，有手工业与商业机构。在氐星的东北有一组左右环绕的二十二颗星，即后世所谓的天市垣，分别以宋、齐、韩、楚等诸侯国的名称命名，其中又有四星曰天市，六星曰市楼。这与"隆上都而观万国"⑤且具有手工业与商业功能的丽邑是相呼应的。（4）马厩坑与房。在帝陵陵园外城东南的上焦村一带有一个规模庞大的马厩坑遗址，埋藏有大量马骨和陶俑，代表中央厩苑。秦人向来以善于养马著称于世⑥，此遗址亦为至今为止在始皇陵周边发现的规模最大的陪葬坑。氐星东南为房星，"房为府，曰天驷"⑦，以马厩象房星自然在情理之中。且房星为东宫的重要星宿，与心宿同为东宫的主星，其地位也与马厩坑遗址的地位相应。（5）兵马俑陪葬坑与衿、羣。兵马俑陪葬坑位于帝陵以东，上焦村马厩坑东北，由四个大小不一的

---

① 何清谷：《三辅黄图校释》卷五《宗庙》，中华书局，1959年，第305页。

② 《史记·天官书》："亢为疏庙。"《索隐》："《文耀钩》：'为疏庙'，宋均以为疏，外也；庙，或为朝也。"（《史记》卷二七《天官书》，中华书局，1959年，第1297页）

③ 《史记·秦始皇本纪》载始皇十六年（前231）"置丽邑"。《正义》引《括地志》云："雍州新丰县，本周时骊戎邑。"（《史记》卷六《秦始皇本纪》，中华书局，1959年，第232页）又《史记·高祖本纪》载汉高祖十年（前197年）"更名丽邑曰新丰"（《史记》卷八《高祖本纪》，中华书局，1959年，第387页）。由此可知汉新丰是在秦丽邑的基础上改筑而成的。

④ 1994年，在刘寨村东南杜村基建工地内发现大量砖、罐、盆、筒瓦、板瓦以及灰土、木炭等秦汉遗物，很多器物有陶文。陶文内容总计有3类49种。第一类为中央官署制陶作坊类，有"大匠""大穀""北司""宫丙""宫各""宫烦""宫易""宫之""宫□""居室""都船掩""右歇"；第二类为官营徭役性制陶作坊类，有"泥阳""西道""西处""安邑皇""安邑禄""安奴""宜阳工武""宜阳工昌"等；第三类为市亭类，有"丽亭""丽市"。参见王望生：《西安临潼新丰南杜秦遗址陶文》，《考古与文物》2000年第1期。

⑤ 〔梁〕萧统：《文选》卷一《赋甲·京都上》，〔唐〕李善注，上海古籍出版社，1986年，第8页。

⑥ 《战国策·韩策》："秦马之良，戎兵之众，探前趹后，蹄间三寻者，不可称数也。"（上海古籍出版社，1985年，第934页）

⑦ 《史记》卷二七《天官书》，中华书局，1959年，第1295页。

兵马俑坑组成①，一般研究认为其代表威震东方、护卫帝王的军队。在房星东北有钩钤二星，其北又有一星曰辖（辖），即键闭。钩钤二星为"天子之御"②，"为主钩距，以备非常也"③。键闭亦为"掌管钥"④之星。可见，这一组小星均含有锁钥、防卫的含义，与兵马俑坑的功能性质一致，且其成组成团分布的特点也与兵马俑坑的布局特点有接近之处。

始皇帝陵直至秦末尚未完全建成，可以设想规划中可能还有其他的重要建设是与心、天角等东宫中的其他重要星座相对应的，从而形成一个更加完整的天人相应的空间图景。（图3、图4）⑤

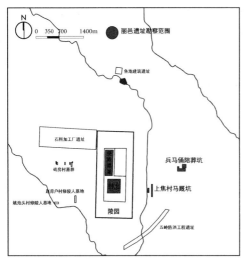

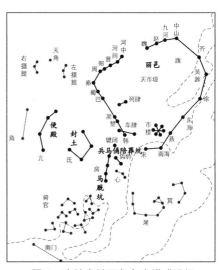

图3　秦始皇陵区遗址分布图　　　　图4　秦始皇陵区象东宫模式设想

3.渭北宫室为北宫

在诸侯国时期，咸阳作为都城，其重心主要在渭北，建设了以咸阳宫为主的若干宫室。始皇统一天下前后，又开展了营建六国宫室、扩建咸阳宫等建设行为。在

---

① 兵马俑坑面积分别为1.426万平方米、6000平方米、520平方米，4号坑未建成。参见陕西省考古研究所、秦始皇兵马俑博物馆：《秦始皇帝陵园考古报告1999》，科学出版社，2000年，第21—23页。

② 《汉书》卷二六《天文志》，中华书局，1962年，第1308页。

③ 《史记》卷二七《天官书》，中华书局，1959年，第1296页。

④ 《史记》卷二七《天官书》，中华书局，1959年，第1296页。

⑤ 图3中遗址分布据《秦始皇帝陵区重要遗迹分布图》绘制（陕西省考古研究所、秦始皇兵马俑博物馆：《秦始皇帝陵园考古报告2001—2003》，文物出版社，2007年，第3页）。图4星象根据《东宫星图》绘制（刘操南：《古代天文历法释证》，浙江大学出版社，2009年，第502页）。按：一般星图中方向为上北下南、左东右西，本文为与地面上的空间布局进行对应和比较，在绘图中均将其作镜像处理，即西左右东。

咸阳地区的象天格局中，渭北诸宫室正位于北宫位置。

将北宫各星与渭北宫室进行比照，可以发现彼此之间存在一定的相互呼应的关系。（1）咸阳宫与营室，渭桥与阁道。孝公自栎阳移都咸阳时即建有咸阳宫，后世又不断经营建设，长期以来都是咸阳最为重要的宫室，在始皇统一天下于渭南确立极庙为新的中心之后，位于渭北的咸阳宫在整个都城中的地位也相应地发生了变化。《史记·天官书》载紫宫（中宫）"后六星绝汉抵营室，曰阁道"①。天极为中宫，营室属北宫，阁道为中宫北端跨越天河的一组星，联系了天极和营室。《史记·秦始皇本纪》："为复道，自阿房，渡渭属之咸阳，以象天极，阁道，绝汉抵营室也。"②此意甚明，极庙是为天极，咸阳宫是为营室，阁道则为横跨渭河的渭桥。从其他文献记载来看，营室星代表天子重要的离宫别馆、布政之宫③，这一点是与咸阳宫的功能性质相同的；同时，营室又名定，是营建宫室的参照物。④咸阳宫是定都咸阳时最早建设起来的最为重要的宫室，自然成为后世营建宫室时的参照。（2）六国宫室与虚宿。六国宫室是始皇仿效战败的诸侯国宫室所建，"秦每破诸侯，写放其宫室，作之咸阳北阪上，南临渭，自雍门以东至泾、渭，殿屋复道周阁相属"⑤。这应当是一个较长的过程，从始皇十七年（前230）灭韩开始，在统一天下后应达极盛，其具体位置今天尚无完全可靠的考古证据。⑥史籍所载的六国宫室位于"咸阳北阪"且"南临渭"。根据今天的地形来看，渭河以北的地区从西南向东

---

① 《史记》卷七《天官书》，中华书局，1959年，第1230页。

② 《史记》卷六《秦始皇本纪》，中华书局，1959年，第246页。

③ 《史记·天官书·正义》："营室七星，天子之宫，亦为玄宫，亦为清庙，主上公，亦天子离宫别馆也。"（《史记》卷二七《天官书》，中华书局，1959年，第1291页）营室是重要的天子之宫。杨炯《少室山少姨庙碑》："太微营室，明堂布政之宫。"（〔唐〕杨炯：《杨炯集》，中华书局，1980年，第67页）《史记·天官书》："荧惑为勃乱，残贼、疾、丧、饥、兵……其入守犯太微、轩辕、营室，主命恶之。"（《史记》卷二七《天官书》，中华书局，1959年，第1317、1319页）太微、轩辕都是天子理政的处所，将扰乱太微、轩辕、营室的星象共同视为战乱的象征，也可见营室与这二者有相近的性质。

④ 《尔雅·释天》："营室谓之定。"郭璞注："定，正也，作宫室以营室中为正。"（《诗·墉风·定之方中》："定之方中，作于楚宫。"即是此意）《史记·天官书·索隐》引《元命包》云"营室十星，埏陶精类，始立纪纲，包物为室"。

⑤ 《史记》卷六《秦始皇本纪》，中华书局，1959年，第239页。

⑥ 刘庆柱认为其在咸阳宫东西两侧，即牛羊村附近。（刘庆柱：《秦都咸阳几个问题的初探》，《文物》1976年第11期；刘庆柱：《〈谈秦兰池宫地理位置等问题〉几点质疑》，《人文杂志》1981年第2期）王学理认为在今咸阳东的渭城湾到杨家湾之间的北原。（王学理：《秦都咸阳》，陕西人民出版社，1985年，第74页）徐卫民认为在已经发掘过的秦都咸阳一、二、三号建筑遗址北的怡魏村一带，与王学理认为的位置相近。（徐卫民：《秦都城研究琐议》，《浙江学刊》1999年第6期）

北抬升，故六朝宫室比较可能是位于咸阳宫的东北方向。北宫营室之东北有虚宿，《史记·天官书·正义》："虚主死丧哭泣事……亦天之颂宰，主平理天下，覆藏万物。"[①]六国战败，是为"哭泣之事"，而秦则"平理"之，"覆藏"之，收六国之精华于此一隅。六国宫室应与北宫虚宿相呼应。（3）望夷宫与北落师门。望夷宫是秦代的重要宫殿，建于泾水之滨，有望北夷、护都城之意义。此处必定屯有重兵、守卫咸阳、抗击北夷。秦都咸阳"自雍门以东至泾渭，殿屋复道相连，周阁相属"[②]，位于泾河边缘的望夷宫应当是都城宫殿区的北端边缘。在北宫星宿中，营室星正北[③]有羽林天军、垒、北落（又名北落师门）诸星。据《史记·天官书·正义》：羽林天军为"天宿卫之兵革出"，垒星为"天军之垣垒"[④]，都具有明确的军事防卫的功能。北落是营室之北的较为瞩目的大星，象征天军之门，北落师门的位置、性质与望夷宫一致，羽林天军、垒等星则象征望夷宫周边所屯守的重兵。（图5、图6）

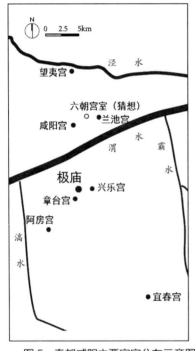

图 5　秦都咸阳主要宫室分布示意图

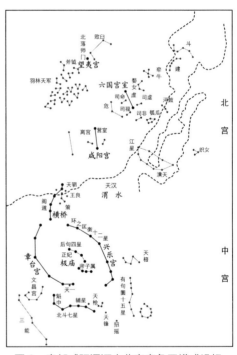

图 6　秦都咸阳渭河南北宫室象天模式设想
（星象根据刘操南《中宫星图》《北宫星图》绘制。参见刘操南：《古代天文历法释证》，浙江大学出版社，2009年，第409、510页）

① 《史记》卷二七《天官书》，中华书局，1959年，第1309页。
② 《史记》卷六《秦始皇本纪》，中华书局，1959年，第239页。
③ 此处考虑的空间模式是将全天星象正投影，则天极位于正中，北宫位于其北，越远离天极则越北，这与传统天文研究中以天极为北的方位观不同。
④ 《史记》卷二七《天官书》，中华书局，1959年，第1309页。

4.西部皇家苑囿为西宫

在诸侯国时期，咸阳周边便建有宫廷苑囿，昭王时秦有五苑，据《韩非子·外储说右下》记载，诸侯国时期应侯请求将秦"五苑"中的"蔬菜橡果枣栗"发放给遭遇饥荒的民众。秦始皇时期对渭南苑囿多有扩建，《史记·滑稽列传》载始皇"欲大苑囿，东至函谷关，西至雍、陈仓"①，后虽因优旃之谏而放弃，但是对于苑囿的小规模扩建却是可能的。

秦代苑囿的具体位置今已难考，《三辅黄图》有言："汉上林苑，即秦之旧苑也。"②西汉在秦苑的废墟上建设了汉之苑囿，只能根据汉苑之记载来初步推测秦苑的范围。班固《西都赋》云："西郊则有上囿禁苑，林麓薮泽，陂池乎连乎蜀汉。缭以周墙，四百余里。离宫别馆，三十六所。"《三辅黄图》载有汉西郊苑，与此相类③，可见西郊应当是秦汉时期禁苑的核心区域。《史记·秦始皇本纪》载：始皇三十五年，"乃营作朝宫渭南上林苑中"④，证明秦时渭南有上林苑，其范围史无详载。亿里根据《史记·秦始皇本纪》《长安志》《秦封宗邑瓦书》等的记载及秦代行政建置的情况，认为上林苑范围基本是"西界沣水，东至今西安市劳动公园，北起渭水，南临镐京"⑤，这一范围恰是在极庙、章台、兴乐等宫殿群的西南方向。此外，秦咸阳西南方有一组供帝王游猎的宫苑，包括长杨宫、蕒阳宫、五柞宫等。⑥这一组宫苑位于终南山北麓，毗邻涝水，山林秀美，风景宜人，研究者普遍认为此间为秦一大禁苑。考古与文献记载也证实，秦咸阳在渭南的主要池沼也都在极庙西南方向，包括牛首池、镐池、滮池等。（表1、图7）

---

① 《史记》卷一二六《滑稽列传》，中华书局，1959年，第3202页。

② 何清谷：《三辅黄图校释》卷四《苑囿》，中华书局，2005年，第230页。

③ 何清谷：《三辅黄图校释》卷四《苑囿》，中华书局，2005年，第244页。

④ 《史记》卷六《秦始皇本纪》，中华书局，1959年，第256页。

⑤ 亿里：《秦苑囿杂考》，《中国历史地理论丛》1996年第2辑。

⑥ 《汉书·地理志》盩厔县注云："有长杨宫，有射熊馆，秦昭王起。"（《汉书》卷二六《地理志》，中华书局，1962年，第1547页）《三辅黄图》："蕒阳宫，秦文王所起，在今鄠县西南二十三里。""长杨宫，在今盩厔县东南三十里，本秦旧宫……门曰射熊观，秦、汉游猎之所。"（何清谷：《三辅黄图校释》卷一《秦宫》，中华书局，2005年，第27、37页）《元和郡县志》卷二："秦五柞宫在（鄠）县东南三十八里。"（〔唐〕李吉甫：《元和郡县图志》卷二《关内道二》，中华书局，1983年，第31页）

表1　秦咸阳渭南主要池沼

池名	文献记载	考古发现
牛首池	《史记·司马相如列传》有"鹢牛首"句，《集解》引张辑注云："牛首，池名，在上林苑西头。" 《括地志》："在雍州长安县西北三十八里。" 《太平寰宇记》："地在内苑西，丰水西北。"	在今咸阳市南钓台乡西张村一带。这里地面有大量的砖瓦残片，也采集到一件汉"上林"文字瓦当
镐池	《三辅黄图》："镐池在昆明池之北，即周之故都也。" 又引《庙记》："长安城西有镐地，在昆明池北，周匝二十二里，溉地三十二顷。" 秦始皇时候已有此池，《史记·秦始皇本纪》：三十六年（前211），"有一持璧遮使者曰：为吾遗滈池君"。《集解》：孟康曰，"长安西南有滈池也"。	在西周镐京，今丰镐村西北洼地一带
滮池	在周代就用水灌溉。《诗·小雅·白华》："滮池北流，浸彼稻田。"《水经·渭水注》："滈水又北流，西北注滮池合。"	在今长安区西北丰镐村西北的洛水西村附近

图7　秦都咸阳范围池沼分布示意图

（图中池沼位置据《咸阳帝都记》相关信息绘制。参见王学理：《咸阳帝都记》，三秦出版社，1999年，第185—186页）

秦汉时的皇家禁苑与后世主要用于观赏游乐的皇家园林不同，它物产丰富，并饲养羊、鹿等牲畜以供给郊祀或宴客，同时是天子射猎的场所。扬雄《羽猎赋》记述其可提供"蔬菜橡果枣栗"，"财用足以奉郊庙，御宾客，充庖厨"[①]，《汉旧

---

① 〔梁〕萧统：《文选》卷八《赋丁·畋猎中》，〔唐〕李善注，上海古籍出版社，1986年，第387页。

仪》记载上林苑中饲养有百兽，可供祭祀、宴飨、射猎等。①《史记·平准书》也记载上林苑中养有羊。②

据《史记·天官书》的记载，西宫诸星可提供祭祀牺牲（娄）、五谷（胃）、粮草（刍），可用于游猎（毕）、饲养禽兽（天苑）。这些功能与秦皇家苑囿的功能是一致的，其居于西方的位置也与处于极庙宫殿群西方的诸苑囿相当。西宫有咸池星，代表天池，也是太阳洗浴的地方③，这与位于极庙以西的诸池沼的位置和含义是相应的。

5. 营阿房以象南宫太微

始皇三十五年，欲于渭南营建新的朝宫，首先营建规模宏大的前殿，这是新朝宫最为重要的宫室，因建于"阿房"，故名为"阿房宫"。④前殿工程的规划设计非常宏大，但直至秦末也未完工。今天考古发现的前殿遗址位于古皂河以西，渭河以南，今赵家堡、古城村一带。⑤这一位置处在极庙、章台、兴乐这一建筑群的西南方向。

据《史记·天官书》的记载，南宫有衡宿，即后世所谓的太微垣的主要构成部

① 《汉旧仪》："上林苑中昆明池、镐池、牛首诸池，取鱼鳖，给祠祀。用鱼鳖千枚以上，余给太官。""上林苑中，广长三百里，置令丞左右尉，百五十亭苑，苑中养百兽，禽鹿尝祭祠祀，宾客用鹿千枚，麋兔无数，傧飞具缯缴，以射凫雁，应给祭祀置酒，每射收得万头以上，给太官。上林苑中，天子遇秋冬射猎，取禽兽无数实其中，离宫观七十所。皆容千乘万骑。武帝时，使上林苑中官奴婢，及天下贫民赀不满五千，徙至苑中养鹿。因收抚鹿矢，人日五钱，到元帝时七十亿万，以给军击西域。"参见卫宏：《汉旧仪》（卷下），〔清〕孙星衍校，见王云五主编：《汉礼器制度及其他五种》，商务印书馆，1939年，第16—17页。

② 《史记》卷三〇《平准书》载："初，式不愿为郎。上曰：'吾有羊上林中，欲令子牧之。'式乃拜为郎，布衣屩而牧羊。岁余，羊肥息。"

③ 《楚辞·九歌·少司命》："与女沐兮咸池。"王逸注："咸池，星名，盖天池也。"《淮南子·天文》："日出于旸谷，浴于咸池。"

④ 关于阿房宫、阿房前殿、前殿阿房等名词的概念范围多有讨论，如王丕忠：《阿房宫与〈阿房宫赋〉》，《西北大学学报》（哲学社会科学版）1980年第3期；王学理：《"阿房宫""阿房前殿"与"前殿阿房"的考古学解读》，《文博》2007年第1期；辛玉璞：《"阿房宫"含义别说》，《秦文化论丛》（第2辑），西北大学出版社，1997年。本文根据《史记·秦始皇本纪》的记载，认为阿房为地名或者为对该地的描述，所谓"先作前殿阿房""作宫阿房"，相当于是"先作前殿于阿房""作宫于阿房"，因而阿房宫是建于"阿房"的前殿的临时名称。作为一期工程的前殿直至秦末尚未完工，则新朝宫未被命名也是情理之中的事，本文就直接以新朝宫称之。

⑤ 李毓芳、孙福喜、王自力等：《阿房宫前殿遗址的考古勘探与发掘》，《考古学报》2005年第2期。

分，这是天帝的南宫，乃三光（日、月、五星）入朝的宫廷，其前后左右有大臣、大将、执法的官员、诸侯、蕃臣等。其旁有权宿，又名轩辕，象征后宫。《淮南子·天文训》中论述了太微与紫宫的关系："太微者，太一之庭也。紫宫者，太一之居也。"①也就是说太微是天帝处理政务之宫庭，紫宫为天帝居处之寝宫。太微的性质及其位置是与阿房宫的功能及其与极庙的相对位置相呼应的，可以推断阿房宫可能是象南宫太微而建。此外，史载阿房宫"表南山之巅以为阙"②，南宫有天阙星，即阙丘二星，象征"天子之双阙"③，此二星在太微以南，似与阿房宫所表之阙有呼应关系。

6. 对都城地区宫室的整体充实

始皇规划的渭南新朝宫事实上只兴建了前殿阿房宫，且尚未最终完成，但是从历史记载来看，这一时期，始皇有一个规模宏大、对都城地区的宫殿进行整体充实的宏伟规划。《史记》载始皇三十五年，"乃令咸阳之旁二百里内，宫观二百七十，复道甬道相连"④。《三辅黄图》载始皇广扩宫室："规恢三百余里，离宫别馆，弥山跨谷，辇道相属，阁道通骊山八十余里。"⑤

如前文所述，秦始皇将渭河两岸，南至终南山，北至泾水，西至长杨、五柞宫，东至丽山园，包括宫室、陵墓、苑囿、自然山脉与河流等的广阔区域，以一个统一的思想规划为一个整体，以极庙为中宫天极，其他四宫各有所象。西起长杨，东至丽山，大约为80余公里（汉1里约为417.5米）⑥，这一范围正是所谓"咸阳之旁二百里"的范围。始皇在统治的最后几年中有一个对这一范围进行全面的充实和建设的宏大规划，可以想见，如若这一规划完全实现，以极庙为中宫天极，宫观苑囿与天空中之星象相比附，环绕于四周，将是一幅天地交辉、群星灿烂的壮阔图景。（图8）

---

① 〔汉〕刘安：《淮南子》卷三《天文训》，上海古籍出版社，1989年，第29页。
② 《史记》卷六《秦始皇本纪》，中华书局，1959年，第256页。
③ 《史记》卷二七《天官书》，中华书局，1959年，第1302页。
④ 《史记》卷六《秦始皇本纪》，中华书局，1959年，第257页。
⑤ 何清谷：《三辅黄图校释》卷一《秦宫》，中华书局，2005年，第49页。
⑥ 陈梦家：《亩制与里制》，《考古》1966年第1期。

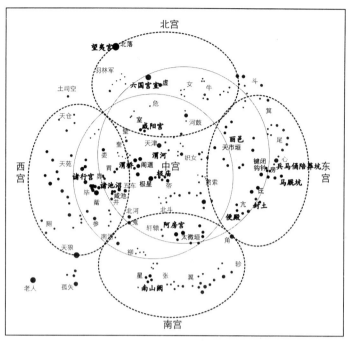

图8　秦都咸阳地区象天模式设想

［底图星象据陈遵妫《五官（宫）座位图》绘制。参见陈遵妫：《中国天文学史》，上海人民出版社，1982年，第 265 页］

四、小结

通过对秦都咸阳的研究可以发现，在咸阳及其周边地区的规划设计中确实存在着象天设都的思想。其主要模式是以天极为中心，四方相对，天地垂直投影，根据位置关系建立天上之星座与地上之人工建设之间的关系。值得注意的是，一定时期内，人们对于天象的认识是一定的，但是规划设计对象的自然地形、既有建设条件则各有不同，不可能将一定的天象完全机械地投影到地面上，而是要通过人的巧思，在保持天空中星象的几何拓扑关系及象征意义的基础上，根据地面上的实际条件进行协调、妥协，从而将在天之象与在地之都完美地融合为一个整体。《史记·太史公自序》引司马谈《论六家要旨》："神者，生之本也；形者，生之具也。不先定其神，而曰我有以治天下，何由哉？"[1]象天设都的模式也体现出这样的特点，以神（精神内涵与基本规律）为本，不完全拘泥于具体的形态。

秦始皇对秦都的大部分建设是在前人基础上的改建、扩建，并不是完全的新创。始皇正式掌握政权之前，帝陵已经开始营建，渭南咸阳宫沿用日久，已有章

---

① 《史记》卷一三〇《太史公自序》，中华书局，1959年，第3292页。

台、兴乐、上林等，阿房据载亦已在惠文公时有所营造。秦始皇在此基础上，基于象天设都的思想，对原有宫室进行了有选择性的扩建，并适当增添新的建设，对原有的建设秩序进行了重新建构，并不断有所调整，脱胎换骨般地形成了一个气魄宏大、意味深远、前所未有的全新的天下之都。《淮南子·诠言训》有言："神贵于形也。故神制则形从，形胜则神穷。"①在这个过程中规划设计所具有的"神"，起到了点石成金的作用，使得原本普通的物质空间之"形"，具有了特殊的精神内涵，所谓"全新"，不是物质建设的全新，而是精神气象的全新。

象天设都，它的表现是天地关系的建立，它的目标是天人关系的融合，而它的产生是人地关系的作用，其对象是地面上的物质建设，其主体是人，正如《吕氏春秋·序意》所谓"上揆之天，下验之地，中审之人"②。《易·系辞》有云："神而明之，存乎其人。"③空间布局的"神"、人的社会文化信仰与精神追求息息相关。一方面是主事者，秦始皇有并吞六合的千古一帝之宏大气魄，始有秦都咸阳之高远境界。事实上，帝都咸阳的规划设计过程是伴随着始皇对政权的掌握和思想的变化而逐步推进的，从萌发到确立，再到盛大，即便在其死后，按照其思想制定的既有之规划仍然起着绝对的主导作用，象天设都是其大一统制度建设的一部分。另一方面是受众，象天设都有明确的宣示政权正统性的作用，因而必然需要得到民众的理解和接受，这有赖于人文观念中对天人相应的笃信以及继承战国又不断拓展的天文知识基础。

需要特别指出的是，咸阳象天虽史有明载，但是由于历史文献与考古成果阙如，秦都咸阳的具体城市格局在学界尚无明确共识，渭南新朝宫等始皇心目中的宏伟规划蓝图亦未完全实现，故而本文所提出的象天设都的格局只是对一种可能性进行探讨，希望借此探究其基本模式和思想方法，而非刻意考证具体细节，敬请方家指正。

原载《古代文明》2016年第2期

（郭璐，清华大学建筑学院副研究员）

---

① 〔汉〕刘安：《淮南子》卷一四《诠言训》，上海古籍出版社，1989年，第159页。

② 〔秦〕吕不韦著，陈奇猷校释：《吕氏春秋新校释》卷一二《序意》，上海古籍出版社，2002年，第654页。

③ 《周易正义》，《十三经注疏》本，中华书局，1980年，第262页。

论西汉帝都长安的形制规划与都城理念

黄晓芬

一、研究现状与课题

汉长安城是中国历史上首次建设完成的帝国都城建筑，中华人民共和国成立以来，中国社会科学院考古研究所主持开展汉长安城考古学调查和发掘工作半个世纪，各方面都取得了前所未有的丰硕成果，但也留下不少未解之谜。

（一）汉长安城建筑规划与形制

最早对汉长安城遗址进行调查和研究者是日本学者足利喜六，清末他在中国考察结束后出版专著《长安史迹研究》[1]，给予日本东洋史学界以很大影响。之后，日本学者关于古都长安的通史研究[2]、汉代都城制的探讨[3]等皆以此为基础。从1950年代开始，中国社科院考古研究所持续展开了对汉长安城学术的调查和考古发掘，先后对汉长安的主要城门、道路、未央宫及附属官署建筑遗址，长乐宫、桂宫、建章宫各大宫殿建筑遗址，武库和西市的冶金、制陶、货币铸造遗址，以及王莽九庙、明堂（辟雍）、社稷遗址等展开了科学发掘和保护工作。近年，在未央宫遗址进行了大面积钻探测量，发掘调查了长乐宫4号、5号宫殿（凌阴）遗址等，对汉长安城的形制分布有了更进一步的认识。

现存汉长安城遗址的平面形近似方形，总面积约36平方公里。（图1）城墙周长为25.7公里，底部宽约16米，高10米以上，城墙外围环绕设置一周护城壕。然而值得注意的是，汉长安城内的建筑空间以大小宫殿官署建筑为主，其中仅未央宫、长乐宫、桂宫、北宫、明光宫五大宫殿的建筑面积几乎占据全城总面积的三分之二。汉代的王侯、宫廷贵族及都市民众的生活空间又何在？这是一个难解之谜。

---

① ［日］足利喜六：《长安史迹研究》，《东洋文库论丛》（第22卷），东洋文库，1933年。
② ［日］佐藤武敏：《长安》，近藤出版社，1971年；讲谈社学术文库，2004年。
③ ［日］古贺登：《汉长安城と阡陌·县乡亭里制度》，雄山阁，1980年。

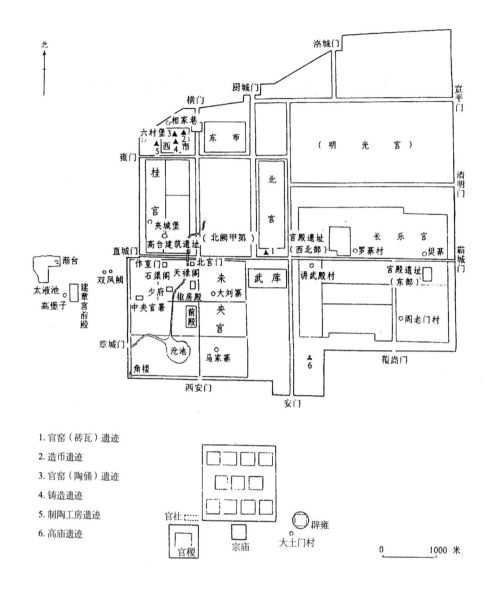

1. 官窑（砖瓦）遗迹

2. 造币遗迹

3. 官窑（陶俑）遗迹

4. 铸造遗迹

5. 制陶工房遗迹

6. 高庙遗迹

官社

官稷

宗庙

大土门村

辟雍

0   1000 米

图1　汉长安城遗址平面图

关于汉长安城建筑规划及总体形制问题学术界存在不同意见。早在1950年代就有学者指出汉长安城是依照不规则地势修筑而成的，属混乱无规划都市。① 这一观点在国内外学界至今还有一定影响。日本有不少学者支持汉长安城的自然形成说，1980年代初有文章提出高祖新丰及西汉陵邑可属汉长安城的卫星都市，主张汉长安首都圈的景观为奇拔而不规整形，虽然在地政学上有其安定的一面，但仍属于重视机能性的无秩序都市。②

① 刘致平：《中国建筑类型及结构》，建筑工程出版社，1957年。

② ［日］大室幹雄：《劇場都市——古代中国的世界像》，三省堂，1981年，第225页。

1980年代中期，杨宽比较战国时代都城制，就汉长安城的形制特点发表论文，其中引用文献记载推算汉长安城人口数据之后，认为汉长安城是继承了战国中原大国都城制，具有宫城（内城）布局特点。[1]依此类推，汉长安城外应该有郭城（外城）。其具体列举西汉大型宫殿建筑多集中于长安城内西南部，而城北及城东北外侧比较开阔等现象，推测这两地设北郭、东郭的可能性较大。另外，还考察了西汉陵邑制特点，提到城北的五陵邑与城东南的霸陵和杜陵的二陵邑应属于汉长安城的一部分。[2]然而，有不少学者对汉长安城宫城说持否定意见[3]，主张现存汉长安城遗址本身就代表了西汉都城的总体形制。[4]进入21世纪以后，有关汉长安城的总体规划形制问题仍有争议，至今无定论。日本学者亦有坚持"汉长安城属不完整的计划都市"[5]或主张"汉长安城不存在整体布局，属不受儒教样式美拘束的杂然都市"[6]观点者。

（二）"斗城"说

观察现存汉长安遗址的平面形，除东城墙为直线建造外，西、南、北侧的城墙皆呈不规则曲折形状，使得四面城墙长度不一（东墙6000米，南墙7600米，西墙4900米，北墙7200米）。其中北墙和南墙的曲折形状特殊，古人视之为可与天体相对应，犹如模仿天上星象"北斗七星"或"南斗六星"，故曾被称为"斗城"[7]。

元代李好文最早对"斗城"之说提出异议，他认为汉长安城墙的不规则形状主要是受建设地周边的河流走向等自然地形影响而形成的。这一观点长期以来受到国

---

① 杨宽：《西汉长安布局结构的探讨》，《文博》1984年创刊号。

② 杨宽：《西汉长安布局结构的探讨》，《文博》1984年创刊号；杨宽：《西汉长安布局结构的再探讨》，《考古》1989年第4期。

③ 刘运勇：《再论西汉长安布局及形成原因》，《考古》1992年第7期；马正林：《汉长安城总体布局的地理特征》，《陕西师范大学学报》（哲学社会科学版）1994年第23卷第4期；王社教：《论汉长安城形制布局中的几个问题》，《中国历史地理论丛》1999年第2辑。

④ 李遇春：《汉长安城的发现与研究》，见《汉唐与边疆考古研究》（第1辑），科学出版社，1994年；刘庆柱：《汉长安城布局结构辨析——与杨宽先生商榷》，《考古》1987年第10期；刘庆柱：《再论汉长安城布局结构及其相关问题——答杨宽先生》，《考古》1992年第7期；孟凡人：《汉长安城形制布局中的几个问题》，见《汉唐与边疆考古研究》（第1辑），科学出版社，1994年。

⑤ 陈力：《漢長安空間構造の移り変わり》，见《アジア游学》（第78辑），勉誠出版，2005年。

⑥ ［日］佐原康夫：《漢代都市機構の研究》，汲古書院，2002年，第79页。

⑦ 《三辅黄图》卷一载："城南为南斗形，北为北斗形，至今人呼汉京城为斗城也。"何清谷校注本，三秦出版社，1995年，第58页。

内外不少学者的支持，认为"汉长安城是政治功能优先的都市建筑，称长安为斗城者不过是好事者武断而已"。有的则主张这种奇妙城墙属于一种方便式建筑，"反映惠帝时代的不安定，为现实政治之产物"[①]。有的还具体指出汉长安城墙的曲折部分是受城北的渭河、城南的龙首原等地形和地势的影响，或是受到宫殿配置的制约等。[②]如果说汉长安城墙建筑与河岸及台地崖壁十分接近的话，其建筑曲折形式受自然环境影响则比较容易理解。然而，汉长安城遗址地处关中平原中部的平坦开阔地带，目前可确认西汉宫殿城墙建筑与渭河及台地崖壁之间距都在数公里之外，其南北城墙的曲折造型并非与河川或自然地势有什么必然关联。

1970年代初，海外学者发表论文探讨汉长安城形制问题，论述汉长安城是承继秦都咸阳宫系有意模仿天体星象而建筑的，并列举世界文明史上多有古代首都形制模仿天界而建造的现象，提示其南城墙的曲折形式象征大熊座（南斗），北城墙的曲折部分则模拟小熊座（北斗），支持汉长安城"斗城"说。[③]1980年代末，日本学者对此观点有所继承和批评，认为汉长安城北墙的曲折形与实际天文观测中的北面北斗星非常相似，但南墙的曲折形则属于超现实的抽象化星象表现，提示汉长安城为"北斗之城"[④]。2000年以后，国内学者亦发表论文将汉长安城墙的曲折形与天文星图的星座相对照，指出城墙的曲折部位与星图中的北斗七星、勾陈、紫微右垣星的星座位置是"完全一致"的[⑤]，赞同汉长安城"斗城"说。然而，通过对照天文星图与汉长安城墙发现，尽管两者的曲折形状有类似之处，可是要说明两者"完全一致"则显得证据不足。

（三）建筑中轴线问题

汉长安城有无建筑中轴线？学术界意见多有分歧。至今，凡论及中国古代都城建筑中轴线问题者多以魏晋南北朝、隋唐时代的都城形制为典型，强调中国历代都

---

① ［日］佐原康夫：《漢代都市機構の研究》，汲古書院，2002年，第72页。

② 马正林：《汉长安城总体布局的地理特征》，《陕西师范大学学报》（哲学社会科学版）1994年第23卷第4期；史念海：《汉代长安城的营建规模——谨以此恭贺白寿彝教授九十大寿》，《中国历史地理论丛》1998年第2辑。

③ Paul Wheatley, The Pivot of the Four Quarters, Edinburgh: *University of Edinburgh Press*, 1971, pp. 441-444.

④ ［日］中野美代子：《北斗の城》，见《仙界とポルノグラフィー》，青土社，1989年，第95—111页。

⑤ 李小波：《从天文到人文——汉唐长安城规划思想的演变》，《北京大学学报》（哲学社会科学版）2000年第2期；于希贤：《中国古代都城规划的文化透视》，《中国历史地理论丛》2000年第3辑。

城的建筑中轴线是以宫城为基准而展开的。最初，杨宽提示汉长安城的建筑中轴线是以宫廷正殿为中心的，即由未央宫北门直线向北通过2830米长的横门大街，直达北墙西侧横门。[①]自此以后，横门大街为汉长安城建筑中轴线说遂成主流，或以横门大街为基轴有所发展，即由未央宫北门向南直线延伸，穿过宫城干道至未央宫南司马门直至南墙西侧的西安门。并依据西安门外新发掘的王莽九庙遗址位置及门外大道东设宗庙、西配社稷等礼制建筑为旁证，主张汉长安城建筑中轴线位于城西侧，穿过横门大街及未央宫城干道连接横门与西安门。[②]近年，有学者主张汉长安城仅"部分区域有建筑轴线"，都市建设总体则不存在建筑轴线。[③]还有学者则否认汉长安城存在建筑中轴线，直至王莽在城南郊建设明堂、辟雍之后才出现了未央宫的南北方向性，之后"长安城开始画出以天子思想为中心的轴线"等。[④]

　　1980年代，陕西省文物局组织全省文物普查，咸阳地区工作队在三原县城北黄土台地上的嵯峨乡天井岸村发现一奇特的巨大圆坑。1993年，西安文物保护中心调查组赴现场考察后发表调查报告认为此直径260米的巨大圆坑为汉代祭祀坑，主祭战国齐的天主——天齐公，是为"天齐祠"。同报告者还通过比较地图标记的经纬度发现这一巨大圆坑恰好位于汉长安城的正北方位，且向南延伸可至南山子午口，指出这条南北轴线是以汉长安城为中心的建筑基线。[⑤]此文章发表后因其观点和角度新颖受到关注，可由于各种原因一直未对现场进行发掘调查和验证，缺乏地质学、地理学专家的考察意见，仍然留下很多疑问：此巨大的圆坑究竟是人工建造的，还是自然形成的？作为祭祀坑其祭祀对象和内容是什么？等等。对此新发现学界反响比较低调，持怀疑或批判观点者占主流。[⑥]

二、汉长安城建筑的构造与特点

　　根据文献记载，汉高祖刘邦于公元前202年始建长安城。最初是在扩建秦代离宫兴乐宫的基础上造设长乐宫，两年后在其西侧创建了西汉朝廷政治的中心舞台——

---

　　① 杨宽：《西汉长安布局结构的再探讨》，《考古》1989年第4期。

　　② 刘庆柱：《汉长安城未央宫形制布局初论》，《考古》1995年第12期；王社教：《论汉长安城形制布局中的几个问题》，《中国历史地理论丛》1999年第2辑。

　　③ 陈力：《漢長安空間構造の移り変わり》，见《アジア游学》（第78辑），勉诚出版，2005年。

　　④ ［日］佐原康夫：《漢長安空間構造の研究》，汲古書院，2002年，第71、72页。

　　⑤ 秦建明、张在明等：《陕西发现以长安城为中心的西汉南北向超长建筑基线》，《文物》1995年第3期。

　　⑥ 刘庆柱：《汉长安城未央宫形制布局初论》，《考古》1995年第12期；王社教：《论汉长安城形制布局中的几个问题》，《中国历史地理论丛》1999年第2辑。

未央宫。之后又营建了武库、太仓和北宫等建筑群。自惠帝元年（前194）起花费了五年时间完成了汉长安城墙，道路，东、西市等建筑工程。汉武帝时期又开创了建章宫、明光宫、桂宫、上林苑及昆明池等，遂将汉长安城的建设事业推向高峰。到王莽九庙礼制建筑群完工为止，汉长安城建筑之宏大工程才告结束。

（一）汉长安城的宫殿官署建筑

现存汉长安城遗址总面积36平方公里，城内主要以未央宫、长乐宫、桂宫、北宫、明光宫五大宫殿及各大宫城区为中心集中配置。其中高祖刘邦时期的朝廷皇宫——长乐宫的宫城面积为7平方公里，几乎占据汉长安城整体面积的五分之一。西汉皇权政治的中枢未央宫建筑更是宏伟壮观，经发掘已确认未央宫前殿规模，发现中央官署、官营手工业遗址存在等。在未央宫与长乐宫之间建设配置汉朝宫廷武库，其北部分别造设西汉皇室后宫的生活空间——北宫、桂宫、明光宫。汉武帝时还在长安城西直城门外新创建了照未央宫建筑的建章宫（东西2130米，南北1240米），武帝、昭帝时期亦将朝廷的中心政治舞台由城内迁至建章宫。如此，包括各个宫城道路在内，概算西汉都城内五大宫殿建筑面积竟然占汉长安城总面积的三分之二。考察考古学资料可知，汉长安城内的整体空间为皇权政治，宫廷皇室的公私建筑占据了大多数，因而，可以认为现存汉长安城具备宫城性质。

（二）宗庙·社稷建筑

根据文献记载，高祖刘邦的高庙建于长乐宫城东南隅，具体在安门之内，位于安门大街东侧。公元前176年，文帝顾成庙则建于汉长安城南。

1950年代末，在汉长安城南墙中央正门安门及其西侧的西安门外区域发掘调查了西汉早期社稷与"王莽九庙"遗址。[①]其证实了西汉后期的宗庙建筑为方形，边长为270—280米（相当1200尺，1尺＝0.232米），东、西、南、北四方中央各设一门，其四隅有直角曲尺形建筑配置。宗庙中央的主体建筑是在四方台基东、西、南、北四面各设四座殿堂而构成的方形（或称"亚"字形建筑）建筑。"王莽九庙"之西发掘两座西汉社稷遗址（祭祀土地、五谷、国家之神），根据出土文物报告者推测，其中横长方形夯土台基F13为西汉早期的官社建筑，由此地向北直线延伸正对未央宫前殿。而方形夯土台基F14为王莽时期的官稷建筑。

考古学者在"王莽九庙"东侧还发掘了一座以方、圆形建筑并存为特点的西

---

① 中国社会科学院考古研究所：《西汉礼制建筑遗迹》，文物出版社，2003年。

安大土门遗址。方形建筑台基的边长为205米（相当900尺，1尺＝0.228米），高1.6米，四隅配置有直角曲尺形建筑。其中央的主体建筑由直径62米、高0.3米的圆形台基与其上配置的边长42.4米的方形（"亚"字形）建筑构成。在此大型方、圆形建筑外周更环绕一重直径为349—368米（相当1500尺，1尺＝0.232米）的大型环壕，深1.8米，壕沟宽1.8—2米。该遗址出土文物非常少，一般推测其与"王莽九庙"同时，属西汉晚期宗庙遗址。这座西安大土门宗庙遗址构造以方、圆形建筑组合为特点，位于汉长安城正门安门之外、安门大街向南延长线之东侧。由大土门宗庙的所在为原点向北直线延伸正对汉长安城内安门大街东侧的刘邦高庙遗址，表现了其与高祖刘邦的关联性；再以同原点向西直线延长抵达西汉早期的社稷遗址F13，显示出大土门宗庙与西汉早期社稷建筑以安门大街相隔，呈东、西并列配置，恰与文献记载"左祖右社"的古代礼制建筑形式相一致。按汉尺换算结果，大土门遗址发掘报告所提示的方形台基建筑与其外围的圆形环壕建筑规格数值在设计尺度上有所差异。西汉宫廷同一整体建筑在设计施工时使用不同尺度是难以想象的，有可能包含了两者建造时期差的要素。由此推测大土门宗庙遗址在王莽时期有所修建改造，而其主体建筑年代可上溯至西汉早期。再参考文献记载对照其所在位置，推测其属于文帝顾成庙的可能性比较大。于是，西汉早期的"左祖右社"应该是以汉长安城安门大街为中心，在城南安门外配置建造的。这与建章宫建于西城墙直城门外相同，表明西汉时代的都城（市）空间已不限于城墙之内，而是扩展至长安城墙以外了。

（三）城墙（门）、道路及都城建筑基线

古代都城（市）的城门、道路设置与都城建筑基线存在着密切关系。汉长安城的城墙，城门遗址留存至今，考古学者确认，夯筑墙体高11米，底部宽16米，全长25.7公里，整体基本近方形，城墙外周建设有宽45米、深3米的环濠。城墙四面每边各开设3门，合计有12城门，与城内纵横的12条干线大道相通。汉长安城内主要大道一般宽45米，由左、中、右3条道路构成，所谓"道有三涂"。中央道宽为20米（左、右两侧的道路宽12米），道路两边开设侧沟（宽0.9米，深0.45米），中央道路为皇帝专用的御道。另外，沿城墙内侧还建有一周环城道路，被称为"环途"，宽约30米。

关于汉长安城建设基线问题，如前文所述，学术界一般以横门大街或由横门大街向南接续未央宫南北宫门大道至西安门，即连接横门—西安门之间的观点为主流。然而，横门大街（南北全长2830米，宽45米）位于长安城北半部，其南半部的西安门大街与未央宫的宫城大道相重合，存在一定偏角而略呈倾斜，与横门大街不在一直线上。2005年，笔者得到中国社科院考古所汉城考古队专家的协助，曾对汉

长安城的主要道路、城门及未央宫前殿遗址进行调查确认，由北城墙横门到南城墙西安门之间的距离为5126米，方位角则北偏西2.7度。显然，视横门、西安门之间的大道为汉长安城南北中轴线是有疑问的。

汉长安城的规划建设是在周秦都城制的基础上有所继承和创新的。西汉早期建造的朝廷正殿长乐宫、未央宫建筑群都集中于长安城南半部，未央宫建筑坐北朝南以南面为正方位。[①]根据《汉书》记载，汉长安城的城墙建设工程始于西汉惠帝元年（前194），优先筑造了南城墙，以后花费了五年时间先后建造了东、西、北城墙。[②]从城墙建设的先后顺序说明长安城南面地位的重要性，因此可以推测汉长安城应以南面为正。而南城墙所开设的三座城门中，位于其中央的安门则显得格外重要。由此安门定名的安门大街南北直线长5556米、宽50余米，是汉长安城内八条主要大街中规格最高者。安门大街所在位置将汉长安城基本分为东、西两大部分，可视之为都城全体的中央大道，根据GPS测量数据得知安门大街几乎是按正南北方向建造的。再将安门大街与横门大街的测量数据列表比较如表1。

表1 安门大街与横门大街测量数据对比表

起点	终点	方位角（度）	距离（米）
西安门中点	横门中点	北偏西2.7	5126
安门中点	安门大街北端中点	北偏西0.6	5556

如是，从西安门至横门的南北间距为5公里左右，方位角为正北偏西2.7度，换算其距离长度为偏西240米。这表明汉长安城北墙西侧的横门与南墙西安门之间偏角数值大，将其作为汉长安城南北基线的推测是难以成立的。与此相对，创建汉长安城初期定位的南城墙中央正门的安门，以及由安门向北直线延伸的安门大街作为汉长安城建筑中轴线则更合理。

三、汉长安城的立地与方位景观

中国历代宫都建筑多注重正北方位。先秦时代就已不断追求和探索正确的方位

---

① 刘庆柱：《汉长安城未央宫形制布局初论》，《考古》1995年第12期。
② 有关汉长安城墙的营造起始年代见于文献记载：惠帝元年春正月"城长安"，五年九月"长安城成"（《汉书·惠帝纪》）；惠帝"三年方筑长安城，四年就半，五年，六年城就"（《史记·吕后本纪》）；惠帝"四年筑东面，五年筑北面"（《史记·吕后本纪》索隐引《汉宫阙疏》）等。汉长安城的城墙建设共计五年时间，工程起始于南城墙和西城墙与汉初建造的宫廷正殿长乐宫和未央宫偏于城南有关。宫殿防御设施显示都城南面（正面）南城墙地位之重要。

测定技术与方法，秦帝都咸阳建设更重视人文与自然景观之调和。秦始皇统一天下后立即召集东方六国工匠之精华，着手开创宏大的帝都和陵墓，直至秦帝国灭亡亦未完工，帝都咸阳的全貌始终是一个谜。司马迁笔下所描述的秦阿房宫形象有助于我们了解秦人的都城思想。例如司马迁颂扬阿房宫之名句有"自殿下直抵南山，表南山之巅以为阙"[1]。这里的"南山"指西安市南面的终南山，"殿"为秦阿房宫前殿，而"阙"则表示古代的都城宫殿、陵园正门之左右两侧常见的装饰性建筑。所谓"南山为阙"是指从未央宫前殿向南可直抵南山，其前殿建筑与南山威严挺拔的山峰相对峙，犹如连地通天的高大门阙。而"南山为阙"的比喻则表明秦代已比较注重宫殿建筑的立地方位与自然山川、自然景观之融合。又《三辅黄图》卷一"咸阳故城"中描述古都咸阳为"渭水贯都以象天汉，横桥南渡以法牵牛"，即拟表示地上的帝国都城规划形制与天界秩序相对应。

汉长安城的立地、方位及布局形制上有何特点？根据目前历史考古研究现状如何进一步深入探讨和解决汉长安城遗迹所存在的各种难解之谜？对此，笔者在陕西汉代考古学者的大力协助下，对汉长安城及其周边遗迹现象等都分别展开了实地调查与GPS测量，具体论述如下。

（一）自然山川与人工建造物的对峙

西汉长安城坐落在关中平原中部、渭河南岸，周围有渭、泾、灞、浐、沣、滈、潏、涝水纵横环绕，所谓"荡荡乎八川"。自古以来，这一带水量充足，气候温暖而湿润，即蕴藏有丰富的矿物资源，更适宜于农业生产，素有"天府之国""陆海""金城"之美称。[2]汉长安城南面有著名的秦岭支脉——南山（终南山），古称"中南山"意味帝都位于天下之中央。南山海拔高度1500—2800米，挺拔俊秀，绵延起伏，犹如一道护卫帝都的天然屏障。

由汉长安城南正门安门直线向南延伸抵达长安县子午镇的南山子午谷口，以此谷口地点往南有一段基本呈南北走向的谷间小道，长约4公里，古来被称为"子午道"。这是古代由关中翻越秦岭通向汉中的必经之路。南山子午谷口的两侧山峰左右对称，威严耸立，犹如天然的门阙，仿佛司马迁笔下秦阿房宫"南山为阙"之风景。根据GPS计测数值表明，从南山子午谷口向北直线延至汉长安城安门之间距为28.2公里。尽管两地相隔遥远，但方位与真子午线夹角为偏东0度0分56.2秒，其偏角极小竟然不足1分。如此，汉长安城南面正门安门与南山子午谷口之间呈正方位南北

---

① 《史记》卷六《秦始皇本纪》。
② 《汉书》卷六五《东方朔传》；《史记》卷九九《娄敬传》。

对峙，形象地再现了汉长安城与南山天阙相连通。

现存汉长安城遗址建于蜿蜒东流的渭河南侧，与此相对，渭水北侧的咸阳原上建造高有祖长陵。由长陵向北约5公里处还有泾河缓缓东流，即横贯关中平原中部的渭水与泾水流经高祖长陵的南北两侧，仿佛高祖长陵惠受天然河川的环护保佑。（图2）如是可见，西汉都城、陵墓建筑的立地非偶然、孤立的，皆与自然景观有密切的关联。

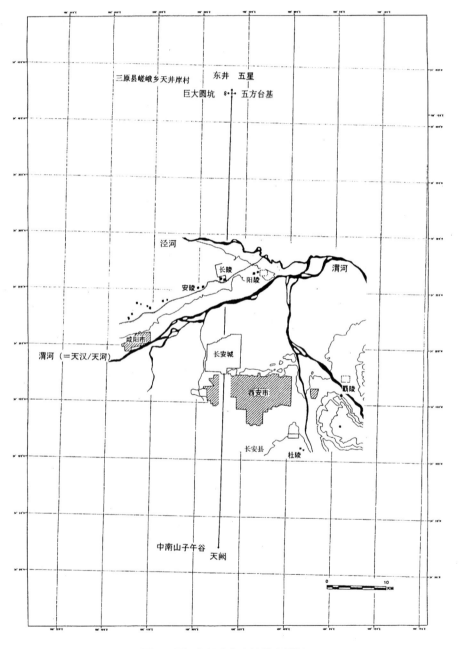

图2 西汉帝都南北中轴线实测图

（二）都城与陵墓的中心对称配置

为具体探讨渭水南北两岸所建都城和陵墓究竟有何特点，在选择高祖长陵的刘邦、吕后陵之中点进行GPS测量调查之后，对照比较汉长安城南正门安门的计测数值，可知，高祖长陵中点与汉长安安门之南北间距为15.6公里，两地方位与真子午线之间的夹角为偏西0度13分21秒（换算其长度为56.2米）。如此表明汉长安城与高祖长陵是严格按照南北正方位设计建造的。同时，由汉长安城安门直线向北延伸至渭河南岸的间距为11.1公里，其间除去汉长安城南、北城墙之间距5.8公里，即由北墙至渭河南岸距离约为5.3公里，而高祖长陵至渭河北岸之直线距离为3.9公里，单看由渭河至南北两岸遗址数据似乎不均等。然而，数千年的地理环境变化造成古河道的自然移动，且河流走向多蜿蜒曲折，河道自身亦宽窄不一。参考历史地理学者的古渭河调查成果可知，西汉以来两千两百年，渭河曾经大幅度北移，其移动幅度最大时期为近200年内发生的。[①]再参照文献记载及近年考古学者对汉唐古渭河桥遗址的发掘成果所提示的几处渭河北移的变动数据[②]，取其北移平均数值为2—3公里。由此可以推测渭河古河道距现渭河的北移数值为2米左右。参照此数值复原西汉初期汉长安城、高祖长陵与渭河的相对位置可知，由渭河为中点通往南北两大圣域的直线距离基本相同，即在渭水的南北两侧都城与陵墓呈中心对称配置。

（三）嵯峨乡天井岸村的五方台基

陕西省三原县城北的高原台地嵯峨山巍然挺拔，山麓地带的嵯峨乡天井岸村麦田里至今残存高低不等的方形夯土台基遗址，周围地表散乱分布着不少汉代瓦砾残片。1970年代陕西文物普查中以"西汉池阳宫"登录为陕西省文物保护单位。而1980年代开展陕西省文物普查之后，根据附近的遗迹现象推测为汉代礼制建筑，更名"五帝祠"[③]。

2004—2005年，笔者先后两次赴现场进行实地测量考察，发现现存夯土建筑台

---

① ［日］鹤间和幸：《汉长安城的自然景观》，见《汉唐长安与黄土高原——中日历史地理合作研究论文集》（第1辑），1998年，第130页；李令福：《从汉唐渭河三桥的位置来看西安附近渭河的侧蚀》，见《汉唐长安与黄土高原——中日历史地理合作研究论文集》（第2辑），1999年。

② 李令福：《从汉唐渭河三桥的位置来看西安附近渭河的侧蚀》，见《汉唐长安与黄土高原——中日历史地理合作研究论文集》（第2辑），1999年。

③ 秦建明、张在明、杨政：《陕西发现以汉长安城为中心的西汉南北向超长建筑基线》，《文物》1995年第3期。

基计四座，各台基为方形，底侧每边长15—20米，残存高度3—7米。其中三座台基沿东西方向作直线配列，可称为西台基、中央台基、东台基。另一座则位于中央台基南侧，是为南台基。据当地老乡回忆，以前在中央台基北侧还有一座同形式的夯土台基北台基，1970年代平整土地时被拆毁无存。因此，嵯峨乡天井岸村残存的汉代建筑遗址之复原形制应为五座造型相同的建筑台基。根据GPS计测数值得知，中央台基的方位角为正北偏东0度27分13.9秒，并以中央台基为中点，按照东、西、南、北（由计测值推算北台基的原位置）的正方位分别建造一座台基，构成一组以直角轴线为特点的"十"字形建筑配置。设中央台基为基点，考察中央与四方台基的位置关系可具体列表如表2。

表2　中央与四方台基位置关系表

距离（米／尺）	东台基	西台基	南台基	备注
中央台基	572米	567.8米	570.1米	
	2506.6尺	2488.2尺	2498.2尺	1尺＝0.2282米
	2486.9尺	2468.7尺	2478.7尺	1尺＝0.23米

计测结果表明，中央台基与各方夯土台基之间的距离均为570米左右，依汉代尺度换算，即从中央台基通往东、西、南台基的直线距离基本接近同一整数2500尺，显示其等距离配置。再看东台基—西台基、南台基—北台基的直线连接距离均为1140米左右，依据1汉尺＝0.2282米／0.23米两种刻度换算后，相当于4997.81尺／4956.5尺，比较二者汉尺数据可知，前者更接近整数5000尺。由此可以推定当时施工建造各夯土台基时所采用的长度单位为汉尺，具体刻度是1汉尺＝0.2282米。近年，笔者参加的中日共同调查项目之一，根据西汉帝陵进行精密GPS测量数据确认西汉景帝阳陵（高祖刘邦之孙）建筑施工时所采用的汉尺刻度单位为1汉尺＝0.23米。[1]西汉时期的都城与陵墓建筑尺度存在微小差异，表明了汉尺刻度规格因时期不同会有所变化。另外，观察五方台基遗址附近的采集物可知，西汉时期绳文筒瓦和板瓦比较集中，有几何纹方砖、空心砖、陶水管道残片、柱础石及建筑散水的卵石堆积等。砖瓦残片中既有西汉早期特点的细绳纹瓦，也有西汉中、晚期的粗绳纹瓦，更有常见的云纹瓦当及"千秋万岁""长乐未央"等西汉皇室宫殿专用的文字瓦当等。将这些砖瓦建材与汉长安城宫殿建筑的同类器物相比较，显示这一组五方台基的建筑格式高，建造时期与汉长安城建设时期同步或者相去不远，至西汉中、晚期延续使用。

根据GPS调查计测数据确认，嵯峨乡天井岸村残存的一组夯土台基以中央台基

---

① 陕西省考古研究所：《西汉长陵、阳陵GPS测量简报》，《考古与文物》2006年第6期。

为基点，由此通往各个台基则严格按照东、南、西、北的正方向定位，构成一组表现中央与四方的中心对称性配置建筑。于是，嵯峨乡天井岸村的夯土台基建筑与宫殿建筑明显不同，以东南西北中央之五方位配置为特点，下文统称为"五方台基"。嵯峨乡天井岸村五方台基地处汉长安城北部，根据GPS计测数据考察两地点遗存的西汉时代人工建造物的立地方位可知，从汉长安城南正门安门到五方台基的中央台基为止，两地相距46.2公里，其方位夹角为正北偏东0度46分55.3秒，换算其偏角距离长度为正北东偏631米。表明五方台基距汉长安城虽然遥远，但是严格按照正北方位来配置建造。再进一步比较五方台基与南山子午谷口地点同样可以确认，从嵯峨乡天井岸村五方台基的中央台基到南山子午谷口，其南北两地之间的直线距离长达74.5公里，其方位夹角为正北偏东0度29分28.8秒，换算其偏角长度为正北东偏638.7米。显然，天井岸村五方台基不仅是在汉长安城安门正北方位建造的，与南山子午谷口亦呈正方位南北对峙。其间长达74.5公里的各大地点所见自然山川与人工建造物等基本都是按照同一经度来展开的。

（四）天井岸村的巨大竖穴圆坑

天井岸村五方台基的西台基向西500米地点的黄土台地上有一巨大竖穴圆坑，其平面形状基本近圆形，深达26米。（图3）

圆形坑壁的斜面均匀，坑底平坦，现为农家栽培玉米和小麦。巨大竖穴圆坑外围南侧及北西侧山谷之间多见高低沟壑，地形、地势变化多端，环绕圆坑口缘一周平坦地建有不少农家屋宅，仿佛聚集于巨大的天井岸边一般。于是很久以前这里就被称为"天井岸村"并沿用至今。巨大竖穴圆坑上口直径为228米，依据汉尺1尺等于0.2282米换算，恰为整数1000汉尺。（表3）如此巨大的竖穴圆坑究竟是天然形成的，还是人工建造物？因地表及坑底采集古代遗物稀少，缺乏判断其年代及性质的有效证据。圆坑北端有一外凸缺口（宽约20米），此原形及用途不明，现此处留有台阶，村民由此上下坑内从事耕作。目前学术界未对此地展开调查及发掘等，故而许多疑难问题还无法解释。然而，与之东西相比邻的五方台基遗址属于西汉人工建造物则是毫无疑问的。且东西比邻的巨大竖穴圆坑与五方台基同样地处汉长安城的正北方位，与南山子午谷口作正方位南北对峙。考察GPS计测值得知，沿五方台基东西轴向西延伸可与巨大圆坑北端底线重合，从西台基中点向西直线延伸与圆坑上口相交地点之间的东西间距为571米，按汉尺（1尺＝0.2282米）换算为2502.1，接近整数2500汉尺。这一整数值恰与五方台基的中央通向四方台基的等距离值相一致，此2500汉尺的长度单位或许潜藏着认识五方台基与巨大竖穴圆坑之相关因素。今

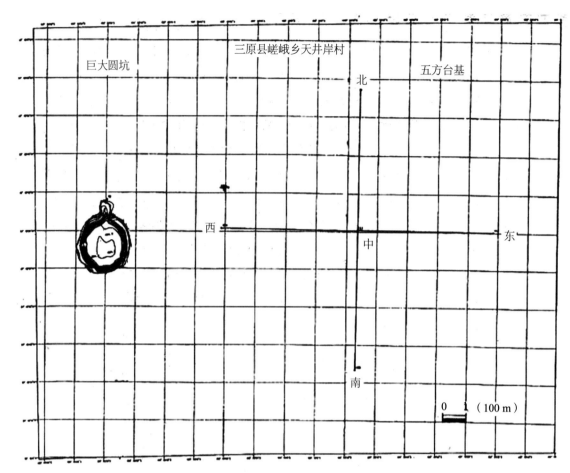

图3　五方台基与巨大圆坑的实例图

表3　圆坑直径换算表

	上口部	底部
南北轴	228米≈1000汉尺	183米≈800汉尺
东西轴	216米≈950汉尺	165米≈720汉尺

注：1汉尺=0.2282米

后，有待专家学者合作展开综合调查与发掘，以深入探讨天井岸村巨大圆坑之谜。

　　根据GPS计测结果表明，由嵯峨乡天井岸村巨大竖穴圆坑至汉长安城安门的南北间距为46.3公里，其方位夹角为正北偏西0度32分30.9秒，换算长度为北偏西425米。即巨大圆坑地处汉长安城正北位置。从天井岸村巨大圆坑到南山子午谷口的南北两地点间的直线距离为74.6公里，方位夹角为正北偏西0度19分13.85秒，换算长度为北偏西417米。这表明嵯峨山天井岸村巨大竖穴圆坑与南山子午谷口虽相隔遥远但仍为正方位南北对峙。（图3）

四、汉帝都长安的规划形制

都城作为"皇权至上"之象征，中国古代帝王无不耗费庞大的资源与财产追求高度观念化的都城建设。西汉初高祖刘邦创建的帝国都城长安继承了秦都咸阳的构造形制，运用先进测量建筑技术，按照严格的都市规划开创新型的理想都城。

（一）北方位重视与中心对称型布局

上述考察与分析表明，从长安县南山子午谷口到三原县嵯峨乡天井岸村五方台基、巨大竖穴圆坑为止，南北直线距离长达74.5公里。其南北两地点之间有汉长安城安门大街、渭河、高祖长陵、泾河等自然山川、人工建造物，它们皆是按照同一经度直线展开的。

如表4所示，各地点间的方位夹角虽有个别稍偏东或偏西的现象，基本都与真子午线非常接近。比较各地点的正北方位偏角发现，最大未超过30分，换算其距离长度则偏东、偏西的范围都在700米以下。证明各地点均严格按照正北方位来设计配列，推测其南北两端地点为营造西汉帝都的设计基点。而连接两地点之基线与汉长安城安门大街相重合，可视之为长安城建设的南北中轴线。且城内的纵横道路，以及各大宫殿建筑群的配置等亦可依此南北中轴线为基线来展开平行定点测定方位。于是，两千两百年以前的方位观测技术及其精确度之高已远远超出现代人的推测和想象，俨然打破了以往的历史常识。

表4 各地点正北方位偏角

	长安城安门	长陵帝／后坟中点	五方台基	巨大圆坑北端
子午谷口	56.2秒 北偏东	4分 北偏西	29分28.8秒 北偏东	19分13.8秒 北偏西

汉帝都长安存在超长的建筑中轴线，不仅反映出当时方位观测技术之精湛圆熟，更显示了汉帝都长安的总体规划布局严谨周到而宏伟壮丽。其重要特点之一就是基本按照中心对称原理展开自然山川与帝都的人工建造物之配列。天井岸村五方台基就是一组具有代表性的中心对称原理建筑，其中央台基与东西南北四方台基皆按照等距离正方位建造，属于严格的中心对称式建筑，其平面图形为规整的直角"十"字形。（图3）同时，从南山子午谷口到嵯峨山下天井岸村五方台基为止，南北长达75公里的汉代都城建筑基线是以渭水为中心的，其南侧阳面营造汉长安城，北侧阴面建设高祖长陵，该两大圣域均以渭河为基点作中心对称配置。与此相同，

以渭河为基点南端通向南山子午谷口，北端抵达嵯峨乡天井岸村五方台基亦为等距离，这些自然山川与人工建造物配置都呈现了中心对称原理。

（二）南北建筑轴线的设定

以上的考察和分析结果表明，汉帝都长安存在一条长大的南北建筑中轴基线，其南北轴线并非以汉长安城遗址为中心[①]，实际上是以渭河为中点、汉长安城与高祖长陵两大圣域为中心而展开的。（图2）从南山子午谷口到嵯峨乡天井岸村五方台为止，南北两端相距长达75公里。尽管南北之间十分遥远，其沿线展开的自然山川、人工建造物等与真子午线的方位夹角虽稍有偏东或偏西现象，但其偏角误差却都没有超过30分，充分显示出当时的方位观测技术及计测精度是相当高的。尤其值得注目的是，汉长安城与高祖长陵的周边所在的自然山川与人工建造物的立地景观明显追求正北方位，反映出汉人以北方为尊位的思想意识，同时还依据中心对称原理展开定点配列。其基线中点之渭水早被秦人比作天汉（天河），汉人继承此天汉观念，并依照中心对称原理将帝王的都城、陵墓两大圣域建造于渭河的南北两岸。即天汉南侧营造长安城以代表"生""阳"的世界，天汉北侧造设帝王陵墓以象征"死""阴"的空间。如此规整而形象地描绘一个表现天、地、人、神的博大世界，烘托出汉代统治者的阴阳思想及宇宙观。于是，在超长的南北中轴线贯穿下构成一座均衡、严谨而又宏伟壮观的都市空间。可以说这一超长的南北建筑基线就是汉帝都长安总体规划的标志与象征。

（三）卫星都市的形成

根据文献记载以及近年的考古发掘成果分析，汉帝都长安的商业经济区域并未设于现存汉长安城遗址范围内，而是集中分布在渭水北岸咸阳原等各大西汉皇帝陵邑一带，通称"五陵邑"。如班固《西都赋》所记载："若乃观其四郊，浮游近县，则南望杜、霸，北眺五陵，名都对郭，邑居相承。英俊之域，绂冕所兴，冠盖如云，七相五公。与乎州郡之豪杰，五都之货殖，三选七迁，充奉陵邑。盖以强干弱枝，隆上都而观万国也。"汉初，为贯彻"强干弱枝"的统治方策，强制东方六国的贵族官吏、富商大贾迁移至西汉首都皇帝陵邑周边集中定居，开发建设举世闻名的"五陵邑"。这里并非单纯守护陵墓的行政机构，而是帝都新兴的经济开发区。这里人口稠密，财阀富豪集聚，成为汉帝国首都圈内拥有强大经济实力的卫星

---

① 秦建明、张在明、杨政：《陕西发现以汉长安城为中心的西汉南北向超长建筑基线》，《文物》1995年第3期。

都市。如张衡《西京赋》中赞颂其规模之大："于是量径轮，考广袤，经城洫，营郭郛，取殊裁于八都，岂启度于往旧，乃览秦制，跨周法。"这些资料都足以说明汉帝都长安的形制与规模都是相当宏伟而壮观的。如此雄伟壮丽的总体形制在现存汉长安城遗址范围内显然是无法体现的，本文所提示的"汉帝都长安"为超出现存长安城遗址，包括卫星都市在内的属西汉帝国首都之宏观概念。

总之，汉帝都长安建设耗费莫大的财政资源，结集当时最优秀的科技人才，采取了严谨而周到的总体规划，并在熟练掌握和运用天文观测定位技术之基础上得以完成，以其崭新而宏伟壮丽的造型展现于关中平原中部。应当说汉帝都长安的总体形制远远超出现存汉长安城遗址范围，当时帝都建设的规划视野至少包括在长达75公里的南北建筑基线之内。西汉统治者凭借如此中正规范的帝都长安建设规制来表现天、地、人、神的对应，象征自然摄理与社会秩序的协调与融合。这不仅是强大的西汉中央集权之产物，更是中国传统思想文化的光辉结晶。

五、"法天象地"的都市空间——南北中轴线的象征性

刘邦开创汉室天下，虽为一代天骄，但他既无夏商周三代光宗耀祖的系谱，更缺乏与天帝相接连之纽带，如何保持刘氏皇权之永恒显得至关重要。为加强汉帝国承天受命的神圣与正统，汉王朝十分注重王者的道德思想，"天人合一"的理论及宇宙论的中心定位观念也就成为切实、必要的精神支柱。

（一）北极星信仰与"斗城"建制

中国古代的自然人文思想与阴阳五行学说密切相关，信仰至高无上的天拥有恒久崇高之道德，地上人间社会的一切事物皆顺从天意而显现。远古时期人们已定期展开"观象授时"[①]制定农历，这不仅利于农业生产活动，对历法的形成也有重要的影响，而阴阳五行学说很早就受天象观测活动之启示发展出来了。[②]古人在天文观测活动中领悟到，上天所显示的世界及其事物的多样性，还可预测地上王权之未来。在这种"王权神授"观念之下，古代帝王无不热衷于观测天象活动，依此作为强化地上君主王权的精神支柱，维持自身的正统和神圣。因此"观象授时"活动便从远古的生产、宗教礼仪活动上升至君主王权政治的重要组成部分。

---

① "观象授时"具体指观测天象与制作历法的过程，意味着中国天文科学的萌芽。2003年，在山西省陶寺小城遗址发现了四千年前相当于中国古代国家诞生初期的尧舜禹时代的天文观测遗址，目前正在进行中的考古发掘和调查判明这是一座最古老的观象授时遗迹。

② ［日］吉田邦光：《星の宗教》，见《自然と人间シリーズ》（Ⅲ），淡交社，1970年。

上古文献《尚书·舜典》记载舜观测北斗七星，熟悉并掌握了日月五星的运行法则之后，开始认识到自身承继王位是符合"帝"意的。根据殷墟甲骨卜辞注释可知，在商代的观测天象活动中已经注意到区分星空方位，并且称天上神为"帝"，还意识到北极星为"帝"之神位所在。[1]通过释读甲骨文还可了解到商代的天象观测主祭北斗星。[2]同时，由于北斗星所在位置距北极星较近，商周时代有将北斗星视为天极之倾向，古文献中还有将北斗星作为天极帝星所在而定名为"太一"的。

春秋战国时期，北极星信仰得到进一步发展，逐步完成了以北斗、四象、二十八星宿为代表的中国天文体系。这里所谓二十八宿，指黄道（赤道）附近的二十八个星座，是为表示日、月、行星之位置和运动而设定的。其中把星座按东、北、西、南四大方位分为四组，每组七星是为二十八宿。在东、北、西、南四大方位上有苍龙、玄武、白虎、朱雀四种神兽与之相对应，一般被称为"四宫四象"。战国初（前433）曾侯乙墓出土彩绘漆箱E66代表中国早期"二十八宿星图"之杰作。其外周用色彩、文字及绘画手法形象地描绘出四宫四象二十八宿星图[3]，犹如一座小型的天界模型[4]。战国时期当权者主张顺从天意，尊崇恒久而崇高的道德。《论语·为政》亦记载："子曰：为政以德，譬如北辰，居其所而众星共之。"从而，"天人合一"的思想亦更为统治者所推崇。秦汉帝王们为了加强地上君主的皇权统治而极力倡导"天人合一"思想，并虚构和深化神圣天帝的至高无上。天文观测中区分星座及定名时亦以地上的国家官僚体制为"模特"，将天象图中的天官体系与地上的官僚体制相对应，区分中央恒星为中官，配上东、南、西、北四方之官而组成五官等。而将中官中心的星座视为主宰天上之神，定其神名为"太一"，而守护于"太一"周围的十二星座则统一被称为紫宫。又如"营室""阁道"等天文名称

---

① 陆思贤、李迪：《天文考古通论》，紫禁城出版社，2000年，第84—85页。

② 目前所发现的表示北斗（极星）的雏形都可追溯至五千年前的新石器时代。如龙山文化早期的陶器刻划符号，良渚文化玉器所见兽（猪）首人面纹等。参见冯时：《中国天文考古学》，社会科学文献出版社，2001年，第126—129页。

③ 陈惠明：《漆画图象考》，见《曾侯乙墓文物艺术》，湖北美术出版社，1996年；湖北省博物馆：《曾侯乙墓》，文物出版社，1989年。

④ 该彩绘漆箱的弧形盖表示天盘，箱四隅采用折线描绘"亚"字形外框，表示大地及地平日晷。箱盖顶部中央描绘变形"斗"字以象征中央天区，其外周有一圈文字书写二十八宿名称。北斗图案的东侧绘龙图以表示"东宫苍龙"，北斗图的西侧绘虎图表现"西宫白虎"。还在漆箱侧板外表分别绘有鲜明的图案，东侧板上鲜明地描绘着日与火的象形符号，以表示"日精金乌"。与之相对位置的西侧板上亦描绘蟾蜍图来表现"月精蟾蜍"。又在南侧板上描画卷曲云纹，其中有类似象形文字"鸟"（朱雀）之符号，其间配有七个圆点纹饰以显示南宫七宿。尤其是漆箱北侧板的外表只涂黑漆，不见朱漆纹饰。此图案似用黑色来表示北宫玄武。

亦是与皇室宫殿诸称谓相类同的。^①

中国古人坚信天界与地上的人间秩序密切相关，并能相互作用而产生特殊影响。秦始皇创建第一座帝都咸阳更是刻意追求其宏伟壮丽之理想，文献记载："（始皇帝）二十七年作信宫渭南，已而更命信宫为极庙，象天极……。因北陵营殿，端门四达，以则紫宫象帝居。渭水贯都，以象天汉，横桥南渡，以法牵牛。"^②近三十年来，考古工作者对秦都咸阳的宫殿、苑池遗址进行发掘调查判明，秦帝都的宫殿建筑主要分布于渭河南北两岸。司马迁《史记》亦对秦帝都咸阳的建筑规划十分注重天、地、人、神之对应关系等有具体描述："表南山之巅以为阙，并为复道，自阿房宫渡渭，属咸阳，以象天极，阁道绝汉抵营室也。"^③这些表明秦帝都的建制格外注重都城的立地景观与自然山川之协调性，借以象征天地、人间社会的相互融通，以达到美化、完善皇权统治之目的。

西汉初期的统治者推崇继战国阴阳五行学思想形成的"五德终始说"^④，汉帝都长安建设更继承秦帝都咸阳的思想理念，刻意追求"法天象地"之都城建制。首先，现存汉长安城遗址的南北城墙建筑为规则形，与传统的方形直线结构的都市建筑比较显得很特殊。对此现象究竟应如何理解，长期以来学术界仍有争议。然自古以来，中国人视北极星为"天帝"所在，其因特殊功能而备受人们尊崇。同时，北斗七星被古人想定为"天帝"之车舆，始终围绕天穹中央旋转，仿佛至高无上的帝神驾驭天地而统治四方。所谓"斗为帝车，运于中央，临制四乡。分阴阳，建四时，均五行，移节度，定诸纪，皆系于斗"^⑤，正是由于这种传统的北极星信仰促成了以北方位为正、为尊的观念，且汉长安城遗址的各宫都建筑群及主要大道、城门等亦基本按照正北方位造设。现存汉长安城遗址的部分城墙呈曲折形，实地考察可以发现其现象并无受河川、地形所迫的必然性，属于人为特意规划而建造的。即西汉帝国的统治者有意识将皇权政治的中心舞台汉长安城与"天帝"车舆北斗七星（兼或南斗六星）相比拟，按照一定规划设计建造完成。古人所谓"斗城"之称呼基本上体现了当时都市建设理念的一部分，现存汉长安城遗址为模仿天文"斗城"说之推测亦是有其一定合理性的。

---

① 《史记》卷二七《天官书》。
② 何清谷：《三辅黄图校注》卷一《咸阳故城》，三秦出版社，1995年，第20页。
③ 《史记》卷六《秦始皇本纪》。
④ "五德终始说"意在指德配天，其原则为顺从天的意志，尤其强调历史的循环性。
⑤ 《史记》卷二七《天官书》，中华书局，1982年，第1291。

（二）帝都长安南北中轴线的象征性

班固《西都赋》中对汉帝都长安的形制规划有所描述："体象乎天地，经纬乎阴阳，据坤灵之正位，仿太紫之圆方。"仅从字面理解，似乎偏重文学装饰，赞词中不免有夸张之嫌。然而，通过上述的考察和分析，证实汉帝都长安建设中实际存在一条超长的南北中轴线，沿此建筑轴线各大地点的立地、方位特点再查阅汉代有关文献观察，班固笔下所描绘的西汉帝都长安之宏伟景观便可逐步展现出来。

1."中道"与"天汉"

文献记载表明，秦帝都咸阳时期已经具备"渭水贯都，以象天汉"①的思想意识。汉王朝创立，在营造汉帝都长安的都市空间中亦继承了这一都城思想，且具体付诸实践。如上所述，根据GPS测量调查数据确认，以西汉都城和高祖长陵为中心区域，由南山子午谷口到天井岸村五方台基之间存在一条南北直线距离长达75公里的汉帝都建筑轴线。其中间地点恰有蜿蜒东流的渭河横贯而过，其南面造设汉长安城以示"阳""生"，北面建造高祖长陵以表现"阴""死"的神圣空间。特别是两者在渭水两岸作中心对称形配置，说明渭河对于汉帝都长安的总体布局具有十分重要的意义。此即有意将渭河比作天文图像之天汉（天河）。

汉帝都长安建设的南北中轴线严格按照正南北方向展开，从南端的南山子午谷口直线向北延伸，至北端的嵯峨乡天井岸村有巨大竖穴圆坑与五方台基建筑相比邻。《汉书》记载："日有中道，月有九行。中道者，黄道，一曰光道。光道北至东井，去北极近……。日，阳也，阳用事则日进而北，昼进而长。"②若单从字面解读其意，这里所记述的内容多为一般天文常识。然而，对照汉帝都长安的南北建筑轴线方位特点则不难发现彼此之间存在一些类似点。例如，超长的建筑轴线可与天象之"中道"（或称光道、黄道）相类比，而渭河横贯汉帝都长安建筑基线之中点，亦与天象中天汉（天河）的位置横切黄道状相似。尤其是南北建筑中轴线的北端天井岸村有一个充满迷幻的巨大竖穴圆坑，与文献记载"光道北至东井，去北极近"不谋而合，这里的巨大竖穴圆坑就仿佛是天象中的"东井"。

2."东井"与"五星"

与三原县嵯峨乡天井岸村巨大竖穴圆坑东西比邻并存的是一组夯土建造的五方

---

① 何清谷校注：《三辅黄图校注》卷一《咸阳故城》，三秦出版社，1995年，第21页。
② 《汉书》卷二六《天文志》，中华书局，1962年，第1294页。

台基。该台基以中央台基为中心，东西南北四大台基均为正方位配置，颇为独特。关于这组人工建造群之用途、名称等学界意见不一。有的推测属陨石冲突造成的，有的则参照文献记载"……谷口（汉代县名，即现三原县），九嵕山在西。有天齐公、五床山、仙人、五帝祠四所"①，视之为祀奉天齐公的汉代祭祀遗址，故而定名"天齐祠"②。然而，文献所谓"天齐公"是指战国时期齐国的八神之一③，古人曾注释"天齐"的由来是象征天之肚脐，而具体内容则缺乏记载，不甚清楚。笔者赴实地调查测量确认，这个古来被称为"天井岸"的竖穴圆坑深约26米，直径为228米，即1000汉尺。若人工造就如此巨大的竖穴圆坑则需要耗费相当庞大的人力及物力。汉代为何要建造如此巨大规模的祭祀坑？汉人在此的主祭神为什么非他不祀，而要选择战国齐的神主？在这些疑问得不到合理解答的情况下，不宜简单推断其为汉代祭祀坑或称之为"天齐祠"。

对此，考察天井岸村的汉代遗迹现象可把焦点放在东距巨大竖穴圆坑500米处的人工夯造而成的五方台基遗址。1970年代，陕西省考古工作者调查记录了这组建筑群，参考文献记载推测其为汉代池阳宫。20世纪90年代的考古调查结合同地存在的巨大竖穴圆坑而判断其为汉代礼制建筑，称为"五帝祠"。④关于"五帝"，古文献记载比较零散而暧昧，可分别指人名、神名，或为特定的方位、色彩等等，根据时代不同其内容、名称亦多有变异。要明确"五帝神"的归属及具体内容则是相当复杂而困难的，称"五帝祠"则难免有模糊、暧昧之嫌。

前文曾引用文献"光道北至东井，去北极近……日之所行为中道，月、五星皆随之也"⑤，提示天井岸村所在的巨大竖穴圆坑似可比拟天象之"东井"。再看此文献的后续内容，有"光道""东井""五星"等，既有记述天文常识的一面，再对比汉帝都长安建筑轴线，以及北端所在的巨大竖穴圆坑、夯土五方台基的方位特点等，也可以发现与天象有可对应的一面。对此，如果说巨大竖穴圆坑可比作"东井"的话，那么与此东西相比邻的五方台基也就有可能象征"五星"造型。⑥五方台

---

① 《汉书》卷二八《地理志》，中华书局，1962年，第1544页。

② 秦建明、张在明、杨政：《陕西发现以汉长安城为中心的西汉南北向超长建筑基线》，《文物》1995年第3期。

③ 《史记》卷二八《封禅书》，中华书局，1982年，第1367页。

④ 秦建明、张在明、杨政：《陕西发现以汉长安城为中心的西汉南北向超长建筑基线》，《文物》1995年第3期；刘庆柱、李毓芳：《汉长安城》，文物出版社，2003年。

⑤ 《汉书》卷二六《天文志》，中华书局，1962年，第1294—1295页。

⑥ "五星"一般指五大行星，具体指可与五行相配合的岁星（木星）、荧惑（火星）、填星（土星）、太白（金星）、辰星（水星），并配属于由恒星组成的五官，分别与东、南、中央、西、北之五大方位相关。"五星"各自都具有一定的意义和解释，还通过相互组合之后被附加新的意思。

基的建筑空间配置的最大特点在于各个台基都严格追求正方位建造，而总体平面作直角中心对称的"十"字形配置，显示端正的五方位原理。因此，可以认为汉帝都长安的规划形制与建造理念都具有模仿和象征天象之特点。

汉代建造这种五方位台基究竟具有什么意义？《礼记·月令篇》曾分别以圆形原理的"天"与方形原理的"地"来叙述古代的世界观。其中表示大地者，多标示为方形空间，并具体表现为由东、南、西、北、中央之五大方位组成。其中的东、南、西、北的四大方位可与自然界的四季相对，而加之中央地点的五方位则可与五行相应。同时，各大方位上分别有各种生物、色彩、灵兽、神灵、祭祀等互相照应，形象地表示阴阳五行之循环。（图4）这种五方位图的原版与传统的"三三九宫图"相关，同类图形亦见于汉墓出土的栻盘。另外，甘肃省河西走廊地区的魏晋墓中发现数例在彩绘木棺的头板上描绘的"五星"图（图5），此与上述五方位的平面图形比较一致。①再参考《汉书·天文志》等有关"五星"记载可窥知"五星"图的象征意义。

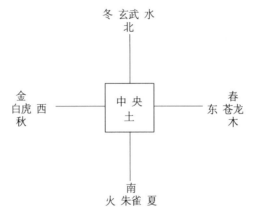

图 4　五方位示意图及象征性

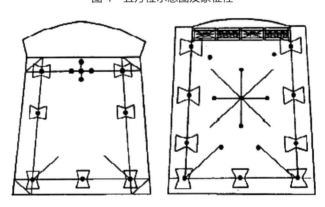

图 5　魏晋墓出土的五星图（左：甘肃敦煌；右：嘉峪关新城）

---

① 赵吴城：《河西晋墓木棺上的"五星"图形浅析》，《考古与文物》2006年第5期。

"元年冬十月，五星聚于东井。沛公至霸上。"①而对"五星聚东井"则具体记述如下："此高皇帝受命之符也。故客谓张耳曰：东井秦地，汉王入秦，五星从岁星聚，当以义取天下。……天之所予也。五年遂定天下，即帝位。此明岁星之崇义，东井为秦之地明效也。"②这段文字表示"五星"为高祖刘邦的受命之符，是崇明大义的岁星。提及"东井"归属旧秦之地，显示汉王（高祖）率领民众讨秦平天下之正统性。另外有如"凡五星所聚宿，其国王天下……。五星若合，是为易行，有德受庆，改立王者，掩有四方，子孙蕃昌"③等等。所谓"五星聚东井"，一般专指特异天象。古人释文记述，若出现这种特异天象则显示世间将有伟人出现，宜改朝换代而昭示天下太平。文献中多处记载汉高祖元年出现"五星聚东井"的特异天象，以此标志汉高祖承受天命而一统天下的大吉兆。五年之后，高祖刘邦便即帝位开创了汉帝国。汉初，天上出现吉兆天象"五星聚东井"则象征着地上的有德者承天祝福，成就大事而拥有四方。因此，五方位造型以及"五星"图案被古人视为圣贤标志，而"五星聚东井"不仅可昭示"圣人法天""天人感应"的思想理念，更能弘扬汉帝国的正统和神圣。

学者黄一农曾对中国星占学上"五星聚井"的吉兆天象有过详细考证。④他运用电脑对古天象展开逆行推算，将其结果与文献有关记载相比较后发现《汉书》所载特异天象"五星聚东井"的出现日时与事实并不相符。例如，汉初"五星聚井"实际出现日时为高祖三年四月（前204年5月11日至6月15日），这与史书记载的高祖元年冬十月（前206年11月14日至12月13日）相近而不相符。由此可知，汉朝史官在整理编纂历史文献过程中，曾采用了非经观测的天象记录。日本的中国古代史学者在史料批判中曾明确提出汉以后的史书记载及注释都多少受到后世朝政的规制，甚至添加一些原本不存在的内容。⑤而《史记》《汉书》中对特异天象"五星聚东井"多见重复记载，不排除其中存在帝国当权者为高扬"天人合一"的帝王思想而夸张或虚构事实的现象，甚至为达到某种政治目的不惜篡改部分事实，加注必要的占星术内容等。

汉帝都长安的南北基线北端所在的巨大竖穴圆坑、五方台基建筑比较特殊，犹

① 《汉书》卷一《高帝纪》，中华书局，1962年，第22页。
② 《汉书》卷二六《天文志》，中华书局，1962年，第1301—1302页。
③ 《汉书》卷二六《天文志》，中华书局，1962年，第1286—1287页。
④ 黄一农：*A Study on Five Planet Conjunctions in Chinese History*，translated in English by Prof. EdwardL. Shaughncssy，Early China，15，1900，pp. 97–112。
⑤ ［日］平势隆郎：《新编史記東周年表中国古代纪年研究的序章》，大学出版会，1995年。

如吉兆天象"五星聚东井"立地于中道（光道）之北，以象征"法天象地"的帝王标志。而朱子《周易本义》所揭示的"河图"则表现了后世对其思想意识有所继承与发展。五方位造型及"五星"图遂成为说明阴阳及测定方位的理想图案，在古代政治及占星术方面都曾发挥重大作用。新疆尼雅遗址汉晋墓出土的文字绘画资料中还发现有同类资料，特别是织锦袋的汉字题铭"五星生东方利中国"表明古来的吉兆天象及其"五星"思想观念为魏晋以后各代所继承，既象征崇明大义的圣贤，又能给人间社会带来各种利益。

3. "天阙"与"关梁"

司马迁《史记》中的名言"南山为阙"，形象记述了秦代阿房宫之雄伟壮丽。现南山子午谷口的左右两侧山峰依然巍然耸立，仿佛与天相接之门阙。实地考察及GPS计测数据证明，汉长安城南正门安门与南山子午谷口呈直线南北对峙，尽管两地南北相距28公里，但其方位夹角竟1分未满，属十分精确的正北方位。汉长安城安门正对南山子午谷口，远望其谷口两侧的山峰巍然通天，俨然如汉帝都长安之天阙。

如前所述，西汉都城、陵墓建筑的立地与自然河川亦保持密切关联。宽广的关中平原中部有渭河与泾河在高祖长陵的南北两侧蜿蜒东流，并且，这两条自然河川横贯帝都长安的南北建筑中轴线，两者在其轴线上的相对位置是渭河在南、泾河在北。《汉书·天文志》就天文现象有记载："东井为水事。……北，北河；南，南河；两河，天阙间为关梁。"①比较渭河与泾河横贯帝都长安南北轴线的地点方位，与文献所述天文星图中的"南河"与"北河"有一定的相似性。观察此南、北两河的相应位置容易联想到渭河、泾河就仿佛天象图中从"天阙"至"东井""五星"之间所在的"关梁"。

小结

综上所述，两千两百年前创建的汉帝都长安经过周到规划，在高精度的方位测定技术下建造完成。其总体形制以渭河（天汉、天河）为中点、渭水南岸的汉长安城（斗城）与渭水北岸的高祖长陵为中心沿南北正方位直线展开。其南端到南山子午谷口（天阙），北端抵达嵯峨山麓天井岸村的巨大竖穴圆坑（东井）、五方台基（五星），南北间距长达74.5公里。自然山川、人工建造物各地点基本依照中心对称

---

① 《汉书》卷二六《天文志》，中华书局，1962年，第1277页。

原理进行正方位配列，构成天地间虚实浑然一体的理想空间，显示自然天地与人间秩序的对称和均衡，以弘扬汉帝国的正统与神圣。

西汉帝都长安的形制远远超出现存汉长安城遗址，至少包括南北间距75公里的建筑基线范围。并且，帝都长安的总体布局注重表现与天界相对应：皇权政治的中心舞台模仿"斗城"建制，自然山川景观仿佛"天阙""天汉""关梁"之造型。由"天阙"正北延伸抵达天井岸的"东井""五星"，此端正的南北建筑基线似模拟天象的"中道"（黄道、光道），正如班固《西都赋》所颂扬的"体象乎天地，经纬乎阴阳，据坤灵之正位，仿太紫之圆方"。汉帝都长安仿造天象规划设计，创造出宏伟壮观、与天地自然浑然一体的都市空间，既象征宇宙天地、阴阳死生的法则，又为标榜天道人统的汉王朝立下了一座神圣而永恒的纪念碑。

原载《历史地理》第25辑

（黄晓芬，日本东亚大学教授）

经纬圆方

——汉长安城及其近畿空间尺度设计研究

于志飞　王紫微

尺度设计为中国古代建筑设计与规划方法之首要。河北平山中山王墓出土的"兆域图"用错金银的方式标出了陵墓的详细尺寸，显示出尺度设计在战国时期就已被重视；北宋《营造法式》中"以材为祖"的概念，也是以尺度设计为基础；而历代典籍不厌其烦地描述宫殿、陵墓、礼制建筑直至礼器的尺寸，更说明尺度设计是古代礼仪制度以至思想文化的重要外在表现。

本文所言的长安"近畿空间"，是指以西汉都城长安及周边帝陵为主体构成的空间范围。借助近年来公布的系统性考古勘探成果与较高精度的图像，我们得以看到它们愈发清晰而准确的面貌，进而有条件对其尺度设计进行探讨。已被发现的汉长安城未央宫宫墙长度与长安城墙长度1：3的尺度关系[①]，应非巧合，而有其系统性规划思想的指导。近年渭北西汉九陵的排布选址也被发现存在着一条东北-西南走向的基线[②]，这是关于西汉帝陵定位方法的重要研究成果。另外，穿越子午谷、长安城、长陵、清峪河、天井岸西汉祭祀遗址而贯穿关中平原的长近八十公里的南北向子午基线的发现，更足以说明长安近畿空间营造的缜密构思。该基线的发现者秦建明等先生也指出"在考察长安城时，不能仅囿于城圈内几十平方公里范围内，应从更大空间去审其总体"[③]。循着这个思路，我们发现这些比例与基线设计并不孤立，而是统一在自宏观直至微观的一系列简明尺度法则及秦汉都城铸古烁今的"法天"规划思想之内。（图1）

---

① 中国社会科学院考古研究所：《汉长安城未央宫1980—1989年考古发掘报告》，中国大百科全书出版社，1996年，第262—263页。

② 杨哲峰：《渭北西汉帝陵布局设计之观察》，《文物》2009年第4期。

③ 秦建明、张在明、杨政：《陕西发现以汉长安城为中心的西汉南北向超长建筑基线》，《文物》1995年第3期。

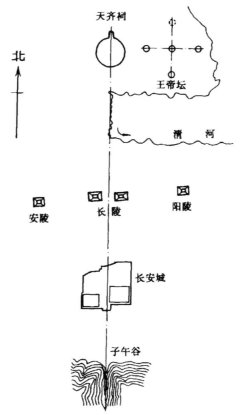

图 1　汉长安城基线及汉代遗迹示意图

（出自秦建明、张在明、杨政：《陕西发现以汉长安城为中心的西汉南北向超长建筑基线》，《文物》1995 年第 3 期）

一、长安近畿空间尺度的"十五"模数

汉高祖定都长安后，因秦渭南宫室营未央、长乐二宫，是立都之始；惠帝时期，城垣修筑完成；武帝时的长安迎来第二次营造高潮，增建了城内明光宫、北宫、桂宫与城西建章宫；西汉晚期与新莽时期，城南礼制建筑增建完成，从而形成汉长安城的最终面貌。渭水北岸的咸阳原上，自东向西分布着景帝阳陵、高祖长陵、惠帝安陵、哀帝义陵、元帝渭陵、平帝康陵、成帝延陵、昭帝平陵、武帝茂陵，共九陵。长安东南郊则有白鹿原上的文帝霸陵与鸿固原上的宣帝杜陵，终西汉一代，确定了十一陵拱卫长安的空间格局。我们发现，以"十五"为基准数衍生出来的一系列数值，是西汉长安近畿空间营造的基准尺度。

（一）以150里构建总体空间尺度

西汉十一陵中，霸陵、杜陵在渭北九陵之外，与"九陵基线"无关。我们现以长陵帝陵封土为中心，测量其与渭北最西端茂陵帝陵封土、霸陵窦皇后陵封土[①]（因霸陵帝陵位置尚不明确，此处暂以后陵为参考）、杜陵帝陵封土的距离数据，分别得到30213米、31340米、31200米[②]。西汉一尺约23.1厘米[③]，六尺为一步、三百步为一里[④]，则一里为415.8米，前述三个距离分别合72.7里、75.4里、75里，均近于或等于75里，其中茂陵封土与长陵封土的距离稍短，但若增加茂陵帝陵封土中心至陵园西墙的距离（约1190米，合2.9里）[⑤]，则为75.6里，更趋近75里。根据这些数据，我们推测，西汉十一陵范围的设计基线应为一直径150里的圆形。茂陵、霸陵、杜陵共同标示出这一基线的边界，其他西汉一朝实际享国帝王陵墓方位则均不出此圆，形成帝陵布局的空间秩序。（图2）十一帝陵之外，太上皇陵在长陵东北方之栎阳北原，此陵封土与长陵封土之间东西向距离约为30583米，合73.6里，直线距离约42226米，合101里；云阳甘泉宫与长陵帝陵封土的东西向距离为31000米，合74.6里，南北向距离为59550里，合143里；长陵正北天井岸村"天齐祠"[⑥]之"天井"中心与长陵封土距离约为30430米，合73.2里。太上皇陵、甘泉宫、"天齐祠"与长陵间均有近75里或150里的距离关系，这从侧面说明了圆形基线的存在，且"天齐祠"是基线正北端标示点。

另外，杜陵东南的许皇后少陵与长陵相距约37890米（约合91里），虽在150里圆形基线之外，其封土与长陵封土连线却正好通过杜陵帝陵封土，巧妙地与规划中心长陵、所属杜陵帝陵联系起来，并恰好说明了西汉诸陵以长陵为中心的环绕设计思想。武帝钩弋夫人云陵在长陵西北方之云阳，其与长陵封土东西向距离之27552米（合66.2里）虽与75里相差稍远，却在茂陵帝陵正北，且与茂陵相距约146里，近于150里，显示出其与茂陵的关联。而近年在凤栖原发现的宣帝朝重臣张安世家族墓竟也在此150里基线上（与长陵封土相距31160米，约合74.9里）。《汉书·张汤传》载张安世死后"天子赠印绶，送以轻车介士，谥曰敬侯，赐茔杜东，将作穿复土，起冢祠堂"，因此选址于此当是"天子赐茔"的殊荣。另外需要说明的是，文帝霸陵

---

① 据焦南峰《秦、西汉帝王陵封土研究的新认识》（《文物》2012年第12期）一文的资料数据显示，帝陵墓室相对于帝陵封土东偏约20余米，但相对于大尺度距离测量分析，该因素影响较微小。

② 本文各历史遗存间距离数据均取自Google Earth软件。

③ 邱光明等：《中国科学技术史·度量衡卷》，科学出版社，2001，第201页。

④ 陈梦家：《亩制与里制》，《考古》1966年第1期。

⑤ 陕西省考古研究院等：《汉武帝茂陵考古调查、勘探简报》，《考古与文物》2011年第2期。

⑥ 秦建明、张在明、杨政：《陕西发现以汉长安城为中心的西汉南北向超长建筑基线》，《文物》1995年第3期。

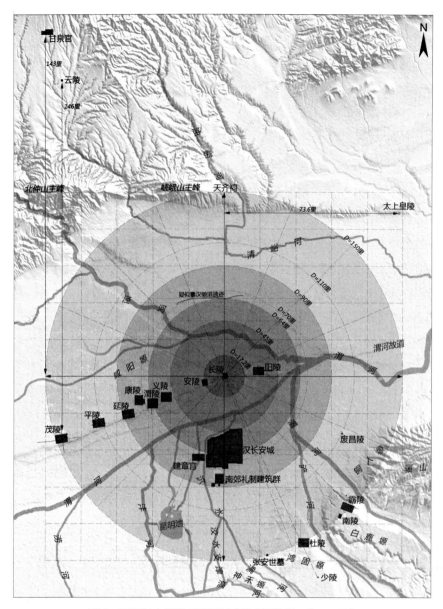

图 2 西汉长安近畿环形规划（图中网格单元为 15 里）

帝陵的方位，一般认为在窦皇后陵西北方向的白鹿原头"凤凰嘴"，但该地至今未发现任何汉代人工遗迹，许多学者对此位置也持怀疑态度，且较150里圆形基线偏内达2.1公里，反而白鹿原上的窦皇后陵与文帝生母薄太后陵（其封土距长陵30825米，合74.1里），均十分接近150里圆形基线。故推测其真实位置很可能也在基线近旁，只因"不起坟"而不为人知。秦汉时代"不起坟"的大型陵墓，如近年发现的神禾原秦陵，位于塬顶平旷地形之中，而不在塬头崖壁，是当时关中陵墓选址的典型方式，可作为判断霸陵位置的旁证。

此150里圆形基线内，中心为首陵长陵，葬高祖。文帝、武帝、宣帝三陵也在150里基线之上，既说明此基线确定于西汉初年，也暗示了这几位帝王地位的特殊性。这与西汉后期曾奉高祖为太祖、文帝为太宗、武帝为世宗，庙祀"万世不废"及东汉奉宣帝为中宗、予以特殊地位的历史记载，形成微妙的关联。

（二）以15里确定长安城规模与帝陵、礼制建筑组群空间尺度

西汉长安城的尺度，据迄今发表资料中较为精确的测绘数据[1]计算，其东西总广度为6277.02米，约合15.1里；南北总深度为6853.96米，约合16.5里。它们均近15里。其中南北方向多出约1.5里，但若以西安门至厨城门所在东西向城墙之南北距离约6220米计，则恰合15里。若将长安置于划分方150里空间形成的15里网格系统中观察，发现其几何中心位置正在长陵南2×15里处。综合以上因素，我们认为汉长安城当是以15×15里的方形作为设计尺度营造的，其城垣只是因地理环境等因素而建成曲折的样貌。[2]

再以15里标准考察帝陵组群空间，西汉帝陵可分为四个组群：长陵、安陵、阳陵为一组（早期）；茂陵、平陵为一组（中期）；渭陵、延陵、义陵、康陵为一组（晚期）；霸陵（含薄太后陵）、杜陵为一组（东南组群）。测量数据表明，虽然或因地形条件，一些帝陵的位置进行了较小的调整，但各组群东西向的大致空间尺度仍在15里上下，而且这种现象贯穿于整个西汉时代。（表1）

表1 西汉帝陵组群空间规模数值

分组序号	陵间东西正方向距离	距离测值（米）	距离测值（汉里）
1	长陵帝陵—安陵帝陵	3200	7.7≈15/2
	长陵帝陵—阳陵帝陵	5910	14.2
2	延陵帝陵—义陵帝陵	6110	14.7
3	茂陵帝陵—平陵帝陵	6540	15.7
4	杜陵帝陵—薄太后陵	6830	16.4

另外，长安南郊礼制建筑"王莽九庙"大围墙周长6200米[3]，以1里=415.8米计，也恰为15里；杜陵帝陵封土至少陵封土则约16里。

（三）以1500步（5里）确定帝宫规模与长安空间划分尺度

在分析汉长安城及周边宫室规模时，我们注意到帝宫的广度均近于5里，并与某

---

[1] 董鸿闻、刘起鹤、周建勋等：《汉长安城遗址测绘研究获得的新信息》，《考古与文物》2000年第5期。

[2] 马正林：《汉长安城形状辨析》，《考古与文物》1992年第5期。

[3] 中国社会科学院考古研究所：《西汉礼制建筑遗址》，文物出版社，2003年，第10页。

些历史记载暗合。

长安诸宫之首未央宫是帝王居寝之所，规模为东西2250×南北2050米，合东西5.4里×南北4.9里，近于5×5里。若东西向不计西部对应直城门以西外凸部分，则同为2050米，合4.9里，更近5里。值得注意的是，此范围恰好是一以前殿为几何中心的正方，可证未央宫的初始设计当为方5里。至此我们也明确了汉长安城设计边长15里为未央宫设计边长5里的三倍，这正是前文所述未央宫与长安城墙垣长度三倍关系的真正原因。武帝时期营造的建章宫位于长安城西侧，一度与未央宫地位相当。史载其规模"度比未央"，为东西2130米×南北1240米，合东西5.1里×南北3里；同时期另一处重要宫殿甘泉宫为东西2150米×南北890米，合东西5.2里×南北2.1里。因此推测二者设计规模均应为广5里。以5里（1500步）作为西汉帝宫规模尺度规制，就与前文所述及的150里、15里形成了对应关系。

这种规制可从典籍中得到进一步验证：《汉书·贾邹枚路传》载阿房宫"东西五里，南北千步"、《三辅黄图》载秦林光宫"纵广五里"[1]，则知秦阿房宫、林光宫的设计规模均是五里规模。《汉书》成书于东汉初年、《黄图》成书于东汉末年，时代均距秦不远，当有所本材料而非揣度，或至少反映了秦汉时期一种通行的设计尺度标准。更可旁证的是秦始皇陵外陵园规模为东西974米×南北2173米，合东西2.3里×南北5.2里，秦陵主门阙朝向东、西，其南北向近于5里的规模正与同时代阿房宫的"东西五里"形成关联。据此，西汉帝宫的5里规制可能源于秦统一后秦始皇大兴土木营造阿房宫与骊山陵墓时期制定的全新规模标准。张衡《东京赋》言"是以西匠营宫，目玩阿房"，即长安宫室的营造使用了曾营秦阿房宫的匠人。故西汉因"承秦制"而首先将5里规制应用于未央宫的设计，其后建章宫、甘泉宫（位置与秦林光宫相近或重叠）作为武帝时期两项最重要的宫室营造工程，亦采用了这种规制标准。我们也发现，武帝茂陵外陵园的尺度（东西2080米×南北1390米[2]=1500步×1002步）竟也"度比"帝宫，遵从"五里"规制，并且恰合"南北千步"。这反映了其设计规模的特殊性，类始皇陵，"度比"阿房宫。

汉长安城也以5里作为空间划分尺度，如横门、安门、覆盎门内大街间东西向距离均近同5里，南郊明堂（大土门遗址）、西安门城段、直城门—霸城门大街、雍门内大街、洛城门城段间南北向距离也近同5里。（图3）

---

① 何清谷：《三辅黄图校释》，中华书局，2005年，第62页。

② 姚生民：《云阳宫·林光宫·甘泉宫》，《文博》2002年第4期。

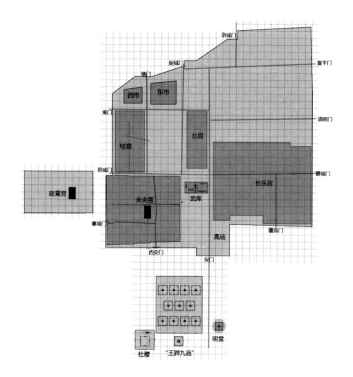

图 3　汉长安城平面的"150 步"规划（图中网格单元为 150 步）

（四）以150步为都城与帝陵规划单位尺度模数

前文所述广5里即1500步的宫室设计标准，恰为150步（半里）的十倍。我们发现汉长安城及城内外已确认诸宫与礼制建筑、西汉帝陵的规模及其方位关系，绝大多数以150步为基本规划模数。（图3、图4）且未央宫前殿为150步×300步、建章宫前殿广150步、长安外郭城几处转角段短垣均为150步或其倍数，甚至天井岸遗址圆坑的直径（卫星地图测量约210米）亦为150步。

在长安城内更具体的建筑组群设计中，则可能用拆分150里所得50里及其相关约数或倍数，作为建筑组群的设计规模，如未央宫中央官署、武库、高庙等，这与后世都城中的"50步"规划模式有相通之处。（表2）

要之，西汉长安城及其近畿空间的尺度秩序当是以150里—15里—1500步（9000尺）—150步（900尺）形成一系列简洁系统的尺度设计规则。这种规则既适应当时的长度换算（如150步为半里），其中与之对应的"九"又正符合古代帝王崇信的"极数"，使我们终于拨开了历史迷雾，迫近西汉长安尺度设计规则的本原。通过进一步微观考察发现，长安南郊大土门遗址中心建筑外围圆形夯土台直径约62米，合45（3×15）步；汉长安城内各正对城门的道路中，中央的皇帝驰道宽度均为20米，近于15步（90尺）；汉长安城长乐宫四号建筑遗址是宫内一处大型殿址，据其主室（东西23.97米×南北10.06米）发现的排布整齐、间距基本相等的柱础，得知该室为东西11间×南北5间，每间深广约2.1米，恰合1.5步。1.5步即9尺，这令我们联想到成书于战国秦汉之际的《周礼》言"周人明堂，度九尺之筵"，汉代及其以前，人皆跽坐于室内，其所坐"筵"成为丈量建筑空间的尺度。[①]长乐宫主室的建筑空间，恰为每间一筵，且巧妙合于"十五"之数。

表2　西汉长安城及近畿构成元素规模数值

分类	名称	规模尺度（米）	规模尺度（汉步）（A=150步）
长安城及其近旁宫庙[②]	长安城	东西6277.02×南北6853.96	4529×4945≈30A×33A
	未央宫	东西2250×南北2050	1623×1479≈11A×10A
		东西200×南北400（前殿）	144×288≈A×2A
		135.4×71.2（中央官署）	97.7×51.4≈100×50
	长乐宫	东西2950×南北2400	2128×1732≈14A×11.5A
	桂宫	东西900×南北1840	649×1328≈4.3A×9A
	北宫	东西620×南北1710	447×1234≈3A×8A
	建章宫	东西2130×南北1240	1537×895≈10A×6A
		东西200×南北320（前殿）	144×231≈A×1.5A
	武库	710×322	512×232≈500×250
	高庙	69×34	49.8×24.5≈50×25
	大土门遗址（明堂）	约205×206（方形土台）	148×148≈A×A
	曹家堡遗址（社稷）	600×600（外围墙）	433×433≈3A×3A
		273×273（内围墙）	197×197≈200×200
	王莽九庙	1490×1660（大围墙）	1075×1198≈7A×8A
		280×280（内部诸庙围墙）	202×202≈200×200
帝陵[③]	阳陵	约东西1900×南北1370（外陵园）	1371×988≈9A×6.6A
	茂陵	东西2080×南北1390（外陵园）	1500×1002≈10A×6.7A
	渭陵	东西1775.7×南北1617.7（外陵园）	1281×1167≈8.5A×7.8A
	义陵	东西1857×南北1540（外陵园）	1340×1111≈9A×7.4A

①　张良皋：《匠学七说》，中国建筑工业出版社，2002年，第1—28页。

②　长安宫室等规模数值源自董鸿闻、刘起鹤、周建勋等：《汉长安城遗址测绘研究获得的新信息》，《考古与文物》2000年第5期；中国社会科学院考古研究所：《中国考古学·秦汉卷》中国社会科学出版社，2010年，第179—216页；中国社会科学院考古研究所：《西汉礼制建筑遗址》，文物出版社，2003年，第10页；中国社会科学院考古研究所：《汉长安城武库》，文物出版社，2005年，第1页。

③　焦南峰：《试论西汉帝陵的建设理念》，《考古》2007年第11期；陕西省考古研究院等：《汉元帝渭陵考古调查、勘探简报》，《考古》2013年第11期；陕西省考古研究院等：《汉哀帝义陵考古调查、勘探简报》，《考古与文物》2012年第5期。

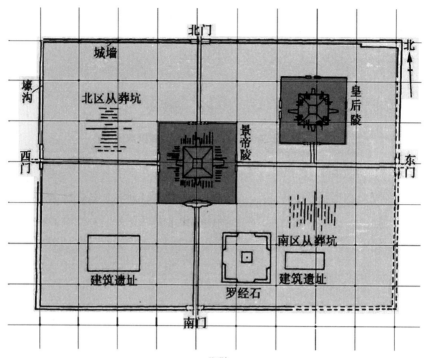

a. 阳陵

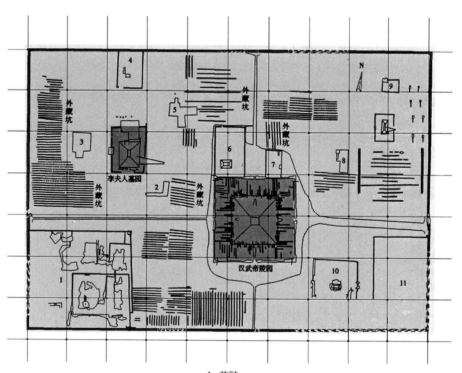

b. 茂陵

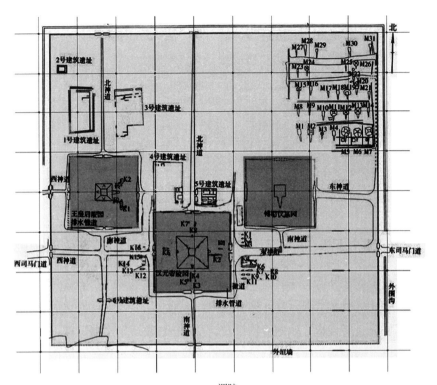

c. 渭陵

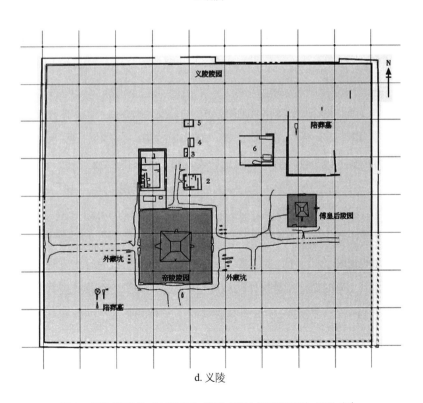

d. 义陵

图 4　西汉帝陵的"150 步"规划（图中网格单元为 150 步）

二、长安近畿空间尺度的"天数"与"法天"内涵

西汉时代表现宇宙空间模式的"式图"及其衍生出的各种装饰图像、墓葬中盛行绘制的天象壁画,与《史记·秦始皇本纪》载秦始皇陵"上具天文、下具地理"及《三辅黄图》载秦都咸阳"以则紫宫,象帝居"的描写,显示出"法天"概念强烈影响着秦汉时代都城与陵墓的形态,正如巫鸿指出的"绝对包容性的想象也刺激了将建筑物设计成具有内在秩序的微型宇宙的兴趣"[①]。我们发现长安近畿空间设计是以尺度的形式呈现其内在的"天数"意义,并结合山川形态,构成其宏大的"法天"图景。

(一)"建中立极"、圭表测影、"三衡图"与长安近畿的环形规划

长安及其近畿空间的"十五"尺度,应与古人重视测影与辨证方位有关。《周礼》曰:"日至之景,尺有五寸,谓之地中,天地之所合也,四时之所交也,风雨之所会也,阳阴之所合也,然则百物阜安,乃建王国焉。""景"即以圭表观测得到的日影长度,测影是古代建都确定方位的重要方法,此处指国都的位置应建在夏至日正午影长1.5尺的地方,方可"百物阜安"。该地通常被认为在至今存有古测影台的登封告成镇附近,传周代即在此测影确定"天下之中",附近的王城岗遗址被推测可能是禹都阳城。今以王城岗遗址位置为准,其纬度大致为34°24'00",与长陵纬度34°26'05"相差无几(长安城北北纬34°24'00"处为渭河河道)。由此可知西汉长安近畿规划中心——长陵的定位选址,当是以与"天下之中"阳城同一纬度为横轴,以因秦故宫旧地的长安城南北轴线为纵轴,交点而定。《汉书·成帝纪》应劭有注曰:"天郊在长安城南,地郊在长安城北长陵中。"可见长陵选址的"地中"意义。无独有偶,《三辅黄图》载西汉长安南郊"观阴阳天文之变"的灵台高度,也是"十五仞";西汉刘向撰《新序》所言"天与地相去万五千里"也从另一个视角透露了西汉人的"十五"概念;在西汉南越王墓主棺室出土的一件大玉璧,直径为33.4厘米,正合1尺5寸,《周礼》载"以苍璧礼天",这件出土于"帝王"陵墓的玉璧直径尺度,恐也反映了"十五""天数"。1897年,内蒙古托克托曾发现一件秦汉时期的石刻日晷,其上同时刻出了测影所用刻度与表现"四方"空间模式的博局图案,虽然测影刻度与博局不是一次刻成的[②],却显然反映了某种测影与空间模式"合一"的思想

---

① [美]巫鸿:《"图""画"天地》,见《礼仪中的美术——巫鸿中国古代美术史文编》,郑岩等译,生活·读书·新知三联书店,2005年,第642页。

② 冯时:《中国天文考古学》,中国社会科学出版社,2010年,第283—284页。

观念。因此，这一"尺有五寸"影长也当是长安近畿规划"十五"模数的来源。

"地中"位置二至二分时的影长分别为：夏至1.5尺、春分与秋分5.52尺、冬至13.1尺。现参照此数，假定西汉长安近畿150里圆形基线之半径75里象征冬至晷影长度，则对应的二分、夏至分别为31.6里、8.6里。半径8.6里圆形基线通过惠帝安陵帝陵封土；半径31.6里形成的圆形基线，西部通过渭陵帝陵封土，南部与长安城霸城门—直城门大道相切。渭陵为组群首陵，直城门—霸城门大道是西汉长安城唯一直线贯穿全城的大道，并可能是长安城的重要轴线[①]，这一轴线不在长安几何中心而偏南，说明其定位另有所据。这几处重要节点均定位于具有"地中"影长象征的圆形基线，说明它们仍在此环形规划体系之中，并在"十五"模数的基础上更加系统化地反映"天数"秩序。

进一步探究渭陵组群与长安城及南郊礼制建筑组群的定位关联，发现长陵帝陵封土至渭陵组群外缘（成帝延陵陵园西缘）与至汉长安城南郊礼制建筑群外缘距离均近45里；至两处内缘（分别为哀帝义陵陵园东缘、汉长安城北城墙洛城门一线）的距离均近22.5（1.5×15）里。这说明两组群内、外边界是以直径45里与90里的圆形基线定位的。其中45里、90里与前文所述31.6里（直径63.2里）略成约1.4的倍数关系，则又构成了另外一种古代天文图式，即冯时指出的"三衡图"——二至二分日的日道所成的互成 $\sqrt{2}$ 比例的三环式宇宙空间模式图，表现为方圆相套的几何关系，也就是古代盖天理论中"七衡六间图"的内、中、外之最重要的三衡，其应用可追溯到红山文化的牛河梁遗址三环式祭坛设计，可见这种"三衡图"式宇宙空间比例当由史前延续而来并用于"法天"的都城、宫庙、陵墓设计。在西汉长安的近畿空间中，这种二至二分日道比例与测影所得的二至二分影长比例、表现地中的"十五"模数结合、统一应用于其环形规划。象征二分日的直径63.2里圆形基线，则同时代表了该日的日道尺度与测影影长两种概念。它最初确定了长安城内东西轴线的位置，也是西汉后期四陵首陵——渭陵选址的基准线。而长安南郊诸礼制建筑虽大部分建于西汉晚期，但始建于秦、西汉沿用的"影山楼"建筑遗址在该区域南界附近，可说明长安城组群南界仍在汉初确定。在渭陵组群中，近年考古调查发现成帝延陵在营造时削平了邻近的战国秦王陵封土，我们推测其宁可如此也要选址该处，恐怕与囿于既定的90里圆形基线规划有关。另外，渭陵与义陵、康陵构成的倒"品"字形，有类未央宫、长乐宫、建章宫的方位关系，两处又共处于"三衡"基线范围内，颇具深意。（图2、图5）

---

① 刘瑞：《汉长安城的朝向、轴线与南郊礼制建筑》，中国社会科学出版社，2011年，第28—35页。

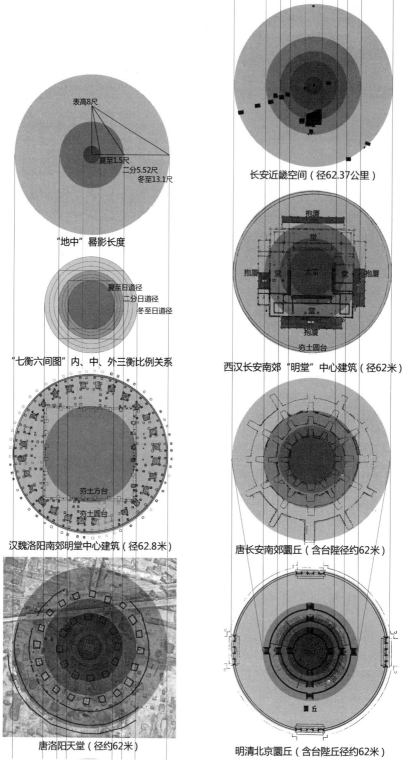

表高8尺

夏至1.5尺

二分5.52尺

冬至13.1尺

"地中"晷影长度

夏至日道径

二分日道径

冬至日道径

"七衡六间图"内、中、外三衡比例关系

夯土方台

夯土圆台

汉魏洛阳南郊明堂中心建筑（径62.8米）

唐洛阳天堂（径约62米）

长安近畿空间（径62.37公里）

抱厦

堂

抱厦 堂 太室 堂 抱厦

堂

抱厦

夯土圆台

西汉长安南郊"明堂"中心建筑（径62米）

唐长安南郊圜丘（含台陛径约62米）

圜丘

明清北京圜丘（含台陛丘径约62米）

图 5 地中影长、三衡图与西汉长安近畿空间、古代都城圆形礼制建筑空间比例与尺度设计关联

在这一环形规划体系中，"三衡"外边界90里直径与"影长"外边界的150里直径恰成"三五"之比，相似的比例实例也见于建章宫（5里×3里）。《史记·天官书》曰"为天数者，必通三五，终始古今，深观时变，察其精粗，则天官备矣""为国者必贵三五"。可见这一数字组合在西汉备受推崇，故用于规划乃理所当然。秦建明先生指出"三五"与中国古代"三点一线""四隅立表中央观测"这两种测量方法有关，并涉及天文观测。[1]而"十五"作为"三五"天数的衍生数据，同样被应用到测量正方位的西汉近畿规划之中，与之契合。此外，渭北九陵基线及长陵与杜陵、霸陵、废昌陵连线间的相互夹角，均近22.5°或为其倍数，即在以长陵为中心等角划分圆形空间为十六份的基线上，这恰与天文观测中具有重要意义的黄赤交角（约23.5°）角度相近。成书于战国时期的《石氏星经》与约战国秦汉之际的《周髀算经》就已记述了黄赤交角，因此其很可能也成为西汉长安近畿"法天"规划思想中的重要因素。

除却这五条主要圆形基线，我们也在其间发现了另外两条同心圆形基线。其一为西汉改道的清峪河与浊峪河汇流处、昭帝平陵、成帝废昌陵所在的直径约110里圆形基线，其二为未央宫、建章宫前殿所在的直径70里圆形基线。这两条基线与150里、30里呈现出相差40里的等差关系，应为满足规划布局细化需要安排的环形尺度设计。其中穿过未央宫、建章宫前殿的直径70里圆形基线，也通过渭陵与康陵陵园之间。这一区域正是王莽妻"亿年陵"所在[2]，其左有王莽姑母即元帝王皇后陵，右有王莽女即平帝王皇后陵，"亿年陵"正当其间逼仄的空间内，可能反映了王莽为自己家族成员陵址"度比帝宫"的位置要求。这些迹象也更加强化了我们对于未央宫、建章宫选址方位关系及长安近畿规划"环形"特质的认识。

作为旁证，以二至二分相关天文比例的环形设计的应用，也可在长安南郊的大土门遗址中找到。这座大约建于西汉晚期的重要礼制建筑，被推测为西汉"明堂""辟雍"或其合体。历代文献对于此类建筑尺度、布局的种种"法天"意义有着大量记载与描述，其平面模式明确反映了西汉流行的宇宙空间模式。该遗址中心建筑外部的夯土圆台直径约62米，近于45步，而长安近畿空间外径的150里正合45000步，恰为前者千倍。再以此环形规划模式套合该遗址内部空间尺度，则"三衡图"外衡恰通过四处抱厦的几何中心、中衡通过"四堂"几何中心、内衡正与中

---

① 秦建明、赵琴华：《"参五"与中国古代天文测量》，《陕西历史博物馆馆刊》2022年第9辑。

② 《汉书》卷九九下《王莽传》："莽候妻死，谥曰孝睦皇后，莽渭陵长寿园西，令永侍文母，名陵曰亿年。"

心夯台（即太室）四边相切，与长安近畿环形规划结构可谓异曲同工——长安近畿空间甚至可被视为一座扩大了1000倍的西汉明堂。长安城的位置，对应于在世帝王"布政教化"的四堂之南堂，而中央太室及其上部"通天屋"，则对应有"配天"之义的长陵，结构思想甚为契合。我们甚至可以在东汉至北魏时期的洛阳明堂、唐武周时期洛阳天堂、唐长安与明清北京圜丘这些古代圆形礼制建筑的平面空间比例中找到它的影响，并且发现其外围直径均约62米。而隋代宇文恺的明堂方案中，"屋圆楣径二百一十六尺，法干之策也，圆象天"，"二百一十六尺"即63.5米，皆与西汉明堂建筑规格全同。（图5）

基于以上认识，我们认为记述西汉长安人文地理的重要典籍《三辅黄图》之"黄图"一名，应即古代盖天理论中的"黄图画"之意。《周髀算经》赵爽注曰："黄图画者，黄道也，二十八宿列焉，日月星辰躔焉。……内第一，夏至日道也。中第四，春秋分日道也。外第七，冬至日道也。皆随黄道，日冬至在牵牛，春分在娄，夏至在东井，秋分在角。冬至从南而北，夏至从北而南，终而复始也。"这明确指出"黄图画"的基本结构就是"七衡六间图"及"三衡图"。"图"的字源，本即为地图之义。《三辅黄图》撰写于约东汉末年，其时长安规划图籍应仍存世，通晓其详的作者因而将西汉长安近畿空间的规划本原思想直作书名曰"黄图"。

（二）长安近畿空间的山川形势及其"法天"象征

西汉长安近畿以具有天学意义的环形作为规划设计基线，也契合着关中中部地理山河形势。在以长陵为中心，直径150里的圆形基线上，除分布有三座帝陵与一座重要祭祀遗址之外，还分布着几处重要的山原河流：正南为神禾原；东南部为鸿固原、白鹿原、铜人原；正东正与关中干流渭河相交；正北则与关中平原北部土塬及山脉长长的东西向边缘相切；西北部45°附近有泾河通过，并指向关中北部山脉的重要山峰——北仲山主峰；西南部则正为涝、渭之汇。象征"二分"的直径64里圆形基线上，正东部正穿过长安附近泾、渭、灞三条主要河流交汇之处。（图2）

北斗观测在中国古代天文观测中居于首要地位，并被赋予重要的象征意义。《史记·天官书》与《汉书·天文志》对北斗有一段前后因袭的描述："斗为帝车，运于中央，临制四乡[①]。分阴阳、建四时，均五行，移节度，定诸纪，皆系于斗。"北斗在四季指向不同的方位，象征着宇宙一年之内的时空变化，如《鹖冠子·环流篇》所记的"斗柄东指，天下皆春；斗柄南指，天下皆夏；斗柄西指，

---

① 《汉书》作"四海"。

天下皆秋；斗柄北指，天下皆冬"。而成书于秦统一前夕的《吕氏春秋》中，又将这种时空变化与帝王的居处布政联系起来："孟春，天子居青阳左个，仲春居青阳太庙，季春居青阳右个；孟夏居明堂左个，仲夏居明堂太庙，季夏居明堂右个；中央土，天子居太庙太室。孟秋，天子居总章左个，仲秋居总章太庙，季秋居总章右个；孟冬居元堂左个，仲冬居元堂太庙，季冬居元堂右个。"李约瑟、卫德明、巫鸿等学者们也指出了计时对于帝王的重要性，直至后世历代王朝于宫中设滴漏，都表明帝王以"掌控时间"作为执政权威的象征。①于是规划者甚至改变河川流向以"法天"。从卫星照片上观察，与直径150里圆形基线正东部相交的渭河河段（今临潼境内）为一向南凸出的勺形，而其北近7公里处尚有原河道遗迹可辨，据《中国历史地图集》中西汉"司隶部"图42及马正林《渭河水运和关中漕渠》一文附图，这或是西汉为连接南侧的漕渠开凿而形成的，但其选址与形式，不排除另有目的。相似的实例见于已被发现曾为汉代人工改道且通过长安南北基线的清峪河及其北部浊峪河，也呈现出勺形（图1），这种现象恐非巧合。秦建明等先生已经指出其可能与模拟北斗及汉城安城"斗城"的称谓有关。②至于这个规划系统中的南方之"斗"，可能是西汉时期开凿的洨水支津与沉水、滈水等构成的终南山北麓水系。西方之"斗"，或为咸阳原上茂陵北偏西约10公里一今已干涸的泾河支流。从卫星照片观察，该河河道与150里圆形基线正西交叉处北凸呈规则的勺形，勺口宽约5公里、深约1.7公里，三段走向平直，折角显著，极可能为人工干预形成。长安近畿这种以四方河川象征"斗转"而绕规划中心的设计，使四处河流如同四个巨大的指针指向代表时令的四方，力图在空间规划之上反映宇宙运转时间秩序的"时间规划"。在这个"时间规划"中，汉长安城亦仿佛围绕着长陵旋转运行，这也许正是汉长安"斗城"的根本含义。

长安都城、陵墓及其周边山川形势，也呈现出与古代天区划分中象征"帝居"的中央"紫微宫"主要星座类似的结构：渭北长陵及以西列布一线的七陵及其后妃陪冢仿佛构成西汉时代的极星"天枢"及其旁一列"后宫""太子"等诸星，或"天皇大帝"及其旁一列"勾陈"诸星，长陵东北宏大的汉初陪葬墓群意义如"旁三星三公"③；东部之渭阳五帝庙（阳陵陵庙所在）则正对应"五帝内座"，与诸陵

① ［美］巫鸿：《时间的纪念碑：巨型计时器、鼓楼和自鸣钟楼》，见《时空中的美术——巫鸿中国美术史文编二集》，梅玫等译，生活·读书·新知三联书店，2009年，第109—129页。
② 秦建明、张在明、杨政：《陕西发现以汉长安城为中心的西汉南北向超长建筑基线》，《文物》1995年第3期。
③ 《史记》卷二七《天官书》。

共绕长陵旋转；外部"环之匡卫十二星"①（后世增为十五星）之紫微左右两垣略呈横长之形，正合关中地东盆西横长、两端为主要对外通道的地理形势，一系列现象呈现出的"法天"结构蔚为壮观。（图6）

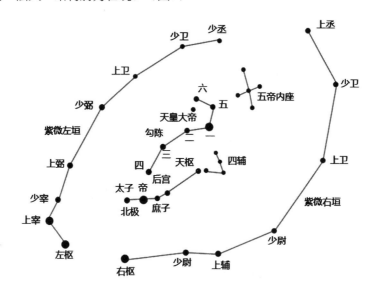

图6 "紫微宫"主要星座结构

三、西汉长安近畿空间环形设计手法的源与流

将"法天"式环形概念应用于广袤的都城畿辅空间设计，是否是西汉时代的独创呢？张衡《西京赋》描述西汉长安的设计"览秦制、跨周法"，即继承了秦代都城设计的某些制度。王学理也对秦咸阳与汉长安之间的继承关系进行过探讨，认为西汉几乎直接继承使用了秦的渭南宫室②，且前文已述及秦始皇时代咸阳规划中的种种"法天"概念。这就使我们有必要探寻秦都咸阳的规划尺度手法，研究其究竟在多大程度上影响了西汉长安的设计布局。虽然目前秦都咸阳的宫、庙、陵墓遗迹能够确证名位者较少，但依据散碎的信息仍然能够获得一些值得注意的线索。

从战国晚期开始，秦咸阳范围不再仅限于渭北。始皇帝更是"以先王之宫廷狭小，乃营作朝宫渭南上林苑中，先作前殿阿房""作信宫渭南，已更命信宫为极庙，象天极"。从秦极庙的称谓及"天极"的象征意义看，其显然是咸阳的规划中心点，这也符合先秦以宗庙为都城中心的规制特点，同时明确地说明秦咸阳也

---

① 《史记》卷二七《天官书》。
② 王学理：《从秦咸阳到汉长安的城制重叠（上）》，《文博》2007年第5期。

很可能是"法天"式环形规划。极庙的位置尚未考古确认，但其前身"信宫"大致在未央宫一带。未央宫前殿即秦的朝宫——章台，而章台与其正北之咸阳宫、望夷宫，正南之秦陵北缘北凸处的山谷白石峪南北同轴，因此我们可以认定这一轴线即秦咸阳的南北轴线。阿房宫前殿作为秦始皇时代营造的最重要宫殿，其形制为一东西向矩形，颇为特殊，却与秦汉崇东的理念吻合，我们推测其穿越咸阳东西轴线的可能性较大。今发现两轴线交点正位于长安城南郊礼制建筑群的第十三号建筑遗址（"影山楼"）南600米（约1.5里①）处。据考古发掘，第十三号建筑遗址始建于秦，可能为秦社稷。而古代宗庙、社稷往往并称且位置相近，因此推测"影山楼"之南一带可能就是秦的"极庙"所在。将其作为中心，则得到以下一系列布局规律：直径约23里的圆形基线上分布有章台（正北）、阿房宫前殿（正西）；直径约60里的圆形基线上有韩森寨秦墓（正东，近年已勘探确认为大型秦陵，勘探者推测其为秦始皇祖父孝文王陵）；直径约85里的圆形基线上分布有渭北咸阳宫（正北）、徐家湾（阎家寺村）秦代建筑址（正东北）、神禾原秦陵（南偏东近22.5度，推测为始皇祖母夏太后陵）；直径约120里的圆形基线上分布有望夷宫（正北）、铜人塬西缘临灞河处（正东）、终南山北缘白石峪口（正南）、黄山宫（兴平侯村遗址）（正西）；直径约190里的圆形基线上则分布有秦始皇陵（东偏北近22.5°）及前述渭河勺形段的中点（东偏北近45°）。这组数据呈现出与前述西汉长安近畿环形规划基本相同的直径比例关系，秦帝国时代咸阳与西汉长安规划手法之间的继承关系，至此完全显现。而渭河东部疑为人工改道的勺形河段，其两段南北向河道南延交点正为秦始皇陵封土位置，且秦陵封土与渭河相距恰为15里，形成一种特殊的对应关系，据此推测这处勺形改道或于秦代就已完成，可能是秦始皇因碍于祖庙为中心的传统，专为将己陵比附天帝、象征"勾陈"而作，后西汉将其别赋意义而已。（图7）

这种以宇宙空间模式规划都城空间的手法，应是历史发展使然。东周时期"礼崩乐坏"的局面下，列国都城设计不再遵从符合礼制的"标准范式"，战国时期的"百家争鸣"又使得社会思想文化空前活跃。从渭北咸阳宫（约前340）、章台（约前300年）、孝文王陵（约前250）、夏太后陵（约前240）大都在始皇即位（前246）前建造来看，这种规划大约在昭襄王（前325—前251年）于渭南大营宫室时就已萌芽。但咸阳原三处秦王陵与芷阳附近秦东陵，似乎尚未被纳入，仍保持着于都城近旁建陵的传统。韩森冢陵与神禾原陵则已远离芷阳陵区而独立设置，这既是秦

---

① 据邱光明等《中国科学技术史·度量衡卷》（科学出版社，2001年），秦一尺仍为23.1厘米。

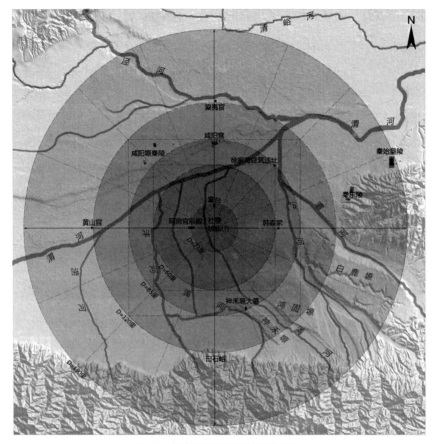

图7　秦咸阳圆形规划基线推测图

代陵墓从"集中公墓"到"独立陵园"的趋势使然[①]，更有"法天"式规划思想的影响，并成为秦始皇陵墓选址设计的前奏。"法天象地"的宏大都城模式，也正体现了秦始皇一统天下的雄心。规划在嬴政登基后得到整合与强化，并依据规划，确定了阿房宫、骊山陵墓这样规模空前巨大的宫室、陵墓的方位。

公元25年，光武帝光复汉室，定都雒阳（洛阳），因袭周、秦、西汉时代已有的洛阳城为都，未造新城。但东汉也并未忽视新都周边的规划建设，初期就营造了南郊明堂、辟雍、灵台等大型礼制建筑，终东汉一代又形成北邙、洛南两处帝陵兆域，构成雒阳近畿空间。分析发现，这一空间正是以南郊灵台东西轴线西延与小苑门外大道（该大道在魏晋以后成为城市中轴线）交点为中心，以东汉"大汉冢"帝陵、白草坡帝陵分别为两处对称基点设置北邙与洛南两兆域，且两陵相距为关乎"九五"之数的45里。（图8）

_____

① 赵化成：《从商周"集中公墓制"到秦汉"独立陵园制"的演化轨迹》，《文物》2006年第7期。

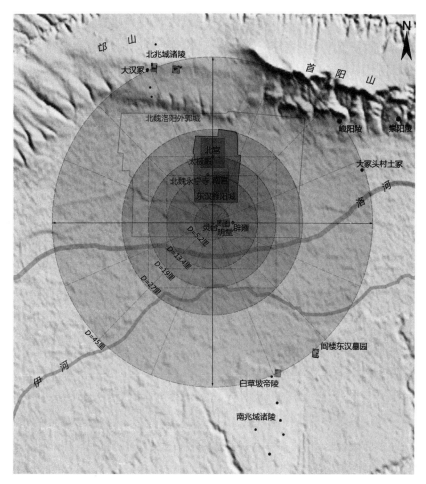

图8　东汉雒阳与汉晋陵墓、北魏遗存圆形规划基线推测图

《汉官仪》载灵台有候星、候日、候风、候气、候晷景、候钟律的功能，而候星者置十四人、候气者十二人，余者最多不过七人，可见天文观测乃是其首要任务。"观象授时"对于帝王来说具有重要的礼制意义。《礼含文嘉》曰："礼，天子灵台，以考观天人之际，法阴阳之会。"《后汉书·明帝纪》载："永平三年（60），明帝有诏曰"朕奉郊祀，登灵台，见史官，正仪度。""大汉冢"帝陵附近近年出土了镌有"汉室中兴"的碑刻残块，其封土直径也与史载光武帝原陵直径相近，应为原陵；白草坡帝陵陵主不明，但位于洛南兆域最北端，也具有兆域定位基点意义。《后汉书·光武帝纪》载中元元年（56）"初起明堂、灵台、辟雍及北郊兆域"，说明南郊礼制建筑与帝陵兆域当是统一的选址规划。《后汉书·明帝纪》又载"永平二年春正月辛未，宗祀光武皇帝于明堂……事毕，升灵台"，也反映了明堂、灵台与祖先祭祀的关联性。两兆域的方位关系，也有一定的"法天"意义。大汉冢、白草坡两陵均相对于规划南北子午轴线偏移约22.5°，似乎也如秦、西

汉陵寝布局般强调着对黄赤交角的象征。两兆域内其余诸陵，随各自主陵大致作南北中心对称分布，数陵纵列一线、旁又列二陵，颇类北斗布局，并呈现出旋转对位关系。东汉时代，天文学大为发展，"妙尽璇玑之正"的张衡两度出任太史令，于灵台进行天文观测，制作出成就空前的浑天仪，更加推动了观测技术的进步。张衡也重新给出了黄赤交角的数值，其《浑仪》残篇有言："赤道横带浑天之腹，去极九十一度十九分之五。黄道斜带其腹，出赤道表里各二十四度。故夏至去极六十七度而强，冬至去极百一十五度亦强也。"东汉帝陵布局以灵台为中心并比附星空运行，正是当时隆盛的天文观测活动之生动写照。

另外，近年发现的陪葬帝陵之阁楼东汉墓园也在这一基线上，类于西汉长安张安世家族墓选址，东汉时期的"赐茔"见于《后汉书·杨秉传》："秉延熹八年薨，时年七十四，赐茔陪陵。"该墓园或与此有关。而偃师首阳山镇大冢头村内有一巨大土冢，民间传为吕不韦墓，位置正在直径45里的圆形基线附近且偏移角近于22.5°，与东汉帝陵南北两兆域呈现出90°中心对称关系，说明此冢意义非凡，且甚至与前文所述始皇陵在秦咸阳中的选址极为类同。因未经考古勘察，年代不明，其与东汉帝陵的关联，值得进一步探究。

至于这一直径45里圆形基线内部是否存在与秦汉都城规划相类的"三衡"基线，因这一城址东汉时期遗存考古信息目前发现较少，尚无法确认。但汉魏洛阳城的建筑基址多历代相因，汉魏洛阳城南缘、明堂东围墙对应直径5.2里圆形基线，永宁寺塔对应直径13.4里圆形基线，太极殿址对应直径19里圆形基线，城北缘与北魏外郭城东、西缘对应直径27里圆形基线；尤其是南郊明堂外部圆台直径（62.8米）与西汉明堂圆台直径（62米）几乎完全相同，内部方台则边长37米，与西汉明堂四面抱厦几何中心构成的方形相当，应使用了与西汉长安明堂相同的尺度与比例设计（图5），这暗示着环形设计方法得到了比较完整的传承。又《宋书·礼志》载："魏文帝黄初二年正月，郊祀天地明堂。是时魏都洛京，而神祇兆域明堂灵台，皆因汉旧事。"这表明曹魏仍然因袭了东汉洛阳的都城、陵墓规划法则。直至西晋时期的武帝峻阳陵，亦仍选址在此直径45里的圆形基线上。

此三代都城规划中心选择的差异折射出时代变迁：秦帝国以极庙为中心、西汉以长陵为中心、东汉以灵台为中心，说明秦至西汉时期仍然体现着以宗庙为中心的营国思想传统，但秦时深藏重重宫廷之中的极庙，汉代则已成为高踞塬顶、封土巨大的陵墓。这既是战国、秦汉时代祖先崇拜中心由"庙"转变为"墓"的历史趋势，恐怕也与高祖起自平民，无有宗庙世系传承，自身即为"祖"有关。东汉仍然继承汉统，奉西汉高祖为祖，光武帝陵自然不宜作为中心出现，而皇统继承中的辈分不连续与重叠又使得宗庙的定位秩序变得尴尬，并终于引致明帝"上陵礼"改革①，宗庙也自然难以成为规划中心。于是东汉雒阳的规划者们选择了"灵台"这一代表帝王"观象授时"神圣权威的载体，作为规划的几何原点，才同时避开了宗庙与陵墓。此后的魏晋时期，以魏文帝曹丕《终制》为标志，帝陵的规模更被压缩到"不封不树"。

秦汉都城近畿空间规划手法，与当时流行的以"阴阳五行"为核心的谶纬思想不无关系。《后汉书·桓谭传》载光武帝时"有诏会议灵台所处，帝谓谭曰：'吾欲谶决之，何如？'谭默然良久，曰：'臣不读谶。'帝问其故，谭复极言谶之非经。帝大怒曰：'桓谭非圣无法，将下斩之。'谭叩头流血，良久乃得解"。乃知灵台最终依据秦汉时期流行的谶纬之说选址，这说明谶纬之说在两汉时期具有很大影响力。徐兴无指出："在《逸周书·时则》《管子·幼官》《四时》《五行》《吕氏春秋·十二纪》《礼记·月令》《淮南子·天文》等战国秦汉间带有构建性思想的文献中，已经用阴阳五行的框架描述出一个囊括一切的世界图式，万物在这个图式中呈现出同构的色彩。"②其分析《易纬》之《稽览图》绘制的"四正卦及十二天子卦"图（图9），确也呈现出与秦汉都城环形规划相同的结构。可以断定，秦汉都城环形规划的"法天"模式，实为此同构设计体系中最大规模的实践。

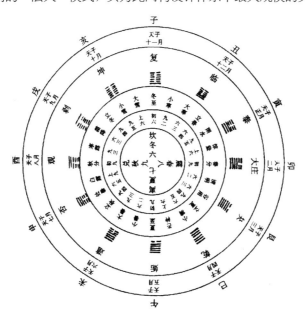

图9　徐兴无绘"四正卦及十二天子卦"结构图

①　［美］巫鸿：《汉明、魏文的礼制改革与汉代画像艺术之兴衰》，见《礼仪中的美术——巫鸿中国古代美术史文编》，郑岩等译，生活·读书·新知三联书店，2005年，第274—278页。

②　徐兴无：《谶纬文献与汉代文化构建》，中华书局，2003年，第100页。

西汉远较秦帝国立国长久而国都经营完备，长安所在关中又较东汉雒阳所在伊洛盆地广袤，故而"法天"式环形规划思想得以在西汉长安完整呈现。至此，我们才更加深刻地理解了张衡《西京赋》"思比象于紫微"与班固《西都赋》"体象乎天地，经纬乎阴阳。据坤灵之正位，仿太紫之圆方"的营国设计方法，是如何具体而微地实践于长安近畿的规划设计中。这是西汉人在大尺度空间规划中对于设计者概念中宇宙空间模式趋近"真义"的实践应用，从"天数"上赋予都城空间以神圣色彩。其山川与规划基线的契合又表明规划者在参照"天数"的同时，也将自然山河形成的空间形态纳入其中的，这是经过了充分考虑、锤炼后的结果，是"天子以四海为家、非壮丽无以重威"营国思想在未央宫之外更宏观视野上的反映。但这种规划图籍因涉及专属于统治者"秘密科学"的天文观测、象征着统治者"沟通天人"的神圣权威而被藏之秘府，遇变乱则毁失无存，故而后世不知其详。凡此种种，使得它具有了不可复制的历史价值，堪为彰显一代营国思想特质、天文科学水平、地理测绘技术之独特的"空间文化遗产"。

原载《中国文物科学研究》2015年第3期

（于志飞，中国文化遗产研究院工程师；王紫微，科学出版社编辑）

汉长安"斗城"之说试论

武廷海

公元前202年，刘邦建立汉朝，建都长安，西汉长安城规划也在萧何的深谋远虑下随即展开。关于汉长安城，古有"斗城"之说。《长安志》引《三辅旧事》云："长安城似北斗。"唐代崔镇作《北斗城赋》曰："馆倚南山，云霞而上出；城侔北斗，仰星汉而曾披。"①宋代宋敏求《长安志》引北周《周地图记》曰："长安城南为南斗形，北为北斗形。"叶廷《海录碎事》卷四上《地部下·城郭门》引《三辅黄图》云："斗城，长安故城，城南为南斗形，城北为北斗形，故号为北斗城。"明代胡震亨《唐音癸签》卷十六《诂笺一·北斗城》亦云："《三辅黄图》：'长安故城，城南为南斗形，城北为北斗形，故号斗城。'何逊《咸阳诗》：'城斗疑连汉'，杜：'秦城近斗杓''秦城北斗边''北斗故临秦'，以此。"秦建明、李小波等认为长安城市形制与北斗七星、勾陈、北极、紫微右垣星座的星图完全吻合，这是当时天人相应和法天象地文化思想的体现。②元人李好文《长安志图》不同意长安城仿天象而为，指出地形和河流是造成长安不规则形状的主要原因。贺业钜、马正林、王社教、刘庆柱与李毓芳等认为长安城的不规则形状与当地的地势和河流分布有着密切关系。③董鸿闻等根据对长安城的测绘指出，如果长安城北墙不顺应河势自东北向西南斜行，而是以东北城角为基准，东西一线的话，则城墙西北郊就会落在渭河高水位线下。④

---

① 《全唐文》，中华书局，1983年，第4030页。

② 秦建明、张在明、杨政：《陕西发现以汉长安城为中心的西汉南北超长建筑基线》，《文物》1995年第3期；李小波：《从天文到人文——汉唐长安城规划思想的演变》，《北京大学学报》（哲学社会科学版）2000年第2期。

③ 贺业钜：《论长安城市规划》，见《建筑历史研究》，中国建筑出版社，1992年；马正林：《汉长安形状辨析》，《考古与文物》1992年第5期；王社教：《汉长安城斗城来由再探》，《考古与文物》2001年第4期；刘庆柱、李毓芳：《汉长安城》，文物出版社，2003年。

④ 董鸿闻、刘起鹤、周建勋等：《汉长安城遗址测绘研究获得的新信息》，《考古与文物》2000年第5期。

西汉长安象天设都应当无疑，汉人明确记载以未央宫比拟天帝所居紫微垣。汉人辛氏《三秦记》之"未央"条："未央，一名紫微宫。"东汉张衡《西京赋》云："正紫宫于未央，表峣阙于阊阖。"东汉班固《西都赋》云："其宫室也，体象乎天地，经纬乎阴阳。据坤灵之正位，放太紫之圆方。……徇以离宫别寝，承以崇台闲馆，焕若列宿，紫宫是环。"

本文推测汉长安斗城说可能与萧何营建未央宫时附会"斗为帝车"的社会文化有关。

一、斗为帝车

北斗七星，即天枢、天璇、天玑、天权、玉衡、开阳、瑶光七星，位于北极附近，显著而明亮，是古代观象授时的最重要的标志。古人把这七星联系起来想象成为古代舀酒的斗形，其中天枢、天璇、天玑、天权组成斗身，古曰"魁"；玉衡、开阳、瑶光组成斗柄，古曰"杓"。《史记·天官书》记载：

> 北斗七星，所谓"旋玑玉衡，以齐七政"杓携龙角，衡殷南斗，魁枕参首，用昏建者杓；杓，自华以西南。夜半建者衡；衡，殷中州河、济之闲。平旦建者魁；魁，海岱以东北也。斗为帝车，运于中央，临制四乡。分阴阳，建四时，均五行，移节度，定诸纪，皆系于斗。

这段文献十分重要。战国文献《鹖冠子·环流》记载斗柄所指方向与季节变化的关联："斗柄东指，天下皆春；斗柄南指，天下皆夏；斗柄西指，天下皆秋；斗柄北指，天下皆冬。"北斗星斗柄所指，古代天文学称为"建"，一年之中斗柄旋转而依次指为十二辰，称为"十二月建"，夏历（农历）的月份即由此而定，"月建"（斗建）的说法在古代非常普遍。古代将北极星视为上帝的象征，环绕北极星而转动的北斗则是上帝出巡天下所驾的御辇，即"斗为帝车，运于中央，临制四乡"。一年四季由春开始，此时斗柄指东，因此上帝从东方开始巡视，即《易·传》所云的"帝出乎震"，震卦在东。（图1）

图1　武梁祠"斗为帝车"画像石

[出自俞伟超：《中国画像石全集》（第1卷），山东美术出版社，2000年，第49页]

战国、秦汉时期根据北斗位置的变化来推算时间的知识十分丰富。《汉书·艺文志》记载《堪舆金匮》二卷，长期以来被认为是相地之书，其实不然。"堪舆"传世典籍又作"堪馀"。《隋书·经籍志三》"五行"类中有《二仪历头堪馀》一卷、《堪馀历》二卷、《注历堪馀》一卷、《地节堪馀》二卷等书名。"堪舆"又称"舆"，《北京大学藏西汉竹简（伍）》中的《舆》，是一篇战国时期的堪舆术文献。①马王堆汉墓帛书《阴阳五行》甲篇是几种方术书的合编，其中一种即为"堪舆"②。战国、秦汉的堪舆就是在斗建之术的基础上发展起来的一种占卜术，主要是靠北斗雌神太阴（太岁）和斗杓（岁、小岁）旋转所指向的星宿位置来占卜的。③"堪"是指北斗的雄神，为阳；"舆"是指北斗的雌神，为阴。战国时期堪舆术士认为这种法术是帝颛顼创制并流传下来的，称之为"帝颛顼之法"④。古代堪舆术占卜所依据的内容是天文，与大地基本无关。⑤

运用"斗为帝车"的观念来考察西汉初年未央宫的营建，可以揭开斗城说的奥秘。

二、长乐宫与未央宫的关联

都城建设从宫室开始，这是古代都城营建的一个传统。汉初长安城建设是利用秦渭南章台、兴乐宫基础修葺改建而成的。"长乐"宫名寓意"君与臣民长和"之愿望；"未央"宫名意在汉朝传之久远"千秋万岁"，寓意天子与君民长和，传国千秋万岁。长乐宫、未央宫东西而列，长乐宫亦称"东宫"，西汉初皇帝在此理政，惠帝以后为太后所居；未央宫又称"西宫"，惠帝以后皇帝在此朝会，是西汉王朝的政治中枢。总体看来，汉初长乐与未央两宫是被作为一个整体来看待的。（图2）

---

① 北京大学出土文献研究所：《北京大学藏西汉竹书》（5），上海古籍出版社，2014年，第133—143页。

② 北京大学出土文献研究所：《北京大学藏西汉竹书》（5），上海古籍出版社，2014年，第133—143页.

③ 王宁：《北大简〈堪舆〉"大罗图"的左行、右行问题》，http：//www.bsm.org.cn/show_article.php？id＝2754，2017年3月12日。

④ 王宁：《北大汉简〈堪舆〉与伶州鸠所言武王伐纣天象》，http：//www.gwz.fudan.edu.cn/Web/Show/4235，2018年4月16日。

⑤ 王宁：《北大简〈堪舆〉十二辰、二十八宿排列浅议》，http：//blog.sina.com.cn/s/blog_57c4f8f10102Xbsh.html，2018年4月16日。

图2　汉代"长乐未央"铭文瓦当

[出自俞伟超：《中国画像石全集》（第1卷），山东美术出版社，2000年，第49页]

刘瑞的《汉长安城的朝向、轴线与南郊礼制建筑》指出了直城门—霸城门大街这条唯一横贯全城东西大道的重要性："霸城门内的大街无论从规格还是位置，都应该属于城内的骨干大街，而不是一般的宫内道路。""霸城门内大街应是城内的骨干大街，大街南侧是汉初在秦代兴乐宫基础上修葺而成的长乐宫，而其北侧是汉代建设的明光宫。从汉长安城内建筑布局看，这条霸城门—直城门大街对城内建筑布局具有非常重要的影响。"①值得注意的是，未央宫和长乐宫都位于霸城门—直城门大街以南，这里地形相对较高，也是秦代渭南宫室旧址所在，横街以北地形相对较低，可以俯瞰渭水。（图3）

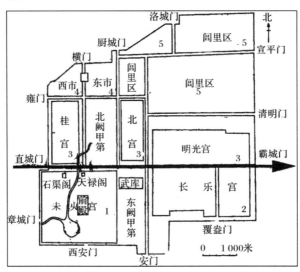

图3　汉长安早期直城门—霸城门东西大街

（出自刘瑞：《汉长安城的朝向、轴线与南郊礼制建筑》，中国社会科学出版社，2011年，第29页）

---

① 刘瑞：《汉长安城的朝向、轴线与南郊礼制建筑》，中国社会科学出版社，2011年，第22—24页。

汉长安横街以南未央和长乐二宫建成最早，中间置有武库。长乐宫与未央宫是汉初长安城军事防卫的重中之重，刘邦在长安城周边建立了"南北军之屯"，南军担任的是未央宫、长乐宫等宫殿的防御，北军担任的是整个都城的防守，武帝时曾将两万人的南军减为一万人。[1]武库之北，隔横街又建有北宫，与长乐、未央合之即为汉初始建的"三宫"。[2]三宫皆位于都城南部，围绕武库而建，均为高祖时创设。宫殿群北面与渭河所夹地区是大面积的居民区、市场区以及其他功能区。这就是刘邦修建长乐宫以后10年间的城市形态。[3]

汉惠帝元年至五年（前194－前190）修筑城墙。《史记·汉兴以来将相名臣年表》记载孝惠（汉惠帝）元年，"始作长安城西北方"。《汉书·惠帝纪》："（五年）九月，长安城成。"《史记·吕太后本纪》引《汉宫阙疏》云："四年，筑东面；五年，筑北面。"实际上，南面亦当修筑城墙。长安城共有12座城门，每面3座城门。其中，南墙中段南凸，中间为安门，安门东、西、北三宫呈"品"字形鼎立之势，后世又称"鼎路门"。《三辅黄图》卷一载："长安城南出第二门曰安门，亦曰鼎路门，北对武库。"入安门北去是纵贯全城的南北大道安门大街。安门大街与东西大街交汇，形成"大十字街"，后来的长安城长乐宫居于安门大街以东，武库与未央宫、北宫位于安门大街以西。南面东门为长乐宫南门覆盎门，南面西门为未央宫南门西安门。

三、从覆盎到覆斗

长乐宫南门名为"覆盎"，盎是古代的一种盆，即盛肉的瓦器皿。《说文》："盆也。从皿，央声。"《尔雅·释器》："盎谓之缶。"《疏》："瓦器也。可以节乐，可以盛水，盛酒。"顾名思义，"覆盎"可能表明长乐宫形似覆盎。长乐宫位于横街之南，总体上呈现横长之状，进深较小。长乐宫主要基于秦旧宫修葺而成，形成较早，在规模与气势上都弱于未央宫。

未央宫建成于长乐宫之后，花了不少人力财力，堪称"壮丽"，建成后作为朝宫之所。《汉书·高帝纪下》记载："（七年）二月，至长安。萧何治未央宫，立东阙、北阙、前殿、武库、大仓。上见其壮丽，甚怒，谓何曰：'天下匈匈，劳

---

① 侯甬坚：《历史地理学探索》（第3集），中国社会科学出版社，2019年，第266页。

② 傅熹年：《中国科学技术史·建筑卷》，科学出版社，2008年，第115页。

③ 唐晓峰：《君权演替与汉长安城文化景观》，《城市与区域规划研究》2011年第3期。

苦数岁，成败未可知，是何治宫室过度也？'何曰：'天下方未定，故可因以就宫室。且夫天子以四海为家，非令壮丽亡以重威，且亡令后世有以加也。'上说。自栎阳徙都长安。"（图4）

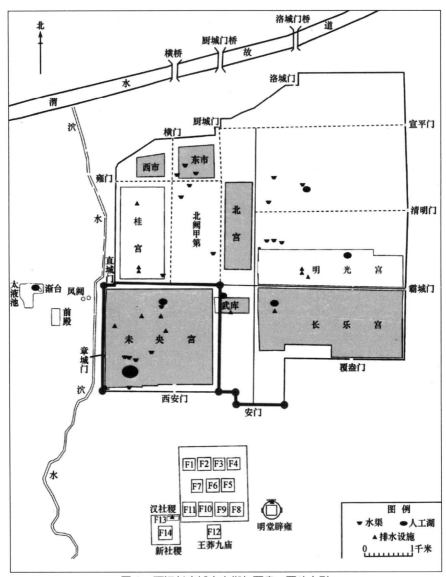

图4　西汉长安城十字街与覆盎、覆斗之形

（出自张建锋：《汉长安城地区城市水利设施和水利系统的考古学研究》，科学出版社，2016年，第102页）

值得注意的是，未央宫形态规整，宫城四角，加上南凸安门东西城墙两端以及其间折线连接的拐点，一共七个点，总体上呈"覆斗"之形。朝宫未央宫正好位于"斗"中，正合"斗为帝车"之说。称之为"斗城"，真是再合适不过了。汉代以"长安"为都城，都城南面正门取名"安门"，其西朝宫正门取名"西安门"，最先建成的两大宫殿取名"长乐""未央",凡此都强烈地表达了汉初政治集团希望长安久长的意愿。未央宫之布置附会"斗为帝车,运于中央,临制四乡",这与未央宫特殊的性质与地位、汉初的未央宫与城墙的形态,以及统治者的意愿等都是吻合的,推测是当时社会文化心理的客观反映,这也为后人从"斗城"之说来窥探其真相与事实提供了线索。

顺便指出,既然未央宫之布置附会"斗为帝车",相应地,未央宫就处于紫微垣的位置。东汉班固《西都赋》云:"其宫室也,体象乎天地,经纬乎阴阳。据坤灵之正位,放太紫之圆方。"其中"据坤灵之正位"说明萧何规划长安城时,运用"形法"置未央宫于九宫之坤位;"放太紫之圆方"则说明萧何还运用"象天"之法,将未央宫附会天象之紫微垣。需要进一步思考的是,"放太紫之圆方"除了提到紫微垣外,还有太微垣。太微垣位于紫微垣之南(更确切地说是东南),这为进一步探讨汉长安城南郊建设提供了启发,待另文论之。

四、结语

秦汉以来,中国建立了中央集权体制,都城是整个社会和时代的缩影,也是帝国政治与文化之表征。都城规划是国家大事,秦咸阳与汉长安的规划,都集中体现了当时的规划思想、技术与方法。秦汉都城规划的一个显著特征就是"象天法地",崇尚"天-地-人"整体观。"象天法地"语出《周易·系辞传》的"仰则观象于天,俯则观法于地",以及"天尊地卑,乾坤定矣。……在天成象,在地成形,变化见矣"。到了秦汉时期,象天法地开始运用到都城规划上来。众所周知,秦汉建立了中央集权的统一帝国,皇帝以"天子"自居,所辖疆域是"天下",所居都城则是"天下之极""天子之都",标榜"天地之所合、阴阳之所和"。因此,都城规划比附天象的做法开始盛行。在秦咸阳从王国都城走向帝国都城的过程中,因势利导地出现了"横桥南渡"抑或"阿房渡渭"两种象天模式。[1]规划的核心是确定天极(紫宫)的位置,与天极(紫宫)相对应的地面建筑是朝宫,也就是天子施政的地方。西汉长安城规划同样运用了象天思想,确定天极(紫宫)与地面相对应的朝宫(未央宫),这也是汉承秦制的一个具体表现。有所不同的是,汉长安规划运用了当时流行的"斗为帝车"的文化观念,从而将未央宫、紫微宫与北斗七星联系起来,因此长安城获得了"斗城"之称。本

---

① 徐斌、武廷海、王学荣:《秦咸阳规划中象天法地思想初探》,《城市规划》2016年第12期;吴国源、李陆斌:《秦汉时期典型宫殿建筑基址柱与地面受力连接方式分析》,《西安建筑科技大学学报》(自然科学版)2018年第2期。

文研究表明，象天设都是古代都城规划中常用的一种手法，甚至可以说是一个传统，象天研究需要对相关文献进行仔细甄别与解读，复原象天设都及其变化的真相。同时，象天设都的复原为正确认识文献产生的背景、还原似非而是的文献记载的本来面目提供了可能。

原载《西安建筑科技大学学报》（自然科学版）2021年第2期

（武廷海，清华大学建筑学院教授）

宇文恺：划时代的营造巨匠

王树声

中国城市规划固有本土体系，数千年间，规划人物应时崛起，名都大邑代有创造。回望中国城市规划发展史，每一次城市规划杰作总是与伟大的时代和人物联系在一起的。通过对规划人物的研究，可以加深对中国本土城市规划内涵的理解，增进对本土规划的情感，从规划人物的思想深处和遗存作品有可能发现一些被遗忘了的中国城市规划要旨和情趣。因此，对规划人物的研究，是探寻中国本土规划体系的重要途径之一。

公元6世纪下半叶，中国经过四百余年的分崩离乱，终于盛运再临，而有隋之统一。中国文化在秦汉确立的构架下，历经魏晋南北朝的文化浸润，开始走向新的阶段，可谓此后中国文化三百年盛期之开端。宗白华先生将隋代称为中国文化的"浓春季节"正出此义。有隋一代，犹如始皇所创之嬴秦，享国虽短，然其气象宏大、风气新开、人物辈出。仅营造一门，汲古开新，卓有建树，宇文恺、何稠、阎毗、黄亘、李春等一批营造巨匠先后崛起，彪炳史册。特别是宇文恺，规划两京，营造宗庙、衙署、离宫、陵寝，开漕渠，修栈道，筑长城，并有多项机械发明称著于世。他不仅规划设计成果丰硕，而且学术修养深厚，史书记载其有《东都图记》等著作四部。伴随着隋的统一，华夏文化再次复兴，中国建筑和城市规划走向成熟，宇文恺作为代表性人物，从他的规划设计作品及其营造思想中能折射出这一伟大时代的光芒，这对于探寻中国本土城市规划的内涵具有十分重要的意义。

一、宇文恺其人

（一）宇文恺家世

宇文恺家族属鲜卑族系，鲜卑族祖述东胡，曾为匈奴役属，兴起于我国东北大兴安岭地区大鲜卑山。宇文氏是为鲜卑大姓之一，《元和姓纂》中记载："宇文，出本辽东，南单于之后。有普回，因猎得玉玺，以为天授，鲜卑俗呼天子为'宇文'，因号宇文氏。或云以远系炎帝神农有尝草之功，俗呼草为'俟汾'，音转为'宇文'。"①

宇文恺之父宇文贵，传列《北史》《周书》，先后在北魏、东魏、西魏、北周四朝担任武职，功勋卓著，在史书中，其传起首即言："其先昌黎大棘人也，徙居夏州。"贵之父名莫豆干，单从名字上看，可能尚未完全汉化。宇文贵生年无考，但可据其事迹推断在公元500年前后，而宇文家族徙居夏州的时间，依诸文献所记，当在北魏神䴥四年（431）。太武帝拓跋焘灭夏之时，结合宇文恺父兄皆行伍出身来看，宇文恺祖先或属随魏主灭夏的部属之一，而自辽东昌黎城迁居夏州的宇文氏，按时间逻辑推断，应为宇文恺高祖父一辈，到了恺父宇文贵一代，已然是夏州人了。

宇文贵的累累功勋给宇文家族带来荣耀，在北周武帝保定年间，追赠其父宇文莫豆干为柱国大将军、少傅、夏州刺史、安平郡公。宇文贵之子宇文善、宇文忻、宇文恺皆因父勋位荫封，长子宇文善年纪尚轻就位列开府仪同三司、大将军之职；次子宇文忻十七岁即被北周朝廷赐爵兴国县公，拜仪同三司，后又因战功屡屡升迁；三子宇文恺在幼年时期就先后被赐爵封公。在宇文贵身上，雄壮骁勇与机智文思两种性格并存，史载宇文贵"好音乐，耽弈棋"，宇文恺的"有巧思""多伎艺"或许是受他家庭的影响。

（二）宇文恺生平

宇文恺出生于西魏恭帝二年（555），其时宇文贵尚在益州刺史之任。宇文恺之名"恺"为快乐、和乐之义，因此字衍其名，表字"安乐"。北周明帝元年（557），年仅三岁的宇文恺因家中父兄功勋之荣，被朝廷赐爵为"双泉伯"。北周武帝保定二年（562），七岁的宇文恺又因其父之勋被进封安平郡公。②

《隋书·宇文恺传》载"恺少有器局"，即恺少时便表现出非凡的才气和度量，虽"家世武将，诸兄并以弓马自达"，但宇文恺却走了和自己父兄迥异的道路，其好学博览，"解属文，多伎艺"，儒雅非凡，号为"名父公子"。宇文恺少时好学上进、精研诸家。成年后，宇文恺所任的第一个官职为武职"千牛"，继而宇文恺由武职"千牛"迁文职"御正中大夫"，仪同三司。

北周宣帝大象二年（580）五月，宣帝宇文赟驾崩，外戚杨坚被拜为左大丞相，

---

① 《元和姓纂》卷六。
② 《周书·宇文贵传》："父莫豆干，保定中，以贵著勋，追赠柱国大将军、少傅、夏州刺史、安平郡公。"恺之袭爵，当在此时。

由于杨坚与恺之大兄宇文忻私交甚厚，所以"恩顾弥隆"，二十六岁的宇文恺被加封为上开府中大夫。①北周静帝大定元年（581）二月，大丞相、隋王杨坚废静帝自立，国号大隋，年号开皇，定都长安。杨坚称帝之后，大肆诛杀北周皇室宇文氏，宇文恺起初也在诛杀之列，"以其与周本别"（宇文三兄弟之姓与北周皇室姓不属近支），恺之长兄宇文忻又与杨坚交好，且"有功于国"，皇帝才使人快马捧敕疾驰至宇文恺宅邸，免除了宇文恺被诛杀之祸。

开皇二年（582）二月，隋文帝下诏营杨氏宗庙，年仅二十八岁的宇文恺被任命为营宗庙副监、太子左庶子，正四品衔。此项工程是宇文恺营造生涯的第一次重要实践，工程结束之后，宇文恺"别封甄山县公"。由于宇文恺在北周时期就以"杂艺多通"名于一时，营宗庙仅是宇文恺一生所参与主持诸多工程的开端而已。

开皇二年六月十八日，隋文帝下令在汉长安城东南之龙首原营建新都，命营造左仆射高颎、上柱国陇西郡公李询为营新都大监，将作大匠刘龙、巨鹿郡公贺娄子幹、太子左庶子宇文恺为营新都副监，太府少卿张煚、高龙叉协同营建；次年（583）正月十八日大兴城建成，隋文帝正式迁入新都。在此次营建新都的过程中，"高颎虽总大纲，凡所规画，皆出于恺"②。

开皇四年（584），隋文帝欲决渭水达黄河，以通运漕，下诏征左武卫骠骑大将军郭均为开漕渠总监，行军总管郭衍为开漕渠大监，兵部尚书苏孝慈为开漕渠副监，又使宇文恺实际"总督其事"，于是恺率水工凿渠引渭河之水，自大兴城北至潼关开渠三百余里，名广通渠。是年，宇文恺被拜莱州刺史，往赴任。宇文恺在莱州任上，"甚有能名"，百姓镌石于崖，颂其德政："光州刺史宇文公，抚育边民，恩同赤子，治方清美，□甚文王之化，乐过于□，老弱相□，故□山□建，造碑铭□。注记……大都督……"③（图1）

开皇六年（586）闰八月丙子，恺二兄上柱国、许国公宇文忻以谋反伏诛，年六十四岁；恺之大兄宇文善连坐除名；恺亦被罢官除名返回京城，居家六年。

开皇十二年（592），逢朝廷以鲁班故道久绝不行，起复因兄祸闲居六年的宇文恺，令修复鲁班故道，是年，宇文恺三十八岁。

---

① 北周官制，官位以命数大小衡量。《隋书·百官志》："周中大夫五命。"
② 《隋书·宇文恺传》。
③ 光绪十九年《掖县全志》卷一古迹记有"斧山石刻"，又据，莱州《光州刺史宇文公之碑》拓片，录得此文。今人莱州吕茂东先生曾考补此碑文字，现录于下："光州刺史宇文公，抚育边民，恩同赤子，治方清美，□（德）甚文王之化，乐过于□（周），老弱相□（携），故□（仰）山□（营）建，造碑铭□（方）。"

图1 光州刺史宇文公之碑拓片图

开皇十三年（593）二月丙子，隋文帝命右仆射杨素于岐州北造仁寿宫。素推荐宇文恺为助，遂检校将作大匠，是役 "削山填谷"，工程浩大，为宇文恺一生重要的代表作之一。同年，文帝下诏命诸臣议明堂之制，检校将作大匠宇文恺按《礼记》之月令文，造明堂木样进览，其样 "重檐复庙，五房四达，丈尺规矩，皆有准凭"[①]，文帝见而异之，欲命有司于安业坊建造，而诸臣议论纷然，后未能实行。

仁寿二年（602）八月己巳，文献皇后（独孤氏）崩，隋文帝诏尚书左仆射杨素、将作少监宇文恺营山陵事。闰十月，陵成，工程受皇帝称赞，宇文恺因此复爵安平郡公，食邑千户。[②]仁寿三年（603），隋文帝在大兴城西南角的永阳坊为逝去的文献皇后（独孤氏）立禅定寺，安平郡公宇文恺以京城之西有昆明池，池势微下，乃奏于此寺建木浮图，崇三百三十尺，周回一百二十步，此塔前后历经九年至大业七年（611）方才建成。[③]

大业元年（605）三月丁未，隋炀帝以杨素为营东京大监，杨达、宇文恺为营东京副监，带领役夫九十余万人在洛阳故王城之东营建东京城。宇文恺在营建东京之始，迁将作大匠。时宇文恺五十一岁。其间，恺又受命与内史舍人封德彝等营造显仁宫于河南郡寿安县，是宫 "南接皂涧，北跨洛滨；发大江之南、五岭以北奇材异石，输之洛阳；又求海内嘉木异草，珍禽奇兽，以实园苑"。同年，宇文恺受命与朝臣杨素、牛弘、虞世基、许善心、何稠、阎毗等考循古制，更制车辇、创造本朝冠服。大业二年（606）春正月辛酉，东京城营造完成，宇文恺在此次规划营建过程中有功，被进位开府仪同三司。同年四月，炀帝始北巡，宇文恺随行，"帝欲夸戎狄"，命宇文恺造可容坐数千人之大帐。七月丙子，皇帝命宇文恺规度修筑长城，此工程西距榆林，东至紫河，二旬而罢，工役之紧，可见一斑，死于是役者十

---

① 《隋书·礼仪志一》。
② 《隋书·宇文恺传》。
③ 〔宋〕宋敏求：《长安志》卷一〇。

有五六。其间，恺又为帝造观风行殿，上可容数百人，离合为之；下施轮轴，推移倏忽，有若神功。戎狄见之，莫不惊骇。"又作行城，周回二千步，以板为干，衣之以布，饰以丹青，楼橹悉备。胡人惊以为神，每望御营，十里之外，屈膝稽颡，无敢乘马。启民奉庐帐以俟车驾。"①八月己巳，炀帝返回东都，此次北巡历时四月，宇文恺始终随帝前后，因数次显能立功，前后获皇帝赏赐无数，是年恺五十二岁。

大业四年（608）三月辛酉，宇文恺被任命为工部尚书；同年，宇文恺与右翊卫大将军于仲文在河东争夺银矿，被尚书左丞郎茂上书参劾，恺与仲文并获罪。②大业七年（611），宇文恺再上《明堂议表》，议明堂之制，绘明堂图并制作木样，进呈皇帝御览。炀帝可其奏欲复兴建，命伐木材于霍山，逢讨伐高丽，此动议未能实现。

大业八年（612）春正月，皇帝下诏讨高丽，三月，百万大军陈兵辽水西岸，宇文恺受命造三道浮桥于岸，造成后短丈余不达东岸，致使大军不得济。宇文恺虽造桥不成，仍以渡辽之功与何稠共进金紫光禄大夫。是年冬十月甲寅（初八日），宇文恺卒于官，终年五十八岁，谥曰"康"。

宇文恺宅在大兴城永兴坊西门之北，故址应在今西安市东新街人民大厦一带，其宅入唐后为谏议大夫魏徵所得。唐以后，为纪念宇文恺，于西安城内指挥街建有安平公祠，宋之指挥街为今西安市西大街中段，元代骆天骧《类编长安志》云："安平公祠，在指挥街，新说曰：'隋宇文恺有迁城营建之功，封安平公，庙食于此。'"阅诸资料，言唐时长安城建有安平公祠，实误，指挥街之名在唐之后，且此处唐时为皇城中央官署之地，故安平公祠之设当在宋时。

二、宇文恺的规划设计实践

从宇文恺的生平就可以看出，宇文恺一生主持了诸多具有重大影响的规划设计工程。二十八岁时，规划设计隋代国都大兴城，即此后闻名世界的唐长安城。这是中国都城规划在西汉儒家文化确立之后，吸纳了魏晋南北朝时期都城规划经验而创造的"一代精制"，为中国都城规划的里程碑，为后世都城建设确立了新的典范，也是人类进入工业文明时代前所建设的规模最大的城市。三十岁时，规划建设了连接国都与黄河的运河，名曰广济渠；三十八岁时，修复鲁班故道；三十九岁时，规划设计隋代夏宫——仁寿宫，历经三年而成，是一处结合自然山水而进行人工建设

---

① 《资治通鉴》卷一八〇。
② 《隋书》卷六一《郎茂传》。

的杰出范例；四十八岁时，规划建设皇后的陵墓；605年，五十一岁的宇文恺迎来规划设计生涯的又一机遇，规划建设东都洛阳，这次规划总结了隋大兴、南朝建康规划的经验，进行了新的规划设计，巧妙地利用了山水之势，使得东都规划恢宏壮丽。此后宇文恺将东都规划经验撰写成《东都图记》，这是中国城市规划理论成熟的重要标志；同年，参与更制车辇、创造新朝冠服。五十二岁时，随帝北巡，造千人大帐以宴来使；此后，规划修筑长城，造观风行殿，上可容数百人，下施轮轴，推移倏忽，有若神功。608年，五十四岁的宇文恺任工部尚书；611年，宇文恺上《明堂议表》，这是一部关于隋代明堂建筑设计的著作，并将中国明堂建筑设计的历史进行了认真的总结，有学者将之誉为"世界最早的建筑史学论文"。宇文恺的规划设计，现存的实物遗迹仅有大兴城（隋唐长安城）、仁寿宫（九成宫）、隋唐洛阳城，此外，其关于大业明堂的规划设计可从历史文献中窥得一二。因此，本文仅对宇文恺的规划设计的大兴城、洛阳城、仁寿宫和明堂做简要论述。

（一）一代精制——大兴城

隋大兴城是宇文恺规划设计的第一座都城。隋朝创立之初，仍以汉长安旧城为都，由于此城历经八百余年，不能适应一个新时代都城在功能、文化等各方面的需求，抛开旧城再立新都成为必然。从开皇二年（582）正月开始，隋文帝下诏命高颎、李询、宇文恺、刘龙等人于汉长安城之东南建造新都大兴，整个都城规划方案都是宇文恺主持设计的，史载："凡所规画，皆出于恺。"隋大兴城的规划的诸多成就中，至少有三个方面对后世具有重要影响，一是规划制度之精密，二是利用自然之巧妙，三是规划创新与规划惠民之精神。

大兴城的规划继承了曹魏邺城、北魏洛阳等前代都城规划经验，创造了新的都城制度。吕大防在《长安图》题记中对此有精辟的论述："隋氏设都，虽不能尽循先王之法，然畦分棋布，闾巷皆有绳墨。坊有墉，墉有门，通亡奸伪，无所容足，而朝廷官寺，居民市区，不复相参，亦一代之精制也。" 从《长安图》题记看，吕大防还曾考证隋代《长安故图》，"爱其制度之密"，于是，参故图，考旧迹，刻绘了《长安图》。隋大兴城规划继承"理想王城"的基本精神，并进行了新的发展和创造。在政治理想和社会理想上，继承了祖社关系，创新了朝市关系，将魏晋以来的佛道信仰纳入城市整体构架，并在都城东、西、南、北四方设计了圜丘、日坛、月坛等，形成新的宇宙秩序。隋唐长安城把一个东方民族的宇宙理想、政治理想和社会理想集中体现在一个新的都城，使得长安城成为民族文化史上的一座丰碑。薛凤旋在《中国城市及其文明的演变》一书中认为，长安城成为成熟的儒家城市文明和城市结构的典范。①这种典范也体现在城市空间的布局上。笔者曾在《隋唐长安城规划手法探析》②一文中，对大兴城规划模数和布局特点做了探索。大兴城是以太极宫为基本模数单位，皇城（包括宫城）和外郭城分别是太极宫面积的5倍和9倍，形成一种九五空间关系，与此同时，外郭城、皇城（包括宫城）和太极宫的平面都是一个内含等边三角形的矩形（图2）。此后，武廷海教授又进一步从形势论的角度，论述"举势以立形"和"聚形而展势"是宇文恺规划大兴城的两个方面，对大兴城的规划提出了新的见解。③

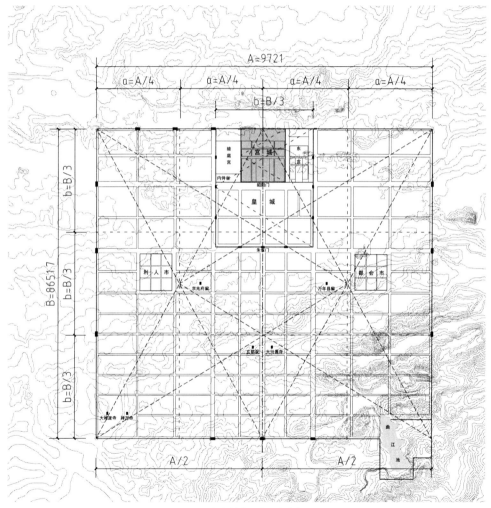

图2　大兴城规划设计分析图

① 薛凤旋：《中国城市及其文明的演变》，世界图书出版公司，2010年。
② 王树声：《隋唐长安城规划手法探析》，《城市规划》2009年第6期。
③ 武廷海：《从形势看宇文恺对大兴城的规划》，《城市规划》2009年第12期。

大兴城规划继承了中国规划紧密结合自然的优秀传统，新都城结合六条坡岗规划（俗称"长安六坡"）。《元和郡县志》载："初，隋氏营都，宇文恺以朱雀大街南北有六条高坡，为乾卦之象，故九二置殿以当帝王之居；九三立百司以应君子之数；九五贵位，不欲常人居之，故置玄都观及兴善寺以镇之。"（图3）此外，宇文恺根据城东南、西南两处的地势，从整体环境营造出发，分别凿池、立塔，体现了从自然环境出发进行城市整体布局，追求人工建设与自然环境的和谐。这种思想在宇文恺其他规划设计中也有强烈的体现。

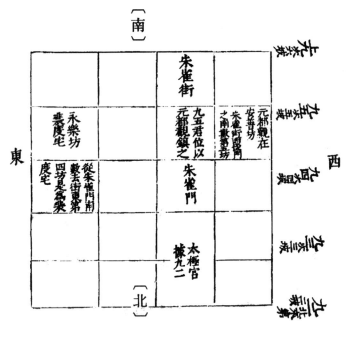

图3　隋唐都城龙首山分六坡图
（出自〔宋〕程大昌《雍录》）

大兴城的规划具有强烈的创新意识和惠民思想，其规划设计既能传承历史，又能结合时代之变和规划师的才思而有新的创造，既考虑帝都的壮丽与礼乐秩序，又能观照民众需求，以利民众生活之便。这是中国规划的优秀传统，也是我们研究中国城市规划史所不能忽视的一面。吕大防以"皆以惠民为本""勇于敢为"来评价大兴规划。从宋敏求《长安志》中的评价也可领略其中要义："自两汉以后，至于宋齐梁陈，并有人家在宫阙之间，隋文帝以为不便于民，于是，皇城之内，唯列府寺，不使杂人居止，公私有便，风俗齐肃，实隋文新意也！"大兴城后被唐代继承，改名长安，亦有新的发展和变革，最终成为中国盛世都城的典范，对日本、朝鲜的都城规划产生了重大影响。

（二）冠山抗殿——仁寿宫

仁寿宫始建于隋开皇十三年（593）二月，当时杨素作为工程总监，宇文恺具体主持规划设计和营建。仁寿宫的规划设计更加突出体现了宇文恺结合自然环境进行规划设计的思想，也反映出其驾驭复杂自然地形的空间设计能力。

仁寿宫位于今陕西省麟游县，距大兴城320里。宇文恺规划设计仁寿宫前，对整个地区天台山居中，碧城山、凤凰山、童山、堡子山四山围合的山水环境有了深刻的认识和把握。以天台山为中心布置宫城，南向正对永安河河谷，视野开阔，轴线两侧东为堡子山，西为凤凰山，俨然如天然双阙，形势甚佳，形成一条山水建筑轴线。宫城中心为仁寿殿，在殿前营建了双阙，增助了整个轴线和宫殿的气势。在仁寿宫规划设计中，运用"对景"使得建筑与自然环境建立了密切联系。如天台山仁寿殿以东，规划形成一条副轴，一些重要建筑由此展开，这些建筑或与堡子山、或与碧城山的主峰形成对景关系；仁寿殿以西的游览建筑也与西海的瀑布形成对景。（图4）仁寿宫在唐代被继承下来，改为九成宫，并未做太大的改动。在魏徵所撰《九成宫醴泉铭》一文中，对仁寿宫的形势描述云："冠山抗殿，绝壑为池，跨水架楹，分岩耸阙，高阁周建，长廊四起，栋宇胶葛，台榭参差；仰视则迢递百寻，下临则峥嵘千仞，珠璧交映，金碧相辉，照灼云霞，蔽亏日月。"这从唐人李思训的《九成宫纳扇图》可窥一斑。（图5）

从宇文恺对仁寿宫的规划来看，结合自然环境并不是顺从自然、不改动自然，而是从现实自然出发，在尊崇现实自然的前提下，根据规划家的立意，或曰营造意匠，对自然做一定的改动，以达到理想的境界。也就是说，结合自然的规划设计

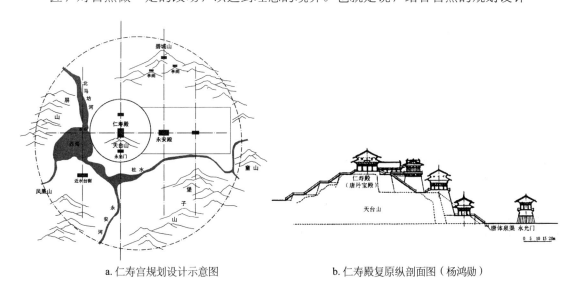

a.仁寿宫规划设计示意图　　　　b.仁寿殿复原纵剖面图（杨鸿勋）

图4　仁寿宫规划设计分析图

就是经过规划家的立意和巧思，从第一自然走向第二自然的创造过程。在保留第一自然风骨的同时，还应有所改变和创造。《九成宫醴泉铭》中所谓的"冠山抗殿"应为坚持第一自然的风骨而进行的创作，"绝壑为池"当为走向第二自然的过程中进行的融贯改造。

图5　唐李思训《九成宫纨扇图》

仁寿宫的建设由于工程浩大，施工条件极其复杂，《资治通鉴》卷一七八载其："役使严急，丁夫多死，……死者以万数。"宇文恺也因此而被后人谴责。隋灭亡以后，唐太宗贞观五年（631），对这座隋代旧宫稍加改造，并更名为九成宫；高宗永徽二年（651），改为万年宫；乾封二年（667）又恢复九成宫之名。

（三）穷诸巨丽——洛阳城

东都洛阳城是宇文恺一生中规划设计的第二个都城，也是他晚年规划设计思想成熟时期的代表作。洛阳居天下之中，为许多朝代建都之地。在隋之前曾是周、后汉、曹魏、西晋、北魏五朝都城。隋炀帝即位之后，在洛阳新建东都。有学者指出，这是"天下都城"。

宇文恺规划隋唐长安城时二十八岁，规划设计东都洛阳城时已五十一岁，规划手法和设计经验已经非常成熟和丰富。东都规划建设中，因"恺揣帝心在宏侈，于是东京制度穷极壮丽"[①]，"初造东都，穷诸巨丽"[②]。东都洛阳的规划在适应和利用自然环境上有了新的突破，在利用模数进行规划布局上有了新的发展。在利用自然方面，东都规划显然受到南朝建康的影响。东都规划将宫殿布置在城之西北，处在邙山与伊阙的轴线之上，"炀帝诏杨素、宇文恺移故都创造，南直伊阙之口，北倚邙山之塞"[③]，这种设计显然是规划者精心发掘的。（图6）人工建筑必要借自然之巧。寻找自然山川内在的巧妙，在中国建筑规划中往往受到更多的重视。因此，

---

① 《隋书·宇文恺传》。

② 《隋书·食货志》。

③ 《唐六典》。

设计建筑也好，布局城郭也好，往往都是一个综合的经营，是一个局内和局外的共同经营，局内布局高明与否，并不仅仅是局内之事，而有赖于局外发掘的程度，规划设计的境界往往凝结在此处。东都洛阳的这种规划设计方法与秦咸阳"表南山之巅以为阙"的思想影响一脉相承，与王导将南朝宫阙直向牛首山"天阙"的规划理念如出一辙，当然，在前人基础上有了新的拓展。事实上，这一设计手法在清代的城市规划布局中也能寻得芳踪，可见其为我国一重要设计传统。

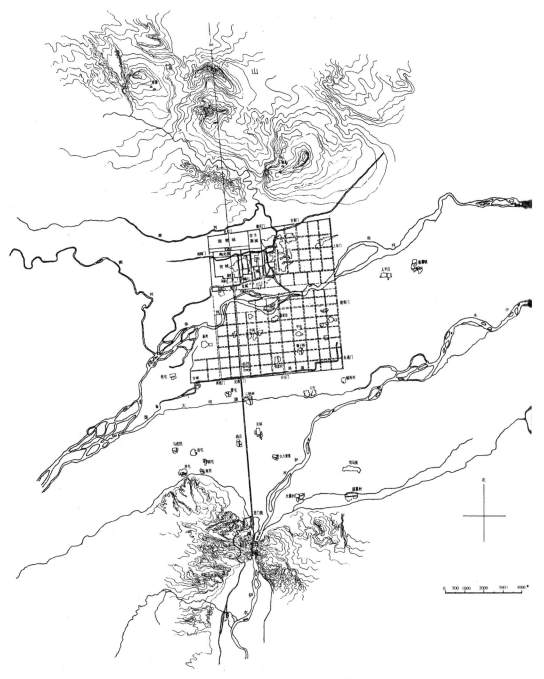

图 6 洛阳城遗址复原及周围地理形势图

此外，与隋大兴城一样，东都洛阳城也采用了模数设计的方法，只是略有不同。可见，至迟在隋代，我国就形成了以主要建筑占地规模为基本模数单元布局全城的城市规划设计方法。傅熹年先生曾专门对洛阳城的模数进行了研究，认为东京洛阳"以大内之宽、深为基本模数，以其面积之四倍为宫城、皇城之和——子城的面积，以其四分之一为居住区的基本单位——坊的面积，亦即以坊之面积为分模数"[①]。（图7）唐代继承了隋代的遗产，有了更大的发展，从《洛阳名园记》来看，经过士大夫文人的再创造，洛阳俨然成为一座东方花园城市的杰出典范。

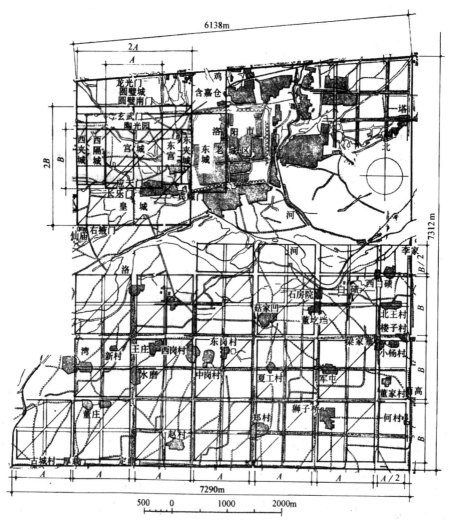

图 7　隋唐洛阳城规划模数图
[出自傅熹年：《中国古代建筑史》（第2卷），中国建筑工业出版社，2001年]

① 傅熹年：《中国古代城市规划建筑群布局及建筑设计方法研究》，中国建筑工业出版社，2001年。

（四）千古遗憾：大业明堂

宇文恺不仅是一个规划设计家，同时也是一位学术造诣极深的大学问家，一生有著作四部。从他仅存的《明堂议表》中可以看出其深厚的历史文化修养。宇文恺一生两次奏议明堂，一次是在开皇年间，一次是在大业年间。然而由于种种原因，都未能建成。特别是大业明堂，已经准奏建造，恰逢辽东战事而搁浅，成为千古遗憾。大业明堂尽管未能建设，但宇文恺的研究还是为我们留下了宝贵遗产，依此能更详尽地了解一代巨匠的深层思想。

历史上对宇文恺的第一次奏议明堂，记载非常简略，只知道他按照《礼记·月令》而提出"重檐复庙、五房四达"的方案。炀帝大业七年，他第二次提出了明堂方案。这次的方案与第一次提出的方案基本相同，我们可从《明堂议表》推测出其总体形制。特别需要指出的是，宇文恺的《明堂议表》不仅阐释了大业明堂的设计依据，更重要的是对历代明堂的发展进行了深入的研究和考证，是一篇关于隋以前中国明堂发展史的重要文献，其中还提出自己的研究结论，"自古明堂图惟有二本，一是宗周，刘熙、阮谌、刘昌宗等作，三图略同。一是后汉建武三十年作，《礼图》有本，不详撰人"。这对于我们认识中国古代明堂建筑发展史和明堂建筑设计具有十分重要的意义。

宇文恺大业明堂显然尊崇宗周明堂之制，但与周制明堂的方案也有不同。周制明堂由于建筑结构的因素，从外观看，整个明堂宛如楼阁，其实为夯土建筑营造之法，中心太室建造在夯土台基之上。从宇文恺大业明堂"下为方堂，堂有五室；上为圆观，观有四门"的方案来看，可能中心夯土台已经被木结构的大堂所取代，将太室与五室设计在同一平面。杨鸿勋先生曾对大业明堂做过复原研究（图8），并认为大业明堂的改制，不仅是建筑结构上的进步，更是建筑空间艺术的一次大飞跃，从复原图可以看出明堂前后的变化。唐永徽三年明堂案及武则天明堂的设计显然受到宇文恺大业明堂的影响。

从《明堂议表》来看，宇文恺向隋炀帝奏议明堂时，按照1:100绘有图样[①]，并做有木头模型，可见用精准的比例尺绘制建筑图并制作模型，在隋代已经成为重大建筑设计采用的惯常方法。

---

① 《明堂议表》中有"臣之此图，用一分为一尺，推而演之，冀轮奂有序"的记载。

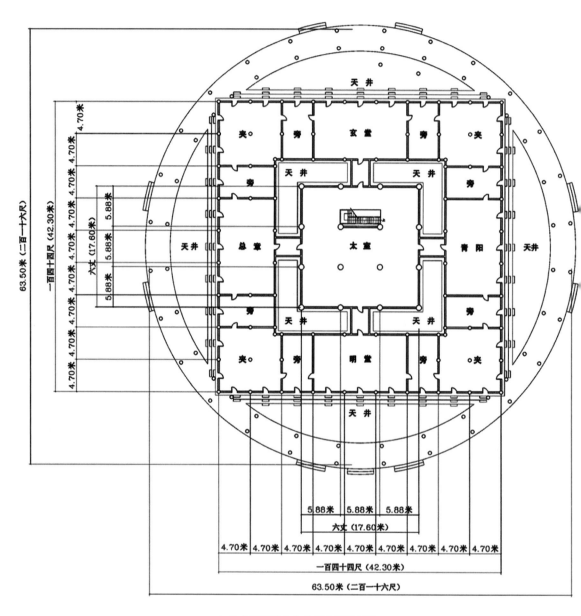

a. 宇文恺明堂方案推测底层平面图

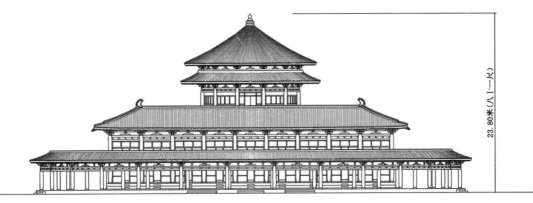

b. 宇文恺明堂方案推测立面图

c. 宇文恺明堂模型设想图

图 8　大业明堂复原意象图

三、宇文恺的规划设计思想与启示

从上文我们对宇文恺生平及其典型规划设计案例的分析，能够较为清晰地看出宇文恺的规划设计思想，可将其总结为六个方面：

（1）规划根植于自然，自然乃规划设计之依据。宇文恺的规划设计充分体现了对自然环境的尊重，他的规划、建筑和风景创作无一不重视与自然的融合。大兴"六坡"的利用，洛阳邙山、伊阙轴线的建立，仁寿宫"冠山抗殿"的布局，曲江池的开凿与大庄严寺木塔的建造，皆源于他对自然地形仰观俯察之后独具匠心的发掘。他在对自然的深刻观察体悟之中，把握自然环境的"特""异""巧"，由此便确立了人工建设的标尺，使人工建设自觉地与自然的"特""异""巧"相结合，自然得以妙用，人工得以巧立，人工与自然融合为一体。宇文恺所秉持的规划设计传统深深影响了后世中国的建筑规划。优秀的规划设计者总是善于发现自然之巧和天地大美，并将自己的创作根植于自然，把自然当成规划设计的一部分。城市、建筑和风景因自然而存在，规划设计因自然而崇高，规划设计的灵魂就是把自然和人工融合为一。看似着力在人工，深处奥妙则是对人工与自然关系的推敲，自然貌似在设计之外，其实早在设计的关照之中。在规划家仰观俯察和运筹帷幄之时，里与外、文与野、实与虚的关系自生于心底。局内之功有赖于局外之力。此正如中国画之留白，以"计白当黑"之法，统筹天地于咫尺。此乃中国城市、建筑和风景营造之一根本法则。规划设计者的创作灵感皆由此焕发。

（2）人文空间秩序设计是城市规划的核心，城市的个性与境界皆系于此。欲明一国城市规划之精神，必先察历代规划设计者之追求，明其坚守之理，辨其革新之要。中国城市规划传统深厚且博大，由周至隋，城市规划设计代有建树，规划人物与思想不断出新，但有一个主线始终在不断发展、充实和完善。这就是对城市人文空间秩序的苦心探索。在城市规划设计中，如何彰显华夏文化的价值观念，成为古代城市规划设计者关注的核心问题。城市的文化空间秩序就是文化宇宙秩序在特定自然环境中的空间化。一个城市的文化价值全凝结在这一构架中。此构架正是中国历代规划家创造的核心之所在。从周之王城到东汉洛阳，从曹魏邺城到南朝建康，中国城市的文化空间要素不断发展，空间秩序不断完善。宇文恺规划大兴城时，则集前世之锦，创造了全新的城市文化空间秩序。在这一全新的结构中，南北轴线贯穿全城，汇通山泽，成为构建空间秩序的文化标尺，也是整个文化空间秩序的骨干。其他要素均围绕这一标尺结合自然地势展开，形成一个包纳山川、坛庙、寺观、市肆在内的宏大秩序。

毋庸置疑，中国城市规划始终有一种理性务实的精神，但中国历代规划家总是能从实际出发，对城市的"物质生存"和"文化生命"做整体关照，而不是先此后彼。正因如此，中国城市规划与生俱来就饱含一种博大深沉的人文精神。

（3）历史精神贯穿规划设计始终，成为中国规划设计的一个优秀传统。中国的规划师历来都有着强烈的历史精神，特别重视从历史经验中寻找规划的依据。新的规划设计十分重视对历史经验的传承与创造。早在隋代之前，中国城市规划设计的这一传统就已经形成。李业兴就是一位硕学通儒，一位具有强烈历史精神的大学问家，他主持了东魏邺南城的规划设计。宇文恺作为一位划时代的规划巨匠，一位中国规划设计的集大成者，继承了这一传统，并将之发扬光大。他保留了汉长安故城，并将其纳入新都城的北部禁苑，使之与新都大兴城融为一体，成为继承前代遗产与开创当世新风的典范。在规划设计过程中，宇文恺对汉乐游庙等分布于大兴城城址之内的前代遗迹，多予以妥善保护，并使它们成为新都城的名胜之区。在所著《明堂图议》中，他"远寻经传，傍求子史，研究众说，总撰今图"，由此可见他的建筑设计的历史意识。历史意识和历史情怀贯穿了宇文恺的创作历程，光大了尊重历史、传承历史的中国规划设计传统，为中国城市加入了一股来自前贤的苍劲之力和一片壮阔之境。

（4）整体思维下的整体设计思想与方法。宇文恺的设计方法体现了中国将规划、建筑和风景营造统和为一的整体设计观。在大兴城规划中，他抓住了"六坡"地形，布局城市的主要功能区，把握了"东南高冈"和"西南低地"的特性，营造东南风景和西南木塔，选择城内要地，建造玄都观和兴善寺两组重要建筑，以壮中轴之势。东都洛阳的规划设计方法，从宫城选位和对邙山、伊阙的妙用，到城市中洛河水系的组织，都充分体现了规划家的深邃匠意。由此观之，宇文恺总能寻找和把控到城市的关键地段，并将这些关键地段囊括在一个整体秩序之中，且在最初层面或在构思整体构架时，就思考这些关键地段的设计问题，甚至具体到了建筑的形式层面。在这个寻找关键地段的过程中，他既强调规划层面的宏观布局，又突出重点建筑的标识，用现代学术的观点来看，宇文恺的这种方法从本质上讲就是一种将规划、建筑和风景园林结合在一起的"三位一体"的整体设计方法。

整体并不是全部。强调整体也并不是面面俱到、事无巨细、不讲层次，而是基于整体，把控每一个关键之处。"三位一体"的营造论，是基于人在环境中的实地观察和体悟而进行的整体创造。规划家以整体的规划思维审视大地山川，寻找其中的关键地段以及风景脉络，将人的物质需求与精神需求要素按照营景的理念化成一大具有文化生命的人居空间构架，将所谓的功能、文化、信仰、山水都统一在一个视觉连续的"风景"之中。"三位一体"营造方略的核心，是从整体与全局去寻找和发掘对整体环境具有全局性的控制作用的关键地段，并将关键地段的关键设计和整体环境的经营协调起来。

（5）深厚的空间形态设计修养与工程技术能力。营造家最终要创造空间，无论是建筑还是城市、风景，都要建造出来，供人们使用，人们对城市的一切感受都来自营造家所创造的空间环境。宏阔的境界、深厚的修养对营造家是重要的，同时，空间形态的塑造能力和工程技术的掌握水平是营造家实现创造的技术手段，也是营造家的立命之本，他人无法替代。宇文恺正是在这两方面具有卓越的才能，才成就了其在规划、建筑和风景营造中的辉煌成就。

宇文恺在工程技术方面的能力在修鲁班故道、开通济渠、营仁寿宫、造观风行殿中均有体现，历史上称其有"巧思"。他在工程实践中有一种技术的意识。隋灭陈之后，他在建康丈量明堂规模，探挖建筑基础构造。《隋书·宇文恺传》中引宇文恺自述曰："平陈之后，臣得目观，遂量步数，记其丈尺，犹见其内有焚烧残柱。毁斫之余，入地一丈，俨然如旧，柱下以樟木为跗，长丈余，阔四尺，两两相并，瓦安数重。"从大兴城和洛阳城的规划模数之严密，利用自然山川形势之精妙，足看出宇文恺的"巧思"以及在不同尺度建筑空间形态处理上的深厚修养。

（6）"人因道立，道以人传"，规划设计离不开规划家的文化滋养，离不开创新意识和惠民精神。中国文化尚"道"，历来重视人文，善于从人文角度认识事物。建筑、城市和风景园林都是承"道"的载体，其营造不仅仅是工匠之事，首要的是一个文化问题，文人在其中发挥重大作用，这是中国营造的一个鲜明特点。忽视了中国建筑、城市规划和风景园林的这一属性，忽视了文人对中国营造的贡献，中国建筑、城市与风景园林的历史将会黯然失色。中国历史上，有一大批营造家本身就是文人，柳宗元所称"舍其手艺、专其心智而能知体要者"，他们不仅具备工匠之"能"，更有文人之"谋"，正如计成所云"能主之人"。

宇文恺正是一位具有深厚文化修养和艺术才华的营造巨匠，他对华夏经典有着深刻的认识和理解，陈寅恪指出其"久为华夏文化所染习"，这在《明堂图议》中可窥见一斑。正是具备了这样的人文精神与修养，历代的营造家都有一种"传道"的意识和责任，寓文化之"道"于其创作之中，在任何情况下，他们都没有放弃过这个文化传统，且能结合时机而光大发扬之。这是一个创新的问题，也是一个规划家爱民、惠民的问题。长安城规划的创新和惠民古人已有定论。我们仅从长安到洛阳城市规划设计的变革，足以看出宇文恺的创新能力和惠民精神。他能够不断结合文化发展和城市实际需要进行调整和创造，在继承中创新，在创新中不断光大传统。

四、宇文恺营造思想及其历史地位

宇文恺不仅精通建筑设计、城市规划、园林营造，还长于修道路、筑长城、通运河、制舆服仪仗等广泛领域。尤为重要的是，他不仅是一位工程实践家，还是一位有深厚文化艺术修养的大学问家，完成包括《东都图记》《明堂图议》等多部著作，形成了自己的设计理论。宇文恺不仅是一位开风气之先的历史巨人，更是一个中国人居环境营造思想的集大成者。唐代编纂《隋书·宇文恺》的史臣这样评价他："宇文恺学艺兼该，思理通赡，规矩之妙，参纵班尔，当时制度，咸取则焉。"足见宇文恺的历史地位与影响力。唐朝时，他所设计的万年县县门还得到唐高宗的特别保护，"万年县廨，去府七里，县门屋宇文恺所造。太平公主降薛绍，于县廨设婚席。初以县门隘窄，欲毁之。高宗敕，宇文恺所造，制作多奇，不须毁拆也"①。宇文恺的确是一位既精通技艺，又谙熟学问的营造大家，可谓中国文化与营造成熟时期的一位杰出代表人物。②

近代，梁任公在上光绪帝的奏折中专门提及宇文恺的创造巧思：

中国人之聪明，本不让欧西，特千年以来，君上务以愚民为术，抑遏既久，故日即于固陋耳。苟能导之，则公输子之飞鸢，偃师之制人，张衡之地动仪，诸葛之木牛流马，祖暅之轮船，宇文恺之行城，元顺帝之自鸣钟，张骞之凿空西域，甘英之通大秦，郭守敬之创大统历测吉州谦州，必有纷纷出者，百十年后，才智心思之开，万亿新器、新书、新法、新政之由，岂可量哉？

傅熹年先生在《中国古代建筑史》中对宇文恺及其成就做了评述：

隋大兴城的实际规划者是宇文恺，主要参加者为刘龙。宇文恺是北周世臣，入隋后，因熟悉历代宫室制度，有巧思，善于营造，文帝、炀帝命其主持各种修建之事。《隋书》本传称其大业八年（612）卒于官，年五十八，上推至规划大兴的开皇二年（582），只有二十八岁。以这样的年龄，主持历史上最巨大的都城规划和建设，实不能不令人惊赞其为天才。刘龙是北齐旧臣，曾为后主高纬修铜爵三台，入隋后为将作大匠。他们的文化背景一是北周，一是北齐，二人合作，把分别由北周、北齐继承并加

---

① 《唐两京城坊考》卷三《西京》。
② ［日］田中淡：《中国建筑史之研究》，南天书局，2011年，第267页。

以发展的北魏文化和关中、中原的技术结合起来，按当时的具体要求进行规划，创造出了中国古代都城规划中的空前杰作。

日本学者田中淡曾在《中国建筑史之研究》一书中，对宇文恺有这样的评价：

> 宇文恺的事迹横跨建筑设计、明堂复原、古建技法复原、都市计划、土木工程及舆服仪仗的制定等广泛领域，但最能展现其主体性的工作是在宫殿、苑囿、宗庙、陵墓、佛寺、衙署等，还有几乎包括所有建筑类型的大兴、东都两大都市的规划，以及为明堂复兴所作的历史性考察。用今天的学术领域来说，他既是建筑师、都市计划师，同时也是建筑史学家。就重视历史而言，从维特鲁威的《建筑十书》以后，无论对东西方世界，在历史上是常有的事。只是就他的情况而言，在建筑与都市计划平面设计中明确的创造性，以及在明堂复兴与古建筑技法的修复、编纂中以考证学来对应，乍看之下并不能重合这点来说，可说是适合与现今所谓的近代概念相对比的人物。

综上所述，宇文恺的成就是多方面的，其在道路、水利、舆服等方面的贡献暂且不论，仅就规划、建筑和风景营造上的伟大创造足以将中国营造推向当时世界的巅峰。纵观中国城市、建筑、风景的营造历史，或论城市格局之新开，或论建筑形势之精造，或论风景园林之巧布，哲匠能师辈出，群星荟萃，代不乏人，然能将规划、建筑、风景营造三者纵成一家、融贯古今、终集大成，且能鸣震当世之洪烈、影响后世之久远者，当首推宇文恺，几无可匹者。

当然，在历史上，乃至今日，对宇文恺也有一些负面的评价。对于如何认识和评价宇文恺的历史功过问题，张钦楠先生曾有客观的论述："用今天的眼光，我们或许应当谴责宇文恺'助纣为虐''丧失职业道德'。然而，从当时的历史条件看，要保住自己的职业，甚至是自己的生命，就不能不揣摩上级心意，尽量迎合。……所以要评价一个宫廷建筑师，主要不是看他的职务，而是看他的业绩和作品。"[①]本文认为，评价历史人物不能脱离他所在的时代环境，这是一个基本的出发点。

结语

宇文恺是中国文化以及中国建筑、城市规划、风景园林走向成熟的重要时期产生的一位划时代的营造巨匠，对中国后世建筑、城市规划、风景园林的发展影响

---

① 张钦楠：《中国古代建筑师》，生活·读书·新知三联书店，2008年，第107—108页。

深远。研究宁文恺及其营造思想，对于我们重新认识本土规划设计的时代价值，在现代城市规划中恢复本土规划的精神和生命力是十分有益的！今年是隋大兴城创建1430年，又恰逢宇文恺1400周忌，谨以此文以志纪念！

原载《城市与区域规划研究》2013年第1期

（王树声，教授）

隋大兴城市规划的知识体系

——以历史人物为线索的文献考察

郭　璐

一、引言

中国历史上各时期、各地区曾产生过大量各具空间特色的都邑，它们不会都是随机生成的产物，必然存在一系列城市规划知识来支撑和指导相应的实践。长期以来，建筑史、城市史的研究取得了众多重大成果，但对于中国古代城市规划知识的内容、结构与特色的认知却仍显模糊。这一方面归因于历史上专门性理论著作的缺乏，另一方面也缘于城市规划本身的综合性和复杂性，难于从多类型史料中梳理出清晰脉络。因此，需要一个既适应中国历史文献特点，又能统领各方面复杂因子的研究方法。以历史人物为线索的文献考察是一个可行途径。一方面，城市规划作为一种营造人居环境的社会实践，其行为主体是人，不同人运用相应知识在不同阶段、不同领域开展一定的实践活动，从而完成整个城市的规划实践，所有知识整合于人，以相关历史人物为线索可以抓住城市规划知识的内在逻辑主干，提纲挈领，整合相关要素；另一方面，中国有通过为人物立传来记述史实的传统，《史记》开创纪传体，包括"二十四史"在内的众多历史文献都采用这种体例，以主要参与者为线索记述历史大事，"显隐必该，洪纤靡失"[①]。城市规划，尤其是都城规划，作为与国计民生密切相关的国家行为，自应在列。

本文拟选取隋大兴城作为典型案例，研究其规划过程中的知识体系。大兴城是长期分裂后重新建立的统一王朝所创制的新都，兼收南北方文化，全面继承前代规划经验，并融会贯通进行新的创造，大兴城市规划对其他国家与后世中国都产生了重要影响，以其为典型案例见微知著，可以对中国古代城市尤其是都城规划知识有

---

① 纪传体史书以纪、传、表、志相辅相成，皇帝传记称"纪"，皇族、外戚、一般人物称"传"，以表格排列历史大事称"表"，记载制度、风俗、经济等称"志""意"或"考"。〔唐〕刘知几《史通·二体》："《纪》以包举大端，《传》以委曲细事，《表》以序其年爵，《志》以总括遗漏。逮于天文、地理、国典、朝章，显隐必该，洪纤靡失。"

更深入的认知。本文将从三个方面展开论述：首先，爬梳历史文献，梳理规划活动的基本流程及各阶段的参与主体；其次，基于主要事迹、言论、著述、奏议、评价等，分析这一系列参与主体的知识构成，并以其在此次规划中的主要工作内容加以验证与修正；最后，综合归纳各阶段各主体的知识构成，得到隋大兴城市规划知识的主要内容、结构和特征，进而获得对中国古代城市规划知识的基本认识。

隋代祚短，传世文献亦稀，《隋书》是研究隋史最重要的史料，而且其作为纪传体史书也是以历史人物为线索的研究的直接史料来源。本文将以《隋书》为主要文献来源，辅以《北史》《唐六典》《通典》《资治通鉴》《长安志》等的相关篇目及出土墓志等新材料。《隋书》中与大兴城市规划相关的内容主要有三类，由繁至简，分列如下：（1）奏议、诏书与议事过程。卷一《高祖纪》载隋文帝颁布迁都诏书，卷三七《李穆传》载太师李穆就迁都之事上表请愿，卷七八《庾季才传》载太史令庾季才上书议论迁都。（2）工作内容。卷四一《高颎传》与卷六八《宇文恺传》中分别载有二人在大兴城市规划中负责的工作。（3）官职。卷四〇《虞庆则传》、卷四六《张煚传》与卷五三《贺娄子幹传》中提及三人曾任与大兴规划有关的官职。这构成了本研究的文献基础。①

二、隋大兴城市规划过程与参与主体

开皇二年（582）隋文帝正式颁布迁都诏书，这是大兴城市规划的标志性事件。诏书论证了迁都的必要性和可行性，明确新都定位，并确定都城选址。这表明在颁诏前已有一个战略决策过程，经过"王公大臣陈谋献策"（《隋书·高祖纪》），确定基本原则，形成决议，再诏谕天下。《隋书》之《李穆传》与《庾季才传》分别记述了隋文帝颁发迁都诏书之前的决策过程："上素嫌台城制度迮小，又宫内多鬼妖，苏威尝劝迁，上不纳。遇太史奏状，意乃惑之。至是，省穆表……遂从之。""高祖将迁都，夜与高颎、苏威二人定议，季才旦而奏曰……遂发诏施行。"综而观之，决策过程包括五阶段：文帝起意，高颎、苏威定议，庾季才上书奏议，李穆上表请愿，颁诏施行。隋文帝的迁都诏书可以说是这一阶段的最终成果。

诏书的最后对下一步工作进行了布置，"公私府宅，规模远近，营构资费，随事条奏"，并在颁诏之后确定"创造新都"的人力部署："仍诏左仆射高颎、将

① 本文所引文献版本如下：《隋书》，中华书局，1973年；《北史》，中华书局，1974年；《唐六典》，中华书局，1992年；《通典》，中华书局，1992年；《资治通鉴》，1956年；〔宋〕宋敏求：《长安志》，成文出版社（据民国二十年铅印本影印），1970年。

作大匠刘龙、巨鹿郡公贺娄子幹、太府少卿高龙叉等创造新都。"（《隋书·高祖纪》）《隋书·宇文恺传》又载："及迁都，上以恺有巧思，诏领营新都副监。高颎虽总大纲，凡所规画，皆出于恺。"上述诸人显然是战略决策之后进行具体布局和建设的行为主体。

综上，根据《隋书》记载，以迁都诏书颁布为分界点，大兴城市规划可分为两个阶段：第一阶段为陈谋献策，制定战略决策阶段，其参与主体包括隋文帝、高颎、苏威、庾季才等[①]；第二阶段为创造新都，进行布局、建设阶段，其参与主体包括高颎、宇文恺、刘龙、贺娄子幹、高龙叉等[②]。《唐六典》《两京新记》《资治通鉴》《长安志》等文献中的记载也与此相符合。[③]

三、战略决策的参与主体与知识构成

"陈谋献策"是隋大兴规划的第一阶段，论证了迁都的必要性与可行性，明确了新都大兴的战略定位，并进行了选址、确定了总纲。其主要参与者是由隋文帝、高颎、苏威构成的最高政治统治集团，所凭借的是集战略思维、典章制度于一体的政治智慧与施政才能，太史令庾季才所掌握的天文、地理与卜筮的知识也发挥了重要作用。

（一）最高统治集团的文武大略与都城论证、定位、总纲

隋文帝、高颎、苏威是定议迁都的决策团体。迁都之举的起始是隋文帝的愿望。《隋书·李穆传》载："高祖素嫌台城制度迮小，又宫内多鬼妖。"《资治通

---

① 此阶段虽也有太师李穆上表请愿一事，但隋代太师只为虚衔，《隋书》卷二八《百官志》："三师，不主事，不置府僚，盖与天子坐而论道者也。"《隋书》卷三七《李穆传》："公年既耆旧，筋力难烦，今勒所司，敬蠲朝集。如有大事，须共谋谟，别遣侍臣，就第询访。"可见李穆已不参与日常朝会，只是在临大事时提供咨询。《李穆传》又载："至是，省穆表，上曰：'天道聪明，已有征应，太师民望，复抗此请，则可矣。'遂从之。"可见，上表也只为借助其声望表明群臣对迁都之事的支持，故不将李穆纳入城市规划知识的考察中。

② 《隋书·虞庆则传》载虞庆则曾任"营新都总监"，《张煚传》载张煚曾任"营新都监丞"，但未有具体内容的描述，在其他文献中亦未见记载，很可能只是短时间介入，并未发挥实际作用。出土墓志中也有关于隋大兴营建的信息，《唐故邛州别驾陇西公李君墓志铭并序》载："祖询，隋上柱国、营新都大监、襄隰二州总管、民部侍郎、陇西郡襄公；识量谐通，思用淹远。"（见周绍良、赵超编：《唐代墓志丛编续集》，上海古籍出版社，2001年，第27页）但是在其他文献中不见佐证。故对此三人本文不予讨论。

③ 见《唐六典》卷七《尚书工部》、《太平御览》卷一五六《州郡部二》引唐韦述《两京新记》、《资治通鉴》卷一七五《陈纪》、《长安志》卷六《宫室》。

鉴·隋纪》载："高祖尝梦洪水没都，意恶之，故迁都大兴。"这些虽带传说色彩，但也说明是国家的最高统治者——隋文帝最先起意的。《隋书·庾季才传》载："高祖将迁都，夜与高颎、苏威二人定议。"即经隋文帝与高、苏二人商议，确定迁都战略，《李穆传》也有"苏威尝劝迁"的记载。

　　隋文帝－高颎－苏威是隋建国初期的国家统治核心。隋文帝作为国家最高统治者的地位自不待言。隋代吏制以三省六部制为政务中枢，尚书、门下、内史三省构成中央决策机关，尚书省"事无不总"（《隋书·百官志下》），是最高行政机关。[①]（图1）高颎时任尚书左仆射兼纳言，即同时担任尚书省和门下省的最高长官。[②]苏威则任太子少保兼纳言、民部尚书，是门下省的最高长官。高颎在隋建国以前已深受隋文帝信任，"委以心膂"，隋建国之后更是"朝臣莫与为比"（《隋书·高颎传》）。苏威"与高颎参掌朝政"，"同心协赞，政刑大小，无不筹之，故革运数年，天下称治"（《隋书·苏威传》）。隋初有四贵，高、苏即占其二。[③]可以说，新都规划是作为国家的重大战略由掌握国家命脉的核心政治集团发起、商讨、确定的。

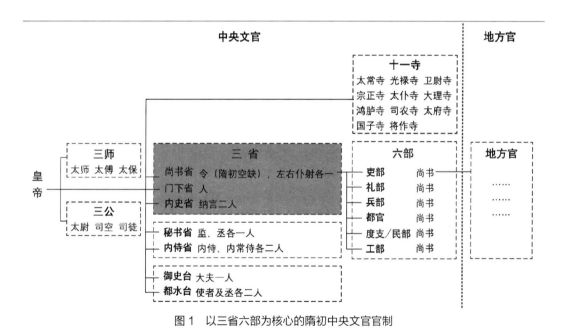

图1　以三省六部为核心的隋初中央文官官制

---

　　① 隋初设有十一寺，后逐步发展形成"九寺五监"的成熟体制。

　　② 尚书省长官为尚书令及左右仆射，隋初不设尚书令，故以左仆射为首。

　　③《隋书》卷四三《杨雄传》："（杨）雄时贵宠，冠绝一时，与高颎、虞庆则、苏威称为'四贵'。"

这一核心统治集团的知识构成是怎样的？从史书所载高颎与苏威的事迹中可以得到基本概念：既具战略思维，又擅典章制度，具有高超的施政才能和政治智慧。《隋书·高颎传》评价"颎有文武大略，明达世务""以天下为己任"。时人评价"高颎有宰相之具""可以付社稷者，唯独高颎"（《隋书·元善传》）。唐太宗将高颎与诸葛亮并举，有"隋之兴亡，系颎之存没"（《资治通鉴·唐纪》）的说法。梳理《隋书》中所记高颎事迹，大致分两类：（1）对外征战，平定天下。平齐、击叛胡、平尉迟炯叛乱、抵御突厥、平陈，高颎"习兵事，多计略"，在平陈的战役后他自称"臣文吏耳，焉敢与大将军论功"（《隋书·高颎传》），可见其并非上场厮杀的武将，而是擅长审时度势、军事谋略，可以"节度诸军"。（2）对内理政，制定典章制度。开皇元年（581），隋文帝即位后，立刻命令以高颎为首的团队"更定新律"①，后又召崔仲方与高颎议"正朔服色"②，这都是国家建立之初最根本的制度建设。（图2）《隋书》中记载苏威事迹较少，他与高颎参掌朝政，一项突出的工作是在建国之初厘改旧法，制定新法③，也是熟知政事和典章的股肱之臣。

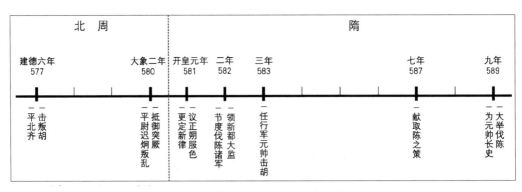

图2 《隋书》所见高颎大事年表

---

① 《隋书》卷二五《刑法志》。卷四二《李德林传》亦载："开皇元年，敕令与太尉任国公于翼、高颎等同修律令。"

② 《隋书》卷六〇《崔仲方传》。所谓"正朔服色"，《礼记·大传》："立权度量，考文章，改正朔，易服色，殊徽号，异器械，别衣服，此其所得与民变革者也。"

③ 《隋书》卷四一《苏威传》："隋承战争之后，宪章踳驳，上令朝臣厘改旧法，为一代通典。律令格式，多威所定，世以为能。"卷二五《刑法志》："帝又每季亲录囚徒。常以秋分之前，省阅诸州申奏罪状。三年，因览刑部奏，断狱数犹至万条。以为律尚严密，故人多陷罪。又敕苏威、牛弘等，更定新律。"卷六六《裴正传》："开皇元年，转率更令，加位上仪司三司。诏与苏威等修定律令。政采魏、晋刑典，下至齐、梁，沿革轻重，取其折衷。"

这一核心统治集团在新都规划过程中的作用主要体现在规划的论证、定位和总纲的确定上，这些都是国家战略高度的研究探讨，与战略思维、典章制度密切相关。迁都诏书是这一阶段的主要成果，其基于对宏观历史规律的洞察、对都城功能需求的分析以及对当时政治形势的把握，论证新都建设的必要性，并确定了新都大兴作为新王朝的政治标志和社会生活的物质载体的定位。（图3）此外，高颍等还要确定大兴规划的"制度""大纲"，也就是规划的总原则。《隋书·高颍传》载高颍"领新都大监"，"制度多出于颍"，《长安志·宫室四》亦载高颍"总领其事"，《隋书·宇文恺传》载高颍"总大纲"，《高颍传》与《朝野佥载》又载高颍常在隋大兴城承天门的位置具体布置安排都城规划的事宜，[①]大兴城市规划中具有历史开创意义的所谓"隋文新意"，就是使民居、官署、宫阙在城市空间中各有分区、不相错杂。[②]这是城市布局的总体原则和宏观战略，当属"大纲"之列，而其冠以"隋文"之名，显见的是以皇帝为首的最高统治集团的意志。

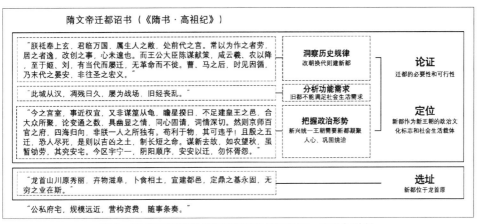

图3　隋文帝迁都诏书所见新都规划的论证、定位与选址

综上，论证、定位、确定规划原则，这是大兴城市规划的第一步，是以集战略思维、典章制度为一身的施政才能与政治智慧为支撑的，也就是核心统治集团实施国家政治统治的知识。

---

① 《隋书·高颍传》："颍每坐朝堂北槐树下以听事，其树不依行列，有司将伐之。上特命勿去，以示后人。其见重如此。"《朝野佥载》卷一载："文皇帝移长安城，将作大匠高颍常坐此树下检校。"（此处记载有误，高颍不为将作大匠，而是尚书左仆射）

② 《长安志》卷七《唐皇城》："自两汉以后，至于宋齐梁陈，并有人家在宫阙之间，隋文帝以为不便于民，于是，皇城之内，唯列府寺，不使杂人居止，公私有便，风俗齐肃，实隋文新意也！"

（二）太史令所掌天地秘奥与都城选址

从《隋书》记载来看，在围绕大兴城市规划的"陈谋献策"中，庾季才的奏议是特别被提出的。《隋书·庾季才传》载：

> 臣仰观玄象，俯察图记，龟兆允袭，必有迁都。且尧都平阳，舜都冀土，是知帝王居止，世代不同。且汉营此城，经今将八百岁，水皆咸卤，不甚宜人。愿陛下协天人之心，为迁徙之计。

这也就是《李穆传》中所说的"太史奏云，当有移都之事""太史奏状"。庾季才本南朝梁人，梁元帝时即为太史令，周灭梁，仍为太史。①隋文帝时其职位虽为"通直散骑常侍"，但《隋书》中多次称呼其为太史，应当事实上还是发挥了太史令的作用。

庾季才是凭借怎样的知识背景介入大兴城市规划的？总体来看应包括天文、地理、卜筮等。首先，作为太史令，他精通天文，善于观测星象，《隋书》记载他"八岁诵《尚书》，十二通《周易》，好占玄象"，又有其与梁元帝共观星象的记载，其著作《灵台秘苑》二十卷、《垂象志》一百四十二卷等显然是关于天文、星象的。隋文帝即位前曾召庾季才问"天时人事"，庾季才观测天象、推演时令，论证承天即位的合理性与合适时间②，以天文知识参与国家重大决策。其次，他还精于地理与卜筮，《庾季才传》位于《隋书·列传·艺术》，其所谓"艺术"的含义是，"夫阴阳所以正时日，顺气序者也；卜筮所以决嫌疑，定犹豫者也；……相术所以辩贵贱，明分理者也"。其中阴阳、相术（包含相地之术）都与地理相关，庾季才所著《地形志》八十七卷应为地理类著作；其奏表中所谓"龟兆允袭"则应属于卜筮一类的行为。隋文帝在命令庾季才父子撰写《垂象志》与《地形志》时说："天地秘奥，推测多途，执见不同，或致差舛。朕不欲外人干预此事，故使公父子共为之也。"（《隋书·庾季才传》）也就是说庾季才所掌握的天文、地理、卜筮的知识是"天地秘奥"，具有很强的专业性和权威性，非普通读书人可接触，这也是历代太史令之职的专门性知识。

再来看庾季才的迁都奏表，其所奏包括三个层次：（1）仰观天象、俯察地理图记，并通过占卜进行验证，认为应当迁都；（2）根据历史规律，新朝有新都；（3）调查旧都的自然地理状况，其地水质咸卤，不宜人居。这显然是与太史令通晓天文、地理、卜筮的知识背景直接相关的。除前文所述论证、定位外，迁都诏书的

---

① 《隋书》卷二〇《天文志》。
② 《隋书》卷七八《庾季才传》。

另一个重要内容是经过"谋筮从龟，瞻星揆日""卜食相土"确定龙首原为新都选址，这些工作显然涉及天文、地理与卜筮的知识，应当有庾季才的贡献在其中。

综上，太史令庾季才通晓"天地秘奥"，仰观天象，俯察地理，进行卜筮，参与了大兴城市规划的选址等工作。

四、布局建设的参与者与知识构成

在论证、定位、总纲、选址确定的条件下，大兴城市规划进入实质性的"创造新都"的阶段，高颎、宇文恺、刘龙、贺娄子幹、高龙叉等是主要参与者。高颎的角色前文已有分析，他负责将最高统治集团的战略决策贯彻于实际的创制营构，起到承上启下的作用。其他人所负责的都是与城市物质环境布局与建设直接相关的工作，主要包括三种类型：规划布局、建筑设计、建设管理。

（一）学艺兼该的宇文恺与规划布局

在高颎之下，宇文恺是大兴城市规划的主要领导者，"高颎虽总大纲，凡所规画，皆出于恺"（《隋书·宇文恺传》）。何谓"规画"？唐人文献中有数处用到"规画"一词，其含义重在划分土地界域、确定空间布局，包括区域、城市、建筑群、园林等不同尺度。①具体到大兴城，就是确定"公私府宅，规模远近"（《隋书·高祖纪》），也就是《长安志·宫室》所谓"创制规模"。

基于文献中对宇文恺事迹、著述及评价的记载，可以看出其"学艺兼该"，熟知古今经典、深谙空间布局的技艺。宇文恺自幼好学，"博览书记，解属文，多伎艺，号为名父公子"（《隋书·宇文恺传》）。梳理《隋书》所载宇文恺事迹，除了大兴、洛阳的都城规划外，最为突出的是大量建筑与工程的设计建造，包括宗庙、漕渠、鲁班故道、仁寿宫、文献皇后陵、大帐、观风行殿等。《隋书·宇文恺传》多次提及"恺有巧思"，《长安志·唐京城》又引唐高宗语谓"宇文恺所

---

① 唐人文献中所见"规画"，如《汉书》卷六三《武五子传》颜师古注："高皇帝览踪迹观得失，见秦建本非是，故改其路，规土连城，布王子孙。（师古曰：规，画也）"《汉书》卷七〇《陈汤传》颜师古注："初陵京师之地最为肥美，可立一县，天下民不徙诸陵三十余岁矣，关东富人益众，多规良田，役使贫民。（师古曰：规画也，自占为疆界也）"〔唐〕释一行《大毗庐遮那成佛经疏》卷四："自受持地竟。即应规画界域布定方位。"〔唐〕释一行《大毗庐遮那成佛经疏》卷五："当置在白檀，先所规画檀门之外，欲入漫荼罗者，当先以此洒之，令彼宿障净除，方得见漫荼罗也。……于昼日分，即当规画界域，以白檀等草定诸尊形位分段。"〔唐〕张祜《张承吉文集》卷九杂题《题海陵监李端公后亭十韵》："古城连废地，规画自初心。"〔唐〕张祜《张承吉文集》卷九杂题《奉和浙西卢大夫题假山》："入门惊秀崒，规画自奇人。"

造，制作多奇"。可见宇文恺才思敏捷、深谙设计技巧。与此同时，他还有若干著作，包括《东都图记》二十卷、《明堂图议》二卷、《释疑》一卷，其中《明堂图议》的部分内容今仍可见，主旨是搜集、考证各类经典，综合提炼明堂的形制，其中涉及的各类典籍达二十三种，时间跨度从先秦到南朝①，足见其熟谙经典、博学多闻。《隋书》作者对宇文恺的评价是："学艺兼该，思理通赡，规矩之妙，参纵班、尔，当时制度，咸取则焉。""学艺兼该"可视为宇文恺的知识构成的总括：所谓"学"即学识，博学多闻、融会贯通，熟知古今经典实例，故而可以"思理通赡"；"艺"即技艺，"规"与"矩"为进行空间测量与划分的基本工具②，"规矩之妙"即谓其深谙空间布局的技艺。

宇文恺对大兴城"规画"的具体内容史无详载，但可通过其所从事的同类型工作和前人类似工作加以推断。《隋书·宇文恺传》所载《明堂议表》中详述其进行洛阳明堂规划设计的过程，包括：（1）博考群籍，实地考察；（2）确定总体方案；（3）制作模型或绘制图纸进行方案表达；（4）上奏。邺南城是东魏、北齐的都城，创制于东魏天平初年（534—535年前后）③，距大兴初建不足五十年，二者规划内容与程序应大致相当，邺南城空间布局方案的主导者是李业兴，据《魏书·李业兴传》，其程序如下：首先，考证图记、参古杂今，确定方案；其次，由画工绘制图纸；最后，申报决策层，获批准后实施。综合比对，宇文恺对隋大兴的"规画"也应包括如下几个阶段：博览古今之制、融贯形成方案、绘制图纸或制作模型、上报实施。（图4）这一确定城市空间布局方案的过程，既要对史籍中的制度经典相当熟悉、融会贯通，又要具有形成方案并进行表达的技巧，唯有"学艺兼该"，即兼有学识与技艺的大匠才能胜任。

综上，宇文恺以其熟谙古今经典的学识与高超的空间布局技巧，参与到大兴城市规划中，主导了城市空间的划分和形态塑造。

---

① 据《隋书》卷六八《宇文恺传》，宇文恺撰写《明堂图议》的参考文献包括《淮南子》《尚书帝命验》《尸子》《考工记》《黄图议》《礼记》《礼图》《大戴礼》《周书·明堂》《作洛》《吕氏春秋》《月令》《黄图》《觐礼经》《汉官》《东京赋》《续汉书》《诗经》《晋起居注》《乐志》《宋起居注》《汶上图仪》《礼疑议》等。

② 《史记·夏本纪》载大禹治水"左准绳、右规矩"；《孟子·离娄》："离娄之明、公输子之巧，不以规矩，不能成方圆。"《周髀算经》详谈"矩"的用途，将它作为画圆的工具，"环矩以为圆"；《国语·周语》有"规方千里，以为甸服"之说，"规"为测量和划分土地的工具。

③ 《魏书》卷五《孝静帝纪》："天平元年（534）冬十一月庚寅，（孝静帝）车驾至邺，……徙邺旧人西径百里，以居新迁之人。""二年秋八月甲午，发众七万六千人营新宫。""四年夏四月辛未，迁七帝神主入新庙。"

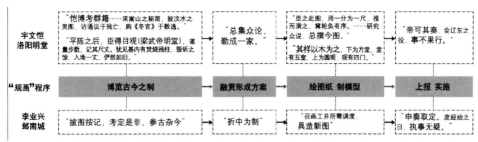

图 4　隋大兴规划布局过程推测

（据《隋书》卷六八《宇文恺传》、《魏书》卷八十四《李业兴传》绘制）

（二）巧思大匠与建筑设计

在文帝所进行的人力部署中还有将作大匠刘龙，从《隋书》卷六八《刘龙传》记载来看，其特点是长于建筑设计，"性强明，有巧思。齐后主知之，令修三爵台，甚称旨"。宫室、官署、寺观等重要公共建筑物的规划设计也是大兴城市规划的重要组成部分，刘龙应当是依靠设计巧思主要负责这类工作。《隋书》同卷中还载有几位文帝时供职于朝的巧匠，如阎毗，隋文帝时"以技艺侍东宫"，隋炀帝时多次参与"辇辂车舆"等形制的讨论、创制，并营建临朔宫；何稠，"性绝巧，有智思，用意精微"，与宇文恺共同规划设计文献皇后的陵寝，并在宇文恺造辽水桥不成的情况下，"二日而就"，此外还设计建造了行殿及六合城。这些人的共同特点是"有巧思"，长于设计与工艺，很可能也参与到了大兴城重要建筑的规划设计中。

（三）勤绩工官与建设管理

贺娄子幹是大兴城市规划团队中的另一成员，为营新都副监，工作开展不久又官拜工部尚书。贺娄子幹本人以骁武和勤绩知名，开皇元年为行军总管，抗击吐谷浑与突厥；开皇二年，在获封营新都副监之后仍有领军出战之事。①可见其一直掌握着军队的管理权，这就相当于掌握了大量的工程建设的人力资源。隋炀帝营建东都洛阳宫城时使用兵夫七十万人，这是土木工程建设的绝对主力。②唐代也有征调兵夫

---

① 《隋书》卷五三《贺娄子幹传》，隋文帝褒奖贺娄子幹的诏书有云："唯尔器量闲明，志情强果，任经武将，勤绩有闻。"

② 《大业杂记》："初，卫尉卿刘权，秘书丞韦万顷，总监筑宫城，一时布兵夫周匝四面，有七十万人，城周匝两重，延袤三十余里，高四十七尺，六十日成。其内诸殿基及诸墙院又役十余万人，直东都土工监，常役八十余万人；其木工、瓦工、金工、石工，又役十余万人。"参见〔唐〕杜宝撰，辛德勇辑校：《大业杂记辑校》，三秦出版社，2006年。

建设城市与宫殿的传统。①大兴城建设的情况应大致相当。贺娄子干应是以人力管理的才能和勤劳踏实的作风而参与到大兴城市规划的工作中。②从隋时工部尚书的执掌来看，其主管土木工程营造，并掌管百工，也同样有人力资源管理的职能。③

太府少卿高龙叉也参与到大兴城市规划中，其墓志铭载："大隋驭历……判太府少卿，副将作大匠，检校营造事。"④检校者，勾稽查核也，又太府寺为主管财物库藏以及器物制造的部门⑤，可见高龙叉的任务很可能是保障新都建设的资金和物资供应，迁都诏书中所说的"资费"应当是由他来负责的，这需要的是统筹管理资金和物流的知识。

五、隋大兴城市规划知识体系与特征

通过以上研究可看出，在隋大兴的城市规划中存在各类型的知识，涉及政治、社会、经济、自然科学、艺术、技术、管理等各领域，是一个综合性的知识群体。而且，它并不是零散的观念或知识的堆积，而是具有清晰的内在逻辑，各类型知识直接指向城市规划实践的各个阶段，从战略决策到布局建设，从宏观到微观，从定性到定量，是结构化的知识，可以称之为一个知识体系。⑥值得注意的是，这一知识体系又不同于现代意义上的科学知识体系，它不从属于特定学科或专业，不对应特定职业，而是具有自身的鲜明特征。

---

① 例如《旧唐书》卷九八《杜暹传》：唐开元二十年玄宗行幸东都，"诏暹为京留守，暹因抽当番卫士，缮修三宫，增峻城隍，躬自巡检，未尝休懈"。

② 有谓贺娄子干开皇二年出征突厥可能无暇参与大兴城建设，据宋敏求《河南志》卷三《隋城阙古迹》载，洛阳宫城建设依靠七十万兵夫，六十日即完成，以此效率来看，贺娄子干应当有时间参加大兴城市建设。

③ 《通典》卷二十三《职官五》载工部尚书侍郎"掌百工之籍"。

④ 韩理洲：《全隋文补遗》，三秦出版社，2004年，第181页。

⑤ 《通典》卷二十六《职官八·太府卿》："后魏太和中，改少府为太府卿。兼有少卿，掌财物库藏。北齐曰太府寺，亦有卿、少卿各一人，又兼掌造器物。后周有太府中大夫，掌贡赋货贿，以供国用，属大冢宰。隋初与北齐同，所掌左右藏及尚方、司染、甄官等署。"

⑥ 知识体系，首先是一种被一个学科的成员用以指导其实践与工作的结构化的知识（structured knowledge），其次是一个特定领域的有资格的执业者应当拥有的知识的集合〔TuncerI.Ören. *Toward the Body of Knowledge of Modeling and Simulation*，*Interservice/Industry Training，Simulation，and Education Conference*（I/ITSEC），2005〕。知识体系是一个专业或主题领域的被公认为必要且广为人知的一系列知识〔Gary R.Oliver. *Foundations of the Assumed Business Operations and Strategy Body of Knowledge*（BOSBOK）：*An Outline of Shareable Knowledge*，Darlington：Darlington Press，2012：3〕。

在科学史的研究中一直存在"工匠传统"与"学者传统"的分野。[1]长期以来，在中国科学技术史（包括城市规划史）的研究中，工匠传统是被突出强调的，而学者传统则往往被认为是不明显的、次要的。[2]但是，对隋大兴城市规划知识体系的研究显示，不仅存在与具体操作的经验与技能相关的"工匠传统"，包括空间布局的技艺、设计工艺、人力与物力管理的技术等，还存在由国家最高统治集团所主导的部分，即基于政治谋略、典章制度、天地秘奥等进行论证、定位、总纲与选址。然而，后者又与西方以探索自然、追求真理为特征的学者传统不同，它更多地以维护国家政治统治为依归。先秦经典《考工记》开篇即云"国有六职"，前三为"王公""士大夫"与"百工"。士大夫"作而行之"，百工"审曲面势，以饬五材，以辨民器"，其职以具体操作执行为主，大致对应于所谓的"工匠传统"；王公"坐而论道""论道，谓谋虑治国之政令也"[3]，正与隋文帝、高颎、苏威等所从事的活动对应，可以说，隋大兴城市规划的知识体系具有"工匠传统"与"王公传统"的双重属性。

这一知识体系与职官制度是紧密结合在一起的，正所谓"王公及士大夫、百工并官"[4]。隋初中央官制已具备隋唐时期三省六部、九寺五监制的基本形态，前者属于政务官员，后者属于事务官员。武则天时，司农少卿韦机主持修筑的上阳宫过于豪华为尚书左仆射刘仁轨所指摘，韦机辩解道："天下有道，百司各奉其职。辅弼之臣，则思献替之事。府藏之臣，行诏守官而已，吾不敢越分也。"（《唐会要·洛阳宫》）三省六部的政务官员就是"辅弼之臣"，议论国事兴革、参与政治决策，高颎、苏威等与刘仁轨一样，作为三省首领，属于此列；九寺五监的事务官员就是"府藏之臣"，遵从皇帝诏谕、妥善落实具体事务，宇文恺[5]、刘龙与韦机同属此列。"辅弼之臣"所掌主要是属于"王公传统"的知识，"府藏之臣"所掌主要是属于"工匠传统"的知识。（图5）

---

① ［英］梅森：《自然科学史》，傅季重、胡寄南译，上海科技出版社，1987年，第2页。［日］薮内清：《中国·科学·文明》，梁策、赵炜宏译，中国社会科学出版社，1987年，第3—4页。

② ［日］薮内清：《中国·科学·文明》，梁策、赵炜宏译，中国社会科学出版社，1987年，第3—4页。

③ ［汉］郑玄注，［唐］贾公彦疏：《周礼注疏》，北京大学出版社，1999年，第1056页。

④ ［汉］郑玄注，［唐］贾公彦疏：《周礼注疏》，北京大学出版社，1999年，第1056页。

⑤ 《隋书》卷六八《宇文恺传》中记载宇文恺迎合隋炀帝的心意营建洛阳，"恺揣帝心在宏侈，于是东京制度穷极壮丽，帝大悦之"。《隋书》作者评价宇文恺"其起仁寿宫，营建洛邑，要求时幸，穷侈极丽，使文皇失德，炀帝亡身，危乱之源，抑亦此之由"。可见其"行诏守官"的特性。

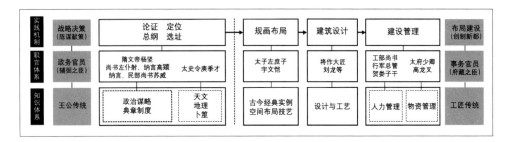

图5　隋大兴城市规划的实践机制、知识体系与职官体系

　　综上可知，中国古代确实存在一个结构清晰、特点鲜明的城市规划知识体系，从19世纪末开始，以解决工业革命后的城市病为指向的现代城市规划学传入中国，并逐渐占据统治地位。在此大背景下，学者在考察中国古代城市规划时往往自觉不自觉地以现代学科划分的框架和标准来进行裁量、解构与重构。英国学者劳埃德（Lloyd）曾经提醒，在科学史的研究中要"避免使用我们已经熟知的分类体系"，因为"这将导致一个不幸的后果，即其他人的知识表现（intellectual performance）将由'我们的''西方的'标准来加以评判"。本文的研究揭示了隋大兴城市规划知识体系的"王公传统"与"工匠传统"及其与职官体系的依附关系，或可为认识中国古代城市规划的原本体系提供一种"我们的""中国的"评判标准。

原载《城市规划》2019年第3期

（郭璐，清华大学建筑学院副研究员）

隋唐都城尺度设计方法新探

于志飞

公元6世纪的隋代所营大兴城（唐长安城）与东都洛阳城，在中国古代都城规划设计史上居于重要地位。两都的肇建正在南北朝纷乱结束后的隋统一之初，其方法既继承前代营国思想之余绪，兼开统一王朝立都之新意。关于两京的尺度、比例设计方法，研究者多有探讨，但仍有待更加清晰地究明。

中国古代建筑单体、群体以至城市的规模等第，几乎集中体现在其平面规模的尺度上，如南北朝隋唐以来殿宇以十三间至三间的开间之数标示等级高低，又如《周礼·典命》所载之"公之城，盖方九里，宫方九百步；侯伯之城，盖方七里，宫方七百步；子男之城，盖方五里，宫方五百步"，都说明尺度设计是中国古代建筑从微观到宏观之首要。今试在隋唐都城相关考古资料、地图数据及文献史籍信息搜寻的基础上，还原隋唐两京营造尺度，探寻它们在尺度设计与比例控制上的规律，以获得对于其设计方法与思想更加趋近本原的认识。

一、尺度究原

如前文引《周礼》所述，中国古代建筑群落与城市以"里""步"为尺度度量单位。秦汉至隋唐时期虽尺长不断变化，但步长因与人体尺度直接相关，故较稳定。秦汉至隋唐以前"数以六为纪……六尺为步"[①]，秦汉1尺为23.1厘米，故1步为1.39米；至魏晋后稍增为24厘米，则1步为1.39—1.44米。隋唐时"以度田之制，五尺为步"[②]。隋尺承北周市尺，为29.5厘米；唐尺为29.4—30.6厘米[③]，尺长较前代大增，但唐武德时定律令改六尺一步为五尺一步，故步长在1.47—1.53米之间，增幅较前代甚微。本文探讨时代是隋初至唐初，故取1步=1.475米。又隋唐时300步为1小

---

①《史记》，中华书局，1959年，第237—238页。

②《旧唐书》，中华书局，1975年，第2088页。

③ 邱光明、邱隆、杨平：《中国科学技术史·度量衡卷》，科学出版社，2001年，第299—331页。

里、360步为1大里，则1小里=442.5米、1大里=531米。隋唐两京外郭的尺度规模设计，据受皇城、宫城尺度制约较小的皇城以南东西外侧各三列坊考古实测来看[1]，南北宽度多在530米上下，即1大里；东西两侧各三列坊，东西宽度各在1100米上下，近2大里。东都城里坊受其他因素制约较小的洛河以南东部七列坊，尺度为东西515—560米、南北530—560米，且多为530米，均接近1大里。因此隋大兴城与东都城的营造所用"里"长，当是以大里而计的。

隋开皇二年（582），文帝以旧长安城"水质咸卤"，令营新都大监高颎及副监宇文恺于东南营造新都，名曰"大兴"。大兴城自内而外为大兴宫、宫城及皇城、外郭城，皇城与宫城南北相列居于外郭城内南北中轴线北部，间隔东西向横街。宫城内中部为大兴宫，东为东宫、西为掖庭宫；皇城内列诸官署。外郭城内为百姓所居之里坊，又有东、西两市，外郭城东南角为芙蓉园。

大兴宫的尺度，据勘探数据[2]及相关分析[3]为东西1285米×南北1492米，即东西872步×南北1012步；皇城为东西2820.3米×南北1843.6米，即东西1912步×南北1250步。如此，则宫城、皇城南北总深为1011+1250=2261步，规模为东西1912步×南北2261步。又大兴宫东侧之东宫，东西之广为832.8米，合565步；西侧之掖庭宫东西702.5米，合476步。

东、西两市在皇城南侧东西横街之南，每市占二坊之地。其尺度规模亦已探明[4]，西市为东西927米×南北1031米，合东西630步×南北700步；东市东西924米、南北1000余米，与西市规模略同。

大兴城东南角的芙蓉园（曲江池）亦建于隋代，其平面为一矩形而东南角凹入，据考古勘探数据，规模为东西1360米×南北1545米[5]，合东西922步×南北1047步。

整个大兴城外郭城的尺度，1963年发表的《唐长安城考古纪略》所记为东西9721m×南北8651.7m，但今以Google Earth地图软件度量其尺度[6]，发现与《纪略》所载相差较大，约为东西9569米×南北8513米。误差推测当为当时考古勘探的地形

---

① 中国科学院考古研究所唐城发掘队：《唐代长安城考古纪略》，《考古》1963年第11期。
② 中国科学院考古研究所唐城发掘队：《唐代长安城考古纪略》，《考古》1963年第11期。
③ 马得志、杨鸿勋：《关于唐长安东宫范围问题的研讨》，《考古》1978年第1期。
④ 中国科学院考古研究所唐城发掘队：《唐代长安城考古纪略》，《考古》1963年第11期。
⑤ 陕西省文物管理委员会：《唐长安城地基初步探测》，《考古学报》1958年第3期。
⑥ 数据为截至2012年6月Google Earth公布的今西安市相当唐长安城区域，拍摄时间为2011年7月7日。在此卫星地图上，唐长安外郭城西城墙遗址中段以南与东城墙延兴门以南段均可辨识，本文所用唐长安外郭东西校正尺度即由此测量；南北尺度则借由卫图可见的大明宫南墙（相当于外郭城北墙）与南城墙东端近曲江池可见部分测得。

影响与所用早期地图准确度有差所致。取校正尺度时，正合18里×16里（以大里计，1里=360步）。

将以上数据进行整理，可得表1。

表1　大兴城外郭城主要构成要素尺度

名称	东西尺度	南北尺度	东西尺度/南北尺度
大兴宫	872步	1012步	9/10.5
宫城+皇城	1912步	2261步	9.56/11.1
两市	630步	700步	9/10
芙蓉园	922步	1047步	9/10.2
外郭城	18里	16里	9/8

在大兴城设计兴建23年后的大业元年（605），炀帝又营东都城。其城南对龙门伊阙以为南北轴线，皇城南临洛水，皇城之北为宫城、圆璧城。宫城、皇城居于城之西北，坊市居于东部及南部。据相关实测数据[①]，东都城的皇宫——"紫微宫"为东西1030米×南北1052米，即东西698步×南北713步。皇城东西2080米，皇城南墙至圆璧城南门为2070米，即东西1410步×南北1403步。东都的外郭城，南墙、东墙相互垂直，南墙长7426米[②]、东墙长7312米，折合成里数，则南墙14里、东墙13.8里。西墙则南部曲折，中部已为洛水冲毁。隋东都城的各主要构成要素尺度，如表2所示。

表2　隋东都城各主要构成要素尺度

名称	东西尺度	南北尺度	东西尺度/南北尺度
紫微宫	698步	713步	1/1
宫城+皇城	1410步	1403步	1/1
外郭城	14里	13.8里	1/1

二、意匠解析

1.以基准比例控制深广

分析还原成当时营造尺度的大兴城平面数值，发现大兴宫、两市、芙蓉园皆

---

① 中国社会科学院考古研究所洛阳工作队：《隋唐东都城址的勘察和发掘》，《考古》1961年第3期。

② 《隋唐东都城址的勘察和发掘》原作7290米，此处据中国社会科学院考古研究所"中国考古"网站公布的"大遗址遥感影像图——隋唐洛阳城"（原图见http：//www.kaogu.net.cn/cn/detail.asp？ProductID=8423）校正了洛阳城外郭南墙尺度。

似以近于9∶10的比例控制，推测它们的设计尺度可能分别为：大兴宫900步×1000步、两市630步×700步、芙蓉园900步×1000步。大兴宫、芙蓉园的单位模数为100步，两市的单位模数为70步。其中大兴宫东西的872步与推测的设计尺度相差稍大，应因其基础数据是由间接推测得出的，有待以考古实测继续修正。

大兴城外郭城广深比例为9∶8，则与其余要素之9∶10不同。但以Google Earth地图软件测量发现，大兴城外郭城南墙与汉长安城覆盎门两侧南墙间距离约10600米，恰为20里，而大兴城外郭城西墙也与汉长安城安门东侧北折之段基本处于同一直线上（微偏西约180米）。据此可以基本断定，大兴城的定位，是以汉长安城南墙东段为基准，向南20里定位新城郭城南墙；以安门东部北折城墙南向延长线定位新城郭城西墙。此区域的规模，恰为东西18里×南北20里，深广比为9∶10。此区域在大兴城实际建设中被摒于郭城之外而括于苑城之中，当与此处地处龙首山，地势高亢而可俯瞰全城，故不令百姓居住有关。另据后文分析，大兴城的设计方法多借鉴了北魏洛阳城的布局设计，北魏洛阳的外郭北墙，已在距内城北墙之北约1.5公里的邙山之上，而如大兴城目前所见之外郭城北墙在大兴宫北墙东西一线。这说明大兴城外郭城的北墙初始设计位置，当在今实际建造位置之北，包含龙首山。另外，这种新城连旧城而建的情况，已有北朝邺城以曹魏邺城南墙为新城北墙的实例。可见宇文恺设计定位大兴城，是将旧都位置与新都的格局统一考虑规划的。

应该注意到的还有大兴城北禁苑的规模，禁苑的具体尺度尚未勘察探明，但《旧唐书》载"苑城东西二十七里，南北三十里，东至灞水，西连故长安城，南连京城，北枕渭水"，显然，禁苑的深广设计亦是由27∶30=9∶10的基准比例控制的，但其应是理想中的标准尺度，因为受北部的渭水与西部的长安旧城的影响，禁苑并非规整的矩形。

23年后，这种比例控制原则在东都的设计中变化为1∶1，用于宫城、皇城、里坊的规模设计。还原东都营造尺度显示，东都城尺度设计思想应是以宫城尺度的东西700步为基准，令皇城的尺度为边长2倍于700步，即1400步×1400步，令外郭城的尺度为14里×14里。由9∶10到1∶1的变化，笔者认为并非因规划手法的成熟而简洁化，而是都城地位有异的礼制原因，关于此，后文将专门分析传统象数在两京设计尺度中的体现问题。（图1、图2）

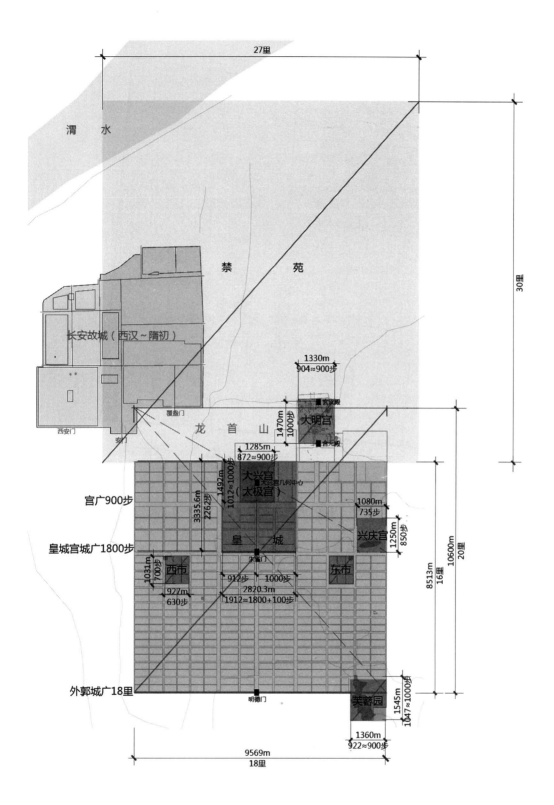

图 1　隋大兴－唐长安城尺度设计分析

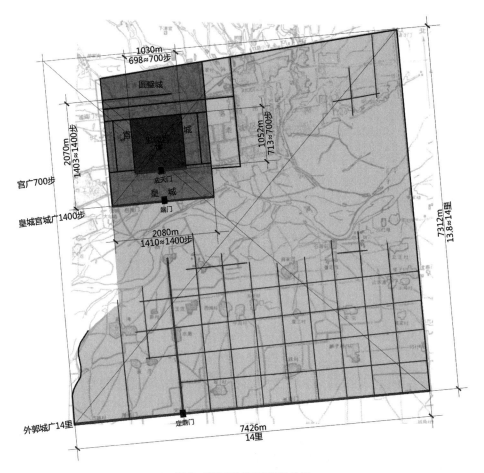

图 2　隋东都城尺度设计分析

（底图据中国社会科学院考古研究所洛阳工作队：《"隋唐东都城址的勘察和发掘"续记》，《考古》1978 年第 6 期）

　　此外，隋大兴－唐长安城两处唐代宫室的尺度规模，亦反映了大兴城营造中这种比例手法的延续。唐时期的长安建设，以高宗时大明宫、玄宗时兴庆宫的建造最为重要，与太极宫（隋大兴宫）合称"三大内"。大明宫，其含元殿左右一线东西向准确尺度根据Google Earth地图软件测量，为1330米，合904步，南北向最大尺度以丹凤门至北宫墙玄武门正南北距离计，则约为2348米，合1957步，即东西904步×南北1597步，则大明宫整个宫域的设计尺度当为东西900步、南北1600步。其中大明宫东西尺度与太极宫近同，而其深广之比则为16∶9，即两个8∶9矩形之南北接合，此比例与长安城的18里广与16里深相类同，且其接合处中点恰为宫中常朝紫宸殿。又大明宫的核心宫域实在含元殿两侧宫墙以北区域，以卫星地图测量含元殿与中轴线最北殿址间距离，恰为1470米左右，合1000步。此最北殿址推测应为玄武殿，其几何中心距北宫墙约为160米，大明宫北门玄武门偏西而不在宫殿中轴线上，玄武殿实即大明宫中轴线之北端点。另外，已有研究者指出，大明宫的实际宫域应为含元殿以北区域，殿南至丹凤门间区域相当于皇城。[①]已发掘的含元殿两侧东西隔墙上东部含耀门为两门道的城门形制，也可作为旁证。又含元殿至玄武殿间大明宫域几何中心为太液池南岸一殿址，据史料推测为蓬莱殿，大明宫高宗时一度称蓬莱宫，与此当不无关系。则见大明宫的尺度设计，仍有9：10宫域比例设计思想存在。长安兴庆宫实测东西1080米，南北1250米[②]，则为东西735步×南北850步，东西之广约合8×93步、南北之深约合9×93步，即兴庆宫宫域实为8：9的设计比例。93步当是以1尺=29.4厘米计算时得出，若实测值无偏差，推测兴庆宫规划营造之用尺或大于29.4厘米，为30—31厘米，其单元模数恰为90步，规模为720步×810步。今传世与出土唐尺实物中，30—31厘米尺长有十余件，其中日本正仓院所藏一种尺长为30.2厘米[③]，且其年代亦相当于玄宗时期之8世纪。据此可知，唐代宫殿的规模与规划比例控制当延续了大兴宫9：10或既成外郭城8：9的比例模式。

2.东西之广——由宏观到微观一以贯之的等第模数控制

还原尺度还表明，大兴城应是以900步—1800步—18里的东西之广分别作为控制宫城、皇城、外郭城的基准数值。这也与《长安志图·城市制度》中记大兴城的"先筑宫城，次筑皇城，次筑外郭城"的叙述相符合。此处推测宫城皇城设计东西广1800步，但实际尺度非为整数，大于设计尺度112步，应另有原委：大兴城的南北轴线并非完全居中，而是偏于东侧，中轴线距宫城皇城西边界的距离为1345米，合912步，则距离东边界为1000步。在宫城的安排上，东侧东宫作为太子宫，是宫城中仅次于太极宫者，其地位显然大大高于西侧掖庭宫，因此有意给予了东宫足够的东西广度。故皇城实际建造的东西之广，应是在二倍于900步的基础上增加了100步以广东宫。如此，则皇城宫城设计标准广度应为1800步。

大兴城以900步为宫城东西尺度最高等级的规律在唐代亦被继承。如前文所述大明宫东西900步，也是一"九百步之宫"。大明宫在高宗以后取代了太极宫（隋大兴宫）成为唐代最重要的宫城，今从其营造尺度规模上也可证明。

据复原尺度，隋嗣营大兴后营建的东都城，应以700步—1400步—14里控制紫微宫、宫城皇城、外郭城的广度，设计方法与大兴城同，规模等第较大兴城为小。其中大兴城中广度控制较不严格的宫城皇城，在东都城中则明确地与紫微宫及外郭城

① 傅熹年：《中国古代建筑史（第2卷）》，中国建筑工业出版社，2001年，第378页。
② 陕西省文物管理委员会：《唐长安城地基初步探测》，《考古学报》1958年第3期。
③ 邱光明、邱隆、杨平：《中国科学技术史·度量衡卷》，科学出版社，2001年，第322页。

明确关联。这也间接证明了大兴城宫城皇城标准尺度与大兴宫及外郭城尺度应存在初始设计关联。

如继续进行更加微观的考察，可以发现隋唐都城的建筑组群的尺度亦与宏观的宫垣、城郭尺度一一对应。东都应天门的两侧翼廊道墩台间空间东西尺度约100米[1]，合70步，与洛阳宫东西700步相对应；大兴城大兴宫南门承天门的形制因后世破坏而不清晰，但与之地位类同的长安大明宫含元殿两翼回廊间空间东西尺度约为133米，恰合90步，与长安太极宫、大明宫东西900步又相对应。

通过进一步的整理对比发现，隋唐都城以东西之广为基本尺度等第，亦与当时已经成熟的以建筑面阔、心间间广作为建筑等级的重要衡量原则暗合。因城市现代建筑叠压而无法获知隋代大兴宫宫殿信息，但与之等级类同的唐大明宫宫殿发掘资料则颇为翔实，可资研究。已发掘的大明宫宫殿中最高等级的含元殿、麟德殿殿身均为面11间、心间间广18尺[2]，面阔三间的大明宫玄武门南侧内重门，因位置重要，心间亦为18尺。古代帝王往往称"以四海为家"，则都城可谓为室，都城"面阔"18里，与正殿间广18尺，这种对应关系当是有意为之。再看东都，据发掘资料[3]，东都宫城正门应天门为三门道，门道与其间两墩台宽度均为5米，合17尺，推测其上部门楼间广亦应为17尺，较长安宫殿减小一尺，与城市规模等第相呼应。

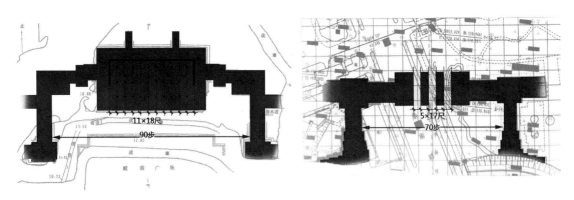

图3　隋东都应天门与唐大明宫含元殿平面设计尺度比较（左：含元殿；右：应天门）

（底图据国家文物局：《2010中国重要考古发现》，文物出版社，2011年，第148页《应天门平面复原图》；中国社会科学院考古研究所西安唐城工作队：《唐大明宫含元殿遗址1995—1996年发掘报告》，《考古学报》1997年第3期）

① 国家文物局：《2010中国重要考古发现》，文物出版社，2011年，第148页。

② 傅熹年：《中国古代建筑史》（第2卷），中国建筑工业出版社，2001年，第380页。

③ 中国社会科学院考古研究所洛阳唐城工作队：《河南洛阳市隋唐东都应天门遗址2001—2002年发掘简报》，《考古》2007年第5期。

这种以"九"与"七"为等第模数的概念，不但应用于隋唐都城建筑的规划设计，在重要的礼器尺度设计上亦有明显反映，如武则天时曾筑鼎象九州置于洛阳宫明堂庭中："天册万岁二年三月，重造明堂成，号为通天宫。……其年，铸铜为九州。鼎既成，置于明堂之庭，各依方位列焉。神都鼎高一丈八尺，受一千八百石；冀州鼎名武兴、雍州鼎名长安、兖州名日观、青州名少阳、徐州名东源、扬州名江都、荆州名江陵、梁州名成都，其八州鼎高一丈四尺，各受一千二百石。"①

要之，隋唐都城的设计尺度，从宏观到微观形成了礼器—单体建筑开间—院落之广—宫城之广—外郭之广这一套一以贯之的控制数值。

3.传统象数与两京尺度设计

此前有研究者已发现，隋唐长安的宫城、皇城、外郭城面积比例为宫城之五倍为皇城、皇城九倍为外郭城。②（今发现东都城亦如此，东都宫城五倍为皇城与圆壁城范围内面积，再九倍为外郭城面积），推测大兴城中皇城与外郭城规模的最终确定，可能也与面积控制决定有关。另有研究者认为大兴宫、皇城、外郭城各由一等边三角形控制，③这等边三角形或即9∶10基准比例的几何设计之源，但笔者分析在当时时代背景下，9∶10的比例抑或因王朝帝王所重视的"九五"贵数而生（10为5的二倍），两京各自的九五面积倍数关系也说明了这一点。另外，大兴城两市均分别为市内纵横道路分作"九宫"图形、宫城皇城东西1800步的设计广度恰合唐5里（360步×5=1800步）等。这诚与唐《元和郡县图志·关内道》所云"隋氏营都，宇文恺以朱雀街南北有六条高坡，为乾卦之象，故以九二置宫殿以当帝王之居，九三立百司以应君子之数，九五贵位，不欲常人居之，故置玄都观及兴善寺以镇之"一样是以地形附会六爻。大兴城尺度中的"九五"要素，说明隋代都城营造中尺度设计亦附会传统象数而定。

同与此象数关联者，还有大兴之"九"与东都之"七"，此应与古代传统象数以九为"太阳"、"七"为"少阳"有关。隋大兴城的"九"之于东都城的"七"，地位显然要高，大兴城所在的关中长安是隋朝立国之地，称京师。而洛阳是炀帝所立，其立都有一定的控制东部的军事原因与沟通南北物资的经济原因。漕

---

① 《旧唐书》，中华书局，1975年，第867—868页。

② 傅熹年：《中国古代建筑史》（第2卷），中国建筑工业出版社，2001年，第327页；王树声：《隋唐长安城规划手法探析》，见杨鸿勋主编：《建筑历史与理论》（第10辑），科学出版社，2009年，第6页。

③ 王树声：《隋唐长安城规划手法探析》，见杨鸿勋主编：《建筑历史与理论》（第10辑），科学出版社，2009年，第7—9页。

运的开通使洛阳与南方物资运达东都比运达长安方便得多，但其政治重要性不及京师大兴。到唐代仍然如此，史载长安在唐代被称为京师、上都。隋唐帝王之即位礼多在长安举行，且除末世丧乱时代外，诸帝无一不归葬长安，皇室贵胄绝大部分葬于长安，即使葬于洛阳者也往往因提高等级的原因迁葬长安。相比之下，洛阳迄今发现的唐代高等级宗室成员墓葬，也只知有高宗时期追封孝敬皇帝的李弘恭陵及安国相王两位孺人墓而已。此外，同为宇文恺主持设计的隋仁寿宫已经过考古勘探与发掘①，其地域范围基本清晰。仁寿宫的规模，据考古报告为东西1030米（因南墙被冲毁已无法获知南北尺度），则其东西之广为698步，亦是700步的规模。仁寿宫于隋开皇十三年（593）营造，是隋代重要宫殿，隋文帝临幸频繁，最后驾崩时亦在此宫。其宫的位置，则与东都形成东西拱卫大兴城的形势。

两京里坊布置亦与此象数相关。从大兴城皇城以南诸坊的排列数量来看，东西九行、朱雀街东西各五列的数字，显然也是传统象数之学中"九五"思想的体现。另外，大兴城里坊的尺度，据考古实测，皇城以南诸坊南北宽度多在530米上下，即1里；东西两侧各三列坊东西宽度各在1100米上下，为2里；中部朱雀街两侧二列坊东西宽度560米，略大于1里；再外两列为690米上下，约为1.3里。则大兴城东西向里坊所占尺度实近于17里，小于外郭城墙东西尺度（18里）1里。皇城以南南北九坊，每坊南北1里共占9里，而朱雀大街自明德门始至朱雀门止，长约10里，则里坊总尺度亦小于朱雀大街近1里。其南北东西各自所余1里，为各街道之宽所分用。即里坊数与城郭里数相差1里，城郭的尺度与里坊的数量，均力求与"九五"相合。东都洛河以南里坊的尺度也已大致究明，均为长宽近于1里的正方。东西13列、南北行数因洛河冲毁已不可知，但就端门至定鼎门距离约4.3公里、约合8里来看，应有7行。而东西向里坊13列，亦恰小于外郭城南墙1里，为街道之宽分用。端门南7行里坊，可能附会"七"而设；而端门—定鼎门大街以东列东西九列坊，当亦与附会"九"有关。

至此可以对大兴城与东都城定位规划过程作一推测描述：

大兴城首先以"九"数，确定了宫、城、郭的规模——大兴宫广900步、宫城皇城广1800步、外郭城广18里，并以"九五"衍生出的9∶10的基准广深比例，确定其各自南北之深，同时以此基准比例确定市、苑囿的规模。其次以旧长安城的东南部墙垣，定位新城外郭城位置，进而根据宫、城、市、苑的各自既定格局，确定其各自方位。皇城南墙正门朱雀门的位置，恰为18里×20里范围之几何中心点，皇城的南墙位置，或即由此确定，而由郭城南门明德门至皇城南门朱雀门，则形成了"十

<hr />

① 中国社会科学院考古研究所：《隋仁寿宫·唐九成宫》，科学出版社，2008年，第6页。

里御街"；大兴宫几何中心点的位置，则与初始设计的18里×20里外郭城区域北半区（皇城南墙以北）几何中心点基本重合。①此处据宋代吕大防"长安城图"，应为两仪殿，是宫中常朝所在。大兴宫的位置，当据此确定。在实际操作中，则根据地形将郭城北部龙首山处南北4里划入禁苑，根据东宫规模需要将宫城皇城广度增加100步。另外，这种皇城宫城尺度不受严格尺度与比例标准限制的现象，也当与其功能相对于宫、市、苑包容较多有关，其内有东宫、掖庭、厩库及诸官署，且皇城之设，由北朝都城中的内城演化而来（北朝洛阳、邺城城墙均为曲折形），主要基于不使官署与居民杂处的使用之便而设，作为功能格局调整的"隋文新意"，并无严格的礼制性质，故规模控制不甚严格。

东都城则以"七"之数确定了宫广700步、宫城皇城广1400步、外郭城广14里，再以1：1的模数确定其平面规模。其后以"临洛水北岸"与"南对伊阙"两点因素，定位皇城宫城所在。再依据地形特点，放弃中轴对称设计，将外郭城的里坊区置于皇城、宫城的东、南侧，但以端门之南横七坊，附会"七"数。

三、源流与播迁

1.北朝都城设计对隋大兴城设计的影响

大兴城是隋立国后建设的第一座都城，肇隋唐都城设计之始。其具体设计者之一宇文恺，《隋书》言其"学艺兼该，思理通赡，规矩之妙，参踪班尔，当时制度，咸取则焉。……考览书传，定明堂图，虽意过其通，有足观者"。可见宇文恺设计大兴城时，乃是参照了前代都城设计的。傅熹年先生在研究长安、洛阳规划方法时已指出，大兴城的规划者宇文恺与刘龙都具有北朝背景，而北周、北齐均以北魏为宗，北魏洛阳当是大兴城设计的重要基本参照之一。②《洛阳伽蓝记》载北魏洛阳城外郭城东西二十里、南北十五里，而其内城、宫城总体规模均为继承前代周汉魏晋，今暂不论。近年的考古资料表明宫城中北魏建筑亦与"二十"有所关联。如已经发掘的阊阖门遗址③，门址发现了开间五间、进深七间的柱网，开间除心间6米

① 据Google Earth地图软件测量验证，唐长安皇城南墙（与明西安城南墙重合）距宫城南门承天门（今在莲湖公园内）的距离与宫城北墙（以大明宫丹凤门处城墙向西延长线为准）距汉长安城覆盎门左右一线城墙的距离均约1.9公里，基本相同。

② 傅熹年：《隋唐长安洛阳城规划手法的探讨》，见《傅熹年建筑史论文集》，文物出版社，1998年，第180页。

③ 中国社会科学院考古研究所洛阳汉魏故城队：《河南洛阳汉魏故城北魏宫城阊阖门遗址》，《考古》2003年第7期。

外，余皆为5.7米，据此推知其营造用尺约为1尺=28.5厘米，心间21尺、其余各间20尺。又闾阖门南两侧有两曲尺形围墙连阙，其间形成的门庭空间东西墙轴线距离约56.3米，则合198尺，近200尺。由此可见北魏洛阳城当是以东西广"二十"作为基数来设计的。可见这种都城尺度对应设计的方法，至迟在北魏时已有实践。

北魏至隋之间的都城中，如东魏北齐邺南城亦是全新设计营造，其与隋都城设计之相关性，亦可试作分析。邺南城宫城、内城均已探明。宫城东西约为640米，内城墙不甚平直，东西约2800米，则宫城东西近于450步、内城东西为5里上下。[①]另外内城正门朱明门已经发掘，其两阙间距约为56.5米，约20丈。[②]城门三道，中门道5.4米，合19尺；两侧门道4.8米，合17尺。由此可见，类似的等第规律在北朝邺城中似乎并未体现。

另外，在关于皇城的尺度问题上，大兴城与北魏洛阳城规划的一大不同是将北魏洛阳城原本与间里杂处的各官署统一划入皇城，这乃是"隋文新意"。而上文探讨的皇城尺度为1912步×2261步，尤其在深度上似无整数规律，前文分析其广度上亦因东宫的需要扩大了百步，深度上因朱雀门的定位而定，但今比较大兴城皇城、宫城区与北魏洛阳城内城的规模，发现它们之间也可能存在着继承性。北魏洛阳内城肇建于西周，经东周、秦扩建，最终形成现有规模，史籍称汉魏洛阳城为东西六里、南北九里的"九六城"。从尺度设计上验证，大兴城皇城、宫城区东西1912步、南北2261步，据前文其东西标准尺度应为1800步，以隋唐前用300步＝1里计算时，正合6里；南北向上，2261步合7.5里，但宫城之北尚有"西内苑"连接宫城，其位置、性质、尺度与汉魏洛阳内城内宫北的华林园类同，南北向约为670米，约合1.5里，与皇城、宫城区加西内苑南北之和为9里，显然也是一规整的"九六"之城。另外，魏晋南北朝时期的东魏北齐邺城与东晋南朝建康，亦为仿洛阳的"九六"之制而建。邺南城尺度实测为最宽处东西2800米×南北3460米，合东西6.4里×南北7.9里，《邺中记》载其"东西六里、南北八里六十步"，考虑到邺城城垣曲折因素，此数基本符合。可见大兴城宫城皇城营造尺度的"九六"取意，当是源于汉魏洛阳的"九六"之城。如前文分析，若将大兴城外郭城北墙北移到汉长安城覆盎门东西一线，则西内苑实与华林园相当，大兴城的尺度与布局几成北魏洛阳城的翻版，这是北魏洛阳都城规制对于隋唐都城营造规制深刻影响的又一证明。另外，宫北设横长如夹城的苑围，亦见于如大明宫北部的北夹城、东都宫城北部的圆壁城、模仿隋唐京城的渤海上京宫城北部的圆壁城及日本平城京平城宫北部的松林苑，它们具有

---

① 邺城考古工作队：《河北临漳县邺南城遗址勘探与发掘》，《考古》1997年第3期。
② 邺城考古工作队：《河北临漳县邺南城朱明门遗址的发掘》，《考古》1996年第1期。

重要的防卫功能。从其源自汉魏洛阳内城北部华林园来看，这种"夹城""苑囿"也应视为宫城不可缺失的构成部分。（图4）

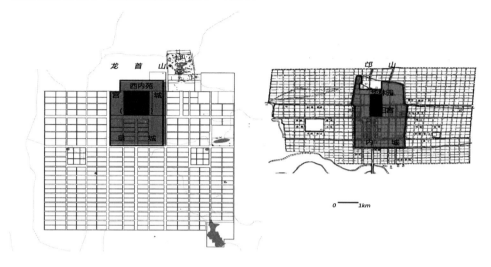

图4　同一比例尺下隋大兴城与北魏洛阳城比较分析（左：隋大兴-唐长安城；右：北魏洛阳城）
［出自傅熹年：《中国古代建筑史》（第2卷），中国建筑工业出版社，2001年，第85页］

唐以后历代都城中，北宋东京、辽金元明诸都的皇城规模逐渐归于以宫的二倍或三倍而定，"九六"皇城的规制成于汉魏洛阳，历北朝邺城而终于隋大兴-唐长安。

2.隋唐都城规制影响下的东亚都城设计

自南北朝至盛唐，中国的文化影响力逐渐波及东亚多国，日本飞鸟—奈良时代诸京与渤海国都的设计，均与南北朝、隋唐都城相类。

日本自大化改新以来锐意输入中国文化，内容之一就是在都城设计上对中国王朝都城的模仿。其先后于公元694年建藤原京，710年建平城京，784年建长冈京，794年建平安京。其中实测数据明确的平城京[①]，外郭城的规模为东西4258米、南北4790米，恰合东西8里×南北9里。平城京无皇城而只有宫城，其宫城规模为东西1016米、南北1018米（以垣墙内缘计），则为东西691步×南北692步，是边长700步的规模。平城宫中宫正门朱雀门及其所对第一次大极殿均已发掘究明，平面柱网开间均为17尺，与洛阳应天门尺度相同。（图5）

---

① 奈良文化财研究所：《平城京·奈良の都のまつりごととくらし》，奈良文化财研究所，第2页；奈良文化财研究所：《平城宫第一次大極殿の復原に関する研究Ⅰ-基壇·礎石》，奈良文化财研究所，2009年，第96—108页。

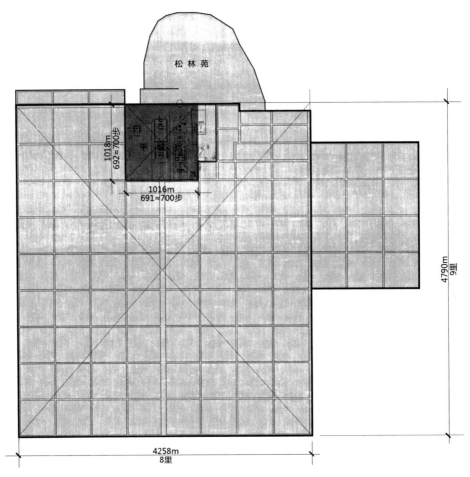

图5 日本平城京设计尺度分析

渤海国是靺鞨人建立的政权，始建于公元698年。唐先天二年（713），其王大祚荣受唐封渤海郡王。公元755年，大钦茂王迁都上京龙泉府，上京的布局与长安相类。据相关勘探发掘资料①，渤海国上京的东西之广约为4590米，南北深为3402米，合东西8.7里×南北6.4里，东西尺度近于9里；宫城东西、南北尺度均约1.05公里，合东西700步×南北700步，与平城宫类同。皇城东西与宫城同，南北深约0.47公里，则为320步，考虑误差因素，其进深似取宫城之半而定。宫中主殿第一、二宫殿址开间较小，分别为15.5尺与13尺。（图6）

---

① 黑龙江省文物考古研究所：《渤海上京城1998—2007年度考古发掘调查报告》，文物出版社，2009年，第14页。

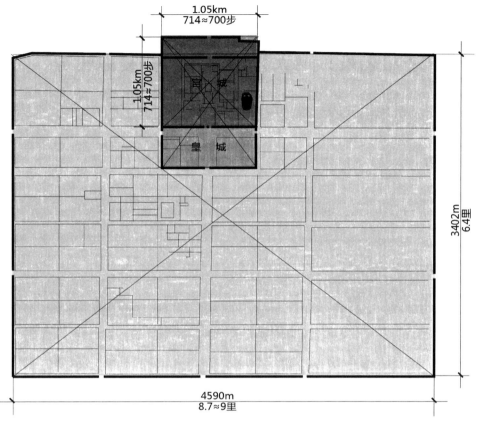

图6　渤海国上京设计尺度分析

由以上数据知，平城京是700步宫城、8里郭城的规模，渤海国上京是东西尺度700步宫城、9里郭城的规模。此两座都城对隋唐都城的模仿，格局的中轴对称形式似仿自隋大兴-唐长安城，但宫城尺度则以东都洛阳之700步宫城为准。而外郭与宫城对应的尺度类似性不再存在，推测是山川地形的限制及人口、管理等原因所致，进而宫城、皇城、外郭的尺度关联设计方法在渤海上京与平城京也不再使用。虽渤海上京外郭城广九里或因"九"之极数而定，但与宫城广700步则关联不再。洛阳的规划是宇文恺营造大兴城总结经验后更加成熟的设计实践，虽因地形原因不为中轴对称，但中轴对称必然仍为当时都城设计的标准范式，故为当时东亚多国都城营造设计效仿，而方700步的宫室规模，也一并播迁流传。

原载《中国文物科学研究》2012年第4期

（于志飞，中国文化遗产研究院工程师）

定鼎之策：隋大兴城规划方法复原研究

王天航

隋大兴城是中国古代城市建设的巅峰之作，深刻影响东亚诸多国家以及其后中国历代的都城建设。这座伟大的都城早在营建之初就已经形成了基本骨架，展现出非凡的创造力。关于大兴城的规划问题，以往的研究多注目于都城展现出来的内涵美和形式美，如历史学家从象天设都、"六爻"地形等方面对规划思想进行的分析[①]，以及建筑史和城市规划学家从模数控制方法、几何图形手法等方面对外在形态进行的研究[②]，却缺少从规划者视角进行的逻辑解读和正向推演。然而，规划的实质是对都城整体的谋篇布局，要通过精心设计来解决建造之前面临的问题，既有选址、定点、边界等宏观控制，也有宫城位置选择及范围、皇城尺度、里坊与外郭城规划次序、城内道路设计等微观标准制定，其中的种种细节之处同样能反映出城市规划的核心思想。本文将利用古代文献和现代考古资料，以规划者的视角对上述问题提出自己的观点，总结规划方法，梳理规划步骤，不当之处，敬请指教。

[①] 参见马正林：《唐长安城总体布局的地理特征》，《历史地理》1983年第3辑；尚民杰：《隋唐长安城的设计思想与隋唐政治》，《人文杂志》1991年第1期；王维坤：《试论隋唐长安城的总体设计思想与布局——隋唐长安城研究之二》，《西北大学学报》（哲学社会科学版）1997年第3期；史念海：《龙首原和隋唐长安城》，《中国历史地理论丛》1999年第4辑；李令福：《隋大兴城的兴建及其对原隰地形的利用》，《陕西师范大学学报》（哲学社会科学版）2004年第1期；张永禄：《隋唐长安的规划布局与其设计思想》，《西北大学学报》（自然科学版）2014年第4期。

[②] 参见傅熹年：《隋唐长安洛阳城规划手法的探讨》，《文物》1995年第3期；傅熹年：《中国古代城市规划、建筑群布局及建筑设计方法研究》，中国建筑工业出版社，2001年；杨鸿勋：《隋唐长安城规划主题——皇权永祚的龟鼎之城》，《中国文物科学研究》2014年第2期；王才强：《隋唐长安城市规划中的模数制及其对日本城市的影响》，《世界建筑》2003年第1期；王晖、曹康：《隋唐长安里坊规划方法再考》，《城市规划》2007年第10期；王树声：《隋唐长安城规划手法探析》，《城市规划》2009年第6期；武廷海：《从形势论看宇文恺对隋大兴城的"规画"》，《城市规划》2009年第12期。

一、"谋筮从龟，瞻星揆日"——占卜

在何处营建新都的问题包含着宏观与微观两个层面。从宏观层面来说就是选择将国都置于整个国家的哪个区域。国都的选定具有十分重要的意义，历史上就曾有过多次"定都之议"。隋在定都之时并不存在这样的问题，取代北周后仍继续沿用旧都，但"此城从汉，凋残日久，屡为战场，旧经丧乱"①，"经今将八百岁，水皆咸卤，不甚宜人"②，隋文帝又"梦洪水没都城，意恶之"③，所以产生了迁都的想法。然而，不管是离渭水近而恐遭洪水，还是旧都地下水盐卤化等原因，只需在地势较高之处另建新城即可，无需迁出关中以外。因此，营建新都只需要从微观层面来考虑。开皇二年（582）六月，隋文帝下诏正式决定营建新都，诏曰："龙首山川原秀丽，卉物滋阜，卜食相土，宜建都邑，定鼎之基永固，无穷之业在斯。"④龙首山并非一个独立的山峰，而是位于沣、浐二水之间西南—东北走向的高地⑤，唐代称龙首原，绵延20余公里。汉长安城夹峙在龙首山与渭水之间，一方面易受到渭水的侵袭，另一方面空间受限，城市用地较为局促，这些都印证了隋文帝对旧都的不满。向南翻过龙首山，便给人豁然开朗之感：有足够摆布一座新都城的宽阔空间，也有龙首山这样天然的屏障以御渭水之险。但龙首山南麓这片区域并非优越得无可挑剔，因为这里不像汉长安城区域那么地平坦，而是有若干条高冈分布其间，如何来处理这样的地形是需要认真思考的。

值得注意的是，这份迁都诏书中有这样一句话："今之宫室，事近权宜，又非谋筮从龟，瞻星揆日，不足建皇王之邑，合大众所聚。"隋文帝在此指出旧都规划建设的不足之处，其中特意说明了"谋筮从龟，瞻星揆日"的重要性，言下之意只有经过占卜才符合营建"皇王之邑"的基本程序。其实这就是在告诉我们，在营建新都时正是用了占卜之法与天意相通，才选择了龙首山南麓之地。占卜在古代社会是一种礼仪性的活动，借此与上天沟通，得到吉凶祸福的指示。尤其是营建都邑这样的大事，更要反复进行占卜以确定都邑选址是否顺应天意。《尚书》中就有关于周代营建洛邑的记载，《洛诰》云："我卜河朔黎水，我乃卜涧水东，瀍水西，惟洛食；我又卜瀍水东，亦惟洛食。"⑥《召诰》云："越三日戊申，太保朝至于洛，

---

① 《隋书》卷一《高祖纪上》，中华书局，1973年，第17页。
② 《隋书》卷七八《庾季才传》，中华书局，1973年，第1766页。
③ 《资治通鉴》卷一八二《隋纪六》，中华书局，1956年，第5695页。
④ 《隋书》卷七八《高祖纪上》，中华书局，1973年，第17页。
⑤ 史念海：《龙首原和隋唐长安城》，《中国历史地理论丛》1999年第4辑。
⑥ 《尚书》，中华书局，2009年，第210页。

卜宅。厥既得卜，则经营。越三日庚戌，太保乃以庶殷攻位于洛汭。越五日甲寅，位成。"①由此可见占卜在营建都邑时所受到的重视。

隋文帝杨坚，胡名为普六茹坚，在夺取北周宇文氏帝位后随即改回汉姓，自称东汉太尉杨震之后。隋文帝的政治思想、治邦理国理念以儒学为主导方针②，开皇五年"命礼部尚书牛弘修五礼"③，所制定礼仪不依北周之制，而采用继承汉、魏、西晋遗产的梁礼及后齐仪注。④从中可以看出隋文帝刻意恢复中华之传统的用意，表示要"缀往圣之旧章，兴先王之茂则"，并"制礼作乐"⑤。因此，在规划新都时加入传统的礼仪是必不可少的。据马王堆帛书《要》篇所述，孔子晚年对《周易》爱不释手，是因为其中"有古之遗言焉。予非安其用，而乐其辞"⑥。可见卜筮是在形式上回归传统，而更重要的是《周易》卦辞中蕴含着天人之道。由此也就不难理解"朱雀街南北有六条高坡为乾卦之象"⑦的六爻地形规划方法了。即通过占卜，认为龙首山南麓这片区域因有六条自然高冈恰能对应《周易》乾卦之象，所谓"潜龙勿用""见龙在田""君子终日乾""或跃在渊""飞龙在天""亢龙有悔"之辞，形成六爻地形。这样一来，高冈分布的地形被赋予了文化意义，再加上龙首山的名字与传说，所以就成为建都的理想地点。

综上所述，营建新都第一步要做的就是占卜，这不仅体现出顺应天意的传统，更是隋文帝欲结束分裂、恢复汉人统治、推崇儒学并以儒治天下的具体表现。

二、明确都城具体位置

在迁都诏书之后，于秋七月癸巳又颁布了迁葬诏书，"诏新置都处坟墓，令悉迁葬设祭，仍给人功，无主者，命官为殡葬"⑧。在此需要关注两个时间点：一是开皇二年六月下诏将建新都，二是七月下诏迁葬新都范围内所有坟墓。这两个时间看似寻常，但我们不得不去问，六月所下诏书中为何不直接要求迁葬？或者为何在前一份迁都诏书颁布之后不紧接着颁布下一份迁葬诏书，中间却间隔了这么一段时

① 《尚书》，中华书，2009年，第198页。
② 赵云旗：《隋文帝评价中的问题商榷》，《学术月刊》1991年第4期。
③ 《资治通鉴》卷一七六《陈纪十》，中华书局，1973年，第5480页。
④ 陈寅恪：《隋唐制度渊源略论稿》，中华书局，1963年，第10—11页。
⑤ 《隋书》卷二《高祖纪下》，中华书局，1973年，第34页。
⑥ 李学勤：《从帛书〈易传〉看孔子与〈易〉》，《中原文物》1989年第2期。
⑦ 〔唐〕李吉甫：《元和郡县图志》卷一《关内道》"京兆府"条，中华书局，1983年，第1页。
⑧ 《北史》卷一一《隋本纪上第十一》，中华书局，1974年，第407页。

间？返回头来看迁都诏书，其内容主要是在讲迁都的原因、意义以及新都的大致方位，却并没有给出新都的具体位置，所以迁葬的范围也就无法明确。至七月诏书方有"新置都处"，也就是说此时才确定了新都的位置和城墙的四至，城墙范围内的坟墓都需要迁出。由此推测，从六月的迁都诏书至七月的迁葬诏书，这期间当是在研究新都规划的方法。

那么，新都城的具体位置该如何确定呢？《礼记》载："君子将营宫室，宗庙为先，厩库为次，居室为后。"①此时宗庙是都城中心之所在，这体现了先秦时期的礼制规范。汉代对这一规范进行了调整，"首先引起皇帝关注的不再是祖庙，而是宫殿"②，表现为"都城以宫城为中心，宫城以大朝正殿为中心"③。这一原则对后世都城建设产生了极大的影响。所以在讨论隋大兴城城址问题时，确定宫殿的位置是关键。

（一）由中轴线确定宫殿位置

妹尾达彦在《长安的都市规划》一书中分析选址问题时提出，"建造新都的位置基本确定之后，以何处作为中轴线，便成了接下来首先要考虑的问题"，并引用了另一位日本学者爱宕元的观点，认为"隋大兴城是以秦岭终南山的石鳖谷（今石砭谷）为基准点的……石鳖谷和宫城之间的连线就是南北中轴线"，进而指出"确定了建造地点和南北中轴线后，接着就该按照传统的测量方法，来准确画出南北方位、确定宫殿位置了"。④这就是说，在一个预设的区域中需要先画出南北中轴线，才能确定宫殿的位置。可惜，妹尾先生接下来并未明确给出确定宫殿位置的方法，只是说"在规划区域的正中央建造宫殿"⑤，显得比较含糊。但上述观点还是提供了一个很好的思路，即可以根据南北中轴线来确定宫殿的位置。

既然妹尾先生没有做明确解释，我们不妨沿此思路进一步分析。首先，通过中轴线来定位宫殿，即由一条线来确定一个点，显然无法办到。这是因为通常在进行定位时会得到一个由纵向的经线与横向的纬线相交所产生的坐标点，也就是说，至少需要两条相交的线才能确定一个点。隋大兴城的中轴线南起终南山，北达龙首原，长度近30公里，靠这条南北中轴线仅能锁定宫殿的东西方向，而南北方

① 〔汉〕戴圣：《礼记·曲礼下第二》，胡平生、张萌译注：中华书局，2017年，第67页。
② 〔美〕巫鸿：《中国古代艺术与建筑中的"纪念碑性"》，李清泉、郑岩等译，上海人民出版社，2009年，第202页。
③ 刘庆柱：《汉长安城未央宫布局形制初论》，《考古》1995年第12期。
④ 〔日〕妹尾达彦：《长安的都市规划》，高兵兵译，三秦出版社，2012年，第120页。
⑤ 〔日〕妹尾达彦：《长安的都市规划》，高兵兵译，三秦出版社，2012年，第121页。

向并没有被限定，所以单由一条南北中轴线是无法确定出宫殿具体位置的。其次，如果给这个问题加一个前提条件，那么只要确定了南北中轴线，就可以明确定出宫殿的位置了。唐人李吉甫《元和郡县图志》载："隋开皇三年自长安故城迁都龙首川，即今都城是也。初，隋氏营都，宇文恺以朱雀街南北有六条高坡为乾卦之象，故以九二置宫殿，以当帝王之居，九三立百司，以应君子之数，九五贵位，不欲常人居之，故置玄都观及兴善寺以镇之。"①这条文献展现出唐人对都城规划的认识以及对宫殿位置的理解。如上文所言，占卜所示六条高冈对应乾卦之象，宇文恺便利用自然地形的高低起伏来进行不同建筑的布局。卦辞中说："九二，见龙在田，利见大人。"于是选择"九二"之位设置帝王的宫殿。然而，和南北中轴线一样，"九二"也是一个线状概念，具体来说是一条长20余公里、宽近2公里的西南—东北走向的高冈，即今天西安劳动公园黄土梁②，故仅以文献所说"以九二置宫殿"也是无法明确定位的。但是以这个位置信息作为前提，如果再设计出南北中轴线，就能够以中轴线与"九二"的交点作为大朝正殿的具体位置。如是，则由南北中轴线来确定宫殿的位置是可行的。

（二）由汉长安城向隋大兴城的转移

《旧唐书》中有这样一段记载："隋文时，自长安故城东南移于唐兴村置新都，今西内承天门正当唐兴村门。今有大槐树，柯枝森郁，即村门树也。"③《太平广记》中说："长安朝堂，即旧杨兴村，村门大树今见在。初周代有异僧，号为枨公，言词恍惚，后多有验。时村人于此树下集言议，枨公忽来逐之曰：'此天子坐处，汝等何故居此？'及隋文帝即位，便有迁都意。"④比较两则史料可知，唐兴村在隋代时被称为杨兴村，隋文帝听闻异僧的预言，便有意将新都建于此。承天门即隋广阳门，因此大兴宫的宫门正好就是杨兴村的村门，即宫城是根据早已存在的杨兴村的位置来划定的。这一记载不免令人感觉有附会之意。一国之都若以一异僧戏言，或一处吉祥的地名就确定了位置，岂不成为儿戏？以隋文帝之雄才大略，再加上高颎、李询、虞处、刘龙、贺娄子幹、宇文恺、张煚、高龙叉等一众饱学之士共同谋划，新都的规划建设不致如此草率。但是由此也说明了一个问题，宫城的位置

---

① 〔唐〕李吉甫：《元和郡县图志》卷一《关内道》"京兆府"条，中华书局，1983年，第1—2页。

② 李令福：《隋唐长安城六爻地形及其对城市建设的影响》，《陕西师范大学学报》（哲学社会科学版）2010年第4期。

③ 《旧唐书》卷三七《五行志》，中华书局，1975年，第1375页。

④ 《太平广记》卷一三五"隋文帝"条引《西京记》，中华书局，1961年，第969页。

并非单纯由中轴线来决定，还应重点考虑与类似杨兴村这样的文化坐标间的位置关系。这也意味着宫殿与宫城的选址方式还有其他的途径可寻。

后人对隋大兴城选址的研究较多偏向于地理条件的认识，如平原广阔、水源丰富、交通便利、经济发达、军事安全[①]，相比之下政治因素考虑得较少。相对于旧都空间狭小、地下水污染、梦到洪水淹没长安等原因，隋文帝更需要用一座旷古未有的都城来证明自己的理想抱负，借此发出重新一统天下的宣言，誓将新都建成更胜于汉长安城的统一王朝的丰碑。但从他的一些言行，如自称汉太尉杨震之后、崇尚儒学、重修汉魏之礼等，可以看出他对汉朝又是十分向往的。如今脚下就是汉都长安，自己又有机会恢复汉人的统一王朝，此时另建新都，龙首山这一龙脉自然是要延续下来的，于是新旧两城形成隔山相望的位置关系，此时汉长安城并未彻底废弃，而是被纳入禁苑，所以可以认为这是隋文帝向汉朝和故汉长安城的第一次致敬。此外，从新旧两城的位置还可以隐约感到二者之间存在某种联系。西汉礼制建筑（图1）主要集中于汉长安城以南区域，分布有明堂、辟雍、灵台、太学、圜丘、王莽九庙、社稷坛等建筑。在这些礼制建筑中，位于最东侧的一处如今被称为"大土门遗址"，应为明堂辟雍一体建筑[②]，大兴城外郭城西墙正贯穿这处遗址中心建筑的中部[③]，遗址再向北三百步为灵台[④]。这里不禁要提出一个问题，为什么大兴城外郭城的西墙偏偏要建在汉代的明堂、辟雍、灵台之上，是机缘巧合，还是有意而为？如果是人为原因，那么它们之间有何种联系？当我们将目光转向考古发掘实测图，就会发现一个值得注意的现象：大兴宫正门广阳门恰恰就在汉明堂辟雍遗址的正东方向，两者之间的距离为4792.8米，合9里。[⑤]明堂、辟雍、灵台，合称三雍，是汉代举行重要祭祀、典礼之所。《长安志》在记述汉长安城南郊礼制建筑辟雍时转引《汉书》颜师古注："应劭曰：三雍者，辟雍、灵台、明堂也。雍者，和也。言天地、君臣、民人皆和。"[⑥]从汉代的三雍宫礼制建筑群到隋代广阳门——大兴殿礼

---

① 王社教：《隋唐长安城的选址及其内部结构的形成与原因》，见《中国古都研究》（第13辑），山西人民出版社，1995年，第235页。

② 刘瑞：《西安"大土门遗址"为汉末"元始明堂"论》，见雷依群、徐卫民主编：《秦汉研究》，三秦出版社，2007年，第184页。

③ 中国社会科学院考古研究所：《西汉礼制建筑遗址》，文物出版社，2003年，第1页。

④ 北魏郦道元著、王国维校《水经注》卷一九《渭水》（上海人民出版社，1984年，第610页）载：明堂"北三百步，有灵台，是汉平帝元始四年立"

⑤ 参见中国科学院考古研究所西安汉城发掘队《唐代长安城考古纪略》（《考古》1963年第11期）。本文所列其他实测数据如无特别注释，均引自此文。尺寸换算公式：1里=360步，1丈=2步，1步=1.47米，1尺=0.294米。

⑥ 〔宋〕宋敏求：《长安志》卷五，辛德勇、朗洁点校，三秦出版社，2013年，第218页。

制建筑群，是一种传统礼制文化的投射，因此可以认为这是隋文帝向汉朝和故汉长安城的第二次致敬，并借此表示对汉人政权的合法继承关系。同时，以汉代三雍宫为起点向正东方向延伸9里，在与六爻地形的"九二"交汇之处建设隋代大朝正殿与宫门正门，也可以成为宫城定位的一个重要方式。其中，两大礼制建筑群相隔9里，宫城宽约5里，恰与象征帝王权威的"九""五"之数暗和，构成了东西方向的九五格局，这恐怕不是一个巧合，而是有意为之。所以，在规划大兴城时首先确定外郭城西墙作为新都的起始边界，同时也是从汉长安城向隋大兴城转移的出发点，而后以9里之数确定宫城正门的位置，这应是规划者的一种独特设计方法。由于正殿大兴殿尚无考古勘探数据，所以按汉灵台北距明堂辟雍300步计，推测大兴殿位置应在广阳门以北300步处，合440米。

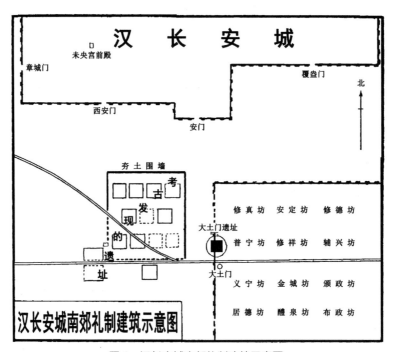

图 1　汉长安城南郊礼制建筑示意图
（出自黄展岳：《汉长安城南郊礼制建筑的位置及其有关问题》，《考古》1960 年第 9 期）

三、宫城、皇城与外郭城

宫城的重要性不仅体现在确定都城具体位置这一方面，还体现在参与控制都城的整体轮廓方面。傅熹年先生对此有深入的研究，得出大兴城模数控制规划方法，认为宫城是皇帝居住和实行统治之所，是家族皇权的象征，需要最先被设计出来，再以宫城为模数，使都城中一些重要的部分为宫城的倍数、分数或相似形，体现出国家从属于皇权之意。①但是，作为模数的宫城，它本身是如何进行规划的，为何设计成东西广5里、南北长2里270步的规模，却没有进行具体说明，只是说"按实际需要确定宫城之广长"②，所以这样的基础性问题还需要进行深入探讨。在此之前还要明确一个规划原理，就是古人在进行城市设计时通常取整数，这样既便于计算又容易进行整体协调，同时往往给这些数字赋予一定的象征意义。另外，"古代测量和施工精度都逊于现在，特别是大面积长距离测量。古代长距离测量单位是步或丈，所用工具是丈绳或丈杆，不够精确，用丈绳时，如拉紧程度不同，所测即有误差，且同一丈绳长期使用会被拉长，也产生误差，遇到复杂地形，也有误差"③。因此，在研究隋大兴城整体及各部分的规模尺度时，所利用的文献资料和考古实测数据均容许存在一定的误差。

（一）宫城的布局与规模

宫城由大兴宫、东宫、掖庭宫三部分组成，考古实测东西广2820.3米、南北长1492.1米。关于宫城东西方向的尺度，需要对大兴宫、东宫及掖庭宫逐一进行分析。其中，掖庭宫的范围较为明确，实测东西广702.5米，与《类编长安志》所载"掖庭宫东西广一里一百一十五步"④的数据基本相符。东宫的范围史载不详，但在考古勘探中发现了东宫内部的隔墙，与宫城东城墙间的距离为150米。大兴宫的范围也没有详细记载，文献中通常将大兴宫与东宫统称为宫城，如《长安志》所载"宫城东西四里"⑤，即指大兴宫与东宫的东西广之和为4里。对此考古实测为2117.8米，与文献记载吻合。以三宫有限的文献记载和实测数据为基础，利用广阳门这个重要坐标点，可从实测数据角度和理论数据角度做出两种推测。

1. 从实测数据出发所做的逆向推测

（1）实测广阳门西距宫城西墙1350.6米，减去掖庭宫的宽度702.5米，得广阳门以西的大兴宫宽度为648.1米，按对称原则可知广阳门中轴线以东部分也为648.1米，则大兴宫总的东西广为1296.2米，合440丈。

① 傅熹年：《隋唐长安洛阳城规划手法的探讨》，《文物》1995年第3期。
② 傅熹年：《隋唐长安洛阳城规划手法的探讨》，《文物》1995年第3期。
③ 傅熹年：《中国古代城市规划、建筑群布局及建筑设计方法研究》，中国建筑工业出版社，2001年，第9页。
④ 〔元〕骆天骧：《类编长安志》卷二《宫殿室庭》，黄永年点校，中华书局，1990年，第62页。
⑤ 〔宋〕宋敏求：《长安志》卷六，辛德勇、郎洁点校，三秦出版社，2013年，第231页。

（2）用宫城总宽2820.3米减去大兴宫与掖庭宫的宽度，可求得东宫的东西广为821.6米，合280丈。

（3）在计算出三宫具体的东西尺度后，我们并不理解这些尺寸背后的规划依据，在此可根据实测数据进行逆向推导，分析其中缘由。首先来看东宫。文献反映出东宫的布局分为中、东、西三路，考古勘探发现的隔墙很可能就是中路与东路之间的隔墙，按对称格局推测距东宫西墙150米（约50丈）处也应有此隔墙。[1]中路以重明门为中线，向两侧各延伸90丈，总计180丈。因此，东宫的东西布局可表示为50丈+（90丈+90丈）+50丈。再来看掖庭宫，掖庭宫为皇宫旁舍，地位低于太子所居的东宫，所以在东宫的基础上减去50丈（100步），即230丈，与实测239丈相近。大兴宫在宫城中处于最主要的地位，规模也最大，但为现代城市所压，破坏严重，没有具体依据来推测宫内的布局情况。

2. 从理论数据出发所做的正向推测

（1）初步设定宫城东西广为5里（900丈）。

（2）首先规划大兴宫。以广阳门为基点向东西两个方向等距离延伸450步，形成东西广900步（450丈）的规模。

（3）以大兴宫为核心，在东西两侧布置东宫、掖庭宫。按对称原则二宫东西广均为450步，这样宫城总的东西广就达到1800步，即5里。但是东宫地位要高于掖庭宫，因此在450步的基础上增加100步，达到550步，符合"东宫较广"[2]的记载。

（4）依据上述理论数据计算，宫城的东西广就比最初的设定多出了100步，即5里100步，合950丈。这个数据与文献所载5里115步相比只少15步，基本吻合；而与考古实测数据相比（在减去东西城墙厚度之后宫城内广为950丈）则恰好相符。

从上面的分析可以看出，不论是以实测数据为基础进行还原，还是用理论数据进行推导，其中的设计内涵都处处体现出象征帝王权威的"九""五"之数，可见规划者的运筹帷幄。

关于宫城南北方向的尺度，文献中记载为"南北二里二百七十步"[3]，即990步。考古发掘的实测数据为1492.1米，减去城墙厚度后为1456.1米，合990步，考古实测与文献记载完全相符。这一数据很明显是自然因素与人文因素相协调的产物。

---

① 马得志、杨鸿勋：《关于唐长安东宫范围问题的研讨》，《考古》1978年第1期。

② 〔清〕徐松：《唐两京城坊考》卷一《西京·宫城》，〔清〕张穆校补，中华书局，1985年，第7页。

③ 〔宋〕宋敏求：《长安志》卷六，辛德勇、郎洁点校，三秦出版社，2013年，第231页。

从六爻地形上看，初九所在之地为龙首原的主脉，乾卦曰："初九：潜龙勿用。"因此选择将大兴殿建在九二高地之上。以宫殿为核心的宫城是围绕九二高地进行规划的，所以宫城城墙向北不能跨越至初九高地，最远只能依高地南缘而建。在确定具体数据时则需要考虑到宫城的象征意义，从广阳门向北延伸至初九高地，取整数990步以象征帝王的至高无上。

（二）皇城的范围

皇城的东西城墙与宫城的东西城墙直线相接，那么皇城的东西范围就是明确的。因此，在皇城范围的讨论中，南城墙的划定方法是关键。然而不论是文献所载的南北长3里140步，还是考古实测的1843.6米，都不能找出其中的设计规律，所以可以认为皇城的南北长度并不是最先被设计出来的，而是在其他早已被确定的基础条件下的被动适应。这些控制都城规划的基础条件中最主要的就是三大坐标点，包括已论及的汉三雍宫、广阳门，以及还未提到的"九五"神位。对皇城范围的探究就需要利用"九五"神位这个重要坐标点。

何为"九五"神位？如前所述，六爻地形中的九五贵位"不欲常人居之，故置玄都观及兴善寺以镇之"。这一寺一观的位置由中轴线与"九五"相交而确定，所得的交点东侧为大兴善寺，西侧为玄都观。《长安志》载："（大兴善寺）初曰遵善寺，隋文承周武之后，大崇释氏，以收人望。移都先置此寺，以其本封名焉。"[1]可见，新都大兴城的第一所佛寺即为大兴善寺，连寺名都是以皇帝昔日的封名"大兴公"来命名的，其地位必定尊崇无比。而且寺内的建筑规模等级极高，"寺殿崇广，为京城之最。号曰大兴佛殿，制度与太庙同"[2]。在大兴佛教的同时，隋文帝大力扶持道教，他的开国年号"开皇"就是道教的五劫之一[3]，由此可见一斑。玄都观作为道教势力的代表与大兴善寺东西呼应，形成两大宗教的平衡。因此，地处九五贵位的大兴善寺与玄都观，一佛一道，是皇帝尊神敬天的体现，以祈求皇权永保、国泰民安，我们可称其为"九五"神位。这个坐标点的作用除了尊神敬天外，还在于它是南部外郭城的中心所在。统治者利用儒家文化中的六爻地形说，再加上佛道神仙在百姓心中的地位，从思想上控制外郭城。而从都城规划的角度来看，将"九五"神位确定为南城的几何中心，整个

---

① 〔宋〕宋敏求：《长安志》卷七，辛德勇、郎洁点校，三秦出版社，2013年，第259页。
② 〔宋〕宋敏求：《长安志》卷六，辛德勇、郎洁点校，三秦出版社，2013年，第260页。
③ 《隋书》卷三五《经籍志》："然其开劫非一度矣，故有延康、赤明、龙汉、开皇，是其年号。"（中华书局，1973年，第1091页）

都城的布局也更加清晰。

考古实测朱雀门至明德门间的距离为5316米，合10里。"九五"神位恰处在中间位置，即距离朱雀门和明德门均为5里，这正符合它外郭城中心点的定位。因此，同在中轴线上的广阳门与"九五"神位，以金光门大街为界，一个是北城的中心点，一个是南城的中心点，在以广阳门为基点规划宫城的同时，便可以"九五"神位为基点规划整个南部外郭城。这里有一个值得注意的地方，即从大兴殿——广阳门到"九五"神位的距离大致为9里①，和到三雍宫的距离相同，而从"九五"神位向南延5里就是外郭城，向北延5里就是皇城，由此构成了南北方向的九五格局。同东西方向的九五格局一样，这一构思应当是大兴城规划时最先确定的空间大格局，因此皇城的南界可由此确定下来，呈现出在南北方向上大于宫城的现状。

（三）外郭城的四至

首先被划定的应是外郭城的西墙，这得益于新都的起始点——汉三雍宫，西城墙即沿着纵穿汉三雍宫的这条线构筑。从理论上讲，西墙既已确定，东墙就可依照南北中轴线进行对称布局。但实际上这条南北中轴线并没有将都城分为均等的两部分，而是呈现西半城略窄、东半城略宽的形态。文献中记载新都"东西十八里一百一十五步"②，从汉三雍宫到中轴线为9里，则外郭城东城墙距中轴线为9里115步。考古发掘也证实了这一点，外郭城总宽9721米，其中西半城宽4782.5米，东半城宽4938.5米。为什么会出现西窄东宽的情况呢？这与宫城的形态密切相关。宫城以大兴宫为中心，呈现中轴对称的格局。但大兴宫东西两侧的东宫与掖庭宫则因地位不同而宽度不同，这就直接导致了宫城出现东宽西窄的形态。外郭城受宫城的影响，在以中轴线对称划定东城墙时不得不向东做一定的扩展。宫城的北墙及其延伸线即为都城外郭城北墙，而外郭城南墙的划定则是以"九五"神位为中心向南延伸5里一线。

由此可以看出，新都起始点（汉三雍宫）、北城中心点（广阳门）和南城中心点（"九五"神位）三个坐标点在划定大兴城具体轮廓过程中起到至关重要的作用。

---

① 根据考古实测数据，将皇城及皇城以南五坊、街道尺寸相加得出广阳门至"九五"神位距离为4950米，约9里。

② 《隋书》卷二九《地理志》，中华书局，1973年，第808页。《唐六典》《长安志》《唐两京城坊考》等书的记载均与此相同。

四、外郭城的布局

在明确划定新都的四至边界以后，接下来就需要对城市内部进行布局。此时依然离不开上述三个关键的坐标点。

（一）六街

与都城选址及定位相同的是，在都城内部布局时依然遵循周礼之制。《周礼·考工记》载："匠人营国，方九里，旁三门。"[1]大兴城的道路骨架也依此进行设计，即南北向与东西向各三条大街，形成六街，每条大街与外郭城交汇处均开城门，对应周礼中的"旁三门"。对六街的规划，一个重要的原则就是要紧密围绕宫城和皇城来设计，因此带有明显的礼仪性。这六条街道可以划分成三个层级：

（1）处于第一层级的有两条大街，也是最先划定的。一是以新都起始点和北城中心点为基准的开远门—通化门大街，广百步[2]，中段横贯于宫城与皇城之间，实测宽度达220余米；二是以北城中心点和南城中心点为基准的都城中轴线——朱雀大街，纵贯南部郭城，并向北延伸将皇城分为东西两部，直抵宫城正门，东西广百步[3]，实测宽度达150余米。这两条大街的地位相当于《考工记》中纵横交汇于宫城的十字大街，只是由于宫城皇城北移而形成"丁"字形结构。两条大街交汇于北城的中心广阳门，构成了礼仪中心和权力中心向四方辐射的形态。

（2）处于第二层级的有三条大街，即围绕着宫城和皇城的东、西、南三街。皇城东西两侧的南北向大街直通南部外郭城的安化门和启夏门，是都城中轴线以外的南北干道，实测街宽130余米。皇城南侧的东西向大街连接金光门与春明门，作为皇城与南部外郭城间的分隔线，宽度达120米。此三街都很宽，在宫城与皇城周边设计如此宽阔的街道，一方面可以将皇家居住、处理政务之所与寻常里坊区别开来，另一方面也更加有利于防卫。

（3）最后划定的一街为南城中部的东西向大街，处于第三层级。这条大街以南城中心点为基准，位于大兴善寺、玄都观所在城南第五坊的北侧，连接延平门与延兴门。由于远离宫城、皇城，没有区别里坊和防卫的需求，所以街道不必设计得太宽，但也超过了其他多数街道之宽，实测宽度为55米。

---

[1] 《周礼·考工记》，杨天宇译注，上海古籍出版社，2004年，第665页。

[2] 宋赵彦卫《云麓漫钞》卷八引吕大防《长安图题记》："皇城左右各横街四，三街各六十步，一街直安福门、延喜门，广百步。"（中华书局，1996年，第140页）

[3] 〔宋〕宋敏求：《长安志》卷七，辛德勇、郎洁点校，三秦出版社，2013年，第256页。

三横三纵的干道构成新都城的主要骨架，但从它们的走向、位置和宽度来看，显然并不仅仅是通常意义上的街道，而是具有极强的礼制意味。

（二）里坊

《长安志》引《隋三礼图》云："皇城之东尽东郭，东西三坊。皇城之西尽西郭，东西三坊。南北皆一十三坊，象一年有闰。每坊皆开四门，有十字街四出趣门。皇城之南，东西四坊，以象四时。南北九坊，取则《周礼》王城九逵之制。"[①] 此处特别指出南北九坊取之于《周礼》的九逵之制，而史念海先生认为宋敏求对"南北一十三坊""东西四坊"等都做出了解释，可见建城之初里坊的布置已经考虑到《周礼》的旧规。[②]另外，从外郭城的整体布局来考虑，"九五"神位这个南城中心点也起到关键作用。将这个坐标点进行具体化，它是由一寺一观组成的。这里的寺、观均占一坊，大兴善寺位于靖善坊，玄都观位于崇业坊，它们隔中轴线朱雀大街相望。所以这两坊之地实为南城的中心所在。既为中心，则向北至皇城与向南至外郭城南墙距离相等。在南北两段各布置四坊，形成南北排列九坊的布局形态，可对应九逵之制。以此为基础，在北城中，宫城与皇城之侧各布置两排坊，与南城的九排合为一十三坊，对应一年十二个月加闰月。

以上为南北横排的布局方式，较为明了。而里坊东西纵列的布局方式则需要进行一番讨论。皇城以南区域较好设计，因为受到安化门街、含光门街、朱雀大街、安上门街、启夏门街的制约，这一区域只能设置为四列，并可对应一年有四季。但皇城两侧的区域又当如何布局呢？若简而化之，则只需依照南北横排的方式进行布局即可。也就是说，大兴善寺与玄都观所在的里坊均为皇城以南第五坊，向北向南各有四坊，依此对称的方式再向东向西各布置四坊，就能简便又快速地完成设计。从实际布局形态来看可以证明这一规划方法的合理性。不过从理论上来分析，向东向西各布置四坊的布局方式并不十分合理。这是因为从南城中心坊向两侧排列四坊，就意味着皇城两侧只能东西排列三坊，造成这些坊的宽度比皇城以南四列坊要大出许多，并且也没有相应的象征意义。对此，马正林先生认为："皇城与宫城东西诸坊距离政治中心较近，人口增多自是意料中的事，坊的面积要大也是必须的。同时，皇城与宫城东西诸坊面积增大，显得宽敞大方，就更加烘托出宫城皇城的雄

---

① 〔宋〕宋敏求：《长安志》卷七，辛德勇、郎洁点校，三秦出版社，2013年，第256页。
② 史念海：《最早建置都城的构思及其对汉唐诸代的影响》，《大同高等专科学校学报》1998年第3期。

伟。"①这是从面积出发来考虑的，认为坊的大小由实际需求决定。然而，假设在皇城两侧各排列四坊，则各坊的宽度与皇城以南四坊相似，从整体来看更加均匀整齐。当然，我们现在只能从现状出发来推测规划者的想法，分析哪一种解释更接近真实。但不管里坊如何排列，其中都折射出一个现象，那就是北城里坊的布局取决于南城里坊的布置方式，而南城的里坊的排列则是以"九五"神位这个中心坐标点为基准的。

五、总结

在对选址、定位、确定范围、划定轮廓、道路布设及里坊布局进行分析后，可以明确一个基本认识：隋大兴城的规划是以儒家礼制为基础的，在这个总的指导方针下，设计之时选取了三个重要坐标点，并以此为基准确定了都城各方面的设计方向。这是一种"先定点，再画线，点线结合"的城市规划方法。按照这一方法，我们可以把规划大兴城的步骤完善如下（图2）：

（1）选择与汉长安城有着相同文脉和地脉的龙首原南麓作为营建新都的区域。

（2）用"谋筮从龟，瞻星揆日"的占卜方法在选定的区域中找出对应"六爻"的地形。

（3）将汉长安城南郊的礼制建筑三雍宫（明堂、辟雍、灵台）作为新都城规划的起始点，即第一坐标点②；从第一坐标点向正东方向延伸九里，与六爻地形中的"九二"相交作为北城中心点，即第二坐标点；将此点确定为宫城正门广阳门的位置，并规定宫城东西广约5里，构成整个都城东西方向的九五格局。

（4）规划宫城东西广950丈（1900步）、南北长990步，其中大兴宫宽900步、东宫宽550步、掖庭宫宽450步。

（5）从北城中心点向正南方向延伸九里，与六爻地形中的"九五"相交作为南城中心点，即第三坐标点；此点向南5里为外郭城，向北五里为皇城，构成整个都城南北方向的九五格局。同时，以此点为基准作佛道两教最高等级的寺观，形成南城的中心坊。

（6）穿过第一坐标点画南北方向的线，作为外郭城的西城墙；连接第二坐标点与第三坐标点，形成新都城的中轴线，按照对称格局，在宫城形制影响下划定都城东界作为外郭城的东城墙；以宫城北墙及其延伸线作为外郭城的北城墙；以第三坐

---

① 马正林：《隋唐长安城》，《城市规划》1978年第1期。
② 为行文方便，特将汉三雍宫、广阳门、"九五"神位这三个坐标点在规划步骤中简写为第一、二、三坐标点。

标点为基准向南5里画东西方向的线，作为外郭城的南城墙。

（7）以第三坐标点为基准向北5里画东西方向的线，以此作为南城的北界，同时也是皇城的南城墙。

（8）以宫城皇城为核心设计礼仪性的街道——六街（三横三纵）：①连接第一坐标点与第二坐标点，并延伸至东西城墙，形成横贯宫城皇城的开远门—通化门大街；②连接第二坐标点与第三坐标点，延伸至南城墙，形成纵向的朱雀大街；③围绕宫城皇城的东、西、南三面形成三条大街，即安化门街、启夏门街和金光门—春明门大街；④以第三坐标点为基准，在其北侧设计横向的延平门—延兴门大街。

（9）围绕第三坐标点形成南城的中心坊，即大兴善寺所在的靖善坊和玄都观所在的崇业坊，以此为基准向北向南各布置四排坊、向东向西各布置四列坊；北城的里坊随南城的形态而布局。

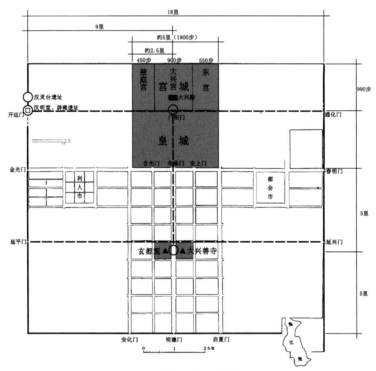

图 2　隋大兴城规划分析图

（出自中国科学院考古研究所西安唐城发掘队：《唐代长安城考古纪略》，《考古》1963 年第 11 期）

从以上的步骤可以看出，新都城规划的核心是汉三雍宫、广阳门、"九五"神位这三个坐标点，并形成了东西方向与南北方向的两大九五格局。此外，南北中轴线、"九二"、"九五"等几条线也在规划中起到重要的控制作用。从一点到另一点的延伸，点与点之间的连接，以点为基础的画线，线与线的交叉，这一系列的点线结合勾画出了隋大兴城的蓝图。其间需要从礼制建筑文化转移的角度考虑宫城与外郭城城墙之间的关系，还要从皇权与神权相互呼应的角度考虑宫殿与寺观之间的关系；既要有效利用自然地形，又要注重礼制文化的表达，构成自然空间与礼制空间的和谐统一；同时在空间尺度方面处处体现"九""五"之数，可谓思路缜密，有条不紊，环环相扣。新都的规划设计者以儒家礼制为纲，巧妙地将整个区域的人文因素与自然因素充分融合，以使隋大兴城成为中国古代都城规划的里程碑。

原载《中国历史地理论丛》2022年第1辑

（王天航，西安文理学院历史文化旅游学院副教授）

宇文恺的"巧思"与隋大兴城规划

叶亚乐

一、引言

开皇二年（582），隋文帝下诏在龙首原创建新都大兴城，唐代沿用该城并改名长安，后世合称隋唐长安。隋唐长安作为平地新建的都城，布局严整、规模恢宏，是中国古代都城的杰出典范，对当时东亚地区都城营建产生重大影响。从规划史角度看，唐长安除局部改建外，基本延续隋大兴城的空间结构，因此，研究隋大兴城规划对于认识中国乃至东亚地区都城规划史具有重要意义。

20世纪60年代隋唐长安城遗址考古发现公布后，众多学者纷纷开展隋大兴城规划复原的定量研究，取得系列创新成果。最具代表性的是傅熹年先生提出的模数制规划理论，认为隋大兴城规划以宫城和皇城的总宽、深为两个模数，组成两种规划模块，进而构成城市平面。[1]模数制理论在隋唐洛阳、元大都等诸多都城规划中得到实证，一般或以1里为基本模数，或以宫城为唯一模块[2]，相比之下，隋大兴城规划模块较为特殊。王晖、曹康通过进一步研究认为，长安城采用"宫城与皇城优先、外郭城从之"的规划思路，里坊形态受到皇宫内部规划过程的影响，并推测基本规划模数为100步[3]；而陈筱推测唯一规划模数为500步。[4]总之，基于模数制理论的相关研究，在规划模数的尺寸和模块的构成上存在分歧。

在模数制的基础上，一些学者根据隋大兴城的整体空间格局特征，提出许多新颖的观点。王才强认为，隋大兴城规划模式是匠人营国图式与邺城洛阳模式折中的产物。[5]王树声通过分析发现，太极宫城、宫城加皇城、外郭城的形状均为内含等边

---

① 傅熹年：《隋唐长安洛阳城规划手法的探讨》，《文物》1995年第3期。
② 傅熹年：《中国古代城市规划、建筑群布局及建筑设计方法研究》，中国建筑工业出版社，2001年。
③ 王晖、曹康：《隋唐长安里坊规划方法再考》，《城市规划》2007年第10期。
④ 陈筱：《隋唐长安设计模数新释》，《城市规划》2017年第10期。
⑤ 王才强：《隋唐长安城市规划中的模数制及其对日本城市的影响》，《世界建筑》2003年第1期。

三角形的矩形，进而提出了以太极宫为都城规划的基本模数、以系列等边三角形控制内在结构的规划方法[①]；于志飞提出类似观点，认为9∶10是隋唐长安城规划的基准控制比例[②]。武廷海运用"规画"方法，复原了"由地到城"的"规画"过程，并实现了规画法与模数制的衔接。[③]上述观点敏锐地揭示了隋大兴城的形态特征，合理演绎了平面构图的产生过程，对于隋大兴城规划研究具有重要价值。此外，历史、地理、考古等领域的学者对城市布局与象天观念[④]、城市轴线与区域山水[⑤]、城市选址布局与"六爻"地形[⑥]、规划人物的知识体系[⑦]等可能的规划理念与手法进行了详尽的分析，为深入认识隋大兴城规划提供了重要线索。

城市是规划设计的产物，空间特征往往是规划理念的空间投射。《隋书·宇文恺传》称："及迁都，上以恺有巧思，诏领营新都副监。"[⑧]上述规划模数和平面构图等空间特征，应当是宇文恺规划"巧思"的直接或间接反映。本文尝试整理校核考古数据，分析隋大兴城空间格局，通过解读历史文献，挖掘宇文恺的相关知识，以揭示宇文恺的"巧思"，并尝试推测"巧思"主导下的规划方案以及规划过程。

二、隋大兴城空间格局的再认识

（一）考古数据整理校核

1949年以来，隋唐长安城遗址经过两次整体考古勘测。1957年对外郭城和芙蓉园作初步探测，1959—1962年对外郭城、宫城、皇城、街道、里坊等进行全面

---

① 王树声：《隋唐长安城规划手法探析》，《城市规划》2009年第6期。

② 于志飞：《隋唐都城尺度设计方法新探》，《中国文物科学研究》2012年第4期。

③ 武廷海：《从形势论看宇文恺对隋大兴城的"规画"》，《城市规划》2009年第12期。

④ 尚民杰：《隋唐长安的设计思想与隋唐政治》，《人文杂志》1991年第1期；李小波、李强：《从天文到人文——汉唐长安城规划思想的演变》，《城市规划》2000年第9期。

⑤ 王树声：《结合大尺度自然环境的城市设计方法初探——以西安历代城市设计与终南山的关系为例》，《西安科技大学学报》2009年第5期。

⑥ 史念海：《龙首原和隋唐长安城》，《中国历史地理论丛》1999年第4辑；马正林：《正林行集》，光明日报出版社，2005年；［日］妹尾达彦：《長安の都市計畫》，講谈社，2001年；李令福：《隋唐长安城六爻地形及其对城市建设的影响》，《陕西师范大学学报》（哲学社会科学版）2010年第4期。

⑦ 郭璐：《隋大兴城市规划的知识体系——以历史人物为线索的文献考察》，《城市规划》2019年第3期。

⑧ 《隋书》，中华书局，1973年，第1587页。

勘测，成果分别见于《唐长安城地基初步探测》①（以下简称《探测》）和《唐代长安城考古纪略》②（以下简称《纪略》），之后宿白依据《纪略》数据绘制出《隋大兴、唐长安布局的复原》一图。③李健超对比发现，《探测》和《纪略》中的对应数据相差较大。④因此，开展空间分析之前，有必要对考古数据进行整理、校核。

本文利用ArcGIS作为数据平台，以经过空间配准的1960年代卫片⑤和现状卫片为底图，将外郭城东北角、东南角、西南角、西墙、北墙（自强西路附近）、明德门、延平门，皇城含光门、东墙、南墙，宫城南墙（西五台）、承天门（莲湖公园内）等现存遗迹，以及安仁坊西侧朱雀大街等局部考古发现⑥进行空间落位，进而确定外郭四面城墙，宫城和皇城东墙、南墙，以及朱雀大街的位置。根据对上述遗存的测量发现，外郭城东西长约9603米，南北宽约8489米，朱雀大街与东、西城墙基本平行，近似正南北向；皇城与宫城东西长约2820米，皇城南北宽约1844米，宫城南北宽约1416米。相比之下，《探测》中的外郭城数据和《纪略》中的皇城数据比较准确，《纪略》中的外郭城和宫城数据存在一定误差。以皇城南墙和朱雀大街中线为基准，将上述遗存与根据《纪略》数据绘制的考古复原图叠加，则考古复原图上的外郭城南、西、北三面城墙落在现存城墙遗址之外。（图1）

关于里坊尺寸，《纪略》中的个别数据存在误差。《纪略》中朱雀大街中线以西的里坊与竖街宽度之和为4782.5米，遗存所见实际距离为4722米，相差60.5米；遗存所见朱雀门与明德门间距为5230米，《纪略》中皇城以南里坊南北宽度和横街宽度之和为5316米，相差86米。根据考古勘测详情，将自西向东第一列里坊东西长度修正为1055米，将最南一排里坊南北宽度修正为296米。此外，根据兴化坊钻探实测复原图⑦，兴化坊东西长应为669.5米；依据专家考证，东宫宽度应为832.8米，太极宫宽度应为1285米⑧。

① 杭德州、雒忠如、田醒农：《唐长安城地基初步探测》，《考古学报》1958年第3期。
② 马得志：《唐代长安城考古纪略》，《考古》1963年第11期。
③ 宿白：《隋唐长安城和洛阳城》，《考古》1978年第6期。
④ 李健超：《唐长安1：2.5万复原图》，《西北大学学报》（自然科学版）1993年第2期。
⑤ 美国地质调查局锁眼卫星1967年拍摄的高清卫片，分辨率约为1米。
⑥ 杨盾：《唐长安城安仁坊及相关遗址的保护与展示研究》，硕士学位论文，西安建筑科技大学，2014年。
⑦ 陕西省博物馆革委会写作小组：《西安南郊何家村发现唐代窖藏文物》，《文物》1972年第1期。
⑧ 马得志、杨鸿勋：《关于唐长安东宫范围问题的研讨》，《考古》1978年第1期。

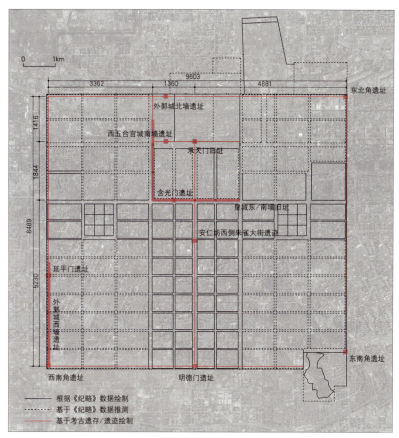

图1　基于《纪略》数据的考古复原图与现存遗迹叠加比较（标注尺寸单位：米）

（二）城市空间格局特征

本文采用传统的空间分析方法，同时在两个方面做出调整：第一，鉴于隋大兴城规划于隋初，故采用隋初的尺长和度制进行折算。根据《中国科学技术史·度量衡卷》，隋代开皇至仁寿年间沿用北魏大尺，尺长0.295米。[1]隋代1步合今1.77米（6尺），1里为300步，合今531米。第二，考虑到城市规划中里坊和道路互为表里，因此，将道路的边线和中线都作为可能的设计控制线进行考虑。[2]

利用校核过的考古数据进行定量分析发现，隋大兴城空间格局符合一定的图形特征。

首先，外郭城的长和宽接近整数里。外郭城东西长9603米，合隋代5425步，接

---

①　丘光明、邱隆、杨平：《中国科学技术史·度量衡卷》，科学出版社，2001年。

②　虽然《纪略》中的里坊长宽尺寸实际上是两侧道路边缘之间的距离，实际的坊墙和道路之间有3米左右的水沟和2米左右的空地，即坊墙和道路边缘之间有5米左右的误差，但在城市整体空间格局的分析中该误差可以忽略不计，道路边线可以近似看作坊墙。

近18里整；南北宽8489米，合隋代4796步，接近16里整。

其次，平面中蕴含多个正方形。根据吕大防《长安图》，芙蓉园的曲江池外有曲折的城墙环绕东、西、南三面[1]，考古探明的曲江池南缘、外郭城北墙之间的距离与外郭城东西长度大致相等。如果将芙蓉园考虑在平面构图中，则外郭城东墙、北墙、西墙与芙蓉园南墙延长线构成一个边长为18里的正方形。在城市内部，外郭城西墙至皇城西墙、皇城东墙至外郭城东墙、外郭城北墙至金光门—春明门大街南边线、自北向南第十横街[2]北边线至芙蓉园南墙距离分别为1900步（3362米）、1918步（3395米）、1909步（3379米）、1915步（3390米），均接近1900步；而宫城东西长度、金光门—春明门大街南边线至自北向南第十横街北边线距离分别为1593步（2820米）、1587步（2808米），均接近1600步。[3]因此，大正方形的四角和中央存在4个边长约为1900步、1个边长约为1600步的小正方形。（图2）

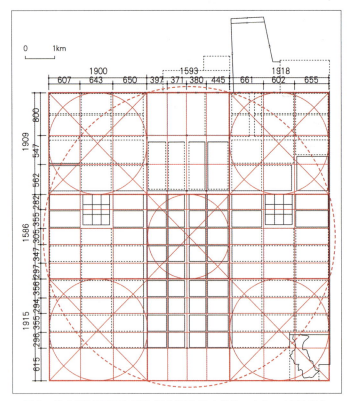

图2　隋大兴城平面构图特征（标注尺寸单位：1步＝1.77米）

---

[1] 王树声、崔凯、王凯：《北宋吕大防〈长安图〉补绘研究》，《城市规划》2016年第12期。

[2] 根据文献记载和考古报告，包括沿城墙的环城路在内，城内共有南北向大街（竖街）11条、东西向大街（横街）14条。

[3] 以米为单位的数值由考古数据四舍五入取整得出，以步为单位的数值由带小数的考古数据折算后再取整得出。

再次，正方形之间整体上呈九宫构图。大正方形与5个小正方形的边构成九宫格，不仅中轴对称，而且中心对称，每边的三段长度之比接近于6∶5∶6。九宫的4条分割线所在的大街，除自北向南第十横街不通城门外，其余三条大街均为连通城门的主要道路（"六街"）之一。九宫构图中蕴含着一个方圆相割图形，圆的直径与方的边长之比接近于18∶17，圆的直径与中宫的边长之比接近于18∶5。九宫格内部的里坊，除了皇城南侧36坊的东西分割较为特别外，其他处都是以50步为模数的近似等分。①

鉴于等分是城市规划设计的一般手法，呈6∶5∶6关系的九宫格局实际上构成了隋大兴城平面规划的基本结构，它与宫城及皇城的尺寸（傅熹年提出的规划模数）紧密相关。该九宫格局是否出于宇文恺的"巧思"，需要从规划师的相关知识入手进行分析。

三、宇文恺的明堂图式及其在隋大兴规划中的体现

（一）宇文恺的明堂设计与明堂图式

众所周知，隋大兴城规划由宇文恺主持。作为划时代的营造巨匠②，宇文恺在器

---

① 东西方向上，外郭城西墙、自西向东第二竖街西边线、自西向东第三竖街东边线、皇城西墙之间距离分别为607步（1075米）、643步（1138米）、650步（1150米），近似于600步、650步、650步；皇城西墙、太极宫西墙（靠近自西向东第五竖街中线）、自西向东第七竖街中线、皇城西墙之间的距离分别为397步（703米）、752步（1330米）、445步（788米），近似于400步、750步、450步，其中朱雀大街中线距离太极宫西墙和自西向东第六竖街中线距离分别为371步（657米）、380步（673米），基本居中；皇城东墙、自西向东第九竖街东边线、第十竖街中线、外郭城东夹城距离分别为661步（1170米）、602步（1066米）、655步（1159米），近似于650步、600步、650步。南北方向上，外郭城北墙、宫城南墙、自北向南第四横街中线、金光门—春明门大街南边线之间的距离分别为800步（1416米）、547步（968米）、562步（996米），近似于800步、550步、550步，根据《长安图题记》中"皇城左右之南六坊，纵各五百五十步，北六坊，纵各四百步"的记载，800步范围内有两排里坊；金光门—春明门大街南边线、自北向南第六横街北边线、第七横街南边线、第八横街北边线、第九横街南边线、第十横街北边线之间的距离分别为282步（500m）、355步（628m）、305步（540米）、347步（615米）、297步（525米），近似于300步、350步、300步、350步、300步；第十横街北边线、第十一横街南边线、第十二横街北边线、第十三横街南边线、外郭城南墙之间的距离分别为356步（630米）、294步（520米）、355步（628米）、296步（524米），近似于350步、300步、350步、300步。外郭城南墙、芙蓉园南墙延长线之间的距离为615步（1088米），接近600步。

② 王树声：《宇文恺：划时代的营造巨匠》，见《城市与区域规划研究：城市规划与建设史》，商务印书馆，2013年。

物、建筑、城市和水利营造方面都达到了很高的成就，后人往往将其与墨子、鲁班相提并论。而宇文恺并非一般匠人，他自幼博览群书，学识渊博，史官评价其"学艺兼该，思理通赡"①，曾与大儒一起稽考礼经、设计明堂。虽然宇文恺设计的明堂未能建成，设计图纸和模型也早已佚失，但《隋书》中有多处详细记载，是管窥其城市规划相关知识、进而探索隋大兴城规划"巧思"的宝贵线索。

《隋书》记载宇文恺两度开展明堂设计。第一次在开皇十三年（593），隋文帝下诏议建明堂，礼部尚书牛弘上表主张采用古制，"形制依于周法，度数取于《月令》，遗阙之处，参以余书"。宇文恺赞成牛弘的主张，并开展具体设计工作，制作明堂模型，"后检校将作大匠事宇文恺依《月令》文，造明堂木样，重檐复庙，五房四达，丈尺规矩，皆有准凭，以献"②。第二次在隋炀帝大业年间，宇文恺不仅绘图建模，而且上《明堂议表》详述观点。表文开篇总论，"臣闻在天成象，房心为布政之宫，在地成形，丙午居正阳之位。观云告月，顺生杀之序；五室九宫，统人神之际"③，这体现出他的象天观念、法地意识和人文思想；中间引用《三辅黄图》中的明堂形制与牛弘所引《月令》之说完全一致；结尾记载此次制作的明堂木样形制承续前次，"下为方堂，堂有五室，上为圆观，观有四门"④。从宇文恺的生平推测，虽然两次明堂设计的时间都在隋大兴城规划之后，但明堂设计所体现的经学知识和设计主张当早已融入宇文恺的知识体系。

宇文恺所推崇的明堂形制，总体上依照《考工记》和《孝经》之说，"五室九阶，上圆下方，四阿重屋，四旁两门"；具体细节和尺寸依照《月令》之说，"堂方一百四十四尺，屋圆楣径二百一十六尺，太室方六丈，通天屋径九丈，八达二十八柱，堂高三尺，四向五色"⑤。若按照尺寸绘制成图，则外圆直径216尺（36步）为屋顶，外方144尺（24步）为堂基，内圆直径90尺（15步）为重屋，内方60尺（10步）为太室；内方及其延长线与外方形成九宫构图，四正为堂，四隅为室。（图3）

---

① 《隋书》，中华书局，1973年，第1598页。
② 《隋书》，中华书局，1973年，第122页。
③ 《隋书》，中华书局，1973年，第1587页。
④ 《隋书》，中华书局，1973年，第1593页。
⑤ 《隋书》，中华书局，1973年，第1302页。

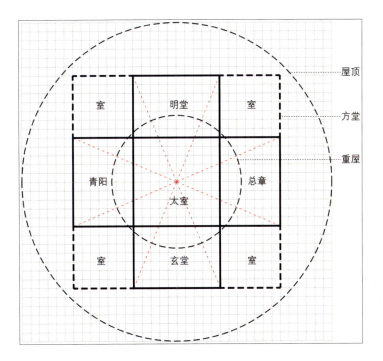

图3　宇文恺所推崇明堂形制示意（图上每格6尺，即隋代1步）

据宇文恺引《三辅黄图》之说，该图形数结合，蕴含着古代的天地观念和易学文化。在形状上，堂方象地，屋圆象天，"九宫法九州岛"。

在尺寸上，外圆与外方、内圆与内方的比例均为3∶2，"以九覆六"，符合《周易》"地二天三"之说；外方与内方比例为12∶5，所分九宫的八个分割点与中心点连线恰好将圆周角近似八等分，即"法八卦"①。因此，外圆、外方、内圆、内方的图形关系及其36∶24∶15∶10的尺寸比例，是多重文化内涵的综合体现，构成特定的"明堂图式"。清代焦循所撰《群经宫室图》称其为"蔡氏通天屋"②。

考古发现表明，明堂图式在中国古代的明堂设计和器物制作中都有实际应用。在汉长安故城南郊的西汉平帝明堂遗址③和汉魏洛阳故城南郊的北魏明堂遗址④中，

---

① 宇文恺引用《三辅黄图》称："堂方百四十四尺，法坤之策也，方象地。屋圆楣径二百一十六尺，法乾之策也，圆象天。太室九宫，法九州岛。太室方六丈，法阴之变数……八达象八风，法八卦。通天台径九尺，法乾以九覆六。"见《隋书·宇文恺传》

② 〔清〕焦循：《群经宫室图》，梁溪朱氏刻本，天津图书馆藏，清光绪十一年（1885）。

③ 王世仁：《汉长安城南郊礼制建筑（大土门村遗址）原状的推测》，《考古》1963年第9期。

④ 中国社会科学院考古研究所：《汉魏洛阳故城南郊礼制建筑遗址1962—1992年考古发掘报告》，文物出版社，2010年。

虽然具体形制有所差异，但太室、方堂和与圆屋对应的圆形要素严格按照《明堂月令》所记比例和尺寸。①（图4）此外，在考古发现的北周铜钱石范②和大量唐宋元明铜钱实物的平面构图中，象征"天圆地方"③的外圆与内方尺寸都符合明堂图式中外圆与内方18∶5的特殊比例。④（图5）可见，虽然器物在制作时受功能所限，无法完全参照明堂图式的整体结构，但古人仍然依照其局部空间关系以表达天地文化内涵，证实该图式具有超越明堂设计本身的普遍文化意义。

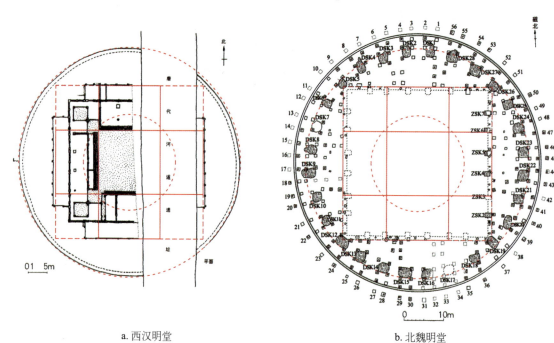

a. 西汉明堂　　　　　　　　　　　　　　　　　b. 北魏明堂

图4　西汉和北魏明堂遗址平面结构与《明堂月令》中的明堂图式比较

（笔者改绘。底图据杨鸿勋：《杨鸿勋建筑考古学论文集》（增订版），清华大学出版社，2008年，第261页；中国社会科学院考古研究所：《汉魏洛阳故城南郊礼制建筑遗址1962—1992年考古发掘报告》，文物出版社，2010年，第97页）

图5　唐宋元明铜钱的平面形制

（笔者改绘。底图据孙仲汇、胡薇：《古钱币图解》，上海书店，1989年）

---

① 杨鸿勋：《杨鸿勋建筑考古学论文集（增订版）》，清华大学出版社，2008年。

② 张龙海：《齐国故城出土"五行大布"范》，《中国钱币》1990年第2期。

③ 王献唐：《中国古代货币通考》，青岛出版社，2005年。

④ 孙仲汇、胡薇：《古钱币图解》，上海书店，1989年。

（二）明堂图式在隋大兴城规划中的体现

对比明堂图式与隋大兴城规划结构发现，两者存在一定的相似性：都采用九宫布局，且外圆与中宫的比例都为18∶5；但隋大兴的外方尺度相对更大，外圆与外方的关系为方圆相割，而非圆中含方。（图6）隋大兴城规划结构很可能是明堂图式的一种变体。推测宇文恺的巧思在于，从明堂图式中提取外圆与内方两个关键要素的形、数特征，将内方边线延长与外圆的交点连接成方，构成方圆相割关系，以新的九宫格局作为隋大兴规划图式；图式的外方作为城市外郭，分割线作为主要设计控制线。这样一来，来自明堂图式的圆方关系（圆方尺寸比18∶5）转化为方形城市平面常用的九宫关系（每边分割比例接近6∶5∶6），且九宫构图中蕴含着方圆相割图形。

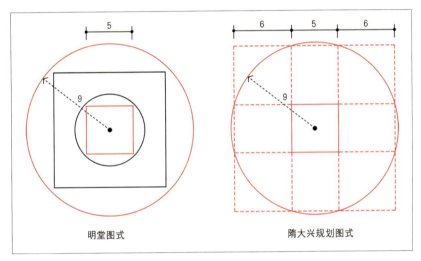

图6　明堂图式与隋大兴城规划结构比较

结合当时的营城思想和规划传统，可以揣测宇文恺产生这一"巧思"的原因。一方面，中国古代礼制关乎政治，都城的文化内涵至关重要，隋唐时期强调"拟明堂而布政"[1]"建邦设都，必稽天象"[2]的法天观念十分流行。最早记载明堂图式的《月令》，即《明堂月令》篇，东汉蔡邕认为其来自周公所作《周书》中的《月令》章，礼部尚书牛弘直接称之为《周书·月令》，因此明堂图式在当时以周为宗的文化背景下具有极其重要的地位。隋文帝在建设新都的诏书中，称长安旧城"乃末代之宴安，非往圣之弘义"[3]，新都规划要体现"往圣之弘义"，

---

① 《隋书》，中华书局，1973年，第503页。
② 《旧唐书》，中华书局，1975年，第1335页。
③ 《册府元龟》卷一三《帝王部》，凤凰出版社，2006年，第139页。

宇文恺的"巧思"与隋大兴城规划 | 499

借鉴明堂图式无疑是最佳选择之一。另一方面，中国古代存在建设方城的传统，平面图中常常蕴含方圆相割图式以体现"天不周载，地不兼覆"的天地观念，所以与铜钱制作的应用场景类似，明堂图式的整体结构无法原模原样地落实在城市平面构图中。基于明堂图式的变体既延续了明堂图式中的特定空间关系，又适应了城市规划建设传统。

四、隋大兴城规划过程复原

在隋大兴城营建过程中，宇文恺的巧思——规划图式是规划设计的起点。规划图式产生后，如何在整个规划过程中得到落实？这虽然缺少直接的文献证据，但可以采用主客观逻辑统一的方法，结合当时的规划技术进行合理猜想。在测量技术方面，隋唐时期的距离、方位、水准等测量技术已经相当完备，能够保障规划尺寸在工程建设中得以准确落实。[①]在制图技术方面，虽然秦汉时期的地图就能够采用抽象符号表达山川和河流的情况[②]，但在清代样式房绘制平格图[③]（抄平子）以表达地形状况以前，没有绘制局部精确地形图的文献记载或实物证据。在缺少详细精确地形图作为规划底图的条件下，许多规划工作必须现场完成，规划图式的落地需要图上规划与实地规划的合力与衔接。有鉴于此，尝试从择居、布局和营建三个方面复原隋大兴城规划过程。

（一）择居

择居阶段，需亲临现场考察和构思以确定城市选址、规模、朝向与设计中心，为规划图式的细化和落地提供基本参照。古代文献中常用"胥宇""陟降巘原"等表述择居的过程，既登高眺望以俯瞰全局，又踏勘场地以详察细节。关于隋唐长安城历史环境的深入研究表明，在山原之间只有浐河以西、子午谷大道以东、龙首原以南、鸿固原以北的这一地区，才是建都的理想之地。[④]其间可用之地约方18里，向东、向南、向北拓展则地势过高、过陡，向西拓展则占压长安故城通向子午谷的大道。隋大兴城规划范围覆盖了可用之地，方18里，大于长安故城的方15里，略小于

---

① 冯立升：《中国古代测量学史》，内蒙古大学出版社，1995年，第75—117页。
② 余定国：《中国地图学史》，姜道章译，北京大学出版社，2006年。
③ 王其亨：《清代样式雷建筑图档中的平格研究——中国传统建筑设计理念与方法的经典范例》，《建筑遗产》2016年第1期。
④ 王社教：《隋唐长安城的选址及其内部结构的形成与原因》，见《中国古都研究》（第13辑），山西人民出版社，1995年，第239—248页；董卫：《隋唐长安城的历史环境：空间逻辑初探》，《城市规划》2021年第6期。

北魏洛阳的方20里。据马正林等人研究，场地内有五道高坡，加上场地以北的龙首原合为六道，其中第四坡居场地南北之中。[①]推测宇文恺在择居时，按照山川定位的规划传统，沿正南北方向测望南山，将正对群山掩映的"V"状山形一线确定为城市中轴线，类似于阿房宫"表南山之巅以为阙"；进而在中轴线与第四坡的交汇处确定城市布局的中心点（O），在后世的小雁塔附近偏西。（图7）

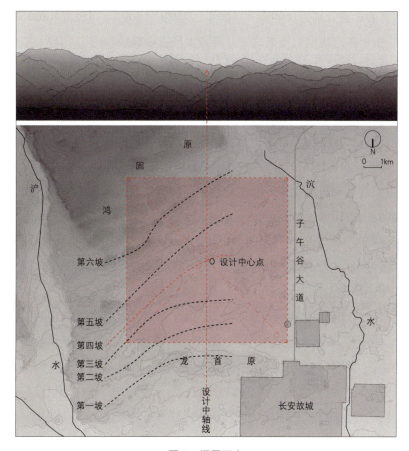

图7　择居示意

（二）布局

布局阶段，需通过图上作业将规划图式转化为城市规划方案，包括理想布局与落地布局两个步骤。理想布局是指在规划图式主导下落实都城形制，形成既体现文化理念又符合都城规制的初步方案。在隋代之前的魏晋南北朝时期，都城多采用邺城–洛阳模式，其形制特点为坐北朝南，单一宫城居于北部中央，居民区为封闭里坊，东、西市在宫城以南区域分置左右；宫城轴线与都城中轴线合一，宫城前

---

① 马正林：《正林行集》，光明日报出版社，2005年，第138页。

"T"形大街为城内最重要街道。理想布局综合隋大兴规划图式和邺城–洛阳模式开展规划：（1）以方18里（5400步）为外郭，每边按照6∶5∶6分割，长度取整分别为1900步、1600步、1900步[①]，形成九宫布局。（2）参考邺城–洛阳模式和"隋文新意"，将皇宫区置于九宫北部中央。皇宫区内部皇城、太极宫、东宫和掖庭宫的分割受到一定的基址规模制度约束，具体数值取50步的整数倍，皇城、太极宫、东宫、掖庭宫的规模分别为1600步×1100步、750步×800步、450步×800步、400步×800步。由于东宫规模大于掖庭宫，导致太极宫中轴线和南门（D9）相对于都城设计轴线偏西25步。（3）在九宫每边的分割点上设置城门，共8座（D1，D8）；宫城与皇城分界线两端设皇城城门（D10，D11），延长线与外郭城交点处设外郭城门（D12，D13）；太极宫南门（D9）外大街向南延伸，与皇城及外郭城南墙交点处分别设置城门（D14，D15）；太极宫东、西墙一线向南作为皇城内南北大街，南端分别设置城门（D16，D17）；皇城东西墙中部设置城门两座（D18，D19）。（4）根据"宫城和皇城优先"的规划原则，皇城东、西两侧里坊区的南北划分为400步、400步、550步、550步四排（包含道路宽度，下同），南侧里坊区东西划分为400步、375步、375步、450步四列；其他处采用近似等分的方法，皇城东西侧各分三列，每列600步或650步，接近2里，皇城以南分为11行，每行300步或350步，接近1里，东市和西市分别占据两坊对称布置。（图8）

理想布局实现了规划图式与都城规制的融合，但由于缺少规划底图，面临落地性问题，需要进一步结合场地条件开展落地布局。通过粗测与设计中心点、设计中心线的距离，可以明确理想布局图上各组团的大致空间落位，针对理想布局存在的问题做出修改。首先，曲江池一带地势较低，从秦汉时起一直作为京畿苑囿，故因地制宜建设为曲江园（后改名"芙蓉园"），并将南墙东端北移。[②]其次，城南两排里坊地势较高，东南部甚至高于太极宫地面50米以上，不仅不便于居住，而且不利于宫禁安全，加之里坊区面积过大，故裁城南2里。即便如此，直到唐朝末年，靠近长安南郭的39个坊都还是人烟稀少的地区，多为阡陌相连的耕地蔬圃。[③]此外，在南墙北移2里的同时，将最南侧东西大街连同城门（D3，D4）同时北移1里，至自北向南第九排里坊以北（D′3，D′4），以靠近皇宫核心区提升交通效率。（图9）

---

① 于志飞：《隋唐都城尺度设计方法新探》，《中国文物科学研究》2012年第4期。

② 武伯纶：《唐代长安东南隅》，《文博》1984年第3期。

③ 〔清〕徐松：《唐两京城坊考》，〔清〕张穆校补，中华书局，1985年。

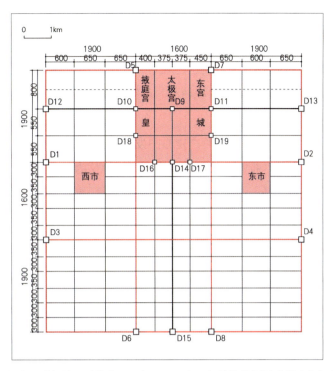

图 8　理想布局（标注尺寸单位：1 步 =1.77 米；红线为规划图式所确定九宫格局）

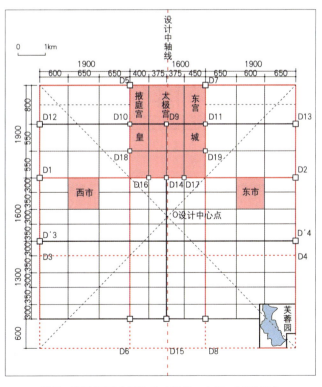

图 9　落地布局（标注尺寸单位：1 步 =1.77 米）

（三）营建

由于缺少精确的地形图作为参照，规划工作不得不延续到营建阶段，在施工过程中，根据局部场地条件进行合理调整。古代城市建设往往先做标记，再分期施工，为规划调整提供可能。

比较上述隋大兴城规划图与考古复原图发现，规划图中的设计控制线大多靠近考古发现的道路边线，推测从设计控制线向一侧偏移为隋大兴道路营建的主要原则。（图10）仅朱雀大街、自北向南第四横街、自西向东第八和第十竖街的道路中线靠近设计控制线，推测前两者当为故意朝对皇城城门的结果。

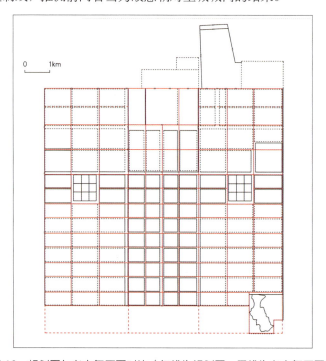

图 10　规划图与考古复原图对比（红线为规划图，黑线为考古复原图）

上述分析只是采用主客观逻辑统一方法做出的推测，是隋大兴城规划复原的一种可能方案，其特色在于从宇文恺的"巧思"出发，采用从规划图式到规划建设方案的总体思路，充分考虑当时的城市规划相关技术水平，较为合理地演绎城市整体空间生成和内部空间划分的机理，解释了六街布局以及朱雀大街相对偏西的可能原因。

五、结语

隋大兴城整体上呈边长为18里的正方形，内部格局呈九宫构图，同时蕴含方圆相割关系，外圆与中宫尺寸比为18∶5。该数形关系与宇文恺所推崇的明堂图式的外圆与内方比例相同，隋大兴城规划具有"拟明堂而布政"的特征。推测宇文恺的"巧思"在于，从明堂图式中提取关键要素的形、数特征，构成隋大兴城规划图式，作为规划设计的起点。该认识承续傅熹年先生提出的模数制方法，着眼于关键局部与整体构图的内在关系，是在模数制基础上融入规划师意图的新探索。本文建立了隋大兴城规划模数（宫城和皇城的总宽、深）与宇文恺的"巧思"的内在联系，揭示了规划模数背后的文化内涵。

借鉴"由地到城"的规划理论，本文采用主客观逻辑统一方法，推测了从规划图式到规划方案的合理过程，有待专家学者们批评指正。由于缺少精确的地形图作为规划底图，中国古代城市需要实地规划与图上规划的合力与衔接，规划活动贯穿在择居、布局和营建三个阶段。择居阶段通过实地规划确定城市选址、规模、朝向与设计中心点等，为规划图式的细化和落地提供基本参照。布局阶段通过图上作业先后进行理想布局和落地布局，理想布局在规划图式主导下落实都城形制，落地布局基于大致地形条件对理想布局方案进行修改以适应场地环境，两个步骤相辅相成，实现礼制文化、营城规制与场地环境的融合。营建阶段根据局部场地条件进行合理调整，最大限度地弥合规划图式与场地环境的矛盾。

在今天的城市设计工作中，除了人本尺度的空间设计外，不可避免地要面对大尺度平面构图问题。故应发扬传承中国古代城市设计传统，超越欧几里得平面图形，融入具有现代意义的传统空间文化，提升平面构图的文化内涵；同时应尊重具体的自然地形条件，通过因地制宜地合理调整，实现形与势的统一，创造山水城整体环境，在发扬优秀传统文化的同时提升人居环境质量。

（叶亚乐，清华大学建筑学院博士研究生）

敦煌壁画汉唐长安城相关问题申论

沙武田

一、前言

段文杰称敦煌壁画是"形象的历史"[①]，是我们认识敦煌艺术"历史价值"的基本坐标。随着考古学、艺术史、图像研究等学科的发展，考古实物与图像资料越来越受到学术界的青睐，"形象史学"俨然成为新时代背景下的学术新趋向。[②]毫无疑问，作为丝路明珠和人类艺术长廊的敦煌石窟，其丰富的壁画艺术是中古史研究不可多得的考古与形象资料。

敦煌石窟包罗万象，以佛教绘画的形式记录了从十六国北朝到元朝漫长历史长河中不同时代、不同场景、不同人物的历史"形象"，确是一部极为丰富的"形象的历史"。利用敦煌壁画中的画面图像从事相关课题研究，应该说是自敦煌学发凡以来基本的学术现象，也是敦煌学繁荣的客观原因。若对学术史略作梳理可知，对敦煌资料的利用，已深入各个学科，大概要拓展新的领域已很困难，但是图像的解读同文献资料的研读一样，是没有止境的，因此敦煌图像研究的空间仍然极其广阔。

长安是丝路起点、中古国际大都会，而敦煌亦为丝路重镇、"华戎所交一都会"，二者有着诸多共同性。近年来，丝绸之路研究新学术热潮逐步涌现，新兴的"长安学"给学术界带来新的思考，而国际"显学"敦煌学亦展示出无穷魅力。在共同丝路背景的启迪下和大量共同资料的支撑下，"敦煌与长安"的关系问题已然成为学术新话题。资料的互参互证，研究问题的相互砥砺，可以说这样的研究前景无限。

[①] 段文杰：《敦煌石窟艺术论集》，甘肃人民出版社，1988年，第108—134页；段文杰：《段文杰敦煌石窟艺术论文集》，甘肃人民出版社，1994年，第108—134页；段文杰：《敦煌石窟艺术研究》，甘肃人民出版社，2007年，第269—293页；段文杰：《形象的历史——谈敦煌壁画的历史价值》，《敦煌学辑刊》1980年第1期。

[②] 张弓：《从历史图像学到形象史学》，见中国社科院历史研究所文化史研究室编：《形象史学》，人民出版社，2013年，第3—9页；郑岩：《从图像、史境到形象史学》，中国社会科学报，2014年9月12日；刘中玉：《形象史学：文化史研究的新方向》，《河北学刊》2014年第1期。

虽然敦煌的历史地位、政治关系、城市规模、人口构成、经济实力等均无法与都城长安相比较，但是作为历史的馈赠，敦煌保存下来的石窟艺术和敦煌藏经洞文物文献，是我们今天了解长安历史重要的旁证资料。作为汉唐盛世共同历史背景下丝绸之路上两个重要的城市，一个是国际大都会，一个是州县小城；一个是政治中心区，一个是西部边陲小镇。通过丝路的纽带来研究二者之间的关系，实是历史探索中颇为有趣的话题。

本着以上学术理路，从最直观和最直接的问题入手，探索敦煌壁画中与汉唐长安城相关的画面，学术界还无有专论。本文试图以敦煌石窟壁画中的汉唐长安城图像为话题，做些图像梳理和历史探讨工作，以期为"丝绸之路上的敦煌与长安"研究做些基础工作，不当之处，敬希方家教正。

二、汉长安甘泉宫图像

莫高窟初唐第323窟是敦煌石窟中唯一以佛教史迹画（且是中国佛教历史故事）为核心题材的洞窟，其中的主室北壁西起第一铺《张骞出使西域图》（图1）可谓敦煌的名画，为大家所熟知。作为历史时期所见不多的直接表现中西交通的图画，单就画面表现出来的从汉长安城到中亚大夏城（今阿富汗北部）的空间概念，已足以令后人感受到其重要性。对于这幅张骞出使西域图基本的图像文本依据、与佛教东传的关系、佛教史观念、画面与真实历史的关系、图像的价值等问题，前辈学者

图1　莫高窟第323窟北壁《张骞出使西域图》（初唐）

马世长①、孙修身②、张振新③已有深入研究。笔者也在前人研究的基础上，就佛教史关系中张骞出使西域事迹观念的"角色转换"现象及图像所体现出来的"艺术史意义"，谈了点自己的看法。④滨田瑞美则从完全不同的视角出发，探讨了窟内各幅画面之间阅读的相互关联性，指出张骞所要问佛名号的二金人像，最后以对应南壁西起第一铺《西晋石佛浮江》画面中出现过去二佛维卫佛、迦叶佛为结果，旨在传达佛教在中国传播的过程和线索。⑤张小刚也在其专题研究中有所涉及。⑥

以上的研究对《张骞出使西域图》画面基本问题的认识可以说是清楚的。但是仍有问题待考究，如画面所见长安城甘泉宫问题，即本文重点关注的图像。

第323窟《张骞出使西域图》画面面积并不大，略呈方形，画面的起点即是右上角的四阿式殿堂建筑，内立二佛像。此建筑画面有清晰的额号匾牌"甘泉宫"三字。殿堂建筑前面是帝王拜佛的场面，之间有一则大题榜，但文字漫漶不清，无法释读。在帝王拜佛的后面有另一则榜题（图2）：

1.汉武帝将其部众讨

2.凶奴，并获得二金（人），（各）长丈

3.余，列之于甘泉宫，帝为

4.大神，常行拜谒时。⑦

显然，殿堂建筑前面处于建筑和人物之间的一则榜题，是对甘泉宫内所立二身像相关事迹的记载，应该有重要的信息，可惜不能释读，若借助多光谱等技术一探究竟，或许有重要的发现。

对于洞窟画面中的甘泉宫问题，唯张振新有简单讨论，其指出甘泉宫中有汉祭祀天神的地方，因此汉武帝把从匈奴人手中获得的金人置于甘泉宫，并作为天神来祭祀，是可能的。⑧显然张振新关注的是二金人像出现在甘泉宫的原因，此论当可成立。

---

① 马世长：《莫高窟第323窟佛教感应故事画》，《敦煌研究》1982年第1期。
② 孙修身：《从〈张骞出使西域图〉谈佛教的东渐》，《敦煌学辑刊》总第2辑。
③ 张振新：《谈莫高窟初唐壁画〈张骞出使西域〉》，《中国历史博物馆馆刊》1981年第3期。
④ 沙武田：《角色转换与历史记忆——莫高窟第323窟张骞出使西域图的艺术史意义》，《敦煌研究》2014年第1期。
⑤ ［日］滨田瑞美：《试论敦煌莫高窟第323窟〈张骞出使西域图〉》，见敦煌研究院编：《2014敦煌论坛：敦煌石窟研究国际学术研讨会论文集（上）》，2014年，第167—170页。
⑥ 张小刚：《敦煌佛教感通画研究》，甘肃教育出版社，2015年，第286—293页。
⑦ 该录文另参见金维诺：《敦煌壁画中的中国佛教故事》，《美术研究》1958年第1期；马世长：《莫高窟第323窟佛教感应故事画》，《敦煌研究》第1期，同文另载马世长：《中国佛教石窟考古文集》，商务印书馆，2014年，第263—264页。
⑧ 张振新：《谈莫高窟初唐壁画〈张骞出使西域〉》，《中国历史博物馆馆刊》1981年第3期。

图2　莫高窟第 323 窟北壁汉武帝拜甘泉宫二金人像

作为一种绘画语言，可以看到，莫高窟第323窟壁画中的甘泉宫是初唐时期敦煌的画匠们对汉长安城局部的表达。出于好奇，我们想从一个不同的视角出发，探讨敦煌初唐时期的人们对汉长安的认识与记忆，或许会发现一些有趣的现象。

甘泉宫，史书记载不绝，汉代及其以后的历史或地理著作如《史记》《汉书》《三辅黄图》《关中记》《括地志》《元和郡县图志》《雍录》《长安志》《关中胜迹图志》等，均对甘泉宫有过记载。今人根据这些文献记载对甘泉宫历史地理的考证，像陈直校证《三辅黄图校证》[1]，何清谷校注《三辅黄图校注》[2]，辛德勇、郎洁点校《长安志》[3]等，结合个人考察所得，从文献记载的角度梳理清楚了汉甘泉宫的建置、规模等基本情况。从以上文献记载可知，汉甘泉宫是仅次于国都长安城的另一政治中心，这里不仅仅是西汉皇帝避暑、生活的一处离宫别馆，同时也是西汉政治、军事、外交、祭祀活动的重要场所，规模庞大，殿阁宫观相望。（图3）

---

[1] 陈直：《三辅黄图校证》，陕西人民出版社，1980年。
[2] 何清谷：《三辅黄图校注》，三秦出版社，1995年。
[3] 〔宋〕宋敏求：《长安志·长安志图》，辛德勇、郎洁点校，三秦出版社，2013。

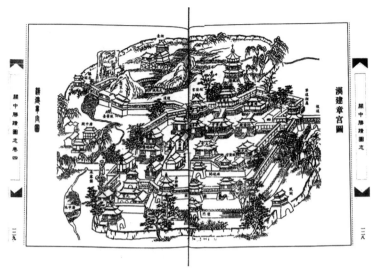

图3 《关中胜迹图志》中的汉建章宫图

晋人潘岳撰《关中记》载："林光宫，一曰甘泉宫……有宫十二，台十一。"①
《关辅》记"甘泉宫"："宫周匝十余里，汉武帝建元中增广之，周十九里。"②虽
是简单的片言只语，但已初见甘泉宫建造规模之大、占地面积之广阔，非同一般。

较为详细的记载是传成作于六朝，后经陈直考订为中唐以后人所作的《三辅黄
图》，其卷之二记甘泉宫规模：

> 甘泉有高光宫，又有林光宫，有长定宫，竹宫，通天台，通灵台。武
> 帝作迎风馆于甘泉山，后加露寒、储胥二馆，皆在云阳。甘泉中西厢起彷
> 徨观，筑甘泉苑。建元中作石关、封峦、支鸟鹊观于苑垣内。宫南有昆明
> 池，苑南有棠梨宫。③

另陈直据《初学记》卷二四补"七里宫""增城宫"，俱"在甘泉宫垣内"④。
而在《三辅黄图》卷三"甘泉宫"条下有多达35处宫、观、殿。

再看宋人宋敏求所撰《长安志》卷四记载汉甘泉宫包括有"前殿，紫殿，连
绵四百余里。万灵明庭，诸侯邸，通天台，益寿馆，延寿馆，竹宫，高光宫，洪厓
宫，旁皇观，储胥馆，弩陆宫，棠梨宫，师得宫，支鸟鹊观，露寒馆，迎风馆，通
灵台"⑤。二者所记甘泉宫内宫、观、台、殿等大体相同，略有出入。对此宋人

① 刘庆柱：《关中记辑注》，三秦出版社，2006年，第60页。
② 何清谷：《三辅黄图校注》，三秦出版社，1995年，第129页。
③ 陈直：《三辅黄图校证》，陕西人民出版社，1980年，第49页。
④ 陈直：《三辅黄图校证》，陕西人民出版社，1980年，第49—50页。
⑤ 〔宋〕宋敏求：《长安志·长安志图》，辛德勇、郎洁点校，三秦出版社，2013年，
第192—195页。

程大昌撰《雍录》有总结："自武帝后山上宫殿台观略与建章相比，而百官皆有邸舍。"①

历史文献记载如此，也可得今人考古调查成果之印证。结合文献记载以及实际考察和考古所记结果，我们今天对甘泉宫的认识更加清晰了一些，此方面以姚生民贡献最大。②另有梁云最新研究成果，在翔实考古资料的基础上，对汉甘泉宫的形制作了总体的交代：汉甘泉宫遗址位于陕西淳化县北铁王乡凉武帝村一带，"遗址地跨铁王乡凉武帝村、董家村、城前头村，西临米家沟，东临武家山沟，中部有城前头沟贯穿南北，将遗址分割成沟东、沟西两部分"。其基本形制是："遗址中部有直道和驰道南北贯通，道宽约50米；道西的'西城'平面略呈正方形，东西长约690米，南北宽约625米；道东的'东城'平面为长方形，东西长约1035米，南北宽约870米。"③（图4）经过近2000年岁月的冲刷，至今台基耸立、墙垣犹存（图5），西汉当日的甘泉宫该是一处何等壮观的建筑群落。

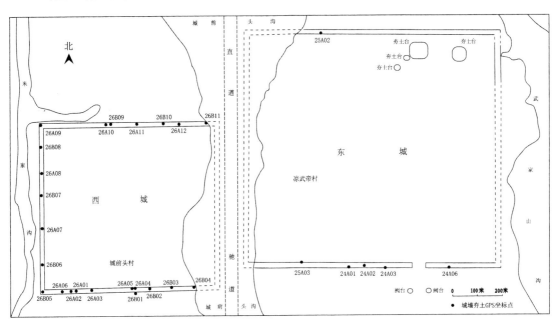

图 4　甘泉宫遗址形制图
（出自梁云：《汉甘泉宫形制探讨》，《考古与文物》2015 年第 3 期）

---

① 〔宋〕程大昌：《雍录》，中华书局，2002年，第43页。
② 姚生民：《甘泉宫志》，三秦出版社，2003年；郑洪春、姚生民：《汉甘泉宫遗址调查》，《人文杂志》1980年第1期；姚生民：《西汉甘泉宫在甘泉山下》，见秦汉研究（第6辑），陕西人民出版社，2012年，第66—70页；姚生民：《云阳宫·林光宫·甘泉宫》，《文博》2002年第4期。
③ 梁云：《汉甘泉宫形制探讨》，《考古与文物》2015年第3期。

图5　汉甘泉宫遗址现状

如此宏大壮观的汉甘泉宫，在初唐时期的莫高窟壁画中却仅仅以一座简单的单体建筑了事，与实际情形大相径庭。虽然我们要充分考虑绘画语言的符号象征使然，但还是多少说明了绘画者的简单草率，至少不应该把本来属于一个建筑群落组合的汉甘泉宫仅以一间佛殿建筑代替，因为从现在画面面积看，仍有很大的空间可用来表现甘泉宫的建筑。当然，敦煌距离长安十分遥远，也可以理解成绘画者对汉甘泉宫的无知，因为我们现在还看不到有第二例同时期或更早时期的类似绘画遗存，事实上莫高窟第323窟这一幅有重要历史背景意义的壁画，即使之后也无有二例。

莫高窟初唐第323窟《张骞出使西域图》明确记载了置于甘泉宫的二金人像。根据《史记·匈奴列传》载：

其明年（元狩二年）春，汉使骠骑将军霍去病将万骑出陇西，过焉支山千余里，击匈奴，得胡首房万八千余级，破得休屠王祭天金人。①

《汉武故事》记：

遣霍去病讨胡，杀休屠王，获天祭金人，上以为大神，列于甘泉宫。人率长丈余，不祭祀，但烧香礼拜。②

另外，《史记·卫将军骠骑列传》，《汉书》的《匈奴传》《卫青霍去病传》《金日磾传》都有大致相同的记载，同样，第323窟榜题亦云汉武帝将其部众讨匈奴并获得二金人事。但在佛教洞窟中的绘制应该是来源《魏书·释老志》的记载：

案汉武元狩中，遣霍去病讨匈奴，至皋兰，过居延，斩首大获。昆邪

---

① 《史记》卷一一〇《匈奴列传》，中华书局，1963年，第2908页。
② 鲁迅校注：《古小说钩沉》，齐鲁书社，1997年。

王杀休屠王，将其众五万来降。获其金人，帝以为大神，列于甘泉宫。金人率长丈余，不祭祀，但烧香礼拜而已。此则佛道流通之渐也。[1]

《魏书》同时记载佛教传入汉地是张骞出使西域带来的结果，因此在佛教壁画中出现汉武帝为求佛名号而派遣张骞出使西域的场景。

但是我们也注意到，《三辅黄图》的撰者在注记甘泉宫"黄帝以来圜丘祭天处"时引用《汉书·地理志》所记："云阳（县）。有休屠、金人及径路神祠三所。"[2]又引《音义》所云："匈奴祭天所，本云阳甘泉山下，秦夺其地，徙休屠右地。"又据《史记·匈奴列传》可知，元狩二年（前121）建休屠金人祠、径路神祠。

《汉书·地理志》与《史记·匈奴列传》所记有小差异，从前述汉军获匈奴金人史实可知，应该是"休屠金人祠"，而非"休屠祠""金人祠"。甘泉宫确实是一处供奉各类神灵和祭祀的场所，其中最值得注意的是"通天台""通灵台"，尤其是"通天台"的设置集中体现汉武帝的天、仙崇拜与思想。另有甘泉宫"泰畤"，《汉书·武帝纪》记："（元鼎五年）十一月辛巳朔旦（初一），冬至。立泰畤于甘泉。天子亲郊见，朝日夕月。"这是汉武帝祭天的重要场所。[3]

按照以上的历史，同样，把从休屠王处获得的原为"匈奴祭天"的二金人像置于甘泉宫，正与汉武帝热衷的祭天思想相合。又按甘泉宫内各类功能建筑的设置特点，及前《汉书·地理志》等记，汉武帝获此二金人后当在甘泉宫专设一祠（"休屠金人祠"）以为供奉。

若此推理不谬，则莫高窟第323窟供奉二金人像的建筑匾牌额号应为"休屠金人祠"，或从绘画手法考虑，为了省略描绘甘泉宫大的整体建筑环境，而应把建筑的匾牌额号署为"甘泉宫休屠金人祠"，则一目了然，既符合历史实情，又可体现绘画简略与象征符号表达之笔法。

至于画面中表现张骞拜别汉武帝的场景中（题记显示的"中宗"即汉宣帝刘询），完全没有出现任何建筑，唯以山为背景而已，无法判断画家表现的空间是汉长安何处宫殿，史书也不记张骞从长安出发的具体地点，《汉书·张骞传》只记"与堂邑氏奴甘父俱出陇西"。或从画面山峦景色表达，画家有意省却宫殿建筑，而表现皇帝在郊外送别张骞一行，意在强调帝王对张骞之行"求佛名号"使命的重视，也算是一种独特的画面语言表达了。

---

① 《魏书》卷一一四《释老志》，中华书局，1974年，第3025页。
② 《汉书》卷二八《地理志》，中华书局，1962年，1545页。
③ 姚生民：《甘泉宫泰畤考》，见《秦汉研究》（第8辑），陕西人民出版社，2014年，第145—154页。

这样的绘画手法倒也体现出画家和观者关注更多的是张骞前往西域的因缘与佛教活动二者之间的背景关联，同时旨在强调此活动也得到以汉武帝为代表的帝王的支持，最终力图提前佛教传入中国的时间，提升初唐被有意排在道教之后的佛教的地位。①

三、北周长安城图像

同为莫高窟初唐第323窟，在主室南壁东起第一铺画昙延法师神异故事画（图6）。通过画面榜题可知，具体表现的是昙延法师为隋文帝"说涅槃经并造疏论讫，感应舍利，三日放光"的情景及隋文帝请昙延法师祈雨的场景，金维诺、马世长、孙修身等均有解读。②

图6　莫高窟第323窟南壁昙延神异故事图（初唐）

另据巫鸿研究，莫高窟第323窟所画佛教事迹均出自唐南山律宗道宣撰《集神州三宝感通录》所记内容③，但是有关昙延的事迹，记载最详细的当是唐道宣《续高僧传》卷八《释昙延传》，莫高窟唐前期第323窟昙延神异故事画面及榜题内容，当是继道宣记载之后重要的图像文献资料。④

根据第323窟壁画画面记载，昙延法师故事所涉内容均与隋文帝有关，地点亦

---

① 〔美〕巫鸿：《敦煌323窟与道宣》，见胡素馨编：《佛教物质文化——寺院财富与世俗供养国际学术研讨会论文集》，上海书画出版社，2003年，第333—348页；〔美〕巫鸿：《礼仪中的美术——巫鸿中国古代美术史文编》，郑岩等译，生活·读书·新知三联书店，2005年，第418—430页。

② 马世长：《莫高窟第323窟佛教感应故事画》，《敦煌研究》1982年第1期；金维诺：《敦煌壁画里的中国佛教故事》，《美术研究》1958年第1期；孙修身：《莫高窟佛教史迹画介绍（一）》，见敦煌文物研究所编：《敦煌研究文集》，甘肃人民出版社，1982年，第332—353页。

③ 〔美〕巫鸿：《敦煌323窟与道宣》，见胡素馨编：《佛教物质文化——寺院财富与世俗供养国际学术研讨会论文集》，上海书画出版社，2003年，第333—348；〔美〕巫鸿：《礼仪中的美术——巫鸿中国古代美术史文编》，郑岩等译，生活·读书·新知三联书店，2005年，第418—430页。

④ 张小刚：《敦煌佛教感通画研究》，甘肃教育出版社，2015年，第256—257页。

均在隋长安城，即大兴城，时间在隋初开皇六年（586）前后，因此故事的时间、地点、人物都是清楚的。实际情况如何，还得讨论。但无论如何，作为历史上保存下来珍贵的隋长安城（大兴城）的壁画资料，值得做些梳理。

画面中的长安城仅画出部分，主要包括：

（1）作为城市标志的城墙建筑，画出了东城墙的全部，北城墙和南城墙的局部，均为直角转折结构。

（2）城内东北角画出昙延法师在一大帐内为隋文帝讲《涅槃经》的情景，帐内的昙延法师升高座，隋文帝跪于低榻上听法，身后左右是随从与文武大臣，帐前是因感昙延所著《涅槃经疏》之真义而大放光明的舍利塔。

（3）城南之外是隋文帝请昙延法师入朝的情节，分别有隋文帝问昙延法师"天下亢旱"的因缘和昙延法师坐肩舆入朝的情节。

（4）城内西侧画大殿，殿内昙延法师升高座，殿外阶前是跪于毯上的隋文帝和五位大臣礼敬听法的场景。

从画面宏观视角观察，长安城的东边和南边群山环绕，长安城掩映在群山之中。

对此画面所展示出来的隋长安城的基本历史面貌，孙修身在解读昙延故事画面时就已经指出："画面画一大城，作不规则形，有类于汉长安城。"[1]之后萧默在研究敦煌建筑的"城"时有相同的认识，认为第323窟昙延法师灵异故事画面中的长安城，就是中国历史上"城墙作多次直角转折"的城形特点，同时指出，这种城最典型者即汉长安城，正是《三辅黄图》所记汉长安城情形："城南为南斗形，北为北斗形，至今人呼汉京城为斗城是也。"以此为依据，萧默明确指出此画面展示的正是隋在移都大兴城之前的旧城，即汉长安城，其实具体所指为北周长安城。[2]

"斗城"（图7）确是汉长安城的基本规划思想。[3]虽然关于"斗城"之说学者们有不同的意见[4]，但并不妨碍我们据画面从形制角度进行相关探讨。因为我们知道此画面是莫高窟第323窟的作品。第323窟按分期属于敦煌唐前期第三期洞窟，具体时间应在中宗、睿宗和玄宗初期，最晚不过开元十四年，即可界定在705—726年

① 孙修身：《莫高窟佛教史迹画介绍（一）》，见敦煌文物研究所编：《敦煌研究文集》，甘肃人民出版社，1982年，第332—353页。

② 萧默：《敦煌建筑研究》，文物出版社，1989年，第123—125页。

③ 佛教确实在隋唐长安城的规划设计中扮演了不可缺少的角色，并非完全缺位。

④ 刘瑞：《汉长安城的朝向、轴线与南郊礼制建筑》，中国社会科学出版社，2011年，第49—53页。

间。[①]百余年之后，敦煌绘画中所描绘的长安城仍然表现隋代仅使用了两年时间的北周长安旧城，而不表现隋大兴新城，确有值得探讨的必要。

隋文帝建隋之初受国力等条件限制，沿用北周的旧都，即西汉长安城，但这座城市历时700余年，陈旧的城市建筑和设施已不能适应新王朝的发展，再加上生活垃圾的污染使其地下水出现碱卤现象，饮水受到影响。加之汉长安城局促于龙首原与渭水河道之间，狭小又无法扩展，且容易遭受洪水的侵袭。同时隋文帝的新王

图7　莫高窟第323窟昙延法师故事中的长安城
（出自萧默：《敦煌建筑研究》，文物出版社，1989年，第123—125页）

朝要面对新形势下政治、军事、礼仪等需要，汉长安旧城已不能满足作为大一统的隋王朝国都的要求。[②]开皇二年（582），隋文帝部署勘察了长安附近的地形地势，经过一番精心考察后，认为"龙首山川原秀丽，卉物滋阜，卜食相土，宜建都邑。定鼎之基永固，无穷之业在斯"，于是确定在汉长安城东南的龙首原上建设新的都城，"隋文帝仍诏左仆射高颎、将作大匠刘龙、巨鹿郡公贺娄子幹、太府少卿高龙叉等创造新都"。[③]但《隋书·宇文恺传》记载大兴城"创制规谋"，又《太平御览》卷一五六《州郡部·叙京都》记载隋创新都"左仆射高颎总领其事，太子左庶子宇文恺创制规模"，故实是由宇文恺完成的。"宇文恺，字安乐……及迁都，上以恺有巧思，诏领营新都副监。高颎虽总大纲，凡所规划，皆出于恺。"工程进展之快，难以想象，翌年即开皇三年（583）三月，隋文帝由旧长安城迁至新都生活，隋大兴城正式启用。

隋大兴城是唐长安城的前身，因此，隋唐长安城的规划结构、城市布局、城坊形制等相关问题，备受历代文人关注，唐宋元明清以来多有专著产生。结合今天的历史遗存和考古资料，其城市布局已为大家所熟知，总体由宫城、皇城、郭城三大

---

① 樊锦诗、刘玉权：《敦煌莫高窟唐前期洞窟分期》，见《敦煌研究文集·敦煌石窟考古篇》，甘肃民族出版社，2000年，第143—181页。

② 参见《隋书》卷一《高祖纪》、《资治通鉴》卷一七五相关记载。李令福：《隋大兴城的兴建及其对原隰地形的利用》，《陕西师范大学学报》（哲学社会科学版）2004年第1期；〔日〕妹尾达彦：《长安的都市规划》，高兵兵译，三秦出版社，2012年，第108—110页。

③ 《隋书》卷七《高祖纪上》，中华书局，1973年，第17、18页。

部分组成（图8），街道和坊里布局东西南北方正，与汉长安城（图9）的区别也是明显的（图10）。第323窟画面榜题明确记载开皇六年文帝请昙延法师祈雨，这和《续高僧传》卷八所记时间相一致：

> 至六年亢旱，朝野荒然，敕请三百僧于正殿祈雨，累日无应。帝曰："天不降雨有何所由？"延曰："事由一二。"帝退与僚宰议之，不达意。故敕京兆太守苏威问延一二所由，答曰："陛下万机之主，群臣毗赞之官，并通治术俱愆玄化，故雨与不雨，事由一二耳。"帝遂躬事祈雨，请延于大兴殿登御座南面授法，帝及朝宰，五品已上咸席地，北面而受八戒，戒授才讫，日正中时天有片云，须臾遍布，便降甘雨。远迩咸感，帝悦之，赐绢三百段。[1]

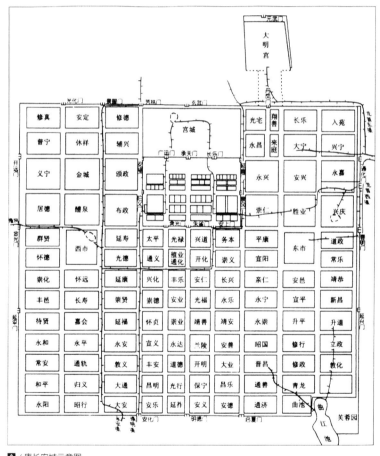

▲ / 唐长安城示意图

图8　唐长安城坊布局图

---

① 《大正藏》（第50册），新文丰出版公司，1983年，第489页。

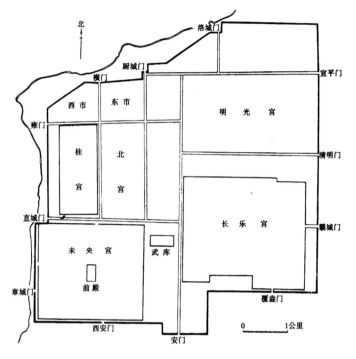

图 9　汉长安城复原图

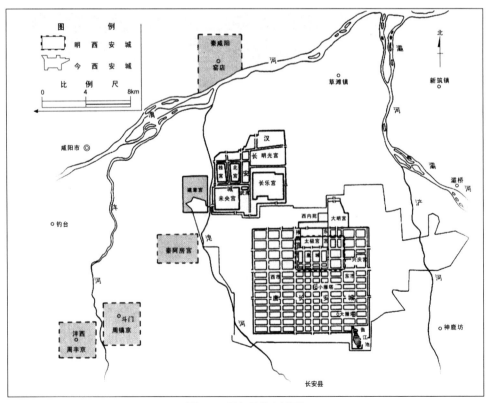

图 10　西安历代京城图

开皇六年的事情必然是发生在新城大兴城，而非原长安旧城。此其疑问之一。

另，画面中昙延升高座讲经与塔内舍利放光的榜题为：

延法师于塔前与文帝说涅槃经并造疏论讫，感舍利塔，三日放光。

相应事迹在《续高僧传》卷八中的记载如下：

延幽居静志欲着涅槃大疏……缵撰既讫，犹恐不合正理，遂持经及疏，陈于州治仁寿寺舍利塔前，烧香誓曰："延以凡度仰测圣心，铨释已了具如别卷，若幽微深达愿示明灵，如无所感誓不传授。"言讫涅槃卷轴并放光明，通夜呈祥，道俗称庆，塔中舍利又放神光，三日三夜辉耀不绝，上属天汉下照山河，合境望光皆来谒拜。其光相所照，与妙法师大同，则师资通感也。乃表以闻，帝大悦敕延就讲。①

道宣所记实是昙延法师在蒲州"州治仁寿寺舍利塔"发生的事情，时间本来是在北周初年，因为此处"帝大悦"之"帝"是周太祖宇文泰，并非第323窟所记昙延法师在塔前与文帝说《涅槃经》之事，若是，地点则是长安城或大兴城中；另外，道宣所记"仁寿寺舍利塔"，则似乎又与隋文帝在仁寿年间在全国颁舍利之举有关联。但是我们知道，开皇八年（588）昙延就已圆寂，不可能与后来的仁寿年间所建舍利塔发生关系。因此可以看到，敦煌壁画中的榜题内容或属错题，或另有所本。此一点，孙修身在初读画面时已经有所觉察，指出"画面、榜题与本传基本相合，但在时间和人物上，稍有出入，即周太祖在这里改成了隋文帝"②。

但是如果再看道宣撰《集神州三宝感通录》"释昙延"条记：

隋开皇初有河东昙延法师，初造疏解涅槃经，恐不合圣心，乃陈经及疏于佛舍利塔前，焚之启告灵圣，若所解合理愿垂神应，言讫涅槃经轴各放光明，舍利大塔亦放光明，上至空天，傍照四远，诸有道俗谓寺遭火，崩腾惊赴，至乃知非，三日三夜腾焰不绝。隋祖重为戒师，迎入京，为建延兴寺，门人见在。③

此处记载过于简略，仅摘录《续高僧传》所记感通部分大意。若按此条所记，倒是符合第323窟壁画榜题所写文字内容。但在入京的时间上也明确是在舍利塔放光感应之后受到隋文帝的重视，迎入京，并请受戒，建延兴寺。此内容在《续高僧传》中有更详细的记载：

---

① 《大正藏》（第50册），新文丰出版公司，1983年，第489页。

② 孙修身：《莫高窟佛教史迹画介绍（一）》，见敦煌文物研究所编：《敦煌研究文集》，甘肃人民出版社，1982年，第332—353页。

③ 《大正藏》（第52册），新文丰出版公司，1983年，第428页。

移都龙首，有敕于广恩坊给地，立延法师众。开皇四年下敕改延众可为延兴寺，面对通衢，京城之东西二门，亦可取延名以为延兴延平也，然其名为世重。道为帝师，而钦承若此。终古罕类。[①]

"移都龙首"是开皇三年的事，也就是说之前昙延并不在大兴城住。据《续高僧传》所记，昙延开皇八年圆寂时73岁，则昙延生于北魏孝明帝熙平元年（516），16岁即孝武帝太昌元年（532）出家，最初在"太行山百梯寺"，到周太祖时在"蒲州仁寿寺"感舍利放光，后周太祖于中朝山建云居寺为其住寺，北周武帝建德中年入"长安城中与陈使周弘正辩论"，并为武帝授任"释门国统"，后因周武帝灭佛事件而"隐太行山不出"。隋灭周，昙延闻听改朝换代，出山弘法，《续高僧传》记："隋文创业未展度僧，延初闻改政即事剃落，法服执锡来至王庭。"这是在隋"移都龙首"之前的事情，也就是说隋文帝还在长安旧城时，昙延便来长安面见皇上，然后说服文帝，大事度僧：

奏请度僧以应千二百五十比丘五百童子之数，敕遂总度一千余人以副延请，此皇隋释化之开业也，尔后遂多，凡前后别请度者，应有四千余僧。周废伽蓝并请兴复，三宝再弘功兼初运者，又延之力矣。[②]

至此，经过对昙延事迹的梳理，可以把昙延法师在京城活动的时间分为两个阶段，分别是北周和隋初，若结合隋文帝"移都龙首"之举，则昙延在北周和隋开皇三年之前是在北周长安城，开皇三年"移都龙首"之后，应该是在隋大兴城，即长安新城。

《续高僧传》和《集神州三宝感通录》虽然都是出自道宣的手笔，但据学者考证，《续高僧传》最后的截止时间是麟德二年（665），而非道宣自序所说"唐贞观十有九年"[③]。《集神州三宝感通录》卷下末尾道宣本人有记编撰因缘：

予以麟德元年夏六月二十日，于终南山北鄠阴之清宫精舍集之。素有风气之疾，兼以从心之年，恐奄忽法露灵感沈没，遂力疾出之，直笔而疏，颇存大略而已。[④]

确是"颇存大略"，因此记载往往有前后错乱的地方。

另据道宣《集神州三宝感通录》记，仁寿元年（601）全国有30处建舍利塔，其中蒲州是栖岩寺立塔，非仁寿寺。[⑤]因此他本人所记也是有出入的。但又在同卷所记

---

① 《大正藏》（第50册），新文丰出版公司，1983年，第489页。
② 《大正藏》（第50册），新文丰出版公司，1983年，第489页。
③ 陈士强：《佛典精解》，上海古籍出版社，1992年，第329页。
④ 《大正藏》（第52册），新文丰出版公司，1983年，第428页。
⑤ 《大正藏》（第52册），新文丰出版公司，1983年，第428页。

昙延的弟子道逊时，提到蒲州的仁寿寺。

> 蒲州仁寿寺僧道逊者，即延之学士，讲涅槃将百遍，有弘护正法心，四方所归，无问客主将给之富，无有过者。①

或许道宣没有考虑到时间关系，而把隋仁寿之后蒲州的仁寿寺直接记在了北周时期了。另有学者对昙延传所记《涅槃经》经轴放光、舍利放光之说不能认可，认为是编出来的故事。②这也说明昙延在隋之前的神异故事不为大家所认可。

我们可以清楚地看到昙延在长安城发生的事迹，在隋文帝之前是在北周长安旧城，到了隋文帝之后是在长安新城，即隋大兴城。至于第323窟画面及榜题显示为隋文帝说《涅槃经》并感舍利塔放光之事，本来应该是发生在北周时期蒲州的事情，可是张冠李戴，表现为隋长安城的事迹。

因此，敦煌的绘画者，正如同巫鸿考证的那样，主要依据的是《集神州三宝感通录》中的文字记载，为了保持与窟内其他画面内容性质的一致性，提取昙延神异故事部分，约略大意，没有深究，在表现故事的人物组合、时间、地点上均有误。把本来是发生在蒲州舍利塔的事情，生拉硬扯，和隋文帝、长安城关联在一起。在画面的表达上，以"斗城"的形式，把本来是发生在蒲州和隋大兴城的故事以北周长安城为背景表现出来。

画面的榜题中把本来是北周长安城内发生的事情转移到隋文帝的身上，如果绘画者不熟悉《续高僧传》《集神州三宝感通录》中所记内容，倒也罢了，但从画面的题记可知，绘画者应该了解昙延的事迹。如此，则有新的疑问产生，如果选择此故事是为了强调隋文帝奉佛的事迹，有意篡改了昙延在北周发生的故事做了篡改，倒也可以理解。但新的问题又出现了，既然要宣传隋文帝的兴佛事业，为何在表现隋大兴城时却以汉长安旧城即北周长安城来展示？这样的情况，或是因为敦煌绘画者对长安城的了解有局限，而选用了在敦煌一带已经流行的汉长安城样式，而不选取隋唐长安新城的格局形制。事实上这种可能性不大，因为我们从莫高窟大量的各类经变画可知（图11），有关长安传来的各类净土绘画以贞观年间的第220窟为代表（图12）③，长安的影像对敦煌人来说并不陌生。这一点也可以从当时的丝路交通、敦煌壁画中的各类建筑图像中得到印证。

---

① 《大正藏》（第52册），新文丰出版公司，1983年，第428页。
② 陈士强：《佛典精解》，上海古籍出版社，1992年，第329页。
③ 马化龙：《莫高窟220窟维摩诘经变与长安画风初探》，见北京图书馆敦煌吐鲁番学资料中心、台北《南海》杂志社合编：《敦煌吐鲁番学研究论集》，书目文献出版社，1996年，第509—516页；沙武田：《唐韵胡风——莫高窟第220窟舞蹈图与长安风气》，见《陕西历史博物馆馆刊》（第20辑），三秦出版社，2013年，第189—205页。

因此，成作于8世纪初的第323窟的壁画对于长安城的选取，倒是忠实地遵从《续高僧传》的记载，把昙延在北周武帝时期活动的地点即长安城表现出来。如果此理解不误，考虑到绘画的整体性，不可能在同一幅画面上表达两个不同时期的长安城，因此以前者北周长安城为象征，把隋代大兴城一并包括其中，从绘画表达方式上是可行的。

图11 莫高窟第341窟南壁阿弥陀经变（初唐）

若从另一个角度考虑，或许在第323窟绘画的时期，有关昙延故事的绘画，已经流传着相应的粉本，而粉本本身的样式，即是以北周长安城来表现的，则敦煌的绘画者没有过多考虑，而径直按画稿表达昙延神异故事了。

图12 莫高窟第220窟南壁无量寿经变（初唐）

四、唐长安城大明宫与西明寺图像

莫高窟第217、103窟主室南壁大幅经变画（图13、图14），原定为法华经变[①]，后经下野玲子考证，是佛顶尊胜陀罗尼经变，是依唐时来华的罽宾国沙门佛陀波利译《佛顶尊胜陀罗尼经》绘制而成的。[②]对于画面的详细解读，可参阅下野博士大作。

作为佛顶尊胜陀罗尼经变，画面右侧序品部分是理解《佛顶尊胜陀罗尼经》的关键。定觉寺主志静写成这一段译经因缘。结合目前仅在敦煌莫高窟见到的佛顶尊胜陀罗尼经变相关画面（其中关涉本文所论唐长安城相关问题），略作考订。

图 13　莫高窟第 217 窟佛顶尊胜陀罗尼经变（初唐）

图 14　莫高窟第 103 窟南壁经变画（初唐）

---

① 施萍婷、贺世哲：《敦煌壁画中的法华经变初探》，见敦煌研究院编：《中国石窟·敦煌莫高窟》（3），文物出版社，1987年，第177—191页；贺世哲：《敦煌壁画中的法华经变》见敦煌研究院编：《敦煌研究文集·敦煌石窟经变篇》，甘肃民族出版社，2000年，第127—217页。

② 丁淑君译本见敦煌研究院信息资料中心编：《信息与参考》总第6期，2005年，第74—86页；牛源中译本见《敦煌研究》2011年第2期，第21—32页。另见［日］下野玲子：《唐代佛顶尊胜陀罗尼经变图像的异同与演变》，《朝日敦煌研究员派遣制度纪念志》，朝日新闻社，2008年；［日］下野玲子：《敦煌佛顶尊胜陀罗尼变相图的研究》，勉诚出版社，2016年，第25—120页；［日］下野玲子：《敦煌莫高窟第二一七窟南壁经变的新解释》，见《美术史》（第157册），2004年，第96—115页。

序文所记唐高宗仪凤元年（676）佛陀波利从西国来五台山顶礼五台山文殊菩萨，后因菩萨化现老人指点，返回西国取得梵本《佛顶尊胜陀罗尼经》，再于永淳二年（683）回到"西京"长安，得见"大帝"，此时皇帝应是高宗。高宗因令"请日照三藏法师，及敕司宾寺典客令杜行顗等，共译此经"，并"其经本禁在内不出"，后在佛陀波利再三请求下，得以拿出梵本到西明寺"访得善解梵语汉僧顺贞，奏共翻译，帝随其请，僧遂对诸大德共顺贞翻译讫"。后到武则天垂拱三年（687），定觉寺主志静"因停在神都魏国东寺，亲见日照三藏，法师问其逗留一如上说"，后到永昌元年（689），志静又"于大敬爱寺见西明寺上座澄法师，问其逗留亦如前说，其翻经僧顺贞见在住西明寺"①。之后《佛顶尊胜陀罗尼经》广布流传。

结合序文和经变画中的序品部分画面（图15），确在壁画中看到了佛陀波利入长安见高宗的相关情节，其中有皇帝召见、皇帝赏赐、皇帝派人译经的画面，又有单独的画面表现佛陀波利从皇帝处要回梵本经典并辞别皇帝的情景，又有佛陀波利在长安大寺西明寺翻译佛经的场景。

佛陀波利于永淳二年回到西京得见高宗皇帝，画面中一方形城即长安城的某一宫，南、北、西三面画出城门及城门楼建筑，另有西北角和西南角的角楼，城门、角楼之间以夯筑土墙相接，唯有西门、西墙和东北角楼、东南角楼未画出，以山崖替代。城内画有穿戴冕服的帝王形象人物，分别画出佛陀波利见皇帝、皇帝给佛陀波利赐物和皇帝派人翻译佛经的场景。（图16）

另一建筑是表现佛陀波利从皇帝处要来梵本经文的画面，画面体现的是结构布局相同的一城制（图17）。

图15　莫高窟第217窟佛顶尊胜陀罗尼经变序品（盛唐）

① 《大正藏》（第19册），新文丰出版公司，1983年，第349页。

图 16　莫高窟第 217 窟佛陀波利在长安城大明宫受皇帝诏见场景（盛唐）

图 17　佛陀波利在长安城大明宫从皇帝处要回梵本

至于画面中表现佛陀波利在长安西明寺的场景更加简单，仅画寺院的缩影，二层佛殿，下层内设一尊佛像，上层为楼阁式建筑；殿后面是寺院廊墙部分，殿前是僧人译经场景。八位僧人围坐在一几前，共同译经。（图18）

图 18　莫高窟第 217 窟佛陀波利在长安城西明寺译经场景（盛唐）

但略作考察可知，志静在经序中的记载与历史有出入，因为据《新（旧）唐书·高宗本纪》记载，永淳二年高宗在东都洛阳病重，到次年弘道元年（683）十二月驾崩，最后没有回到长安。因此，此处志静所言佛陀波利于永淳二年回到西京所见"大帝"，虽然理论上应该是高宗，但显然与史实相违。经变画中所画佛陀波利入京则有经典所本，如果推测不误，此处画家笔下表现的应该是长安城大明宫。

至于是否可以具体到长安大明宫的某一建筑，如大明宫著名的含元殿、紫宸殿、宣政殿、麟德殿、朝堂等处，则不得而知。像佛陀波利这样的胡僧入朝，朝廷负责接待的机构并不清楚，但是对于诸夷蕃客，应属鸿胪寺。《资治通鉴》卷二四〇"宪宗元和十年"注："唐有礼宾院，凡胡客入朝，设宴于此。元和九年，置礼宾院于长兴里之北。宋白曰：属鸿胪寺。"另《唐会要》卷六六有类似记载。但是因为佛顶尊胜陀罗尼经变画面中表现的是皇帝接见佛陀波利，因此当不会在鸿胪寺的礼宾院，而应在皇帝处理各类政务的地方。据记载大明宫的麟德殿内曾经举行过佛教活动①，但是现可知在此殿举行的宗教活动时间均在本文所论经变画出现之后。

大明宫始建于唐太宗贞观八年（634），大规模营建是在高宗龙朔年间，据记载高宗于龙朔二年（662）始入居大明宫，龙朔三年（663）高宗的政治活动从太极宫移至新建成的大明宫，从此之后大明宫成为唐王朝政治中心。②虽然之后在开元元年（713）、元和十二年（817）、宝历二年（826），大明宫有过多次的修葺与增建，但主体建筑到高宗龙朔年间完成。其后的莫高窟唐前期第三期洞窟的中宗、睿宗和玄宗初期，即可界定在705—726年③的第217、103窟经变画中画家所表现的应该是唐长安新的政治中心大明宫。

当然历史时期作为唐后期政治中心的大明宫内各类宫殿衙署机构，数量之多，规模之大，建筑之豪华（图19），远非此画面所展示的景象，敦煌第217、103窟壁画中的唐大明宫建筑，完全是为豫征性地表达经典序文内容所记故事的图像语言，无需写实，因此当属绘画语言的笔法所致。

对于《佛顶尊胜陀罗尼经》的翻译，康熙庚辰年（1700）浙杭东林慈云灌顶沙门续法槃有一段记载，提到此经共有十种译本，其中与本文所论时间有关的早期译本有：

> 一，调露元年（679），波利与朝散郎杜行顗译。二，永淳元年（682），诏命日照三藏与杜行顗共译。三，光宅元年（684），波利与顺贞奏共译。四，垂拱三年（687），志静与日照三藏宣译。④

敦煌莫高窟第217、103窟经变画所据版本，当为以上唐译诸本之一。无论何种版本，对于绘于705—726年的经变画而言，从《佛顶尊胜陀尼罗经》佛经本身到用以表现佛经的经变画，都是全新的作品。作为长安新译的经典，相应的经变画出现在寺观

---

① 张永禄：《唐都长安》，三秦出版社，2010年，第135—136页。

② 张永禄：《唐都长安》，三秦出版社，2010年，第135—136页；杜文玉：《大明宫研究》，中国社会科学出版社，2015年。

③ 樊锦诗、刘玉权：《敦煌莫高窟唐前期洞窟分期》，见《敦煌研究文集·敦煌石窟考古篇》，甘肃民族出版社，2000年，第143—181页。

④ 《卍新续藏》（第23册），新文丰出版公司，1983年，第736页。

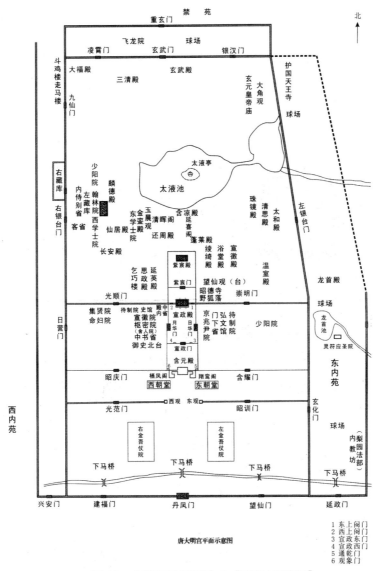

北

唐大明宫平面示意图

1 东上阁门
2 西上阁门
3 宣政东门
4 宣政西门
5 通乾门
6 观象门

图 19 《唐两京城坊考》中《西京大明宫图》

壁画中，也应该是全新的作品，但可惜在《历代名画记》《寺塔记》等记载两京地区寺观壁画的文献资料中没有看到佛顶尊胜陀罗尼经变的存在痕迹，不过据此并不能完全否定此类经变画的流传情况。可以认为，在8世纪初敦煌洞窟壁画中出现的作为新样的佛顶尊胜陀罗尼经变，其粉本画稿来自经典翻译与佛教绘画大兴的长安。

那么，作为出自长安的粉本画稿，佛顶尊胜陀罗尼经变，一改其他同时期或之前流行的经变画的绘制方法，把经序作为经变画整体的组成部分画入其中。长安本地的画家在创作发生于长安的事情时，定会对志静所述佛陀波利在长安的事迹进行图画表达，因此在他们的构思中，必然会把序文中所记佛陀波利在长安译经的前后经过清楚地再现出来。我们在敦煌洞窟经变画中看到的画面当是长安画师创作的，其中有唐长安城大明宫，有长安著名的佛教大寺西明寺，当是真实场景图画表达的结果。虽然此画面过于简略，仅是象征符号而已，但也算作目前所看到的有关长安城大明宫、西明寺最早的图像资料，弥足珍贵。

五、唐长安城里坊图像

敦煌石窟华严经变自盛唐第44窟出现以来，一直流行到归义军晚期，其中华严海中莲花藏的图像，均为大莲花上排列的一个个规整的小城建筑。其中以莫高窟晚唐第85窟窟顶华严经变绘画最具代表性，其中的莲花藏世界图像表达方式独特，完全是以唐长安城里坊布局的方式进行绘画的。在表示华严海莲花藏世界的大莲花上，于椭圆形平面上，外围绘一圈山峦，中间即以一个个方形小城整齐排列的空间世界。（图20）萧默①、孙儒僩②等均认为其是唐长安城里坊的图像再现。

仔细品读画面，画面中以整齐的十字方格或棋格形式上下左右排列一座座方形夯土墙建筑小城，完全似唐长安城内里坊的布局结构特点，因此学者们认为此画面表现的是唐长安城里坊建筑。（图21）从整齐排列关系看，以唐长安城里坊建筑形式来表现《华严经》的大千世界"莲花藏"世界，应该是没有问题的。画家极其巧妙地以现实生活中的繁华世界长安城来表达《华严经》所强调的佛教的大千世界，不仅符合长安城当时的规模、地位和影响力，同样对佛教信众理解虚幻的佛教大千世界是有帮助的，可以说是一个完美的现实世界与佛教理想世界的结合。正如妹尾达彦指出的那样："当时隋文帝建造大兴城时，也一定像这幅画所描绘的那样，希望新王都能够为一座佛教世界的理想城市。"③妹尾先生从长安是"佛教之都"理念出发的探析，对我们认识敦煌壁画中莲花藏图中里坊的绘画是有启迪意义的。

图20　莫高窟第85窟华严经变莲花藏世界长安城里坊图（晚唐）

图21　莫高窟第85窟华严经变莲花藏世界里坊图（晚唐）

---

① 萧默：《敦煌建筑研究》，文物出版社，1989年，第123—125页。
② 孙儒僩、孙毅华：《敦煌石窟全集·建筑画卷》，香港商务印书馆，2001年，第222页。
③ ［日］妹尾达彦：《长安的都市规划》，高兵兵译，三秦出版社，2012年，第108—110页。

仔细观察第85窟莲花藏中的长安城里坊，如果以长安城的正方向排列，且以中间莲花上佛所在位置的南北向大街作为长安城的朱雀街，而把画面的坊分为东西两个部分，即分别象征长安县和万年县，则发现一个有趣的现象：处在东侧的坊只开西门和南门，处在西侧的坊只开东门和南门。很明显，画面所表达的坊门的开设，有几个基本的原则：（1）全不开北门；（2）全开南门；（3）开面向中心街方向的东门或西门，而不开北向中心街的西门或东门。

对于长安城诸坊设门的情况，文献记载颇为清楚。程大昌《雍录》记："长安……坊皆有垣、有门。"宋敏求《长安志》卷首《城市制度》："皇城之东尽东郭，东西三坊；皇城之西尽西郭，东西三坊；每坊皆开四门，中有十字街，四出趣门。皇城之南，东西四坊……南北九坊……但开东西二门，中有横街而已。盖以在宫城正南，不欲开北街泄气以冲城阙。"又吕大防《长安城图》云："皇城之南三十六坊，各东西二门……皇城左右共七十四坊，各四门。"元人李好文《长安志图》附图"城市制度"中的三种坊制图（图22）一目了然，其中"一坊之制"四面开门，"皇城南坊之制"东西开门，"居二坊地"则"四街八门"（是市署所在坊）。

以上《长安志》等所记也可得今人研究和考古之证实，宿白[1]、马得志[2]、曹尔琴[3]等先生的研究均对长安坊门问题有关注，大致结论如同以上文献所记事实。杨鸿年在研究隋唐长安时，对长安城和洛阳城的坊门有专门的研究，结合大量的文献史料和考古资料，证实了长安城诸坊设门的情况，基本上是宋敏求《长安志》所记内容，绝大部分是四面有门，唯有皇城南四列三十六坊只开东西二门。[4]

但《资治通鉴》卷二四六"文宗开成三年"注曰："唐诸坊之南皆有门。"此记载虽然已为学者们研究辩证

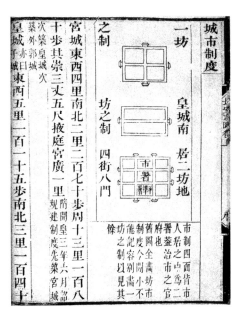

图22 《长安志图》唐长安城里坊设门图

---

① 宿白：《隋唐长安城和洛阳城》，《考古》1978年第6期。
② 马得志：《唐代长安与洛阳》，《考古》1982年第6期。
③ 曹尔琴：《唐代长安城的里坊》，《人文杂志》第1982年第1期。
④ 杨鸿年：《隋唐两京考》，武汉大学出版社，2005年，第237—249页。

清楚，但正与敦煌壁画所画相符，倒也有点趣味性。

　　既然已知长安城里坊多为四面开门，皇城正南四列三十六坊南北不开门，为什么在敦煌壁画中的华严经变莲花藏世界中的里坊却是全开南门不开北门，又南北主大街的东西两侧诸坊分别仅开面向南北主大街一侧之门？

　　对于不开北门，倒是可以找到文献依据的，宋敏求《长安志》记长安城宫城正南各坊时，强调"盖以在宫城正南，不欲开北街以泄气冲城阙"，其实敦煌壁画中全不开北门，大概正是基于这个原因，画面中主要表现的是以宫城之南诸坊为主的。

　　而关于南北主大街东西两侧分别仅开朝向南北主大街的东门或西门的原因，大概是和当时长安城实行的安全管理和夜禁制度有关。唐长安城规模宏大，人口达百万之众，面积达87平方千米，是当时世界上最大的国际都市，也是来自东亚、南亚、印度、中亚、西域、波斯、大食等世界范围内的使节、商人、僧侣汇聚之地，因此长安城的安全问题显得极为重要。史书文献资料对于长安城安全管理方面的记载比较多，诸如唐长安城实行夜禁制度、禁止私藏与携带兵器等制度，北宋研究唐长安城的吕大防在他自制的唐长安城复原图的题记中写道："隋氏设都，虽不能尽循先王之法，然畦分棋布，门巷皆中绳墨。坊有墉，墉有门，逋亡奸伪，无所容足。"吕大防把长安城里坊设置在安全管理上的功用说得很清楚了。对此今人在研究唐两京的著作中均有交代，其中代表如杨鸿年①、妹尾达彦②、张永禄③等有专门的探讨。受长安城安全管理的启示，绘画的创作者认为理想的长安城的各坊东西门的开设，只能开朝向南北大街即朱雀街的东门或西门，这样才更加便于管理，因为正大街有指示坊门开启的鼓楼，又有早晚日常巡逻人员，还有来来往往的各色人物，因此便于发现问题。

　　总之，华严经变的创作者在以唐长安城里坊形制表现佛教的大千世界时，充分考虑了长安城安全管理问题，把最理想的里坊坊门的设置表现出来了，虽然与现实有出入，但也不失为佛教绘画在表现现实理想世界时的一种处理方式，也可以认为如妹尾先生所述，长安城是佛教之都，此手法实是对长安城作为佛教理想之都的图画表达。此粉本传入敦煌，则成为佛教之都敦煌人的理想世界，故而在敦煌的壁画中延续了近两百年时间，从中唐到五代宋的华严经变中多有绘画。

---

① 杨鸿年：《隋唐两京考》，武汉大学出版社，2005年，第237—249页。
② ［日］妹尾达彦：《长安的都市规划》，高兵兵译，三秦出版社，2012年，第108—110页。
③ 张永禄：《唐都长安》，三秦出版社，2010年，第135—136页。

六、小结

敦煌壁画中有关长安城的画面，除本文所论以大场景城市建筑为主题的图像之外，其他像各类经变画中的佛寺建筑、有关都市宫廷的画面等等，均可归入此话题的讨论范围，限于篇幅，仅作以上发覆。

另外，以宗教绘画中的片段画面来讨论汉唐长安城这样一个大的空间世界，显然有小题大做之嫌，也有过多解释之疑——因为对于佛教故事画和经变画的画面内容来讲，虽然理论上是有现实粉本可依的，但是在具体绘画语言的规范下，呈现出来的往往是符号性象征的层面多而写实的程度偏低。作为历史资料的图像，在历史研究中往往给研究者意想不到的收获和启迪，图像语言也有其特定的规范性，至少其直观的形象性有文献资料不能表达的意境。当然，图像的阐释不能离开文本的解读，不能脱离历史的环境。

本文对几处敦煌壁画中与汉唐长安城有关画面的解读，或许让我们看到了长安城在中古时期绘画史中蛛丝马迹的影像。曾经极其宏伟壮观、令世人无限向往的汉唐国际大都会长安城，通过敦煌壁画的片段式记载展现出来。虽然我们揭示的仅是长安城中的一个个小场景，但也初步展示出长安城的魅力所在，同时彰显了敦煌壁画研究的价值及其美妙的前景。

原载《敦煌研究》2018年第3期

（沙武田，陕西师范大学历史文化学院教授）

从富楼沙到长安：隋唐建都思想中可能存在的一个佛教因素

孙英刚

隋唐是佛教昌盛的时代，也是各种文明、思想、传统交流融合的时期。不论是信仰世界、日常生活，还是政治意识形态，即便是文字资料遭到后代不断的涂抹，仍然能够看出，都打上了深刻的佛教烙印。本文做的是一个个案的研究，希望探讨隋唐长安城建城之初有没有受到佛教思想或者传统的影响。要讨论这个问题，就绕不开佛教对世俗王权的看法，以及佛教在进入中国之前形成的一些传统。通过这个个案的研究，本文主要想说的是：通过梳理佛教在"域外"留下的信息，或许对理解中国的历史和文明本身，具有一些意义。

一、隋唐长安建都的思想和理论依据

一般认为，尽管隋唐长安城是崇尚佛教的隋文帝建造的，但是最初大兴城的设计理念，主要是中国传统的都城建筑模式。正如妹尾达彦所论，大兴城主要是依照《周礼》记载的理念进行规划的。除了"前朝后市"做了南北颠倒，"左祖右庙、中央宫阙、左右民廛"，乃至宫城内部的布局、城市的形状、城内的街道、城墙的城门等细节，都是根据《周礼》的描述进行设计的。大兴城的中轴线从北边的宫殿，一直往南到南郊，形成一条南北礼仪轴线，城外郊祀配合四季时间的变化，构成了长安的礼仪空间。各种王权礼仪，在城内外的礼仪空间中反复上演。[1]荣新江认为，大兴、长安城最初的建筑设计是以儒家的礼仪空间为主要理念，但是由于传统礼仪制度的影响和社会观念变迁——比如儒家礼仪空间主要在郊外或者局限在宫城、皇城之中而让出了广阔的坊里空间——佛道等宗教场所逐渐占据了长安城内最

---

[1] ［日］妹尾达彦：《长安：礼仪之都——以圆仁〈入唐求法巡礼行记〉为素材》，见荣新江主编：《唐研究》（第15卷），北京大学出版社，第396页。

为广阔的场域。①

中古时代儒家学说仍带有强烈的宗教色彩，阴阳五行、天人感应学说弥漫在社会的各个角落。不论是精英的知识、民众的生活，还是政治运作，都受到以纬学思想为核心的这一套信仰和知识体系的影响。那么，很难想象，隋唐长安城的设计理念里，没有阴阳五行、天人感应的成分。妹尾达彦指出，大兴城内的大兴殿（唐高祖李渊即位前改为太极殿）对应的是天上的北极星，天子所居，也就对应宇宙的中心。②其实，在大兴城设计之初，就受到了阴阳术数思想的深刻影响。开皇元年（581），著名的天文星占家庾季才上书隋文帝，"臣仰观玄象，俯察图记，龟兆允袭，必有迁都"，为迁都奠定了理论基础。因为庾季才的支持，隋文帝遂发诏兴建大兴城，并将庾季才进爵为公。③大兴城的建造者宇文恺也曾经和以天文历算著称的耿询一起制作称水漏器等计时器④，对天文历法非常熟悉。

长安城受到阴阳术数思想的影响，其中最为大家津津乐道的就是朱雀街南北六条高坡与八卦的对应。李吉甫《元和郡县图志·关内道》记载：

> 隋氏营都，宇文恺以朱雀街南北有六条高坡，为乾卦象，故以九二置宫殿，以当帝王之居；九三立百司，以应君子之数；九五贵位，不欲常人居之，故置玄都观及兴善寺以镇之。⑤

从卦辞上看，九二为"见龙在田，利见大人"，所以设置为帝王之居；九三为"君子终日乾乾，夕惕若厉"，设计为百官官署；九五为"飞龙在天"，则常人不能居住，以寺院道观镇之。笔者也尝论，大兴城东南隅被挖掘成池（曲江），是

---

① 荣新江：《从王府到寺观——隋唐长安佛道神圣空间的营造》，见陈金华、孙英刚编：《神圣空间：中古宗教中的空间因素》，复旦大学出版社，2014年，第10—22页。作者认为，佛道在内、儒家在外的神圣空间格局，从隋唐一直延续下来，对于中国政治进程、社会发展以及城市布局等方面，都有深远的影响。

② ［日］妹尾達彦：《唐長安城の礼儀空間——皇帝礼儀の舞台を中心に》，《東洋文化》（72），1992年，第3—11页。

③ 《隋书》卷七八《庾季才传》，中华书局，1973年，第1766—1767页。庾季才家族是中古时期著名的星占家族，其子庾质任隋代太史令，另一子庾俭在唐初任太史令。

④ 《隋书》卷一九《天文上》，中华书局，1973年，第529页。

⑤ ［唐］李吉甫：《元和郡县图志》卷一《关内道一》，中华书局，1983年，第1—2页。有关地形分析，参看马正林：《汉长安形状辨析》，《考古与文物》1992年第5期。关于卦辞的分析，参见李令福《隋唐长安城六爻地形及其对城市建设的影响》，《陕西师范大学学报》（哲学社会科学版）2010年第4期；李小波：《从天文到人文——汉唐长安城规划思想的演变》，《北京大学学报》（哲学社会科学版）2000年第2期。关于中古都城布局与天文、术数之关系，参见王静：《中古都城建城传说与政治文化》，社会科学文献出版社，2013年。

魇镇东南的体现。当时修建大兴城时，南朝仍在，要到七年后才统一。大兴城的东南隅地势高耸，从堪舆角度看，对隋朝命数不利。宇文恺不辞烦琐，将其地挖凿成池，就是要将代表黄旗紫盖的东南王气用术数的办法加以镇压和摧毁。正因为如此，长安城的南部东西是不对称的，西南是坊里，东南是曲江。①

除了上述思想因素之外，我们不得不问，隋文帝建造大兴城的理论依据里面，难道没有佛教的因素吗？毕竟，这是一个佛教昌盛的时代，而且推动建造大兴城的隋文帝，是历史上使用佛教意识形态进行政治宣传的代表人物。佛教传入中国之后，对城市空间的影响是巨大的。佛教兴起之前的中国城市，基本上分为官、民两种空间，国家祭司的礼仪空间老百姓是进不去的。佛教出现之后，在官、民的结构之外，提供了双方都可以去的近乎公共空间的场域。另外，城市空间在世俗空间之外，出现了宗教（神圣）空间。隋唐长安城是一座佛光闪耀的都市，我们很难相信，这样一座城市在设计的时候没有打上任何佛教的印记。

我们回到大兴城建城之初。隋文帝建立隋朝之前，经过北周武帝的灭佛运动，关中佛教损失惨重。新建的都城，佛教僧团是重新征召的。在开皇七年（587）关东六大德到来之前，京城主要的僧团是国师昙延（516—588）及其弟子。大兴城开皇二年（582）建造，所以只有可能昙延跟这座新都城产生关联。昙延代表着北周、隋朝佛教的官方正统，灭佛前他就是北周的大昭玄统。他也是复兴佛教的主要人物，正如唐初道宣所论，"三宝再弘，功兼初运者，又延之力矣"②。隋文帝对昙延执弟子之礼，"帝既禀为师父之重，又敕密戚懿亲，咸受归戒。至于食息之际，帝躬奉饮食，手御衣裳，用敦弟子之仪，加敬情不能已"③。隋文帝让昙延在大兴殿"登御座南面授法，帝及朝宰、五品已上咸席地北面而受八戒"，确认昙延的国师地位。隋文帝以佛教转轮王（Cakravartin）自居，其政治宣传，昙延也参与其中，并扮演重要角色。开皇二年冬，那连提黎耶舍（Narendrayasaś，约517—589）在大兴善寺草创译场，隋文帝"敕昭玄统沙门昙延等三十余人，令对翻传"，监掌译务。④

① 孙英刚：《"黄旗紫盖"与"帝出乎震"——术数语境下的中古政权对立》，《中国中古史研究》（第4卷），中华书局，2014年，第86—115页。收入《神文时代：谶纬、术数与中古政治研究》，上海古籍出版社，2014年，第63—100页。

② 〔唐〕道宣：《续高僧传》卷八《昙延传》。道宣《集古今佛道论衡》云："于时昙延法师，是称僧杰，升于正殿而授帝菩萨戒焉。"

③ 〔唐〕道宣：《续高僧传》卷八《昙延传》。宋咸淳四明东湖沙门志磐撰《佛祖统纪》卷三九也正是将隋文帝开启复兴佛法归于"沙门昙延谒见，劝兴复佛法"。

④ 〔唐〕道宣：《续高僧传》卷二《隋西京大兴善寺北天竺沙门那连耶舍传》。有关讨论参见王亚荣：《大兴城佛经翻译史要》，见《长安佛教史论》，宗教文化出版社，2005年，第121—129页。

笔者尝论隋唐长安佛教中心是如何成立的，发现昙延在其中扮演了重要作用。①最令人感兴趣的是，他的名字和新建的都城连在了一起。唐初道宣记载：

> 移都龙首，有敕于广恩坊（唐长寿坊）给地，立延法师众。开皇四年，下敕改延众可为延兴寺，面对通衢。京城之东西二门，亦可取延名以为延兴、延平也。然其名为世重，道为帝师，而钦承若此，终古罕类。昔中天佛履之门，遂曰瞿昙之号。今国城奉延所讳，亚是其伦。②

为了尊崇国师昙延，隋文帝用昙延的名字命名了大兴城东西的城门，分别叫"延兴门""延平门"。道宣也惊叹，这种事情"终古罕类"。

昙延的名字只是出现在了东西城门上。与其相比，我们可能忽略了，隋文帝把自己的名号加在了大兴城这座城市的很多关键位置上。正如我们下节将讨论的，城曰大兴城，殿曰大兴殿，门曰大兴门，县曰大兴县，园曰大兴园，寺曰大兴善寺，园花池沼，其号并同。中国古代社会因为有避讳的传统，从来不用君主或者圣贤英雄的名字命名地方，更不要说都城。这一点很容易理解，如果大兴城是叫"杨坚城"，不论口头还是文字，甚至官文书，都要不断提到君主的名讳，这是难以想象的。"大兴"是隋文帝的个人名号。在隋文帝之前，从未有君主将都城以自己的名号命名。即便是杨坚之后，也从未发生过。对建都这样重大的事情，难道仅仅是君主任意而为，或者巧合吗？由于历史记载，尤其是有关佛教的痕迹被后代儒家学者反复涂抹，或许有一些可能存在的情节被湮没了。

二、"大兴"与隋文帝的佛教政治宣传

对隋文帝杨坚而言，"大兴"具有特殊的宗教和政治意义。隋文帝不但用"大兴"命名了新建的都城，而且用它命名了跟都城有关的重要地标和建筑。新都命名的诏书是开皇二年夏天发布的，参与隋文帝政治宗教宣传的翻经学士费长房和唐初的高僧道宣都记录了这道诏书的关键部分，尽管字词有出入，但内容一致。费长房记载："城曰大兴城，殿曰大兴殿，门曰大兴门，县曰大兴县，园曰大兴园，寺曰大兴善寺。因即三宝慈化，自是大兴。万国仁风，缘斯重阐。"③道宣记载略同，增

---

① 孙英刚：《从"众"到"寺"：隋唐长安城佛教中心的成立》，见荣新江主编：《唐研究》（第19卷），2013年，第5—39页；孙英刚：《何以认同——昙延（516—588）及其涅槃学僧团》，见洪修平主编：《佛教文化研究》（第1辑），江苏人民出版社，2014年，第120—166页。昙延的僧团在长安城绵延半个世纪之久，直到贞观年间，其弟子玄琬是唐初长安城的佛教领袖，乃至唐太宗敕召为皇太子及诸王等受菩萨戒，故太子等都视其为师。

② 〔唐〕道宣：《续高僧传》卷八《昙延传》。

③ 〔隋〕费长房：《历代三宝纪》卷一二。

加了一句话："园花池沼，其号并同。"①如果简单地分析，很显然，隋文帝是把新都到处打上自己的印记。隋文帝对"大兴"这个名号非常看重，比如他在册立杨广做太子时，让杨广"出舍大兴县"，原因是他自己就是"以大兴公成帝业"②。杨坚在北周的时候，先封成纪县公，明帝即位，进封大兴郡公，之后袭爵隋国公。③所以说，大兴郡公既不是他的第一个封爵，也不是他最后的封爵，却成了他宣传的重要标语。

那么，是不是仅仅是由于杨坚做过大兴郡公，就把新都城和新都城的一系列标志性建筑、机构用"大兴"命名呢？可能并非如此。在隋文帝运用佛教进行的宣传和运作中，"大兴"这个词很可能是个关键的概念。从这个意义上说，用带有鲜明个人色彩的"大兴"来命名新都城，其中的原因超出世俗文献的记载和暗示。这一点，费长房在《历代三宝纪》中记载那道命名新都的诏书之后做了总结："我皇帝之挺生，应天时，顺地理。……散经还聚，聚光大集之文；别坏遂通，通显大兴之国。非夫位握金轮，化弘方等，先皇前帝，弘化阐法，其孰并斯焉？"④也就是说，能够完成"大兴之国"等伟业，是因为杨坚的"位握金轮"。"位握金轮"当然是指杨坚作为一个佛教转轮王的资格。此类政治修辞语言，在南北朝隋唐时期非常普遍。

如前辈学者屡屡指出的那样，隋文帝以佛教转轮王自居，佛教是其重要的政治意识形态工具。而其中最为重要的宣传文件，是那连提黎耶舍在开皇二年开始翻译的《德护长者经》（又名《尸利崛多长者经》）。这一两卷本的重译佛经，之前已经存在多个译本。⑤重译的主要动机，是为隋文帝提供统治合法性的"于经有征"的证据。这个在当时被隋文帝高度重视的翻译项目，在文末做了一番现在看来都非常直白的宗教性的政治预言：

> 又此童子（月光童子），我涅槃后，于未来世护持我法，供养如来，受持佛法，安置佛法，赞叹佛法。于当来世佛法末时，于阎浮提大隋国内，作大国王，名曰"大行"。能令大隋国内一切众生，信于佛法，种

---

① 〔唐〕道宣：《续高僧传》卷二《阇那崛多传》。

② 《隋书》卷三《炀帝本纪》，中华书局，1973年，第60页。

③ 《隋书》卷一《高祖杨坚本纪》，中华书局，1973年，第2页。

④ 〔隋〕费长房：《历代三宝纪》卷一二。

⑤ 西晋竺法护译有《月光童子经》（又名《月明童子经》，与《申日兜（儿）》《失利越》是同本异译）一卷。另外疑为三国支谦译《佛说申日经》，之后又有刘宋求那跋陀罗译《申日儿本经》，皆收于《大正藏》第14册。《佛说申日经》在文末预言，"月光童子当出于秦国作圣君"，统领夷夏崇信佛法。（《大正藏》第14册）不过这一记载不见于竺法护和求那跋陀罗的译本。

诸善根。时大行王，以大信心大威德力供养我钵。于尔数年我钵当至沙勒国，从尔次第至大隋国。其大行王于佛钵所大设供养。①

这个说法，立刻被隋文帝的翻经学士费长房所吸收并广泛宣传，他在《历代三宝记》中就引用新译的《德护长者经》，说"月光童子于当来世佛法末时，于阎浮提脂那国内作大国王，名曰大行。彼王能令脂那国内一切众生住于佛法，种诸善根"②。

《德护长者经》对确立隋文帝佛教君主地位的意义，相关研究甚多，兹不赘述。③我们来看一处之前学者未曾讨论的细节"大行""大行王"。众所周知，从汉代开始，"大行皇帝"就是皇帝死之后、谥号未确定前的称呼，所谓"大行皇帝，不永天年"。"大行"的本意，就是永远离开的意思。在一个刚刚建国、政治敏感度极高的时代，称杨坚为"大行王"，让人非常不解。可惜的是，我们没有更多的版本可以核对，确认这里的"大行"就是费长房说的"大兴"，"大行王"就是"大兴王"（也就是杨坚）。文本在传抄过程中有可能出现这样的错讹。从逻辑上推断，那连提黎耶舍已经直白地提到了"大隋国"，没有必要再遮遮掩掩这个大隋国的君主就是"大兴王"杨坚。费长房在《历代三宝纪》中称隋朝为"大兴之国"，也可作为间接证据。

或者还有一种解释，所谓"大行"指的是菩萨之修行。因为即便是转轮王，也还是没有跳脱六道，还需要继续修行和轮回，以达到最终解脱。菩萨行是转轮王应该遵循的。这种解释曲折烦琐，太过牵强，恐怕离真相较远。在新的证据出现之前，我们暂不断定"大行"就是"大兴"。但是从史料的整体内容来看，毫无疑问，《德护长者经》里提到的"大行王"就是杨坚。而且，杨坚要"以大信心大威德力供养我（指佛，这个预言是借着释迦牟尼佛的口说的）钵。于尔数年我钵当至沙勒国，从尔次第至大隋国。其大行王于佛钵所大设供养"。很显然，那连提黎耶舍等佛教理论家们，试图将隋文帝和佛钵联系在一起。

佛钵（Pātra）信仰，事关弥勒信仰的重要层面，涉及佛教理想君主转轮王的基本理念，进而也成为影响魏晋南北朝以及隋唐初期佛教信仰和政治起伏的重要因素。作为一个重要的宗教政治符号，佛钵屡屡出现在犍陀罗艺术作品中，而且往往

---

① 《佛说德护长者经》，《大正藏》第14册。

② 《大正藏》第49册。

③ ［法］烈维：（Sylvain Lévi）：《大藏方等部之西域佛教史料》，冯承钧译，《西域南海史地考证译丛》（第2卷），商务印书馆，1962年，第221—222页；［日］藤善真澄：《末法家としての那连提黎耶舍——周隋革命と德護长者经》，《東洋史研究》第46卷1号1987年。

跟弥勒信仰连在一起。①早在东晋兴宁三年（365）四月，襄阳的习凿齿致书高僧道安时，就提到"月光将出，灵钵应降"②。至少在公元4到5世纪，乃至6世纪初，存在一个去中亚礼拜佛钵的热潮。③笔者尝论佛钵信仰与中古政治的关系，此处不再赘述。简而论之，佛钵是弥勒信仰和转轮王观念中的传法信物。在未来弥勒下生后，佛钵将会再次献给他，如之前四天王献给释迦牟尼一样。而弥勒下生之前，将有佛教的理想君主转轮王出世，统治世间，供养佛钵。佛钵在哪里，那里就是佛教中心。而且，在魏晋南北朝，至少还包括隋代，在中土一直流传着佛钵将来到华夏的说法。而有关佛钵的信仰和有关月光童子（Candraprabha kumāra）出世为转轮王的信仰交织在一起，伴随着大量有关这一内容的疑伪经的出现，在中古政治中掀起了很多波涛。隋文帝，也是典型的宣扬自己是月光童子出世为转轮王的君主。④这也就很容易理解，为什么在《德护长者经》篡改部分反复出现"月光童子""佛钵""大兴"等关键词。

贵霜帝国时期，迦腻色伽一世（Kanishka I）围困沙祇多（Saketa）或者华氏城（Pataliputra）的时候，将佛钵从佛陀故地抢到了自己的国都布路沙布逻（Puruṣapura），即弗楼沙（富楼沙），时间在公元127—151年。关于这一事件，汉文史料比如《马鸣菩萨传》《付法藏因缘传》《大庄严经论》等都有记载。之后，佛钵一直停留在富楼沙，直到唐初。关于迦腻色伽为什么抢夺佛钵，笼统而论，自然是将佛陀圣物置于自己的国都，更能彰显自己佛教转轮王的身份，符合其以佛教治国的理念。⑤正如研究中亚佛教的学者指出的那样，佛钵被运到富楼沙后，以佛钵佛法为所在中枢，犍陀罗逐渐取代印度本土成为佛教中心。中国西行求法僧人很多

---

① 有关研究，可参见李静杰：《佛钵信仰与传法思想及其图像》（《敦煌研究》2011年第2期）。有关佛钵在犍陀罗艺术中的表现，参见Kurt A. Behrendt, *The Art of Gandhara in the Metropolitan Museum of Art*（Behrendt, 2007, p. 53）; John M. Rosenfield, *The Dynastic Arts of The Kushans*（Berkeley and Los Angeles, University of California Press, 1967, pp. 222-223）等。

② 〔梁〕慧皎：《高僧传》卷五《释道安传》。

③ 饶宗颐：《刘萨河事迹与瑞像图》，见《1987年敦煌石窟研究国际讨论会文集》，辽宁美术出版社，1990年，第336—349页。

④ 详细讨论参见孙英刚、李建欣：《月光将出、灵钵应降——中古佛教救世主信仰的文献与图像》，见《全球史评论》（第11辑），中国社会科学出版社，第108—140页。

⑤ 相关讨论参见John M. Rosenfield, *The Dynastic Arts of The Kushans*, Berkeley and Los Angeles, University of California Press, 1967, pp. 222-223；古正美：《贵霜佛教政治传统与大乘佛教》，晨允文化出版公司，1993年，第457—458页。

到这里之后，礼拜完佛钵、舍利，就打道回府，并未渡过印度河继续西行。①

迦腻色伽，这位佛教文献里著名的转轮王把佛钵千里迢迢搬到了自己的首都。而那连提黎耶舍这位替杨坚进行政治理论探索的高僧，也把杨坚供养佛钵写进了《德护长者经》这个政治预言性的文献。但是可惜，佛钵没有东来，后面的故事也没有发生。我们不知道那连提黎耶舍在纂译《德护长者经》写下佛钵到隋朝来的预言时，是不是也向隋文帝建议把佛钵从他的故乡（斯瓦特，离富楼沙很近）运到长安，如迦腻色伽把佛钵从佛陀故地千里迢迢运到富楼沙一样。我们知道的是，约公元630年，杨坚驾崩二十多年后，玄奘抵达富楼沙，只看到王城内东北供养佛钵的宝台，但是佛钵已经被搬到了"波剌斯"②。在记波斯时，玄奘专门提到，波斯都城苏剌萨傥那（Suristan），"释迦佛钵在此王宫"③。

那连提黎耶舍本就出身于犍陀罗文明的核心地区。他是乌苌国（今斯瓦特地区）人，对犍陀罗地区非常熟悉。富楼沙对他来说，具有很强的吸引力。他在北齐的时候翻译《大方等大集经》描述富楼沙（也就是他笔下的"富楼沙富罗国"）："尔时世尊以富楼沙富罗国付嘱阿罗脯斯天子千眷属、难提乾闼婆百眷属、净众紧那罗百眷属、摩尼华夜叉千眷属、迦荼龙王阿婆罗罗龙王各二千五百眷属、大怖伽楼罗百眷属、讫多孙地阿修罗五百眷属、烧竹鸠盘荼五百眷属、多卢斯天女三目天女各五百眷属，汝等共护富楼沙富罗国。"④佛陀将此城托付众神，嘱咐他们护佑富楼沙。富楼沙在佛教中的地位可见一斑，至少说，在那连提黎耶舍的眼中，富楼沙是跟佛教关系极为密切的城市。而且，根据唐初道宣的记载，那连提黎耶舍亲自去富楼沙礼拜过佛钵。⑤所有这些背景，加上从魏晋南北朝以来佛教救世主观念的兴盛，让那连提黎耶舍在重译的《德护长者经》中加入了之前译本不存在的内容，这些内容包括预测杨坚在"大隋国"做"大行（兴）王"，还包括佛钵将来到隋朝，大行（兴）王将如迦腻色伽那样，作为佛教转轮王供养佛钵。

---

① 详细讨论参见［日］桑山正进：《巴米扬大佛与中印交通录像的变迁》，王钺译，《敦煌学辑刊》1991年第1期；［日］桑山正进：《与巴米扬大佛有关的两条交通路线》（上、下），徐朝龙译，《文博》1991年第2、3期，日文版载《东方学报》（第57册），1985年，第109—209页。

② 三藏法师玄奘奉诏撰：《大唐西域记》卷二，《大正藏》第51册。类似记载还见于沙门慧立本撰、释彦悰笺：《大唐大慈恩寺三藏法师传》卷二，《大正藏》第50册。

③〔唐〕玄奘：《大唐西域记》卷一一。

④《大方等大集经》卷五五，《大正藏》第13册。

⑤〔唐〕道宣：《续高僧传》卷二《隋西京大兴善寺北天竺沙门那连耶舍传》。

三、以君主名号命名都城与佛教转轮王信仰

佛教传入中国，带来了新的政治理论和意识形态学说。尤其是在中古时期，佛教对于世俗王权的理念，以转轮王为核心，对当时的政治世界产生了重要影响。这种影响超出了政治修辞的层面，实质性地重塑了当时的政治运作模式和游戏规则。[①]就隋文帝而言，除了用"金轮""飞行""十善""七宝"这些跟转轮王紧密相关的新术语打扮自己之外，最为学者关注的，是他模仿历史上有名的转轮王阿育王（Asoka，前268—前232年在位）分舍利建塔。分舍利建塔被视为是塑造转轮王身份的一种仪式性的活动，毕竟，隋文帝结束了长达三百年的分裂，完成了南北统一，这在当时看起来也是极其伟大的功业。按照中国传统的政治理念，隋文帝应该通过去泰山封禅，昭告天地，报告自己取得的成就。但是隋文帝没有这么做，他选择了分舍利建塔，将中央权威通过佛教仪式、祥瑞、宣传等手段渗透到地方各州，来巩固帝国的统一。

很显然，杨坚沿袭了历史上著名的转轮王阿育王、迦腻色伽等人的做法，通过供养舍利，用佛教作为南北都接受的意识形态来统一人心。在分舍利建塔的过程中，根据他的诏书，"建轨制度一准育王"[②]，也就是完全模仿阿育王的做法。隋文帝时重要政治理论家王邵撰写的《庆舍利感应表》，专门记录各州分舍利建塔过程中发生的各种神异情节，比如瀛州，挖土安放舍利石函时，土中出现黑色篆书文字，云"转轮圣王佛塔"[③]。地方政府对杨坚宣扬自己是转轮王的意图非常清楚，曲意附会再明显不过了。所以戴密微（Paul Demiéville）早就指出，隋文帝模仿历史上的转轮王，是一种阿育王样式（Asoka model）。[④]隋文帝自己在诏书中说："佛以正法（Dharma）付嘱国王，朕是人尊，受佛嘱咐。"[⑤]

隋文帝分舍利建塔的前提，是在新都建立以他的名号命名的大兴善寺。大兴善寺在大兴城设计中占据重要位置，也在隋文帝统治时期在政治和宗教活动中占据

---

① 有关转轮王对中古政治尤其是王权理论的影响，参见孙英刚：《转轮王与皇帝——佛教王权观对中古君主概念的影响》，《社会科学战线》2013年第11期；孙英刚：《武则天的七宝：佛教转轮王的图像、符号及其政治意涵》，《世界宗教研究》2015年第2期。

② 〔唐〕道宣：《续高僧传》卷一八《昙迁传》。

③ 〔唐〕道宣：《广弘明集》卷一七，《大正藏》第52册。

④ 《剑桥中国秦汉史》，中国社会科学出版社，1992年，第940页；芮沃寿（Arthur Wright），"The Foundation of Sui Ideology，581-604"，John Fairbank，*Chinese Thought and Institutions*，Chicago，1957，p. 86。

⑤ 〔隋〕费长房：《历代三宝纪》卷一五。

中心位置。隋文帝稍后从关东地区征召六大德僧团到京城，首先都是安置在大兴善寺。先组建佛教中心（大兴善寺），把高僧笼络入京，然后再分舍利于四方，这是开皇、仁寿时代隋文帝运用佛教进行政治运作的主要措施。有学者论贵霜君主与佛教之关系，认为贵霜的开国君主丘就却（Kujula Kadphises）的做法影响了中国中古时期的君主们。根据这一理论，丘就却在都城建立宣教的总部"阿育王僧伽蓝"，在地方建造教化中心"如来神庙"，达到以佛教教化人民的目的。[①]不过，必须指出的是，在历史上，丘就却和阿育王是两个人，似不能混为一谈。在都城建立阿育王大寺的是阿育王，不是丘就却。关于阿育王在都城华氏城修建阿输伽罗摩大寺（Asokarama）——也是用自己的名号命名该寺——有坚实的文献记载可以证实。汉译《善见律毗婆沙》记载了他修建该寺的情形。[②]缅甸的《琉璃宫史》记载了更多细节，包括阿育王站在阿输迦罗摩大寺上，看到各地正在举行安放舍利仪式的84000座寺庙。[③]"阿输伽"（Aśoka）本意为"无忧"，汉文史料中常称其为"无忧王"。"阿输伽罗摩大寺"的称呼跟隋文帝杨坚用"大兴"命名首都的大兴善寺，逻辑是一致的。

对中国中古时期的人们来说，最有名的两个护持佛法的转轮王，一个是阿育王，另一个就是贵霜帝国的迦腻色伽。我们看了阿育王建造以自己名号命名的、位于首都的大寺的情况，现在转到可能对中国中古时代直接影响更大的贵霜帝国的情况。现在学界一般认为，佛教是经过在犍陀罗的再造和融合才传入中国的，很多理念是从那里发端的。译经僧，包括隋文帝时期最重要的那连提黎耶舍，都是来自这个地区。

现在对迦腻色伽的时代仍有些争议——不是因为史料不够，是因为史料太多，记载冲突——这非本文的关键。我们按照现在通常接受的观点，约在2世纪上半叶。在他统治时期，他将首都迁到了布路沙不逻（Puruṣapura），也就是今天的白沙瓦（Peshawar）附近。佛钵等佛教圣物也被搬到这里，在之后的数百年间，这里成为佛教的中心。法显经过此城，称其为弗楼沙国[④]，在汉文史料中，这座佛教色彩浓厚的都城又被称为"富楼沙"。这座伟大的都市，在之后的历史中湮没了绝大部分历史

① 有关论述参见古正美：《贵霜佛教政治传统与大乘佛教》（允晨文化出版，1993年）。贵霜传统对中国中古时期政治的影响，参见古正美《从天王传统到佛王传统——中国中世佛教治国意识形态研究》（商周出版社，2003年）。不过必须指出的是，笔者并不能同意作者在史料解释、逻辑推演、观点总结等方面做的很多过度解读。

② 《善见律毗婆沙》卷一，《大正藏》第24册。

③ 《琉璃宫史》（上卷），商务印书馆，2009年，第102页。

④ 〔晋〕法显：《高僧法显传》，《大正藏》第51册。

记忆。19世纪以来的考古发掘，出土了数量惊人的佛教雕刻，从一个侧面印证了其当时作为丝绸之路大都市和佛教中心的地位。

布路沙布逻的本意是"人之城"。龙树菩萨造、后秦龟兹国三藏法师鸠摩罗什奉诏译的《大智度初品》云："'富楼沙'（布路沙、弗楼沙），秦言'丈夫'。"①也就是说，布路沙不逻的意思是"人之城"。但是，考古证据显示，这座城市还有另外一个名字：迦腻色伽布逻（Kanishkapura）。至少，在迦腻色伽迁都到这里（如杨坚一样，是新都）的时候，此城也叫作"迦腻色伽布逻"（迦腻色伽城）。迦腻色伽在统治时期，修建了迦腻色伽大塔。这座塔，在汉文史料中非常有名，叫作"雀离浮图"（Cakri Stupa）。西行求法的高僧包括法显、玄奘等都对此塔赞叹不已。在中国中古的历史记忆里，"雀离浮图"也留下了自己的很多痕迹，此非本文重点，不须赘述。②不过值得指出的是，"雀离浮图"的本义就是"轮王之塔"或者"轮塔"。这座用迦腻色伽名号命名的佛教建筑，就位于富楼沙或者迦腻色伽城。现在的位置在白沙瓦郊外的沙琪基泰里（Shah Ji Ki Dheri，此名翻译为汉语就是"王之丘"，或是当地人保留的残余历史记忆）。1909年9月和1910年11月，D. B. Spooner博士带队在沙琪基泰里发掘了雀离浮图遗址，发现了迦腻色伽的青铜舍利函。③难能可贵的是，这一舍利函上有佉卢文铭文。其中部分意思比较明确：

> 为了接受说一切有部（Sarvāstivādin）诸师，此香函为迦腻色伽大王（Mahārāja）供养的功德礼物……在迦腻色伽城（Kanishkapura）。以此功德，祝愿众生福德圆满……迦腻色伽大寺（Kanishka's vihāra）饭厅建造的主持者……④

很显然，迦腻色伽给富楼沙这座伟大的都城、佛教的中心打上了自己的印记，如之前的阿育王一样。我们看到，都城叫作迦腻色伽城，寺院叫作迦腻色伽大寺，佛塔叫作迦腻色伽大塔（又叫"雀离浮图"或者"轮王之塔"）。这一做法，竟跟后来隋文帝在大兴城的做法如此一致。而且，隋文帝可能差一点听从那连提黎耶舍的意见，模仿迦腻色伽把佛钵搬到大兴城。很可惜的是，世俗文献经过后代反复洗

---

① 《大正藏》第25册。

② 初步的讨论，参见李澜：《有关雀离佛寺的几个问题》，《敦煌研究》2009年第4期。

③ John H. Marshall，"Archaeological Exploration in India，1908-9"（Section on："The stūpa of Kanishka and relics of the Buddha"），*Journal of the Royal Asiatic Society*，1909，pp. 1056-1061.

④ 有关铭文比较好的翻译，参见Harry Falk，"The Inscription on the So-called Kanishka Casket"，Appendix，in Errington，2002，p. 113。

刷，佛教的痕迹已然模糊不清，《隋书》等文献里，除了几个"邪恶和尚"，几乎读不出任何"民间佛经，多于六经数十百倍"的佛教昌盛的意思。

中土的皇帝们能够模仿的典范转轮王，除了阿育王，就是这位汉文文献中不断出现的迦腻色伽了。但是以上是现代考古提供的证据，并不能证明隋文帝杨坚的时代，隋文帝和隋代的高僧、士人们有机会了解到迦腻色伽的做法。但实际上，我们即便不依靠现代考古发现的铭文，仅仅依靠汉文佛教文献的记载，也能证明迦腻色伽在都城的这些作为。这些汉文文献，隋文帝是可以看到的，而且有关迦腻色伽的有关信息，在中古时代非常流行，反而是处于现代的我们不能够彻底了解其中的真相。

马鸣菩萨（迦腻色伽的重要佛教顾问）造、后秦三藏鸠摩罗什译的《大庄严论经》卷三有这样的记载："栴檀罽尼咤王将欲往诣罽尼咤城，于其中路见五百乞儿。"[①]北魏西域三藏吉迦夜共昙曜译《付法藏因缘传》也有类似的记载：迦腻色伽"后至腻咤塔"，路遇五百乞丐，施舍给他们财物。[②]汉文史料中称迦腻色伽为"真檀迦腻咤"或者"栴檀罽尼咤"（Chandan Kanika），都是"犍陀罗（之王）迦腻色伽"的音译。汉文史料中提到的"罽尼咤城""腻咤塔"显然就是指的富楼沙和雀离浮图。唐初道宣将这座塔称为"迦腻王大塔"，并且指出，"即世中所谓'雀离浮图'是也"[③]。迦腻色伽大塔西北还有一座寺院，为迦腻色伽所建。玄奘在其《大唐西域记》中记载："大窣堵波西有故伽蓝，迦腻色迦王之所建也。重阁累榭，层台洞户，旌召高僧，式昭景福。"[④]不过玄奘去的时候，寺院已经衰败了。《印度志》的作者比鲁尼（973—1048）证实了这一点，他在11世纪初提到白沙瓦有一座迦腻色伽所建造的伽蓝，名叫"迦腻色伽支提"（Kanik Chaitya）[⑤]。

在贵霜王朝之前，希腊-巴克特里亚（汉文史料中的大夏，后来被大月氏所灭）君主们也常用自己的名字命名城市。我们知道，亚历山大在中亚和西北印度建立了一系列叫"亚历山大城"（Alexandria）的城市，比较有名的有Alexandria of the Caucasus、Alexandria on the Oxus、Alexandria Eschate（极东亚历山大城，有可能是汉文史料中的大宛）等。佛教历史上另一位有名的护法君主米南德一世，就是出生

---

① 《大正藏》第4册。

② 《大正藏》第50册。

③ 〔唐〕道宣：《续高僧传》卷四《玄奘传》。

④ 〔唐〕玄奘：《大唐西域记》卷二。

⑤ A. Foucher, *Notes on the Geography of Gandhara*, translated by H. Hargreaves, Calcutta, 1915, pp. 10, 16, 21, 32. 转引自穆罕默德·瓦礼乌拉·汗：《犍陀罗：来自巴基斯坦的佛教文明》，陆水林译，五洲传播出版社，2009年，第78页。

在其中一座亚历山大城（最大可能是Alexandria of the Caucasus）。[1]另外一位有名的希腊-巴克特里亚国王德米特里一世也建有德米特里亚城（Demetrias）。[2]作为大夏后来的新王朝，贵霜君主迦腻色伽受到上述传统的影响，也是有可能的。抑或是佛教和其他多种文化传统融合而成的做法。历史的真相，只能有待新的史料出现了。

我们把上述信息做一个梳理，也就是说，仅仅依靠南北朝隋唐时期的汉文佛教文献，即可确定，迦腻色伽迁都布路沙不逻后，这座新都城不论城名、寺名、塔名都用迦腻色伽的名号命名。由于缺乏文献记载，我们不能确定阿育王和迦腻色伽完全一样，但至少可以确定阿育王也用自己的名号命名了都城的中央大寺。作为这两位传说中的佛教转轮王的追随者，隋文帝杨坚在营建新都时的许多细节，确实跟前两者有类似的地方。尤其是杨坚之于大兴城，和迦腻色伽之于富楼沙，在宗教和政治运作上颇有相似之处。而杨坚在大兴城修建大兴善寺作为征召高僧、分舍利建塔的总部，以及用自己的名号命名都城的重要地名，都在之前的本土传统中找不到前例或者依据。或许我们可以说，佛教确实在隋唐长安城的规划设计中扮演了不可缺少的角色，并非完全缺位的。

原载《社会科学战线》2017年第12期

（孙英刚，浙江大学历史系教授）

---

① 有关讨论参见孙英刚：《佛教典籍中的一位希腊君王》，《读书》2015年第8期。

② 公元1世纪后半期的查拉克斯的伊西多尔（Isidore of Charax）著《帕提亚驿程志》（Parthian Stations），参见http://www.parthia.com/doc/parthian_stations.htm。

历史书写与文脉传承

唐代绘画中的长安意象

张　慨

诗画相通，唐诗中的长安，有帝都的雄伟、灞桥的感伤、浮屠的兴盛和隐逸的山水，长安人文空间在诗人的笔下徐徐勾勒。然而，今天我们所见到的关于唐代的种种鲜活的记忆，除了文字，更多的是来自那个时代的视觉艺术，墓室的壁画、陵墓的雕刻、工艺美术器物等等。"绘画是一种特殊的思维活动，一种把感性形象和一般普遍性的概念融合在一起的一个统一的认识陈述中的理性活动。"①绘画创作的最终目标是"造境"，是在把握自然环境特征的基础上对真实景观的模拟。但绘画是一种意象表达方式，是以"象"为基础环境的视觉呈现。本文在既有研究基础上，根据画史记载和后世流传作品，考察这一时期绘画艺术中的环境表达更具有典型意义。

一、"马蹄疾"

唐代诗人孟郊有"春风得意马蹄疾，一日看尽长安花"②之句流传至今，无独有偶，长安绘画中也有众多的以马为题材的绘画，绘画史上将其称为鞍马画。中国绘画史上鞍马画的创作有两千多年的历史，并出现了创作及取得成就的三次高峰，而第一次高峰就出现在唐代，涌现出了初唐的李元昌、李绪，盛唐的展子虔、曹霸、陈闳、韩幹和韦偃等鞍马画大师，更诞生了"昭陵六骏"这样震撼的雕刻艺术作品。

1.绘画中的"马"意象构建了帝都的生活文化空间

据画史名家郑午昌在其著作《中国画学全史》一书中记载，唐代长安的鞍马画，按照绘画表现形式划分，有下列种类：

（1）绢本鞍马图，如曹霸的《汗血马图》《照夜白图》《神骏图》，韩幹的

---

① ［美］鲁道夫·阿恩海姆：《视觉思维——审美直觉心理学》，滕守尧译，光明日报出版社，1987年，第32页。

② ［唐］孟郊：《登科后》。

《御马图》，郭众的《师子花图》《饮马图》，陈闳的《杨妃并马上马图》，韦偃的《双骑图》，李公麟临摹韦偃的《临韦偃放牧图》《千马图》，胡瓌的《牧马图》（十幅）、《番族牧马图》、《对马图》，胡虔的《番部盗马图》、《猎骑图》（两幅）、《番骑图》（四幅）、《番马图》，张萱的《虢国夫人游春图》（图1）等等。《宣和画谱》记载韩幹有52件画马的作品，是鞍马画的标志性人物。还有一些佚名的鞍马画，如《游骑图》《百马图》等等。

图1　张萱《虢国夫人游春图》

（2）宫廷墓室壁画中的鞍马图，如李寿墓的《骑马出行图》，长乐公主李丽质墓的《云中车马图》，章怀太子李贤墓的《马球图》《狩猎出行图》，等等。

从这些鞍马画的画面景观构成来看，主要包括这样的内容：雄壮的马，以马为娱乐活动的打马球、狩猎、游春，贵族的出行方式——骑马和乘车马，贵族及妇女、马官，胡马，等等。

马画中描绘的马球运动是通过丝绸之路从波斯传入中国的，经由唐太宗的倡导成为当时贵族和宫廷的时尚活动。观看和参与马球比赛，成为皇室、百官、军队和百姓的重要生活内容。自唐太宗始，唐代皇帝多认为马球运动的宗旨在于提高骑马的技术，进而提高骑兵的战斗力。绘画中的"马球图"正是对这一长安生活景观的记录。骑马出行是唐代贵族们的出行方式，在唐代以前出行多用牛，自唐代始，马开始成为交通工具中的动力资源。马画中的贵族妇女出行、游春、冶游无不是与香车宝马共同构成画面的景观。唐诗中"长安二月多香尘，六街车马声辚辚"[①]"骏马金鞍无数，良辰美景追随"[②]"银秋骤袅嘶宛马，绣鞅璁珑走钿车"[③]"追逐轻薄

①〔唐〕韦庄：《长安春》，见《唐代诗人咏长安》（上册），西北大学中文系，1975年，第86页。

②〔唐〕杜奕：《忆长安》，见《唐代诗人咏长安》（上册），西北大学中文系，1975年，第109页。

③〔唐〕杜牧：《街西长句》，见《唐代诗人咏长安》（上册），西北大学中文系，1975年，第34页。

伴，闲游不着绯。长扰出猎马，数换打球衣"①"帝城春欲暮，喧喧车马度"②"长安少年不少钱，能骑骏马鸣金鞭"③"喧喧车骑帝王州"④，都是对马画中长安贵族骑马出行的游春、冶游等生活方式的记录和印证。这些马画关于长安意象的描绘和解读，在唐诗中体现得淋漓尽致。"骑马傍闲坊，新衣著雨香。……牡丹相次发，城里又须忙。"⑤杜甫是唐代诗人中对鞍马画记录最多的一位，他的诗不仅有对鞍马画景观的描绘，还让我们从绘画中领略了帝都贵族在长安生活的情景。

2. "马" 意象与拱卫京师的地域需求

唐代长安绘画中"马"意象的形成，是画家对长安地域生活的直观描绘，这种认知是唐代西北防御政策影响都城长安的直接结果。

无论是韦偃的《双骑图》（图2）还是韩幹的《牧马图》（图3），我们可以看到，雄壮的马都是画面的主角，这种主角意识表现在画面空间位置上，就是马的形象占一个重要的位置，基本上都位于画面的中央或者占据画面的大部分空间。马的形象呈现动态特征，即便是在韩幹的《牧马图》中，人物为静态描绘，但是马的后半身呈现的下蹲姿势和微微蜷起的马腿，依然生动地表现了马的跃跃欲试，依然是静中有动的展现。在唐代鞍马画中，对马的描绘，多以展示马的威武雄壮为主，如马的胸阔腹壮，四肢的劲瘦如铁，臀部的肥壮，等等。最为突出的是韩幹的名作《照夜白》，描绘的是唐玄宗李隆基的爱骑，画中的马"领颈高昂、鬃毛竖立、张口怒目、鼻孔张大、眼睛转视、昂首嘶鸣、四蹄腾骧，似欲挣脱羁绊，重返沙场，驰骋千里之势，体态肥壮，唐韵十足"⑥。马的威武和雄壮成为长安人追求的审美标准。马匹，不仅成为长安的重要景观，还因其在绘画表达中的主角位置和作品数量的众多共同构建了长安的地方意象。

---

① 〔唐〕李廓：《长安少年行》，见《唐代诗人咏长安》（上册），西北大学中文系，1975年，第45页。

② 〔唐〕白居易：《买花》，见《唐代诗人咏长安》（上册），西北大学中文系，1975年，第51页。

③ 〔唐〕高适：《行路难》，见《唐代诗人咏长安》（上册），西北大学中文系，1975年，第55页。

④ 〔唐〕白居易：《长安正月十五日》，见《唐代诗人咏长安》（上册），西北大学中文系，1975年，第65页。

⑤ 〔唐〕王建：《长安春游》，见《唐代诗人咏长安》（上册），西北大学中文系，1975年，第77页。

⑥ 李素艳：《论唐代鞍马艺术的成就》，硕士学位论文，河北师范大学，2008年。

图2　韦偃《双骑图》　　　　　　　　　　图3　韩幹《牧马图》

　　马的雄壮和威武不仅是物象视觉审美特征表达的需要，更是长安地域作为都城拱卫京师的现实需求在绘画中的表达。

　　唐王朝初建立之时，由于之前长期的战争破坏，社会残破，民生凋敝。对外，有匈奴的严重隐患；对内，面临割据势力的威胁。故而大力发展农业生产、消除边患、平定内部忧患就成为唐代初期的三大战略任务。位于关中平原的长安因其河山之险所占有的军事攻守优势，良好的农业经济基础，以及便利的水陆交通在当时中国拥有无比优越的条件，早在汉代即在此建都就体现了时人的认识。尤其是西北地区疆域的开拓，更使长安及关中地区成为全国的地理中心。

　　面对西北少数民族的强大势力，作为以农业立身的中国，必须有一支强大的武装力量来保卫自己，尤其是拱卫京师之地。回顾长安作为都城的历史，自赵武灵王胡服骑射始，到秦始皇统一六国，均闪烁着骑兵的身影。司马迁在《史记》中说："天水、陇西、北地、上郡与关中同俗。然西有羌中之利，北有戎翟之畜，畜牧为天下饶。"[①]这清楚表明当时长安西北的"戎翟"（今天的甘肃陇东和宁夏固原一带）为当时的畜牧业基地。由于马匹是骑兵的关键条件，故而马匹的繁殖在当时畜牧业中占有重要的地位。马匹亦成为军事和交通的必备物资。唐朝开国之初，在唐前期的战争中取得的诸多胜利，都与马匹的繁盛密切相关，《新唐书》记载："议谓秦汉以来，唐马最盛，天子又锐志武事。"甚至还出现了专门的马政制度。作为一种重要的资源，马匹的繁殖需要大量的草场，而当时的陇右地区既适宜于畜牧，又是西部重镇，当地民众具有畜牧养殖的生活传统，自然成为养马的最佳空间："天下一统，西域大宛岁有来献，诏于北地置群牧"[②]。唐初的统治者正是

————————————

① 《史记》卷一二九《货殖列传》，中华书局，1982年，第3262页。
② 〔唐〕张彦远：《历代名画记·唐朝上》，见《画学集成（六朝—元）》，河北美术出版社，2002年，第183页。

基于这一认识，在唐王朝建立之初，即开始发展高度集中的大规模养马业，建立了以陇右地区为主的大规模牧场。据《元和郡县图志》记载，在今天的陇西、天水、靖远、兰州等地，建立了当时世界上最大的养马场，其中平高县"监牧，贞观中自京师东赤岸泽移马牧于秦、渭二州之北，会州之南，兰州狄道县之西，置监牧使以掌其事。……监牧地东西约六百里，南北约四百里。天宝十二年，诸监见在马总三十一万九千三百八十七匹，内一十三万三千五百九十八匹课马"[1]。马匹繁衍数量由初唐的五千匹剧增至唐高宗年间的七十六万余匹。在唐玄宗时期，更是由于开边政策而达到了养殖的高峰。马匹繁衍的兴盛为唐王朝提供了大规模发展骑兵的可能，而安史之乱后，这一养马基地被吐蕃占领，迫使唐王朝丧失了马匹的来源，导致国运渐衰。关于这一点，史念海先生在其论作《隋唐时期农牧业地区的变迁及其对王朝的影响》一文中有详尽的论述。[2]

作为战争需要的马，对其体型有着格外的要求，雄壮、高大、丰硕、强大的战斗力毫无疑问是对马的最高要求，也是对马的形体审美的要求。在唐代鞍马画中，我们可以看到，无论是出游的马，还是马球运动中的马，甚或是静态的马，体型多以肥硕为美，"骨力追风，毛彩照地，不可名状"[3]。《宣和画谱》中说："肪贵游子弟，多见贵而美者，故以丰厚为体，而又关中妇人纤弱者为少，至其意秾态远，宜览者得之也。此举与韩幹不画瘦马同意"[4]。

二、四夷来庭

郑午昌先生在《中国画学全史》一书中曾专门著录唐代的番族风俗画，计有胡瓌创作的"卓歇图二、牧马图十、番部橐驼图一，番骑图六，秋坡牧马图一，番部盗马图一，番部早行图二，番部牧马图一，番族猎射骑图一，射骑图一，报尘图一，起尘番马图一，番部下程图七，番部卓歇图三，番部射雕图二，卓歇番族图一，射雕双骑图二，转坡番骑图一，沙碉牧驼图一，出猎诘番骑图一，猎射图六，牧驼图一，番部按鹰图一，撬幕卓歇图一，番族牧马图一，番部汲泉图一，放牧平远图一，牧马番卒图一，按鹰图二，对马图一，平远番部卓歇图二，猎射番族人马图一，平远射猎七骑图一"；胡虔创作的"番部下程图八，番族下程图一，番部卓

① 〔唐〕李吉甫：《元和郡县图志》，中华书局，1983年，第59页。
② 史念海：《隋唐时期农牧地区的变迁及其对王朝的影响》，《中国历史地理论丛》1991年第4辑。
③ 〔唐〕张彦远：《历代名画记·唐朝上》，见《画学集成（六朝—元）》，河北美术出版社，2002年，第183页。
④ 〔宋〕《宣和画谱》，见《画学集成（六朝—元）》，河北美术出版社，2002年，第482页。

歇图五，番部起程图一，番族起程图三，番族卓歇图四，平远猎骑图一，番部盗马图一，番部牧放图三，射雕番族图一，汲水番骑图一，射猎番族图一，牧放番族图一，番族按鹰图一，射雕图一，猎骑图二，番骑图四，番马图一，簇帐番部图一，番族猎骑图二，平远射猎七骑图一"。这些绘画以番族生活为题材，包括盗马、牧驼、射雕、按鹰、汲泉、报尘、卓歇、簇帐等等。郑许昌先生评价道："盖唐代盛时，四夷来庭，士夫多欲图写其俗，以相夸饰，而番僧如尉迟乙僧等，又好图外国风俗故事，以相眩示。"①

除了这些番族风俗画之外，在唐代的人物画中我们也可以发现众多与外来文明（主要是西域）有关的绘画。如人物画家阎立德创作的《文成公主降番图》《职贡图》《封禅图》等，阎立本创作的《西域图》《职贡图》《职贡狮子图》，西域画家尉迟乙僧创作的《外国佛从图》《外国人物图》，孙位的《番部博弈图》，周昉的《蛮夷职贡图》，以及无名氏的《黠戛斯朝贡图》，等等。

这些绘画图绘了唐代长安与西域的广泛交往，展现了画家观察长安时所注意到的直观意象。如阎立德、阎立本这样的御用画家，即便是在创作时带有歌功颂德的理智任务，但是他们观察和记录的依然还是那些长安城中最显著的情景特征。这些作品画面所构建的长安"四夷来庭"的意象在唐诗中也得到了印证："忆长安，十月时，华清士马相驰。万国来朝汉阙，五陵共猎秦祠。昼夜歌钟不歇，山河四塞京师。"②"九天阊阖开宫殿，万国衣冠拜冕旒。"③通过诗歌语言的描述而呈现出的长安意象以其多维性塑造了实际知觉经验的空间复杂性特征。

唐代的长安以其海纳百川的胸怀将自己塑造成为政治和文化的中心，作为观察者的画家面对长安"四夷来庭"的情境，在作品中重视对长安地域环境的本质特征的记录。作为都城的长安，其地域环境特征影响了由观察者的心灵所做出的知觉群集，画家个体得到关于外部世界信息的感觉刺激虽无定型，但是不断的积累会通过主观的时间和空间不断的一致而形成联想。直接的感性经验通过诸多事物结合成了一个整体，共同塑造了长安意象。唐代长安所来四夷主要是来自西域的人群。西域，大致是指玉门关、阳关以西迄于伊朗高原的广大区域。《旧唐书·裴矩传》记载："矩知帝方勤远略，欲吞并夷狄，乃访西域风俗及山川险易、君长族姓、物产

① 郑午昌：《中国画学全史》，吉林出版集团有限责任公司，2016年，第92页。
② 〔唐〕樊珣：《忆长安十月》，见《唐代诗人咏长安》（上册），西北大学中文系，1975年，第117页。
③ 〔唐〕王维：《和贾至舍人早朝大明宫之作》，见《唐代诗人咏长安》（上册），西北大学中文系，1975年，第131页。

服章，撰《西域图记》三卷，入朝奏之。"①阎立本的《职贡图》②（图4）就是长安的意象之一，"异国来朝，诏立本画外国画"③。

图4　阎立本《职贡图》

　　长安形成"四夷来庭"的环境意象的一个重要原因是长安四通八达的便利交通。

　　李唐王朝的兴盛与四通八达的交通优势，吸引了西域诸国人流寓长安、臣服并朝拜长安。向达先生在其著作《唐代长安与西域文明》中将唐代流寓长安的西域人大致归纳为四类："魏周以来入居中夏，华化虽久，其族姓皎然可寻者，一也。西域商胡逐利东来，二也。异教僧侣传道中土，三也。唐时异族畏威，多遣子侄为质于唐，入充侍卫，因而久居长安，如新罗质子金允夫入朝充质，留长安至二十六年之久即其一例；此中并有即留长安入籍为民者，四也。"④这些西域人大致有于阗尉迟氏、疏勒裴氏、龟兹白氏、昭武九姓胡人（康氏、安氏、曹氏、石氏、米氏、何氏等）和波斯诸国的胡人等。这些来自西域诸国的流动人口在长安居处不定，但多居住在城西。段成式《寺塔记》"平康坊菩萨寺"条云：

　　　　寺主元竟多识释门故事，云：李右座每至生日，常转请此寺僧就宅
　　设斋。……斋毕，帘下出彩筐香罗帕籍一物，如朽钉，长数寸。……遂携
　　至西市，示于商胡。商胡见之，惊曰："上人安得此物？必货此，不违
　　价。"僧试求百千。胡人大笑曰："未也，更极意言之。"加至五百千。

　　①《旧唐书》卷六三《裴矩传》，中华书局，1975年，第2406页。

　　②阎立本的《职贡图》画中所见，显然是"异方献宝，万方来朝"。所绘为唐太宗时，爪哇国东南有婆利国、罗刹二国前来朝贡，途中又与林邑国结队，于贞观五年（631）抵达长安。全幅共27人，画中人马各自成组，由右往左前行。一脸虬须骑白马，后有仆人持伞盖掌羽扇随从，后随抬一笼子的鹦鹉，这可能是林邑国的使者。画左端也有伞盖随侍者，手捧怪石，旁有黑肤卷发昆仑奴，可能是婆和国使者。画中人物穿附、持象牙，着古贝布，有孔雀扇、耶叶、琉璃器（双重罐）、臂钏、敬浮屠、假山石（蚶贝罗）、香料、革屦、珊瑚、花斑羊等。画之时代虽未必是唐，但存唐之历史则弥足珍贵。

　　③〔唐〕张彦远：《历代名画记·唐朝上》，见《画学集成（六朝—元）》，河北美术出版社，2002年，第173页。

　　④向达：《唐代长安与西域文明》，河北教育出版社，2001年，第10页。

胡人曰："此直一千万。"遂与之。僧访其名，曰："此宝骨也。"①

这些胡人将西域之风带到长安：饮胡食、跳胡舞、听胡乐、打胡球（波罗球）、穿胡服等成为长安城中的活动内容，形成了有唐一代长安光怪陆离的地域文化景观。打胡球运动甚至在帝王、达官贵人、军队以及闾里少年中广泛流传，在绘画中也留下了印记。唐代的墓室壁画中有大量关于贵族打胡球场面的描绘，对地域人群的喜好进行了图绘记录。值得注意的是，这些墓室多为皇家墓室或者陪葬墓，墓主人也多为皇室成员或者王公贵族，墓室壁画多是对墓主人生前活动的图绘，因此这些壁画就成为长安地域环境的写真。当然，由于绘画在唐朝，其政治功能占据主要地位（尽管在魏晋时期，绘画就开始出现个人精神塑造的倾向，但是到唐代其主流话语权依然是为政治服务），画家围绕西域文明所进行的图绘，也多与朝廷重大政治事件有关，故而地域文化景观有选择地进入画面，这是时代赋予给画家的观念所致。由此，我们在绘画中看到的"四夷来庭"的意象也多以朝拜和宫廷活动为主，而对城市民间的胡化风俗活动图绘较少。对番族风俗的描绘，更多的是出于一种好奇之心和包容之意。

三、丛林荟萃

宗教文化是长安文化的重要组成部分。唐代，佛教在长安得到空前发展，中国佛教八大宗派中有六大宗派的祖庭庙宇均设在长安及其附近。在唐诗中以慈恩吟咏为代表涌现出了难以计数的吟咏佛寺的诗歌。由于佛教教义弘扬的需要，长安城内林立的佛寺中，壁画艺术盛极一时，众多唐代知名的画家在佛寺留下了大量的艺术形象，并取得了相当高的艺术成就。

长安佛寺壁画的兴盛与长安作为当时全国佛教中心的地位相匹配，与全国佛教的地理格局相吻合。长安作为全国的佛教中心，一方面高僧众多，尤其是吸引了大批外地的高僧云集长安。据统计，安史之乱之前，全国约有40%的高僧集中在长安。②另一方面，长安城内佛寺林立。据张晓虹研究，"开元十年前后，长安城内共有僧寺64所，尼寺27所，合计佛寺91所"③，寺院分布趋向于城市中部，"出门争走

---

① 〔唐〕段成式：《酉阳杂俎·续集》卷五《寺塔记上·宝骨》，学苑出版社，2001年，第341—342页。

② 张晓虹：《文化区域的分异与整合——陕西历史文化地理研究》，上海书店出版社，2004年，第224页。

③ 张晓虹：《文化区域的分异与整合——陕西历史文化地理研究》，上海书店出版社，2004年，第223页。

九衢尘"①。并且，佛寺还不断向城外扩展。这些佛寺数量多，规模也不小。如大慈恩寺占地有半坊之多，僧舍1800余间。

寺观壁画为满足弘扬佛教教义的需要，是与佛教相伴而生的。佛寺壁画与佛教一起在汉代初年传入中国，在南北朝时得到了进一步的发展，有画家凭借佛寺壁画的创作而赢得了声誉。随着佛教势力的进一步发展，佛寺壁画在隋代得到快速发展，仅唐初裴孝源在《贞观公私画史》里所记的唐前47所佛寺壁画之中，隋代就有佛寺18所、画家15人。唐帝国的创建者李渊早年即信奉佛法，在治国策略中采取了儒、释、道并重的方略，其后的统治者基本延续这一政策，并且使佛教在唐代走向了繁荣。唐代的佛寺延续着寺壁图绘的传统，基本上是无寺不绘。作为政治、文化中心的长安，自十六国时期起一直是关中佛教最发达的地区，佛寺数量最多，佛寺"画壁之风，又不减六朝，善道大师尝造净土寺二百余壁，是即可见壁画道释人物盛况之一斑"②，壁画之美，"穷奢极壮，画缋尽工，宝珠殚于缀饰，镂材竭于轮奂"③。有唐一代，据《历代名画记》和《图画见闻志》记载的235位画家中，有67人参加了佛寺壁画的创作，占画家总数的29%。④根据张弓的研究，目前文献记载中所知的唐代壁画有553幅，分布在116所佛寺之中，"其中有39所在长安城内"⑤。长安的佛寺壁画创作令人瞩目。

这些佛寺壁画创作的主要题材是佛像人物写真、佛本生故事、经变故事和杂画。其中杂画包括山水、松石、花鸟和动物，主要是背景装饰。就风格而言，主要体现了"怪""异"的审美特征，张弓在《汉唐佛教文化史》一书中把"狞厉乖张"作为唐代佛寺里各种壁画、塑像的四个美学特征之一来论述。⑥这一方面是说壁画创作中西域风格传播所带来的立体感极强的勾勒加渲染画法，另一方面是说佛教故事取材的奇异和怪诞。

作为公共活动空间的佛寺，不仅是僧人弘扬佛法的场所，也是整个社会各个阶层人士游冶的空间。在唐诗中，我们读到了大量描绘佛寺及其活动的诗篇，其中以慈恩寺最为典型。在文献记载的壁画中，我们看到的是众多唐代著名画家在长安城内佛寺创作的景观。对识字无多的下层百姓而言，弘扬教义最佳的途径是图绘的

---

① 〔唐〕蒋吉：《题长安僧院》。
② 郑午昌：《中国画学全史》，吉林出版集团有限责任公司，2016年，第83页。
③ 《旧唐书》卷八九《狄仁杰传》，中华书局，1975年，第2893页。
④ 马新广：《唐五代佛寺壁画的文献学考察》，博士学位论文，西北大学，2008年。
⑤ 张弓：《汉唐佛寺文化史》（上），中国社会科学出版社，1997年，第518—537页。
⑥ 书中认为汉唐时期石窟寺中之壁画造像的审美趣旨有"庄严静穆""典丽灵动""狞厉乖张""逝鸿翩至"四种。

传播，以惩恶扬善等内容吸引大众，更具有大众传播的意义，毕竟理解高深的佛法需要知识背景。佛寺壁画的宗教艺术形象，既吸引了信众的到来，也增加了寺院的香火。佛寺利用壁画弘扬佛法，壁画依托佛寺而成为绘画展示的空间。唐代多有题壁诗画的风尚，唐诗中的名篇巨制出于壁堵之间往往有之。长安慈恩寺的壁画兴盛与当时进士及第后题名慈恩寺的习俗相关，而慈恩寺环境优雅，也是文人雅集的胜地。故而佛寺的绘画活动就成为画家竞争画艺的场所，甚至是获取经济利益的场所，"吴生尝于京师画总持寺三门，大获泉币"①。

长安城中的百姓对佛寺壁画的创作给予了极大的热情。在文献中我们经常会读到"观者如堵""都人竞观""倾城百姓瞻礼"这样的语句，描绘百姓对壁画艺术的关注。画家周昉在章敬寺作画，"落笔之际，都人竞观，寺抵园门，贤愚毕至。或有言其妙者，或有指其瑕者，随意改定。经月有余，是非语绝，无不叹其精妙，为当时第一"②。看来，这种关注体现在两个方面，一是观看创作过程，二是在观看的过程中对创作提出自己的意见。而画家多半会根据百姓的意见进行修改。这种创作所带有的表演性质，使得壁画创作得以面向大众，佛寺也由此成为世俗文化的中心空间。朱景玄在《唐朝名画录》中记载了吴道子在兴善寺创作壁画时百姓观看的场景："长安市肆老幼士庶竞至，观者如堵，其圆光立笔挥扫，势若风旋，人皆谓之神助。"③又记周昉在章敬寺创作，"落笔之际，都人竞观"，以至"寺抵园门，贤愚毕至"④。这就是唐代长安壁画绘制时所具有的表演性。佛寺不仅是传教的空间场所，也成为稳定的具有永久特征的画廊，民众和画家共同参与创作活动的空间。参与壁画创作的画家社会身份各异，有来自西域和东瀛的僧人画家，有朝廷重臣，有文人士夫，有墨客骚人，还有无名市井。他们独自成章，在愉快的合作中竞相演绎、一比高下。参与壁画创作的人不管出于何种动机，其客观结果是大众在佛寺成为画家的观众，还对画家的水平和声誉进行评价，由此成就了画家的千古芳名。如吴道子等由此而成为名垂画史的"画圣"，他也是在长安佛寺绘制壁画最多的画家。（图5）

---

① 〔唐〕张彦远：《历代名画家·唐朝上》，见《画学集成（六朝—元）》，河北美术出版社，2002年，第178页。

② 〔唐〕朱景玄：《唐朝名画录》，见《画学集成（六朝—元）》，河北美术出版社，2002年，第78页。

③ 〔唐〕朱景玄：《唐朝名画录》，见《画学集成（六朝—元）》，河北美术出版社，2002年，第78页。

④ 〔唐〕朱景玄：《唐朝名画录》，见《画学集成（六朝—元）》，河北美术出版社，2002年，第78页。

图5 吴道子《送子天王图》

会昌法难和安史之乱使得长安丛林得到毁灭性打击，长安佛寺壁画也就是在此时灰飞烟灭，我们今天只能根据文献记载予以想象。

丛林荟萃，不仅是众多画家在长安留下的创作印痕的映射，也是唐代长安佛音袅袅、高僧驻锡的人文环境的写照。

四、田园隐逸

古代文人对都市浮华和喧嚣的疏远是保持心灵自由的一种方式，故而在诗歌中营造出一个远离都市的、可供逃避喧嚣的空间，就成为诗人们的一种选择。"年年只是看他贵，不及南山任白头"①"我游都市间，晚憩必村墟"②"秋野田畴盛，朝光市井喧"③，都是唐诗中表达对都市浮华的逃避和疏远，也是文人士大夫们的普遍理想。这种空间逃避意象不仅在唐诗中处处有表达，长安的现实生活中也出现了远离政治和俗世空间但又保持一定距离、可以回避的空间，一是佛寺，二就是田园别业。如果说佛寺提供的只是临时性躲避俗世生活的空间，田园别业则构建的是身在庙堂、心归草野的长久性空间。其中的代表性人物及其别业是王维和他的辋川别业。

辋川在长安城东的蓝田县辋谷川口，两山夹峙，川水从此流至灞水，故称辋谷水。川道两侧道路狭窄，周围山峦掩映，景色幽雅。天宝三年（744）前后，王维买下了前辈诗人宋之问在蓝田辋川的宅院，随后费尽心思，在辋川绵延20多里的川道

---

① 〔唐〕于鹄：《长安游》，见《唐代诗人咏长安》（上册），西北大学中文系，1975年，第27页。

② 〔唐〕杜甫：《溪涨》，见《杜工部集（一）》卷五，辽宁教育出版社，1997年，第81页。

③ 〔唐〕王维：《早入荥阳界》。

上精心建设了众多的名胜。根据董文华的统计，大致有71处景观[①]，其中在王维的诗歌中吟咏的有20处景观。他本人也写下了关于辋川的山水诗歌计35首。

王维在辋川别业不仅以闲雅悠游、与朋友唱和诗歌为人生乐事，还亲自为其建造的别业景观绘制图画，诞生了画史上著名的《辋川图》（图6），画史在"王维条"中对此有着

图6　王维《辋川图》宋人摹本

较为详细的记载和高度的评价："王维，……画山水松石，踪似吴生，而风致标格特出。今京都千福寺西塔院有掩障一合，画青枫树一图。又尝写诗人襄阳孟浩然马上吟诗图，见传于世。复画辋川图，山谷郁郁盘盘，云水飞动，意出尘外，怪生笔端。尝自题诗云：当世谬词客，前身应画师。"[②]王维在《辋川图》中绘制了辋川别业坳、冈、馆、岭、寨、泮、陌、亭、垞、湖、濑、泉、滩、坞、园等20处景观，每个景观均赋以诗歌。这些与裴迪等人唱和的诗歌，以及王维为《辋川图》景观赋写的诗篇被汇成《辋川集》，诗、画映照，极大地提高了辋川的知名度和美誉度。《辋川图》由此成为五代以后文人竞相仿制、收藏、题咏的经典艺术样式，辋川也因诗、画的图文并茂，以及文人士夫生活理想的迁想妙得而构建了长安的地方意象，并因此而得以天下扬名，成为唐之后吸引众多文人目光的胜地。"王右丞筑墅于后，昔年绢本奕世莫传。"[③]"自王摩诘别业辋川而为图者四，后之好览胜者争相慕焉。"[④]辋川由此成为地方的著名景观，恰如时人所言："大抵地以人传，今犹昔盛此摩诘辋川图，并称不朽也。"[⑤]

在唐代绘画中，以王维的《辋川图》为典型，构建了长安的田园隐逸意象。绘画中的长安田园隐逸意象基于王维的创作，皆因他诗人和画家的双重身份。唐代诗人能从事绘画创作的并不多见，画家的职业也不被社会认可，故而能写诗的人众多，但是能画之人不多，诗、画兼顾的人更是少而又少。而王维恰恰是二者皆备的

① 董文华：《辋川山水与唐人创作》，《新疆石油教育学院学报》1987年第1期。
② 〔唐〕朱景玄：《唐朝名画录》，见《画学集成（六朝—元）》，河北美术出版社，2002年，第82页。
③ 《（光绪）蓝田县志·重刻辋川图序》，见《中国方志丛书》，成文书局影印本，第759页。
④ 《（光绪）蓝田县志·辋川图赋》，见《中国方志丛书》，成文书局影印本，第829页。
⑤ 《（光绪）蓝田县志·重刻辋川图序》，见《中国方志丛书》，成文书局影印本，第761页。

人才，他能够"移志之于画，过人宜矣"①，其人生经历与别业的建设、交游情景交融，铸就了画史上的艺术样式。《辋川图》表现的不仅仅是辋川别业的优美景观，更重要的是所传递的文人士夫的理想。自五代兰亭雅集和金谷之会闻名于世以来，文人在山水之间悠游唱和成为一件高雅的趣事。辋川美景的诗、画就是在王维和裴迪等的唱和中诞生的。在《辋川集》的艺术渲染中，他们的唱和活动成为艺林的佳话。明代的彭大翼就将其列为古今盛事之一②。沈周以辋川唱和作为赞美朋友居所的雅致："信与辋川风致合，老须裴迪共壶觞。"③辋川还成为后世与陶渊明笔下的桃花源并称的景观。然而，仅仅有物质的环境空间是不够的，唱和雅集的活动也只是辋川的动态活动载体，辋川地域景观的核心价值在于隐逸田园、富贵山林的思想境界。这种亦官亦隐的生活方式消除了入仕与隐逸的对立，是以王维为代表的唐代官僚中层的一种生活态度和模式：出则庙堂之高，入则山林之远。辋川，成为唐代官僚知识分子处于帝都长安不得不为之的心态载体，映照了长安城中不能脱离世俗又想远离世俗的士夫心态。辋川与长安合理的空间距离（不过百里，驰马一天可至长安），使之与京城长安保持了政治上的若即若离。隐逸始于陶渊明的桃花源意象，是中国传统儒家思想"兼济"与"独善"的传承。魏晋时期，以谢氏家族为首的士夫们将隐逸从山林独处搬到了现实中的赏山乐水和兴建庄园，强调通过山水审美达到内心的自我调节，开创了隐逸的新模式。到了唐代，这种带有贵族享乐意味的隐逸方式成为文人士夫的一种生活时尚，在别业中的雅集和游赏成为实现审美享受、保持心灵净土的方式。王维迫于家庭经济生活的压力，即便是向往悠游于禅林，却也不能与政治采取决绝的态度。身处庙堂、心在山林成为其最合适的选择，而这也更易为广大文人士夫所效仿和接受。《辋川图》承载的是唐代及其之后文人士夫的文化心理，其隐逸内涵不仅是文化史现象，也构建了以此为代表的长安地方意象。

在长安城及城郊周围，构筑园林式别业成为文人士夫一种较为普遍的现象。唐代官员的收入，除了俸禄之外，尚有职分田和永业田，这使他们修筑园林别业有了较为坚实的物质基础。根据文献记载，长安城内高官、贵族的别业多集中在东郊，一般文人官僚的别业多建在南郊。这种空间格局的分布别有一番内涵：城南可以遥望终南山，面对的是苍翠缥缈的景致，代表的是田园隐逸，由此成为园林别业的首

---

① 《宣和画谱》卷一〇，见《画学集成（六朝—元）》，河北美术出版社，2002年，第508页。

② 〔明〕彭大翼：《山堂肆考》，上海古籍出版社，1992年。

③ 〔明〕沈周：《石田诗选》卷七，文渊阁《四库全书》本，上海古籍出版社，1987年。

选空间；凸显的是唐代文人的精神风貌和人生态度，"宦游非吏隐，心事好幽偏。考室先依地，为农且用天。辋川朝伐木，蓝水暮浇田。独与秦山老。相欢春酒前"①。

辋川，在王维的笔下无论是"隐"的图画也好，还是"显"的诗歌也罢，其构筑的辋川意象成为唐代文人在长安生活理想和现实选择的最佳空间，文人们在这个独特的空间里与长安城互为转换，从容自如。辋川空间成为士夫的理想载体，构建了长安地域独特的文化意象。辋川，也由于后世文人的效仿和积极传播而成为地方重要的文化景观。

明清时期，蓝田地方政府的官员多次组织力量，以辋川图像碑刻、题跋、祠堂建设等方式，不断对辋川图予以再现，从另一侧面展示了历代文人对这一地方景观的重视和不遗余力的传承。明代蓝田知县沈国华、韩璸、王邦才，清代乾隆年间蓝田知县周菘晓，清代画家熊晖都为这一地方文化的传承不遗余力。由此也可看出，明清时期辋川及《辋川图》（图7）已经成为地方重要的文化景观。清代道光年间的画家、诗人查冬荣在重刻《辋川图》序中说道："关中多崇峻之区，盖天府之雄都，而九州岛之上腴也。灵秀特钟，人文蔚起，风骚寄迹，丘壑流馨，大抵地以人传。今尤昔盛。此摩诘《辋川图》并称不朽也。"②

图7　《（光绪）蓝田县志》中《辋川图》（局部）

---

① 〔唐〕宋之问：《蓝田山庄》。
② 《（光绪）蓝田县志·附卷·辋川志》，见《中国方志丛书》，成文书局影印本，第889页。

尽管我们在前面已经探讨了唐诗中的长安意象，然而由于诗、画艺术的差异，绘画的抽象性表达，形成了诗直而画隐的状态，故而唐诗中的长安意象与绘画中的长安意象既有共性，也展示出差异特征。

诗歌与绘画本质的差异首先在于感觉阶段差异的产生。虽然人的感觉器官是相同的，引起感觉的刺激物也是相同的，但是五官感觉形式的差异使得所谓"画家的眼睛"和"诗人的眼睛"造就了两种感觉的差异。诗歌的抒情性特征使得诗歌的感觉注重于外物与内心的联系，绘画的可视性特征使得画家的眼睛更注重准确反映对象的形貌色彩和大小比例，注重于物的形体。绘画形式提供的是图像线条、色彩、空间等形式，诗歌系统提供的是按照韵律、逻辑组合排列的文字。是故，诗人笔下的长安意象与画家笔下的长安意象有着较为明显的差异，但是在具有通感的意象上还是达成了一致的共识，如长安"山水（田园）隐逸"的地方意象。这些意象与唐代长安的环境特征基本吻合。由于绘画自身的发展，鞍马画的独立成章出现在唐代，不仅仅是自身发展规律所致，也是创作主体对唐代长安的马的地域需求和西域朝贡史实的感知和记录。至于佛教绘画的兴盛，其画面景观似乎与长安地方环境无关，但是这一创作活动兴起本身，以及作品数量之多，各阶层的广泛参与行为，都体现了长安丛林荟萃的盛况，其共同构建了长安的地方文化空间。

在绘画中，创作主体除了对地域自然环境进行认知表达，还不乏笔墨描绘地域的人文空间。北宋张择端的《清明上河图》是对开封地域的人文空间的直观表达，以至此画不仅成为绘画史上的经典之作，也成为历史学家关注的视觉资料。此类绘画在中国古代绘画史上屡屡见之，它们也由此成为地域地理环境的视觉记录。

原载《空间过程、环境认知与意象表达——中国古代绘画的历史地理学研究》，

中国社会科学出版社，2017年

（张慨，浙江大学历史系教授）

长安—临安：唐宋"都城故事"叙事转向

——基于经典作品比较的视角

葛永海

　　都城叙事是都城文学书写的重要部分，随着社会变迁和城市空间的发展演进，从唐到宋的"都城故事"发生了明显的叙事转向，这典型表现在唐宋笔记和小说的长安、东京和临安故事中。唐代的长安是唐王朝政治、经济、文化的中心，既是上自皇帝、百官，下到庶民、僧道的生活空间，又是大唐帝国各类政令制度运行的舞台。唐人以笔记体或传奇体的不同笔法展开都市叙事。前者旨在记载历史故实，代表性的有《隋唐嘉话》《明皇杂录》《大唐新语》等，描述了唐代的君王、将相以及名士在长安的生活状态和奇闻轶事；后者则属于文学性更强的传奇小说，注重都城生活的细节描摹与场景铺陈，比如《李娃传》《霍小玉传》《长恨歌传》《东城老父传》等传奇名篇都有对长安宫廷街市等建筑的许多叙述，长安由此构建了人物活动、故事展演的生动的文学场景和背景空间。

　　唐后的都城叙事发生了重大改变，首先就是城市形态的巨大变革。宋代的城市变革，被西方学者称为"中世纪城市革命"[①]。随着坊市制度的瓦解，宋代的城市空间变革造就了多元化的、极具立体感的交互型空间，街巷空间得以凸显与放大，被推到了历史的前台，也成为市民阶层活跃的舞台。在这些多重复合、彼此交融的空间中上演了悲欢离合的世情故事，从而形成一种空间化的都城叙事。可以说正是在宋代，包括都城东京、临安在内的各种城市作为一种空间形象才真正树立起来，逐

---

　　① "中世纪城市革命"理论的奠基者是英国学者伊懋可（马克·埃尔文），他在斯波义信等人研究的基础上提出了中国城市"中世纪在市场结构和城市化上的革命"一说。此后美国学者施坚雅以此为基础总结了加藤繁、崔瑞德以及斯波义信等人的研究，提出了"中世纪城市革命"的5个特征："1.放松了每县一市，市须设在县城的限制；2.官市组织衰替，终至瓦解；3.坊市分隔制度消灭，而代之以'自由得多的街道规划，可在城内或四郊各处进行买卖交易'；4.有的城市在迅速扩大，城外商业郊区蓬勃发展；5.出现具有重要经济职能的'大批中小市镇'。"参见成一农：《"中世纪城市革命"的再思考》，《清华大学学报》（哲学社会科学版）2007年第2期。

渐变得立体而饱满，城市空间与居住者形成了心灵层面的交互，居住者从外在身份到个性气质逐渐拥有了标识性的城市特征。

在空间形态巨变之后，叙事形态的改变由外而内，都城叙事也由此发生了历史性转型，一个重要标志即白话小说逐渐成为都城叙事中最具表现力和影响力的主要文体。下面围绕唐宋"都城故事"的叙事转向这一论题，从都城叙事的文本形态、叙事内容和文化心态等方面一一论析，由于所涉论题颇为宏大，本文拟以散点透视的方式聚焦经典作品，展开比较研究。

一、文本形态转变：从《开元天宝遗事》到《大宋宣和遗事》

宋前的都城叙事以文言小说、笔记为典型，宋代则以话本为特色。若将叙写长安的《开元天宝遗事》①与叙写东京的《大宋宣和遗事》②做一比较，同样都是"都城遗事"，却可见出文本形式、作者立场、叙事口吻、细节描述等方面转变的明显趋势。

汉魏至于唐，都城叙事的主要题材是宫廷叙事，即围绕皇帝与百官的故事展开，这在《开元天宝遗事》中体现得颇为充分。《开元天宝遗事》共2卷，146条，为五代王仁裕撰，他曾为五代蜀之翰林学士，时有才名。该书记载的大多数内容都发生在长安的宫廷里。据统计，在146条中，直接写唐玄宗以及诸王宫廷轶事的就有74条，带有较为明显的宫闱气息，篇幅皆不长，如《世说新语》笔法。

《大宋宣和遗事》则为讲史话本，宋代无名氏作，元人或有增益，是成书于元代的笔记小说辑录，结合了多个类型的笔记小说并以说书的方式连贯而成。鲁迅在《中国小说史略》中对其成书方式有评价："近讲史而非口谈，似小说而无捏合。"即认为小说中既有诗词内容，亦有说话的痕迹，可见它既不是纯粹的文人创作，又不是艺人说话时的原始底本，而是编订者收集了典籍中的相关片段与诗词内容，又补充以野史传闻，加以连缀整合而成。《大宋宣和遗事》这一文本形态对于都城叙事而言有特别之意义，它正展示了文人化的宫廷叙事向世俗化的市井叙事转向的一种趋势。

《开元天宝遗事》作为一种都城叙事，朝堂宫廷故事是其中的重要内容。有的写宫廷欢爱，如《随蝶所幸》："开元末，明皇每至春时旦暮，宴于宫中，使妃嫔

---

① 本节所引《开元天宝遗事》文字皆出自《唐五代笔记小说大观》（上海古籍出版社，2000年），不再一一出注。

② 本节所引《大宋宣和遗事》文字皆出自明代洪楩等编《京本通俗小说·清平山堂话本·大宋宣和遗事》（岳麓书社，1993年），不再一一出注。

辈争插艳花，帝亲捉粉蝶放之，随蝶所止幸之。后因杨妃专宠，遂不复此戏也。"有的写忠臣逸事，如《步辇召学士》："明皇在便殿，甚思姚元崇论时务。七月十五日，苦雨不止，泥泞盈尺。上令侍御者抬步辇召学士来。时元崇为翰林学士，中外荣之。自古急贤待士，帝王如此者，未之有也。"还有《赐箸表直》："宋璟为宰相，朝野人心归美焉。时春御宴，帝以所用金箸令内臣赐璟。虽受所赐，莫知其由，未敢陈谢。帝曰：'所赐之物，非赐汝金。盖赐卿之箸，表卿之直也。'璟遂下殿拜谢。"当然，在长安叙事中，花团锦簇、名马貂裘的城市场景也不可或缺，比如《看花马》："长安侠少，每至春时结朋联党，各置矮马，饰以锦鞯金辂，并辔于花树下往来，使仆从执酒皿而随之，遇好围时驻马而饮。"再如《裙幄》："长安士女游春野步，遇名花则设席藉草，以红裙递相插挂，以为宴幄，其奢逸如此也。"再如《风流薮泽》："长安有平康坊，妓女所居之地，京都侠少萃集于此，兼每年新进士，以红笺名纸游谒其中。时人谓此坊为风流薮泽。"以上正面写长安的虽只寥寥数则，其中街巷郊野之景观颇具特色，也大致连缀出一幅盛世的长安行乐图。

相比而言，《大宋宣和遗事》出现了对于城市空间的较为完整而细致的描绘，尤其是在"私会李师师"和"元宵与民同乐"两个大的故事段落中，情节跌宕起伏，环境描绘细腻生动，引人入胜。

关于李师师的故事，多见于民间记载，如《青泥莲花记》称："东京角妓李师师，住金线巷，色艺冠绝。徽宗自政和后，多微行，乘小轿子，数内臣导从往来师师家。"而《大宋宣和遗事》中的相关描写则更为具体生动，写宋徽宗"引高俅、杨戬私离禁阙，出后载门，留勘合与监门将军郭建等，向汴京城里，穿长街，蓦短槛，只是些歌台舞榭、酒市花楼，极是繁华花锦田地"，"抵暮，至一坊，名做金环巷，那风范更别：但见门安塑像，户列名花；帝儿底笑语喧呼，门儿里箫韶盈耳"，遂遇李师师，一见倾心。此后在此街巷里便有徽宗夸口、李师师娘报官捉拿、高俅斥退巡兵、徽宗夜宿娼家、与巡警贾奕争风吃醋等一系列谐趣情节上演。

李师师的故事于情节抑扬之间，对白极富俚俗色彩，旧好贾奕因被师师冷落发怒，追问新欢为谁。文中写道："师师道：'恰去的那个人，也不是制置并安抚，也不是御史与平章。那人眉势教大！'贾奕道：'止不过王公驸马。'师师道：'也不是。'贾奕道：'更大如王公，只除是当朝帝主也。他有三千粉黛，八百烟娇，肯慕一匪人？'师师道：'怕你不信！'……师师道：'我交你信。'不多时，取过那绞绡直系来，交贾奕看。贾奕觑了，认的是天子衣，一声长叹，忽然倒在地。"故事充满了市井趣味。段落的最后似乎是要给这一段市井传奇留下痕迹，文中写道："徽宗悉听诸奸簸弄，册李师师做李明妃，改金线巷唤作小御街。"一段风月故事因而在城市街巷之间立此存照了。

再如"与民同乐"段落。宣和六年，元宵之夜，张灯结彩，热闹非凡。文中写东京大内前，有五座门，"自冬至日，下手架造鳌山高灯，长一十六丈，阔二百六十五步。中间有两条鳌柱，长二十四丈，两下用金龙缠柱，每一个龙口里点一盏灯，谓之双龙衔照。中间有一个牌，长三丈六尺，阔二丈四尺，金书八个大字，写道：宣和彩山，与民同乐"。有贵官撒金钱，此后是人人赐御酒一杯。其间有故事颇具趣味，一妇人饮御酒后窃取金杯被捉，面见徽宗，作《鹧鸪天》词以自解，教坊大使曹元宠以为其词乃宿构，妇人再作《念奴娇》词，徽宗大喜，赐以金杯。此一东京元宵故事，一见升平之气象，二亦可见时代文化浸染市井之深厚。

除了城市空间展示的广度有别，两书城市叙事的情态趣味也有很大不同。《开元天宝遗事》有多则内容写宫中情事。如《眼色媚人》："念奴者，有姿色，善歌唱，未尝一日离帝左右。每执板当席顾眄，帝谓妃子曰：'此女妖丽，眼色媚人。'每啭声歌喉，则声出于朝霞之上，虽钟鼓笙竽嘈杂而莫能遏。宫妓中帝之钟爱也。"再如《销恨花》："明皇于禁苑中，初有千叶桃盛开。帝与贵妃日逐宴于树下。帝曰：'不独萱草忘忧，此花亦能销恨。'"又如《助情花》："明皇正宠妃子，不视朝政。安禄山初承圣眷，因进助情花香百粒，大小如粳米而色红。每当寝处之际，则含香一粒，助情发兴，筋力不倦。帝秘之曰：'此亦汉之慎恤胶也。'"尤其是后面二则，事涉男女欢爱，语近香艳而不亵，可见文人之含蓄蕴藉。

如果说《开元天宝遗事》表现的是文人之含蓄婉转，那么《大宋宣和遗事》很多段落则表现出说话艺术之曲尽其致。李师师的故事充满了市民趣味，我们来看徽宗与李师师晨别一段："徽宗伴师师共寝，杨戬、高俅别一处眠睡。不觉铜壶催漏尽，画角报更残，惊觉高俅、杨戬二人，急起穿了衣服，走至师师卧房前款窗下，高俅低低地奏曰：'陛下，天色明也，若班部来朝不见，文武察知，相我王不好。'天子闻之，急起穿了衣服。师师亦起，系了衣服。天子洗漱了，吃了些汤药，辞师师欲去。师师紧留。天子见师师意坚，官家道：'卿休要烦恼。寡人今夜再来与你同欢。'师师道：'何以取信？'天子道：'恐卿不信。'遂解下了龙凤绞绡直系，与了师师道：'朕语下为敕，岂有浪舌天子脱空佛？'师师接了，收拾箱中，送天子出门。"其中的情态语调模拟天子口吻，同时充满了民间文人的风趣与谐谑。

更值得品味的是两书不同的主题倾向和文化立场。安史之乱与靖康之难，堪称唐宋二世之最大劫难，通过都城叙事正可梳理政事之失、殃祸之始、败乱之作，以为后世殷鉴。正统士人以史家自居，雍容端正，气象平和；民间文士则凸显市井立场，悲叹疾呼，嬉笑怒骂。两书立意主旨迥然有别。

《开元天宝遗事》站在士大夫的立场歌咏贤君，微讽失政；《大宋宣和遗事》则是为市民立言，声讨无道，唾骂奸佞。两书的开篇就奠定了基调之不同。比如前书开篇的《玉有太平字》："开元元年，内中因雨过，地润微裂，至夜有光。宿卫者记其处所，晓乃奏之。上令凿其地，得宝玉一片，如拍板样，上有古篆'天下太平'字。百僚称贺，收之内库。"其后连续三则写的都是唐玄宗赏识著名贤臣姚崇、宋璟的故事，以见其知人善任。所谓《开元天宝遗事》，以祥和升平为其主调，即使说到乱臣祸国、奸臣误国，也不过是语带微讽而已。如《金牌断酒》："安禄山受帝眷爱，常与妃子同食，无所不至。帝恐外人以酒毒之，遂赐金牌子，系于臂上。每有王公召宴，欲沃以巨觥，禄山即以牌示之，云准敕断酒。"可见其当时受宠爱之甚，终取其辱当可想见。即便已成定论的奸臣贼子如李林甫，《索斗鸡》文曰："李林甫为性狼狡，不得士心，每有所行之事，多不协群议，而面无和气。国人谓林甫精神刚戾，常如索斗鸡。"这已是最严厉的指责了。而"枯松再生"条所写更有曲终奏雅、曲意回护之意，所谓："明皇遭禄山之乱，銮舆西幸，禁中枯松复生枝叶，葱蒨，宛若新植者。后肃宗平内难，重兴唐祚。枯松再生，祥不诬矣。"其实，安史之乱后，国运日衰，唐世之沉沦下坠已成不可逆之势。

《大宋宣和遗事》充分展示民间说书人的立场，开篇就是"茫茫往古，继继来今，上下三千余年，兴废百千万事，大概光风霁月之时少，阴雨晦暝之时多；衣冠文物之时少，干戈征战之时多"。话本中充满了说书人的义愤，酣畅淋漓地抒发胸臆："今日话说的，也说一个无道的君王，信用小人，荒淫无度，把那祖宗混沌的世界坏了，父子将身投北去也。全不思量祖宗创造基业时，直不是容易也！"

文中更是历数徽宗之无道，极逞说书人口舌之快，句句剑拔弩张："哲宗崩，徽宗即位，说这个官家，才俊过人：口赓诗韵，目数群羊；善写墨君竹，能挥薛稷书；通三教之书，晓九流之法。朝欢暮乐，依稀似剑阁孟蜀王；论爱色贪杯，仿佛如金陵陈后主。遇花朝月夜，宣童贯、蔡京；值好景良辰，命高俅、杨戬。向九里十三步皇城，无日不歌欢作乐。盖宝箓诸宫，起寿山艮岳，异花奇兽，怪石珍禽，充满其间；绘栋雕梁，高楼邃阁，不可胜计。役民夫百千万，自汴梁直至苏杭，尾尾相含，人民劳苦，相枕而亡。"话本在检讨北宋灭亡原因时，指责了包括王安石在内一班臣子的所为："话说宋朝失政，国丧家亡，祸根起于王安石引用婿蔡卞及姻党蔡京在朝，陷害忠良，奸佞变诈，欺君虐民，以致坏了宋朝天下。"检之史实，其所做判断未必准确，尤其是对王安石的评价，但这种来自民间的沉痛疾呼折射出底层民众的诉求，其情感深沉动人，其影响力亦不可小觑。也可以说，传统都城叙事系统获得了极大拓展，在庄重舒缓之外亦有来自民间的凄厉之声。

概括而言，比之《开元天宝遗事》，《大宋宣和遗事》中的都城叙事与时代的城市变革彼此呼应，叙事内容重心下移，从宫闱走向民间，在城市空间景观、市民心态、市井趣味等方面展现出自身特色。这似乎也预示着，在宋元以后，以宫廷生活为主要内容的叙事将逐渐淡出人们的视野，不再成为都城叙事的主流。

二、叙事内容转向：从"长安曲江叙事"到"临安西湖叙事"

唐传奇与宋元话本在都城叙事方面有诸多之不同，由于都城空间属性上的差别，造成了迥然有别的文化主题。如果将《开元天宝遗事》与《大宋宣和遗事》比较，可见出宫廷与民间不同的叙事情态，而通过唐传奇之长安叙事与宋元话本之临安叙事的比较，尤可见出不同时代、不同都城叙事在主题内容上的差别。

长安曲江代表的是都城政治文化空间，曲江最著名的是唐时新科进士之曲江会，它是曲江风流的核心所在。所谓"曲江会"，即新科进士在曲江举行的各种游宴活动的总称。李肇《唐国史补》卷下对其有简要记载："既捷，列书其姓名于慈恩寺塔，谓之题名会。大宴于曲江亭子，谓之曲江会。"①曲江会上的这些游宴活动与普通宴聚相比，除了饮酒赋诗、乐歌妓舞等之外，还有许多特殊习尚，且各有名目，《唐摭言》卷三"宴名"列出大相识、次相识、小相识、闻喜、樱桃、月灯打球、牡丹、看佛牙、关宴多种。曲江会逐渐成为新科进士以庆祝为重心的宴聚，且规模越来越大，以至后来连皇帝也要参加。"上御紫云楼，垂帘观焉。""曲江之宴，行市罗列，长安几于半空。"②这几乎成为长安最热闹的时候，刘沧《及第后宴曲江》有诗云："及第新春选胜游，杏园初宴曲江头。紫毫粉壁题仙籍，柳色箫声拂御楼。"杏园探花、雁塔题名、曲江流饮、曲江游宴活动被誉为第一流人物的第一等风流事，成为千古美谈。

长安曲江见证了唐代文士文化的形成。士人通过科举考试在长安取得的不仅仅是一个进士头衔，恐怕重要的还有及第后所举行的诸如谢恩、期集、过堂、题名、燕集等种种带有礼仪性质的活动。士人们一方面通过这些天下瞩目的盛大仪式向世

---

① 〔唐〕李肇：《唐国史补》，见上海古籍出版社编：《唐五代笔记小说大观》，上海古籍出版社，2000年，第193页。

② 〔唐〕王定保：《唐摭言》，见上海古籍出版社编：《唐五代笔记小说大观》，上海古籍出版社，2000年，第595页。

人昭示了自己的荣耀，也依此象征性地获得了身份上的确认；更重要的另一方面在于，通过这些活动，他们拜谒权臣，疏通关节，从而为自身仕途做了充分的铺垫，这是其他方式很难替代的。由于科举制打破了门第、身份等诸多限制，使许多文士热衷于举业，期望一战成名，故曲江因其特殊的政治和地理位置而成为文人心中的神圣之地，如储光羲《同诸公秋霁曲江俯见南山》"大君及群臣，宴乐方嘤鸣"，姚合《杏园宴上谢座主》"得陪桃李植芳丛，别感生成太昊功"，权德舆《酬赵尚书杏园花下醉后见寄》"春光深处曲江西，八座风流信马蹄"。曲江本身不只是一般意义的长安景点，而是具有深厚精神内涵及强大辐射力的政治和文化符号。文人与曲江之间的关系，能折射出特定时代的精神影像。正因如此，在传奇小说中，曲江的文化意蕴也才更加彰显。在《李娃传》中，荥阳生天门街唱挽歌，被其父发现，以为奇耻大辱，"乃徒行出，至曲江西杏园东，去其衣服，以马鞭鞭之数百"。这一地理位置的选择显然别有意味，表达了荥阳公曾经对儿子取得功名的极高期待，以及梦想破灭后的无限失望。在这里，曲江意象可视为一种隐喻性的文化符号。

相比而言，临安显然是浸透了红尘欲望的市井空间。苏轼诗云："水光潋滟晴方好，山色空濛雨亦奇。"西湖是临安人四时皆宜的去处。《武林旧事》卷三："西湖天下景，朝昏晴雨，四序总宜。杭人亦无时而不游，而春游特盛焉。……日糜金钱，靡有纪极。故杭谚有'销金锅儿'之号，此语不为过也。"西湖就是一个偌大的游乐场，各色人等游历其中，其乐融融，甚至于醉生梦死。正如当时的太学生俞国宝题于西湖酒肆屏风上的《风入松》："一春长费买花钱，日日醉湖边。玉骢惯识西泠路，骄嘶过、沽酒楼前。红杏香中歌舞，绿杨影里秋千。东风十里丽人天，花压鬓云偏。画船载取春归去，余情在，湖水湖烟。明日再携残酒，来寻陌上花钿。"[①]由此足见临安耽于游乐之城市风习。

临安西湖周边空间在话本中完全是一番世俗化的景象。《西山一窟鬼》描写了吴秀才的清明出游路线。吴秀才路过万松岭，先到净慈寺对门酒店，然后和王七三官人出发看坟，"甫新路口讨一只船，直到毛家步上岸，迤逦过玉泉龙井。王七三官人家里坟，直在西山驰献岭下。好座高岭！下那岭去，行过一里，到了坟头。看坟的张安接见了。王七三官人即时叫张安安排些点心酒来。侧首一个小小花园内，两个人去坐地。又是自做的杜酝，吃得大醉"，天色渐晚，王七三官人的提议是"我们过驰献岭、九里松路上，妓弟人家睡一夜"。人物置身于都城的世俗情境

---

① 〔宋〕孟元老：《东京梦华录》，文化艺术出版社，1998年，第351—352页。

y

w

568 | 法天地·界无形——古都长安营建中的行为选择

中，空间不断转换，话本的描写显然更能见出这种冶游生活的质感。日间如此，夜间亦然。小说《裴秀娘夜游西湖记》就描绘了西湖的夜游之盛："这临安府城内开铺店坊之人，日间无工夫去游西湖，每遇佳节之日，未牌时分，打点酒樽、食品，俱出涌金门外，雇请画坊或小划船，呼朋唤友，携子提孙。"①

区别于唐长安之曲江，临安西湖作为市井空间，概括而言，有几个特点颇值注意。首先是这一空间的开放性与全民色彩，即不分贵贱贫富、不分季节时令的空间共享性。尽管同样是京城所在，但是城市世俗空间不断拓展，城市空间的政治色彩逐渐褪去，游宴不再是士人的专属特权。其次是超仪式性与世俗化。曲江大会上的仪式性在此亦不复存在，曾经的政治习俗、节庆仪式已被世俗的日常生活风尚掩盖，活跃在都城中的已是五行八作的市民人群，他们完全可以不受礼法之拘牵，在西湖山水间自由演绎着自身的喜怒哀乐和爱恨情仇。

三、都城风月的晚唐变奏：从《华州参军》到《白娘子永镇雷峰塔》

如果说，长安曲江叙事中的故事主人公多的是士、侠、妓，那么到了临安西湖叙事则更多的是释、商、女。值得注意的是，由唐而宋走向市井的故事转型并非一蹴而就，在唐晚期的都城叙事中已可以隐约感受逐渐衍生的世俗气息。我们不妨来比较晚唐传奇中温庭筠的《华州参军》和被视为宋元旧本的《白娘子永镇雷峰塔》（前简称《华州》，后简称《白娘子》），两段分别发生在曲江和西湖边的风月故事。其中《华州》已呈现出与前有别的都城故事格调，可视为唐风的变奏，也可理解为宋调的前奏。

温庭筠《华州》写曲江上巳节的一次艳遇："华州柳参军，名族之子，寡欲早孤，无兄弟。罢官，于长安闲游。上巳日，于曲江见一车子，饰以金碧。从一青衣殊亦俊雅。已而翠帘徐褰，见掺手如玉，指画青衣令摘芙蕖。女之容色绝代，斜睨柳生良久。生鞭马从之，即见车入永崇里……"②《白娘子》则写许宣与白娘子在清明节的西湖相遇。我们不妨一一参对比较：小说开始男主角先出场，身份迥异，前者中的柳参军是名族之子、刚卸任的官员，许宣则是生药铺的伙计。再看所用交通工具，前者所见是"饰以金碧"的车子，后者是张阿公的小船。"许宣见脚下湿，脱下了新鞋袜，走出四圣观来寻船，不见一只。正没摆布处，只见一个老儿，摇着一只船过来。许宣暗喜，认识正是张阿公。"再看相遇时的描写，前者是容色绝

① 〔明〕余象斗：《万锦情林》，见《古本小说集成》，上海古籍出版社，1994年，第203—204页。
② 《太平广记》，中华书局，1961年，第2713页。

代，有女如玉，"从一青衣殊亦俊雅"，而许宣所见"是一个妇人，头戴孝头髻，乌云畔插着些素钗梳，穿一领白绢衫儿，下穿一条细麻布裙。这妇人肩下一个丫鬟，身上穿着青衣服，头上一双角髻，戴两条大红头须，插着两件首饰，手中捧着一个包儿要搭船"；前者是远观，而后者是近距离的晤谈，"那娘子和丫鬟舱中坐定了。娘子把秋波频转，瞧着许宣。许宣平生是个老实之人，见了此等如花似玉的美妇人，旁边又是个俊俏美女样的丫鬟，也不免动念"。①

两幅画面人物似乎形象有别，叙述口吻不同，氛围也是迥异：一边是贵族名士与淑女名媛一见钟情，雍容雅致，遥遥相望，非礼勿言；一边是商铺伙计与丧偶少妇同船相遇，眉目传情，俚俗有趣，略无禁忌。乍看之下，曲江叙事突出的是门第观念与贵族品位，西湖叙事则是更纯粹的世俗欲念与现世体悟，两篇作品的故事底色似有很大的不同，其实并非如此。

事实上，这两个故事有着令人惊奇的相似之处。首先，就都城叙事而言，《华州》以曲江叙事开篇，故事发生地主要在长安；《白娘子》以西湖叙事开篇，故事发生地主要在临安，都属于典型的帝都故事。《华州》对于长安地理空间的展示颇为细致，空间大致从城市东南到西北一线位移。柳生于上巳日在长安东南一隅的曲江边邂逅意中人，后"见车入永崇里"。揆之地图可知，永崇里也位于长安东南角，与曲江只隔四五个坊里。其后，"柳生访知其姓崔氏"，崔氏母有感于女儿深情，"乃命轻红于荐福寺僧道省院，达意柳生"，偷成婚约后，"柳挈妻与轻红于金城里居"。金城里则位于长安西北方位，与永崇里相去甚遥，目的当在于避人耳目。后金吾子王生告于官，以聘礼在前，夺回崔氏，"移其宅于崇义里"。崇义里位于长安中心，接近皇城，亦靠近城市中轴线，由此可见出金吾子之财势地位。崔氏思念柳生，与轻红逾墙归于柳生，"柳生惊喜，又不出城，只迁群贤里"。群贤里为长安最西侧的坊里，紧靠金光门，可见做好了随时出城的准备，惜乎本夫再次追至群贤里夺回妻子，柳生也被长流江陵。将小说中的情节发展与所提供的长安地名做一比对，可见出作者对于长安城地理方位的熟稔。空间转换与情节演进相辅相成，此一小说地图，颇多可品味之处。

更令人称奇的是两个故事讲述的都是一男与一女一婢的故事，情节结构都是三合三散，即男女主人公三次聚合又三次分离，最终以悲剧结尾。就人物而言，《华州》中的女主人公生前抛弃本夫王生，投奔男主人公柳参军，死后精魂不灭，与婢女之魂再次千里投奔；《白娘子》中的女主人公本为蛇精所化，一次次与小青寻觅

---

① 〔明〕冯梦龙：《警世通言》，人民文学出版社，1956年，第253页。

许宣。两人都表现出一往情深，矢志不渝。当然，令人印象深刻的还是唐代作品《华州》中所表现出来的男女深情，如此专注、如此痴迷、如此至死不渝！不仅柳生如此，崔氏如此，连王生亦如此，崔氏一再绝情出走，王生却一往情深，无怨无悔予以接纳，此前此类形象并不多见。可以说，《华州》无论是情节、人物，抑或思想题旨，几乎已经逸出了我们观念中唐人的精神框架和生活趣味。

也许换一个角度来看，我们可以发现，到了温庭筠所处的晚唐时期，曲江叙事尽管在整体叙述上还有政治化、贵族化的传统特征，其精神内涵已悄然发生了改变。《华州》就是一场由女性发起的热烈的爱情追逐，成就了一段穿越生死的颇具个性解放意识的情爱叙述，这种思想意识和精神气象在此后的宋元时代得到了更为热情的回应，如程毅中所说："《华州参军》的情节结构在宋元话本《碾玉观音》里可以看到它明显的影响。"①这似乎表明在唐末时期，固有的社会氛围已在改变，新的带有平民化特征的审美趣味正在酝酿形成。我们认为，中国文学发展史上几个重大历史节点的出现，无不可见前代的重要伏笔。学者王德威以为，"没有晚清，何来五四？"②其实，同样可以说，"没有晚唐，何来宋元？"就此而言，此《华州参军》对于其后之宋元话本《碾玉观音》《白娘子永镇雷峰塔》《闹樊楼多情周胜仙》等篇的启示可谓意义非凡。甚至可以说，《华州参军》以及所代表的主题观念正是唐世向宋世转变的过渡性样本。从曲江到西湖，走向市井空间的现世体悟，这预示着城市叙事之由唐到宋的必然路向。

四、文化心理转捩：从"都国一体"到"地方认同"

《春秋公羊传》曰："京师者何？天子所居也。京者何？大也。师者何？众也。天子之居，必以众大之辞言之。"③先秦以来，这一从都城到国家的文化心理，也即"都""国"同构的心理图式，认为都城是国之中心，是国家权力的象征，决定着国运。这一观念也决定着都城叙事的内容与方式。以"都"喻"国"在宋前的都城叙事中主要有两种表现方式：一是通过都城形制的描写和烘托，展现恢宏之国家力量与奉天承运的不凡气度。汉代京都赋作品借助古代的"浑天说"，打通天界与人间的界限，通过推理和想象构制出一个独特的宇宙模型，得出有异于世俗的空间观念，然后把京都宫殿置于这个宇宙模型中加以观照，证明它的空间位置确实是处于天地的中心，京都赋也正因为这种成功的论证而成为帝都中心论的主要文本载

---

① 程毅中：《唐代小说史话》，文化艺术出版社，1990年，第238页。
② 王德威：《想象中国的方法：历史·小说·叙事》，百花文艺出版社，2016年，第3页。
③ 王维堤、唐文译注：《春秋公羊传译注》，上海古籍出版社，1997年，第72页。

体流行于世。二是通过都城生活内容的细致刻画，展现国家的繁荣昌盛，塑造统领天下的国家中心形象。唐代都城叙事比之汉代大赋中的都城叙写更为细致生动，其都城生活的内涵也更为丰富，从中更可见出国家力量之恢宏阔大，经济文化之繁荣昌盛。

梳理宋前时期都城叙事的历史轨迹和演进脉络，无论是作为物理空间的都城形制，还是展示文化精神的文学叙事，唐代的长安都具有划时代的意义。就都城形制而言，隋唐的长安城具有明显的创新性和代表性，由于"在都城外围新扩建外郭城并设置大量里坊和市场等，使都城成为拥有宫城、内城和外郭城三重城圈的规模空前的新型坊市制城市"①，都城的内涵和功能性发生了巨大变化。这些变化都极大地促进了社会进步和生产力的恢复发展，尤其是以东西方文化和商贸交流活动的繁荣为后续的强盛王朝的诞生奠定了坚实的基础。就文化精神而言，长安文化涵盖了物质文化、精神文化和制度文化各个层面。古今中外各民族文化的大交融、大吸收，逐渐熔铸出长安文化雄伟、进取、兼容、和谐的特定内涵，这使得唐代长安成为秦汉以来帝都文化的杰出代表。有研究者指出，"所谓长安文化，是指公元九〇〇年以前，中华民族以长安为首都时期所表现出来的心理结构"，长安文化不仅引领着唐帝国的文化，甚至"从一定意义上说，就是公元九〇〇年以前中华民族的精神"，"而要理解这一时代的民族精神，首先要了解中国的千年古都长安"。②这一观点是否准确可以商榷，但其从一个特定视角确实揭示出长安文化在中国都城发展史上的独特地位。概而言之，长安文化已经完全超越了都城文化的范畴，足以代表一个漫长历史时期的国家文化。

从汉魏以至于唐代，尽管都城文学叙事的表现方式各有不同，但"都""国"同构的心理图式是坚韧而固执的，它是政治理念、时代精神与国家意识的必然产物。到了宋以后，文化重心开始下移，民间化与世俗化成为时代的潮流，帝都正统之意识和观念才慢慢地减弱，被城市中新兴的市民精神与意识逐渐取代。

在以《碾玉观音》《错斩崔宁》《西山一窟鬼》《菩萨蛮》《白娘子永镇雷峰塔》等为代表的一批临安题材话本中，南宋说书人在生动说唱故事情节的同时，

---

① 钱国祥：《中国古代汉唐都城形制的演进——由曹魏太极殿谈唐长安城形制的渊源》，《中原文物》2016年第4期。

② 参见黄新亚：《长安文化与现代化》，《读书》1986年第12期。该文提出的观点颇值得关注，作者认为可以把中国传统文化分为三个时期：900年以前、900—1400年、1400—1949年，分别对应作为古今中外各民族大交融、大吸收的混合型、开放型、进取型文化的长安文化，作为内聚型、思辨型、收敛型文化的汴梁-临安文化，作为由封闭型、保守型而不情愿地走向吸收型文化的北京文化。

展示出独特的叙事形态及其背后的都城情怀。我们关注的是，在宋元时代极为典型的"交互型空间叙事"中，城市空间富于流动性，空间彼此的相互联系变得更为密切，复合型、立体化的城市空间布局推进和促成了作者们新的心理机制的建构。这首先表现为一种叙述策略，立足本地，使所讲述内容更接地气，以实现与现场观众的互动交流。"小说家总是利用故事发生的'实际场所'作为情节展开的舞台。真实的场景与虚构的故事之间形成了一种特殊的逻辑关系，这不只是为了给人一种历史般的真实感……对于地域性极强的作品来说，这也是为了唤起受众的亲切感和现场感。"①而在这种叙事策略背后，隐含的就是说书人关于"地方认同"的深层情感。

在人文地理学者看来，地方感应包括地方依恋与地方认同两个维度。随着研究的深入，研究者对地方依恋的内涵有了更深入的认识和发现，不同个体的地方依恋强度不同，有西方学者将地方依恋感从浅到深依次命名为熟悉感（familiarity）、归属感（belonging）、认同感（identity）、依赖感（dependence）与根深蒂固感（rootedness）。②其中，熟悉感是最表面的，而根深蒂固感则是最深层次的。"地方认同"③在不同历史时期有不同的表现形式，就城市层面的"地方认同"而言，它在中国城市叙事发展中扮演了颇为重要的角色，作为一种独特的心理机制，特定的叙事主体在城市空间中逐渐与之建立情感纽带，进而形成城市生活的认同感，这些都必须在城市空间发生实质性改变之后才可能真正做到。宋代以来，城市空间的革命性变革促成了这种空间情感的逐步建立。④

---

① 刘勇强：《西湖小说：城市个性和小说场景》，《文学遗产》2001年第5期。
② 朱竑、刘博：《地方感、地方依恋与地方认同等概念的辨析及研究启示》，《华南师范大学学报》（社会科学版）2011年第1期。
③ 在城市哲学的研究者笔下，这种"地方认同"则被视为"城市认同"。陈忠《空间与城市哲学研究》指出："从社会认识论看，作为一种社会共同意志、城市共同知识、社会文化心理，城市认同是城市人员对特定城市的心理依恋感、文化归属感。城市认同既表现为一种社会心理，即人们对作为一个城市市民所具有的自豪感，对自身城市发展所具有的信心；也表现为一种社会理论、城市公共理性，即为市民自觉遵守、共同维护的城市精神、城市规则、城市文化。"参见陈忠：《空间与城市哲学研究》，上海社会科学院出版社，2017年，第189页。
④ 就地方性情感的建立而言，宋代也有特别的意义。叶晔在《拐点在宋：从地志的文学化到文学的地志化》（《文学遗产》2013年第4期）中认为，借对宋代地名百咏为发端的近世地志文学的考察，可以梳理出在古代文学的向外互动发展中，存在一个从地志文学化折返到文学地志化的过程，而宋代恰是这一折返过程的时间拐点所在。这一文学史特性的转向，一方面与文学理论自觉和史学理论自觉的不同发生时段有关，另一方面是整个中国社会的地方观念在宋代逐步形成和强化在文学上的一种反映。

南宋话本中的临安叙事至少完成了三个层面的叙事蜕变：一是民间立场，二是本土化地方立场，三是现场感悟。抽象而言，所有的南宋话本都属于民间立场，这是这个时代这类文体的总体面貌，其中的最大特征则是"地方认同"，具体赖以完成的途径则是现场感悟。

在南宋说书人的表述中，所谓的帝都临安并无前代诗文笔记所记载的那种庄严肃穆，而是一种置身其中的亲切感与现场感。说话人所讲述的也许是一个陌生的虚构故事，但是那些场景却是熟悉的，因为亲切，这显然唤起了听众们愉快的记忆。比如在话本里会不断出现临安的各种著名地理坐标，比如《白娘子永镇雷峰塔》中提到的井亭桥、钱塘门、保叔塔寺、四圣观等，《西湖三塔记》中提到的钱塘门、昭庆寺、断桥和四圣观，《西山一窟鬼》中提到的万松岭和净慈寺。尤其是话本中反复出现的"钱塘门"，这在《西山一窟鬼》中描述得颇为典型，成为贯穿情节始终的一个关键性地名。比如开头的王婆说媒："婆子道：'只道教授忘了老媳妇。如今老媳妇在钱塘门里沿城住。'"中间的吴秀才踏春："便是这时候去赶钱塘门，走到那里，也关了"；然后是酒店遇鬼："唬得两个魂不附体，急急取路到九里松曲院前讨了一只船，直到钱塘门，上了岸"；再是寻找媒婆："吴教授一径先来钱塘门城下王婆家里看时，见一把锁锁着门"；最后是寻找干娘："一程离了钱塘门，取今时景灵宫贡院前，过梅家桥，到白雁池边来"。可见作者对于钱塘门极其熟悉。杭州外城的城墙共有旱城门13座、水城门5座。临安城城西傍西湖，西面有钱湖门、清波门、丰豫门、钱塘门。作为临安的主城门之一，钱塘门始建于南宋绍兴十八年（1148），据《武林坊巷志》引《郭西小志》曰："钱塘名门，绍兴二十八年，增作杭城西四门，曰钱塘、钱湖、清波、丰豫，此钱塘名门之始。"[1]钱塘门外多佛寺、楼台，出昭庆寺、看经楼径通灵隐、天竺，往灵竺进香者，多由此门出入，故有"钱塘门外香篮儿"之谣。由此可见，钱塘门实为城内前往西湖的主要通道，故反复被各种话本小说提及。

南宋说话人对临安城的街巷交通基本是了然于胸的，因此能够随意道来，比如《西湖三塔记》："（奚宣赞）一直径出钱塘门，过昭庆寺，往水磨头来。行过断桥，四圣观前，只见一伙人围着闹哄哄。"[2]再如《张生彩鸾灯传》："舜美自思：'一条往钱唐（塘）门，一条路往师姑桥，一条路往褚家堂，三四条叉路，往那一路好？'"[3]前者写蜿蜒曲折的出城路线，后者写出行路线的选择，若无对城市地

---

[1] 〔清〕丁丙：《武林坊巷志》，浙江人民出版社，1990年，第740页。
[2] 傅惜华：《宋元话本集》，四联出版社，1955年，第298页。
[3] 王古鲁：《熊龙峰四种小说》，上海古典文学出版社，1958年，第9页。

理的充分把握，是不可能拥有这份自信的。胡士莹先生认为《白娘子永镇雷峰塔》基本可认定为宋元旧本，南宋话本的许多作者久居临安，对于城市地理显然颇为熟悉，由此可以解释此话本"在临安坊巷道路的描写上，更见严格而细致"。《白娘子永镇雷峰塔》写了清明节许宣的出行路线："许宣离了铺中，入寿安坊，花市街，过井亭桥，往清河街后钱塘门，行石函桥过放生碑，径到保叔塔寺……离寺迤逦闲走，过西宁桥、孤山路、四圣观，来看林和靖坟，到六一泉闲走……走出四圣观来寻船"，最后是"涌金门上岸"。上述许宣清明出游的主要路线，如果"取《梦粱录》中"大河桥道""禁城九厢坊巷"等条相对照，其途径确然不紊"①。

更能体现话本浓郁之城市气息的是说话人在咳唾之间所表露出来的现场感，尤其是插入"今时"之类的提示语，不时与听说者分享共同信息，帮助其迅速地进入故事情境，体现出很强的代入感。比如在《白娘子永镇雷峰塔》开篇处，当提到杭州晋时"西门"时，作者称"即今之涌金门"。又说"山前有一亭，今唤做冷泉亭"。《西山一窟鬼》："（吴秀才）且只得胡乱在今时州桥下开一个小小学堂度日，等待后三年春榜动，选场开，再去求取功名。"②《错认尸》："（乔俊）就央人赁房一间，在铜钱局前，今对贡院是也。"③这些表述不仅表现出交流的主动性和亲切感，对听说者的关注，一种建构城市文化共同体的努力，更让人感觉到了一个城市的内在气息，那种流淌在街头巷尾间的红尘冷暖。

再如对于西湖风物的由衷赞美，《西湖三塔记》开篇就写道"说不尽的西湖好处"，然后细细浓墨渲染。在这种赞美背后，更值得注意的是作者由此展现的城市情怀。比如对于杭州人的赞美就多次出现在《白娘子永镇雷峰塔》中，镇江李员外一见白娘子便为之倾倒，感叹"杭州娘子生得俊俏"。而天下何其之大，才貌双全男子何其之多！白娘子何以如此迷恋生药铺的伙计许宣？我们也可以从青青之口找到答案，那是因为"娘子爱你杭州人生得好"④。也许，大多数说书人只是一群自北而来、飘零于此的异乡人，但是这个城市给他们提供了充分的精神归属与心理慰藉。于是他们为之感叹，为之赞美，为之依恋，先是感受这个城市的包容和接纳，进而归属和融合，最后落地生根，产生了情感上的强烈依恋，"地方认同"也就由此产生了。

总而言之，"长安"与"临安"，从两个城市的命名中就能读解出丰富的信

---

① 胡士莹：《话本小说概论》，中华书局，1980年，第228页。

① 胡士莹：《话本小说概论》，中华书局，1980年，第228页。
② 《京本通俗小说》，上海古典文学出版社，1954年，第36页。
③ 〔明〕洪楩：《清平山堂话本》，石昌渝校点，江苏古籍出版社，1990年，第245页。
④ 〔明〕冯梦龙：《警世通言》，人民文学出版社，1956年，第436、441页。

息，此"安"与彼"安"含义完全不同。"长安"蕴含着对于由"都"而"国"的深长期待，具体在唐代都城叙事中，展示为突出的国家意志和王朝气度；"临安"作为南宋朝廷的临时驻地，恰好折射出一个王朝政治的孱弱气息，在都城叙事中有了更多面向市井的世俗沉溺和"地方认同"。从长安到临安，从唐代到宋代，映射出都城文化心理的深刻转变。可以说，到了宋代，尤其是到了南宋，都城空间格局发生巨大改变，孕育出中国最早的白话文学，这些早期的白话文学浸染了活泼泼的地气，转换出富有生命力的民间立场，地域文化特色由此蓬勃而起，说书人之"地方认同"意识也因之获得了足以启后的历史价值，甚至可以说，这成为后世"地方认同"的重要来源之一。纵观都城叙事的发展历史，临安西湖小说的意义正在于一定程度上消解了都城的政治属性，而着力建构起城市叙事中具有相当忠诚度的地方感，这对于后来的吴语小说、京味小说乃至于当代文学中的"寻根文学""新市民小说"等都产生了深远影响，可谓余泽绵长。

原载《陕西师范大学学报》（哲学社会科学版）2022年第5期

（葛永海，浙江师范大学人文学院教授）

宋词中的长安书写

张文利　张　乐

　　长安，西北形胜，历史都会，自古就是中国政治、文化、地理之重镇，周秦汉唐等多个王朝在此建都，隋唐时期曾有"东罗马，西长安"之说。长安在古典诗词中被反复描绘。不同时代的文人雅士在不同的文学体式中，对长安的书写不尽相同，各有其鲜明的个性特征、时代风云及文体色彩。所谓"文变染乎世情，兴废系乎时序"（《文心雕龙·时序》），在不同时期、不同文体、不同作者的长安书写中，积淀着丰富的意涵。本文探讨宋词中的长安意象，并与唐宋诗中的长安意象进行比较，以展示长安意象在宋词书写中的独特况味。

一、宋词中长安书写的意味

　　长安自古帝王都。十三朝古都的长安，见证了权力的更替和王朝的盛衰，辉煌与衰败并举，繁华与萧条递生。晚唐五代，战乱频仍，长安屡遭兵燹，迅速衰颓。据史料记载，唐末长安遭受战争破坏最严重的有四次。[1]五代时期，长安又经焚劫，疮痍满目。赵宋王朝建都于汴京后，长安非复汉唐故都，形貌气势和政治地位非昔时可比，但仍然是西北重要的政治文化中心城市，仍一直受到宋廷的重视，经济和文化得到恢复发展。汉唐盛世的遗风，加上宋代发展迅速的城市经济的促进，长安依然是一个繁华富丽的大城市，屡屡出现在词人的笔下。

　　宋词中的长安，首先是作为地理名词出现的。一些著名词人，有过在长安的生活经历，在其词中记录着他们在长安的行迹。市井词人柳永曾在永兴军路华州府任职[2]，永兴军路的治所在长安，柳永尝有长安之游。其《望远行·长空降瑞》一词描摹长安城的瑞雪图景和词人的幽雅情趣，但全篇除"满长安，高却旗亭酒价"一句点名长安外，其余笔墨重在摹绘雪景，"僧舍""歌楼""鸳瓦"之类的处所，亦

---

　　① 杨德泉：《试谈宋代的长安》，《陕西师大学报》（哲学社会科学版）1983年第4期。

　　② 薛瑞生：《柳永别传》，三秦出版社，2008年，第250—255页。

只为点出瑞雪之所覆及。长安在这里，仅仅是词人的一个活动场所而已。苏轼《沁园春·孤馆灯青》词中的"当时共客长安。似二陆初来俱少年"，乃是追述嘉祐元年（1056）与苏辙一起随父赴京赶考曾于长安小驻的情景。那时，苏轼兄弟二人初出眉州，前往京城求取功名，自忖腹有诗书，胸怀利器，踌躇满志，意气风发，故词中以才华横溢的西晋陆机、陆云兄弟自许。南宋陆游乾道八年（1172）在南郑前线时，作有《秋波媚·七月十六日晚登高兴亭望长安南山》词。据《剑南诗稿》卷五四《重九无菊有感》自注："高兴亭在南郑子城西北，正对南山。"南山即终南山。作者秋高时分登台遥望，由终南山脉上空的明月联想到长安城的灞桥烟柳、曲江池馆。柳永笔下的长安是实写，苏轼笔下的长安是追忆，陆游笔下的长安是遥想。这三首词作中，由不同时代、不同文人描写的长安的相同之处在于，都只是作为地理名词出现，或是词人活跃其间的舞台，或是词人兴发感动的依托。

长安作为地理名词，在宋词中不仅仅只是表明场所，更由于曾经为汉唐故都的历史地位而更多地寄寓着词人对时代更替、历史兴亡的感慨。如周邦彦《西河》词云："长安道，潇洒西风时起。尘埃车马晚游行，霸陵烟水。乱鸦栖鸟夕阳中，参差霜树相倚。到此际。愁如苇。冷落关河千里。追思唐汉昔繁华，断碑残记。未央宫阙已成灰，终南依旧浓翠。对此景、无限愁思。绕天涯、秋蟾如水。转使客情如醉。想当时、万古雄名，尽是作往来人、凄凉事。"[1]词人清秋时节羁旅长安，触目所及，惹起的是汉唐昔时繁华都尽，如今满目凄凉愁苦的苍凉意绪。所谓霸陵烟水、未央宫阙、终南浓翠，触发的都是词人的无限愁思。这里的长安既是作为地理名词的实写，也是有意味的文化符号。

靖康之难，宋室移跸临安。绍兴和议后，宋金以东起淮水、西至大散关一线为界，以北为金统治区，以南为南宋统治区。长安沦陷于异族的铁蹄之下。此时词人咏怀长安，既有对汉唐长安王者气度的追怀，更多的则是面对残山剩水的无尽悲慨。康与之的两首长安怀古词比较有代表性。其词曰：

菩萨蛮令·长安怀古
秦时宫殿咸阳里。千门万户连云起。复道亘西东。不禁三月风。汉唐乘王气。万岁千秋计。毕竟是荒丘。荆榛满地愁。

诉衷情令·长安怀古
阿房废址汉荒丘。狐兔又群游。豪华尽成春梦，留下古今愁。君莫

---

① 〔宋〕周邦彦著，孙虹校注：《清真集校注》，中华书局，2002年，第291页。

上，古原头。泪难收。夕阳西下，塞雁南飞，渭水东流。^①

前一首重在追忆秦汉唐时期的长安盛世气象，最后两句落笔到眼前的荒败凄清。后一首重在抒写眼下的荒凉景象和忧苦情怀，只"豪华尽成春梦"一句追及往昔。两首词联系起来读，合构成南宋词中长安意象的共同旨趣，即在对往昔长安辉煌岁月的追忆中，抒写眼下长安的破败衰飒以及由此引发的山河易色之感慨。更由于当时的时代背景，词中的长安很容易被读者等同为当时的汴京，在怀古中生发对现实的感慨。

以上是宋词中作为地理名词出现的长安意象情形。我们看到，由于赵宋王朝时期长安已经不再是国都，宋词对它的书写明显减少。但是由于长安承载着的政治文化记忆，宋人常常在这个意象上寄托一种类型化的情绪，即历史的更替盛衰之感。叶嘉莹在研究温庭筠词时，引入西方阐释学、语言学中的"语码"（Code）理论，认为在中国传统文化中，类似"香草""美人"这样的语言符号已经成了一种语码，当它在语序轴上出现时，无论作者本人是否意识到，是否有意而为之，联想轴都会使语言符号成为语码，都会在读者心中激起丰富的联想和记忆，甚至收到"作者未必然，读者未必不然"的表达效果。^②借用这个理论来看，宋词里的长安也是一种语码，也有记忆唤醒和丰富想象的功能。长安是一种文化符号，担负着文化记忆的功能；又是一种历史积淀，承载着历史记忆的使命；更是一种丰富多义的语码，能够唤起读者对文化传统赋予它的丰富含义的多维联想。十三朝故都的历史，使长安承载着太多的政治文化记忆，且随着时代的变迁而愈加丰厚。汉人追忆长安，以周秦的兴盛覆亡为经验教训；唐人追忆长安，以周秦汉的兴盛覆亡为借鉴；宋人追忆长安，又叠加上了唐王朝兴盛覆亡的前车之鉴。从秦汉到两宋，追忆长安形成了一条记忆的河流，一个历史的传统。记忆的积淀越来越复杂，记忆的内容越来越丰厚，连记忆的人也变成了记忆的一部分，诚如杜牧所言："秦人不暇自哀，而后人哀之；后人哀之而不鉴之，亦使后人而复哀后人也。"（《阿房宫赋》）

宋词中的长安，除以上所论作为地理名词使用外，更多的是被借代使用。北宋时期的词人以长安代指汴京，南宋时期的词人，或以长安代指汴京，或以之代指临安。如"星桥火树，长安一夜，开遍红莲万蕊"（张先《鹊桥仙·星桥火树》），词写上元节的灯火辉煌，词里的长安指代的是北宋都城汴京。周邦彦《苏幕遮·燎沉香》中"家住吴门，久作长安旅"一句中的"长安"亦指汴京。而郭应祥《万年欢·瑞庆节》云："佳气葱葱，望长安日下，鸾鹤翔舞。天祐皇家，当年挺生真

---

① 唐圭璋：《全宋词》，中华书局，1965年，第1305页。
② 叶嘉莹：《唐宋词十七讲》，河北教育出版社，1997年。

主"，则以长安指代南宋都城临安。宋高宗移跸杭州，以杭州为行在，改其名曰临安，意谓临时安居之所，日后当能恢复中原、重返汴京。然"临安"亦颇有语谶意味，暗示着南宋政权不能长久。这一点，与"长安"恰形成鲜明的语义对照。从"长安"到"临安"，气数是何等的不同！而南宋人以长安代临安，或许不仅仅是文学书写的传统使然，也有祈愿长久的美好愿望包含在内吧。

宋词中的长安的第三种意义是词人对长安典故的运用。苏轼《菩萨蛮·润州和元素》词云："玉笙不受朱唇暖。离声凄咽胸填满。遗恨几千秋。恩留人不留。他年京国酒。堕泪攀枯柳。莫唱短因缘。长安远似天。"据学者考证，此词作于苏轼赴密州任途中。[①]这里的长安既非实指长安，也不指代汴京，而是用了和长安有关的典故。《晋书》卷六《明帝纪》："明皇帝讳绍，字道畿，元皇帝长子也。幼而聪哲，为元帝所宠异。年数岁，尝坐置膝前，属长安使来，因问帝曰：'汝谓日与长安孰远？'对曰：'长安近。不闻人从日边来，居然可知也。'元帝异之。明日，宴群僚，又问之，对曰：'日近。'元帝失色曰：'何乃异间者之言乎？'对曰：'举目则见日，不见长安。'由是益奇之。"《晋书》所载，是为了表明明皇帝少时之聪慧善辩，后世则由这个典故生发出另外的意味，即以长安指代朝廷所在，而以"长安远似天"形容仕宦之途的艰难和遥不可及。

宋词里还有一个与此典故相关的"长安道"一词，被较多使用。由于长安及它所指代的汴京和临安作为国都的特殊地位，长安道也就不仅仅是指地理上的道路，而是带有仕途的意味。[②]如："红尘自古长安道"（晏几道《秋蕊香·歌彻郎君秋草》），是指长安道上演绎的人间悲欢离合；"轻衫短帽，重入长安道。屈指十年中，一回来、一回渐老"（晁端礼《蓦山溪·轻衫短帽》），晁端礼十年之中频频入汴京，为的是一解轻衫短帽，谋取功名，颇有杜甫十年长安困守的辛酸况味；"断桥孤驿，冷云黄叶，相见长安道"（贺铸《御街行·别东山》），在贺铸的词里，离别东山，本来就有几分不情愿在内，又兼情人之别，更增加了辛酸的滋味。所以，相见长安道固然是为了彼此的前程和功名，却被作者涂抹上肃杀悲戚的风调。长安道就是红尘道，就是功名道，自然和汲汲求取的劳苦奔波以及亲人之间的生离死别联系在一起。

---

① 〔宋〕苏轼撰，薛瑞生笺注：《东坡词编年笺证》，三秦出版社，1998年，第119页。

② 实际上，"长安道"不实指地理概念上的道路，其作为"仕途之道"的意味在唐诗中就已确立。欧明俊、陈堃撰文指出："长安道是诗人经常描写的对象。通常情况下，它指的不是普通的道路，而有'仕途之路'的含义。"参见其《长安——唐代诗人的"精神家园"》一文〔陕西师范大学文学院编：《长安学术》（第1辑），商务印书馆，2010年，第85页〕。宋词中的"长安道"承袭了这一意味。

二、宋词中有关长安书写的常见意象

宋词中的长安书写，还体现为词人对有关长安意象的撷取，以下列举数例。

骊山，提及骊山，词人往往多引入李隆基和杨玉环的爱情典故，突出兴亡感慨。如李冠的《六州歌头·骊山》和谢枋得的《风流子·骊山词》。这两首咏写骊山的词，各有特色。李冠之作，櫽栝白居易《长恨歌》，几乎是词体的《长恨歌》。谢枋得之作，引入李隆基和杨玉环故事及杜牧《过华清宫》诗的意境，并化用贾岛《忆江上吴处士》诗句，凸显秋风渭水、落叶长安的凄凉。值得注意的是，李冠是北宋初人，谢枋得乃南宋末人，两人时隔二百余年，但他们骊山词的题材选取却极为相似，恰恰证明宋人在骊山意象上寄托的情感的相似性，突出了骊山意象的象征意味。

灞桥、灞陵、灞柳、灞桥雪。这几个意象的使用，首先和送别有关。唐时出长安东行，灞桥是必经之地。人们往往在灞桥折柳送别，寄寓对远行者的不舍之情，灞桥折柳因此成为古人送别的经典意象，在唐诗里频频出现。李白《灞陵行送别》诗云："送君灞陵亭，灞水流浩浩。上有无花之古树，下有伤心之春草。"罗隐《柳》亦云："灞岸晴来送别频，相偎相倚不胜春。自家飞絮犹无定，争解垂丝绊路人。"宋词中则有柳永的《少年游》（其二）："参差烟树灞陵桥。风物尽前朝。衰杨古柳，几经攀折，憔悴楚宫腰。夕阳闲淡秋光老，离思满蘅皋。一曲阳关，断肠声尽，独自凭兰桡。"[①]这首词完全敷衍灞柳送别的经典意象而成。不过，由于词和诗的文学体性的不同，柳永的长短句和齐言形式的唐诗相比，显得更加缠绵婉曲，尤其是"阳关"三句的曲终人远之思，余韵悠长，令人回味不尽。其次，每年阳春时节，灞河附近柳絮飞扬，好似冬日雪花飘舞，"灞柳风雪"因此成为长安八景[②]之一。灞桥风雪和唐代文人的形象关联密切。《北梦琐言》卷七记载，有人问晚唐宰相郑綮今日是否有诗作，郑綮答曰："诗思在灞桥风雪中驴子背上。"此话实际自有来历。在唐代，官员出行有华盖香车、高头大马，文人未仕前常常骑蹇驴，故灞桥风雪中的驴子背上，往往端坐着落魄的诗人。孟浩然、李贺、贾岛诸人，都有驴背吟诗的故事流传。秦观《忆秦娥·灞桥雪》词云："灞桥雪。茫茫万径人踪灭。人踪灭。此时方见，乾坤空阔。骑驴老子真奇绝。肩山吟耸清寒冽。

---

① 〔宋〕柳永著，薛瑞生校注：《乐章集校注》，中华书局，1994年，第133页。
② 长安八景，又名关中八景，是八处陕西关中地区的著名胜景，即华岳仙掌、骊山晚照、灞柳风雪、曲江流饮、雁塔晨钟、咸阳古渡、草堂烟雾、太白积雪。

清寒冽。只缘不禁，梅花撩拨。"①词咏写灞桥风雪中驴子背上的诗人形象，并无深奥的意蕴，但因为灞桥风雪、驴背吟诗的典故的运用，读来却颇令人会心。

曲江、曲江馆、曲江花。曲江，是唐代长安最大的名胜风景区，"开元中疏凿为胜境……花卉环周，烟水明媚。都人游赏，盛于中和上巳之节"。（康骈《剧谈录》）唐代还于科举试后在曲江宴饮新科进士，此为一时之盛景。曲江的兴废和唐王朝的盛衰密切相关。欧阳修《临江仙》词云："记得金銮同唱第，春风上国繁华。如今薄宦老天涯。十年歧路，空负曲江花。"②秦观《忆秦娥·曲江花》词云："曲江花。宜春十里锦云遮。锦云遮。水边院落，山下人家。"③两词写汴京生活，均运用唐代曲江宴饮的典故写宋代进士宴集。曲江花见证着文人举子的荣辱兴悲。

未央宫阙、阿房废址、汉荒丘、古原、渭水。这些长安意象，均寄托兴亡感慨，具有语码意味。前文列举的康与之的两首词很有代表性。

终南山。杜牧《长安秋望》云："楼倚霜树外，镜天无一毫。南山与秋色，气势两相高。"终南山是秦岭山脉的主峰，矗立在长安城东南，像长安的一道天然屏障，也是长安城中王公贵族、士人隐者理想的休憩之地。终南山与长安城联系密切，故在词人笔下，终南山是长安的象征之一。周邦彦词曰："未央宫阙已成灰，终南依旧浓翠。"（《西河·长安道》）

三、唐诗、宋词长安书写的不同影像

人文地理学中有一对范畴："空间"和"地方"。"基本上，'空间'一词诉诸普遍均一的、科学的或抽象的概念考察，是'运动能力'的结果；'地方'是人类'居停'的所在，涉及暂停、休憩，以及身涉其中。前者依赖实体景观的呈现，通常关乎于科学、经济和理性；后者则往往涉及'事件'，它是'时间与空间的、个人与政治的，充盈着人类历史与记忆的层次区位'，因此经常召唤着价值的凝聚，认同及归属。"④按照这个观点，唐诗中的长安，主要是地方书写，书写者停息其中，参与其中，"地方"呈现着价值、认同和归属。而宋词中的长安，主要是空间书写，是概念，意味着距离、冷静和理性。

---

① 唐圭璋：《全宋词》，中华书局，1965年，第479页。
② 唐圭璋：《全宋词》，中华书局，1965年，第141页。
③ 唐圭璋：《全宋词》，中华书局，1965年，第479页。
④ 梅家玲：《从长安到洛阳——汉赋中的京都论述及其转化》，见陈平原、王德威、陈学超编：《西安：都市想象与文化记忆》，北京大学出版社，2009年，第196页。

唐诗里的长安书写，首先表现为对长安地理形胜、繁华富丽的描摹和欣赏，内容涉及长安风貌、四时景物、宫阙殿阁、山川名胜、郊野风光等。关于这一方面的论著已多，本文不赘述。我们仅从唐太宗"秦川雄帝宅，函谷壮皇居"（《帝京篇》其一）渲染的唐帝国的赫赫声威，王维"九天阊阖开宫殿，万国衣冠拜冕旒"（《和贾舍人早朝大明宫之作》）描述的万国朝拜的大唐帝国气象，崔沔"花催相国醉，鸟和乐人弹"（《奉和圣制同二相已下群臣乐游园宴》）津津乐道的群臣游宴的情形，就可略知一二。

　　唐诗里的长安书写，还体现出长安作为唐代文士精神家园的文化意义。①唐代长安的帝都地位，使它成为文人士子实现理想抱负、求取功名前程的必然场所。对唐代文人来说，长安意味着科场驰名，意味着仕宦前途，意味着理想实现。长安道，就是仕途之道，就是理想之道。唐代文人普遍有一种长安情结②，所以才有杜甫的十年困守，才有李白诗中对长安的反复咏叹。文人仕途上的失意、政治上的感慨，常常在长安诗篇中体现出来："何处路最难，最难在长安。"（岑参《送张秘书充刘相公通汴河判官便赴江外观省》）"莫道长安近于日，升天却易到城难。"（王建《寄广文张博士》）李白《登金陵凤凰台》诗云："总为浮云能蔽日，长安不见使人愁。"诗人之愁，乃是由于权奸当道，圣颜难睹，壮志难酬。文人落第后的伤怀也屡屡呈露："年年下第东归去，羞见长安旧主人。"（豆卢复《落第归乡留别长安主人》）总之，长安作为唐代文人最重要的活动场所，展现着丰富生动的唐代社会生活面貌和复杂多样的唐人世态百相。唐代文人的人生价值常常要借助于长安这个政治舞台来实现。长安与唐代文人、与唐诗有着千丝万缕的密切联系。

　　宋词里的长安书写，从数量看，比唐诗中少得多；从内容看，也比唐诗单薄。以汉唐代本朝，乃宋人一贯笔法，故宋词中的长安主要作为地理代名词出现，代汴京、代临安，关于作者人生价值、理想抱负的内容很少，长安之于文人的政治文化意义和精神家园意义几乎消失殆尽。原因在于：其一，不再作为国都的长安，在宋人眼里已经不具备这方面的功能和意义，宋人对长安自然不可能有这种期许；其二，宋代文人的功名之心和理想抒写，主要在宋诗里体现，宋词中则较少。

　　宋诗里的长安书写亦不多见，且主要是作为汴京和临安的代称，对长安自身的书写甚少。这一方面凸显了长安具有浓厚政治色彩的符号意义，另一方面也显示了

　　① 欧明俊、防堃：《长安——唐代诗人的精神家园》，见陕西师范大学文学院编：《长安学术》（第1辑），商务印书馆，2010年。
　　② 周晓琳：《中国古代作家的"长安情结"》，《西华师范大学学报》（哲学社会科学版）2006年第5期。

宋诗对于长安的疏离。宋诗里偶尔投注的长安影像，亦如宋词中的长安，是一种有距离的空间书写。毕竟，长安是周秦汉唐的长安，在宋代，它与汴京和临安不可同日而语。长安之于唐代文人的政治文化意义和精神家园意义，到了宋代文人那里，被转移到对汴京和临安的书写中。两宋文人在诗词中，通过对汴京和临安的书写，寄寓他们这方面的欲望和诉求。

由"地方书写"到"空间书写"，宋词长安书写的范围变窄，不如唐诗广阔；文化意蕴转浅，不如唐诗厚重。长安，这个具有浓厚政治意味的文化符号，是宋词里一个"寡趣的稀客"。这首先受制于宋词的文化价值和文学地位。宋词酒席宴前的娱乐文学的性质，决定了它的内容比较单薄。虽然有苏轼、辛弃疾等人以诗为词、以文为词的扩大革新，但是终宋一代，风流旖旎的欢情恋情仍然是词的主调，理想与人生、政治与社会仍然是宋词里的配角。其次，是因为宋诗与宋词的"分工"使然。"诗言志"的儒家传统诗教，使宋人的理想抱负和人生价值依然主要借助诗歌的形式来表达。宋人关于词为小道、为末计的观念，造成他们在词里对"言志"内容的有意疏离甚至回避。长安，作为唐诗里的"地方书写"，与作为宋词中的"空间书写"，不仅有时代的"隔"与"不隔"，更有文化价值、心理认同和文学观念上的扭转腾挪和潜移暗换。

要言之，秦汉以来，长安及其有关的经典意象，在后世文学中被长期运用、反复吟咏，成为它对文学的独特贡献。但是，一代有一代之文学，也有一代文学关注的焦点。长安是唐代的辉煌，在宋代已退居为背景，它退让到王权的背后，以冷静的"别一只眼"出现在宋词中。远离利害关系并被不断历史化之后，长安与其说是一个实存的前朝废都，还不如说是一个虚拟的历史"空筐"。后来的游览者、凭吊者、征服者、失利者，都会把自己或显或隐、或明或暗、或多或少的感受塞进这个"空筐"。与唐诗、宋诗相比较，宋词中的长安书写，既是唐宋两代政治风云嬗递变幻的独特表征，也反映了宋代文人诗词有别的文学观念和创作传统。优游的两宋词人，在长安书写中表露的种种复杂的意绪和况味，很值得关注和探讨，本文仅仅是提出问题而已。

原载《西北大学学报》（哲学社会科学版）2012年第2期

（张文利，西北大学文学院教授；张乐，西安美术学院教务处副处长）

古都声闻：明人定都关中的思想与情结

刘景纯

　　作为周秦汉唐诸强大王朝的首都，关中长安在一千余年的都城时代里对于中国社会乃至于东方社会都产生过重大的影响。这段历史记忆，不时地影响着后来的王朝及其国民，特别是在国家政治中心的确定和国家安全构建的意识、思想及情怀方面，更是深深地打上了难以磨灭的印记。明王朝是继唐宋王朝之后由汉人建立的统一王朝，但在定都问题上却没有像以前诸王朝那样坚决，以至于定都问题或明或暗地进行，持续了很长时间。①在这一背景下，对于都城的定位就成为不少士人思考的问题，即使在后来定都北京以后，依然没有停止。而关中平原作为立都最久的地区，自然时时受到关注。总体而言，明人对于关中（长安）的最高关怀集中在定都问题上，约略分为两派：一是建立在传统思想、观念基础上的应制派，一是建立在学术研究基础上的学术派。兹略述如下。

一、定都关中的提出与应制派的意见、影响

　　最早提出定都关中的是建国初"老臣"集团中的一些人，他们在洪武二年（1369）应朱元璋诏问提出了这一意向。其基本的理由是历史时期已经形成的一些观念和认识，以及建都长久的历史事实。《明太祖实录》记载："诏以临濠为中都。初，上召诸老臣，问以建都之地。或言关中险固，金城天府之国；或言洛阳天地之中，四方朝贡道里适均；汴梁亦宋之旧京；又或言北平元之宫室完备，就之可省民力者。上曰：所言皆善，惟时有不同耳。长安、洛阳、汴京实周秦汉魏唐宋所建国，但平定之初，民未苏息，朕若建都于彼，供给力役悉资江南，重劳其民。若就北平，要之，宫室不能无更作，亦未易也。今建业，长江天堑，龙蟠虎踞，江南形胜之地，真足以立国。临濠则前江后淮，以险可恃，以水可漕，朕欲以为中都，

---

　　① 吴晗以为，至洪武十一年定南京为京师标志着犹豫未决的定都问题基本结束（吴晗：《朱元璋传》，人民出版社，2004年，第159页）；还有人认为，这一问题持续了近30年，以太子朱标之死而结束。

何如？群臣皆称善。至是，始命有司建置城池宫阙，如京师之制焉。"①这些老臣的意见是应诏而提出来的，其中所谈关中只是可供选择的四五个建都之地之一，并没有特别的优势可言，而且他们关注关中的根本原因是在其形胜，即"关中险固，金城天府之国"上。而这些都是以往传统的认识和史实，没有多少新意。对此，朱元璋也应该是清楚的，而他本人似乎已经成竹在胸，即在南北两京制的基础上，要将临濠（今安徽凤阳）定为中都，实行三都制。对于三都制的优劣，这里且不评说，只是从朱元璋的态度和意向来看，他对核心政治中心放在历史上的旧都之地并不满意，而将临濠定为中都，并在以后七八年的时间里大力建设，纯粹是一种个人私欲的反映。以这样的态度和思想来考虑如此重大的政治问题，千年古都长安的地理优势没有从根本上打动他，就不足为奇了。因此，关中长安古都地位对于明代最初在定都问题上的影响是比较微不足道的。这种微不足道，既与诸老臣的认识缺乏新意有关，更与朱元璋的地方意识、政治品性和个人心理密切相关。

在此以后，主动上书陈述定都关中意见的是胡子祺（又称胡延平）。子祺是吉安吉水人，洪武三年（1370）五月以儒士应南京吏、礼二部试，被选中，并"擢监察御史"。六七月间，他上书朝廷，力主建都关中。其言略曰："天下形势之地可都者四。河东地势高厚，控制西北，尧尝都之，然其地苦寒，江淮士卒不堪。汴梁襟带河、淮，宋尝都之，然其地平旷，无险可守。洛阳周公尝卜之，周、汉尝迁之，然嵩、邙诸山，非有殽函、终南之固，瀍、涧、伊、洛非有泾、渭、灞、浐之雄。故据百二山河之胜，可以耸诸侯之望，可以绵宗社之久，举天下莫关中若也。"②这份奏书可以看作洪武二年诸老臣关于定都问题的继续，与以往不同的是，他明确指出可以作为都城的地点只有四处，即河东、汴梁、洛阳和长安，从而明确排除了元大都和南京的地位，至于中都就更不用说了。在朱元璋已经确定实行三都制的背景下，他能够将金陵等排除在外，充分显示了他的胆气和国家责任。而他认为"故据百二山河之胜，可以耸诸侯之望，可以绵宗社之久，举天下莫关中若也"，不但鲜明地表达了建都关中的意见，而且指出了关中独一无二的政治中心价值及其对于明王朝长久延续和发展的意义。这在一定程度上成为影响朱元璋的关键所在，所以赢得了朱元璋肯定，并于当年七月提升他为"广西按察司金事"。虽然朱元璋并没有采纳胡子祺的意见定都关中，但这一思想和意见却对他产生了一定的影响，以至于他在以后的二十余年里始终踌躇于都城的最终确定这一问题上，亦即没有放弃迁都关中的想法。甚至他于洪武二十四年（1391）派太子朱标巡抚陕西，

---

① 《明太祖实录》，上海书店，1984年。
② 《明太祖实录》，上海书店，1984年。

一般认为就是为迁都关中做前期的准备。这一点可以从二十五年（1392）朱元璋《祭光禄寺灶神》文所说的"本欲迁都。今朕年老，精力已倦"①得到印证。大概也是在这一意义上，明人郑晓引方希古《懿文太子挽诗》"相宅图方献，还宫疾遽侵。关中诸父老，犹幸翠华临"，说"盖有都关中之议"。②之后，《明史》在接受这一认识的基础上，有几处记述将胡子祺的上述思想与朱元璋意欲迁都西北的活动联系在一起，字里行间表达了对胡氏建议的影响的看法。③而《剑桥中国明代史》也几乎完全接受了《明史》的这一认识④，并在此基础上进一步阐发了这一点。

以上是应制派的意见及其影响。他们更强调关中的形胜及其对于国内政治、国家安全的中心地意义，强调这一政治中心地对于朱氏政权长久绵延的核心价值。它对朱元璋时期的都城关中意向产生了重要的影响。

二、学术派的认识与思考

学术派包括释史派和都城研究派两种，只是各自研究的程度和取向不同而已。明代对历代都城建置加以专门研究者，首推邱濬，他于成化二十三年（1487）完成的《大学衍义补》一书有"都邑之建"一门，第一次从理论上系统总结和论述了中国古代建都之地的历史及其意义，其中也涉及明代的都城问题。从总体上看，首先，他从风水理论立论，认为"古今建都之地，皆莫有过于冀州"⑤，明代的京师北京属于冀州范畴，是最适宜的建都之地之一。立足于这一认识，他进一步结合《周易》理论和古帝圣王黄帝、尧、舜都城的历史，对北京作为京师的地理意义做了系统的论述，从而为北京作为都城提供了完整的理论论证。其次，对明代南北两京制倍加肯定，不但寻找到坚实的历史依据（周、汉唐），也给予完满的现实解释："惟我朝则以南北为称，盖跨江南北而各为一大都会也。仰惟我高皇帝定鼎金陵，天下万世之大利也；文皇帝迁都金台，天下万世之大势也。盖天下财赋出于东南而金陵为其会，戎马出于西北而金台为其枢，并建两京所以宅中图治，足食足兵，据形势之要而为四方之极者也。用东南之财赋，统西北之戎马，无敌于天下矣。"⑥再次，关于长安，作者虽然亦倾注了一定的情怀，但仅认为它是秦汉以后统一王朝的

---

① 〔清〕顾炎武：《天下郡国利病书》，商务印书馆，1936年。
② 〔明〕郑晓：《今言》，中华书局，1984年，第159页。
③ 《明史》，中华书局，1997年，第929、1074页。
④ 崔瑞德、牟复礼：《剑桥中国明代史（1368—1644）》，中国社会科学出版社，2006年，第179页。
⑤ 〔明〕邱濬：《大学衍义补》，京华出版社，1999年，第720页。
⑥ 〔明〕邱濬：《大学衍义补》，京华出版社，1999年，第723页。

四个都城之地（长安、洛阳、汴梁、幽燕）之一。在此前提下，以为北京作为都城与长安在形胜和用武之地这一意义上有异曲同工之妙。他说："张良谓关中为用武之地，阻三面而守，独以一面东制诸侯。臣窃以为今世都燕，真所谓用武之地。比之关中，其所阻者亦有三面，而独以一面制天下之大。凡虞州十二，夏州九，春秋国十二，战国国七，其地皆在所临制也。较之关中，则西有巴蜀之饶，南有商邓之险，以为退步之地，燕则前之进者无穷尽，后之退者有界限焉。则是，今日京师之势，大非汉唐都关中比也。关中地被山，此则被乎太行一带之险阻，关中带河，此之所襟带者则大海也。然汉之边在北，咸阳去朔方余千里，唐边在西，长安去吐蕃界亦几千里焉。今京都北抵居庸，东北抵古北口，西南抵紫荆关，近者百里，远者不过三百里，所谓居庸则吾之背也，紫荆则吾之吭也。据关中者将以搤中国之吭而拊其背，都幽燕者切进于北狄，则又将恐其反搤我之吭而拊我之背焉。所以防蔽之者，尤当深加之意。"①这样的比对，反映了长安在作者心目中的地位依然是很高的。虽然明代初年意欲定都关中的呼声已经过去，但从理论上并没有给予系统的清算，邱濬的建都思想算是对这一问题的一个较为全面的总结。

后来继承了这一思想的知识士人可能有不少，甚至通过口耳相传，这样的思想观念也不同程度地散布于一般社会，这就使以北京为京师的两京制被广泛接受。而关中长安就主要作为一种历史的记忆不时萦绕在人们的脑际，从而在这一意义上体现出它的深远影响来。

首先，王士性（1547—1598）作为这一时期重要的人文地理学家，基本上承继了邱濬燕都为最的思想，同时对长安表现出类似的认识。他说："燕有兴王之理，邵之明以堪舆言也。但不尽吐露耳。燕地，太行峙西北，大海聚东南，气势大于晋中、晋左、山右。河倚空向实，而燕坐实朝虚，黄花、古北诸关隘，峻险相连，庞厚百里。晋已发唐、虞、夏矣，王家安得不之燕也？"②又云："两都一统之业，自本朝始。南都转漕为易，文物为华，车书所同，似乎宗周；北都太行天堑，大海朝宗，扼夷虏之吭，据戎马之地，似乎成周。"③所以，长安虽不为都，其影响在这一点上又无处不在。

其次，稍晚于王士性的谢肇淛的观点则颇为不同。他认为：（1）"古今建都形胜之地，无有逾关中者，盖其表里山河百二重关，进可以攻，退可以守，治可以

①〔明〕邱濬：《大学衍义补》，京华出版社，1999年，第729页。
②〔明〕王士性：《广志绎》，中华书局，2006年，第203页。
③〔明〕王士性：《广志绎》，中华书局，2006年，第332页。

控制中外，乱可以闭关自守，无论汴京，即洛阳不及也"①。这一点与应制派胡子祺"举天下莫关中若也"的认识一致，或者说是对他的这一认识的继承。（2）"帝王建都，其大势在据天下之吭，又其大要则在镇遏戎狄，使声息相近，动不得逞"。这一点又和邱濬部分思想相一致，实际上也是古代建都理论的根本之点。（3）基于这一理论，他认为明朝定都北京是因形势而不得已的选择。他说："以我国家之势论之，不得不都燕，盖山后十六州，自石晋予狄几五百年，彼且自以为故物矣，一日还之中国，彼肯甘心而已耶？其乘间伺隙，无日不在胸中也。且近来北鞑之势强于西戎，若都建康，是弃江北矣；若都洛阳、关中，是弃燕云矣。故定都于燕，不独扼天下之吭，亦且制戎虏之命。成祖之神谋睿略，岂凡近所能窥测哉。"②因此，就形胜而言，关中第一，是最理想的建都之地，但就当时所面临的形势而言，北京第一。明代定都北京虽是不得已的选择，却也是最睿智的决定。

所有这些主要以关中长安为参照的比较性认识，既体现了历史上定都长安的影响，也反映了一种深深的历史情怀。不独这些专门研究者如此，就是当时的不少官僚士人也多次不同程度地围绕这一情结来关照历史和现实。如嘉靖中期的宣大总督尚书翁万达就说："盖天下形势重北方，以邻虏也。而我朝与汉唐异，汉唐重西北，我朝重东北，何者？都邑所在也。汉唐都关中，偏西北，故其时实始亓朔方、城受降，不但已也；我朝都幽蓟，偏东北，则皇陵之后，神京之外，其所以锁钥，培植以为根本虑者，可但已哉。"③又，宣大总督陈其学也说："所谓大势者，京师是也。所谓大机，宣大是也。往时边臣有议复河套者，不知汉唐都关中，以河套为急。我朝都燕，以宣大为重。宣大者，即汉唐之朔方也。"④据此，笔者认为，汉唐长安的都城观念对于当时的士大夫阶层具有较为普遍的影响，以京师北京及其所面临的形势与汉唐长安所面临的形势相比较，是当时较为普遍的一种思想方法和社会风气。

再次，作为学术派的后劲，也是明末清初最重要的军事历史地理学家，顾祖禹（1631—1692）立足于"宅中图大"的传统观念，坚决主张建都"当法成周而绍汉、唐""其必在关中"的思想。⑤这一思想实际上是对明代初年定都关中思想的继承和发挥，与以前不同的是，顾祖禹处在明王朝灭亡和清王朝新近建立这一时代背景下，特别是作为一个忠实于明王朝的晚明"遗民"，以及作为一个大历史地理学家来审视这

① 〔明〕谢肇淛：《五杂组》，辽宁教育出版社，2001年，第42页。
② 〔明〕谢肇淛：《五杂组》，辽宁教育出版社，2001年，第43页。
③ 《明世宗实录》，上海书店，1984年。
④ 《明世宗实录》，上海书店，1984年。
⑤ 〔清〕顾祖禹：《读史方舆纪要》，中华书局，2005年，第405页。

一问题，更具有总结教训、启迪来者的意义，由此也更凸显了关中立都的重要价值。（1）他站在帝国宏大版图的视野中来认识国家中心地的价值，从中发现"陕西据天下之上游，制天下之命者也"，进而指出，"陕西之在天下也，尤人之有头项然，患在头项，其势必至于死，而或不死者，则必所患之非真患也"；（2）通过分析历史上正反两个方面的史实，得出"陕西之为陕西，固天下安危所系也"①的结论；（3）他认为，从历史上看，北京是"辽、金、元之故都"，是北人立足故地向南方发展或控制中原的重要节点。明成祖定都北京是"势所不得已"的结果，这"不得已"有两个方面：其一，这里是燕王的封地，靖难之后又为"行都"所在；其二，蒙古"余裔尤炽"，不得不以此为据点进行征伐和守卫。但对由此"不得已"所导致的定都结果，他基本上是持否定态度的，所以他说："且吾闻之，天子有道，守在四夷，勇夫重闭，君子所贵。以万乘之尊，而自临于危险之地，未为长策也。有定天下之劳者，享天下之逸，亦不必寒苦沙碛之地而后可以建都也。"当然，他并不是绝对否定北京的都城价值，只是认为它不是首选之地，并且他认为，就是以北京为都城，也必然要"法汉、唐之成算，以开平、大宁、东胜、辽阳为河西、朔方之地"，但这样的形势在成祖时期就基本丧失，从而埋下了覆亡的祸根。②总之，通过各方面的比较分析，他认为最好的建都之地是关中，也就是周秦汉唐的都城——长安所在。

顾祖禹关于天下形胜以及在建都问题上所涉及的问题，明代初年应制派和以后的学术研究者，乃至于从事具体边防实践的文人武士中都不同程度地有所涉及。他的思想是对前人思想和认识的系统总结和思考，代表了晚明时期关于这一问题的集大成的认识成就。这一成就的基本点是：（1）北京局促一隅，定都也未尝不可，但不是最好的都城地所在，明王朝的灭亡在一定程度上与这一点有关；（2）对于中原统一王朝而言，陕西是天下安危所系之地，关中是最理想的定都之地。由此也表现了他对古代都城研究的理性追求和对古都长安的浓浓情怀。

总之，终明一代，长安情结都在不同程度地伴随着心系国家安危的一些明人士大夫，尽管由于目标和用意不同，其中有心意、有向往、有否定、有困惑、有批评、有痛惜，并且明朝的都城最终也没有迁移至长安，但古都的影响、古都之声却时时回荡在260余年的历史的天空。

原载《三门峡职业技术学院学报》2011年第3期

（刘景纯，陕西师范大学西北历史环境与经济社会发展研究院教授）

---

① 〔清〕顾祖禹：《读史方舆纪要》，中华书局，2005年，第2449—2451页。
② 〔清〕顾祖禹：《读史方舆纪要》，中华书局，2005年，第402—405页。

"拟古"与"溯古"

——论隋唐两京空间设计中的文脉意识

于志飞　王紫微

公元6—9世纪的隋大兴–唐长安城与隋唐洛阳城在中国古代都城设计史上占有重要地位，其以空间严整、区划分明而自成新意。然而微观层次上，两京却呈现出耐人寻味的空间形态细节，如隋大兴–唐长安城的东南角与东北侧外凸空间，唐大明宫东北角的斜向抹角走向宫墙，隋唐洛阳城偏西布置的中轴线、西南角的曲折墙段、外郭北墙的斜切走向等。作为集中体现王权礼制结构与威仪的都城空间，起伏的土塬与蜿蜒的河川似乎不足以影响设计的严整性，当有更为深刻的历史与人文环境因素隐含其中。本文尝试对此进行梳理、探讨，进而揭示其背后的真义。

一、"双城共形"的"宇文恺模式"

1.从汉长安城到隋大兴城

隋大兴城始建于隋文帝开皇二年（582），位于西汉至隋初旧长安城东南方。关于这座都城形制设计的来源，研究者多将其与北朝洛阳、北朝邺城以及南朝建康进行比较。从中古时期国家权力运行制度下的都城功能结构角度来看，其间确然有着不可忽视的内在传承关系。然而若从都城所在地的历史地理空间角度观察，大兴城却有着作为古长安城之旁新造都城的地域特质，这种空间上的传承关系尚未引起研究者的注意。（图1）

《太平广记》卷一三五"隋文帝"条引《西京记》云："长安朝堂（在隋广阳门–唐承天门前）即旧杨兴村，村门大树今见在。初，周代有异僧号为枨公，言词恍惚，后多有验。时村人于此树下集言议，枨公忽来逐之，曰：'此天子坐处，汝等何故居此？'及隋文帝即位，便有迁都意。"这一传说暗示广阳门在大兴城定位设计中颇为重要。自广阳门南望，向东南的视域边界基线过皇城东南角而指向芙蓉

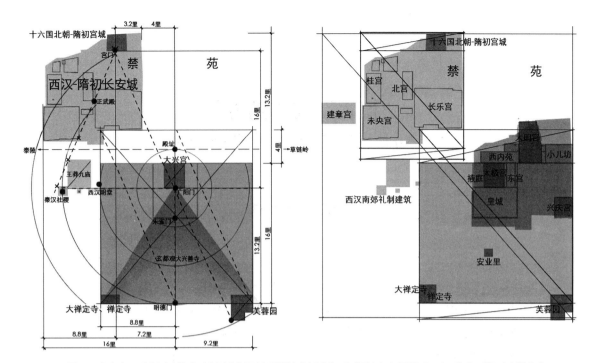

图1 隋大兴–唐长安城与汉长安城空间关系设计分析（左：初期基本空间关系；右：隋唐时期形态拟象）

（本文插图所绘都城方位、结构主要参考以下文献：中国科学院考古研究所唐城发掘队：《唐代长安城考古纪略》，《考古》1963年第11期；董鸿闻、刘起鹤、周建勋等：《汉长安城遗址测绘研究获得的新信息》，《考古与文物》2000年第5期；中国社会科学院考古研究所：《隋唐洛阳城1959—2001年考古发掘报告》，文物出版社，2014年，第5页。数据均据Google Earth软件卫片进行了必要的校正。）

园东北角，向西南的视域边界基线过皇城西南角而指向外郭城西南角，使得广阳门成为总揽全城的视觉中心，正与其"外朝"的意义吻合。然而若将视野扩展至隋迁都前所用的旧长安城，则发现设计在此继续延伸——自旧长安宫城[①]南宫门（今楼阁台遗址，应为隋迁都前宫之阙门）南望，东侧之大兴宫西北角、广阳门与西侧之西汉"王莽九庙"西北角及社稷围墙西北角恰成对称之势，且各与楼阁台遗址共在同一视线之上。东侧视线继续南延，则直指芙蓉园西南角；西侧视线亦过西汉未央宫东南角与北朝长安的讲武殿高台建筑遗址（传为北周正武殿），由此构成以隋之旧宫阙门为基点而"统御两城"的视域，涵盖了新旧都城的多处重要空间节点，使得新旧都城的重要宫殿楼阙重叠于同一视线方向，形成互动统一的空间秩序。值得注意的是，大兴宫（东西1285米×南北1492米[②]）与"王莽九庙"大围墙（东西1490米×南北1660米[③]）空间规模、深广比例相近，比照二者在视域设计中的方位关系，可

---

① 中国社会科学院考古研究所汉长安城工作队：《西安市十六国至北朝时期长安城宫城遗址的钻探与试掘》，《考古》2008年第9期。

② 中国科学院考古研究所唐城发掘队：《唐代长安城考古纪略》，《考古》1963年第11期；马得志、杨鸿勋：《关于唐长安东宫范围问题的研讨》，《考古》1978年第1期。

③ 中国社会科学院考古研究所：《西汉礼制建筑遗址》，文物出版社，2003年，第10页。

知非为巧合，而是有意的拟象。

以广阳门为中心，更隐含着自内而外的四重圆形基线，使之进一步成为名副其实的"双城"空间轴心。第一重与皇城东南、西南两转角相切，北与大兴城轴线相交处则有一大型夯土殿址，1932年西京筹备委员会标曰"练马台"，现场勘察可见明显的夯土层。《长安志》卷六云"观德殿在元（玄）武门外"，这处殿址很可能是隋观德殿，惜已因近年文景路建设而毁去。第二重正与外郭城东西两墙相切，西墙相切处恰为西汉明堂（或辟雍）所在，正南则与宇文恺因"九五"之地而建的玄都观、大兴善寺（《元和郡县图志》云："九五贵位，不欲常人居之，故置玄都观、兴善寺以镇其地。"）南缘相切。第三重南过明德门，西过秦汉社稷旧址，西北过讲武殿遗址。第四重东南与曲江阶梯形的东南围墙相切，西北则正过旧长安宫南宫门。

旧长安宫与大兴宫间亦形成独特的尺度关系，其中反复体现历代王朝相当重视的"九五"之数。横向上，以两宫轴线及两城东西城墙为基准，3.2里：4里=7.2里：8.8里=4：5，16里：9.2里=9：5。纵向上，以两宫南墙及两城南、北墙为基准，13.2里：16里=4：5。[1]纵横两方向定位基线的交点，仍为两宫南宫门。可见广阳门作为新旧两城共成空间的视域节点与定位中心，在大兴城空间设计中具有举足轻重的定位意义，这就应是前文杨兴村谶语的传说所本。而这组数据中的16里与18里（8.8里+9.2里）则正为大兴城深广之数。旧长安城东南部凹入空间也成为大兴城向北的扩展空间，自大兴城南墙至此总深20里，皇城正门朱雀门正在这一18里×20里空间的几何中心。

大兴城东南角地势高亢，而西南角"有昆明池，地势微下"，颇不均衡。设计者宇文恺遂于西南角建大型木塔以补地势缺憾，形成木塔与东南角芙蓉园"对称均衡"的空间视觉效果。[2]木塔所建之处，即西南角永阳坊东半隋文帝为独孤后所建禅定寺，嗣后炀帝又于坊之西半为文帝建大禅定寺，亦设木塔，《两京新记》残卷载其"高下与东浮图不异"。这两处左右拱卫大兴城的空间节点与旧长安宫所构成的矩形空间几何中心，正是新都大兴宫所在。且两寺作为为隋帝后"追福"之所，正

---

① 本文距离数据均取自Google Earth软件，并按隋唐1里=530米计。

② 元代骆天骧《类编长安志》记："大庄严寺在永阳坊。隋初，置宇文氏别馆于此坊，仁寿三年，文帝为献后立为禅定寺。宇文恺以京城之西有昆明池，地势低下，乃奏于此寺建木浮图，崇三百二十尺（案：宋志三百三十尺），周回一百二十步，大业七年成。武德元年，改为庄严寺""大总持寺在永阳坊。隋大业三年，炀帝为文帝所立，初名大禅定寺，寺内制度与庄严寺正同。武德元年，改为总持寺。庄严、总持，即隋文、献后宫中之号也。寺中常贡梨花蜜。景龙文馆记曰：'隋文自立法号，称总持，呼萧后为庄严，因此名寺。'"

在帝后生前旧居所在的旧长安宫正南，再次证明旧长安城空间要素在新都设计中的重要影响力与大兴宫的中心意义。

空间尺度与比例上，大兴宫的规模为东西1285米×南北1492米，[①]而旧长安城内十六国北朝至隋初宫城（西城）的规模为东西1236米×南北974米，[②]东西之广甚相接近。旧长安城东西约6.4公里，合隋12里（以1里=530米计），南北约7公里，合隋13.2里，此尺度扩大1.5倍，正为大兴城及其北嵌入旧长安城东南角空间总成的东西18里×南北20里。而加入旧城西之汉建章宫在内的旧长安城之东西广8.8公里，合隋17里，近于大兴城东西面阔；自汉长安南郊礼制建筑群南缘至城内北部北朝—隋初宫城南缘8.5公里合隋16里，正与大兴城南北进深相当。两城总体构成的空间规模为东西广15.6公里、南北深17.7公里，比值近于大兴城尺度之18里：20里。

空间形态上，大兴城总的矩形平面虽不同于汉长安城的曲折平面，但东南角芙蓉园却向南折角凸出，且凸出空间两侧的东西向墙体并不在东西一线上。这处细节，类于汉长安城南段安门两侧城墙的凸出，西侧西安门一线城墙与东侧覆盎门一线城墙亦不在东西一线。且芙蓉园南墙相对于外郭城南墙南偏约1010米，正与旧长安城安门城墙相对于覆盎门城墙南偏约950米近似，当亦为有意的"拟象"。而大兴城内皇城及其北宫城东西两端掖庭、东宫的空间尺度、形态与方位，则类于旧长安城内汉未央宫、桂宫、北宫。唐代正是在此基础上，完成了对旧长安城东北部阶梯形外凸空间的拟象设计（详见后文）。

这些现象暗示，从隋代规划新都开始，虽然在功能结构上继承魏晋南北朝以来，特别是北魏洛阳的都城规划思想，但在空间形态上仍然有意识地与旧都长安取得定位、规模、比例的"同构"，并在视域设计上创构联系两城重要空间节点的景观基线，使之取得内在相通的秩序。隋与西汉相去近六百年，隋时的汉长安城郊外汉代遗迹当仍历历可辨，如汉长安城礼制建筑南缘第十二号遗址中心建筑在20世纪50年代尚"高出周围地面，形似汉代大土冢"[③]。这些遗迹与汉长安城城垣构成的旧长安城空间成为设计者确立新都空间尺度、比例的重要参照。

2.从东周王城到隋东都城

① 马得志、杨鸿勋：《关于唐长安东宫范围问题的研讨》，《考古》1978年第1期。

② 中国社会科学院考古研究所汉长安城工作队：《西安市十六国至北朝时期长安城宫城遗址的钻探与试掘》，《考古》2008年第9期。

③ 中国社会科学院考古研究所：《西汉礼制建筑遗址》，文物出版社，2003年，第104页。

仁寿四年（604），隋文帝"下诏于伊洛建东京"（《资治通鉴·隋纪四》），当年文帝崩，东京（东都）洛阳城实始建于炀帝大业元年（605）。

东都城被定位于"自故都西移十八里"（《旧唐书·地理志一》）处，可见两城也有一定的几何方位关系。唐人所指的"故都"乃是汉魏洛阳城，实测此城中轴线西偏18里（约9540米）之线恰穿过隋东都外郭城东南角，当为文献所指。但这种关系并非如旧长安城与大兴城的关系般紧密而有机，实非东都城设计所依。于是另一处与之关系更加紧密的都城——东周王城就不得不被引入研究的视野。此城是周平王东迁后定都之地，为都五百余年，在今涧河两岸，其东墙与隋东都城西墙相距仅200余米。隋唐时"东周王城和汉河南县城旧址仍有断壁残垣存于当时地表之上"，并且曾被修葺使用，[①]这就说明隋代的东周王城遗迹曾是这一区域重要的人文环境要素。

从考古探得的东周王城平面图分析，其东、北城墙走向正与隋东都城东、北墙基本平行，且夹角均略呈锐角。东周王城西墙北段偏东、中段曲折向西、南段偏西凸出，也正与隋东都城极为相类。东周王城深、广约3.4公里，合隋6.3里，扩大2.22倍，正为隋东都城东西14里×南北14里的标准设计尺度。[②]（图2）

东周王城的宫城偏于王城西南隅，多年来的考古发掘研究表明其"北起今行署路南一线，南至瞿家屯村东周王城南城墙一带，东起王城大道以西、东周王城仓窖区东侧的河道，西至古涧河"[③]，这也与隋唐东都城宫城中轴偏西相似。前者东西广约1030米，合隋唐700步（以1步=1.47米计，后同），正与隋唐东都宫规模的700步×700步[④]相合。据已发现的大型夯土基址推测，东周宫城的中轴线很可能为自瞿家屯遗址向北与东城墙平行一线。此轴线距王城西墙南段约

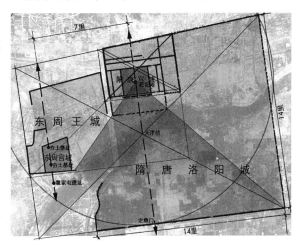

图2　隋东都城与东周王城空间关系设计分析

① 石自社：《隋唐东都形制布局特点分析》，《考古》2009年第10期。
② 于志飞：《隋唐都城尺度设计方法新探》，《中国文物科学研究》2012年第4期。
③ 徐昭峰：《试论东周王城的城郭布局及其演变》，《考古》2011年第5期；徐昭峰：《试论东周王城的宫城》，《考古与文物》2014年第1期。
④ 于志飞：《隋唐都城尺度设计方法新探》，《中国文物科学研究》2012年第4期。

1.1公里、距东墙约2.5公里，而隋唐洛阳城中轴线亦偏西，距郭城西墙南段约2.3公里、距东墙约5.2公里，两者皆分各自城西、城东广之比例为1∶2.26左右。两城中轴线相距约3.8公里，正近于隋唐7里，此"7"，正为隋唐洛阳城7里—700步—1400步的空间设计基准数值。①隋唐郭城东墙至东周王城西墙南段约9.9公里，合隋18.7里，隋唐中轴线正近这一空间的中分线。东周王城西墙南段、南墙与隋东都圆璧城北墙、东城东墙构成的空间，东周王城东墙与隋东都圆璧城北墙、东城东墙与南墙构成的空间，也皆与王城及隋唐外郭城构成总空间的深广比例相同。

此外，两城共同构成空间的几何中心，正是昭示"洛水贯都"的天津桥所在。隋唐洛阳宫几何中心乾阳殿则距郭城西北角、东周王城西南角、定鼎门尺度均相同。乾阳殿也成为"统御全城"的视域基点，其东南边界基线过大内、皇城东南角而直抵外郭城东南角，西南边界基线过大内、皇城西南角直抵东周宫城东南角。以正殿而非正门作为视域基点，是其与大兴城有所区别之处。至唐高宗、武则天时期，更为峻极高耸的明堂强化了乾阳殿之地的视觉焦点意义。这一设计有违明堂"在国之阳"的古制，却正合乾阳殿在东都城中特殊的空间地位。

因此，隋东都城形态、尺度、朝向、轴线皆是比定东周王城而来，东周王城乃是隋东都城空间的一个有机构成要素，两城不但形成近于大兴城18里的东西广度，而且正是以隋唐洛阳城中轴线为对称轴，这应就是隋东都城轴线偏西设计的真正原因。

隋两京的主要设计者均为宇文恺，《隋书·宇文恺传》言其"少有器局……独好学，博览书记，解属文，多伎艺，号为名父公子"。北周大象二年（580）杨坚任北周宰相后，宇文恺被任命为上开府、匠师中大夫。《唐六典》卷二三"将作都水监"条云"后周有匠师中大夫一人，掌城郭、宫室之制及诸器物度量"。"制"及"度量"正是前文所述都城设计的关键因素所在。可见宇文恺在北周时已任职此中，通过览阅图籍、亲身踏察，对北周都城旧长安城的深广高下、尺度形势、历史旧迹已熟稔于心。营造大兴城时，宇文恺"领营新都副监，高颎虽总纲要，凡所规画，皆出于恺"。嗣后隋文帝欲造仁寿宫时，"访可任者，右仆射杨素言恺有巧思，上然之，于是检校将作大匠"。杨素直言其有"巧思"，暗示宇文恺在设计实践中善于运用独树一格的规划手法。其"撰《东都图记》二十卷、《明堂图议》二卷、《释疑》一卷，见行于世"，可见其非凡的设计才华，既通晓古今建筑制度，更善于结合实地而将种种"巧思"付诸工程实践，集周汉以来关洛古今空间要素之

① 于志飞：《隋唐都城尺度设计方法新探》，《中国文物科学研究》2012年第4期。

大成，创造了有隋一代都城空间的独特个性。

二、唐长安"三大内"设计中的时空互动

武德元年（618）唐高祖李渊以唐代隋，仍以大兴城为都并更名长安。政权稳定后的唐王朝不但接续完成隋代未竟的长安外郭城营造工程，并陆续增建了大明宫、兴庆宫，与原太极宫（隋大兴宫）形成"三大内"格局。（图3）这一系列重大设计营造活动，表面上似乎改变了此城的空间格局，其实仍然承袭着宇文恺规划既有的空间设计理念。

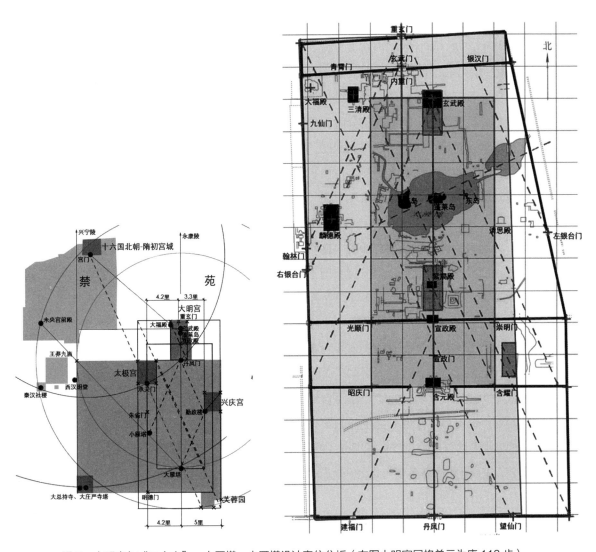

图3　大明宫与"三大内"、大雁塔、小雁塔设计定位分析（右图大明宫网格单元为唐112步）

1.拟象汉隋

大明宫营造始于唐太宗即位之初，名"永安宫"，宣称是为太上皇李渊"清暑"，但直至高宗时方成，并为此后绝大部分时期唐帝听政、居寝之所在。除了龙首原地势高亢的有利因素，大明宫的位置正与旧长安城东北部最凸部位的十六国北朝至隋初宫城位置所在相类。其广约1385米，近北朝宫城之"西城"1236米之广。汉长安城中北朝宫城中轴线与汉长安城东、西墙距离比例约为1.8公里：4.5公里=1：2.5，正跟大明宫轴线与唐长安东、西墙距离比例2.7公里：7公里=1：2.6近同。在这一格局下，包括西内苑、小儿坊在内的城北禁苑内几处空间也呈现出如汉长安城东北部外凸的形态，且其阶梯形轮廓细节一如旧长安城北墙顺渭水南岸形成的斜向阶梯形走向。再计入城内宫城皇城、兴庆宫这些都城中枢空间，其总规模约为东西6.3公里×南北5.9公里，正与旧长安城东西6.4公里×南北5.9公里（以东墙计）形成对应。且三宫形势颇似旧长安城中北朝宫城、汉未央宫、汉长乐宫关系。大明宫在建成以后直至唐末的绝大部分时间里，均是唐代的政治中枢。除却高踞龙首原的地势因素，对于"历史格局"的回归，恐怕也是相当重要的原因之一。此外，隋代曾计划于安业里兴建明堂，此方位恰相当于唐"三大内"所成旧长安空间的南郊礼制建筑区，种种设计现象皆暗示对汉长安空间的又一次"回归"。这不但体现在空间设计上，甚至城市的名称也恢复了"长安"旧称。

大明宫特殊之处是东北部斜向抹角，形成北部渐窄的格局。宫中南北向以丹凤门至玄武殿一线形成中轴，但宫北门玄武门、重玄门西偏于此轴线，向南直对太液池西岛，形成"西轴"。偏移量约合唐112步，经作图分析，这一数值正是大明宫整体空间设计划分的基准模数，显然是有意设计的。[①]大明宫宫城广深比例以南墙计为8.5：15=1：1.76，其所对长安东半区域广深比为9里：16里=1：1.78，近同大明宫广深之比。但以北墙计时，大明宫广深比为6.7：15=1：2.24。宫中南至含元殿、北至玄武殿（主轴线北端基点）、东至含耀门—崇明门一线、西至昭庆门—光顺门一线的矩形空间是以"禁庭"为主体的核心区[②]，其广深比例为4：9=1：2.25；含耀门东北的方形院落深广比为95m：205m=1：2.16；[③]紫宸殿院与玄武殿院深广比约为1：2.2。此外，宫中还存在着多条与此比例矩形对角线平行之线构成的定位基线。可见以北墙计

---

① 本文大明宫遗迹布局底图见龚国强、李春林、何岁利：《西安市唐大明宫遗址考古新收获》，《考古》2012年第11期，图1。

② 傅熹年：《中国古代建筑史》（第2卷），中国建筑工业出版社，2011年，第378页。

③ 中国社会科学院考古研究所：《唐长安城大明宫》，科学出版社，1959年，第32页。

的大明宫广深比，是大明宫内建筑群落空间深广比例设计的基本数值，这一空间比例正是源自宇文恺设计中的旧长安宫门—大兴宫广阳门—芙蓉园西南角视线。

玄宗即位后的开元二年（714），春明门内北侧"兴庆里旧邸为兴庆宫"（《旧唐书·玄宗本纪》），号称"南内"。兴庆宫本身的规模为东西1080米×南北1250米[①]，与太极宫广深比例近同，并在方位上形成拱卫大明宫的格局，构成长安"三大内"。玄宗还专在外郭城东城墙建造夹城之道，使得"三大内"与芙蓉园贯通联络，暗示芙蓉园地位颇高。这一时期的长安东半空间，也已于此前建成穿过大明宫中轴线的大慈恩寺塔（大雁塔）与荐福寺塔（小雁塔）。三大内与大雁塔内部围合的矩形空间，深广比6里∶13里恰为1∶2.2，且其深13里正与宇文恺规划的明德门至承天门距离相等，其广6里则近于西内所在宫城皇城5.3里之广。可见"三大内"与大雁塔的出现，构成了另一个等于大兴宫前空间的虚拟"宫前空间"。而以长安南墙、朱雀大道—太极宫中轴线、大明宫宣政殿两侧隔墙、兴庆宫中轴线为四界，或以芙蓉园南墙、太极宫西墙、大明宫北墙、兴庆宫东墙为四界，构成空间比例依然为1∶2.2。内、中、外三重深广比相同的空间，对于"三大内"而言，内重空间关键边界均为各宫面向长安东半空间的宫墙，中重空间关键边界均为各宫正殿之地，外重空间关键边界皆为各宫背向长安东半空间的宫墙，体现出构思相当条理化的设计意图。

小雁塔—丹凤门、大雁塔—兴庆宫西南角、兴庆宫西南角—丹凤门三道基线角度比例亦为1∶2.2。从吕大防《兴庆宫图》可知，兴庆宫西南角正为勤政务本楼、花萼相辉楼。（图4）二楼建于开元八年（720），对于兴庆宫意义颇为特殊：改元、科举、大赦等宫廷重大典礼均在勤政务本楼前广场举行；每年正月十五上元节、八月初五千秋节，玄宗皆登临此楼以见群臣百姓，实与太极宫承天门、大明宫含元殿相当，为宫之外朝。相邻的花萼相辉楼，《唐会要》载每值玄宗生日皆在此大宴，《明皇杂录》云：楼前"大陈山车旱船，寻橦走索，丸剑角抵，戏马斗鸡。又令宫女数百，饰以珠翠，衣以锦绣，自帷中出，击雷鼓为《破阵乐》《太平乐》《上元乐》。又引大象、犀牛入场，或拜舞，动中音律"。今所见的基线设计，也正为二楼地位重要的又一佐证。

隋大兴城轴线上重要空间节点的方位设计方法亦为大明宫所继承。测量计算发现，郭城南墙、延兴门至延平门大街、皇城南墙、宫城南墙、宫城北墙间南北进深均以约1.25倍比率递减。唐代以后，长安北墙—含光殿区北墙与小儿坊墙一线（紫

---

① 陕西省文物管理委员会：《唐长安城地基初步探测》，《考古学报》1958年第3期。

宸殿所在）—玄武殿南缘的南北进深，仍基于隋代确定的宫城进深以1.25倍比率继续向北递减。玄武殿是大明宫主轴线终点所在，其西直对旧长安城东南角，正是隋代规划大兴城的北部扩展空间边界。兴庆宫南墙及勤政务本楼正西直对朱雀门。而大明宫中也按照这一比例规则，确定了丹凤门—含元殿—紫宸殿—蓬莱岛—内重门—重玄门之中轴空间进深序列的比例设计。

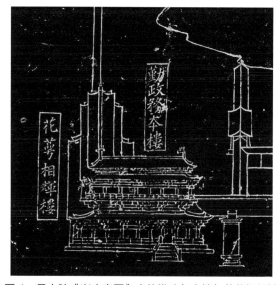

图4　吕大防《兴庆宫图》中的勤政务本楼与花萼相辉楼

1：2.2之数，既为宇文恺设计大兴城时联系长安两城视域边界基线的倾斜比例，也为隋东都城轴线分郭城空间的东西广度比例、东周王城规模与隋东都城之比，可见是隋时已定。这一比值亦为"九五""九二"比例衍生，如（9-5）：9=1：2.25，宇文恺规划时以六道高坡附会《易经》而"于九二置宫殿"（《元和郡县图志》卷一《关内道》），大兴城东半空间为9.2里：20里=1：2.2，又衍生"九二"为9：20=1：2.2。唐长安与大明宫轴线空间进深尺度的1.25倍率，也为与"九五"相关的4：5=1：1.25所得。大明宫轴线分长安东半广度之比亦为4里：5里（不计入朱雀大道）；大明宫玄武门轴线分太极宫轴线至兴庆宫西墙间空间广度比例为4.2里：3.3里=5：4；大明宫本身南部广950步（约1397米），皆是这种附会的体现，反映其自隋至唐的延续与共融。

这些空间比例同构现象暗示，以大明宫为核心的"三大内"格局规划实非偶然因素促成，皆为唐王朝的有计划举措，并延续了宇文恺既有的空间规划思想，不排除直接参阅使用了宇文恺的相关设计著作，甚至直接使用了宇文恺未实施之设计。唐初因战事未定、民力疲敝，故未大兴土木，并焚毁东都应天门、乾元殿以示与隋之彻底决裂。但社会渐趋稳定、经济恢复后，不但太宗时假借为太上皇"清暑"之名开始营造永安宫，高宗时更修复了应天门、乾元殿，并增筑上阳宫，较隋时已有过之而无不及。

2. 视域、"对景"与"立中"

随着唐代"三大内"等营造工程的完成，宇文恺两京设计中使用的视域、"对景"、"立中"空间设计方法继续为唐人所用，并踵事增华。

大明宫东北斜向抹角的宫墙向南延长，恰好过勤政楼而直抵芙蓉园东北角。而连接大明宫西北角与长安城西南角之线则正与太极宫西南角相切，此两线构成与宇文恺设计方法类似的视域空间，明示大明宫为"三大内"之首而统御长安空间。大明宫北墙、西墙也略向西北扭转而并非正方向，作图发现其北墙向西延长正对旧长安城墙东南转角，延续着宇文恺以旧长安城为参照的设计方法。又《两京新记》曰：大明宫含元殿"北据高冈，南望爽垲，视终南如指掌，坊市俯而可窥"。高踞龙首原头的含元殿左右有翔鸾、栖凤二阁，各为三出阙状，实构成大明宫的阙门。以含元殿为中枢，存在着三清殿–含元殿–长安东南角、大福殿–含元殿–兴庆宫西南角–延兴门、麟德殿–含元殿–春明门这三组"对景"设计，麟德、大福、三清这三处后宫最显赫的巨大殿阁，均以含元殿为中枢节点而与长安"对景"，使含元殿成为名副其实的空间焦点。（图5）而自宫中太液池蓬莱岛望大福殿的视线，则直指十六国–北朝长安南宫门，再次构成"溯古"的"对景"意象。

唐人的大明宫景观设计视野更延伸至都城以外的陵寝史迹兼及自然山岳——西汉诸陵列布于长安渭北塬上，巨大的覆斗形封土至今巍然。由丹凤门望玄武门、重玄门的视线向北延伸，恰通过西汉景帝阳陵帝、后二陵封土所夹空间，二陵有如"北阙"大明宫北的另一处门阙，使得宫的景深得以继续向远方延伸。似非巧合的是，大明宫轴线正北所指的唐太祖永康陵①陵主李虎，亦被追尊为"景皇帝"，景观设计与宗法追溯在此合为一体，正是玄武门偏于大明宫主轴之西的最终深意。而由含元殿向麟德殿与三清殿两道"对景"视线延伸，则更直指关中北缘突兀高耸的北仲山与嵯峨山主峰，构成了宫殿与山岳"同位"的宏大空间设计。

兴庆宫（图6）勤政务本楼则也有若干组"对景"设计，与宫外重要的宫阙、寺塔、礼制建筑、城角相关联，尤以勤政楼–太极宫西南角–旧长安城西南角、勤政楼–大明宫东墙北段这两道基线为边界构成的视域，恰好括入另外两宫。而大雁塔（图7）作为象征大明宫统御长安的重要空间节点，其最重要的基线无疑是北对大明宫中轴线。其西北指向太极宫西南角一线延伸至芳林门，反向则指向芙蓉园西南角；东北指向兴庆宫东南角一线，反向则恰指圜丘。这两道基线正括入"三大内"空间。连接大、小雁塔之线，则正过皇城西南角与郭城西北角，更直指汉未央宫前殿高台。其余几道经过大雁塔的基线，则与长安城北部几处内苑边界转角互为"对景"关联。

---

① 秦建明等：《唐初诸陵与大明宫的空间布局初探》，《文博》2003年第4期。

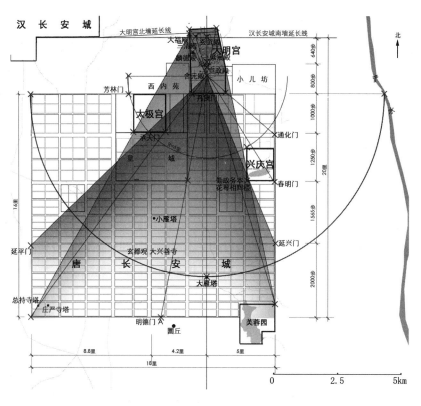

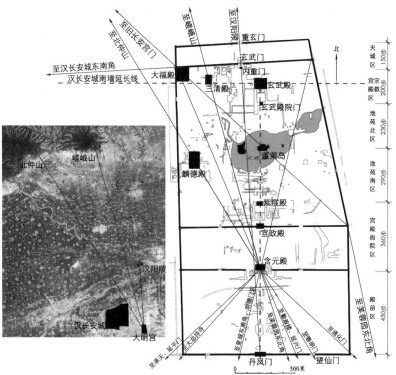

图 5　大明宫"对景"与视域设计分析

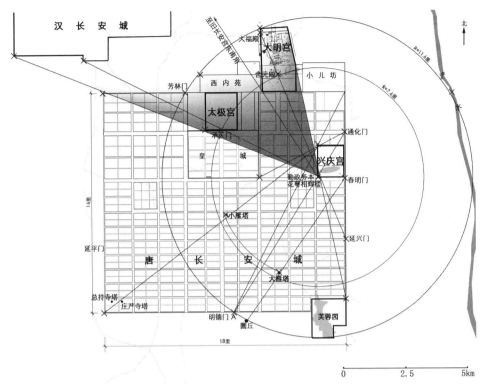

图 6 兴庆宫"对景"与视域设计分析

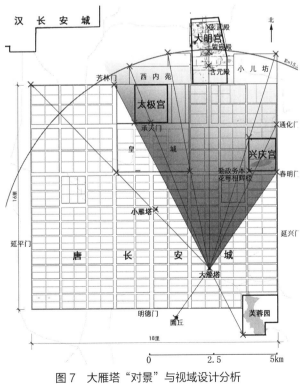

图 7 大雁塔"对景"与视域设计分析

与隋大兴广阳门、东都乾元殿类似，唐"三大内"中的丹凤门、含元殿与勤政务本楼，也恰好成为长安的三处隐性中心：（1）以含元殿为中心的半径6里的圆形基线正过承天门、兴庆宫西北角、长安东墙北延线与汉长安南墙东段东延线交点、西内苑西墙。（2）以丹凤门为中心的半径13里圆形基线正过长安西北角、大雁塔、浐水，浐水为长安东郊著名的送别之地，具有长安的"东界"意义，而大明宫轴线，恰好也为这一东西广26里空间的中轴线。这一偏东轴线的设计，正与隋代东都城偏西轴线的设计形成异曲同工之妙。其外更有第二重圆形基线经过芙蓉园、大庄严寺、秦汉社稷、汉未央宫前殿高台、十六国–北朝宫城。（3）以勤政务本楼为中心的半径7.6里基线正过含元殿、承天门；其内半径7里圆形基线则经过大雁塔、小雁塔；其外半径11.6里圆形基线正经过芙蓉园西南角、圜丘、西内苑西北角、芳林门、大明宫西北角、浐水，且这一范围恰好括入包括宫城皇城、"三大内"与芙蓉园在内的长安东半。此最外一重圆形基线与长安南墙交点（图5、图6中A点），与含元殿—皇城东南角、长安东北角—兴庆宫西北角、勤政楼—通化门各为一线。由此更见勤政楼偏居兴庆宫边缘却成为兴庆宫实际中心的地理空间深刻意义。这些设计使"三大内"形成更加微妙的方位关联，乃是其布局定位的意匠巧思之一，体现了唐代长安时空结构随历史演进的动态变化。

三、隋唐都城"拟古"设计动因蠡测

秦汉以来王朝都城多有利用旧都之法，如汉长安城之承秦渭南宫室、东汉魏晋北魏洛阳之历世相承、东晋南朝建康之承东吴建业、北朝邺南城之承曹魏邺北城等。在以关洛为都的隋唐帝王概念中，周汉时代开创而地面犹存的古都形制，更是表现王朝正统的有形范式。隋王朝继承的是文化上相对南朝处于劣势的北朝政权，为了宣示王朝建立的合法性，构建凌驾于建康城之上的唯一正统都城也成为隋帝急迫而强烈的意识与需求。平陈不久，文帝就下令摧毁了繁盛数百年的南朝建康城，"使作为东晋南朝主要舞台和历史记忆的都城从地面上消失，以确立新营造的大兴城成为绝对唯一的正统性都城"[①]。与此同时，新建的大兴和东都，则延续了周汉都城空间的"历史记忆"。

此外，隋本立国于汉代留下的长安城，作为国祚肇兴之地，其空间在杨坚个人心目中也应相当重要。敦煌莫高窟323窟有表现隋文帝延请高僧昙延祈雨的壁画，文帝所处的地方就是曲折的汉长安城。（图8）根据榜题，此事发生于开皇六年

---

① ［日］妹尾达彦：《帝都的风景、风景的帝都——建康·大兴·洛阳》，见陈金华、孙英刚编：《神圣空间：中古宗教中的空间因素》，复旦大学出版社，2015年，第71页。

（586），其时隋已迁都大兴城近四年，但祈雨活动仍在旧长安的佛寺中举行。这一方面暗示旧长安城的宫室佛寺仍在使用，另一方面可见旧长安城仍被隋文帝视为重要仪式的举行场所。敦煌与长安相隔近3000里，这一图像很可能是由源自长安而传至斯地的粉本绘成，也可见城墙曲折的汉长安形态已成为长安这一地理空间概念固有的符号之一。隋文帝泰陵在长安之西的三峙塬，察其方位，陵之正东轴线恰过旧长安城与大兴城所夹空间，东部与之对称的正是秦岭东部主峰草链岭。可泰陵的选址充分考虑了与都城的方位关系，并将新城与旧城视为一个空间整体。这一东西轴线与大兴城南北轴线相交之处，正是疑为观德殿的练马台殿址。（图9）而隋所承政权本为北周，北周之国号，即继承姬周正统之意。隋东都承东周王城，亦当为这种思想的另一种表达。嗣后武则天时期立此为"神都"，国号更直称"周"，意图乃更加明确。

图8　敦煌莫高窟 323 窟昙延祈雨壁画中的汉长安城形象

延至唐代，唐高祖临终亦遗诏依从"汉制"而葬（见《隋书·高祖纪》），今日所见献陵封土也确如渭北塬上的汉陵般呈现出覆斗状。实际上，覆斗形的隋文帝泰陵已见其一改东汉至北朝以来圆冢的形制，开始了追溯"汉制"的进程，而泰陵的设计者也是宇文恺（见《隋书·宇文恺传》）。最新的考古勘探表明，泰陵和献陵封土之南均有分属帝、后的两条并列的墓道。陵墓是地面建筑空间的投影，这种双墓并列的形制与同为宇文恺设计之长安西南角双塔并立的两寺可视为"同构"设计，同时也见于唐初改葬的隋炀帝与萧后墓方位关系。[①]这再次证明了宇文恺设计都城、宫室、陵墓所依据的图籍著作很可能为唐人所继承。

---

① 陕西省考古研究院：《唐高祖献陵陵园遗址考古勘探与发掘简报》，《考古与文物》2013年第5期；文艳：《泰陵近日考古探明隋文帝与独孤皇后"同坟异穴"》，《西安日报》2011年3月12日；南京博物院、扬州市文物考古研究所、苏州市考古研究所：《江苏扬州市曹庄隋炀帝墓》，《考古》2014年第7期。

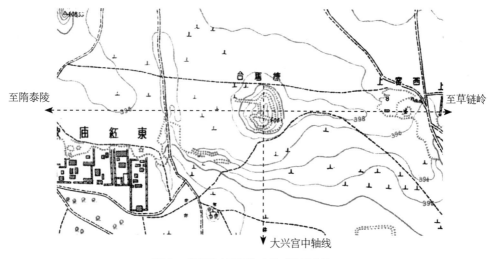

图9 《西京市区图》中的"练马台"

隋唐皇室皆曾为北周重臣，且三代皇室有着多重姻亲关系。北周明帝、隋文帝、唐世祖（李渊之父）皆以独孤信之女为皇后，即明敬皇后、文献皇后、元贞皇后，文献皇后生隋炀帝，炀帝女之一成唐太宗妃。隋文帝女之一则成北周宣帝皇后，即天元皇后。北周文帝之外孙女窦氏则为唐高祖之皇后，即太穆皇后，其子之一即唐太宗。这种关系使得三朝皇室相袭之时均为前朝皇室保留了一定的"尊位"，并体现在长安都城的空间设计中。北周旧长安宫的方位仍是唐代宫室布局的重要参照要素——丹凤门与承天门同处于以北朝至隋初长安宫正门楼阁台为中心的半径17.3里的圆形基线上，明确反映出以旧长安宫为空间轴心的理念。又如大明宫轴线分长安东半广度比例为4:5，旧长安宫中轴线东距新长安城中轴线、西距旧长安城西墙各约7.2里、8.8里，亦近4:5，正与前者比例划分方式东、西对应，形成北周隋唐政权更替历史在空间中的互动。而隋代于旧长安宫正南建大型寺塔以为逝去帝后"追福"的传统在唐代也得到继承。大明宫正南建造的大慈恩寺塔，系贞观二十二年（648）太子李治为母文德皇后"追福"所建，高宗即位后于寺内所建大雁塔成为长安至高建筑。太极宫南有睿宗文明元年（684）为高宗"追福"而建之荐福寺，中宗神龙时期建成小雁塔，亦为仅次于大雁塔的城内胜景，形成了三宫之南各有佛塔相对的空间格局。大雁塔与隋代大禅定寺、禅定寺皆处于以旧长安宫正门为中心的半径约28里的圆形基线上，可再证两代皇室对旧长安宫的时空追溯意识。大禅定寺、禅定寺在唐代以隋文帝伉俪法号更名为大总持寺、大庄严寺，并扩大为各占一坊，背后原有深刻的动因。三代皇室紧密的姻亲关系，为唐代长安接续隋宇文恺的设计思想而继续营造提供了充分的内在支持。

以宇文恺为首的隋唐都城宫室设计者，通过空间深广的拟象排布、视域范围的开合延伸、景观节点的对位重叠、空间轴心的转换互动，使得关洛两京旧城空间扩展至新城，实现了隋唐人眼中古都空间记忆的延续与重生，赋予新都空间以深刻的人文地理文脉。虽然这种"拟古"设计发端于隋唐帝王对于古代周、汉王朝正统的崇奉与宗室溯源意识，但其手法却是超越前朝、更加感人而富有魅力的空间再创作，令人不得不重新审视、理解以宇文恺为首的设计者们"铸古烁今"的思想理念与设计水平。这种"续写空间文脉"的意识，也为今日古城与古村镇等活态文化遗产保护及有机更新中合理处理古今空间关系提供了一种别样的启示。

原载《形象史学研究》2015年第1期

（于志飞，中国文化遗产研究院工程师；王紫微，科学出版社编辑）

中国城市山水风景"基因"及其现代传承

——以古都西安为例

王树声

中国城市规划素有融合山水环境的传统，把山水环境当作城市环境营造依据，对自然山水环境的寻找、观察、选择的用心程度甚至超过人工建设，或者说，人工建设的主要用心是在寻找人工与自然环境的关系上。这深刻体现了东方民族对待人工建设与自然环境关系的态度。因此，中国城市的人工建设都深刻地蕴含了其与山水环境的关系，尤其在城市的关键地段更是以凸显人工与山水环境的关系而营造经典，这也成了城市山水风景基因。然而，这些优秀的规划基因在现代化建设过程中未能得到应有的重视，甚至其价值未能被认识到，规划建设破坏了城市与山水之间的关系，导致城市与自然关系的失序。目前，这一问题还未能有效解决，必须引起高度重视。因为，这不仅关系到城市"望得见山，看得见水"，更关系到城市基因的传承问题。

一、中国城市的山水风景基因

每座城市都是在特定的山水环境中形成的，在数千年历史演进过程中，人对山水环境进行选择，人工建设逐渐与山水环境融合，形成不同的城市山水风景，累代传承，自然成为一个城市的山水风景"基因"。中国城市山水风景是一个复杂的系统，也是一个不断的探寻、发展、稳定、再创造的动态过程，随着中国文化和城市规划的实践而不断发展，随着生活在其中的人的体验而不断完善。如果就具体的营建实践来看，包括两个重要方面，一是建城之初的山水风景的发掘，这是根基；二是建城之后的山水风景的再发现，这是新创造。这些山水风景的体验、感知总是与城市的关键地段、关键建筑联系在一起的。

（一）山水风景的发掘——第一山水

中国城市规划总是从研究山水自然开始，建城之处，从宏观的"山水寻察"而逐步进入人工环境的营造，把山水引入人工环境，实现由外而内的风景建构。于是就形成了"寻天造地设之巧，人工點缀尔"的营造传统。特别重视发现城市所在自然山水环境的内在秩序，寻找山水之间的特殊关系，城市及其重要元素均"镶嵌"在这一山水的秩序之中，从而达到人工与自然的融合。本文将建城之初所寻察到的山水称为"第一山水"。中国的规划师首先是一个风景大师，他所要规划的人工建设，总是在他完成"第一山水"的发掘和创造之后完成的。在中国规划师的眼里，"第一山水"成为城市规划建设的根基和艺术创造之源。从洛阳、桂林的规划中便可领悟到风景发掘对人工建设的影响。洛阳宫城正处在邙山最高峰与伊阙相直的轴线上，以此特定的环境借用山水，增助人工，使人工与自然融合在一起。①

（二）山水风景的再发现——第二山水

中国城市对山水风景的追求是永恒的，建城之后，人们在感受整体山水风景的同时，生活在城市里的人便开始由内而外的"山水发现"，进一步寻找城市与周围山水环境的关系，在守护原有城市山水风景的基础上进行新的山水风景发现，形成新的城市山水风景，本文将之称为"第二山水"。相对"第一山水"而言，"第二山水"是一种"后发现"。例如北京著名的"银锭观山"之景，未必是规划之初就考虑到的，但建成之后，人们在城市生活的体验中，在银锭桥这个特殊位置能欣赏到美丽的西山风景，而且什刹海向西水面愈来愈阔，融为一体，被古人称为城中水际看山"第一绝胜处"②。这就是在建城之后不断发现的结果。

（三）关键地段与关键建筑

无论是建城之前的山水风景发掘，还是建城之后山水风景的再发现，这些城市山水风景都是具体的、可以感知的。在形成整体的山水风景构架的同时，自然会产生若干个感知城市山水风景的关键地段和关键建筑，这正如同中医所讲的"穴位"，这些地段是感知城市山水风景的佳地，可以说是领略城市山水风景的"眼睛"，其规划建设备受规划者和居民的重视，往往成为城市山水风景的重要组成部分，并随着时代的变迁，成为一方胜景，展现城市的地方特性，攸关城市文脉。中国几乎每个城市都有一方属于这一意义的场所空间。时至今日，城市不一定有历史

---

① Wu Liangyong：*A Brief History of Ancient Chinese City Planning*，URBS ET REGIO，Kassel：Gesamthoch-shulbibiothek，1986.

② 清代英廉等《日下旧闻考》卷五四《燕都游览志》记："银锭桥在北安门海子三座桥之北，此城中水际看西山第一绝胜处也。"

建筑，但这一意义的关键地段依然存在，需要在规划建设时倍加谨慎和珍视。

中国城市规划重视山水风景的营造，其深层意义在于中国城市规划的基本价值观念，它以与自然的融合为价值依归。一般来讲，城市规划重在布局人工建设，在中国，城市规划应当说是在寻找、经营人工与山水的关系，犹如中国画"计白当黑"之法，画的是墨，经营的则是墨与空白的关系。正是有了这样的山水观念和风景行为，人们在大地上不断守护、寻找、发现、创造新的城市风景，让城市深深地根植在自己的土地上，形成了一些鲜明的城市风景个性。山水成为城市风景的永恒，这是中国城市规划的一条基本经验。同时，需要指出的是，把自然引入城市，不只是美的追求，也是实现"人与天融合为一"理念的重要途径，更重要的是，在中国人的观念中，自然山水可以陶冶人的性情，健旺的城市文化生命有赖于山水风景的涵养。中国城市的规划师来自中国社会一个特殊的阶层——士大夫，他们是中国文化、艺术的守护者和传承者，城市山水风景的构思、创造和升华几乎都出自他们的"心匠"以及他们坚守的那一番深刻的哲学道理。这是考察中国城市和中国城市山水风景基因时切不可忽略的一点。

二、西安山水风景营造的历程

西安古称长安，地处中国陕西省关中平原中部，是中国著名的八大古都之一，曾经有十三个朝代在此建都，建都历史长达一千年。特别是周、秦、汉、隋、唐建都长安，作为中国风景园林营造史上的关键阶段，积累了十分丰富的城市风景营造经验，具有很强的代表性。欲考察西安城市山水风景营造经验，需要认知西安的地势与山川，这是认知西安山水风景营造的基础。西安所处的关中平原，在中国是一块极富历史文化色彩的土地，是中华文明最早的发祥地之一。关中四面天然屏障，南、北、西三面环山，东临黄河，在东西南北要冲之处分别设四关①，关中即"四关之中"之义。关中是西安所处的大环境，一个被山水环抱、四关扼守的栖居环境，居关中之中，本身就包含了文化栖居的意义。关中是一个大环境，就西安城市周围的山川来讲，主要有距离城市南部20公里的秦岭、东部30公里的骊山、北部60公里的嵯峨山以及80公里的九嵕山，以及一些黄土台塬和渭、泾、沣、涝、潏、滈、浐、灞八条河流。这是西安城市规划建设所依凭的自然条件。其中，距城南20公里的秦岭对城市规划建设影响甚大，历代西安规划均与之有很大的关系。

---

① 关中四关分别是东之函谷关（东汉后为潼关所代），西之大散关，南之武关，北之萧关。居四关之中的地域统称关中。

（一）西安城市"第一风景"的营造

西安山水风景营造的历史源远流长，周代就有灵沼的经营，《史记》记载秦始皇修建阿房宫"表南山之巅以为阙"的规划手法，即将20公里远的南山两个高峰作为宫殿的门阙，将人工建设与自然环境有意识地联系在一起，这对后世城市规划建设影响巨大。在这一点上，西安对中国城市山水风景营造是有大贡献的。这里无须详细叙述此后的城市山水风景营造史，仅举汉代长安和隋代大兴两次城市规划，即可明确西安城市规划中对"第一山水"经营的苦心。

（1）汉代长安的经验。汉代长安虽然不是一次性规划建成，但从其城市关键建筑与地段来看，都是在有意识地寻找与自然环境的关系。例如，最重要的建筑未央宫位居龙首原最高处，可谓居高临下、雄视四方。更为重要的是城市总体格局中，每面开辟三门，最重要的东面和南面中间一门都与自然环境有着密切的关系，即清明门与骊山主峰相对，安门与秦岭子午谷相直，并且在后来安门到子午谷这条线还成为城市一条重要的轴线，不少重要建筑都布置在这条轴线的两侧。（图1）

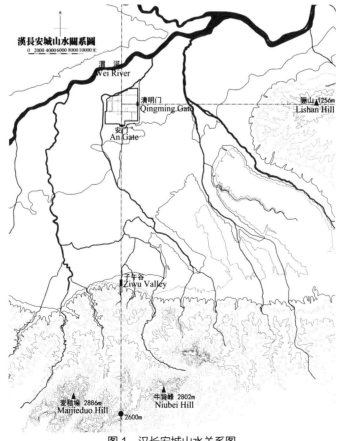

图1　汉长安城山水关系图

（2）隋代的继承与创造。汉代长安建城近800年之后，在其东南方向又开辟建设新城，这就是中国最为著名的规划家之一宇文恺[1]所规划的大兴城，也就是后来的唐代长安城前身。宇文恺规划大兴，继承汉代与秦岭峰谷的关系，将城市中轴线由汉长安城向东移，直向石鳖谷。并进一步察看了城市规划建设区南北横亘的六条坡岗，将重要的建筑根据中国文化的意义和城市功能，分别布置在不同的坡岗之上，在最重要的第五坡，沿城市中轴线东西对称布置了佛寺和道观，此处位置对长安城规划极为关键。这就是在中国城市规划史上著名的"长安六坡"。与此同时，宇文恺是一个了不起的风景营造家，根据城市地势特点，在东南地区开凿曲江池，西南地区建造佛塔。这些处在关键地段的寺观、楼塔成为城市体验山水风景的关键点，具有重要意义。此外，东都洛阳城规划亦出自宇文恺，他是中国规划的集大成者，其规划设计作品无一不是与山水风景融合的产物。

（二）西安城市"第二风景"的再发现

在1000多年建都史上，虽然西安城市"第二风景"的营造代有建树，但成就最大者还是唐代。唐代主要是在隋代规划的大框架基础上进行山水风景的再发现，其成就是多方面的，最重要的有三个方面，即乐游原地位的提升、大雁塔与含元殿的营建以及微观层面的风景建设。

（1）乐游原地位的提升。乐游原在隋代的地位并不引人瞩目，但到了唐代，随着中国文人在社会生活中的地位与作用越来越重要，他们走上了中国城市规划与风景营造的舞台，乐游原地位的提升主要是文人发挥了重要作用。乐游原是长安城中地势最高的地方，适宜登高览胜，据此俯瞰京城及周围山川，气势恢宏，因此，也成为唐代文人吟诗抒怀的胜地。通过文人诗篇的点化，乐游原与周围的山水有了特殊的文化关系，形成了新的城市风景。仅举乐游原与昭陵一例，就是杜牧诗句"乐游原上望昭陵"的发现。从日本学者考察笔记中可知，这一壮丽风景在20世纪初还可以看到。[2]昭陵所在九嵕山距离长安城80公里，足见中国城市风景营造的尺度之大。（图2）城市风景是动态的，同一城市在不同的时期，其风景就会有新的发现和升华。同时，风景作为人类文化栖居生活的一部分，从根本上需要人的发现和创造，如果人没有诗意和风景意识，即使再美好的山水都会与文化栖居失去关联。

---

① 宇文恺，隋代规划师，夏州人（今陕西省靖边县），隋开皇二年至开皇三年曾主持规划大兴（长安）城，其事见《隋书》卷六八。

② ［日］足立喜六：《长安史迹研究》，三秦出版社，2003年。

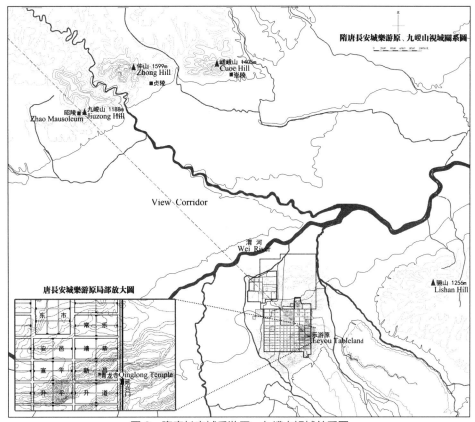

图2　隋唐长安城乐游原、九嵕山视域关系图

（2）大雁塔与含元殿的建设。大雁塔与含元殿（包括大明宫）是唐代重要的建设，二者南北相直，向南直向南五台和牛背峰。虽然还没有确凿的证据证明这是有意的规划，但从现实的考察和文献记载来看，的确形成了一条壮丽的景观轴线。白居易的"步登龙尾道，却望终南青"，卢宗回《登长安慈恩寺塔》诗中的"九重宫阙参差见，百二山河表里观。暂辍去蓬悲不定，一凭金界望长安"都可以看到，唐代新形成的这条景观轴线的景象。时至今日，天气晴好的时候，依然可以领略其中真意。（图3）

（3）除了以上两个方面外，很重要的一点就是微观层面的宅院、寺观的建设。一方面积极寻找与城外山川的关系，另一方面内部也开始了小尺度山水园林的营造，整个城市几乎成为一个风景的世界。貌似严整的人工框架之中，都有一个与山水相望相融的内在柔性秩序。王建的"平阳池馆枕秦川，门锁南山一朵烟"，韩愈的"东堂坐见山"等等，都可看出普通宅邸的风景意向。

需要指出的是，作为中国的古都，西安不仅积累了城市山水风景的经验，而且不断地发掘、完善、创造、经营，形成了一个地区风景整体，它已经远远超越了城

市的尺度，展现了与西方城市风景文化不一样的特点，诸如"关中八景"以及关中深层山水文化结构等等，这在未来的研究中需要进一步关注。

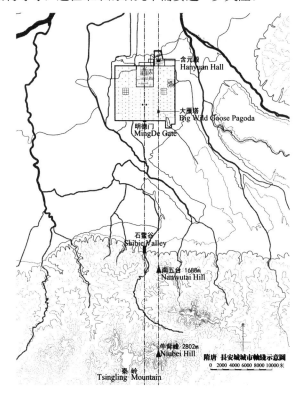

图3　隋唐长安城城市轴线示意图

三、城市山水"基因"的继承与挑战

历代西安城市风景营造过程中都将城市规划与名山大川紧密相连，诗意地镶嵌在山水之间，成为西安城市风景营造的重要特色。20世纪50年代以来，特别是80年代以来，西安城市规划建设还十分重视山水风景基因的传承，在一些重大工程建设中都注重此一方面的工作，积累了宝贵经验。西安对城市山水风景基因的传承经验是在探索西安城市发展模式和历史文化名城保护的过程中逐渐积累起来的。从20世纪50年代的兴庆公园的建设到21世纪初的大明宫遗址公园的实践，从明城墙环城公园建设到唐城墙遗址公园实践，从曲江池历史风景的复兴到"八水润西安"的探索，都体现了西安在城市山水风景基因传承方面的创造。除此以外，一批优秀的现代建筑设计在其选址和融合自然环境方面创造了经验，陕西省图书馆就是典型的一例。图书馆位于明代西安中轴线长安路和唐长安第五道高坡的交接口上，"在总体布局上保留了基地高于道路4米的地形特征，因为这一高地曾是唐代长安城内有名的

'六爻'中的第五爻，尊重这一历史地貌更有利于创造特定的文化环境气氛"[1]。值得一提的还有2005年国际古迹遗址理事会在西安通过的关注遗址周边环境的《西安宣言》，特别强调"除了实体和视觉方面的含义之外，周边环境还包括与自然环境之间的相互关系"。这些非常具有中国智慧的观念被纳入国际遗产保护文件，当然也是西安的贡献。

在积累经验的同时，我们还不得不承认，随着城市的快速扩张和大规模的高层建筑的出现，原有的城市山水风景面临挑战。西安从1949年到2012年，城市建成区面积扩大近30倍。从1949年（13平方公里）到1990年（135平方公里），建成区面积增加10倍花了50年时间；从1991年到2007年（261平方公里），建成区面积翻一番，花了18年；而从2008年到2013年（359平方公里），建成区增长到1949年的30倍，仅仅花了5年时间。[2]在快速发展的过程中，西安十分重视城市格局的保护，也取得了非常宝贵的经验，但由于对城市山水风景"基因"认识不足，对高层建筑的布局未能很好的引导，从2016年城市高层建筑分布来看，城南已经形成了一个半圆形的高层建筑带，严重割裂了城市与山水的关系。与此同时，新的建设区也未能主动寻找和发现所在地区与山水风景的关系，城市规划脱离了数千年来的风景基因，城市与"第一山水"的关系正面临消亡的威胁！山水风景经验的迷失不仅表现在"第一风景"，"第二风景"更为突出。在新的城市建设中，还未能有新的发现、形成新的山水风景，这是值得反思的问题。此外，遗产本体当然要保护，但遗产的环境也需要重视，特别是针对中国城市的特点，更要重视遗产与大尺度山水环境的关系。特别是一些重要的历史文化环境，例如西安乐游原，虽然并不是规划划定的大遗址保护区，但仍有重要的历史文化意义与风景价值。可是在现实中不断被蚕食，仅仅留下了青龙寺本身，周围高层建筑林立，乐游原高耸城市之上的意象不复存在，很难有当年的境界了！

事实上，这些问题不是规划技术问题，而是规划价值观念的问题。处在转型时期的城市规划需要调整价值观念，在兼顾发展的同时，必须恢复到组织人类家园美好生活秩序的轨道上来。中国古代的士大夫在某种意义上就有坚守城市美好秩序的观念，现代规划师深入思考这个问题，重新确立我们的城市规划价值，这点尤为重要。

---

① 赵元超：《天地之间：张锦秋建筑思想集成研究》，中国建筑工业出版社，2016年。
② 中华人民共和国住房和城乡建设部：《中国城市建设统计年鉴》，中国计划出版社，2010年。

四、城市山水风景基因的未来传承

针对城市发展脱离山水环境的问题，"望得见山，看得见水"的城市规划理念越来越受到人们的重视。这为中国城市山水风景基因的传承创造了历史机遇，但还需要指出的是，面对城市的发展，应当有长远的战略，在任何时候都应满怀城市理想。只要城市理想在，城市发展就有自己的理念，就能在现实的困难中找到出路。城市山水风景基因的传承也是这样的道理。因此，首先要把城市山水风景的营造当作城市发展的重要目标之一，承认城市山水风景基因在城市发展中的重大价值，这样便会自觉研究和发现这些优秀基因，并积极组织和创造城市与山水环境的空间关系。在具体的城市山水风景营造中，至少可从如下几个方面进行探索。

（1）新区规划建设对城市山水风景基因的延续。每一座中国城市都有其山水风景基因，要把握这个基因的内在特点，在新区规划建设中予以继承创新，使得新城与旧城有更深刻的内在联系。笔者针对大西安的规划建设，依据历代西安城市规划重视与南北山水关系的基因特征，提出了基于嵯峨山和南部秦岭峰谷建立新轴线的观点，得到了实际应用。[①]这是新区建设传承城市山水风景基因的相关探索。

（2）城市边界要有呼应山水环境的意识，亦是一种传承山水风景基因的方式。城市在扩大，城市内部可能由于高层建筑而阻隔了与山水的关系，但这并不影响城市边界与山水风景的呼应。只要有一种山水意识，城市的边界不仅是朝向城市中心，亦是呼应城外的山水，这样的边界无论如何扩张，自会有一种源自山水风景的秩序。西安城市边界东面与骊山、南面与秦岭、北面与嵯峨诸山的规划设计应予以重视。

（3）对城市内部的重要历史风景地要严格控制。历史上形成了许多重要风景地，虽然现代建筑阻隔了城市与山水的联系，但其本身仍具有重要的地位，是城市山水风景基因的重要物证，应积极保护。西安的乐游原就属于此类，应从长远战略考虑，对乐游原地区的建设进行保护性控制，待有条件时予以复兴。

（4）历史风景的标识。对城市内部一些重要的历史风景点，虽然不能恢复历史风貌，甚至原物已不复存在，但此一地段与山水环境的关系需要在现代规划建设中予以标识，揭示城市与山水的内在联系。例如汉长安与嵯峨山、唐长安城内诸多私家园林等等。

（5）对特殊环境地段的关注。对于城内一些特殊环境地段，如果进行建筑创

---

① 王树声：《弘扬东方古都壮美秩序　探寻西安现代都市格局——大西安时代都市人居环境空间秩序的初步研究》，《西安建筑科技大学学报》（自然科学版），2011年第6期。

作，应借鉴陕西省图书馆的思路，探索一种尊重历史环境的创作之路。当然，如果是公共空间设计，更应展示和诠释历史风景的内涵。

五、结语

我国城市化进程进入新的阶段，城市规划处在一个转型期，国家也越来越重视城市工作，这为我们做好这项工作创造了条件。我们要认识到城市基因对塑造城市个性的独特价值，重视城市基因的研究和发掘工作。城市山水风景基因不仅是历史的遗产，更是一种活态的生活经验，可谓一种城市群体的生存经验和存在方式。也许中国有些城市并没有所谓的物质遗产，但每一个城市都有数百年甚至数千年的处理人工建设与山水环境的经验，也就是城市山水风景基因。这些基因与现代城市生活并不矛盾，且能让城市生活更有内涵，更有一种地方精神。保护、传承和弘扬这些城市山水风景基因具有十分重要的现实意义。只有回归这些鲜活的中国风景经验，才不会使我们生活的城市与历史、与土地的关系在快速的城市化进程中迷失得太远。

原载《城市发展研究》2016年第12期

（王树声，教授）

弘扬东方古都壮美秩序　探寻西安现代都市格局

——大西安时代都市人居环境空间秩序的初步研究

王树声

　　西安是闻名世界的东方古都，积淀了深厚的城市规划传统，为现代西安留下了弥足珍贵的文化遗产和思想遗产。1949年以来，西安历次规划都十分注重对古都遗产的保护并创造了名城保护的"西安经验"。进入新世纪，西安无论是在名城保护还是新城发展方面，无论是在物质空间建设还是文化环境营造方面，都创造了新经验。与此同时，由于经济的快速发展，城市向四周快速蔓延，整体空间格局失序，古都空间艺术构架有些模糊；单一中心和轴线布局，致使城市结构不合理，发展不均衡。总之，随着城市规模的迅速扩大，单轴单心圈层发展的城市结构已不能适应城市的发展，需要探寻新的城市秩序。

　　2009年6月，国务院批准《关中－天水经济区发展规划》，提出"着力打造西安国际化大都市"的目标。"《关中－天水经济区发展规划》的批复标志着西安从传统内地的文化中心，重返世界文化中心舞台，从以主城区为主的发展到更大、更广泛的区域发展，从关中地区的一个具有重要政治、经济、文化意义的中心城市，逐步成为对中国的西部地区具有统领作用的、一个国际化大都市的转折"[①]。西安的发展将走向大西安都市地区的发展。从历史和现实的发展来看，这一范围应包括现代西安市全境和咸阳市的咸阳市区、兴平市、泾阳县、礼泉县、乾县、杨凌区、渭南市区以及富平县。可以预见，一个更加快速的城市化时代即将到来，现实亟须对西安的定位和城市空间秩序做战略上的研究，探索新思路、建立新秩序、创造新空间、追求新境界。吴良镛先生早在20世纪80年代就提出了"从'混乱危机'中探索'发展中的整体性'规律"的重要观点[②]。人居环境科学理论告诉我们，无论城市如何发展，面临的问题如何严峻，人类追求良好的人居空间秩序和美好的人居环境的努力都是永不停歇的，不断追求城市人居空间秩序是人居环境的本质所决定的，城市人

---

① 和红星：《关于大西安战略规划的几点思索》，《城市规划》2010年第9期。
② 吴良镛：《广义建筑学》，清华大学出版社，2011年，第146页。

居秩序处在不断的发展之中，任何情况下都会为下一阶段人居新秩序的发展带来机遇和可能，只要我们认识到，就应立即付诸行动。

一、西安城市定位与城市规划战略

西安地处欠发达地区，与东部地区相比，城市经济仍有很大差距。发展城市经济、提高城市综合竞争力将是西安未来很长一段时间的重要任务。国家提出建设西安国际化大都市的宏伟战略，正体现了国家对西安乃至西北地区的高度重视，这可谓西安和西北千载难逢的发展机遇。同时，我们还应清醒地认识到经济建设并不是国际化大都市的全部，国际化大都市从本质上来说必须回到文化建设上。梁思成、林徽因二位先生曾指出"我们尤不可顷刻忘记：建筑和都市计划不是单纯的经济建设，它们同时也是文化建设中极重要而最显著的一部分。他们必须在民族优良的传统上发展起来"。在着力于GDP增长的同时，必须营造都市精神文化的真正优势，做出文化贡献。"全球城（都）市的本质表征应是具有全球意义和影响的'全球性'都市精神文化。"[1]在一次可以预见的大发展即将来临之前必须理顺规划思路，从战略上提出具有西安特色的规划理念和空间布局模式，为各项事业的发展做出文化上的思考和空间安排。这是大西安规划建设必须要认真考虑的问题。

西安在中国文化史上具有十分重要的地位，周、秦、汉、隋、唐等十三个朝代在此建都，为中华文化的发展和成熟做出了重大贡献，中华文化也率先从此走向了世界。西安留下了中华民族深刻的文化记忆，是名副其实的民族精神故乡。与此同时，历代都城规划成就了东方古都营造的典范，展示了东方民族人居环境空间秩序的宏大境界。时至今日，仍能从壮阔的山河、深沉的文化遗迹中领略到中华民族坚毅、强韧、笃厚、博大的精神。这种精神不仅属于这座城市，更属于整个民族。在中华民族走向复兴的伟大征程中，西安必将成为世界认识中华民族和中华民族重新认识自己的文化殿堂。西安对中华文化的传承与创造负有更多的历史责任。西安的城市规划应回应这个伟大时代和城市精神。

早在六十多年前，国学大师钱穆先生就论及西安的发展。钱先生认为未来中国应高度重视西安和西北的发展，西安大发展具有"回复民族生机，唤醒历史光荣"的重大意义。[2]在即将到来的城市大发展中，我们除了发展新兴产业、提振经济实力、促进都市繁荣之外，一定要重振东方文化古都的壮丽感，彰显民族精神故乡的神圣感，营造国家科教重地的创新感。还要指出的是，对于丰厚的文化遗产不能仅

---

① 张埜、任家瑜：《国际化大都市建筑文化比较研究》，学林出版社，2010年。
② 钱穆：《政学私言》，九州岛出版社，2010年，第217页。

停留在保护的层面，规划建设要在遗产与未来之间架起桥梁，在新的规划建设中传承历史经验，创造具有时代精神和东方韵味的西安国际化大都市空间秩序。因此，大西安的规划一方面要彰显东方古都深厚的文化底蕴，唤醒民族文化的光荣；另一方面要秉持历史传统，融入时代精神，进行新的创造，赢得现代城市的文化尊严与生机。

二、西安城市设计的历史经验

对于处在重大发展转折时期的西安来讲，我们需要回顾历史，寻找我们的祖先在这一地区建立秩序的基本准则，了解他们内心深处的经营巧思。正如W.鲍尔所讲："任何对于城市环境设计的讨论，首先应当考虑现有城市的布局和面貌是如何建立起来的，并要了解过去城市设计的构思。……无论在为今天和明天的社会创造一个高质量的城市环境时，可从先人的经验和智慧中学到许多东西。"①

从西安历史上来看，历代规划有一个从大尺度范围审视形势、布局城市的传统，把城市放在一个地区乃至区域的范围来观察。城市人工建设总是与特殊自然要素建立一种整体的秩序，开创了规划、建筑、风景三位一体的城市营造典范，形成宏大的山水人居体系。特别是，在西安历代城市规划中，每遇到一个重要时代，都会建立新的城市轴线，形成新的中心，以新的轴线标树新的时代，形成新的秩序。秦阿房与南山、汉长安、隋大兴、唐大明宫、明西安都有自己的新轴线，形成一个历时性的轴线序列，这既是西安历代城市发展的轨迹，又是区别于其他城市的鲜明特色。西安历代城市规划中特别重视标志建筑的选址和设计，以重要建筑控制城市格局，重要建筑之间及其与山水环境之间的关系是形成城市格局的关键要素。张锦秋先生曾指出："西安历代都城都是在轴线与轴线，轴线与山水和地形变化的交汇点上选择标志性地段和布置标志性建筑。"②在城市宏观层面就思考与城市整体格局有紧密关系的建筑的选址、形象及其它们之间的关系，以重要建筑控制城市格局。西安历代城市规划都十分重视城市人文秩序的建立，这是塑造城市精神的关键。秦、汉、隋、唐等时代的西安都有一种强劲的文化精神，舍此精神，便无此城市。西安历代城市发展将前代遗产有机融入当代建设，形成新旧一体的整体创造。秦汉隋唐明宋元时期的西安都完美地体现了继承与创造的关系，为后世西安规划确立了尊前开新的规划传统。（图1）

---

① ［英］W. 鲍尔：《城市的发展过程》，倪文彦译，中国建筑工业出版社，1981年，第100页。

② 张锦秋：《关于西安城市空间发展战略的建议》，《城市规划》2003年第1期。

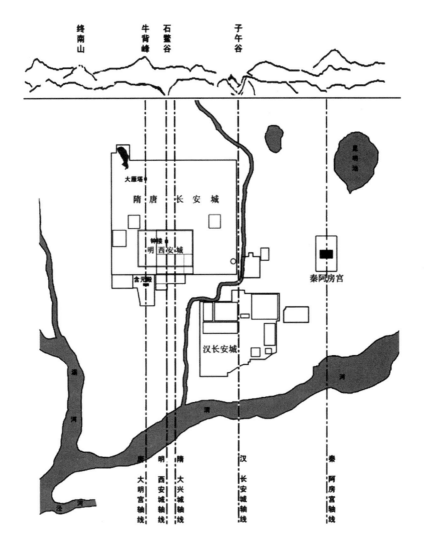

图1　西安历代城市格局与轴线关系图

三、国内外名城的启示

（一）北京："梁陈方案"与吴良镛先生的构想

早在1950年时，梁思成、陈占祥先生就提出了在北京城西另建新的中心，作为中华人民共和国政治中心的方案，也就是著名的"梁陈方案"。"拓展城外西面郊区公主坟以东，月坛以西的适中地点，有计划地为政府行政工作开辟政府行政机关所必需足用的地址，定位首都的行政中心区域。"并提出大北京市新中轴线的建议，"最适合的是直贯这西郊政府中心的南北主轴线。这条中线在大北京的布局中能建立一条庄严而适用的轴心"①。20世纪80年代初，吴良镛先生提出北京建立新轴线的新构想，建议从圆明园福海到玉渊潭再到丰台，构建新轴线，"如果能将西部新区善为规划，发挥我国古代建都先确立中轴线的传统手法，例如将城市新的中轴线北至圆明园福海，中交玉渊潭一带的新市中心，南至丰台，而以旧北京城与石景山工业区各为左右翼，中隔绿带，东西有宽阔的林荫道相连，这样的一个布局规划，未始不能建成一个远比旧北京更为宏伟的'新都'"②。尽管由于种种原因，这两个方案都未能实施，但其离开旧城另立新轴、建设新中心的思想至今仍有十分重要的现实意义。今日的西安正处于发展的十字路口，我们应从北京20世纪的发展构想中汲取智慧，把西安城市规划好，尽可能少留遗憾。

（二）巴黎：一座不断创造经验的城市

巴黎是一个创造经验的城市，不同时期的巴黎总是能给世人以智慧。尤其进入现代社会以来，巴黎在适应时代发展、保护文化遗产、探索现代大都市发展模式方面进行了有益的探索。20世纪60年代，为了扭转社会经济生活过于向中心集中，缓解中心面临的压力，巴黎开始大区卫星城建设，如今，这些新城都相继建成。最引人瞩目的就是德方斯新城，其新区规划特别注重与历史城市的关系，城市历史轴线延伸至德方斯新区，"尤其是德方斯大拱门的建设，使这一地区中心地带更加趋于完整和协调到位"。巴黎的经验有多方面，但至少有一条启示值得我们借鉴，那就是巴黎作为一个尊重文化传统的城市，并没有把历史静止、凝固起来，也没有把历史与现代割裂开来，而是新旧融为一个整体，历史在今人不断的创造中获得了生命，城市在不断的创造中赢得了世人的尊重。正如法国前总统希拉克所讲："城市不应当永远凝固不变。对巴黎来说，凝固就是灾难。每一个时代都应该在城市中留下自己的标志，这一点应充分表现在巴黎城市建设中。假如我们这座城市能唤起人们的诗情，能向人们表明她欢迎艺术的创造的话，那当然是因为她懂得尽量地保存每一个时代的作品的同时，并没有使自己变成化石，变成一个博物馆式城市。"③

对西安来讲，展示给世人的不仅有周秦汉唐的祖先遗产，更有现代西安人基于文化自觉精神对西安城市文化深刻理解后进行的时代创造。西安应从遗产城市走向文化城市，成为一个有活力、有思想、有心灵、有境界的现代城市。

---

① 梁思成：《梁思成全集》（第5卷），中国建筑工业出版社，2001年，第60—75页。
② 吴良镛：《建筑·城市·人居环境》，河北教育出版社，2003年，第328—345页。
③ 钟纪刚：《巴黎城市建设史》，中国建筑工业出版社，2002年，第201—206页。

四、大西安地区人居秩序的探寻

（一）大西安需要建立新轴线和新中心

大西安建立新轴线和新中心是由西安发展现状、未来西安的城市责任和西安城市规划的优秀传统三个方面来决定的。

从西安城市发展来看，单轴单心圈层扩展的发展模式严重制约了城市的均衡发展，中心区的过度开发已经威胁到遗产的生存环境，现实迫切需要从集中走向疏散，建立新的城市中心，担负新的城市职能，为旧城保护和新城发展创造新机。近年来，西安已经开始在四周发展新区，卓有成就。但也应清醒地认识到，这些新区未能从根本上撼动西安单中心的格局，反而是围绕原有中心不断蔓延扩大，"摊大饼"的危害也正在显现。现实需要一个新中心，从根本改变单轴单心圈层模式。

西安建设国际化大都市是千年以来具有里程碑意义的一次重大转折，担负着复兴中华文化和振兴中国西北的重大责任，这必然对西安城市空间建设提出更高的要求。西安应发挥自身优势，回应伟大时代的主题。以钟鼓楼为中心的现有城市中心地区已不能满足新时代赋予西安的历史使命和文化责任的要求。回顾中外历史上城市规划的伟大杰作，无一不是在回应时代主题的过程中进行的伟大创造，无一不是顺应天时巧借地利中通人和的文化结晶。大西安作为西安发展史上的里程碑，需要一个新中心，赋予新功能、营造新形象、标识新时代、担负新使命。

回望西安城市发展历史，每逢一个重要时代，都要建立一条新的轴线，创造一个新的中心，这已经形成了西安的特色和经验。历史上每逢新的时代必先确立新的城市中轴线，以新轴线统帅新中心，控制新秩序。历代西安的城市中轴线把秦岭特殊峰谷、城市中心、标志建筑和八水等紧密联系在一起，成为汇通天人之际、融合人工与自然的文化标尺，寄予神圣的文化理想，赋予深刻的文化意义。今日的大西安建设正是一次创造新典范的历史机遇，我们切不可错失良机！应传承并发扬西安这一特色和经验，建立新轴线，发展新中心，造一个真正具有时代精神和东方气质的国际化大都市空间秩序。

（二）新轴线和新中心的确立

1.新轴线的确立

确定西安新的轴线和中心对未来大西安的发展具有全局性的作用，对中华文化和中国城市规划的复兴具有深远意义！渭河、灞河、沣河等"八水"环绕的地区是大西安城市历史文化的核心地区，历代都城基本都布局在这一区域。新轴线的规划应尽可能在这一地区寻找基准点。新轴线和新中心选择应从大西安地区范围来寻找，要尊重西安历代城市轴线的空间遗产，并继承历史轴线选择的宝贵经验；要同大西安地区的山水结构，尤其是著名山水胜景有机融合；新轴线的立基应与大西安地区空间范围内城市关系保持均衡，与原有城市结构形成有机整体；新轴线的选择要符合民族文化心理、地方传统与习俗禁忌；新轴线新中心要考虑城市建设用地的可行性。

根据现状发展和南北山水环境的特点，本文提出以北部嵯峨山和南部秦岭的观音山、紫阁峰、青华山为基准，建立新轴线（图2）。嵯峨山与观音山均为关中名山，且同处南北一线，气势雄伟，人文底蕴深厚，具有吉祥的文化寓意，且嵯峨山、观音山连线所经"八水"环绕之地有很大的发展空间，具有作为城市新中心的潜力。

图2　大西安新轴线、新城选位与周边环境关系示意图

嵯峨山，为关中名山，山形奇特，形势崔嵬，相传为黄帝铸鼎之处。乾隆《西安府志》记载："嵯峨山又名慈峨山，黄帝铸鼎于此。"明人王樵所撰《尚书日记》记曰："四夷郡县图记谓黄帝铸鼎处在今三原嵯峨山。盖嵯峨即荆山也，其山高出云表，登其巅则泾、渭、黄河俱在目前；俯视秦川，其平如掌。山阳有鼎州，即黄帝铸鼎处。"宋敏求《长安志》记载：西魏文帝尝登道遥观，"见嵯峨山，慨然诏左右曰：'望见此山，令人有脱尘之意。'"

轴线南至沣峪和高冠峪，正对观音山、凤凰咀，为秦岭此段最高峰，青华山、紫阁峰东西相护，沣峪和高冠峪二水合抱，气势磅礴，蔚为壮观。观音山为关中名山，青华山乃唐太宗修翠微宫之处。紫阁峰受历代文人士大夫和僧道青睐，李白在《君子有所思行》中曰："紫阁连终南，青冥天倪色。凭崖望咸阳，宫阙罗北极。万井惊画出，九衢如弦直。渭水清银河，横天流不息。"从中可以看出此峰与城市的深层关系。

尤为巧合是，由此确立的新轴线，在大格局上具有特殊关系，渭河正处于这条中轴线南北的中心点，即从嵯峨山下到渭河的距离等于从沣峪口到渭河的距离；从新轴线到大西安最东边渭南市的直线距离等于到最西边杨凌区的直线距离。如此特殊的空间关系，可谓"天造地设"之巧。

2.新中心定位

从轴线南北现状来看，新的中心选在西安西南和咸阳东南的地区。规划新城北抵阿房宫遗址，西至丰京遗址西侧，东邻西三环，南至滈河。这一区域包纳了丰、镐二京遗址，沣河从中川流而过，增助了新城的空间艺术效果。西安绕城高速从东北绕行，加强了新城与老城区的联系。整个新区面积约为200平方公里，接近现有西安绕城高速所环面积450平方公里的二分之一（图3）。

新城是西安国际化大都市的新中心，是一个集中华文化展示与教育、大遗址保护、金融商务、科技研发、旅游休闲和居住生活等功能为一体的现代新城，是未来大西安地区的文化中心、金融中心和国际交流中心，将与现有西安城区的政治中心、科技研发中心、商贸物流中心、旅游服务中心、都市生活中心以及咸阳先进制造业、现代服务业基地形成一个互补的整体。

新城规划突出中华民族精神故乡和西部金融中心的主题。新城中心选在西周丰、镐二京遗址东南，与之交相辉映，其中心规划炎黄二帝祠和炎黄广场，为新城的核心，与延安黄帝陵、宝鸡炎帝陵形成文化整体，广场南侧规划东方文化艺术中心和西安现代科技中心，彰显西安特色。核心区的北部规划金融中心，构想建设大西安最高的标志建筑——国际金融中心，成为城市建筑制高点和俯瞰大西安的观景点，与炎黄二帝祠构成新城的两个标志性建筑。核心地区外围分别以松、竹环绕形成二重城市空间，国际交流区、高新科技产业区、商务办公区等功能辉映其中，营造"水木环城，木本水源""炎黄凝聚中华儿女，松竹彰显民族精神"的文化境界和开放、便捷、生态、时尚的现代国际都市形象（图4）。

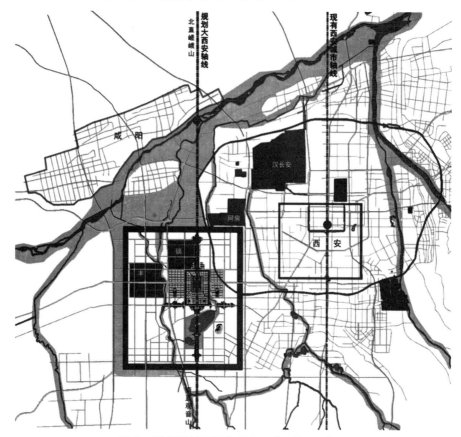

图3　新城规划布局及与西安、咸阳关系示意图

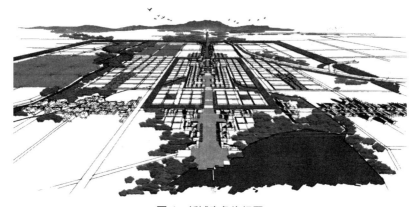

图4　新城意象构想图

（三）大西安地区人居空间秩序的构想

新轴线和新中心的规划将会促进西安、咸阳和西咸新区基于新的秩序形成新的整体。尤其西咸新区建设作为国家加快西安国际化大都市建设的重大举措，对大西安建设具有全局性意义。建立大西安的新轴线和新中心，有助于发挥西咸新区在大西安地区的空间影响力，有助于构建具有东方内涵和西安特色的国际化大都市地区人居秩序，有助于提升西安国际化大都市的整体形象。（图5）

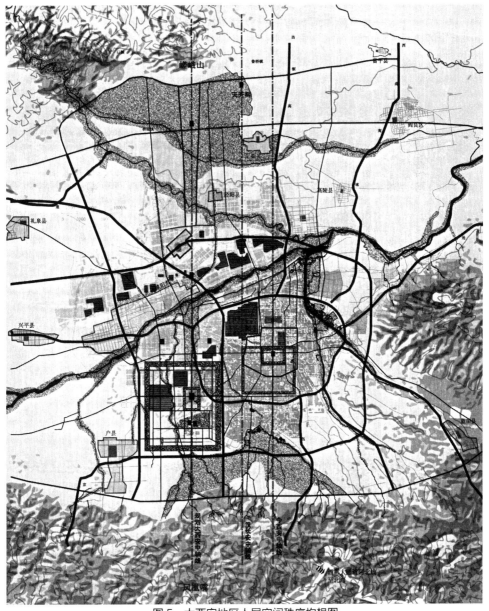

图 5　大西安地区人居空间秩序构想图

未来大西安的主城区将以新旧两条轴线为主干，新城和西安城区为核心，新城规划传承西安"循规蹈矩"的规划传统，核心区之外，主城区涉及咸阳和西咸新区的空港新城、秦汉新城、泾河新城等组团，形成双轴多心多组团的空间布局模式。主城区各组团之间以绿化分隔，河水通贯，整个河水绿地形成一个绿色网络，并以便捷的快速交通将各组团紧密相连。整个布局立足现代西安的发展需求，传承历史西安的规划经验，着眼未来西安的地位提升。与此同时，两条轴线贯通南北，通过重要节点和标志建筑将城市与雄山秀水紧密地联系在一起，呈现民族精神故乡新旧交融、人文日昌的美好意境！

对整个大西安地区人居秩序来说，一是要强化新的中轴线，突出大西安中轴线在地区空间组织中的作用，增强大西安地区的空间艺术效果；二应谨防西安走向圈层扩展的模式，在绕城高速之外，不应再扩展四环、五环，而应结合地形，东部采用环路扩展，西部采用网格式快速交通体系，形成环网结合的交通模式；三是合理布局区域产业结构，主城区之外应结合自身特点，突出空港、泾河、临潼、户县[①]、阎良、杨凌、蓝田、渭南、富平、兴平、武功、乾县、礼泉等城市或新城的功能特色，形成一个个特色鲜明、功能互补的卫星城，与主城区形成有机整体；四是加强整个地区遗产保护和生态环境建设，特别是保护和恢复历史上京畿地区的文化遗产网络，加强南北两山与中间河道的生态环境建设，形成完整的"历史、文化、生态、景观"四位一体的绿色网络。

基于以上思考，本文将国际化大都市时代大西安地区人居空间秩序与内涵表述为：东方古都，民族故乡；纪元新开，立轴建章；新城崛起，唤醒荣光；新旧两区，规圆矩方；双轴并峙，河岳汇通；特色星城，四周环拱；功能有机，环网贯通；国际都市，人文日昌。

五、结语

西安是闻名世界的东方古都，是中华民族的精神故乡，在中华民族走向复兴的伟大征程中，西安将发挥越来越重要的作用。建设国际化大都市，发展大西安具有里程碑意义。大西安规划应回应这个伟大的时代，从更加广阔的视角和战略层面把握西安的历史、现实和未来。本文认为，大西安时代应传承西安的规划传统，建立新轴线，发展新中心，担负起国际化大都市的新使命。本文提出以嵯峨山和秦岭观音山为基准，建立大西安的中轴线，并结合丰镐遗址，建立新的国际化大都市新中

---

① 户县，即今鄠邑区。——编者

心的观点。对新城功能、形态和主城区的结构提出了建议，在此基础上，对大西安地区人居环境的基本结构提出了构想，以期能为大西安规划与建设尽绵薄之力。

原载《西安建筑科技大学学报》（自然科学版）2011年第6期

（王树声，教授）

纪录片对城市空间呈现的彰显与遮蔽

——以近年西安城市纪录片的镜像表达为例

巩　杰　梁英建　鲁　续

美国城市规划大师凯文·林奇说："城市如同建筑，是一种空间的结构，只是尺度更巨大，需要用更长的时间过程去感知。"①纪录片是呈现城市符号和空间内涵最直观、最客观的表达媒介。表现西安城市空间的纪录片运用各种表现手法，展现了其空间的营造、发展与独特性。本文从历史空间、现在空间和未来空间的城市时空结构比对中，分析纪录片对西安城市空间呈现的彰显与遮蔽问题。

一、纪录片对城市空间的建构与呈现

纪录片对城市空间的建构由来已久，在早期欧洲，纪录片呈现城市空间并传承城市文化。例如，沃尔特·鲁特曼的《柏林：城市交响曲》（1927）呈现出对柏林都市空间和城市细节的诗意表达；维姆·文德斯的《寻找小津》（1985）中留下太多关于日本东京的城市感悟和日本的精神状态；特伦斯·戴维斯的《时间与城市》（2008）则展现了英国西北部港口城市利物浦的空间流转。

在中国纪录片中，贾樟柯的《海上传奇》、周亚平的《城市之光》和《上海2010》塑造出上海的时空之美和时空之重。以北京为表现对象的城市纪录片则以《故宫》《长安街》《圆明园》等交互呈现。这类纪录片对城市空间的呈现具有人为选择性，浓墨重彩地彰显一些城市空间形态，同时伴随着对另外一种城市空间轻描淡写的遮蔽。

2008年以来，随着"建设文化强省"战略的实施，依托丰厚的历史文化资源，陕西省在纪录片创作领域成果丰硕，这些作品也成为对外宣传、推介陕西的重要文化载体。其中，一系列有影响力的陕西纪录片的热播充分彰显了陕西的人文空间和都市空间，纪录片对城市文化形象的塑造逐渐进入自觉时代。作为陕西省会，西安

---

① ［美］凯文·林奇：《城市意象》，方益萍、何晓军译，华夏出版社，2001年，第1页。

具有得天独厚的历史文化传统和现代文化基因，与西安城市空间表达有关的代表性纪录片有《大秦岭》《望长安》《天人长安》《大明宫》《恒润长安》《西安2020》等（见表1）。

表1　近年有关西安城市空间呈现的纪录片一览表

作品名称	出品时间	导演	出品单位	集数	播放平台
《舞动陕西》	2008	杨光	陕西广电局 陕西电视台	10	陕西电视台等
《望长安》	2009	周亚平	陕西省委宣传部 省政府新闻办公室	10	CCTV2
《大明宫》		金铁木	西安曲江影视集团	6	CCTV10
《大秦岭》	2010	康健宁	陕西省委宣传部 省政府新闻办公室 陕西广播电视台	8	CCTV10
《道北七十年》		郝劼	西安曲江新区管委会 西安曲江大明宫遗址区保护改造办公室	4	西安电视台
《山水长安》	2011	陈力	西安市委宣传部 西安市政府新闻办 中央电视台科教频道 梅地亚电视中心	6	CCTV10
《陕西正年轻》		孙杰	陕西省委宣传部 陕西电视台	5	陕西卫视
《天人长安》		吴琦	视袭国际传播机构 中央新闻纪录电影制片厂 西安世园创意产业公司	5	CCTV9
《大风歌——陕西叙事》	2012	孙杰	陕西省委宣传部 陕西广播电视台	6	CCTV10
《问道楼观》		金铁木	西安曲江影视集团	8	CCTV10
《百年易俗社》		金铁木	西安曲江影视集团	2	CCTV10
《西安2020》		蓝冰	西安曲江影视集团	6	CCTV4
《浐灞长歌》		宋一丹	西安浐灞生态区管委会	5	CCTV10
《大美陕西》	2014	孙培强	陕西省委宣传部 新闻出版广电局 陕西广播电视台	10	陕西卫视 陕西一套
《西安城墙》		毛保武 刘欢	西安城墙管委会 西安曲江影视集团	2	CCTV10

作品名称	出品时间	导演	出品单位	集数	播放平台
《恒润长安》	2015	管子天 庞其军 王慧 萧伟婷 顾雪 王超	西安曲江新区管委会 西安浐灞生态区管委会 西咸新区沣东新城管委会 西安曲江影视集团	5	CCTV10
《帝陵》		张普然	陕西省广播电视台 陕西出版集团数字出版基地等	11	CCTV10
《东方帝王谷》		陈方平	中央电视台 陕西省委宣传部 陕西省文物局 陕文投集团	20	CCTV10 （前8集）
《大美渭河》		相里林 王楠	陕西广播电视台	2	陕西卫视
《从秦始皇到汉武帝》	2016	金铁木	西咸新区秦汉新城管委会 上造影视	6	CCTV9

这些纪录片以西安及其周边环境为表现对象，讲述这片土地独特的历史与文化，同时通过不同角度在不同程度上呈现了西安这座历史文化名城独有的空间形态和文化品格。

二、历史空间：古代长安城的情景再现与镜像想象

历史空间作为一种业已消失的空间，需要不断被想象和呈现。作为十三王朝建都的帝王之都，古代长安城在纪录片中的空间呈现与想象是天地空间、皇权空间和人文空间的完美结合。

（一）天地空间

在西安城市纪录片中，首先体现出构成城市的外部山河地理和天地空间。西安城市所处地理位置具有独特性，城市外部空间不仅对内部空间有很大影响，还对与城市空间息息相关的文化有重大影响，该类纪录片通常会彰显古长安城"天人合一"的文化空间理念。例如，在纪录片《天人长安》中，王维的终南山与辋川别业具有天地空间的造型之美，而对"终南捷径"的读解则凸显终南山与长安城的关系，以及"出世"与"入世"复杂的文化心理。《问道楼观》从另一个角度展

示秦岭支系楼观台的文化空间及其与道家文化产生的关系。《恒润长安》则以水墨动画、三维动画制作和实景拍摄相结合的方式呈现了长安城的排水渠遗址和水系布局，进而凸显其山环水抱、天人合一的空间格局。

（二）皇权空间

古代长安城的皇权空间主要通过长安城、皇家宫苑空间和帝王陵墓空间的营造与保护彰显出来。

1. 长安城：至高无上的皇权空间

居伊·德波说："城市是历史的所在地，因为它是过去的意识和创造历史事业可能性的社会权力集中的地方。"[①]作为都城，古代长安城的空间代表着皇权，它是独一无二的空间能值和古代文化的巅峰之作。以古代长安城为表现对象的纪录片对其空间呈现极其丰富多样，并试图营造和复原一个气势恢宏的汉唐长安城。该类纪录片大多从古代长安入手，从选址到建城再到内部结构的优化、发展来展开影像叙述，侧重古今文化的纵向对比，同时把区域的形成和周边的地理环境放在重要位置。纪录片《望长安》和《天人长安》都有对古长安和现代西安内部城市空间的详尽呈现，以文化为切入点讲述整座城市的格局，意在于时空交错中塑造一个皇权至上、高大威严的华夏古都。

2. 皇家宫苑：皇权的集中与延宕

在古代长安城的建筑中，代表皇权集中的宫殿空间显得尤为突出，其中又以秦咸阳宫和阿房宫、汉未央宫和长乐宫、唐大明宫和兴庆宫最具代表性。大明宫是唐朝乃至中华历史上最辉煌壮阔的宫殿之一，它代表着当时的政治中心和皇权的权威。2009年，在纪录片《大明宫》中，大明宫作为最著名的宫殿被呈现出来，这也是对业已消失的、作为文化遗址的大明宫的一种历史追问和空间的情景再现。该片运用顶尖的美工、摄影、特效团队让千年前的传奇宫殿呈现在观众眼前，为观众真实地还原了早已淹没在历史尘埃之下的大唐盛世，视觉效果十分震撼。近年来，表现古长安城的纪录片崇尚技术美学，使用高清数字摄影、数字成像、数字特效等技术制造视觉奇观，创新视觉形式和空间，实现了创作者的艺术构想，更增强了纪录片的形式感和吸引力。

---

① ［法］居伊·德波：《景观社会》，王昭风译，南京大学出版社，2006年，第80页。

3. 帝王陵墓：皇权的"异托邦"空间

在米歇尔·福柯看来，"乌托邦"是没有真实场所的地方，而"异托邦"（Heterotopies）却是真实存在的地方，它与传统或主流的空间形式有所不同，包括墓地、监狱这些"异质化"的社会空间。①长安城周边埋葬着七十二位中国帝王，这里被称为"东方帝王谷"，这些帝王陵墓作为皇权的"异托邦"而存在，是彰显王者气概的权力空间。纪录片《望长安》呈现了兵马俑和秦始皇陵的营造过程，片中的秦砖汉瓦作为文化符号，表现出帝王陵墓这一独特的空间与社会政治、经济、文化发展的关系。《天人长安》采用情景再现方式展现了五陵原的宏大气势和生命迹象。《东方帝王谷》跨越近两千年的中国历史，画面拍摄风格多变，既有对风霜雨雪、四季晨昏、壮丽山川的体现，也有对宏伟的长安城市、劳动生活场景、王陵地宫结构、珍贵文物和历史人物等进行的历史情景再现和三维动画重现。被称为"中国首部大型编年体史诗动画纪录片"的《帝陵》则通过将微缩景观、地图、壁画、三维建筑、实拍等表现形式相结合的手法，再现了长安城北部的汉代帝陵区这个已经消失的规模宏大的历史空间。这些纪录片中的长安城空间建构，体现出创作者的主流话语空间以及对中华礼乐文化、帝制文化的颂扬，对皇权空间的复原与遐想。

（三）人文空间

西安城市纪录片还建构出一个充满诗意想象和美丽期望的古代城市空间，具有宗教、诗歌、音乐、舞蹈的人文文化空间。例如，纪录片《望长安》运用情景再现这一具有穿越时空力量的手法，建构出一个具有浓郁宗教色彩的人文空间。片中屹然耸立的大雁塔是佛教标志性建筑，在盛唐时代仙风道骨和禅影佛光的交织中，展示了一个民族源于心灵的智慧和自信。《天人长安》将自然与诗意完美地融合在一起，叙述了寺庙对人们生活的影响：它不仅是一种宗教上的象征，还相当于公共园林空间。《望长安》则再现了司马迁的《史记》和唐诗的诗文空间，片中古诗词的运用也恰到好处地记录了当时的生活环境和布局，营造出一个充满诗意的人文空间。

三、现在空间：西安城市空间的真实呈现与无形遮蔽

相对于古长安城而言，现在的西安是一个皇权消失的空间，是一个人文历史与

---

① ［法］M.福柯：《另类空间》，王喆法译，《世界哲学》2006年第6期。

工商经济结合的现代城市。从城市生态环境来看，西安也是一座山水生态之城。因此，以现代西安为拍摄对象的纪录片大多通过科考与实拍结合的方式呈现其周边的地理山水生态和现代城市的魅力空间。

（一）山水之城：城市地理生态系统的空间呈现

从自然环境来看，西安市外部的最佳屏障是秦岭山脉，它既保护着西安不受外部势力的入侵，也是一个重要的"分水岭"——不仅是地理位置上的，更是文化和风俗方面的。纪录片《山水长安》以探寻的视野呈现长安的自然地理以及地标建筑大雁塔、钟楼、十多个湖泊和湿地，并呈现了作为"西安后花园"的秦岭具有的生物多样性和珍稀动植物资源。《大秦岭》则凭借宏大的镜头语言，站在人文视角看到秦岭对文化精神的孕育，让观众感受到中华文化的厚重与精深。西安这座古老的城市自古就有"八水绕长安"之说，八条河流天然地将城市外部的空间区分开来，这一特征在许多纪录片中都有体现。如在《天人长安》中，它作为城市选址时的优势被介绍给观众；《恒润长安》则从历史入手写水与城的密切关系，进而全面宣传"八水润西安"工程，展现了当下西安的生态与环境建设。

（二）西安城市结构空间

一座城市的空间形态决定着其文化特征，西安的独特地理位置和对部空间的运用衍生了不同的文化区域与风格，而这种文化也促使着城市空间分布日渐成熟。凯文·林奇说："迄今为止，我们对城市意象中物质形态研究的内容，可以很容易地归纳为五种元素——道路、边界、区域、节点和标志物。"①西安作为一座千年历史文化古城，有着独特的城市空间构成、区域节点和标志性建筑，其城市变迁中的空间变化也被人们关注，纪录片是对这座城市空间改变最忠实的记录。《舞动陕西》以高空航拍俯瞰的影像视角，真实、立体、生动地记录了陕西改革开放三十年间的发展景象，西安的地标建筑大雁塔、小雁塔、钟楼等都徐徐映入眼帘，美不胜收。《大美陕西》是《舞动陕西》的"升级版"，在内容、形式、技术手段等方面都有创新，既有宏观展示又有细节呈现。《西安城墙》采用实拍方式呈现西安的老城墙空间和历史。作为一种民俗和文化空间，秦腔是西安的民间文化艺术根脉，《百年易俗社》以易俗社为核心，尽可能还原秦腔发展的历程、重现不同时代的记忆空间，片中的高、低速摄影表现手法使整个画面具有一种古老和现代的碰撞感。

---

① ［美］凯文·林奇：《城市意象》，方益萍、何晓军译，华夏出版社，2001年，第35页。

（三）棚户区和城中村："消失空间"的影像遮蔽

棚户区和城中村是城市重要的组成部分，"在发展中国家，低收入城市家庭缺少可负担起的住房，再加上农村向城市的大规模移民，导致了这些违章居民点的大幅增长"①。但这一生存和文化空间会随着棚户区的改造而消失。在纪录片《道北七十年》中，七十多年来，由河南难民带来的中原文化和关中文化在道北相互碰撞与融合，形成一种奇特的"道北文化"。然而，在长期的发展过程中，道北地区却成了西安棚户区的代表，窝棚、土坯墙、脏乱差的居住环境让这里成为城市的脏乱区。该片以纪实资料、现场拍摄、情景再现、数字还原、专家学者和当事人访谈相结合，集中展示了大明宫与道北地区所承载的文化、社会及远景内涵。总之，除反映西安城中村的拆迁和改造以彰显政府的民生工程之外，很少有纪录片能够关注到城市将要消失的生活和文化空间，不能不说这是一种纪录片拍摄选择上的无形遮蔽和遗憾。另外，除了《陕西正年轻》外，似乎没有更多展现西安高科技和制造产业空间的纪录片。显然，西安现代空间的呈现远远不够，依然需要更为丰富的纪录影像表达，以展示其传统性、现代性和国际性等多元共生的形态和面目。

四、未来空间：西安城市的未来镜像与虚拟

呈现城市的未来空间是对城市现在空间的科学规划和合理想象的结合，也是对现在城市空间组合与重构的过程。从这一点看，西安一些古代空间遗址因为皇权的衰落而失去了原本的生存意义和生存价值。遗址空间变成了现在保护和旅游观光的地方景观，而在未来的城市空间布局中，这种空间由于科技等先进手段的介入，也将成为更符合人们身心体验的符号景观和消费空间。一些在工业时代留存下来的贫民空间将会被拆除或者重建，出现与未来城市发展理念相关联的城市人文空间和生态空间，城市的未来空间将会进一步被景观化和媒介化。景观和媒介一方面在建构一座城市的未来空间，其本身也是未来城市空间的重要组成部分。

纪录片《西安2020》是西安未来城市空间塑造和呈现的首创之作，它不仅联系古今，还把西安未来的城市空间虚拟化地呈现在人们面前。这是一种新的类型片，也是第一部"未来时纪录片"，第一次将政府城市规划文字变为直观的虚拟影像表达。《西安2020》呈现的是未来西安与古代长安城空间遗址的和谐共存，它不仅呈现西安城市内部未来的空间，还通过古代丝绸之路的探寻和如今亚欧大陆桥的建

---

① UNCHS, *Basic Factson Urbanization*, Nairobi, Kenya：UNCHSHabitat, 1999.

立，展望未来西安在世界格局中的影响力和文化实力，沟通古今。在《西安2020》开篇，特效团队通过抠像、二维追踪、三维追踪、三维模型匹配、环境融合和粒子特效等一系列技术，呈现了未来西安城市建设的基本面目，无疑具有预知性和超前性。

五、纪录片在城市空间呈现中的特点、问题与方向探析

西安依托自身得天独厚的地理区位优势与历史文化资源，逐步形成了统摄于主流文化核心话语之下所特有的主流文化版图，包括以汉唐雄风为核心的历史文化，以绿色、现代、开放、和谐、奋进为核心的当代文化。西安城市文化形象以政府指导者、设计者和资本持有者的共同价值观和意志呈现出来。

当前，表现西安城市空间的纪录片呈现出古都西安的历史空间、现在空间和未来空间形象。在这些纪录片中，从叙述对象看，大到山脉水文，小到街道、建筑，都有其特征；从空间看，内外各自独立却又互相影响、遥相呼应；从时间跨度看，现代西安与古长安城一脉相承。影像镜头的运用使空间表现更加真实，画面的节奏与叙事相呼应，片中音乐也充满了地域色彩和文化底蕴。这些优秀的纪录片使观众了解到西安从古至今、从内到外的城市空间变化，并呈现了一派未来西安的城市面貌。

然而，题材的雷同和重复、影像符号和元素的司空见惯等问题在该类纪录片创作中渐渐浮现，需要引起创作者的客观反思。一方面，创作者需要对西安城市空间进行新的影像拓展和发现；另一方面，在各种复杂的话语和文化语境中，城市形象塑造需要有多元性的话语意识，呈现多样的面目和样态。

原载《中国电视》2016年第10期

（巩杰，西北大学文学院教授；梁英建，西安曲江临潼文化旅游发展有限公司董事长；
鲁续，陕西省青年文学协会会员、陕西省电影家协会会员）